주제별 DICTIONARY ❶

덩어리 VOCA

- 인간과 의식주 편 -

다락원

덩어리 VOCA
- 인간과 의식주 -

지은이 다락원 VOCA클럽
펴낸이 정규도
펴낸곳 ㈜다락원

초판 1쇄 발행 2010년 1월 4일
초판 3쇄 발행 2014년 11월 15일

책임편집 박은석, 김수희, 전은애, 박소현
아트디렉터 정현석
디자인 이승현, 조영남, 임미영
일러스트 오창문

 경기도 파주시 교하읍 문발리 509-1
내용문의: (02) 736-2031 내선 521
구입문의: (02) 736-2031 내선 250~251
Fax: (02) 732-2037
출판등록 1977년 9월 16일 제300-1977-23호

Copyright ⓒ 2010, 다락원

저자 및 출판사의 허락 없이 이 책의 일부 또는
전부를 무단 복제·전재·발췌할 수 없습니다.
잘못된 책은 바꿔 드립니다.

값 22,000원

ISBN 978-89-5995-867-2 14740
     978-89-5995-858-0 14740 (set)

http://www.darakwon.co.kr

다락원 홈페이지를 방문하시면 상세한 출판정보와
함께 동영상강좌, MP3자료 등 다양한 어학 정보를
얻으실 수 있습니다.

● 〈덩어리 VOCA〉 시리즈를 펴내며

천편일률적인 영어 어휘책은 이제 그만 사라져야 합니다.

영어 공부하는 사람치고 영어 단어장이나 어휘책 한두 권 안 사본 사람이 있을까요? Vocabulary 33000이니 22000이니, 우선순위를 매겼다느니, 그 책 한 권을 떼고 나면 어휘 실력이 부쩍 늘어날 것 같은 착각을 주지만 실제로 그런 학습 효과를 주는 어휘집은 많지 않습니다. 게다가 대부분의 어휘책은 그다지 친절하지도 않습니다. 영어 단어에 대한 한글 해석과 예문 한두 개를 나열한 것이 고작이고, 주제별로 분류를 했다는데 그 주제에 해당되지 않는 단어가 불쑥불쑥 등장하기 일쑤고, 표제어 중에는 생전 처음 보는 어려운 단어도 많습니다. 하지만 TOEIC 시험에 자주 나온 단어라고 별이 세 개나 붙어있으니, 그 단어는 꼭 외워야만 할 것 같다는 무언의 압박을 받습니다. 텍스트만으로는 개념을 이해하기 어려운 단어에는 삽화나 사진을 주면 쉽게 이해를 도우련만, 대부분의 영어 어휘책은 시커먼 활자만으로 페이지를 채우고 있거나, 별 내용이 없는데도 신기하게 수백 페이지를 넘기는 여백의 미를 선보이고 있습니다.

그래서 〈덩어리 VOCA〉 시리즈가 탄생했습니다.

외국어 교육의 명가 다락원에서 2년의 준비 기간을 거쳐 내놓은 〈**덩어리 VOCA**〉시리즈는 아래와 같은 점에서 위의 어휘책들과 다릅니다.

(1) 시원시원한 지면. 깨알 같은 글씨가 적힌 영어사전 때문에 시력이 많이 저하된 분들께 권합니다.

(2) 검색이 쉬운 주제별 사전. 목차와 한글색인을 통해 원하는 단어를 바로 찾아 바로 들어갈 수 있습니다. 본문에서는 주제별로 단어를 정리해 놓았기 때문에 해당 단어와 관련된 내용을 덩어리째 배울 수 있습니다.

(3) 정확한 사전. 사전의 생명은 정확성입니다. 확인에 확인을 거친 영어 단어에는 `inf`, `AE`, `!` 등의 라벨을 붙여 어떤 상황에 어떤 영어 단어가 어울리는지를 표시했습니다. 필요한 경우 관련 정보를 부연 설명했습니다.

(4) Stylish한 사전. '백문이 불여일견'이라고 했습니다. 풍부한 사진과 삽화 자료를 통해 말로는 아무리 설명해도 알 수 없는 정보를 단번에 알 수 있도록 했습니다.

(5) 재미있는 사전, 흥미로운 사전. 흥미로운 문화정보와 어원, 개념설명만 읽어도 여러분의 영어 실력이 몇 단계 향상될 것입니다. 〈**덩어리 VOCA**〉는 사전이나 어휘책은 고리타분하고 재미없다는 편견을 깼습니다.

(6) 한영사전과 영한사전을 동시에. 책 뒷면의 발음기호 index에 어려운 영어 단어의 발음을 자세히 표기해 놓았습니다.

● 본문의 구성

3.3 화장실 bathroom; toilet

종류

표제어 —— 간이 화장실 portable toilet
공중 화장실 restroom; public toilet; washroom; lavatory
남자 화장실 men's room; the gents
반의어 관계의 —— 여자 화장실 ladies room; the ladies; women's room
표제어
수세식 화장실 (걸터 앉는) flush toilet; (쪼그려 앉는) squat toilet
유료 화장실 pay toilet
표제어 —— 재래식 화장실 (건물 밖의) outhouse; shithouse ❶
관련 정보

❶ 미국 스타일 재래식 화장실
일명 '푸세식 화장실'이라고 불리는 재래식 화장실은 집 밖에 있다고 해서 outhouse라고 하고, 속어로는 shithouse라고 한다. 미국의 초기 재래식 화장실은 글을 모르는 사람을 위해 그림에서 보이는 것처럼 여성용 화장실은 문에 초승달 무늬를, 남성용은 별무늬를 새겨 넣었다. 남녀 구분도 되고 환기와 채광의 역할도 하는 셈이다. 우리나라는 재래식 화장실에서 쪼그려 앉아 용변을 보지만, 미국에서는 의자처럼 엉덩이를 붙이고 용변을 보는 것이 차이점이다.

변기 | toilet

뚫어뻥 plunger
예문 —— □ 변기가 막혀서 뚫어뻥으로 뚫어야 했다.
The toilet got stopped up, so I had to use a plunger on it.
변기솔 toilet brush
비데 bidet ❷
□ 비데를 하다 use a bidet
소변기 urinal
양변기, 좌변기 toilet; toilet bowl
□ 양변기의 물을 내려라. Flush the toilet.
하위 개념의 —— 변기 시트 toilet seat
표제어   □ 변기 시트를 올리다 raise the toilet seat
□ 변기 시트를 내리다 close[lower] the toilet seat
유아 변기 potty; potty-chair
표제어에서 바로 —— 환자용 변기 bedpan
연결되는 정보

potty training (아이들의) 배변 훈련

❷ 비데에 관한 진실
17세기 초반 프랑스에서 발명된 bidet는 프랑스어로 조랑말pony이라는 뜻. 비데에 앉아 있는 자세가 조랑말을 타고 있는 자세와 비슷하기 때문이다. 우리나라에는 변기 시트를 겸한 전자식 비데가 보편적이지만, 외국에는 세면대와 모양이 비슷한 수동식 비데가 많다. 용변을 본 후 휴지를 쓰지 않고 물과 왼손을 써서 뒤처리를 해야 하는 아랍권 국가의 대부분의 가정에는 비데가 설치되어 있다.

| 364 | Unit 7 주생활

기타 시설

비누받침 soap dish
샤워부스 shower cubicle
    샤워기 shower
    샤워커튼 shower curtain
세면기, 세면대 basin; (bathroom) sink
수건걸이 towel rack
☐ 수건을 수건걸이에 걸다 hang a towel on the towel rack
욕조, 탕 bathtub; tub; [BE] bath
☐ 뜨거운 욕조에 몸을 담갔다. I soaked in a hot bath.
    월풀욕조 whirlpool tub; (상표명) Jacuzzi
화장지, 휴지 (두루마리로 된) toilet paper; toilet tissue, 티슈 tissue; (상표명) Kleenex

▲ toilet paper

— 화장지와 티슈는 같다? 다르다?
우리말을 철저히 분석한 표제어

— stylish한 사진과 삽화는
〈덩어리 VOCA〉의 기본

● 이 책의 구성과 특징

구성

이 책은 **인간**과 **의식주**라는 2개 Part, 그리고 **인간의 몸, 인간의 마음, 생로병사, 질병과 부상, 의생활, 식생활, 주생활**이라는 7개의 Unit으로 구성되어 있습니다. 서두에 나와 있는 목차를 검색하거나 책 뒤에 있는 한글색인을 통해 원하는 내용을 쉽게 찾을 수 있습니다.

표제어

❶ 한글 표제어는 가나다순으로 배열했습니다.

❷ 표제어의 동의어를 최대 3개까지 나열하였고, 여러 개의 표제어가 나올 경우 가나다순으로 배열하고, 우리말/한자어 → 외래어 순으로 배열했습니다.

> **ex** 검은 머리, 흑발 black hair
> 금발, 블론드 blonde hair; golden hair
> 백발, 흰머리 white hair; silver hair; gray hair

❸ 시간 순서나 개념별로 배열하는 것이 효과적인 경우에는 예외적으로 가나다순으로 배열하지 않았습니다.

> **ex** 백일 the (one) hundredth day
> 돌, 첫돌 one's first birthday
> 성년식, 성인식 coming-of-age celebration[ceremony]
> 환갑, 회갑 one's sixtieth birthday
> 진갑 one's sixty-first birthday
> 고희, 칠순 one's seventieth birthday

> **ex** 손가락 finger
> 엄지 thumb; big finger
> 집게손가락, 검지 index finger; forefinger
> 가운뎃손가락, 중지 middle finger; long finger
> 약지 ring finger
> 새끼손가락, 소지 little finger; pinkie; pinky

❹ 표제어 간의 상하위 개념 관계를 파악하기 쉽도록 하위개념의 표제어는 한 칸을 들여쓰고 글자 크기를 줄였습니다.

> **ex** 눈꺼풀 eyelid; lid (of an eye)
> 쌍꺼풀 double eyelids; creased eyelids
>
> 눈알, 안구 eyeball
> 검은자위 (동공) pupil; (홍채) iris
> 의안 artificial eye; glass eye
> 흰자위 the white of the eye; (의학용어) sclera

❺ 동사 표제어는 '～하다' 꼴로, 형용사 표제어는 활용형으로 표기했습니다. 필요할 경우 형용사 표제어와 동사 표제어를 같은 줄에 배열했습니다.

> **ex** 부패한, 썩은 rotten, 부패하다, 썩다 rot (away); decay

기호의 이해

- **f** 문어체 표현
- **inf** 구어체 표현
- **!** 슬랭 표현, 비속어 표현
- **AE** 미국 영어
- **BE** 영국 영어
- **abb** 약어
- **sing** 단수형
- **pl** 복수형
- ➡ 반의어
- ➡ 단계, 순서

이탤릭체

❶ one, one's, oneself, sb(somebody), sth(something)과 같은 불특정 대명사는 이탤릭체로 표기했습니다.

❷ soju, hanbok처럼 영어에 없는 단어를 영어로 음역한 단어는 이탤릭체로 표기했습니다.

Contents

PART 1 인간
Unit 1 • 인간의 몸

1	성	16
2	신체 외부	18
2.1	신체 일반	18
2.2	머리, 얼굴	20
2.3	머리카락	21
2.4	헤어스타일	23
2.5	눈	26
2.6	코	31
2.7	입	32
2.8	귀	35
2.9	몸통	36
2.10	성기	39
2.11	팔	40
2.12	다리	45
2.13	피부	50
2.14	수염, 털	53
3	신체 내부	54
3.1	뼈, 골격	54
3.2	근육, 관절	56
3.3	호흡기	58
3.4	소화기	59
3.5	순환계	60
3.6	뇌	62
3.7	비뇨기	63
3.8	생식기	64
3.9	감각기관	65
3.10	내분비샘, 외분비샘	68
3.11	신경, 신경계	70
3.12	조직	72
3.13	피, 혈액	74
3.14	분비물, 배설물	76
4	외모	78
4.1	얼굴	78
4.2	체격, 신장, 체중	80
4.3	안색, 표정	84
4.4	목소리, 음성	86
5	신체 상태	88
5.1	감각, 느낌	88
5.2	생리 현상	89
5.3	신체 상태	90
5.4	체력, 힘	93

Unit 2 ● 인간의 마음

1	**이성**	**96**
1.1	지성	96
1.2	생각, 관념	99
1.3	의지, 정신력	101
2	**의식, 감각, 꿈**	**104**
3	**감정, 기분**	**106**
3.1	기쁨, 만족	106
3.2	분노, 불만	108
3.3	슬픔, 고독, 미련	112
3.4	걱정, 당혹감, 공포	114
3.5	감탄, 놀라움, 경외감	118
3.6	사랑, 관심	122
3.7	미움, 질투, 굴욕감, 싫증	127
3.8	욕구	131
4	**성격**	**138**
4.1	선악	138
4.2	친절과 불친절	140
4.3	정직, 순수성, 성실성	142
5	**태도**	**144**

Unit 3 ● 생로병사

1 탄생 150
1.1 임신 150
1.2 출산 153

2 성장 156
2.1 생일 156
2.2 육아 158
2.3 나이, 연령 160

3 죽음 162
3.1 사망 162
3.2 죽다, 죽이다 164

4 장례, 제례 168
4.1 장례 168
4.2 무덤, 묘지 171
4.3 제사 173

Unit 4 ● 질병과 부상

1 질병 176
1.1 질병 일반 176
1.2 전염병 177
1.3 남성질환, 여성질환 180
1.4 성인병 181
1.5 신체장애 184
1.6 눈병 186
1.7 귓병, 입병, 콧병 187
1.8 피부병 188
1.9 소화기 질환 190
1.10 호흡기 질환 192
1.11 비뇨기 질환 193
1.12 뼈, 근육, 신경 질환 194
1.13 혈관 질환, 혈액 질환 196
1.14 직업병, 증후군 197
1.15 중독증, 결핍증 198
1.16 정신병 200
1.17 질병 기타 206
1.18 질병 관련표현 208

2 증상, 상태, 통증 211

3 부상, 상처 214

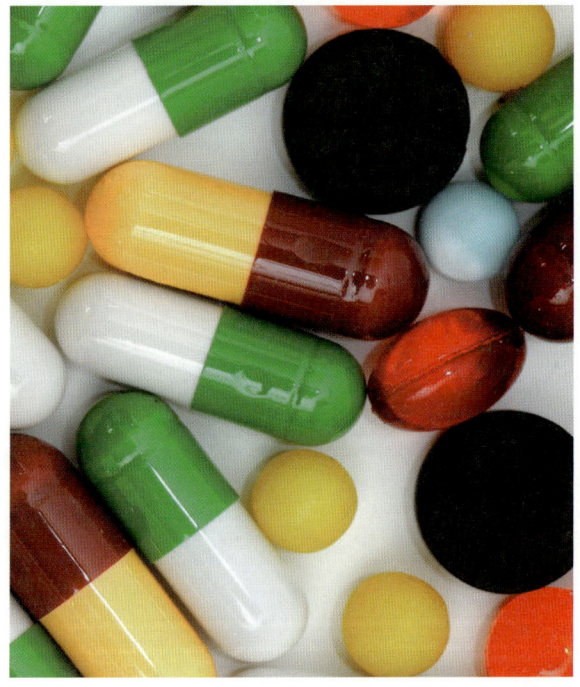

PART 2 의식주

Unit 5 ● 의생활

1	입고 벗기	218
2	옷차림	219
3	옷감, 섬유	220
3.1	천연섬유	220
3.2	가죽, 모피	222
3.3	합성섬유, 인조섬유	223
4	옷의 종류	224
4.1	상의	224
4.2	하의	226
4.3	속옷	228
4.4	정장, 전통의상	230
4.5	운동복, 제복, 가운	232
4.6	특수복	234
4.7	의복 기타	235
4.8	의복의 구성 요소	236
4.9	사이즈, 무늬, 패션	238
5	소지품, 액세서리	240
5.1	모자	240
5.2	신발	242
5.3	소지품	246
5.4	액세서리	248
5.5	안경	251

Unit 6 ● 식생활

1	식습관	254
1.1	육식과 채식	254
1.2	먹다, 마시다	255
2	음식의 상태	258
2.1	맛	258
2.2	냄새	260
2.3	상태	261
3	요리법	262
4	조미료	264
5	음식	268
5.1	끼니, 식사	268
5.2	일식	269
5.3	중식	270
5.4	양식, 세계음식	272
5.5	음식 기타	276

6 한식		**278**
6.1	밥, 죽, 국수	278
6.2	떡, 한과	280
6.3	국, 탕, 찌개, 전골	281
6.4	구이, 무침, 볶음, 절임, 조림, 찜, 튀김	284
6.5	김치	286
6.6	한식 기타	287

7 발효식품		**288**

8 유제품		**290**

9 빵, 과자, 초콜릿		**292**
9.1	빵, 케이크	292
9.2	과자, 아이스크림, 초콜릿	294

10 가공식품, 패스트푸드		**297**

11 음료		**300**
11.1	물, 음료	300
11.2	차	302
11.3	커피	304

12 술		**306**
12.1	술 일반	306
12.2	술의 종류	307
12.3	술 관련표현	312

13 담배		**314**

14 곡물		**316**

15 채소		**318**
15.1	뿌리채소	318
15.2	줄기채소	319
15.3	열매채소	320
15.4	나물	322

16 견과류		**323**

17 과일		**324**

18 고기, 육류		**328**
18.1	닭고기	328
18.2	돼지고기	329
18.3	쇠고기	330
18.4	육류 기타	331

19	수산물, 해산물	332
19.1	생선	332
19.2	연체동물, 갑각류, 해조류	336

20	주방용품	338
20.1	식기	338
20.2	취사도구, 조리용품	341
20.3	병, 용기, 통, 기타	344
20.4	주방가전	346

Unit 7 ● 주생활

1	거주자	350

2	건물, 주택	352
2.1	건물의 형태	352
2.2	건물의 재료	355
2.3	건물의 용도	356

3	건물의 구조	358
3.1	층과 계단	358
3.2	방	360
3.3	화장실	364
3.4	문	366
3.5	창문	370
3.6	벽, 지붕, 정원	373
3.7	기타 건물의 구성	376

4	주거 시설	378
4.1	난방시설	378
4.2	상하수도	380
4.3	전기시설, 경보시설, 환기시설	382

5	가구	384
5.1	침대	384
5.2	의자	386
5.3	수납장, 탁자	388

6	가전제품	390
6.1	영상가전	390
6.2	음향가전	392
6.3	생활가전	393
6.4	카메라	394
6.5	조명기구	396
6.6	시계	398
6.7	부품, 주변기기	399

7	침구	400

8	잡화	401

부록 I 발음기호	404

부록 II 한글색인	444

PART 1

Unit 1 인간의 몸

1. **성**
2. **신체 외부**
   신체 일반 / 머리, 얼굴 / 머리카락 / 헤어스타일 / 눈 / 코 / 입 / 귀 / 몸통 / 성기 / 팔 / 다리 / 피부 / 수염, 털
3. **신체 내부**
   뼈, 골격 / 근육, 관절 / 호흡기 / 소화기 / 순환계 / 뇌 / 비뇨기 / 생식기 / 감각기관 / 내분비샘, 외분비샘 /
   신경, 신경계 / 조직 / 피, 혈액 / 분비물, 배설물
4. **외모**
   얼굴 / 체격, 신장, 체중 / 안색, 표정 / 목소리, 음성
5. **신체 상태**
   감각, 느낌 / 생리 현상 / 신체 상태 / 체력, 힘

01 성 sex; gender

남성과 여성

남성, 남자 man (pl men); male; inf guy ❶
- 남성의, 남자의 male
- 남자답게 굴어라. Be a man!
- 남자 대 남자로 이야기하자.
  It's time we talked man-to-man. / Let's have a man-to-man talk.
  - 홍일점 the only man
    - 나는 마케팅 팀의 홍일점이다. I'm the only man of the marketing team.

여성, 여자 woman (pl women); female; lady
- 여성의, 여자의 female
- 남자는 여자 하기 나름이다.
  The woman makes the man. / Behind every man, there's a woman.
  - 홍일점 the only woman

남녀 차별, 성 차별 sexual discrimination; sexism ❷
남녀 평등 sexual equality; gender equality
- 그녀는 여자라는 이유만으로 회사에서 성 차별을 당했다.
  She was subjected to sexual discrimination at her workplace.

---

❶ 화성에서 온 남자, 금성에서 온 여자

흔히 남성을 가리킬 때는 ♂, 여성을 가리킬 때는 ♀와 같은 기호를 쓴다. ♂은 Mars symbol이라고 하는데, 그리스신화의 전쟁의 신, 마르스Mars에서 이름을 따왔다. Mars symbol은 방패와 창을 뜻하고, 철iron과 화성Mars을 상징하는 기호로도 쓰인다. ♀는 미의 여신인 비너스Venus에서 유래되었다고 해서 Venus symbol이라고 부르는데, 손거울과 빗을 상징한다. Venus symbol은 구리copper와 금성Venus의 상징으로도 쓰인다.

❷ 유리로 만들어진 천장

여성은 남성에 비해 조직 내에서 고위직으로 승진하는 경우가 드문데, 그것은 능력이 모자라서가 아니라 단지 여성이라는 이유 때문인 경우가 많다. glass ceiling, 즉 '유리천장'이라는 말은 우리 사회에 여전히 남아 있는 남녀 차별의 벽을 뜻한다.

성 정체성 gender identity

동성애자 homosexual; [!] homo; queer
- 그는 자신이 동성애자라는 사실을 밝혔다.
  He revealed that he's homosexual. / He came out of the closet.

  남성 동성애자, 게이, 호모 gay; [!] fag; faggot
  여성 동성애자, 레즈비언 lesbian; [!] dyke

성전환자 transsexual ❶
- 그는 성전환 연예인 1호이다. He is the first transsexual entertainer.

양성애자 bisexual

이성애자 heterosexual; [inf] straight

커밍아웃 coming-out ❷
- 커밍아웃을 하다 come out (of the closet) / acknowledge *one's* homosexuality
- 그는 방송을 통해 커밍아웃을 했다.
  He came out of the closet during a TV broadcast.

> 동성애 homosexuality; homoeroticism
> 양성애 bisexuality
> 이성애 heterosexuality

> ❶ **성전환자? 트랜스젠더?**
> 성전환자 ✗ transgender → ⦿ transsexual
> 흔히 성전환자를 트랜스젠더라고 부르는데, transgender는 성전환수술 sex change을 받은 사람뿐만 아니라 남장 여자 female transvestite, 여장 남자 male transvestite처럼 자신의 성 정체성에 혼란을 느끼는 사람들을 통틀어 일컫는 말이다. 성전환자는 transsexual이라고 불러야 한다.

> **'엘지비티' 그들은 누구?**
> 이성을 사랑하는 이성애자들이 사회의 다수를 차지하고 있기 때문에 동성애자, 양성애자, 성전환자 등을 성적 소수자 sexual minority 라고 한다. 성적 소수자는 lesbian, gay, bisexual, transsexual의 앞 글자를 따서 LGBT라고도 한다.

> ❷ **커밍아웃과 아웃팅**
> 커밍아웃은 동성애자뿐만 아니라 양성애자와 성전환자가 자신의 성 정체성을 남에게 공개하는 것을 말한다. 커밍아웃을 하는 것을 come out of the closet, 또는 간단하게 come out이라고 하는데, 직역하면 벽장 closet 밖으로 나간다는 뜻이다. 남에게 밝히기 싫은 자신만의 비밀을 skeleton in the closet, 즉 '벽장 속의 해골'이라고 표현하는 것에서도 알 수 있듯이, 영어권에서 벽장은 비밀스럽고 개인적인 공간의 대명사처럼 쓰인다. 커밍아웃이 스스로 자신의 성 정체성을 밝히는 것이라면, 본인은 원치 않는데 다른 사람에 의해 커밍아웃을 당하는 것은 아웃팅 outing이라고 한다.

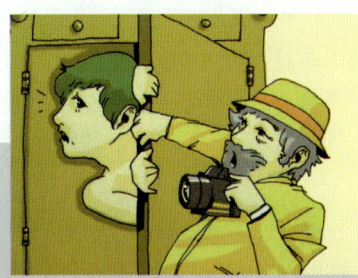

▲ He was outed by one of his friends.
그의 친구들 중 한 명이 그가 동성애자라는 사실을 폭로했다.

02 신체 외부

2.1 신체 일반

상체와 하체

상반신, 상체 upper body; upper half of the body
- 그는 꾸준히 상체 운동을 한다. He regularly exercises his upper body.

하반신, 하체 lower body; lower half of the body ❶
- 그는 사고로 하반신이 마비되었다.
  The accident left him paralyzed from the waist down.

> ❶ **하반신마비와 반신마비**
> 사고로 척추를 다치면 하반신이 마비될 수 있다. 하반신마비는 paraplegia, 그리고 하반신이 마비된 사람은 paraplegic이라고 한다. para-는 '~와 유사한'이라는 뜻의 접두사인데, 장애인 올림픽을 뜻하는 패럴림픽Paralympics은 장애를 가진 사람들의 올림픽Olympics이라는 뜻뿐만 아니라 올림픽과 유사한 대회라는 뜻도 가지고 있는 셈이다.
> 한편 뇌를 다치면 좌우 반신이 마비되기 쉽다. 좌뇌를 다치면 오른쪽 몸이, 우뇌를 다치면 왼쪽 몸이 마비된다. 이렇게 신체의 좌우 반신이 마비되는 것은 hemiplegia, 그리고 반신마비 환자는 hemiplegic이라고 한다. hemi-는 절반half이라는 뜻을 가진 접두사인데, 지구의 남반구와 북반구는 각각 the Southern Hemisphere와 the Northern Hemisphere, 그리고 인체의 좌뇌와 우뇌는 left hemisphere와 right hemisphere라고 한다.

자세와 동작 ❷

자세 posture; position
- (모델 등이) 자세를 취하다 strike a pose / pose (for)
- 그녀는 자세가 아주 좋다. She has very good posture.

기다 crawl ❷
- 아기가 방 안 여기저기를 기어 다니고 있다.
  The baby is crawling all around the room.

눕다 lie (down); (등을 대고) lie on *one's* back; lie straight; (옆으로) lie on *one's* side; (큰대자로) sprawl
- 나는 책을 읽으며 침대에 누워 있었다. I was lying in bed reading.

앉다 sit (down); have a seat; [f] seat (*oneself*); (쪼그려 앉다) crouch; squat
- 나는 다리를 꼬고 앉는 버릇이 있다. I have a habit of sitting with my legs crossed.
- 외국인이 양반다리를 하고 앉기는 힘들다.
  It's hard for foreigners to sit cross-legged on the floor.

엎드리다 lie on *one's* stomach; lie prone; prostrate
- 그녀는 엎드린 채로 누워 있었다. She was lying on her stomach.
- 사람들은 제단 앞에 몸을 엎드렸다. People prostrated themselves before the altar.

> ❷ **술집 탐방, pub crawl**
> pub crawl은 술집pub에서 엉금엉금 기는crawl 것이 아니라 하룻밤 동안에 여러 술집을 전전하면서 2차, 3차를 가는 것을 말한다. 우리나라에서는 다양한 종류의 술과 안주를 먹기 위해 2차, 3차를 가지만, 영어권에서는 술집의 다양한 분위기를 즐기기 위해 pub crawl을 하는 편이다. 이렇게 pub crawl을 하다 보면 나중에는 말 그대로 기어서 귀가할 수도 있다.

자세와 동작 ❷

구부리다, 굽히다, 숙이다 bend; stoop; duck; (고개를) lower; bow; tilt

☐ 그는 펜을 줍기 위해 몸을 구부렸다. He bent down to pick up his pen.
☐ 고개를 약간만 숙이세요.
  Lower your head a little. / Tilt your head forward a little.

기대다 lean; rest; recline

☐ 그녀는 내 어깨에 머리를 기댔다. She rested her head on my shoulder.
☐ 그녀는 벽에 몸을 기댄 채 눈을 감았다.
  She leaned against the wall and closed her eyes.

업다 carry *sb* on *one's* back; have *sb* ride on *one's* back; give *sb* a piggyback (ride) ❶

☐ 내가 집까지 업어 줄까? Do you want me to give you a piggyback ride home?

젖히다 tilt; bend back; lean back; throw back

☐ 고개를 뒤로 완전히 젖히세요. Bend your head back deeply.

피하다 dodge; (옆으로) sidestep; (고개를 숙여) duck

☐ 그는 차를 이리저리 피하며 길을 건넜다.
  He crossed the street, dodging cars all the way.

자세와 동작 ❸

목말

☐ 아빠가 나에게 목말을 태워 주셨다.
  Dad carried me on his shoulders.

물구나무 headstand; handstand

☐ 물구나무를 서다 do a handstand

▲ headstand   ▲ handstand

포옹 hug; cuddle; bear hug; embrace ❷

☐ 끌어안다, 안다, 포옹하다 hug / hold / cuddle / cradle / embrace
☐ 두 사람은 서로를 뜨겁게 끌어안았다.
  The two of them hugged each other passionately.
☐ 그는 나를 아기 안듯이 조심스레 끌어안았다.
  He pulled me to him and hugged me gently, the way you would a baby.

---

❶ 돼지를 등에 업어라!

piggyback은 어떤 사람을 등에 업는 동작을 가리키는데, 동사로는 give *sb* a piggyback (ride)와 같이 쓴다. piggyback은 pickpack이라는 단어에서 유래되었는데, pickpack은 '어떤 물건이나 짐pack을 들어 올려서pick 등짐을 지다'라는 뜻이다. piggyback은 돼지piggy와는 아무 관련이 없다.

❷ 베어허그와 프리허그

베어허그bear hug는 얼싸안은 상태에서 등 뒤로 두 손을 맞잡는 포옹이다. 이 표현은 곰bear이 서로를 얼싸안은 모습에서 유래되었는데, 곰이 bear hug를 하는 것은 다른 곰에게 친근감을 표시하는 것이 아니라 격렬히 싸울 때뿐이다. bear hug는 상대의 허리를 압박하는 레슬링 기술을 가리키기도 한다. 한편 프리허그Free Hugs Campaign은 2004년 후안 맨Juan Mann이라는 호주인에 의해 최초로 시작된 캠페인인데, 요즘은 회사와 같은 조직에서 사내의 결속을 다지기 위해 프리허그를 하는 경우도 많다.

2.2 머리 head, 얼굴 face

머리

고개, 머리 head
- 그는 아니라고 말하며 고개를 흔들었다. He shook his head as he said no.

두피 scalp ❶

뒤통수 back of the head, 후두부 occiput
- 그가 나의 뒤통수를 내리쳤다. He hit on the back of my head.

정수리 crown; the top of the head

안면, 얼굴 face

관자놀이 temple(s)
- 그녀는 그의 왼쪽 관자놀이에 총을 겨누었다. She pointed the gun at his left temple.

보조개 dimple
- 그녀는 웃을 때 뺨에 보조개가 생긴다.
  When she smiles, she gets dimples on her cheeks.

볼, 뺨 cheek(s)
- 나는 그의 뺨에 키스했다. I kissed him on the cheek.
- 눈물이 뺨 위로 흘러내렸다. Tears rolled down my cheeks.

이마 forehead; [f] brow
- 그는 이마가 튀어나왔다. He has a protruding forehead.

인중 philtrum ❷

턱 chin; jaw; [inf] chops ❸
- 그는 턱으로 저쪽을 가리켰다. He pointed over there with his chin.

---

❶ 인디언은 머리가죽을 벗기는 야만족?

서부영화를 보면 인디언들은 백인을 죽이고 두피, 즉 머리가죽scalp를 벗기는 잔인한 민족으로 묘사되기 일쑤지만 이것은 사실과 다르다. 원래는 스페인, 영국, 포르투갈과 같은 제국주의 국가들이 아메리카 대륙으로 진출하면서 원주민인 인디언들을 말살하기 위해 그들의 머리가죽을 벗겼다. 인디언을 죽였다는 증거로 머리가죽을 가져오면 포상금을 지급하기도 했는데, 나중에는 상금에 눈이 먼 일부 백인들이 아이들이나 부녀자뿐만 아니라 같은 백인의 머리가죽까지 벗겼다고 한다. 인디언들도 이에 대한 보복으로 백인의 머리가죽을 벗기기는 했지만 그러한 예는 소수에 불과하다.

❷ 인중과 사랑의 관계

philtrum은 그리스어로 '사랑하다' 또는 '키스하다'라는 뜻이다. 고대 그리스인들은 인중을 성감대 erogenous zone로 여겼기 때문이다. 사람은 인중이 있기 때문에 입술을 자유롭게 움직일 수 있고, 다양한 발음을 낼 수 있다. 한편 선천적으로 인중이 붙어 있지 않고 갈라진 것을 구순열cleft lip이라고 하는데, 구순열을 가진 사람은 구개파열장애인person with a cleft lip 또는 언청이라고 한다.

❸ 턱의 종류

사각턱 square jaw
이중턱 double chin
주걱턱 lantern jaw; jutting jaw

---

❸ 섹시한 턱

보조개처럼 가운데가 패인 턱을 cleft chin이라고 한다. cleft chin은 태아 때 왼쪽 턱뼈와 오른쪽 턱뼈가 제대로 결합하지 않아서 생기는 현상으로서 유전적인 영향이 크다. 나폴레옹과 베토벤이 cleft chin을 가지고 있었고, 미국의 영화배우 중에는 피어스 브로스넌Pierce Brosnan과 짐 캐리Jim Carrey, 존 트라볼타John Travolta 등이 섹시한 cleft chin으로 유명하다.

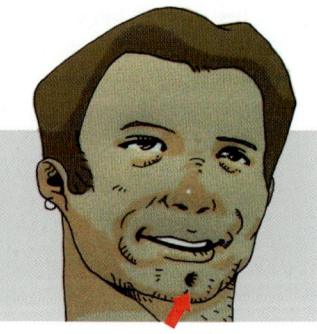

2.3 머리카락 hair

구조

가르마 part; parting
- 어느 쪽으로 가르마를 타세요? Where do you part your hair?

가마 hair whorl; whorl
- 그는 오른쪽에 가마가 있다. His whorl is on the right side of his head.

헤어라인 hairline
- 그는 머리가 벗겨지고 있다. He has a receding hairline.

위치

뒷머리 back hair

앞머리 forelock; bangs; fringe
- 그녀는 앞머리를 내리고 다닌다. She wears her hair in bangs.

옆머리 side hair

길이, 형태

까까머리, 삭발 shaved head; (수도승의) tonsure ❶
- 삭발하다 shave *one's* hair / give a tonsure to

단발 short hair ⬛ **장발** long hair

> 긴 long > 중간 길이의 medium > 짧은 short

대머리 bald head ❷
- 대머리의 bald / hairless
- 그는 대머리에 키가 작은 남자였다. He was short and bald.

---

❶ **속알머리 없는 tonsure**

동서양을 막론하고 성직자들은 머리카락을 짧게 깎거나 가리고 다니는 관습이 있다. 성직자들의 삭발한 머리를 '체발'이라고 하는데 영어로는 tonsure라고 한다. 불교의 승려들이 머리를 빡빡 미는 반면, 천주교의 수도사들은 주변머리를 동그랗게 남기고 나머지 머리카락을 삭발하는데, 이런 머리 모양을 Roman tonsure라고 한다. Roman tonsure는 1972년에 폐지되었다.

❷ **머리카락이 낙엽처럼 떨어질 때면**

탈모가 진행될 때에는 먼저 머리숱이 적어지고 모발이 가늘어진다. 그 다음에는 이마와 머리카락의 경계선인 헤어라인hairline이 점점 뒤로 밀려나며 앞머리가 벗겨지기 시작한다. 영어에서는 모발이 가늘어지는 단계를 thinning, 그리고 헤어라인이 밀려나는 단계를 receding이라는 형용사로 표현하는데, "His hair is thinning."과 "He has a receding hairline."은 거의 같은 의미의 표현이다. receding의 다음 단계는 완전히 대머리가 되는 balding이다.

가발의 종류

탈모인, 즉 대머리인 사람들 중에는 모발이식수술hair transplant surgery을 받거나 가발wig을 사용하는 경우가 있다. 가발에는 부분적인 탈모에 사용하는 부분 가발toupee; hairpiece, 중세 시대의 법관이나 예술가들이 쓰던 치렁치렁한 periwig, 그리고 여성들의 붙임머리hair weave 등이 있다. 중세 시대에는 가발이 신분과 권위를 상징했는데, 영국의 의원들과 영연방국가의 판사들은 아직도 공식 석상에서 periwig를 쓴다. 한편 탈모인 중에는 몇 가닥 남지 않은 머리를 옆으로 빗질해서 대머리를 가리고 다니는 사람들이 있는데, 이런 헤어스타일은 빗comb으로 넘겼다고 해서 comb over라고 한다.

comb over

색깔

갈색머리 brown hair; brunette hair; (적갈색의) auburn hair
- 갈색머리의 여성 a brunette / a brunet

검은 머리, 흑발 black hair
- 검은 머리의 black-haired / dark-haired / raven-haired

금발, 블론드 blonde hair; golden hair ❶
- 금발의 blonde
- 금발의 여성 a blonde

> **미국판 된장녀**
> 미국인들은 금발 여성이 멍청하다는 고정관념을 갖고 있다. 그래서 나온 말이 dumb blonde인데, 외모는 아름답지만 머리가 텅 빈 금발 여성이라는 뜻이다. 요즘에는 valley girl이라는 표현도 종종 쓰이는데, 금발 여성 중에서도 부잣집 딸라리들을 valley girl이라고 한다. 여기서 valley는 미국 LA 외곽의 San Fernando Valley라는 지역을 가리키는데, 중산층과 상류층 백인들이 많이 거주하는 곳으로 알려져 있다.

백발, 흰머리 white hair; silver hair; gray hair
- 백발의 gray / grey / gray-haired / gray-headed / grizzled
- 그는 요새 흰머리가 부쩍 늘었다. His hair's gotten a lot grayer recently.

빨강머리 red hair ❷
- 빨강머리의 red-headed
- 빨강머리를 가진 사람 a redhead

브리지 highlights ❸
- 미용실에 가서 머리에 브리지를 넣었다.
  I got my hair highlighted at a beauty parlor.

새치 (prematurely) gray hair
- 새치를 뽑다 pull out a gray hair

세다 gray; grey; turn white; turn gray
- 그는 나이가 50밖에 안 되었는데 벌써 머리가 하얗게 세었다.
  He's only 50, but he's already gray.

희끗희끗한 pepper-and-salt; salt-and-pepper
- 그는 머리가 희끗희끗하다. He has salt-and-pepper hair.

---

❶ 금발
✗ yellow hair → ✓ blonde hair
금발은 노란 머리가 아니라 머리카락의 멜라닌 색소 melanin pigment가 부족해 창백하게 보이는 머리카락이다. yellow hair는 미용실에서 일부러 노랗게 염색을 한 머리카락을 뜻한다.

▲ yellow hair   ▲ blonde hair

❷ 빨강머리 앤 사실은…
빨강머리red hair는 실제로는 적갈색auburn의 머리카락을 가리킨다. 불타는 것처럼 새빨간 머리는 인위적으로 염색을 하기 전에는 불가능하다. 만화 〈빨강머리 앤Anne of Green Gables〉의 주인공 머리 색깔도 빨강색이 아니라 적갈색이다.

> **❸ 브리지**
> ✗ bridge; bleach → ✓ highlights
> 머리카락을 부분적으로 염색하거나 탈색할 때 머리에 브리지를 넣는다고 한다. 이때 브리지는 다리bridge가 아니라 탈색제bleach를 잘못 쓴 표현. 브리지는 영어로는 highlights라고 하는데 highlight는 동사로 쓰면 '~을 강조하다'라는 뜻이다.

2.4 헤어스타일 hairstyle; haircut; hairdo

상태

고수머리, 곱슬머리 curly hair; wavy hair; frizzy hair;
(흑인의) nappy hair ❶
- 나는 원래 곱슬머리다. My hair's naturally curly. / I have naturally curly hair.

까치집, 더벅머리 matted hair; unkempt hair; bedhead
- 그는 잠자리에서 막 일어난 듯한 머리를 한 채로 사무실에 들어왔다. He showed up at the office with unkempt hair, as though he'd just gotten out of bed.

생머리 straight hair
- 그녀는 긴 생머리가 매력적이다. Her long, straight hair is attractive.

곧은 straight

곱슬곱슬한 curly; wavy; frizzy; nappy
- 그는 머리숱이 많고 곱슬곱슬하다. His hair is thick and wavy.

단정한 neat; tidy
- 머리를 단정하게 하고 다녀라. Keep your hair tidy.

텁수룩한 bushy; shaggy
- 오랫동안 이발을 안 했더니 머리가 텁수룩하다. It's been so long since I had a haircut that my hair looks shaggy.

헝클어진 disheveled; tangled; messy; (떡이 진) matted; (단정하지 않은) untidy
- 바람이 불어서 머리가 헝클어졌다. My hair's gotten tangled up in the wind.

---

❶ **흑인들이 곱슬머리인 이유**

흑인은 무더운 열대지방에서 살던 인종이다. 열대지방에서는 체온이 쉽게 상승하기 마련인데, 흑인의 굵은 곱슬머리는 뜨거운 햇빛이 두피에 직접 닿지 않도록 막아 주고 몸의 열을 쉽게 발산하도록 돕는다. 머리카락이 워낙 굵고 튼튼하다 보니 흑인은 타 인종에 비해 대머리가 없는 편이다. 하지만 머리카락이 두피를 파고들려는 성질이 있어서 많은 흑인들이 삭발을 하거나 콘로우cornrows나 레게머리dreadlocks 등의 헤어스타일을 통해 머리카락을 단단히 고정시킨다.

흑인 여성들 중에는 긴 생머리를 원하는 사람들이 많은데, 고데기와 각종 화학약품으로 머리를 펴기 위해 많은 시도들을 한다. 가발이나 붙임머리hair weave를 통해 생머리를 연출하기도 한다.

헤어용품

고데기 curling iron; tongs
무스 mousse
바리캉 hair clippers; (전동 바리캉) electric hair clippers
빗 comb; (flat) hairbrush
스프레이 hair spray
염색제 dye; colorant
왁스 wax
젤 (hair) gel
탈색제 bleaching agent
헤어드라이어 (blow) dryer; hairdryer; hairdrier

헤어스타일 hairstyle

단발머리 bob; bobbed hair
- 그녀는 단발머리를 하고 있다.
  She's wearing her hair in a bob. / She's keeping her hair short.

땋은 머리 (한 갈래의) braid; plait; French braid; (양 갈래의) braided pigtails
- 머리를 땋다 braid / plait
- 그녀는 머리를 한 가닥으로 땋았다. She's wearing her hair in a braid.

레게머리, 드레드락 dreadlocks

말총머리, 포니테일 (한 갈래의) ponytail; (양 갈래의) pigtails
- 그는 말총머리를 하고 다닌다. He wears his hair in a ponytail.

멀릿 mullet

모호크 mohawk; Mohican, **포호크** fauxhawk

바가지머리, 상고머리 bowl cut

비하이브 beehive

상투 topknot ❶
- 예전에는 남성들이 결혼하면 상투를 틀었다.
  In the old days, men wore their hair in a topknot when they got married.

스포츠머리 crew cut; buzz cut; flattop ❷

아프로 Afro ❸

올림머리 updo
- 올림머리를 하다 put[wear] one's hair up

  쪽 bun; chignon
  - 쪽을 찌다 wear one's hair in a bun / do one's hair up in a chignon

올백머리 pompadour; quiff; slicked-back hair; swept-back hair
- 올백머리를 하다 slick back one's hair

콘로우 cornrows; braids

파마, 파마머리 permanent; perm; permanent wave
- 어제 파마를 했다. I got a permanent yesterday.
- 그녀는 파마머리가 잘 어울린다. She looks good with a permanent.

---

❶ 일본인의 상투머리

일본의 사무라이와 스모 선수들의 독특한 머리 모양을 chonmage라고 한다. chonmage는 원래 사무라이들이 투구를 썼을 때 투구가 벗겨지지 않고 머리에 잘 고정되도록 하기 위한 목적이었는데 점차 높은 사회적 신분을 상징하는 헤어스타일로 변했다고 한다. 영화 〈헬보이|Hellboy〉의 주인공 헤어스타일도 chonmage를 모방했다.

❷ 바짝 밀어주세요

흔히 스포츠머리라고 불리는 짧은 헤어스타일은 명칭에 따라 종류가 다양하다. 먼저 crew cut은 군인 crew들의 짧은 머리를 가리킨다. buzz cut은 전기면도기의 윙윙거리는 buzz 소리를 본떠 만든 표현으로, 두피가 보일 정도로 아주 짧게 깎은 머리를 가리킨다. flattop은 옆머리는 바짝 치고 윗머리를 짧고 평평하게 남긴, 일명 '해병대 머리'다.

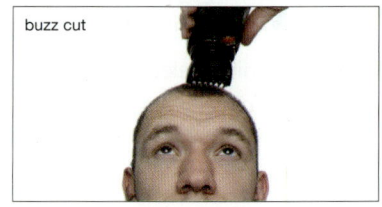

buzz cut

❸ 검은 것은 아름답다

우리나라에서는 '폭탄 맞은 머리'로 통하는 아프로는 1960년대와 70년대에 미국에서 유행한 헤어스타일. 이 헤어스타일은 '검은 것은 아름답다 Black is beautiful'라는 슬로건을 담고 있는데, 인위적으로 펴지 않고 곱슬곱슬한 머리 그대로가 흑인에게 가장 잘 어울린다는 뜻이다.

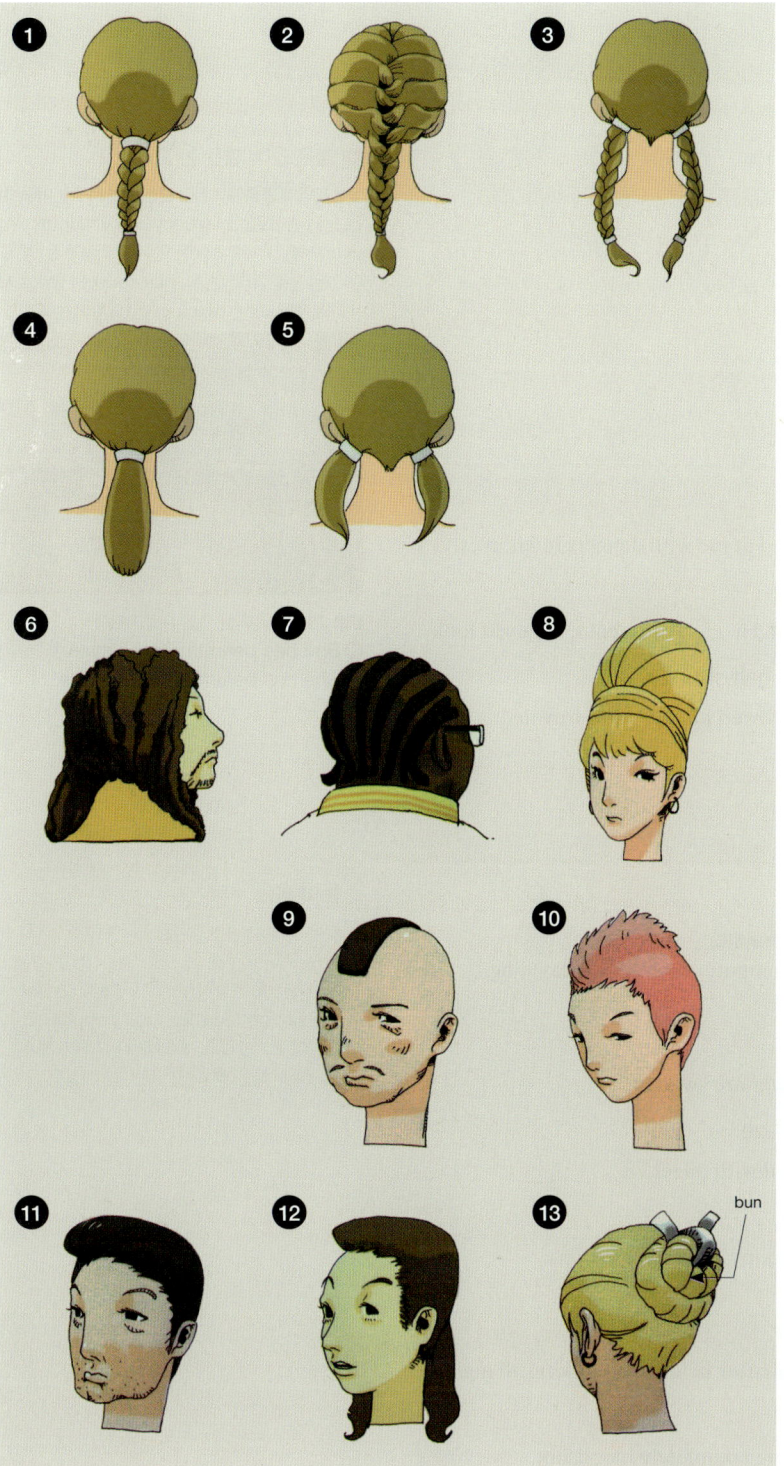

❶ braid
❷ French braid
❸ braided pigtails

❹ ponytail
❺ pigtails

❻ dreadlocks
❼ cornrows
❽ beehive

❾ mohawk
모히칸족 인디언들의 헤어스타일을 본딴 mohawk는 '닭벼슬머리'라고 불린다.
❿ fauxhawk
베컴 머리로 알려진 fauxhawk는 가짜 라는 뜻의 faux와 mohawk의 합성어

⓫ pompadour
⓬ mullet
맥가이버 머리로 불리는 mullet의 짧은 앞머리는 비즈니스, 긴 뒷머리는 파티라는 의미를 담고 있다.
⓭ updo

2.5 눈 eye

색깔

검은 눈 brown eyes ❶
녹색 눈 green eyes
파란 눈 blue eyes
회색 눈 gray eyes

> **❶ 검은 눈 = 멍든 눈**
> 눈동자의 색깔 중에서 가장 흔한 것은 검은 눈이다. 검은 눈은 영어로는 black eyes가 아니라 brown eyes인데, black eye는 '눈가에 퍼렇게 든 멍' 또는 그런 눈을 가리키는 말. black eye는 단수로 사용하며, 형용사로는 black-eyed와 같이 쓴다.
>
>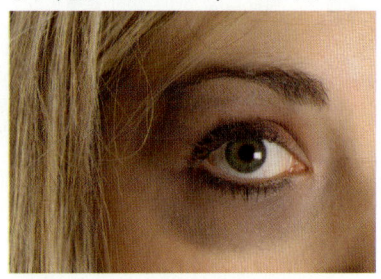
>
> ex 그녀는 아름다운 검은 눈을 가졌다.
> ❌ She has beautiful black eyes.
> ⭕ She has beautiful brown eyes.

모양

도끼눈 glaring eyes
☐ 그는 도끼눈을 하고 나를 쳐다보았다. He stared at me with daggers in his eyes.

뱁새눈 slit eyes
☐ 그는 정나미가 떨어지는 뱁새눈으로 나를 보았다. He gave me a cold, slit-eyed look.

실눈 tiny narrow eyes; half-closed eyes; half-shut eyes
☐ 그녀는 실눈을 뜨고 얼굴을 찡그렸다. She narrowed her eyes and frowned.

상태, 묘사

마른, 뻑뻑한 dry
☐ 하루 종일 컴퓨터 모니터를 들여다봤더니 눈이 뻑뻑하다.
 My eyes are dry from staring into the computer monitor all day long.

부은 swollen; puffy
☐ 밤에 라면을 먹고 잤더니 눈이 부었다.
 I ate ramen right before bed, and my eyes are swollen.

이글거리는 blazing, 이글거리다 blaze
☐ 그의 눈은 분노로 이글거렸다. His eyes blazed with anger.

처진 droopy, 처지다 droop
☐ 그는 눈이 밑으로 축 처졌다. His eyes are droopy. / His eyes droop.

초롱초롱한 bright; limpid
☐ 밤샘 작업을 했음에도 그의 눈은 초롱초롱했다.
 His eyes were still bright and clear even after he'd been working all night.

충혈된 bloodshot
☐ 그의 눈은 잔뜩 충혈되어 있었다. His eyes were completely bloodshot.

> **눈이 먹는 사탕**
> eye candy는 눈깔사탕으로 착각하기 쉽지만 '눈요깃거리'라는 뜻. '눈이 먹는 사탕'이니까 '눈이 즐거운 광경'이라는 의미가 된다. 눈깔사탕은 jawbreaker 또는 gobstopper라고 하는데, 크기가 너무 커서 턱jaw이 부서지거나, 입gob이 다물어지지 않는다는 의미이다.

침침한 dim; blurry; blurred
- 그녀는 나이가 들면서 눈이 침침해졌다. Her eyes became dim as she grew old.

휘둥그레진 goggle-eyed
- 믿을 수 없는 광경에 그의 눈이 휘둥그레졌다.
  He stared goggle-eyed at the unbelievable scene.

❶ 눈의 구조

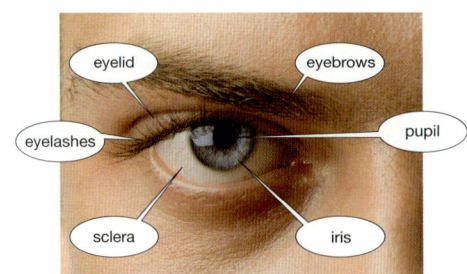

구조 ❶

눈구멍 eye socket

눈꺼풀 eyelid; lid (of an eye)
- 그는 나이가 들면서 눈꺼풀이 처지기 시작했다. His eyelids began to droop with age.

  쌍꺼풀 double eyelids; creased eyelids ❷
  - 쌍꺼풀 수술을 받았다 I had double-eyelid surgery.

눈썹 eyebrows; brows ❸
- 눈썹을 뽑다 pluck *one's* eyebrows
- 그는 숱검댕이 눈썹을 가지고 있다. He has bushy eyebrows.

  일자눈썹 unibrow; monobrow

눈알, 안구 eyeball

  검은자위 (동공) pupil; (홍채) iris

  의안 artificial eye; glass eye
  - 그는 사고로 한쪽 눈을 잃어 의안을 하고 다닌다.
    He lost an eye in an accident and wears an artificial one.

  흰자위 the white of the eye; (의학용어) sclera

미간 the middle of the forehead; the space between the eyebrows
- 그녀는 미간이 좁다. Her eyes are set close together.

속눈썹 eyelashes; lashes ❹
- 속눈썹이 자꾸 눈을 찌른다. My eyelashes keep getting in my eyes.

❷ 쌍꺼풀 수술

쌍꺼풀 수술double-eyelid surgery은 한국인, 일본인과 같은 동양인 사이에서만 유행하는 미용 성형수술이다. 백인종은 선천적으로 눈이 클뿐만 아니라 자연적으로 쌍꺼풀이 진 사람이 많아서 굳이 쌍꺼풀 수술을 받을 필요성을 못 느끼기 때문이다. 백인들도 간혹 쌍꺼풀 수술과 비슷한 안검성형술 blepharoplasty이라는 수술을 받는 경우가 있다. 안검성형술은 미용이 목적인 쌍꺼풀 수술과는 달리 눈꺼풀이 처저서 속눈썹이 눈을 찌를 때 받는 수술이다.

❸ 아름다운 일자눈썹을 지니셨군요

일자눈썹은 둔해 보이는 인상 때문에 많은 사람들이 눈썹과 눈썹 사이의 털을 뽑고, 눈썹을 보다 가름하게 만들기 위해 노력한다. 하지만 이란과 같은 나라는 이슬람교 율법에 따라 머리카락이나 수염에 함부로 손을 대는 것을 엄격히 금지하고 있다. 그래서 이란에서는 손님의 눈썹 사이의 털을 정리해 준 이발소들이 당국의 단속에 걸려 문을 닫는 경우가 종종 벌어진다. 이란에서는 일자눈썹을 가진 여성이 순결하고 아름다운 여성으로 여겨진다.

❹ 속눈썹에 소원을 비세요

영어권에는 속눈썹에 관한 미신이 있다. 속눈썹이 우연히 빠졌을 때, 빠진 속눈썹을 손등 위에 올려놓고 눈을 감고 소원을 빌면서 가볍게 바람을 불었을 때 속눈썹이 날아가면 소원이 이루어진다고 한다. 물론 속눈썹을 억지로 잡아당겨 뺐을 경우, 그리고 필요 이상으로 바람을 세게 불었다면 그 소원은 이루어지지 않는다.

행동

감다 close (*one's* eyes); shut (*one's* eyes)
- 눈을 감아라. Close your eyes.

깜박이다 blink (*one's* eyes); (예쁘게 보이려고) bat *one's* eyes[eyelashes]
- 그녀는 눈을 깜박이며 애교를 부렸다. She coquettishly batted her eyes.

내리깔다 drop *one's* eyes; lower *one's* eyes
- 그녀는 남자가 그녀를 쳐다보고 있는 것을 보고 눈을 내리깔았다.
  When she saw him staring at her, she lowered her eyes.

눈싸움 staring contest ❶
- 눈싸움하다 have a staring contest

뜨다 open (*one's* eyes)
- 눈을 떠라. Open your eyes.

윙크 wink ❷
- 윙크하다 wink (at) / give *sb* a wink
- 우승이 확정되자 그는 카메라를 향해 윙크를 했다.
  When it was confirmed that he had won, he winked at the camera.

치뜨다, 치켜뜨다 (sharply) raise *one's* eyes
- 그 여자는 눈을 치켜뜨고 나를 쳐다보았다. She raised her eyes and stared at me.

희번덕거리다 stare goggle-eyed

---

❷ **40번의 윙크**

forty winks, 즉 40번의 윙크는 영어에서는 짧은 낮잠이라는 뜻. 영어에는 do not get a wink of sleep 또는 do not sleep a wink라는 표현이 있는데, 이는 '한숨도 못 자다'라는 뜻이다. 즉 영어에서는 눈을 한 번 깜박이는 동작인 윙크를 가장 짧은 형태의 잠으로 여기는 셈이다. 그런데 왜 40번의 윙크일까? 40은 성경에서 신성한 숫자로 여겨지는데, 모세는 40일 동안 시나이산 위에 있었고, 노아의 홍수는 40일 동안 계속되었으며, 예수는 사막에서 40일 동안 단식을 했기 때문이다.

---

❶ 우리말로는 눈싸움, 영어로는?

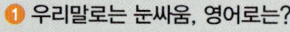
▶ staring contest

ex They are having a staring contest.
그들은 눈싸움을 하고 있다.

보다

보다 see; watch; look; give *sb* a look; ⓕ behold ❶

곁눈질하다 look sideways (at); give *sb* sideway glances
- 건너편 남자가 나를 자꾸 곁눈질하고 있다.
  The man across from us keeps giving me sideways glances.

관찰하다 observe; watch
- 나는 그녀의 행동을 유심히 관찰했다. I watched her behavior carefully.

굽어보다, 내려다보다 look down; overlook; have a bird's-eye view
- 창문에서 길거리를 내려다보았다.
  I looked down at the street from the window.

bird's eye view
(건축의) 조감도

내다보다 look out (of)
- 그녀는 창밖을 내다보았다. She looked out the window.

노려보다, 째려보다 glare; glower; look daggers at *sb*; roll *one's* eyes; give *sb* a glare; (눈을 흘기다) give a sidelong scowl; look askance (at)
- 그녀는 씩씩거리며 나를 노려보았다. She glowered at me.

돌아보다, 뒤돌아보다 look back
- 그는 뒤도 돌아보지 않고 떠났다. He left without looking back.

두리번거리다, 둘러보다 (have a) look around; (상점 등에서) browse
- 그는 방 안을 두리번거리며 뭔가를 찾았다.
  He looked around the room, searching for something.

❶ **see와 look의 차이**
see는 보려고 노력하지 않아도 눈에 저절로 들어오는 것이고, look은 일부러 노력해서 보는 것.
- ex 보지 마! 너는 이런 잡지를 보기엔 너무 어려.
  ✗ Don't see! You're too young for this kind of magazine.
  ◉ Don't look! You're too young for this kind of magazine.

◀ snowball fight
ex Let's have a snowball fight!
우리 눈싸움 하자!

들여다보다, 뜯어보다, 살펴보다 examine; look in(to); look closely (at); peer; scrutinize
- 그녀는 시계를 들여다보았다. She was peering at her watch.

마주 보다 look at each other
- 우리는 얼굴을 마주 보고 앉았다. We sat looking at each other.

목격하다 witness
- 우연히 사고 현장을 목격했다. I just happened to witness the accident.

못 본 체하다, 좌시하다 close[shut] *one's* eyes (to); turn a blind eye (to)
- 그의 태도를 좌시하고 있지만은 않겠다. I won't turn a blind eye on his attitude.

어렴풋이 보다, 언뜻 보다 glimpse; catch sight of
- 사람들 사이에서 그녀의 모습을 언뜻 보았다. I caught sight of her in the crowd.

엿보다, 훔쳐보다 peep; peek; have[take] a peep[peek]; steal a glance ❶
- 그는 문틈으로 방 안을 훔쳐보고 있었다.
  He was peeking into the room through a crack in the door.

올려다보다 look up (at); lift[raise] up *one's* eyes (to)
- 나는 키가 작아서 그를 올려다봐야만 했다.
  I had to look up at him because I'm so short.

응시하다, 주시하다, 지켜보다 look[watch] carefully; stare; gaze; observe; eye; eyeball
- 나는 말없이 그의 행동을 주시했다. I observed his behavior silently.

추파를 던지다 leer
- 한 남자가 나에게 추파를 던졌다. Some man leered at me.

투시하다 see through
- 그에게는 사물을 투시할 수 있는 능력이 있다.
  He has the amazing ability to see through things. / He has X-ray vision.

훑어보다 (위아래로) look[stare] *sb* up and down; (대강 보다) look over; scan (through); skim (through); run *one's* eyes through; (재빨리) sweep
- 서류들을 대충 훑어보았다. I skimmed through the papers.

힐끔거리다 glance (at)
- 그녀는 자꾸만 시계를 힐끔거렸다. She kept glancing at her watch[clock].

❶ **엿보면 혼날 줄 알아!**

남을 엿보기 좋아하는 사람을 peeping Tom, 즉 '엿보는 톰'이라고 한다. peeping Tom은 관음증voyeurism이라는 정신병이 있는 관음증 환자voyeur와 같은 뜻으로 쓰이는데, 이 표현의 유래는 다음과 같다. 중세 시대 때 영국의 한 영주가 백성들로부터 과도한 세금을 거두려고 하자 인정 많은 그의 아내 고디바Godiva가 세금을 낮춰 줄 것을 부탁했다. 영주는 아내의 부탁을 거절하기 위해 벌거벗은 몸으로 말을 타고 마을을 한 바퀴 돌면 세금을 깎아 주겠다고 했고, Godiva는 실제로 자신의 긴 머리카락으로 몸을 가린 채 알몸으로 마을을 돌았다. 백성들은 이런 Godiva를 엿보지 않을 것을 약속했지만, Tom이라고 하는 재단사는 문에 구멍을 뚫고 그녀를 엿보려고 하다가 눈이 멀어버렸다고 한다.

2.6 코 nose

모양

납작코 flat nose; wide nose

들창코 upturned nose; pug nose; button nose
- 들창코의 snub-nosed

딸기코 potato nose; copper nose

매부리코 hawk nose; aquiline nose
- 매부리코의 hook-nosed

주먹코 bulbous nose

딸기코	❌ strawberry nose
	🔘 potato nose

높은 코 VS 낮은 코
높은 코 ❌ high nose → 🔘 big nose
낮은 코 ❌ low nose → 🔘 small nose

영어권에서는 코의 크기가 크면 콧대도 높고, 크기가 작으면 콧대도 낮다고 생각한다. 매부리코가 대표적인 high nose이고, 들창코는 small nose이다. 동양인의 코는 길이도 짧고 콧대도 높지 않은 small nose가 많다.

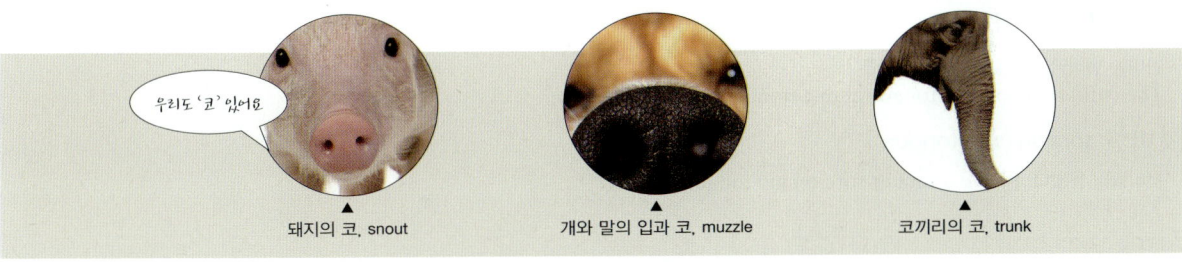

돼지의 코, snout 개와 말의 입과 코, muzzle 코끼리의 코, trunk

구조

코딱지 dried mucus; *inf* booger

코털 nose hair; nasal hair
- 코털을 뽑다 pull[pluck] out a nose hair

코피 nosebleed
- 세수를 하는데 갑자기 코피가 났다.
  Suddenly I got a nosebleed when I was washing up.

콧구멍 nostrils
- 콧구멍을 벌름거리다 flare *one's* nostrils

콧대, 콧등 bridge (of the nose)
- 그는 주먹에 맞아서 콧등이 주저앉았다.
  Somebody punched him in the nose and broke it.

콧물 mucus; snot
- 그의 얼굴은 눈물과 콧물로 범벅이 되어 있었다.
  His face was covered with tears and mucus.

행동

골다, 드르렁거리다 snore; saw logs
- 그는 잘 때 코를 심하게 곤다.
  He snores loudly when he sleeps.

냄새를 맡다 smell

콧방귀를 뀌다 snort
- 그는 내 제안에 콧방귀를 뀌었다.
  He just snorted when he heard my suggestion.

킁킁거리다 sniff; (냄새를 맡다) smell
- 개가 코를 킁킁거리며 냄새를 맡았다. The dog sniffed around.

훌쩍이다 sniffle; snuffle
- 아이는 코를 훌쩍이며 흐느꼈다.
  The child was sniffling and sobbing.

2.7 입 mouth

구조

입술 lips ❶
- 입술이 자꾸 트고 갈라진다. My lips keep getting chapped.
  - 아랫입술 the lower lip; the bottom lip
  - 윗입술 the upper lip; the top lip

입천장 palate; the roof of *one's* mouth

| palate [pǽlit] 입천장 |
| palette [pǽlit] (미술도구) 팔레트 |

- 뜨거운 물을 마시다가 입천장을 데었다.
  I burnt the roof of my mouth on some hot water.

❶ Full Lips
미국의 여배우 안젤리나 졸리Angelina Jolie의 입술처럼 크고 통통한 입술은 thick lips(두꺼운 입술)이 아니라 full lips라고 한다.

잇몸 gum(s)
- 그녀는 잇몸을 드러내고 환히 웃었다. She grinned broadly with her gums showing.

혀, 혓바닥 tongue
- 아이는 혓바닥을 내밀고 나를 약 올렸다.
  The child stuck out his tongue at me, trying to get me riled up.

혓바늘 sore on *one's* tongue
- 혓바늘이 돋았다. I have a canker sore on my tongue.

관련 동작

마시다 drink; have
- 마실 것 좀 없나요? Can I have something to drink?

말하다 speak; say; tell; talk; utter; narrate; f relate ❷
- 아무한테도 말하지 마세요. Don't tell anybody. / This is just between you and me.

먹다 eat; have; take
- 그는 앉은 자리에서 모든 음식을 먹어 치웠다. He ate up all the food in one sitting.

뱉다 spit (out); (가래를) expectorate
- 다시는 길에서 침을 뱉지 마라. Don't ever spit on the street again.

빨다, 빨아 먹다 suck (on); (빨대 등으로) sip
- 음료수를 빨대로 빨아 먹었다. I sipped my drink through a straw.

삼키다 swallow
- 목이 아파서 아무것도 삼킬 수가 없다.
  My throat's so sore I can't swallow anything.

❷ tell과 say의 차이
동사 tell은 누군가에게 어떤 것을 알려 줄 때 쓰는 말로서 뒤에 전치사 to 없이 목적어가 바로 나온다. say는 자신의 말이나 다른 사람의 말을 알기 쉽게 부연하거나 인용할 때 쓴다.

ex 우리 엄마가 나보고 나가지 말랬어.
❌ My mom told to me not to go out.
⭕ My mom told me not to go out.

ex 그녀에게 내가 바쁘다고 얘기해 줄래요?
❌ Could you say to her I'm busy?
⭕ Could you tell her (that) I'm busy?

이빨, 치아

이, 이빨, 치아 tooth (pl teeth)

- 이빨을 뽑다 (치과 의사가) pull a tooth / pull teeth / (치과에서) have a tooth pulled
- 이빨 하나가 흔들린다. One of my teeth is loose.

sweet tooth
have a sweet tooth는 치아가 달다는 뜻이 아니라 사탕과 같은 '단 음식을 좋아하다'라는 뜻.
ex 그녀는 단것을 좋아한다.
She **has a sweet tooth**.

치아의 종류 ❶

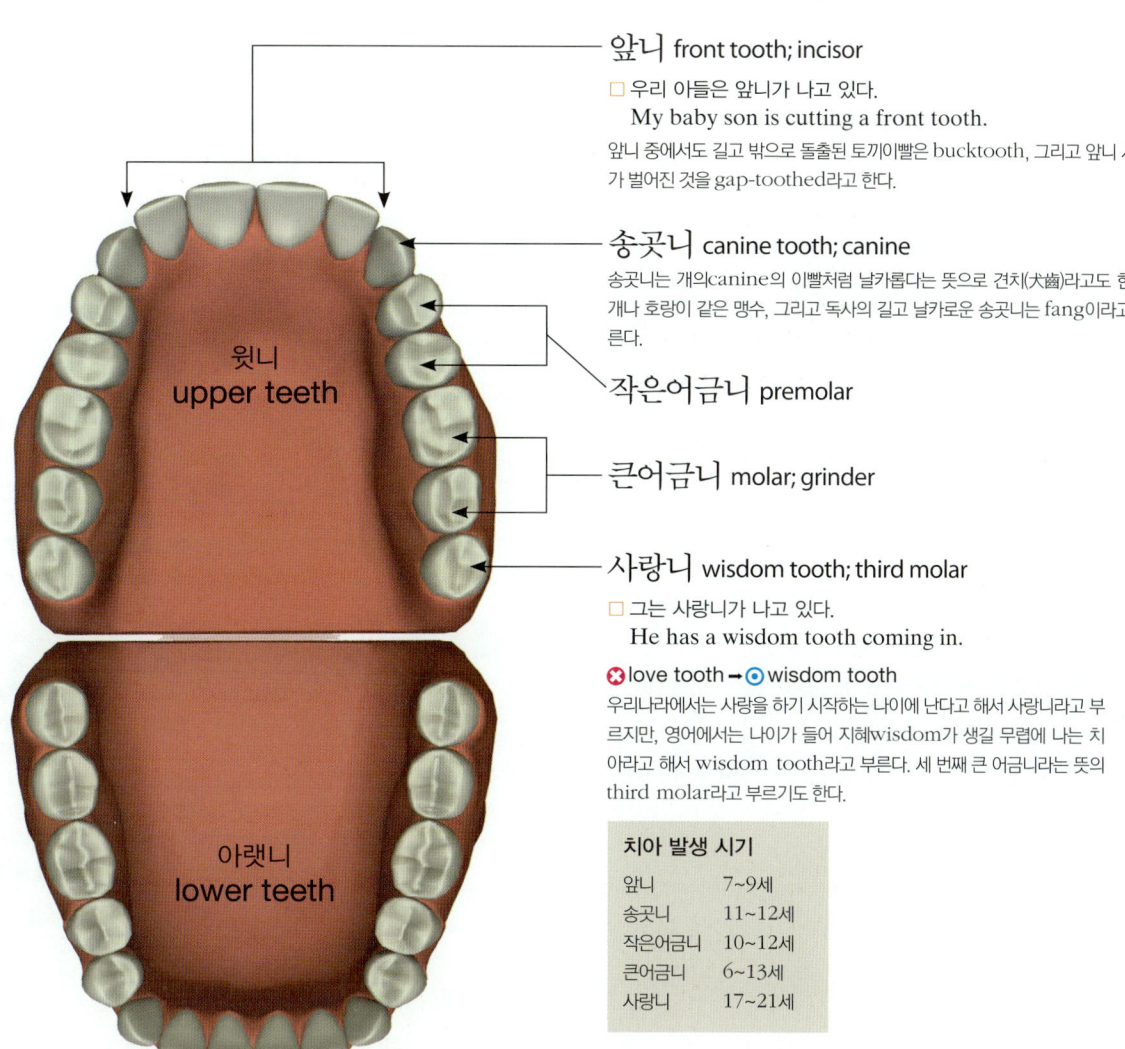

앞니 front tooth; incisor
- 우리 아들은 앞니가 나고 있다.
  My baby son is cutting a front tooth.
앞니 중에서도 길고 밖으로 돌출된 토끼이빨은 bucktooth, 그리고 앞니 사이가 벌어진 것을 gap-toothed라고 한다.

송곳니 canine tooth; canine
송곳니는 개의 canine의 이빨처럼 날카롭다는 뜻으로 견치(犬齒)라고도 한다. 개나 호랑이 같은 맹수, 그리고 독사의 길고 날카로운 송곳니는 fang이라고 부른다.

작은어금니 premolar

큰어금니 molar; grinder

사랑니 wisdom tooth; third molar
- 그는 사랑니가 나고 있다.
  He has a wisdom tooth coming in.

❌ love tooth → ⭕ wisdom tooth
우리나라에서는 사랑을 하기 시작하는 나이에 난다고 해서 사랑니라고 부르지만, 영어에서는 나이가 들어 지혜wisdom가 생길 무렵에 나는 치아라고 해서 wisdom tooth라고 부른다. 세 번째 큰 어금니라는 뜻의 third molar라고 부르기도 한다.

치아 발생 시기	
앞니	7~9세
송곳니	11~12세
작은어금니	10~12세
큰어금니	6~13세
사랑니	17~21세

치아의 종류 ❷

간니, 영구치 permanent tooth

금니 gold(-capped) tooth
- 저 금니를 한 여성이 나의 할머니입니다.
  That lady with the gold-capped tooth is my grandmother.

덧니, 뻐드렁니 snaggletooth; misaligned tooth; projecting tooth

생니 healthy tooth

유치, 젖니 baby tooth; primary tooth; milk tooth ❶

의치 (생니에 연결하는) bridge; (임플란트 치아) implant; dental implant
- 이빨을 하나 뽑고 그 자리에 의치를 해 넣었다.
  I had a tooth pulled and an implant put in.

충치 decayed tooth; bad tooth; (벌레 먹은) cavity; dental caries; tooth decay
- 그녀는 충치가 세 개 있다. She has three cavities.

틀니 dentures; false teeth; artificial teeth
- 틀니를 빼다 take out *one's* dentures
- 우리 할머니는 틀니를 하신다. My grandmother is having dentures made.

❶ 유치와 영구치

유치는 앞니 8개, 송곳니 4개, 어금니 8개 등 총 20개이며, 영구치는 앞니 8개, 송곳니 4개, 어금니 16개, 사랑니 4개 등 총 32개로 이루어져 있다. 아기가 처음으로 이가 날 때는 cut a tooth라는 표현을 쓰는데, 치아가 잇몸을 찢고 cut 나오기 때문이다.

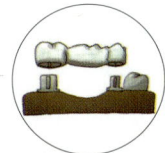

◂ 생니에 연결하는 의치
bridge

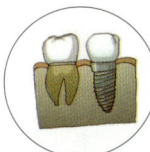

◂ 잇몸뼈에 심는 의치
implant

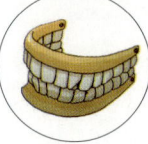

◂ 치아가 전혀 없을 때 끼는 틀니 dentures

관련표현

가지런한, 고른 even; straight ⬌ 비뚤비뚤한 crooked
- 그는 치아가 고르지 못하다. His teeth are crooked.
- 치아가 가지런하시군요. Your teeth are very even[straight].

깨물다, 물다 bite; (살짝) nip
- 아기의 볼을 살짝 깨물어 주었다. I nipped the baby's cheek.

씹다 chew (on); bite; (조금씩) nibble
- 음식을 삼키기 전에 잘 씹어라. Chew your food thoroughly before you swallow.

이빨요정 tooth fairy

우리나라에서는 아이의 이빨이 빠지면 그것을 지붕으로 던지는 풍습이 있다. 새나 쥐가 이빨을 물어가면 튼튼한 영구치가 돋아난다고 믿기 때문이다. 미국에서는 아이가 이빨이 빠지면 그것을 베개 밑에 두고 자는 풍습이 있는데, 아이가 자는 동안 이빨요정 tooth fairy이 이빨을 가져간다고 믿기 때문이다. 이빨요정은 이빨을 가져가면서 베개 밑에 돈이나 선물을 조금 놓고 가는데, 보통 아이의 부모가 이빨요정의 역할을 맡게 된다. 아이의 부모는 그 이빨을 조그마한 단지나 쌈지에 넣어 장롱 깊숙이 보관하는데, 혹시라도 마귀가 아이의 이빨을 발견하게 되면 아이에게 불행이 닥친다고 믿기 때문이다.

2.8 귀 ear

구조

귀지 earwax; wax

귓구멍 ear canal; auditory canal

귓바퀴 helix

귓불 earlobe; lobe

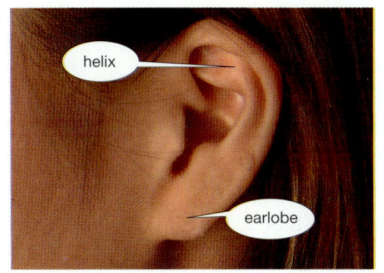

듣다

듣다 hear; listen (to); catch ❶   난청 difficulty in hearing
                                   환청 auditory hallucination
- 잘 안 들려요. I can't hear you well.
- 내 말 좀 잘 들어 봐. Listen to me carefully. / Listen carefully to what I say.
- 그가 하는 말은 한 귀로 듣고 한 귀로 흘려라. Don't pay any attention to him. Just let what he says go in one ear and out the other.

경청하다, 귀담아듣다 listen carefully; `inf` be all ears; (귀를 쫑긋 세워) prick one's ears
- 나는 귀를 쫑긋 세우고 그의 이야기를 경청했다.
  I pricked up my ears and listened to what he said.

알아듣다 recognize; make out
- 시끄러워서 무슨 소리인지 알아들을 수가 없었다.
  It was so noisy I couldn't make out what was being said.

얻어듣다, 주워듣다 happen to hear
- 그는 여기저기서 주워들은 게 많아서 아는 것도 많다.
  He knows a lot from the things he's heard here and there.

엿듣다 (일부러) eavesdrop; listen in (on); (우연히) overhear
- 그는 문밖에서 우리의 대화를 엿듣고 있었다.
  He was eavesdropping on us from the other side of the door.

> eavesdrop은 빗물이 떨어지는 drop 처마 eaves 밑에 서서 건물 안의 이야기를 엿듣는 행위를 말하며, 명사는 eavesdropping으로 쓴다. eavesdrop의 동의어로는 listen in (on)과 overhear가 있는데, listen in (on)이 고의적으로 엿듣는 것이라면 overhear는 원치 않는데 우연히 엿듣게 되는 것을 의미한다. 한편 다른 사람의 전화 통화를 몰래 엿듣는 도청은 명사로는 bugging, wiretapping, phone-tapping, 동사로는 tap, bug, wiretap이라고 한다.

❶ hear와 listen의 차이

hear는 들으려고 노력하지 않아도 들리는 것이고 listen은 귀를 쫑긋 세우고 들으려고 노력하는 것. 그렇기 때문에 '영어 청취'는 English hearing이 아니라 English listening이다. hear는 바로 뒤에 목적어가 나오거나 hear of, hear about의 형태로 쓰이고, listen은 주로 listen to의 형태로 쓰인다. 한편 어떤 사람의 말을 귀담아들을 때에는 be all ears라는 표현을 쓸 수 있는데, 직역하면 '몸 전체가 귀로 덮여 있다'라는 다소 과장된 표현이다.

`ex` 듣기 평가
❌ hearing test → ⭕ listening test

`ex` 잘 안 들려.
❌ I don't hear you.
⭕ I can't hear you.

`ex` 나는 음악 듣는 것을 좋아한다.
❌ I like to hear music.
⭕ I like to listen to music.

A: 내 말 듣고 있니? Are you listening to me?
B: 열심히 듣고 있어. Yes. I'm all ears.

2.9 몸통 trunk; torso

목 neck; throat ❶

목구멍, 인후 throat
- 목이 부었다.
  My throat is swollen.
- 목구멍에 생선 가시가 걸렸다.
  A fish bone got stuck in my throat.

목덜미 nape of *one's* neck
- 그는 그녀의 목덜미에 키스했다.
  He kissed her on the nape of the neck.

울대뼈, 후두융기 Adam's apple ❷
- 그는 남들보다 울대뼈가 많이 튀어나왔다.
  His Adam's apple is bigger than most.

❶ neck과 throat의 차이
throat는 식도와 기도가 통과하는 목의 앞부분을 가리키고, neck은 척추가 통과하는 목의 뒷부분 또는 목구멍을 가리킨다. 즉 감기에 걸리면 throat가 아프고, 교통사고 등을 당하면 neck이 뻣뻣하고 아프다.

❶ 붉고 깊은 목 이야기
neck과 throat와 관련된 표현 중에는 redneck과 deep throat가 있다. redneck은 미국 남부 지방의 교육 수준이 낮고 인종차별적인 백인을 가리키는데, 뜨거운 햇볕 아래에서 육체노동을 하다 보니 목이 벌겋게 탔다고 해서 생긴 표현이다. 이 말은 대단히 모욕적으로 들릴 수 있기 때문에 사용하지 않는 편이 좋다. 그리고 deep throat는 익명의 내부고발자를 뜻하는 말인데, 미국의 워터게이트사건Watergate scandal 당시 신문기자에게 사건을 알린 익명의 제보자에게 붙였던 별명이다. 이 익명의 제보자는 지난 2005년 미국 FBI의 요원이었던 마크 펠트라는 사람으로 밝혀졌다.

❷ 아담의 사과
여성과 달리 남성은 목에 울대뼈Adam's apple가 있다. 울대뼈는 왜 '아담의 사과'라는 이름이 붙었을까? 성경에는 아담Adam과 이브Eve가 선악과the fruit of the tree of knowledge를 먹은 죄로 에덴동산the Garden of Eden에서 쫓겨났다고 되어 있다. 속설에 의하면 이브는 선악과의 부드러운 겉부분을 먹고 씨가 붙어 있는 나머지를 아담에게 주었는데, 그 씨가 아담의 목에 걸리는 바람에 남자에게만 울대뼈가 생겼다고 한다. 하지만 성경 어디에도 선악과가 사과라고 나와 있지 않은데 왜 '선악과 = 사과'라는 등식이 성립되었을까? 라틴어로 사과apple는 malus, 그리고 악evil은 malum이라고 하는데, 두 단어의 형태가 비슷하기 때문에 사과를 선악과라고 생각하게 된 것으로 보인다. 또한 존 밀턴John Milton이 1665년에 쓴 《실락원Paradise Lost》에서 선악과를 좀 더 사실적으로 묘사하기 위해 사과를 선악과로 묘사한 이후 선악과 = 사과라는 등식이 굳어졌다.

가슴, 흉부 chest

가슴골 cleavage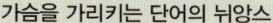

겨드랑이 armpit(s); underarm(s)
- 나는 그의 겨드랑이를 간질였다. I tickled him under the arm.

계흉, 새가슴 pigeon chest; pigeon breast

유두, 젖꼭지 nipple(s); (여성의) teat(s); inf tit(s)

유방, 젖가슴 breast; bust; f bosom; inf boob(s); ! hooters
- 가슴이 크다 have large breasts
- 그녀의 가슴둘레는 34인치다.
  Her bust measures 34 inches. / She has a 34-inch bust.

> **가슴을 가리키는 단어의 뉘앙스**
>
> chest는 남성의 가슴, breast는 여성의 젖가슴을 가리킨다. 하지만 breast가 소설 등에서 쓰이면 남성의 가슴을 뜻하기도 한다. bust는 여성의 가슴둘레를 가리키고, bosom은 소설 등에서 쓰이는 문어체 표현이며, boob은 구어체 표현이다. boob이라는 단어는 여성들끼리는 스스럼없이 쓸 수 있지만, 남성이 여성에게 사용하면 성희롱을 한다는 오해를 살 수 있다. boob job은 유방확대수술breast enlargement surgery의 구어체 표현으로 쓰인다. 한편 성인 레스토랑 체인점의 이름으로도 알려진 hooters(후터스)는 남성들이 쓰는 단어로 여성이 들으면 무척 불쾌하게 느낄 수 있다. cleavage는 여성의 패인 가슴골을 가리키는데, 가슴골이 다 보일 정도로 깊이 파진 드레스를 low-cut dress라고 부른다는 사실도 알아두자.

배, 복부 stomach; belly; abdomen

똥배 potbelly; (남성의) paunch, 술배 beer belly; beer gut
- 그는 똥배가 나왔다. He's potbellied.
- 우리 아빠는 술배가 나왔다. My dad has a beer belly.

명치 (solar) plexus; the pit of one's stomach
- 그는 명치를 한 대 맞고 쓰러졌다.
  Somebody punched him in the solar plexus and he fell down.

배꼽 navel; belly button
  - 참외배꼽 outie; protruding navel ● 들어간 배꼽 innie; concave navel

아랫배, 하복부 lower (part of the) abdomen

● 윗배 upper (part of the) abdomen

기타

가랑이, 사타구니 groin; AE crotch; BE crutch
- 가랑이를 벌리다 spread *one's* legs / stretch *one's* legs apart

급소 pressure point ❶
- 그는 칼에 급소를 찔렸다. He got stabbed with a knife on a pressure point.

등 back
- 등 좀 긁어 주세요. Would you scratch my back for me?

> **등 좀 긁어 주세요**
> 등이 가려울 때 등긁이back scratcher가 있다면 다행이겠지만, 대개는 팔을 뒤로 뻗어 등을 긁어 보거나 가려움에 몸을 비틀어야 한다. 다행히 옆에 있는 사람이 시원하게 등을 긁어 준다면 그렇게 고마울 수가 없다. "You scratch my back, and I'll scratch yours.", 즉 "내 등을 긁어 주면 나도 네 등을 긁어 주겠다."라는 표현은 "나에게 뭔가를 부탁하려면 너도 나에게 뭔가를 해 주어야 한다."라는 뜻. "가는 정이 있어야 오는 정이 있다."라는 우리말 속담과 일맥상통하는데, 줄여서 "You scratch my back."이라고도 쓴다.
>
> A: 이 수학 문제들이 이해가 안 돼. 나 좀 도와줄래?
> I just don't understand these math problems. Will you help me?
> B: 음, 나도 역사 때문에 머리가 아파. 너도 날 도와줄래?
> Well, I'm having trouble with history. Could you help me with that?
> A: 알았어. 날 도와주면 나도 널 도와줄게.
> Sure. You scratch my back, and I'll scratch yours.

똥구멍, 항문 anus; ! butthole; asshole; arsehole

엉덩이 (궁둥이 · 볼기) buttocks; bottom; inf rear (end); backside; behind; butt; ! ass; (골반부) hip
- 그녀의 가장 큰 콤플렉스는 처진 엉덩이다.
  Her biggest worry is her sagging buttocks.

엉덩이골 gluteal cleft; inf ass crack; butt crack

옆구리 (겨드랑이에서 엉덩이까지) side; (갈비뼈 끝에서 엉덩이까지) flank
- 그 남자는 왼쪽 옆구리에 부상을 입었다. He was wounded in his left side.

옆구리살 muffin top; love handles; spare tire ❷

개미허리 ❌ ant waist
⦿ wasp waist

허리 waist
- 그녀는 개미 허리다. She has a waist as small as a wasp's. / She has a wasp waist.
- 나는 허리가 굵어서 그 옷이 맞지 않는다.
  I can't wear that garment, because I'm too big around the waist.

---

❶ 인체의 주요 급소
고환 testicles
관자놀이 temples
명치 solar plexus
인중 philtrum

❷ 내 배 안에 머핀 있다
흔히 '배둘레햄'으로 불리는, 살이 쪄서 늘어진 옆구리살은 muffin top, love handles, spare tire 등의 다양한 명칭을 가지고 있다. muffin top은 빵의 일종인 머핀muffin을 닮았다고 해서 붙은 이름이고, love handles는 연인들이 서로의 허리에 팔을 둘렀을 때 손으로 잡기 좋은 부위라고 해서 붙은 이름. 그리고 spare tire는 말 그대로 배에 타이어를 하나 둘렀다는 뜻이다.

2.10 성기 genitals; sex organ

남성의 성기

고환, 불알 testicles; [inf] family jewels; [!] balls; nuts;
(의학용어) testis ([pl] testes)
귀두 glans penis ❶
남근, 음경 penis; organ; [!] dick; cock

> 남근상 phallus
> 남근숭배 phallicism; phallic worship

여성의 성기

외음부 vulva; [f] pudendum; [!] pussy
음순 labia ([sing] labium)
음핵 clitoris
질구 vaginal opening ❷
처녀막 hymen

> 처녀막 재생수술 hymenorrhaphy; hymen reconstruction surgery

관련표현

발기 erection
- 발기되다 (사람 주어) have[get] an erection / (사물 주어) stand erect / become erect[stiff]
- 그의 성기가 발기되었다. He got an erection.

> 조루증 premature ejaculation
> 지루증 delayed ejaculation

사정 ejaculation
- 사정하다 ejaculate

성감대 erogenous zone; sexually sensitive area
- 성감대를 자극하다 stimulate *one's* erogenous zone

수음, 자위 masturbation; onanism
- 수음하다, 자위하다 masturbate / [inf] play with *oneself*
- 그는 가끔 자위행위를 한다. He masturbates occasionally.

> 오난Onan은 성경에 등장하는 인물로서, 죽은 형의 형수와 동침을 해서 아이를 낳으라는 신의 명령을 받는다. 하지만 오난은 형수가 자신의 아이를 임신하는 것이 옳지 않다고 생각하여 잠자리를 할 때마다 체외사정external ejaculation을 했고, 이에 분노한 신에 의해 죽임을 당했다. onanism은 Onan에서 나온 말이다.

---

❶ **귀두와 포경수술**

모양이 거북이 머리와 비슷한 귀두(龜頭)는 평상시에는 포피foreskin라고 하는 껍질로 덮여 있는데, 이 포피를 잘라내는 수술이 포경수술circumcision이다. 고개를 잡는다는 뜻의 포경(捕鯨)과 발음이 같아서 고래잡이라고도 불리는 포경수술은 흔히 위생적인 이유 때문에 하는 것으로 알고 있지만, 사실은 종교적인 이유 때문에 실시한다. 유대교를 믿는 이스라엘을 비롯해 이슬람권인 아랍 국가와 북아프리카에서는 종교적인 교리에 따라 할례, 즉 포경수술을 실시하지만 그 밖의 다른 나라에서는 포경수술을 거의 하고 있지 않다. 우리나라는 해방 직후 위생적으로 열악한 환경과 미국 문화의 영향으로 인해 포경수술이 널리 퍼졌지만, 현재는 포경수술을 받는 아이들의 숫자가 점점 줄어들고 있다고 한다.

❷ **버자이너 모놀로그**

〈버자이너 모놀로그Vagina Monologue〉라는 연극이 있다. vagina는 사전적으로는 외음부와 자궁을 연결하는 통로인 질을 의미하지만 실제로는 여성의 외음부를 가리키는 말로 쓰인다. 외음부를 가리키는 말에는 vulva, pussy 등이 있지만 지나치게 노골적이고 금기되는 단어이기 때문에 보다 완곡한 어감의 vagina를 사용하는 것. 이처럼 노골적이고 금기되는 단어를 다른 단어로 바꿔 쓰는 것을 완곡어법euphemism이라고 하는데, privates 즉 '개인적인 부분'은 음부의 euphemism이다.

2.11 팔 arm

팔

팔 arm
- 팔을 들다 raise *one's* arm
- 팔을 벌리다 spread *one's* arm

오른팔 right arm ➡ 왼팔 left arm

의수 artificial arm; arm prosthesis
- 그는 오른팔에 의수를 하고 있다. He wears a prosthesis on his right arm.

위팔 upper arm ➡ 아래팔, 팔뚝 forearm
- 그는 팔뚝만한 물고기를 잡았다. He caught a fish as long as his forearm.

손목, 팔목 wrist
- 그가 나의 손목을 잡았다. He took me by the wrist.

어깨 shoulder ❶
- 어깨동무를 하다 put *one's* arms around each other's shoulders
- 그의 어깨가 축 처져 있었다. His shoulders were stooped.

팔꿈치 elbow
- 그 여자의 스웨터는 팔꿈치 부분이 해졌다. Her sweater has gone at the elbows.

손

손 hand; [inf] paw
- 그들은 손을 잡고 나란히 걸었다. They walked along holding hands.
- 질문이 있으면 손을 드세요. If you have any question, just raise your hand.

맨손, 빈손 bare hands
- 그는 맨손으로 사람을 죽였다. He killed a man with his bare hands.

오른손 right hand

왼손 left hand

> **왼손잡이 투수 southpaw**
> 좌완 투수, 즉 왼손잡이 투수를 사우스포southpaw라고 한다. 초창기의 미국 야구장은 투수 마운드가 동쪽에 놓이도록 설계되었다. 오후 경기를 할 때 타자가 투수의 공을 잘 보려면 해를 등져야 했기 때문이다. 투수는 서쪽을 바라보기 때문에 왼팔이 남쪽을 향하게 되었고, 이런 이유로 왼손잡이 투수를 southpaw라고 부르기 시작했다. 한편 오른손과 왼손을 자유자재로 쓸 수 있는 것을 가리키는 형용사는 ambidextrous, 명사는 ambidexterity이다. 야구 선수 중에서 양손을 자유롭게 사용할 수 있는 타자들을 스위치히터switch hitter라고 부른다.

---

❶ 불청객에겐 어깻살을

옛날 서양에서는 반가운 손님이 찾아오면 김이 모락모락 나는 따뜻한 음식을 대접했지만, 불청객에게는 식어빠진 양고기의 어깻살cold shoulder of mutton을 대접했다고 한다. 여기서 유래된 give *sb* the cold shoulder라는 표현은 '푸대접을 하다'라는 뜻이다. cold-shoulder라는 동사로 쓰기도 한다. 한편 우리나라 남도 지방에는 "미운 사위에 매생이국 준다."라는 속담이 있는데, 녹조류의 일종인 매생이는 아무리 끓여도 김이 나지 않기 때문에 멋모르고 덥석 삼켰다간 입천장을 데기 일쑤이기 때문이다.

ex 그녀는 나를 푸대접했다.
She gave me the cold shoulder.

맨손 ❌ naked hands ➡ ⭕ bare hands

오른손잡이 right-hander; right handed person; [inf] righty

왼손잡이 left-hander; left handed person; [inf] lefty; (야구·권투 등의) southpaw

손등 the back of *one's* hand
☐ 손등으로 얼굴에 흐르는 땀을 닦았다.
　I wiped the sweat off my face with the back of my hand.

손바닥 palm
☐ 그는 손바닥이 항상 땀으로 젖어 있다. His palms are always sweaty.

손금 the lines of the palm[hand]
☐ 점쟁이는 내 손금을 찬찬히 들여다보았다.
　The fortune teller read my palm carefully.

주먹 fist
☐ 가볍게 주먹을 쥐세요. Close your fist slightly.

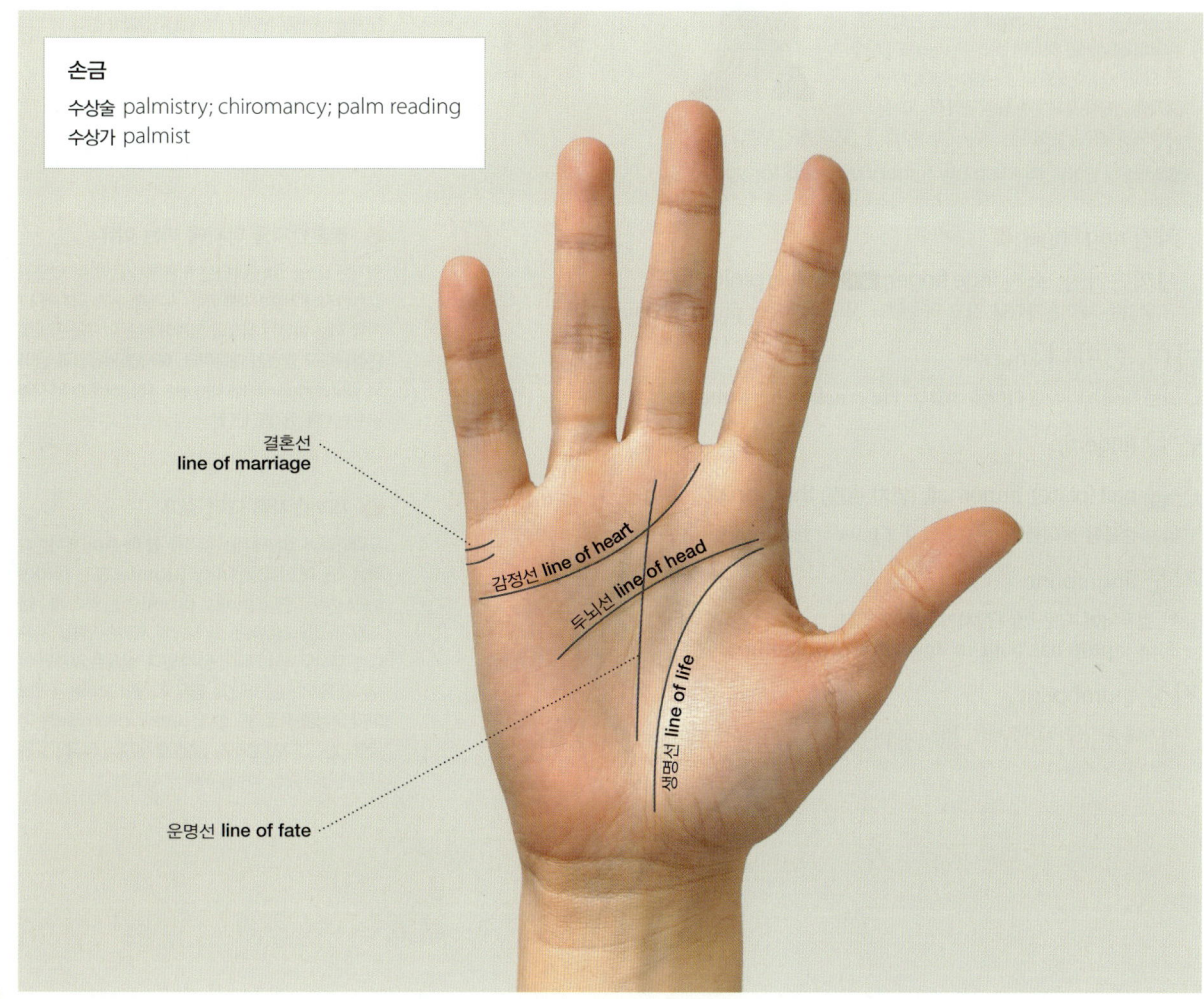

손금
수상술 palmistry; chiromancy; palm reading
수상가 palmist

결혼선 line of marriage
감정선 line of heart
두뇌선 line of head
생명선 line of life
운명선 line of fate

손가락

손가락 finger
- 그녀는 손가락이 길고 가늘다. She has long bony fingers.
- 그는 손가락을 퉁겨 웨이터를 불렀다. He snapped his fingers at the waiter.

  엄지 thumb; big finger
  집게손가락, 검지 index finger; forefinger
  가운뎃손가락, 중지 middle finger; long finger ❶

> **중지와 검지가 만났을 때**
> 많은 사람들이 사진을 찍을 때 중지와 검지를 뻗어 V자를 그리는데, 이러한 동작을 V sign이라고 한다. V sign은 손바닥이 상대방을 향하면 승리victory의 기쁨을 표현하는 동작이 되지만, 손바닥이 자신을 향하고 손등이 상대방을 향하면 the finger와 같은 의미가 될 수 있으니 조심해야 한다. 한편 중지에 검지를 포개는 동작은 욕이 아니라 상대방에게 행운을 빌어주는 의미. 이때 손가락은 십자가를 상징한다.
> **ex** 행운을 빌어요. I'll keep my fingers crossed for you.

"×××" 　"행운을 빌어"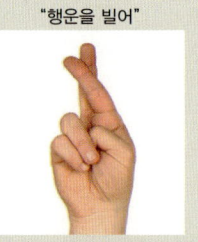

  약지 ring finger ❷
  새끼손가락, 소지 little finger; inf pinkie; pinky ❸
- 우리는 새끼손가락을 걸고 약속했다. We made a pinky promise.

마디, 손마디 knuckle
- 그는 딱딱거리며 손마디를 꺾었다. He cracked his knuckles.

손끝 fingertip

손톱 nail (plate); fingernail; (엄지 손톱) thumbnail
- 나는 손톱을 물어뜯는 버릇이 있다. I have a habit of biting my fingernails.

지문 fingerprint
- 이 컴퓨터에 지문 인식 장치가 내장돼 있다. This laptop has built-in fingerprint recognition.

지장 thumbprint
- 여기에 지장을 찍어주세요. Please place your thumbprint here.

---

❶ 중지가 조심스러운 이유
중지를 세워 욕을 하는 것을 영어로는 the finger 또는 the bird라고 하고, give *sb* the finger[bird]와 같이 표현한다. 기록에 의하면 고대 그리스의 극작가인 아리스토파네스Aristophanes가 이런 제스처를 처음으로 사용했고, 로마에서 그리스의 문물을 받아들이면서 전세계로 퍼졌다고 한다.

❷ 결혼반지를 약지에 끼는 이유
약지는 ring finger라는 이름에서도 알 수 있듯이 결혼반지나 약혼반지를 끼는 손가락. 왼손 약지에 반지를 끼는 이유는 심장의 혈관이 왼손 약지와 곧바로 연결된다고 믿었기 때문이다. 하지만 동유럽과 남미의 일부 천주교 국가에서는 왼손 대신 오른손 약지에 결혼반지를 끼기도 한다.

❸ 새끼손가락 고리 걸고
우리나라와 일본에서는 약속을 할 때 흔히 새끼손가락을 거는데 이것을 pinky promise 또는 pinky swear라고 한다. pinky promise는 약속이나 맹세를 어겼을 경우에는 그 사람의 새끼손가락을 자른다는 무시무시한 의미가 담겨 있다. 실제로 일본의 야쿠자들은 약속을 어겼을 경우 자신의 새끼손가락의 마디 하나를 자르기도 한다. pinky promise는 미국에서는 그다지 흔하지 않은 광경이다. 미국인들은 새끼손가락 대신 악수를 하며 약속을 한다.

관련 동작 ❶

가리키다 point; indicate
- 그는 손가락으로 북쪽을 가리켰다. He pointed north.

간지럽히다, 간질이다 tickle
- 옆구리를 간질이다 tickle sb in the ribs

긁다 scratch
- 머리를 긁다 scratch *one's* head

끌어당기다, 당기다 pull; draw; (억지로) drag
- 그는 내 팔을 갑자기 잡아당겼다. Suddenly he pulled on my arm.

던지다 throw; cast; (가볍게) toss; (힘껏) fling; pitch; hurl; (동전 등을) flip ❶
- 동전을 던져 순서를 정하자. Let's flip a coin to see who goes first.

두드리다 knock; (가볍게) tap
- 누군가가 방문을 두드렸다. Somebody knocked on the door of my room.

때리다, 치다 hit; beat; strike; (손바닥으로) slap
- 나는 그의 뺨을 힘껏 때렸다. I slapped him hard across the face.

만지다 touch; feel; finger, **만지작거리다** fiddle; fidget
- 그거 만지지 마. 뜨거워! Don't touch that; it's hot!
- 내 이마 좀 만져 봐. 열이 있는 것 같지 않니? Feel my forehead. Doesn't it seem hot?

문지르다 rub; (냄비 등을 박박 문지르다) scrub; scour
- 나는 더러운 냄비를 박박 문질러 닦았다. I scoured the dirty pot.

밀다, 밀치다 push; (세게) shove; thrust; jostle
- 밀지 마세요. Don't push.

박수, 손뼉 clap; ovation; (박수갈채) applause
- 박수를 치다 applaud / clap (*one's* hands)
- 그에게 박수를 쳐 줍시다. Let's give him a round of applause.
  - **기립박수** standing ovation ❷
    - 기립박수를 치다 give a standing ovation

비틀다 twist
- 경찰은 도둑의 팔을 비틀어 꺾었다. The policeman twisted the thief's arm.

❶ 동전 던지기

미국 영화를 보면 동전 던지기coin tossing로 어떤 일을 결정하는 경우가 많다. 동전의 앞면은 heads 또는 obverse, 뒷면은 tails 또는 reverse라고 하는데, "Heads or tails?"는 "앞면으로 할래, 뒷면으로 할래?"라고 묻는 질문. 일반적으로 동전의 앞면에는 사람의 얼굴과 발행 연도가 찍혀 있고 뒷면에는 액면가가 찍혀 있는데, 머리가 앞면에 있으니까 당연히 뒷면을 꼬리tails라고 부르는 것. 실제로 미국의 25센트quarter와 50센트half dollar짜리 동전의 뒷면에는 미국의 상징인 흰머리독수리bald eagle가 그려져 있다. 즉 tails는 독수리의 꼬리인 셈. 미국에는 앞면이 위로 향해 있는 1센트짜리 동전을 주우면 행운이 온다는 미신이 있다.

◀ heads

◀ tails

❷ 예의상 치는 기립박수

일반적으로 대단한 업적을 남긴 사람이 입장을 하거나 퇴장을 할 때 기립박수를 친다. 하지만 예의상 기립박수를 치는 경우도 있다. 미국의 대통령은 연초에 의회에서 국정 현황을 설명하고 의회의 협조를 부탁하는 연설을 한다. 이것을 연두교서State of the Union address라고 하는데, 대통령이 입장하고 퇴장할 때뿐만 아니라 연설을 하는 동안에도 의원들은 끊임없이 기립박수를 친다. 즉 연설을 조금 하다가 기립박수로 인해 연설이 중단되는 상황이 반복되는데, 특이한 것은 여당 의원들뿐만 아니라 야당 의원들까지 대통령의 한 마디 한 마디에 열광적인 기립박수를 보낸다는 것. 대통령의 연두교서가 끝난 다음날 신문에는 대통령이 몇 번의 기립박수를 받았다는 내용의 기사가 실리기 일쑤다. 미국 의회에서는 대통령이 연설을 할 때 앉아서 박수를 치는 것은 큰 모욕으로 여겨진다.

관련 동작 ❷

손짓하다 gesture; sign; gesticulate; motion; (사람을 부를 때) beckon ❶
□ 그녀는 우리에게 비키라고 손짓했다. She gestured for us to get out of the way.

쓰다듬다, 어루만지다 pat; stroke
□ 그녀는 아들의 머리를 쓰다듬었다. She patted her son on the head.

잡다, 쥐다 hold; catch; take; grasp; grip; clasp; clutch; grab; seize; (낚아채다) snatch (away); tear
□ 나는 혼자 힘으로 도둑을 잡았다. I caught the thief by myself.
□ 그들은 서로의 손을 꼭 잡았다. They held each other's hand tightly.

줍다, 집다 pick up
□ 수화기를 집어 들었을 때 전화벨 소리가 끊겼다. I picked up the phone and it stopped ringing.

쥐어짜다, 짜다 squeeze; wring (out)
□ 치약은 뒤에서부터 짜서 써라. Squeeze the toothpaste tube from the end.

찌르다 (손가락으로) poke; prod; jab; (팔꿈치로) nudge; elbow; jog
□ 그는 팔꿈치로 나를 쿡 찔렀다. He nudged me with his elbow.

팔짱을 끼다 (혼자서) fold one's arms; cross one's arms (두 사람이) take sb's arm; link arms with sb
□ 나는 그와 팔짱을 끼고 거리를 걸었다. He and I walked down the street arm in arm.

하이파이브 high-five ❷
□ 하이파이브를 하다 high-five
□ 나 100달러 주웠어! 하이파이브 하자! I found $100! Gimme five!

할퀴다 scratch; claw
□ 그 여자는 내 뺨을 손톱으로 할퀴었다. She scratched my cheek.

흔들다 wave
□ 그는 나를 보자 손을 흔들었다. He waved his hand when he saw me.

❶ 헤이, 웨이터
음식점에서 웨이터를 부를 때 엄지와 중지를 딱딱 퉁기는 사람들이 있다. 하지만 이런 동작은 영어권에서는 굉장히 모욕적이고 천박한 행동으로 여겨진다. 웨이터를 부를 때는 "Excuse me."라고 하는 것이 정답. 한편 손짓으로 사람을 부를 때 주먹을 쥔 채 검지 손가락만을 까딱거리는 경우가 많은데, 이런 행동 역시 많은 나라에서 모욕적으로 받아들여지기 십상이다. 이런 동작은 사람이 아니라 개를 부를 때 사용한다고 해서 dog call이라고도 하는데, 필리핀에서는 사람에게 dog call을 하는 것은 범죄행위에 해당한다. 외국에서는 사람을 부를 때 손바닥을 아래로 향하고 손가락 전체를 움직여야 한다.

❷ 하이파이브와 변형 동작

▲ 위에서 손바닥을 맞부딪치는 high-five ▲ 멀리 떨어진 사람들이 하는 air five ▲ 아래에서 손바닥을 맞부딪치는 low five

2.12 다리 leg

다리

다리 leg ❶
- 다리를 떨지 마라. Don't shake your leg.
- 오랫동안 걸었더니 다리가 아프다. My legs hurt from walking so much.

평발, 밭장다리, 팔자다리 splayfoot
- 밭장다리의 splayfooted
- 팔자걸음을 걷다 walk splayfooted

안짱다리의 pigeon-toed; knock-kneed
- 안짱걸음을 걷다 walk pigeon-toed

오다리 bowleg, genu varum, bandy leg
- 오다리의 bowlegged, bandy legged

> **안짱다리와 오다리**
> 안짱다리는 X자 다리라고도 하는데, 걸을 때 무릎knee이 부딪친다knock고 해서 knock-knee라고 한다. 반면 오다리는 무릎이 활bow처럼 둥글게 벌어졌다고 해서 bowleg이라고 한다.

오른다리 right leg ⬌ 왼다리 left leg

의족 artificial leg; leg prosthesis
- 그는 의족을 착용한다. He wears an artificial leg.

넓적다리, 허벅지 thigh; lap ❷

무릎 knee
- 무릎을 꿇다 kneel (down) / sink[fall / drop] to one's knees / (한쪽 무릎을) get down on one knee / (존경의 의미로) genuflect
- 그들은 신부님 앞에 무릎을 꿇었다. They knelt in front of the priest.
- 너무 무서워서 무릎이 덜덜 떨렸다. I was so scared that my knees were knocking.

발목 ankle
- 어제 축구를 하다가 발목을 삐었다. I twisted my ankle yesterday playing soccer.

오금 (무릎 뒷부분) the crook[hollow] of the knee
- 건물 옥상에서 아래를 내려다보니 오금이 저렸다. My knees started knocking when I looked down from the roof of the building.

장딴지, 종아리 calf (pl calves)

정강이 shin; shank

> **Shake a leg.**
> ❌ 다리를 열심히 떨어라.
> ⭕ 시간이 없으니 서둘러라.

❶ 다리나 부러져라!

영어에는 행운을 빌어주는 말 중에 "Break a leg."이 있다. 직역하면 다리나 부러지라는 무시무시한 뜻. 서양인들은 "Good luck!"이라고 말하면 악마가 그 말을 듣고 그 사람을 시기해서 해를 끼친다고 생각한다. 그래서 악마를 속이기 위해 정반대의 뜻을 가진 말을 하는 것. 우리나라에서도 옛날에 유아사망률이 높았을 때에는 아기가 오래 살기를 빌면서 개똥이, 소똥이와 같은 천한 아명을 지어줬는데 그것과 일맥상통하는 셈이다.

이 말의 또 다른 유래는 연극과 관련이 있다. 연극 배우들은 연극이 끝나면 관객들에게 인사를 하는데, 이때 관객들이 배우의 연기에 만족했다면 무대 위로 동전을 던지고, 배우들은 그 돈을 줍기 위해 한쪽 무릎을 꿇게 된다. 즉 무릎을 꿇는 것이 다리가 부러지는 것이 되는 셈이다. 그래서 "Break a leg."은 돈 많이 벌어 성공하라는 뜻이다.

❷ thigh와 lap의 차이점

thigh와 lap은 우리말로는 모두 허벅지이지만, 영어로는 의미 차이가 있다. thigh는 우리가 흔히 허벅지라고 부르는 부분이지만, lap은 앉았을 때 무릎 바로 윗부분을 가리킨다. 여자친구의 무릎을 베고 누워 있는 남자는 여자친구의 thigh가 아니라 lap을 베고 있는 것이다. 그래서 앉았을 때 무릎 위에 올려놓고 쓸 수 있는 노트북을 laptop이라고 한다. 서 있거나 누워 있을 때는 lap이라는 표현을 쓰지 않는다.

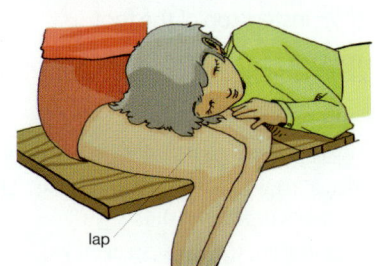

lap

발

발 foot (pl feet) ❶

- 그녀는 추워서 발을 동동 굴렀다. She stamped her feet to drive the cold away.

  맨발 **bare feet**
  - 맨발의 barefooted
  - 그는 맨발로 밖으로 뛰어나갔다. He ran outside in his bare feet.

  오른발 **right foot** ↔ 왼발 **left foot**

  편평족, 평발 **flat feet**
  - 평발의 flat-footed
  - 그는 평발이라서 군대를 면제받았다. He was exempted from military service because he has flat feet.

> **평발을 극복한 축구영웅**
> 평발은 발바닥 중앙의 오목한 부분이 없는 발을 말한다. 이 부분을 영어로는 arch, 우리말로는 장심이라고 하는데, arch가 없는 발은 조금만 걸어도 통증을 느끼고 쉽게 피로해진다. 그래서 평발은 군대 면제 사유 중 하나다. 영국 프리미어리그에서 활약하고 있는 '산소탱크' 박지성 선수는 평발이라는 핸디캡을 극복한 좋은 사례다.
>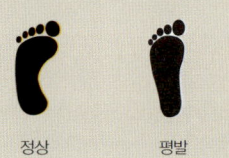
> 정상   평발

뒤꿈치, 발꿈치 heel
- 새 신발을 신었더니 뒤꿈치가 다 까졌다.
  My heels got rubbed raw breaking in some new shoes.

발가락 toe
- 발가락을 꼼지락거리다 wriggle *one's* toes

  엄지발가락 big toe; great toe
  둘째 발가락 second toe
  셋째 발가락 third toe
  넷째 발가락 fourth toe
  새끼발가락 little toe

발등 instep; top of the foot

발바닥 sole

> **발바닥이 근질거릴 때면**
> 어디론가 돌아다니거나 여행을 떠나고 싶을 때, 영어에서는 이렇게 방랑벽wanderlust이 도지는 것을 have itchy feet, 즉 '근질거리는 발을 가지고 있다'라고 표현한다. 영어권에는 발바닥이 근질거리면 곧 여행을 떠나게 된다는 미신이 있다.
> **ex** 발바닥이 근질거리면 여행을 떠나게 된다.
> If the bottom of your feet itch, you will make a trip.

❶ 발 치워!
외국 영화나 드라마를 보면 여러 사람이 함께 식사를 할 때 식탁 밑으로 발을 뻗어 다른 사람을 건드리는 장면이 나온다. 주로 여성이 남성을 성적으로 유혹할 때 이런 동작을 하는데, 영어로는 play footsie with sb라고 표현한다. 하지만 엉뚱한 사람을 건드리면 낭패를 볼 수 있으니 조심할 것.

▲ 그녀는 식탁 밑으로 발을 뻗어 그를 유혹했다.
She **played footsie with** him under the dinner table.

발자국 footprint; footmark
□ 눈 덮인 길에 발자국이 나 있었다.
There were footprints on the snow-covered road.

claw; talon 독수리나 맹금류의 날카로운 발톱
hoof 소나 말의 발굽

발톱 toenail

보폭 stride; step
□ 그는 보폭이 길다. He walks with long strides.

컴퍼스가 길다고?
보폭 ❌ compass → ⭕ stride
어떤 사람의 보폭이 클 때 흔히 '컴퍼스가 길다'고 한다. 하지만 영어로는 have a long compass가 아니라 walk with long strides와 같이 표현한다. compass는 단수로 쓰면 나침반, 복수로 쓰면 제도용 컴퍼스라는 뜻.

신체 외부

걷다

걷다 walk; tread; (건들거리며) swagger; (발을 끌며) shuffle; (물속을) wade ❶

- 너무 힘들어서 더 이상 걸을 수 없다.
  I can't walk any farther; it's taking too much out of me.

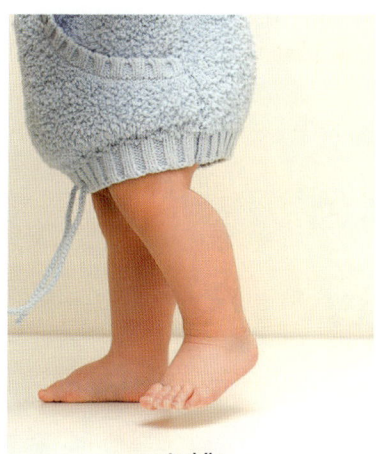
▲ stride

❶ 걷는 사람 walker
jaywalker 무단횡단자
race walker 경보 선수
sleepwalker 몽유병 환자
street walker 매춘부, 윤락여성
tightrope walker 줄타기꾼

뒷걸음질치다 reel; step back(ward)
- 그는 나를 보자 놀라서 뒷걸음질쳤다.
  He took a step back in surprise when he saw me.

산책하다 stroll; saunter; promenade
- 그녀는 정원을 산책했다. She strolled in the garden.

promenade는 해변가에 설치된 산책로를 가리키기도 한다.

살금살금 걷다 tiptoe; walk on tiptoe
- 살금살금 걸어서 집을 나왔다. I tiptoed out of the house.

성큼성큼 걷다 stride

아장아장 걷다 waddle; (아기가) toddle
- 아기가 아장아장 걸음마를 시작했다. The baby has started toddling around.

toddler 걸음마를 시작한 아기

오리걸음을 걷다 squat-walk
- 우리는 오리걸음으로 운동장을 2바퀴 돌았다.
  We squat-walked two laps around the playing field.

절다, 절뚝거리다 limp; hobble; walk with a limp
- 그는 다리를 심하게 전다. He limps severely.

종종걸음을 걷다 trot; scurry
- 그녀는 종종걸음을 치며 남편의 뒤를 쫓았다.
  She scurried along behind her husband.

쿵쿵거리며 걷다 tramp; stomp
- 그는 화가 난 듯 쿵쿵거리며 걸어갔다. He stomped away as if angry.

▲ toddle

터벅터벅 걷다 plod; trudge

행진하다 march; (군인들이 무릎을 구부리지 않고) goose-step
- 군인들이 시가 행진을 했다. The soldiers marched[paraded] through the streets.

march

기타 다리 관련 동작

걷어차다, 차다 kick; give *sb* [*sth*] a kick; (발을 채다) stub
- 그는 내 정강이를 걷어찼다. He kicked me in the shin.

넘어지다, 쓰러지다 fall (down); tumble; (힘들고 피로해서) collapse; (돌부리 등에 걸려서) trip; (미끄러지다) slip (on)
- 돌부리에 다리가 걸려 넘어졌다. I tripped over a rock.

달리다, 뛰다, 질주하다 run; charge; dash; rush; sprint
- 그는 있는 힘껏 달렸다. He ran with all his might.

뛰다, 뛰어오르다 jump; leap; (양 발을 번갈아) skip; (한 발로) hop
- 그는 신이 나서 깡충깡충 뛰었다. He jumped for joy.

밟다 step on; tread on; (짓밟다) trample; stamp down
- 잔디를 밟지 마시오. Don't step on the grass.

비틀거리다, 휘청거리다 stumble; stagger; teeter; totter; reel; falter
- 그는 술에 취해 비틀거렸다. He was so drunk (that) he staggered.

서다 stand, **일어나다, 일어서다** stand (up); get up; rise (up); get[leap; rise; stagger] to *one's* feet; (넘어졌다가) pick *oneself* up
- 그녀는 하루 종일 서서 일한다. She works standing up all day.

▲ slip

▲ jump
▲ kick
◀ sprint

2.13 피부 skin; flesh

피부 타입

건성 피부 dry skin

민감성 피부 sensitive skin

복합성 피부 combination skin

중성 피부 normal skin

지성 피부 oily skin
- 내 피부는 지성이다. I have oily skin.

피부 표면 - 얼굴

검버섯 liver spot; age spot ❶

곰보자국 pockmark
- 그의 얼굴에 곰보자국이 있다. His face is pockmarked.

기미, 주근깨 freckle
- 기미가 있는 freckled
- 그 여자는 주근깨투성이다. She's covered with freckles.

다크서클 dark circles; eye circles ❷
- 피로가 쌓여서 다크서클이 생겼다.
  I've got dark circles under my eyes from fatigue.

땀구멍, 모공 (sweat) pore
- 나는 모공이 넓은 편이다.
  I have large pores on my face. / The pores on my face are rather large.

블랙헤드 blackhead; open comedo

잡티 blemish ❸
- 그녀는 피부에 잡티 하나 없다.
  She has no blemishes on her skin. / She is completely free of blemishes.

주름, 주름살 wrinkle; crease; (눈가의) crow's feet; laughing lines; laughter lines ❹
- 그는 웃으면 눈가에 주름이 진다.
  He gets laughing lines around his eyes when he smiles.

홍조 glow; flush; blush
- 그녀는 얼굴에 홍조를 띠었다.
  Her cheeks were flushed. / There was a glow about her face.

❶ 검버섯, 노화와 자외선이 문제

예전에는 간liver에 문제가 있을 때 피부에 반점이 생긴다고 생각해서 검버섯을 liver spot이라고 불렀다. 하지만 검버섯은 간하고는 상관 없이 주로 인체의 노화와 자외선으로 인해 생긴다.

❷ 눈 밑에 달린 가방, 다크서클

다크서클이 생기면 눈 밑에 주머니라도 달린 것처럼 살이 축 처진다. 그래서 dark circles를 bags under one's eyes라고 표현하기도 한다. 눈 밑에 가방이 달렸다는 뜻.
- **ex** 그녀는 눈 밑에 심한 다크서클이 있다. She has heavy **bags under her eyes**.

❸ 잡티에는 BB크림?

얼굴의 잡티를 가릴 때 쓰는 BB크림이라는 화장품이 인기다. BB크림의 BB는 blemish balm의 약자인데, 이 단어는 영어에 존재하는 단어가 아니라 상표 명일 뿐이다. BB크림은 concealer라고 해야 맞는데, concealer는 잡티를 가려주는 conceal 화장품이라는 뜻.

❹ 주름살에 대처하는 방법

얼굴에 주름살이 생기면 보톡스 Botox 주사를 맞거나 주름제거수술 facelift을 받을 수 있고, 복부에 주름이 생기면 복부주름제거수술 abdominoplasty을 받는다. 보톡스는 botulinum toxin이라고 하는 독성이 강한 단백질을 정제해서 만든다. 한편 눈가에 생긴 주름은 웃을 때 생긴다고 해서 laughing lines 또는 laughter lines라고 하고, 눈가에 까마귀 발자국이 찍힌 것 같다고 해서 crow's feet이라고도 한다.

피부 표면 — 기타

모반 birthmark; nevus
　오타모반 Nevus of Ota

반점 spot
☐ 상한 음식을 먹었더니 얼굴에 붉은 반점이 생겼다.
　I ate some spoiled food and my face broke out in red spots.
　몽고반점 Mongolian spot
　　☐ 그 아이는 엉덩이에 몽고반점이 있다. The baby has a Mongolian spot.

버짐 ringworm; (마른버짐) psoriasis

비듬 dandruff
☐ 얼마 전부터 머리에 비듬이 생기기 시작했다.
　I started getting dandruff not so long ago.

사마귀 wart; (발바닥의) verruca ❶

점 mole; (복점·매력점) beauty mark; beauty spot
☐ 병원에서 얼굴 점을 몇 개 뺐다. I had some moles removed from my face.

> **아름다운 점의 기준**
> beauty mark는 크기가 1cm를 넘지 않고 겉으로 튀어나오지 않은 점을 가리키는 반면, mole은 크기가 크고 간혹 털까지 숭숭 난, 다소 흉측하게 생긴 점을 의미한다. 18세기 유럽에서는 비단이나 벨벳으로 된 가짜 매력점을 아랫입술 밑에 붙이는 것이 유행이었는데, 파리fly라는 뜻의 mouche라고 하는 이 매력점은 지금의 기준으로 보면 크기가 너무 커서 전혀 매력적으로 보이지 않는다. '매력점 = 작은 점'이라는 공식을 확립한 연예인은 미국의 여배우 마릴린 먼로Marilyn Monroe이다.

쥐젖 skin tag

티눈 corn
☐ 발에 티눈이 생겼다. I've got a corn on my foot.

혈관종 strawberry mark

혹 (부딪쳐서 생긴) bump; lump; (종양) cyst; wen
☐ 문에 이마를 부딪쳐 혹이 생겼다.
　I banged my forehead on the door and got a bump.

❶ 사마귀가 사마귀에게
어릴 적 피부에 사마귀wart가 나면 손톱으로 쥐어뜯거나 곤충인 사마귀praying mantis를 들이댄 경험이 있을 것이다. 둘 다 이름이 사마귀이기 때문에 곤충인 사마귀가 피부에 난 사마귀를 먹어 없앨 수 있다고 생각했기 때문인데, 이처럼 '같은 것이 같은 것을 치료할 수 있다'는 개념을 동종요법homeopathy라고 한다. 전날 술을 많이 마시고 숙취가 심할 때 해장술을 마신다거나, 운동을 심하게 해서 근육통이 생겼는데 그 근육통을 풀기 위해 더 심하게 운동을 하는 것은 모두 일종의 동종요법이라고 할 수 있다. 한편 사마귀는 바이러스 감염으로 인해 생기는 양성benign 종양의 일종이고, 각질callus과 티눈corn은 피부에 지속적인 압력과 마찰이 가해질 때 생긴다.

환경 변화에 의한 피부의 변화

각질, 굳은살 callus
- 손바닥에 굳은살이 박혔다. I have calluses on my palms.

닭살, 소름 goose bumps; goose pimples; gooseflesh ❶
- 닭살이 돋다 have[get] goose bumps

두드러기 hives; (nettle) rash
- 온몸에 두드러기가 났다. I've broken out in a rash all over my body.

땀띠 heat rash; prickly heat
- 사타구니에 땀띠가 났다. I've got a heat rash on my crotch.

물집, 수포 blister
- 물집을 터뜨리다 burst a blister
- 발에 물집이 생겼다. I've got blisters on my feet. / My feet are blistered.

여드름 (하나하나의 여드름) pimple; zit; (병명) acne
- 얼굴에 난 여드름을 짰다. I popped[squeezed] a pimple on my face.

튼살 stretch mark
- 살이 트다 (임신·체중 변화 등으로) have[get] a stretch mark / (날씨가 건조해서) chap / be[get] chapped

각질 제거 용품
▲ pumice stone
◀ foot file

❶ 닭살
✗ chicken bumps; chickenflesh
⊙ goose bumps; gooseflesh

닭살은 닭chicken의 살flesh이니까 chicken flesh라고 할 것 같지만 gooseflesh라고 한다. 거위goose의 살이라는 뜻. gooseflesh의 동의어인 goose bumps는 거위의 깃털이 뽑힌 자리에 오톨도톨하게 올라온 작은 혹bump이라는 뜻이다. 한편, 공공장소에서 거리낌없이 애정 행각을 벌여 남들의 눈살을 찌푸리게 만드는 일명 닭살 커플은 lovey-dovey couple이라고 부른다.

2.14 수염 beard, 털 body hair

수염

수염 beard; facial hair
- 그는 어릴 때부터 수염을 길렀다. He's had a beard since he was young.

구레나룻 sideburns; sideboards; (side) whiskers
- 그는 멋진 구레나룻을 가졌다. He has nice-looking sideburns.

콧수염 AE mustache; BE moustache ❶

턱수염 beard; (그루터기) stubble ❶

❶ 턱수염과 콧수염

mustache는 콧수염만을 뜻하는 반면, beard는 턱수염과 콧수염을 합친 수염을 가리키기도 하고 턱수염만을 가리키기도 한다. 귀밑에서 턱까지 이어져 난 수염은 burnsides로, 옆얼굴을 태운 것과 비슷한 모양이라는 뜻이다. whiskers는 고양이나 호랑이의 얼굴에 난 긴 수염을 가리키기도 한다.

chin curtain · fu manchu · goatee · handlebar mustache
muttonchops · pencil mustache · soul patch · toothbrush mustache

체모, 털 body hair

가슴털 chest hair

겨드랑이털 armpit hair; underarm hair
- 겨드랑이털을 밀다 shave one's armpits

다리털 leg hair
- 그는 다리에 털이 많다. He has hairy legs.

배꼽털 (배꼽 밑으로 길게 난) abdominal hair

솜털 downy hair; fine soft hair; (사춘기 소년의 수염) peach fuzz
- 그 아이는 얼굴에 솜털이 보송보송하다. That child has downy hair on his face.

음모 pubic hair ❷

❷ 가짜 음모, merkin

중세 유럽의 사창가red-light district에는 성병이 빈번히 유행했다. 지금으로서는 상상할 수 없을 정도로 위험한 짓이지만 당시의 매춘부들은 성병에 걸리면 수은mercury을 먹거나 몸에 바르거나 주사를 놓곤 했다. 그런데 이렇게 수은 치료를 받게 되면 그 부작용으로 몸에 난 음모pubic hair가 빠지곤 했다. 비단 성병뿐만 아니라 들끓는 이lice 때문에 음모를 몽땅 밀어야 하는 경우도 있었다. 매춘부들은 이럴 때 가발로 된 가짜 음모를 몸에 착용했는데, 성병의 흔적을 감추기 위한 목적도 있었고 손님들을 놀라게 하지 않기 위한 목적도 있었다. 이런 가짜 음모를 merkin이라고 한다.

03 신체 내부

3.1 뼈 bone, 골격 skeleton; skeletal system

두개골

두개골, 머리뼈 skull; cranium ❶
- 그는 두개골 골절이 의심된다. It's suspected that he has a skull fracture.

> **벽장 안의 해골**
> 어떤 살인마가 있다고 가정해 보자. 살인마는 그 동안 자기가 살해한 사람들의 뼈를 벽장 안에 숨겨 놓고 겉으로는 평범한 시민 행세를 하고 있다. 하지만 다른 사람들이 그 뼈를 발견하는 순간 그의 정체가 드러나게 된다. 그래서 skeleton in the closet[cupboard], 즉 '벽장 안의 해골'은 '남에게 숨기고 싶은 비밀'이라는 뜻이 된다.
> **ex** 털어서 먼지 안 나는 사람 없다. Everyone has a **skeleton in his closet**.

얼굴뼈 facial bone

광대뼈 cheekbone(s)
- 그는 광대뼈가 많이 나왔다. He has very high cheekbones.

이틀, 치조골 alveolar bone

코뼈 nasal bone
- 그는 축구를 하다가 코뼈가 부러졌다. He broke his nose playing soccer.

턱뼈 jawbone; mandible

몸통뼈 axial skeleton

가슴뼈, 흉골 breastbone; sternum

갈비뼈, 늑골 (한 대의) rib; costa
- 그는 사고로 갈비뼈가 세 대 부러졌다. He broke three ribs in the accident.

등뼈, 척추 backbone; spine; spinal column; vertebral column ❷

　척추뼈 vertebra (pl vertebrae)

　추간판, 디스크 disc; disk

흉곽 rib cage

---

❶ **skull and crossbones**
중세 시대에 바다를 활보하던 해적들은 검은 바탕에 해골이 그려진 깃발을 배에 달고 다녔다. 이런 해적기를 black flag 또는 Jolly Roger라고 하는데, 일반 선원들에게 Jolly Roger는 공포의 대상이었다. 해적들은 다양한 디자인의 Jolly Roger를 배에 달고 다녔는데, 그 중에서 가장 널리 알려진 것은 두개골 밑에 두 개의 뼈가 겹쳐진 모양의 그림. 이것을 skull and crossbones라고 한다. skull and crossbones는 현대에 와서는 폭발물이나 위험물질을 나타내는 상징으로 쓰이고 있다.

❷ **척추**
척추는 목뼈/경추 7개, 등뼈/흉추 12개, 허리뼈/요추 5개, 엉치 척추뼈/천추 5개, 꼬리뼈/미추 4개 등 총 33개의 척추뼈로 이루어져 있는데, 이중 엉치 척추뼈와 꼬리뼈는 하나의 뼈로 융합이 되어 있기 때문에 척추뼈의 개수를 26개로 보기도 한다. 척추뼈와 척추뼈 사이에는 추간판 또는 디스크라고 하는 평평한 판 모양의 물렁뼈가 있어서 척추의 움직임을 돕는데, 흔히 디스크라고 불리는 추간판 탈출증slipped disc은 이 추간판이 제자리에 있지 않고 척추뼈 밖으로 비어져 나가는 증상을 가리킨다. 신체의 명칭을 가리키는 디스크는 disc, 병명으로서의 디스크는 slipped disc이다.

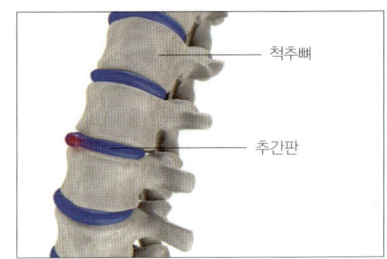

팔뼈 arm bones

빗장뼈, 쇄골 collarbone; clavicle
어깨뼈, 견갑골 shoulder blade(s); scapula(s)
위팔뼈, 상완골 humerus
    팔꿈치뼈 funny bone ❶
뒤팔뼈, 척골 ulna
앞팔뼈, 요골 radius
손목뼈 wrist bone; carpals; carpal bones
손바닥뼈 metacarpus
    손가락뼈 phalanx(es); phalanges

다리뼈 leg bones

골반 pelvis; hipbone
넓적다리뼈, 대퇴골 thighbone; femur
무릎뼈, 슬개골 kneecap; patella
정강이뼈, 경골 shinbone; tibia
종아리뼈, 비골 calf bone; fibula
발목뼈 tarsus; tarsal bones
복사뼈 ankle bone; talus
발등뼈 metatarsus
발가락뼈 phalanx(es); phalanges

기타

골수 marrow; bone marrow; medulla
연골, 물렁뼈 cartilage

❶ **재미있는 뼈**
팔꿈치를 부딪쳤을 때 전기에 감전된 것처럼 짜릿하고 이상한 기분이 든 적이 있을 것이다. 그래서 팔꿈치뼈를 funny bone이라고 하는데, funny는 '재미있다'라는 뜻 외에도 '이상하다'라는 뜻도 있기 때문이다. 팔꿈치뼈는 하나의 독립된 뼈가 아니라 위팔뼈의 끝부분을 가리키는데, 위팔뼈의 이름은 유머humor라는 뜻의 humerus이다.

손목뼈와 발목뼈는 하나의 뼈가 아니라 각각 7개와 8개의 작은 뼈로 이루어져 있다.

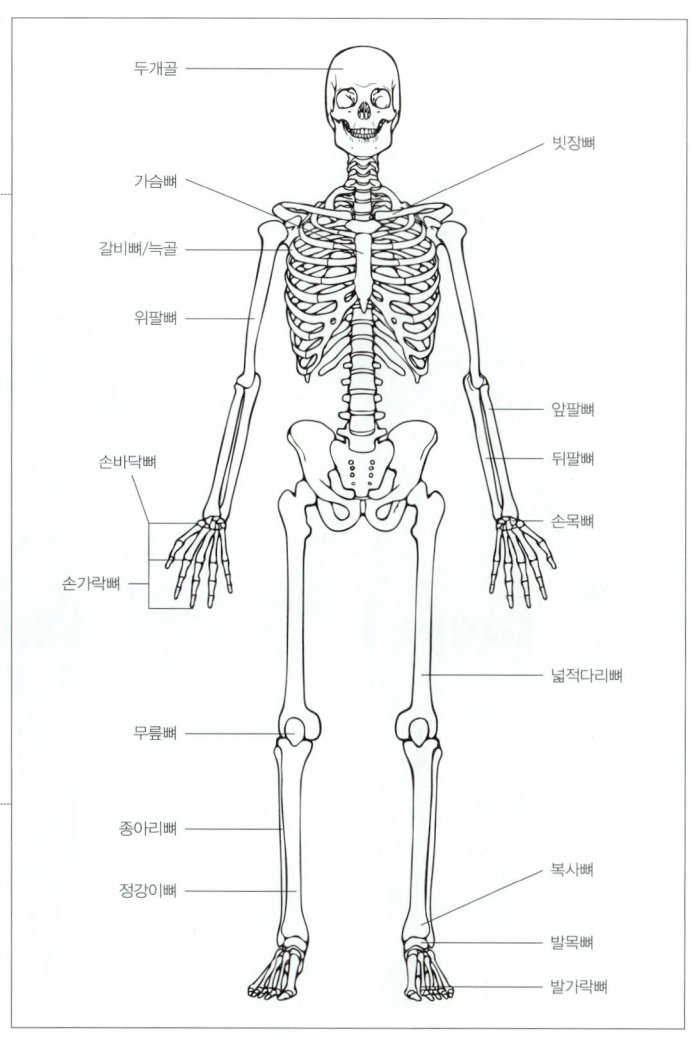

3.2 근육 muscle, 관절 joint

근육

근육 muscle ❶
- 근육의 muscular
- 그는 근육이 잘 발달했다. He has well-developed muscles.
- 근육의 긴장을 천천히 풀어 주십시오. Let your muscles relax slowly.

근육의 종류 — 대분류

골격근, 뼈대근 skeletal muscle
내장근 visceral muscle
심근, 심장근 myocardium; cardiac muscle

❶ **근육 자동차와 근육 티셔츠**

머슬카muscle car는 1960년대에서 70년대 사이 미국에서 생산된 8기통의 강력한 엔진을 얹은 중형 자동차의 별명인데, 보닛이 길고 문이 2개인 것이 특징이다. 사람의 근육에 해당하는 엔진의 성능이 뛰어나다고 해서 붙은 별명. 스피드를 내는 데 중점을 두었기 때문에 연비는 좋지 않은 편이다. 한편 muscle T-shirt는 민소매 티셔츠sleeveless T-shirt의 다른 이름이다.

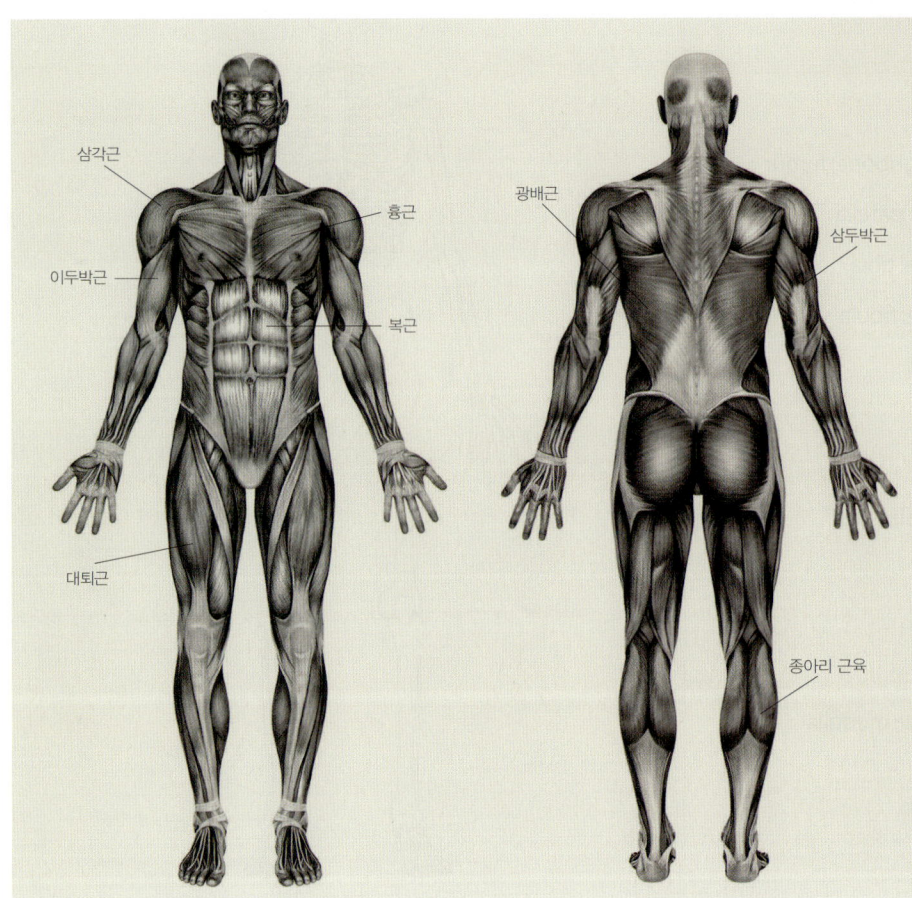

근육의 종류

근육은 끝이 몇 갈래로 갈라지느냐에 따라 이두근, 삼두근, 사두근 등으로 명칭이 나뉜다. 이두근은 끝이 두 갈래로 갈라진 근육을 뜻하고, 삼두근은 세 갈래, 사두근은 네 갈래로 갈라진 근육을 말한다. 흔히 알통으로 알려진 상완이두근은 끝이 두 갈래로 갈라진 근육이고, 허벅지의 대퇴사두근은 근육이 네 갈래로 갈라져 있다. 한편 괄약근은 신체 기관의 개폐를 담당하는 고리 모양의 근육으로서, 항문과 요도의 근육뿐만 아니라 입, 눈 등의 개폐를 담당하는 근육도 모두 괄약근이다.

근육의 종류 – 소분류

가슴 근육, 흉근 pectoralis (major); pectoral muscles; inf pecs

괄약근 sphincter

광배근, 활배근 latissimus dorsi

대퇴근, 대퇴사두근 quadriceps (femoris)

복근 abdominal muscle; abs; inf (잘 발달한) six-pack ❶
- 그는 복근이 잘 발달했다. He has well-developed abdominal muscles.

삼각근 (어깨의) deltoid muscle

삼두박근 (위팔 뒤쪽의) triceps (brachii)

상완이두근, 이두박근 (위팔 앞쪽의) biceps brachii

안면 근육 facial muscles
- 너무 추워서 안면 근육이 마비되었다. It's so cold my facial muscles won't move.

종아리 근육 peroneus longus

❶ 복근

일명 빨래판 복근으로도 불리는 six-pack은 6개들이 음료수 포장을 가리키기도 한다.

힘줄, 인대

건, 힘줄 tendon; sinew
- 그는 목에 힘줄이 튀어나왔다. The tendons on his neck stood out.

   슬개건 hamstring

   아킬레스건 Achilles tendon ❷

인대 ligament
- 그는 운동을 하다가 인대가 늘어났다. He pulled a ligament exercising.

   십자인대 cruciate ligament

관절 joint

고관절, 엉덩관절 coxa

무릎관절 knee joint

발목관절 ankle joint

손가락 관절 knuckle

손목관절 wrist joint

❷ 치명적인 아킬레스건

Achilles tendon 발꿈치의 힘줄
Achilles heel 치명적인 약점

발목의 힘줄을 뜻하는 아킬레스건은 Achilles tendon, 그리고 치명적인 약점이라는 뜻의 아킬레스건은 Achilles' heel이라고 한다. 아킬레스 Achilles는 호머Homer의 서사시 〈일리아드Iliad〉에 등장하는 전사로서, 트로이 전쟁이 났을 때 그리스의 편에 서서 트로이를 함락시키는 데 결정적인 역할을 하는 인물. 그의 어머니인 바다의 여신 테티스Thetis는 아킬레스가 태어났을 때 그를 스틱스Styx강에 담가 불사신으로 만든다. 하지만 테티스가 아킬레스를 잡은 발목heel 부분은 강물에 젖지 않게 되고, 아킬레스는 트로이 전쟁에서 발목에 화살을 맞고 죽게 된다. 이러한 유래로 Achilles' heel은 치명적인 약점이라는 의미를 가지게 되었다.

3.3 호흡기 respiratory organ

호흡기

기도 respiratory tract; airway ❶
- 그는 기도가 막혀 질식사했다.
  He suffocated because of a blockage in his respiratory tract.

콧구멍 nostril(s), 비강 nasal cavity

입 mouth, 구강 oral cavity

인두 pharynx

후두 larynx; **inf** voice box

기관, 숨통 windpipe; trachea

> 인두염 pharyngitis; sore throat
> 후두염 laryngitis; throat infection
> 늑막염 pleurisy; pleuritis

　기관지 bronchial tubes; bronchus (**pl** bronchi)
　- 그녀는 기관지가 좋지 않다. She has bronchial trouble.

폐, 허파 lung(s) ❷

　폐활량 vital capacity; lung capacity
　- 그는 폐활량이 크다[작다]. He has a large[small] lung capacity.

　허파꽈리 alveolus (**pl** alveoli)

가로막, 횡격막 diaphragm; midriff

늑막 pleura

> 횡격막은 가슴과 배를 나누는 근육으로 된 막이고 늑막은 '늑골의 막'이라는 뜻으로 폐와 갈비뼈 사이의 막을 가리킨다.

호흡

숨, 호흡 breathing; breath; **f** respiration
- 호흡하다, 숨을 쉬다 breathe / take a breath / **f** respire
- 숨을 들이쉬다 breathe in / inhale ⟷ 숨을 내쉬다 breathe out / exhale
- 달리기를 했더니 숨이 차다. I'm out of breath from running.

단전호흡 hypogastric breathing

들숨 inhalation ⟷ 날숨 exhalation

복식호흡 abdominal breathing; abdominal respiration

심호흡 deep breathing
- 심호흡하다 take a deep breath / breathe deeply

한숨 (heavy) sigh
- 한숨을 쉬다 sigh / give[let out; heave] a sigh

---

❶ **식도와 기도**

인체에는 식도esophagus와 기도respiratory tract라고 하는 두 개의 긴 관pipe이 있다. 식도는 음식물이 통과하는 관으로서 소화기에 속하고, 기도는 공기가 통과하는 관으로서 호흡기에 속한다. 그런데 음식물을 먹다가 간혹 음식물이 기도로 들어가는 경우가 있다. 이럴 때 인체는 자동적으로 반응을 해서 음식물을 기도에서 내보내게 된다. 이럴 때 사레들린다고 하는데, 영어로는 go down the wrong pipe라고 표현한다. 음식물이 잘못된 관으로 내려갔다는 뜻.

ex 물을 마시다가 사레들렸다.
I was drinking water, and it **went down the wrong pipe**.

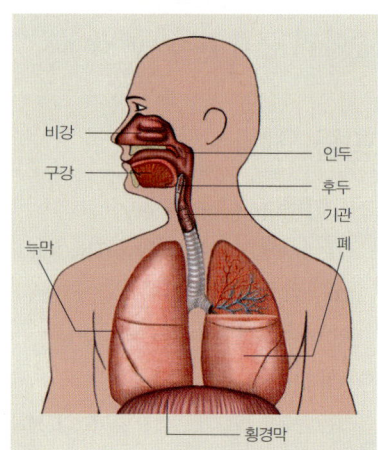

❷ **세상에서 가장 긴 영어 단어**

폐에 석면가루나 석탄가루 등의 미세한 먼지가 쌓여 생기는 진폐증은 폐가 까맣게 변한다고 해서 black lung disease라고 한다. 진폐증은 다른 말로는 pneumoconiosis라고 하는데, pneumonoultramicroscopicsilicovolcanoconiosis라고 하는 45자로 된 단어의 줄임말이다. 이 단어는 옥스포드 영어사전에 등재되어 있는 가장 긴 영어 단어이다.

3.4 소화기 digestive organ

침샘, 타액선 salivary gland

귀밑샘, 이하선 parotid gland
턱밑샘, 악하선 submandibular gland; submaxillary gland
혀밑샘, 설하선 sublingual gland

위장

내장, 위장 viscera (sing viscus); guts; inf innards
간 liver
- 그는 아버지에게 간의 일부를 이식해 주었다.
  He donated part of his liver as a liver transplant for his father.

담, 담낭, 쓸개 gall bladder
    담즙, 쓸개즙 bile

식도 throat; gullet; AE esophagus; BE oesophagus
위 stomach
    위산 gastric acid
    위액 gastric juice
이자, 췌장 pancreas
    이자액 pancreatic juice

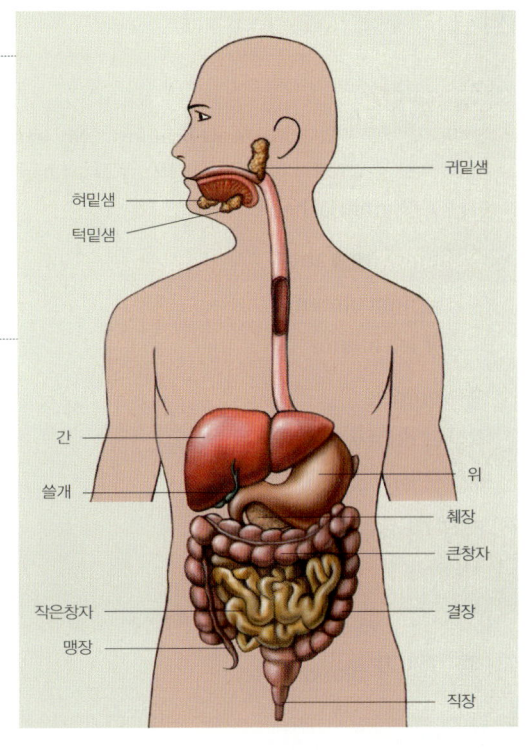

창자 intestines; bowel; gut; entrails ❶

작은창자, 소장 small intestine
    십이지장 duodenum
    융모, 융털 villus (pl villi)
큰창자, 대장 large intestine
    결장 colon
    맹장 appendix; blind gut; caecum
    직장 rectum; back passage

맹장 appendix (pl appendixes)
부록 appendix (pl appendices)
맹장염 appendicitis
맹장수술 appendectomy

❶ 창자

십이지장(十二指腸)은 위stomach와 연결되어 있는 작은창자를 가리키는데, 그 길이가 손가락 12개를 늘어놓은 것과 같다고 해서 이런 이름이 붙었다. 하지만 실제 길이는 이보다 짧은 약 23cm에서 25cm 사이. 맹장(盲腸)은 끝이 막혀 있는 창자라는 뜻에서 blind gut이라고 부른다. 여기서 blind는 앞을 못 본다는 것이 아니라 끝이 막혀 있다는 뜻. 이런 의미에서 막다른 골목은 blind alley라고 한다.

3.5 순환계 circulatory system

심장

심장 heart ❶
- 심장이 두근두근 뛰었다. My heart beat fast. / My heart was pounding.
- 심장이 멎는 것 같았다. I felt as though my heart had stopped beating.

  인공심장 artificial heart

심방 atrium (pl atria)
  우심방 right atrium
  좌심방 left atrium

심실 ventricle
  우심실 right ventricle
  좌심실 left ventricle

심장판막 heart valve

핏줄, 혈관 blood vessel

동맥 artery ❷
  대동맥 aorta
  폐동맥 pulmonary artery

모세혈관, 실핏줄 capillary (vessel)

정맥 vein ❷
  대정맥 vena(e) cava(e)
  폐정맥 pulmonary vein

---

❶ **당신은 어떤 심장을 가지고 있나요?**

옛날에는 인간의 모든 감정과 생각은 두뇌가 아니라 심장에서 나온다고 믿었다. 그래서 영어에는 heart가 들어가서 성격이나 태도를 나타내는 단어가 많다.

관대한 big-hearted; warm-hearted; kind-hearted
매정한 cold-hearted; hard-hearted
미온적 half-hearted
소심한 faint-hearted; chicken-hearted
슬픈 broken-hearted
여린 soft-hearted; tender-hearted
용감한 lion-hearted
착한 good-hearted

심장 질환 heart disease의 종류

부정맥 arrhythmia
심근경색 myocardial infarction
심부전 cardiac insufficiency
심장마비 heart attack; heart failure
심장판막증 valvular heart disease
협심증 angina; angina pectoris

---

❷ **동맥과 정맥**

동맥(動脈)은 심장에서 나와 체내에 산소를 공급하는 혈관으로, 몸 속 깊숙한 곳에 있기 때문에 육안으로는 보이지 않으며, 산소를 많이 함유하고 있어 색깔이 선홍색이다. 정맥(靜脈)은 이와 반대로 신체 각 부분에서 심장으로 되돌아가는 혈관이다. 정맥은 피부 바로 밑에 파랗게 보이는 혈관인데, 산소 대신 이산화탄소를 많이 함유하고 있어 색깔이 검붉은 것이 특징이고, 혈압이 낮기 때문에 혈액의 역류를 방지하기 위해 혈관 내에 판막이 존재한다. 혈액이 역류해서 피부에 정맥이 도드라지는 질병은 정맥류 varicose vein이다. 정맥이 푸르게 보이는 이유는 혈액의 색깔이 파란 것이 아니라 검붉은 혈액의 색깔이 피부색과 어우러지면서 파랗게 보이는 것이다. 심장과 폐를 연결하는 폐정맥과 폐동맥은 성격과 명칭이 다른데, 폐동맥은 다른 동맥과는 달리 이산화탄소를 많이 함유한 혈관이며, 폐정맥은 다른 정맥과는 달리 산소를 많이 함유한 혈관.

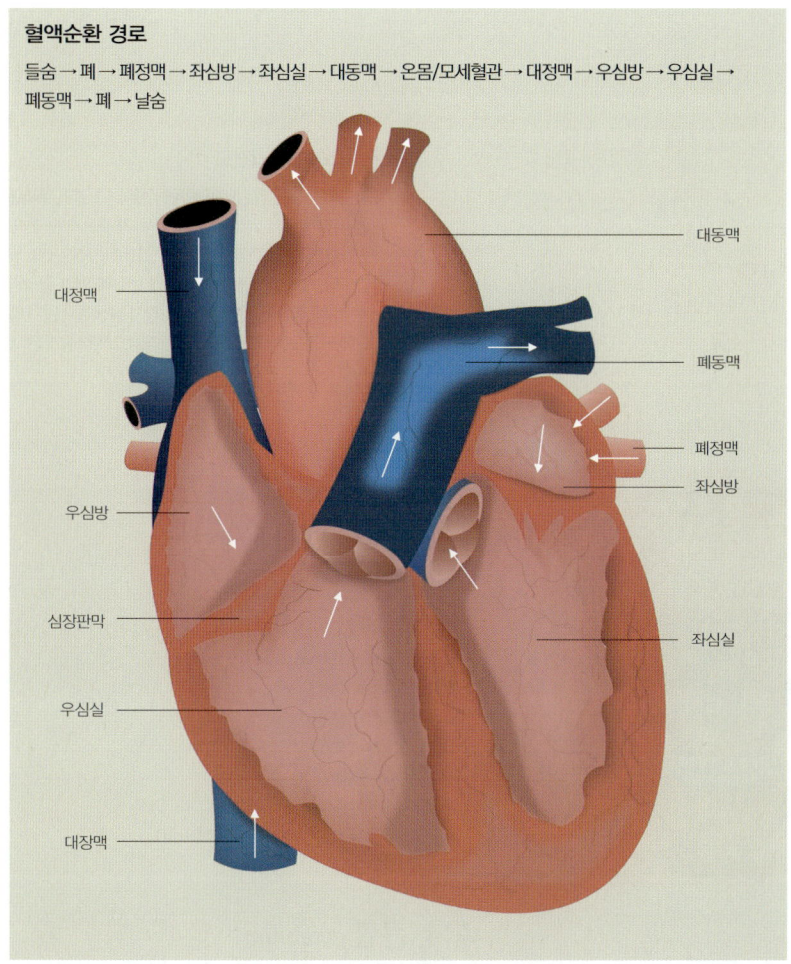

맥박과 혈압

맥박 pulse; pulsation
- 환자의 맥박이 약하게 뛰고 있다. The patient's pulse is weak.
- 의사는 환자의 맥박을 쟀다. The doctor took the patient's pulse.

박동, 심장박동 beat; heartbeat
- 환자의 심장박동이 불규칙하다. The patient's heartbeat is irregular.

혈압 blood pressure ❶
- 그는 혈압이 높은 편이다. His blood pressure is somewhat high.
  - 고혈압 high blood pressure; hypertension
  - 저혈압 low blood pressure; hypotension

❶ **맥박과 혈압**

혈압은 심장박동으로 인해 생기는 동맥 내의 압력을 뜻하고, 이러한 혈압이 느껴지는 것이 맥박이다. 일반적으로 최고혈압을 120mmHg, 최저혈압을 80mmHg, 그리고 평균 혈압을 100mmHg 정도로 보는데, 혈압이 정상 범위보다 높은 것을 고혈압, 정상 범위보다 낮은 것을 저혈압이라고 한다.

3.6 뇌 brain

뇌의 구조

뇌세포 brain cell; (뉴런) neuron
뇌파 brainwave ❶
뇌전도 electroencephalogram (abb EEG) ❶

❶ **뇌파와 뇌전도**
사람의 두뇌는 끊임없이 활동을 한다. 그 결과 두피에는 뇌의 활동에 의해 뇌파라는 전류가 흐르게 된다. 이런 뇌파를 눈으로 볼 수 있도록 도표로 기록한 것이 뇌전도다. 뇌파와 뇌전도는 신체의 변화에 따라 달라지는데, 사람이 죽으면 더 이상 뇌파가 발생하지 않기 때문에 뇌전도는 곡선에서 평평한 직선으로 바뀌게 된다.

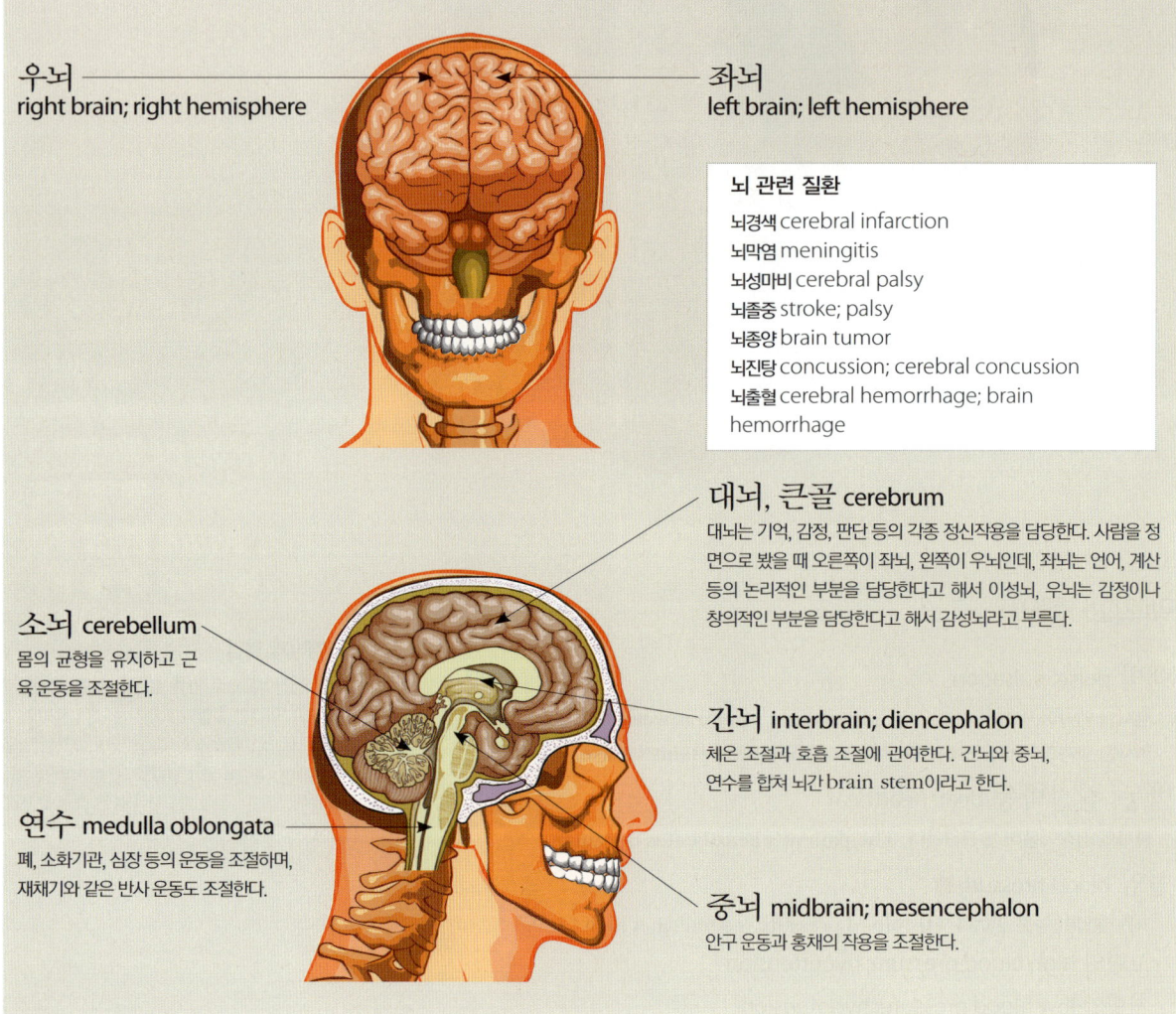

우뇌 right brain; right hemisphere
좌뇌 left brain; left hemisphere

뇌 관련 질환
뇌경색 cerebral infarction
뇌막염 meningitis
뇌성마비 cerebral palsy
뇌졸중 stroke; palsy
뇌종양 brain tumor
뇌진탕 concussion; cerebral concussion
뇌출혈 cerebral hemorrhage; brain hemorrhage

대뇌, 큰골 cerebrum
대뇌는 기억, 감정, 판단 등의 각종 정신작용을 담당한다. 사람을 정면으로 봤을 때 오른쪽이 좌뇌, 왼쪽이 우뇌인데, 좌뇌는 언어, 계산 등의 논리적인 부분을 담당한다고 해서 이성뇌, 우뇌는 감정이나 창의적인 부분을 담당한다고 해서 감성뇌라고 부른다.

소뇌 cerebellum
몸의 균형을 유지하고 근육 운동을 조절한다.

간뇌 interbrain; diencephalon
체온 조절과 호흡 조절에 관여한다. 간뇌와 중뇌, 연수를 합쳐 뇌간 brain stem이라고 한다.

연수 medulla oblongata
폐, 소화기관, 심장 등의 운동을 조절하며, 재채기와 같은 반사 운동도 조절한다.

중뇌 midbrain; mesencephalon
안구 운동과 홍채의 작용을 조절한다.

3.7 비뇨기 urinary system

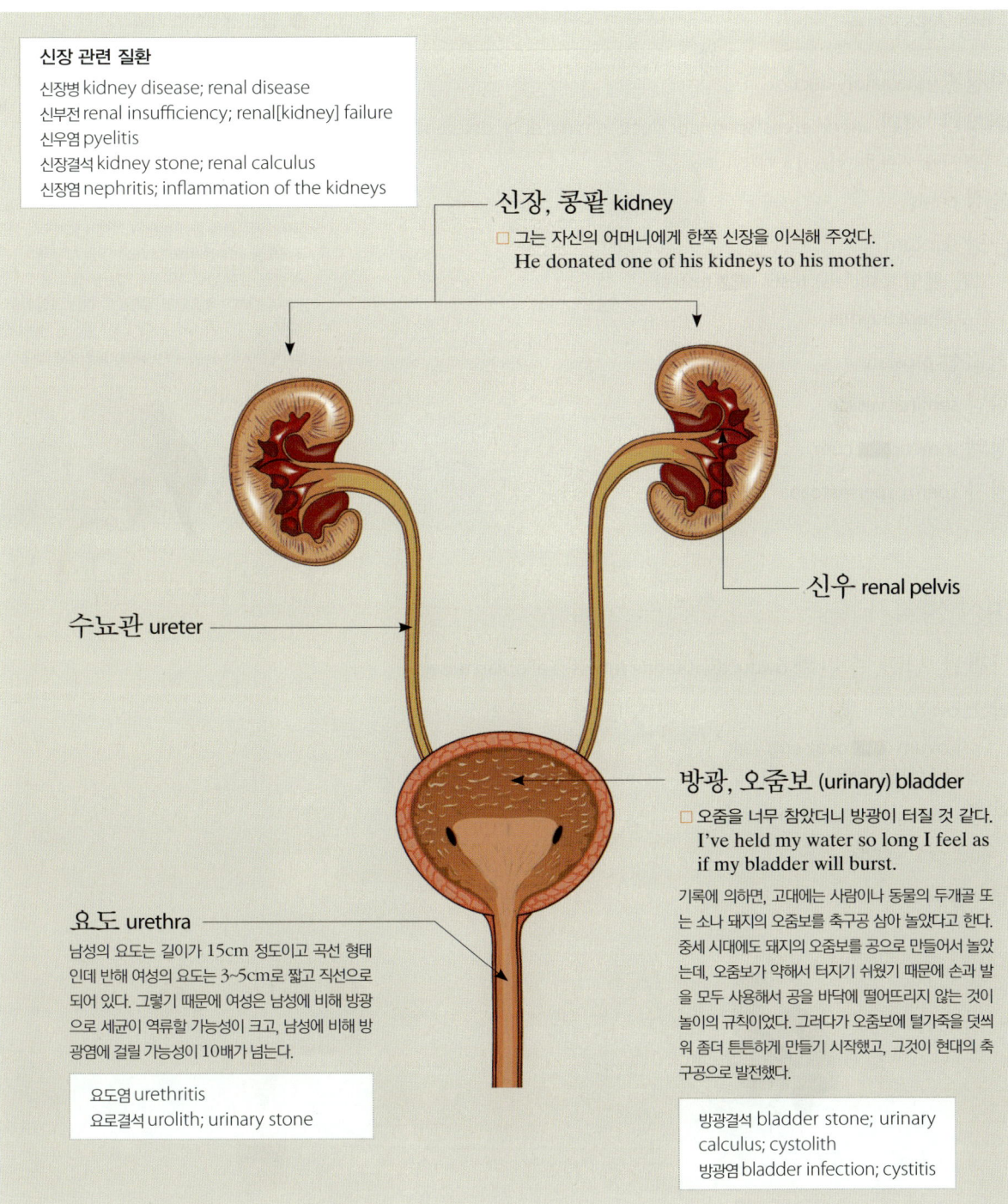

신장 관련 질환
신장병 kidney disease; renal disease
신부전 renal insufficiency; renal[kidney] failure
신우염 pyelitis
신장결석 kidney stone; renal calculus
신장염 nephritis; inflammation of the kidneys

신장, 콩팥 kidney
☐ 그는 자신의 어머니에게 한쪽 신장을 이식해 주었다.
He donated one of his kidneys to his mother.

신우 renal pelvis

수뇨관 ureter

방광, 오줌보 (urinary) bladder
☐ 오줌을 너무 참았더니 방광이 터질 것 같다.
I've held my water so long I feel as if my bladder will burst.

기록에 의하면, 고대에는 사람이나 동물의 두개골 또는 소나 돼지의 오줌보를 축구공 삼아 놀았다고 한다. 중세 시대에도 돼지의 오줌보를 공으로 만들어서 놀았는데, 오줌보가 약해서 터지기 쉬웠기 때문에 손과 발을 모두 사용해서 공을 바닥에 떨어뜨리지 않는 것이 놀이의 규칙이었다. 그러다가 오줌보에 털가죽을 덧씌워 좀더 튼튼하게 만들기 시작했고, 그것이 현대의 축구공으로 발전했다.

요도 urethra
남성의 요도는 길이가 15cm 정도이고 곡선 형태인데 반해 여성의 요도는 3~5cm로 짧고 직선으로 되어 있다. 그렇기 때문에 여성은 남성에 비해 방광으로 세균이 역류할 가능성이 크고, 남성에 비해 방광염에 걸릴 가능성이 10배가 넘는다.

요도염 urethritis
요로결석 urolith; urinary stone

방광결석 bladder stone; urinary calculus; cystolith
방광염 bladder infection; cystitis

3.8 생식기 reproductive organ

남성 생식기 ❶

사정관 ejaculatory duct
수정관, 정관 vas deferens; spermatic duct; seminal duct; deferent duct
☐ 정관수술을 받다 have[get] a vasectomy
음경 penis
음낭 scrotum
  고환, 불알 testicle(s); testis (pl testes)
  부고환 epididymis
전립선 prostate
정낭 seminal vesicle
정액 semen; ! cum
정자 sperm; spermatozoa

❶ 남성 생식기의 기능

음낭에는 정자를 생산하는 고환과 그렇게 생산된 정자를 저장하고 성숙시키는 부고환이 있다. 음낭은 표면이 쭈글쭈글한 주름으로 덮여 있는데, 표면적이 넓으면 온도 조절이 용이하기 때문이다. 정자는 높은 온도에서 쉽게 죽고 낮은 온도에서 오래 생존할 수 있다. 한편 정자를 보호하고 영양을 공급해 주는 액체인 정액은 정낭과 전립선에서 만들어진다. 부고환에 있던 정자와 사정관을 통해 배출된 정액이 합쳐져서 정관과 요도를 통해 몸 밖으로 나오는 것을 사정이라고 한다. 한편, 고환 바로 위쪽에서 정관을 실로 묶거나 절단하여 정액이 배출되지 못하도록 하는 불임수술이 정관수술vasectomy이다. 다시 임신을 원한다면 정관복원수술vasovasostomy을 받으면 된다.

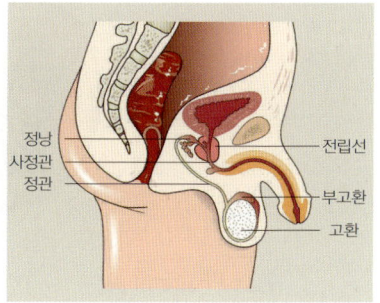

여성 생식기

나팔관, 난관, 수란관 oviduct(s); uterine tube(s); Fallopian tube(s)
난소 ovary
  난자 ovum (pl ova); egg (cell)
  ☐ 정자가 난자를 만나면 수정이 된다. When a sperm enters the egg, it is fertilized.
자궁 womb; (의학용어) uterus
  자궁 경부 cervix
질 vagina

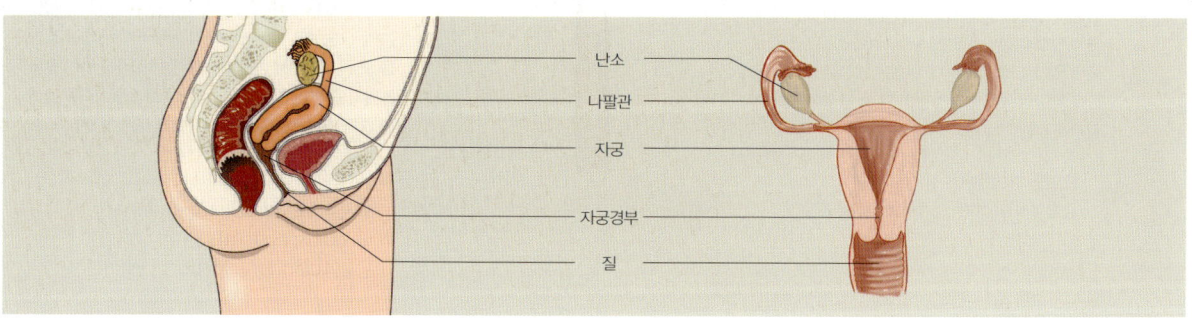

3.9 감각기관 sense organ; sensory system

시각기관 visual organ

각막 cornea

결막 conjunctiva

눈, 안구 eye; eyeball ❶

눈동자, 동공 pupil

눈조리개, 홍채 iris

망막 retina

수정체 (crystalline) lens

시신경 optic nerve
- 그는 폭발로 시신경에 손상을 입었다.
  His optic nerve was damaged in the explosion.

유리체 vitreous body; vitreous humor

시력, 시각 sight; eyesight; vision; visual acuity ❷
- 시력이 좋다 be sharp-eyed / have good eyes[eyesight]
- 나는 교정시력이 0.5다. My corrected eyesight is 20/40.
- 그녀는 시력이 무척 안 좋다. Her eyesight is quite bad[poor].

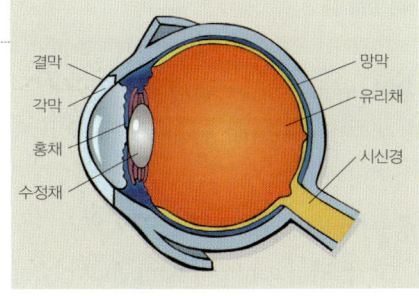

❶ eye in the sky

팝그룹 Alan Parsons Project의 노래로도 잘 알려진 eye in the sky는 하늘에 떠 있는 눈이 아니라 카지노와 상점 등의 천장에 설치된 둥근 모양의 폐쇄회로 카메라를 가리킨다. 또한 개인의 사생활을 감시하고 통제하는 국가 권력을 뜻하는 말로 쓰이기도 한다.

❷ 영어로 시력을 말하는 법

우리나라에서는 시력을 말할 때 1.0, 1.5와 같이 말하지만, 미국에서는 피트foot라는 단위를 사용한다. 예를 들어 20/20vision(※twenty twenty vision이라고 읽음)은 20피트, 즉 6미터 떨어진 곳에 있는 물체를 제대로 볼 수 있는 정상 시력을 뜻하는데, 우리나라로 치면 1.0의 시력에 해당한다. 뒤의 숫자가 커질수록 시력이 좋지 않고, 숫자가 작아질수록 좋은 시력을 뜻하는데, 20/200vision은 보통 사람이 200피트, 즉 60미터 밖에서도 볼 수 있는 사물을 20피트, 즉 6미터 앞까지 가야 겨우 볼 수 있을 정도로 좋지 않은 시력을 뜻한다. 반대로 20/10vision은 보통 시력을 가진 사람이 20피트 밖에서 분간할 수 있는 사물을 마치 10피트 밖에서 보는 것처럼 크고 또렷하게 볼 수 있는 시력을 말한다. 흔히 사람의 시력은 20/10vision이 한계라고 하는데, 독수리와 같은 동물은 20/2vision, 즉 시력이 10.00이 넘는다고 한다. 그래서 독수리처럼 눈이 좋은 사람에게는 eagle-eyed라는 형용사를 쓸 수 있다. 20피트, 즉 6미터라는 거리는 시력 검사를 할 때 피검자와 시력 검사표 사이의 거리를 가리킨다. 한편 영국에서는 미터법을 쓰기 때문에 20/20vision은 6/6vision처럼 말한다.

A: 시력이 어떻게 되세요? How are your eyes? / Do you have good eyes? / How's your eyesight? / How's your vision?
B: 1.0입니다. I have 20/20vision.

시력표

한국	미국	영국
0.10	20/200	6/60
0.13	20/160	6/48
0.17	20/120	6/36
0.20	20/100	6/30
0.25	20/80	6/24
0.40	20/50	6/15
0.50	20/40	6/12
0.80	20/25	6/7.5
1.00	20/20	6/6
1.25	20/16	6/4.8
1.67	20/12	6/3.6
2.00	20/10	6/3

청각기관 auditory organ

귀 ear ❶
- 그 남자는 오른쪽 귀가 멀었다. He's deaf in his right ear.

외이 outer ear; external ear
- 귓구멍 ear canal; auditory canal
- 귓바퀴 helix

중이 middle ear
- 고막, 귀청 eardrum; tympanum; tympanic membrane
  - 그는 사고로 고막이 터졌다. His eardrums ruptured[burst] in an accident.
- 유스타키오관 Eustachian tube; auditory tube ❷

내이 inner ear; internal ear
- 달팽이관 cochlear
- 반고리관, 세반고리관 semicircular canals
- 청신경 auditory nerve; acoustic nerve

청각, 청력 hearing; auditory sense
- 그는 어렸을 때 청력을 상실했다. He suffered a hearing loss as a child.
- 우리 할머니는 청력이 나쁘시다. My grandmother is hard of hearing.

❶ **귓병**
고막염 myringitis
고막파열 ruptured eardrum
귀앓이, 이통 earache
귀울림, 이명 tinnitus
중이염 otitis media; glue ear

❷ **귀가 먹먹할 때**
높은 산을 올라가거나 비행기를 탔을 때 귀가 먹먹하고 아팠던 경험이 있을 것이다. 이러한 현상은 고막 안팎의 기압이 달라져서 고막이 한쪽으로 부풀기 때문에 발생하는데, 하품을 하거나 껌을 씹거나 침을 삼키면 그러한 현상이 사라지게 된다. 이 같은 현상은 귀와 코를 연결하고, 귓속의 기압을 조절하여 고막을 보호하는 유스타키오관 때문에 생기는데, 앞서 말한 동작을 하면 유스타키오관이 열려 기압이 조절되는 것이다. 한편 달팽이관은 소리의 진동을 청신경에 전달하는 역할을 하는 기관이며, 반고리관은 몸의 평형을 유지하는 기관으로 반고리관에 이상이 생기면 어지럼증을 느끼게 된다.

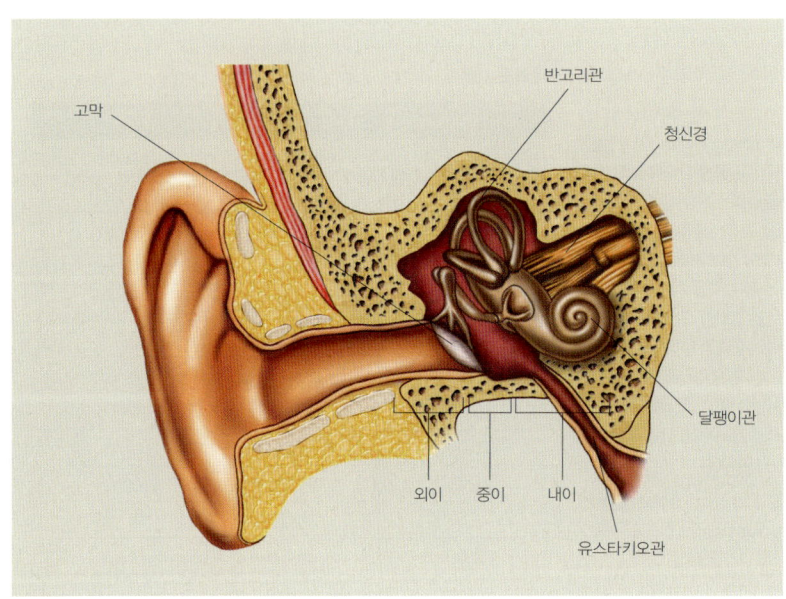

후각기관 olfactory organ

코 nose
☐ 코가 막혀서 냄새를 맡을 수가 없다. I can't smell anything. My nose is stuffed up.

콧구멍 nostril(s), 비강 nasal cavity

후각 (sense of) smell; olfaction ❶
☐ 독특한 냄새가 후각을 자극했다. I smelled something unusual.

후신경 olfactory nerve

미각기관 gustatory organ

미각 palate; (sense of) taste ❷
☐ 그녀는 뛰어난 미각을 가지고 있다. She has an outstanding palate.

혀 tongue
☐ 혀끝으로 음식 맛을 보았다. I licked the food with the tip of my tongue.

촉각

촉각 (sense of) touch

표피 epidermis
　각질층 horny layer; stratum corneum

진피 dermis; corium

피하조직 subcutaneous tissue; subcutis

---

❶ **냄새의 급**

smell 후각기관을 통해 감지할 수 있는 모든 냄새
　ex 잘 익은 과일 냄새
　　the smell of fully ripe fruits
odor 좋지 않은 냄새, 악취
　ex 썩은 사과에서 나는 악취
　　bad odor of rotting apples
scent 좋은 냄새, 향기
　ex 갓 구운 빵에서 나는 달콤한 향기
　　the sweet fresh scent of newly baked bread

❶ **냄새 관련 표현**

고약한, 구린, 역겨운 bad; nasty; foul; awful; disgusting; smelly
매캐한 smoky; acrid
무취의 odorless; scentless
비린 fishy
싱그러운, 풋풋한 fresh
퀴퀴한 musty; fusty
향기로운, 향긋한 savory; fragrant; aromatic; sweet; sweet-scented

❷ **맛의 종류**

단맛 sweet taste
매운맛 spicy taste
신맛 vinegary taste
쓴맛 bitter taste
짠맛 salty taste

3.10 내분비샘, 외분비샘

내분비샘 endocrine gland ❶

가슴샘, 흉선 thymus; thymus gland
갑상선 thyroid; thyroid gland
난소 ovary
뇌하수체 pituitary gland; pituitary body
부신 adrenal gland
이자, 췌장 pancreas ❷
정소 testicle(s); testis (pl testes)

❶ **내분비샘과 호르몬**

난소 – 여성호르몬
뇌하수체 – 성장호르몬, 엔도르핀
부신 – 아드레날린
이자 – 인슐린
정소 – 남성호르몬

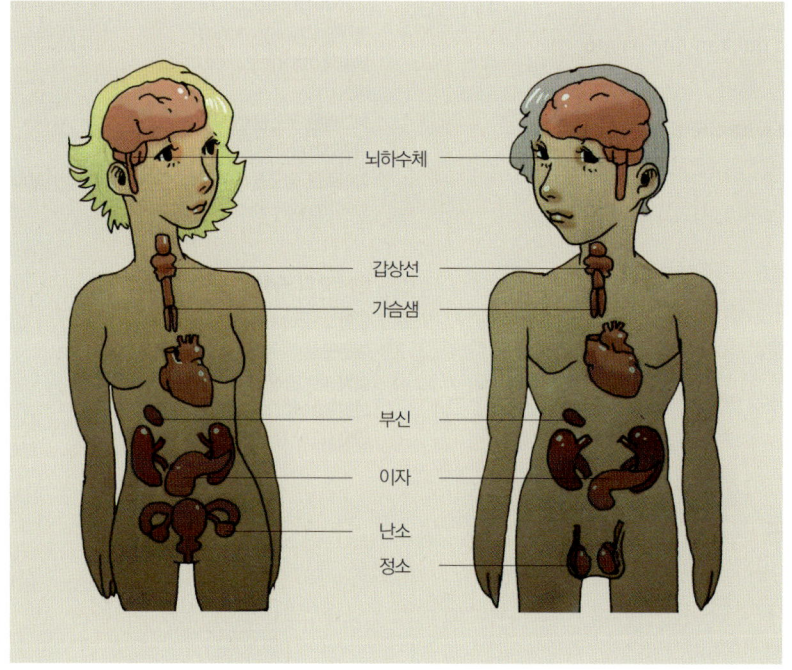

❷ **췌장과 당뇨병**

췌장은 이자액pancreatic juice이라는 소화액을 분비하는 소화기관인 동시에 인슐린이라는 호르몬을 분비하는 내분비샘이다. 인슐린이 제대로 분비되지 않으면 포도당grape sugar이 에너지원으로 사용되지 못하고 혈액 내에 쌓여 혈당blood sugar 수치가 높아지거나 소변으로 배출되는데, 이런 질병이 당뇨병diabetes이다. 당뇨병(糖尿病)은 소변(尿)으로 당분(糖)이 배출되는 병이라는 뜻. 반대로 혈당의 수치가 너무 낮아서 생기는 병은 저혈당증hypoglycemia이다.

호르몬 hormone

갑상선 호르몬 thyroid hormone
성장호르몬 growth hormone (abb GH)
성호르몬 sex hormone; sex steroid
   남성호르몬 male sex hormone
   여성호르몬 female sex hormone
아드레날린 adrenalin(e); epinephrine ❶
□ 스트레스는 아드레날린 분비를 촉진시키고 흥분을 유도한다. Stress gets the adrenalin flowing and makes you feel excited and active.

엔도르핀 endorphin ❷
□ 웃으면 몸에서 엔도르핀이 분비된다.
Your body secretes endorphin when you laugh.

인슐린 insulin

외분비샘 exocrine gland

눈물샘, 누선 lacrimal glands; lachrymal glands
땀샘 sweat glands
젖샘, 유선 mammary gland
피지선 sebaceous gland

❶ 아드레날린이 필요해!

어두컴컴한 골목을 지나가는데 앞쪽에서 불량배들이 나를 향해 다가오고 있다면 어떤 기분이 들까? 사람은 외부로부터 위험이나 공포, 스트레스 등을 느끼게 되면 체내에서 아드레날린이 분비된다. 아드레날린이 분비되면 심장에서 많은 양의 혈액을 몸으로 보내기 때문에 심장 박동이 빨라지고, 운동신경과 반사신경 등이 향상된다. 게다가 고통을 잘 못 느끼게 되고, 괴력을 발휘하기도 한다. 간혹 해외토픽 등에서 자동차에 깔린 아들을 구하기 위해 자신의 몸무게의 열 배가 넘는 자동차를 들어 올린 여성의 이야기를 들을 수 있는데, 이런 일이 가능한 것도 아드레날린 때문이다.

❷ 러너스하이를 맛보다

마라톤과 같은 유산소운동을 하면 운동 초반에는 몸이 무겁고 피곤하지만 계속해서 운동을 하다 보면 어느 순간부터 몸이 갑자기 가벼워지고 황홀감마저 느껴진다. 이런 현상을 러너스하이runner's high라고 하는데, 뇌하수체에서 분비되는 엔도르핀 때문에 발생한다. 엔도르핀은 endogenous(체내의) + morphine(모르핀)의 약자로서, 몸이 극도로 지치고 힘들 때 분비되는 천연 진통제이다.

3.11 신경 nerve, 신경계 nervous system

중추신경계 central nervous system

뇌 brain

- 뇌신경 cranial nerves; cerebral nerves
  - 한번 손상된 뇌신경은 회복이 불가능하다.
    Damaged cerebral nerves never recover.

척수 spinal cord

- 척수신경 spinal nerves

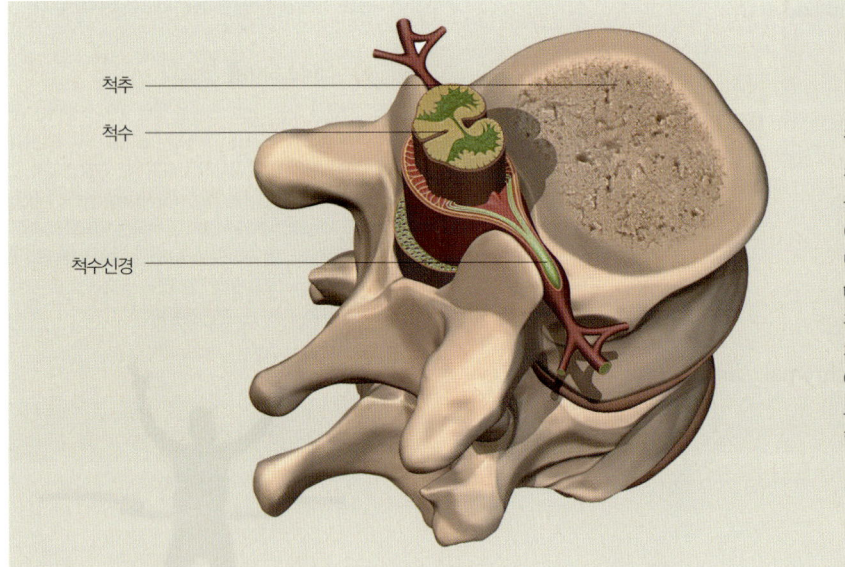

척추, 척수, 골수의 관계

척추 안에는 척수라는 신경조직과 골수라는 연골조직이 있다. 골수에는 조혈모세포가 들어 있어서 적혈구, 백혈구, 혈소판 등의 혈액세포를 만들어낸다. 골수이식수술 bone marrow transplantation은 골수를 채취해서 필요한 환자에게 이식하는 수술인데, 흔히 알고 있는 것처럼 척추에 바늘을 꽂고 골수를 채취하는 것이 아니라 골반이라고 불리는 엉덩뼈에서 채취한다. 요즘은 헌혈을 하는 것처럼 간단히 골수를 기증할 수도 있다.

말초신경계 peripheral nervous system

감각신경 sensory nerve

말초신경 peripheral nerve

운동신경 motor nerve

자율신경계 autonomic nervous system; visceral nervous system

- 교감신경 sympathetic nerve, 교감신경계 sympathetic nervous system
- 부교감신경 parasympathetic nerve, 부교감신경계 parasympathetic nervous system

신경조직 nerve tissue; nervous tissue

신경섬유 nerve fiber

신경세포 nerve cell, **뉴런** neuron

신경중추 nerve center

> **내 신경 건드리지 마**
> 신경은 외부로부터의 자극을 느끼는 신체 기관을 뜻하기도 하고, 마음이나 감정을 나타내는 말로 쓰이기도 한다. '신경을 건드리다'라는 우리말 표현은 영어로 get on *sb's* nerves나 touch[hit] a nerve와 같이 표현한다. 즉, 신체 기관인 신경을 손으로 건드려서 몹시 아프게 만드는 것처럼 기분을 나쁘게 한다는 뜻.
> ex 내 신경 건드리지 마라. Do not **get on my nerves**.

| 신경질환 nervous disorder |
| 신경통 neuralgia |
| 파킨슨병 Parkinson's disease; Parkinson disease |

반사신경, 반사작용

반사신경 reflex
□ 그는 반사신경이 빠르다. He has quick reflexes.

반사작용 reflex action

조건반사 conditioned reflex ⬌ **무조건반사** unconditioned reflex ❶

> **❶ 조건반사와 무조건반사**
> 조건반사는 파블로프의 실험으로 잘 알려진 개념이다. 개에게 종소리를 들려 준 다음 먹이를 주는 일을 반복했더니 나중에는 종소리만 울려도 개가 먹이를 주는 줄 알고 침을 흘렸다고 한다. 무조건반사는 자신의 의지와는 상관없이 신체가 반응하는 것을 뜻한다. 물체가 눈앞으로 날아오면 자기도 모르게 눈을 감거나, 뜨거운 것이 손에 닿으면 깜짝 놀라 손을 빼는 행동 등이 모두 무조건반사에 속한다. 매력적인 이성이 지나가면 자기도 모르게 돌아보는 것도 무조건반사의 일종이다.

 =

3.12 조직 tissue

세포

세포 cell
- 그는 이미 암세포가 온몸에 퍼진 상태였다.
  The cancer cells had already spread throughout his body.

세포분열 cell division
- 생식세포 분열, 감수분열 meiosis; reduction division
- 체세포 분열 somatic cell division

뇌세포 brain cell

모세포 mother cell ⇔ 딸세포 daughter cell

신경세포 nerve cell

조혈모세포 hematopoietic stem cell

줄기세포 stem cell

> 줄기세포는 혈액, 근육, 신경, 뼈 등 신체의 각종 기관으로 발전할 수 있는 일종의 모세포를 뜻한다. 신체의 각 부분에서 얻어지는 줄기세포가 성체줄기세포라면, 배아줄기세포는 정자와 난자가 결합하여 생성된 수정란을 뜻한다. 즉, 배아줄기세포가 자라면 태아가 되는 셈이다. 비록 영어에서는 임신 8주 이후의 태아를 fetus, 그 전의 태아는 embryo라고 해서 embryo 단계의 태아는 인간으로 인정하고 있지 않지만, 종교계에서는 배아줄기세포 연구가 신의 권위에 도전하는 것이라며 연구 중단을 요구하고 있다.

- 배아줄기세포 embryonic stem cell(s)
- 성체줄기세포 adult stem cell(s)

체세포 somatic cell; body cell

⇔ **생식세포 reproductive cell; germ cell; sex cell; gamete**

표피세포 epidermal cell

염색체 chromosome ❶

성염색체 sex chromosome
- X염색체 X chromosome
- Y염색체 Y chromosome

살과 지방

살 flesh
- 젖살 baby fat; `inf` puppy fat

지방 fat
- 내장지방 visceral fat
- 체지방 body fat

지방흡입수술 liposuction

체지방과 체지방율

내장지방은 내장 사이사이에 깊숙이 낀 지방이고, 피하지방은 피부 밑에 겹겹이 쌓여 있는 지방이다. 호르몬의 영향으로 인해 남성은 내장지방이 끼기 쉽고, 여성은 피하지방이 끼기 쉽다. 그래서 남성은 똥배가 많이 나오는 편이고, 여성은 팔뚝이나 허벅지, 엉덩이 등 특정 부위에 살이 찌기 쉽다. 흔히 운동을 통해 지방을 연소시킨다고 하는데, 효과적으로 지방을 연소시키기 위해서는 달리기와 같은 유산소운동뿐만 아니라 근육운동과 같은 무산소운동을 병행해야 한다. 근육은 체내의 에너지를 소비하는 주요 기관이기 때문에 근육량이 증가하면 자연히 신진대사가 활발해져서 보다 쉽게 체지방을 연소시킬 수 있기 때문이다. 그렇기 때문에 근육이 지나치게 발달하면 지구력이 현저히 떨어진다. 전체 체중에서 체지방이 차지하는 비율을 체지방율 body fat percentage이라고 하는데, 남성에 비해 여성이 체지방율이 높은 편이다.

구분		정상	과체중	비만
남성	30세 미만	14~20%	21~25%	26% 이상
	30세 이상	17~23%	24~28%	29% 이상
여성	30세 미만	17~24%	25~29%	30% 이상
	30세 이상	20~27%	28~32%	33% 이상

▲ 체지방 기준표 (한국)

구분	정상	과체중	비만
남성	6~17%	18~25%	25% 이상
여성	16~24%	25~31%	32% 이상

▲ 체지방 기준표 (미국)

피하지방 subcutaneous fat

❶ 황인종은 다운증후군 환자?

다운증후군Down's syndrome은 이 병을 세상에 알린 존 랭던 다운John Langdon Down이라는 영국인 의사의 이름을 따서 지어졌다. 지금은 다운증후군이 21번째 염색체의 이상으로 인해 발생한다는 사실이 밝혀졌지만, 옛날 사람들은 병의 원인을 다르게 생각했다. 19세기 중엽에는 다윈의 〈종의 기원〉과 진화론이 사회 전반에 영향을 끼치고 있었는데, 존 랭던 다운은 황인종에 비해 인종적으로 우월한 백인종이 어떤 원인에 의해 열등한 황인종으로 퇴보하는 현상을 다운증후군이라고 보았다. 다운증후군 환자의 생김새가 납작하고 평평한 얼굴을 가진 황인종의 생김새와 비슷하다고 생각했기 때문이다. 그래서 다운증후군의 원래 명칭은 mongolism, 그리고 다운증후군 환자의 명칭은 황인종을 뜻하는 Mongoloid였다. mongolism과 Mongoloid 모두 지극히 인종차별적인 단어이기 때문에 사용하지 않는 것이 좋다.

3.13 피, 혈액 blood

선혈 fresh blood ↔ 응혈 gore
□ 사고 현장에는 선혈이 낭자했다.
  The scene of the accident was covered with fresh blood.

핏자국, 혈흔 bloodstain
□ 경찰은 용의자의 차에서 피해자의 혈흔을 찾아냈다. The police found bloodstains belonging to the victim in the suspect's car.

헌혈 blood donation ↔ 수혈 transfusion
□ 헌혈하다 blood / give blood
  성분헌혈 apheresis
  전혈(헌혈) whole blood transfusion
  혈소판헌혈 plateletpheresis
  혈장헌혈 plasmapheresis

혈당 blood sugar
□ 검사 결과 혈당 수치가 정상보다 높게 나타났다.
  My blood sugar tested higher than normal.

혈액순환 blood circulation; circulation of the blood
□ 그녀는 혈액순환 장애를 겪고 있다.
  She's suffering from a blood circulation disorder.

혈액형 blood type; blood group ❶
A: 혈액형이 뭐에요? What's your blood type? / What blood type are you?
B: O형입니다. It's O. / My blood type is O. / I'm type O.
B: Rh+O형입니다. It's O+. (ou positive라고 읽음)

부모의 혈액형과 자식의 혈액형 사이의 관계는?

모계＼부계	O형	A형	B형	AB형
O형	O	O, A	O, B	A, B
A형	O, A	O, A	O, A, B, AB	A, B, AB
B형	O, B	O, A, B, AB	O, B	A, B, AB
AB형	A, B	A, B, AB	A, B, AB	A, B, AB

혈전 thrombus; blood clot

---

❶ 혈액형에는 C형이 있었다

A형, B형, AB형, O형 등의 혈액형 체계를 ABO식 혈액형계ABO blood group system라고 한다. 이와 같은 체계는 1901년 오스트리아 출신의 병리학자인 란트슈타이너Karl Landsteiner가 확립했는데, 현재의 O형은 처음에는 C형으로 불렸다. A형과 B형이 있으니 C형이라고 불리는 것은 당연한 일. 그런데 왜 C형에서 O형으로 바뀌었을까? 숫자 0은 영어로 쓸 때는 zero, 읽을 때는 'ou'라고 읽는데, O형 혈액은 항원이 없어zero 모든 사람에게 수혈을 할 수 있다는 의미에서 O형으로 불리게 되었다.

❶ 저는 Rh-O형이에요

혈액형을 말할 때 Rh라는 단어를 쓴다. Rh는 리서스 인자rhesus factor라고 하는데, 히말라야 원숭이라고도 알려진 붉은털원숭이rhesus monkey에서 나온 말이다. 혈액형을 처음 발견한 란트슈타이너와 그의 동료 비너는 붉은털원숭이의 혈액을 다른 동물에 주사했다가 다시 그 동물의 혈액을 사람과 붉은털원숭이에게 주사하는 실험을 했는데 그 결과 사람과 원숭이 모두에게서 항원antigen이 생겼다. 이 실험을 통해 적혈구에 RhD항원이라는 것이 존재한다는 사실이 밝혀졌고, RhD항원이 다르면 혈액형이 같더라도 수혈이 불가능하다는 사실도 밝혀졌다. 조사에 의하면 황인종과 아프리카 흑인의 99%이상은 Rh+의 혈액형을 가지고 있는 반면, 백인종은 황인종과 흑인종에 비해 Rh-의 혈액형을 가진 사람의 비율이 월등히 높다고 한다.

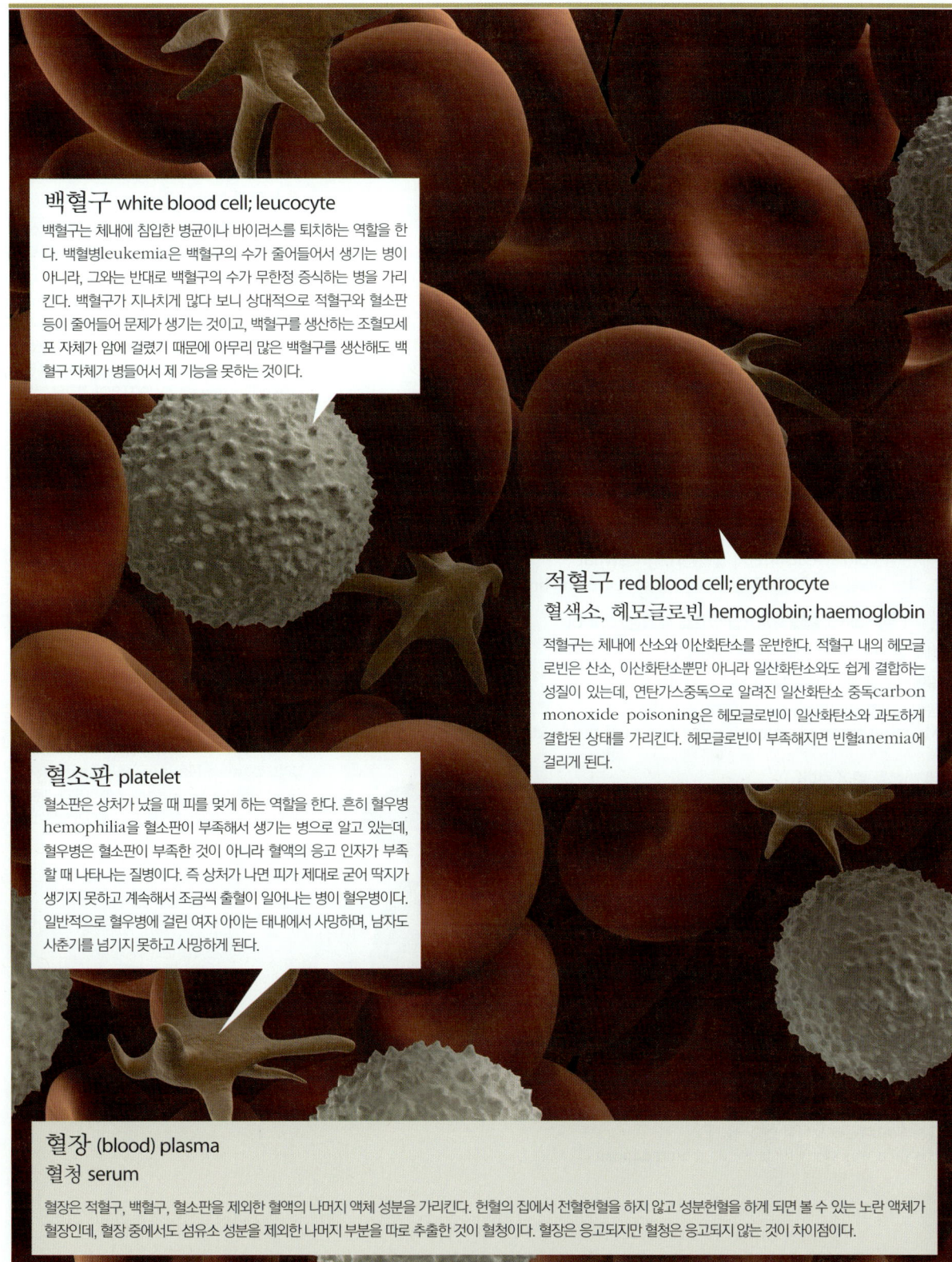

백혈구 white blood cell; leucocyte

백혈구는 체내에 침입한 병균이나 바이러스를 퇴치하는 역할을 한다. 백혈병leukemia은 백혈구의 수가 줄어들어서 생기는 병이 아니라, 그와는 반대로 백혈구의 수가 무한정 증식하는 병을 가리킨다. 백혈구가 지나치게 많다 보니 상대적으로 적혈구와 혈소판 등이 줄어들어 문제가 생기는 것이고, 백혈구를 생산하는 조혈모세포 자체가 암에 걸렸기 때문에 아무리 많은 백혈구를 생산해도 백혈구 자체가 병들어서 제 기능을 못하는 것이다.

적혈구 red blood cell; erythrocyte
혈색소, 헤모글로빈 hemoglobin; haemoglobin

적혈구는 체내에 산소와 이산화탄소를 운반한다. 적혈구 내의 헤모글로빈은 산소, 이산화탄소뿐만 아니라 일산화탄소와도 쉽게 결합하는 성질이 있는데, 연탄가스중독으로 알려진 일산화탄소 중독carbon monoxide poisoning은 헤모글로빈이 일산화탄소와 과도하게 결합된 상태를 가리킨다. 헤모글로빈이 부족해지면 빈혈anemia에 걸리게 된다.

혈소판 platelet

혈소판은 상처가 났을 때 피를 멎게 하는 역할을 한다. 흔히 혈우병hemophilia을 혈소판이 부족해서 생기는 병으로 알고 있는데, 혈우병은 혈소판이 부족한 것이 아니라 혈액의 응고 인자가 부족할 때 나타나는 질병이다. 즉 상처가 나면 피가 제대로 굳어 딱지가 생기지 못하고 계속해서 조금씩 출혈이 일어나는 병이 혈우병이다. 일반적으로 혈우병에 걸린 여자 아이는 태내에서 사망하며, 남자도 사춘기를 넘기지 못하고 사망하게 된다.

혈장 (blood) plasma
혈청 serum

혈장은 적혈구, 백혈구, 혈소판을 제외한 혈액의 나머지 액체 성분을 가리킨다. 헌혈의 집에서 전혈헌혈을 하지 않고 성분헌혈을 하게 되면 볼 수 있는 노란 액체가 혈장인데, 혈장 중에서도 섬유소 성분을 제외한 나머지 부분을 따로 추출한 것이 혈청이다. 혈장은 응고되지만 혈청은 응고되지 않는 것이 차이점이다.

3.14 분비물 secretion, 배설물 human waste

분비물 secretion

눈곱 sleep
- 눈에서 눈곱 좀 떼. Wipe the sleep from your eyes.

눈물 tear; (한 방울의) teardrop ❶
- 그녀의 뺨 위로 한 줄기 눈물이 흘렀다. A tear rolled down her cheek.
- 그녀의 눈에 눈물이 그렁그렁했다. Her eyes were brimming with tears.

땀 sweat; [f] perspiration
- 그의 얼굴에서 땀이 뚝뚝 떨어지고 있었다. Sweat was dripping off his face.
- 그는 땀을 뻘뻘 흘리고 있었다.
  He was sweating profusely. / He was sweating like a pig. ❷

  구슬땀 beads of sweat
  - 그의 이마에 구슬땀이 맺혔다. His forehead was sweaty.

  식은땀 cold sweat; (자면서 흘리는) night sweat
  - 그는 두려움에 식은땀을 흘렸다. He was so scared he broke out in a cold sweat.

침, 타액 saliva; [inf] spit; (입 밖으로 흐르는) dribble
- 침을 흘리다 drool / dribble / slobber
- 길에서 침을 뱉지 마라. Don't spit on the street.
- 음식 냄새를 맡자 입에서 군침이 돌기 시작했다.
  My mouth started watering when I smelled the food.

> **네게 침을 뱉어 주마!**
> 외국인들이 가장 혐오스러워하는 중국인의 악습은 거리에서 침을 뱉는 행위다. 하지만 19세기 후반 미국에서도 거리에서 침을 뱉는 문제가 큰 이슈가 된 적이 있다. 당시 미국인들은 씹는 담배 chewing tobacco를 껌처럼 질겅질겅 씹고 다녔는데, 다 씹고 나서는 아무 데나 뱉기 일쑤였다. 그래서 타구spittoon가 등장했다. 타구는 가래나 침을 뱉는 그릇을 가리키는데, 씹는 담배를 아무데나 뱉지 말고 타구에 뱉자는 캠페인이 확산되면서 거의 모든 공공시설에 타구가 등장하게 되었다. 하지만 1918년 발생한 스페인독감으로 인해 많은 사람들이 사망한 이후 타구는 거리에서 자취를 감추게 되었다. 타구로 인해 전염병이 번질 수도 있고, 사람들이 씹는 담배 대신 껌을 씹기 시작했기 때문이다.

피지 sebum
- 그는 피지 때문에 얼굴이 번들거렸다.
  His face was shiny because of sebum deposits.

❶ 악어의 눈물

눈물은 눈꺼풀 위쪽에 있는 눈물샘에서 만들어진다. 눈물은 우리가 느끼지 못할 정도로 조금씩 눈 위로 흘러내려 눈 표면에 붙은 먼지를 씻어 내고 눈을 건조하지 않게 보호한다. 이렇게 흘러내린 눈물은 다시 눈과 코 사이에 있는 눈물주머니 lacrimal sac에 저장되는데, 하품을 하면 얼굴 근육이 움직이면서 눈물주머니를 자극해 눈물이 나오게 된다. 한편 악어의 눈물 crocodile tears은 진실되지 않고 거짓된 감정을 뜻한다. 옛날에는 악어가 먹이를 먹을 때 먹잇감이 된 짐승을 위로하기 위해 눈물을 흘렸다고 생각했다. 실제로 악어가 눈물을 흘리는 것을 보았다는 문헌 기록도 있다. 그러나 악어는 눈물샘이 있기는 하지만 감정이 없기 때문에 슬퍼서 울지는 않는다. 악어가 눈물을 흘리는 이유는, 커다란 먹이를 통째로 먹으려고 하다 보니 눈물샘이 자극을 받기 때문이다.

❷ 땀 흘리지 않는 돼지

땀을 비 오듯이 흘릴 때 쓸 수 있는 표현이 sweat like a pig, 즉 '돼지처럼 땀을 흘리다'이다. 그러나 돼지는 실제로는 땀샘이 없어서 땀을 흘리지 못한다. 돼지가 질퍽질퍽한 진흙탕에서 뒹구는 것을 좋아하는 이유는 그렇게 해야 체온을 조절할 수 있기 때문이다. 그러므로 sweat like a pig에서의 pig는 돼지가 아니라 몸집이 큰 사람을 뜻한다고 할 수 있다. 마른 사람에 비해 뚱뚱한 사람이 땀을 많이 흘리기 때문이다.

신체 변화에 따른 분비물

가래 phlegm; sputum
☐ 목에서 가래가 끓는다. I have some phlegm in my throat.

고름 pus ❶
☐ 상처에 고름이 생겼다. Pus has formed in the wound. / The wound has festered.

모유, 젖 (mother's; breast) milk
초유 foremilk; colostrums

진물 discharge (from a wound)
☐ 상처에서 진물이 흐르기 시작했다. The wound started seeping.

배설물

배설물, 변, 분뇨 human waste; night soil; excretion; [f] excreta

대변, 똥, 인분 stool; [AE] feces; [BE] faeces; [f] excrement; [!] shit; (유아어) number two; [inf] poop; poo ❷
☐ 대변을 보다 have a bowel movement / defecate / [!] shit / take a dump
☐ 어디서 똥 냄새가 난다. Something smells like shit.
☐ 똥이 마렵다. I have to use the toilet. / Nature calls. / [!] I have to take a dump. / I have to shit. / (유아어) I have to go number two.

피똥, 혈변 bloody stool; bloody feces

소변, 오줌 urine; (유아어) number one; pee; piss ❸
☐ 소변을 보다 urinate / pee / relieve *oneself* / pass water / [!] take a piss
☐ 너무 무서워서 오줌을 지렸다. I was so scared I wet my pants.
☐ 오줌이 마렵다. I have to use the toilet. / Nature calls. / I have to pee. / [!] I have to piss. / (유아어) I have to go number one. / I have to pee-pee.

피오줌, 혈뇨 hematuria

---

❶ 고름의 정체
체내에 세균이 침투하면 백혈구들이 세균과 한판 전쟁을 치른다. 백혈구는 세균을 먹어 치우고 장렬히 전사하는데, 이렇게 쌓인 백혈구의 시체 덩어리가 바로 고름이다. 그러므로 고름이 생긴다는 것은 신체의 면역 기능이 활발히 이루어지고 있다는 증거가 된다. 고름이 모여 곪으면 종기boil가 되는데, 여드름pimple도 종기의 일종이다.

❷ 대변의 뉘앙스 차이
대변 stool; feces; excrement
배설물 excrement
똥 shit
큰 것 number two
응가 poop; poo

❸ 오줌싸개
아이가 밤에 오줌을 가리지 못하고 이불에 실례를 하는 것을 야뇨증nocturnal enuresis이라고 하는데, 침대bed를 적신다wet고 해서 bedwetting이라고도 한다. 예전에는 오줌싸개bedwetter에게 키winnow를 씌워 이웃집에서 소금을 얻어 오게 했는데, 키로 곡식을 골라내듯이 오줌 싸는 나쁜 버릇을 날려버리라는 의미였다. 소금을 얻어 오게 한 것은 소금이 예로부터 귀한 물건이면서 나쁜 기운을 쫓는 힘이 있다고 믿었기 때문이다. 아이들의 배변 교육은 유아용 변기potty를 사용하는 훈련이라는 뜻에서 potty training이라고 한다. 한편 똥싸개는 pants-pooper라고 한다.

화장실의 종류
수세식 화장실은 '물을 내리다'라는 뜻의 동사 flush를 써서 flush toilet이라고 한다. 일명 '푸세식 화장실'이라고 불리는 재래식 화장실은 집 밖에 있다고 해서 outhouse 또는 shithouse라고 하는데, shithouse는 우리말의 '뒷간'에 해당하는 비속어이다. brick shithouse, 즉 '벽돌로 지은 재래식 화장실'은 '키가 크고 체격이 좋은 남자', '육감적인 몸매를 가진 여자'라는 뜻의 속어인데, 체격이 건장한 육체노동자들이 많이 거주하는 빈민가에 brick shithouse들이 많다고 해서 생긴 표현이다. brick shithouse는 '떡대가 좋다'라는 우리말 속어와 일맥상통한다.

ex 그 남자, 떡대가 장난이 아니야. He is built like a brick shithouse.

04 외모 appearance; look

4.1 얼굴 face; mug ①

잘생긴 사람

귀염둥이 darling (child); `inf` cutie

동안 baby face
- 동안의 baby-faced

미남 handsome man; good-looking man; (머리가 빈) `inf` mimbo; himbo
- 그는 미남은 아니지만 그렇다고 못생기지도 않았다.
  He's not handsome, but he's not ugly, either.

미녀, 미인, 절세미인 (raving) beauty; beautiful woman; `inf` knockout; stunner; (머리가 빈) `inf` bimbo
- 그는 대단한 미인을 아내로 맞았다. His wife is a real beauty.

호남 rugged man
- 그는 호남형이다. He is ruggedly handsome. / He has manly good looks.

> beauty contest 미인대회
> beauty queen 미인대회 우승자

잘생긴 얼굴

귀여운, 깜찍한 cute; sweet
- 따님이 정말 귀엽군요. Your daughter's really cute.

매력적, 매혹적 charming; attractive; enchanting; captivating
- A: 어제 소개팅에서 만난 여자 어땠어? How was your blind date last night?
- B: 끝내줬어. 정말 매력적인 여자였어. Fantastic. She was an extremely attractive woman.

아름다운, 예쁜 beautiful; pretty; gorgeous; lovely ②
- 정말 아름다우시군요. You're really beautiful.

우아한, 단아한 elegant; graceful
- 그녀는 자태가 단아하다. She has a classical elegant figure.

잘생긴, 준수한 handsome; good-looking; `inf` nice-looking
- 그는 TV에서 보는 것보다 실물이 훨씬 더 잘생겼다.
  He looks a lot better in person than he does on TV.

조각 같은 chiseled; statuesque
- 그는 조각 같은 외모를 지녔다. He has a chiseled figure.

---

① **범죄자 인증샷, mug shot**

mug shot은 범죄자의 얼굴 사진을 뜻한다. 미국에서는 범죄자의 정면과 측면의 얼굴 사진을 찍어 기록으로 남기는데, 그렇게 하면 피해자가 사진을 보고 범인을 가려낼 수도 있고, 나중에 비슷한 수법의 범죄가 발생할 경우 범인 체포에 도움이 되기 때문이다. 유명인이라고 해서 예외가 아니어서 미국의 유명한 배우나 가수들도 음주 운전 등으로 체포되면 mug shot을 찍는다. mug shot을 찍을 때에는 범인의 신장을 파악할 수 있도록 가로로 선이 그어진 하얀 바탕에 서서 사건번호와 해당 경찰서나 교도소의 이름이 적힌 팻말을 들고 찍는다.

② **예쁜 남자와 잘생긴 여자**

흔히 handsome은 남성에게만, pretty는 여성에게만 쓰이는 말로 알고 있지만 이목구비가 뚜렷하고 잘생긴 여성에게도 handsome이라는 표현을 쓸 수 있고, 여자처럼 예쁘고 연약하게 생긴 남성에게도 pretty라는 형용사를 쓸 수 있다. 하지만 당사자들은 불쾌할 수 있으니 주의해야 한다. 남성에게는 남성에게 어울리는 형용사를, 여성에게는 여성에게 어울리는 형용사를 쓰는 것이 가장 좋다. good-looking은 남녀 모두에게 쓸 수 있는 표현이다.

못생긴 사람

말상 horsey face; horsy face; horse-faced person
- 말상의 hatchet-faced ❶
- 그는 얼굴이 말상이다. He has a horsey face.

밉상 bad-looking person; ugly person

추남 bad-looking man; homely man; ugly man

추녀 bad-looking woman; homely woman; ugly woman

못생긴 얼굴

못생긴 plain; unattractive; bad-looking; homely; unsightly; ugly ❷

> **넌 참 못생겼구나!**
> 상대방의 면전에 대고 못생겼다고 말하는 것은 실례다. 따라서 평범하게 생겼다거나 별로 매력적이지 않다는 식으로 에둘러 말하는 법이다. 이런 것을 완곡어법euphemism이라고 한다. 영어에서도 어떤 사람의 외모에 대해 말할 때 노골적이고 직설적인 ugly 대신 plain(평범한), unattractive(매력적이지 않은), average(보통의)와 같은 완곡한 표현을 많이 사용하는 편이다.

- 그녀는 정말 못생겼다. She is as ugly as sin.

우락부락한 rough
- 그는 생김새는 우락부락하지만 마음씨는 착하다.
  He looks rough, but he's actually a nice guy.

험상궂은, 험악한 menacing; threatening
- 그는 험악한 표정으로 나를 노려보았다. He gave me a menacing look.

흉측한 hideous; ghastly
- 그의 얼굴은 화상을 입고 흉측하게 변했다.
  The burn scars on his face made him look hideous.

---

❶ 말상과 손도끼와의 관계

axe는 손잡이가 긴 도끼, 그리고 hatchet은 손잡이가 짧은 손도끼를 가리킨다. 토마호크tomahawk는 미국 인디언들이 사용하던 hatchet인데, 미사일 이름으로도 쓰인다. hatchet-faced는 이런 손도끼의 날처럼 길고 날카롭게 생긴 얼굴을 가리키는 말이다. 한편 hatchet과 관련된 관용표현 중에는 bury the hatchet이 있다. '화해하다'라는 뜻의 이 표현은 미국 인디언들이 다른 부족과의 전쟁을 끝낼 때 토마호크를 땅에 묻었던 관습에서 비롯되었다. bury the hatchet의 반대말은 take up the hatchet이다.

❷ 미운 오리새끼

어릴 때는 못생겼지만 클수록 점점 예뻐지는 사람을 ugly duckling이라고 한다. 이 표현은 안데르센의 동화 〈미운 오리새끼The Ugly Duckling〉에서 유래되었다.

ex 이게 정말 너야? 넌 어렸을 때는 못생겼구나.
Is that really you? You were the **ugly duckling!**

4.2 체격 build, 신장 height, 체중 weight

체격 – 명사

덩치, 몸집, 체격 build; frame; physique ❶
- 그는 체격이 크다[작다]. He's big[small]. / He has a big[small] build.

몸매 figure

근육질, 근육맨 muscleman; muscular person; [inf] beefcake; he-man
- 그는 근육질이다. He's muscular. / He has a muscular build.

글래머 voluptuous woman; sex goddess; [inf] fox; hot stuff; sexpot ❷
- 나는 마른 여자보다 글래머를 좋아한다. I prefer voluptuous women to skinny types.

체격 – 형용사

건장한, 우람한 big and strong; bulky; tall and stout; heavily built; husky; [inf] hunky
- 그는 건장한 체격의 청년들에게 둘러싸였다. He was surrounded by big, stout boys.

관능적인, 섹시한, 육감적인 sexy; sensual; sexually attractive; sensuous; [inf] hot; cute; foxy; curvy
- 저 여자 섹시하지 않니? Don't you think she's sexy?

근육질의 muscular; brawny; musclebound; [inf] beefy; (말랐지만 근육질의) sinewy

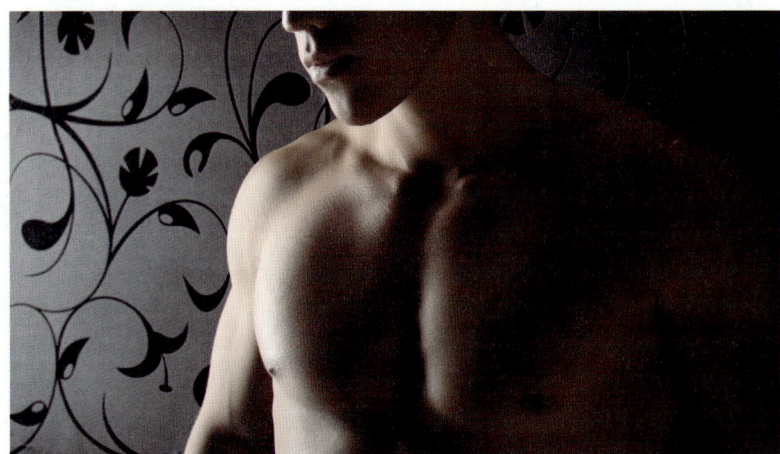

풍만한 voluptuous; (가슴이 큰) buxom; bosomy; [inf] busty
- 그녀는 가슴이 풍만하다. She's buxom. / She has full breasts.

---

❶ 체격을 나타내는 말
체격을 나타내는 단어는 뉘앙스 차이가 있으니 주의하자.

build 신장, 골격, 근육 등 몸의 생김새나 크기
- ex 그는 보통 체격이다.
  He is of average build.

physique 사람의 겉모습이나 크기, 체격 조건
- ex 그는 훌륭한 선수가 될 수 있는 체격을 갖고 있다.
  He has the physique to be a great player.

figure 여성의 몸매
- ex 그녀는 멋진 몸매를 지녔다.
  The girl has a nice figure. / She is a girl with a good figure.

shape 몸매가 아니라 건강상태를 나타내는 말
- ex 나는 건강해지고 싶다.
  I want to be in good shape.

❷ 글래머
❌ glamour → ⭕ voluptuous woman
glamour는 풍만한 몸매를 가진 여성이 아니라 어떤 사람이나 사물, 지역 등이 지닌 특별한 매력을 뜻한다. 형용사인 glamorous 또한 성적으로 매력적이라는 뜻이 아니라 '멋진, 특별한'이라는 뜻.

신장 – 명사

신장, 키 height; stature
- 키가 크다 be tall ↔ 키가 작다 be short

신장 묻고 답하기
A: 키가 어떻게 되세요?
❌ What is your height? → ⭕ How tall are you?
B: 175센티미터입니다.
❌ My height is 175 centimeters. → ⭕ I'm 175 (centimeters tall).

거구, 장신, 키다리 tall person; (키가 180cm 이상인) `inf` six-footer ❶
- 그는 세계 최장신이다. He is the tallest person in the world.

난쟁이 person of restricted growth; `!` dwarf; midget ❷
- 백설공주와 일곱 난쟁이 Snow White and the Seven Dwarfs

단신, 땅딸보 short person; `inf` shortie; shrimp
- 그는 160센티미터의 단신이다.
  He's short at only 160 centimeters. / He stands only five foot three.

중키 average height; medium height
- 그는 중키에 배가 좀 나왔다. He's of medium height and has a bit of a potbelly.

신장 – 형용사

아담한 petite
왜소한, 작은 short; small; undersize(d); tiny
- 그는 키는 작지만 체격이 다부지다. He's short but stocky.

큰, 훤칠한 handsomely tall; attractively tall

---

❶ 키다리 아저씨

소설 〈키다리 아저씨〉의 영어 제목은 Daddy-Long-Legs. 참고로 daddy longlegs는 다리가 긴 장님거미, 그리고 모기처럼 생긴 각다귀를 뜻하기도 한다.

❷ 난쟁이와 왜행성

키가 작은 사람에게 직선적으로 난쟁이라고 부르는 사람은 없을 것이다. 영어에서도 dwarf, midget, shrimp와 같은 단어는 모욕적인 표현이기 때문에 사용하지 말아야 한다. 대신 person of restricted growth, 번역하면 '성장이 제한된 사람'이라는 표현을 써야 한다. 한편 dwarf는 왜행성 또는 왜소행성이라는 뜻도 가지고 있다. 왜행성이란 태양 궤도를 돌고 있는 행성이지만 다른 행성에 비해 크기가 현저히 작은 '난쟁이 행성'을 뜻한다. 태양계의 마지막 행성이었던 명왕성 Pluto은 2006년에 왜행성으로 강등되었다.

체중 – 명사

몸무게, 체중 (body) weight ❶
- 아이를 갖고 나서 체중이 급격히 늘었다.
  I've gained a lot of weight since I got pregnant.

갈비씨, 말라깽이, 홀쭉이 skeleton; a bag of bones; (키만 크고 비쩍 마른) beanpole
- 그녀의 새 남자 친구는 키만 멀대같이 큰 말라깽이다.
  Her new boyfriend is a tall bag of bones.

돼지, 뚱보 fat person; `!` porker; fatty; fatso; tub
- 사람들은 그를 뚱보라고 놀렸다. People made fun of him, calling him "Fatso."

배불뚝이 potbellied person; paunchy person

체중 – 형용사

가냘픈, 비리비리한 thin; slight; weak
- 그녀는 불면 날아갈 것 같이 가냘픈 몸매를 지녔다.
  She looks like you could knock her over with a feather.

깡마른, 마른 gaunt; scrawny; `inf` skinny; (키가 크고 마른) gawky; gangling; gangly; lanky; (질병 등으로 야윈) emaciated; (신체 일부가 마른) bony; angular; wasted
- 그는 오랜 투병 생활로 몸이 많이 야위었다.
  He's emaciated from trying to fight off disease. /
  He's nothing but skin and bones from fighting off illness for so long a time.

날씬한, 늘씬한, 호리호리한 slim; slender; lean; svelte
- 우리 엄마는 나보다 훨씬 날씬하다. My mom is much slenderer than I am.

뚱뚱한 fat; portly; `inf` tubby; (키가 작고 뚱뚱한) stout; chunky; `inf` dumpy; roly-poly; (지나치게 뚱뚱한) obese ❷

저체중의 underweight ⟷ 과체중의 overweight

토실토실한, 통통한, 포동포동한 (pleasantly) plump; `inf` chubby
- 그녀의 볼은 아기처럼 통통하다. Her cheeks are chubby.

---

❷ **뚱뚱한 여자가 나올 때까지 기다려!**

오페라 가수들은 상당수가 뚱뚱하고 체격이 좋은 편이다. 그래야 크고 풍부한 목소리를 낼 수 있기 때문이다. 많은 오페라가 뚱뚱한 여성 가수, 즉 프리마돈나 prima donna의 슬픈 노래와 함께 막을 내리곤 한다. 여기서 유래된 표현이 "The opera ain't over until the fat lady sings.", 즉 "뚱뚱한 여자가 노래를 부르기 전에는 오페라가 끝난 것이 아니다." 이 표현은 Dan Cook이라는 스포츠신문 기자가 처음으로 사용했는데, 그는 7전 4선승제의 경기에서 내리 세 경기를 졌다고 할지라도 역전할 수 있는 가능성이 충분하다는 뜻에서 이러한 표현을 썼다. 즉, 결과는 끝까지 지켜봐야 알 수 있는 것이지 지레 겁을 먹고 낙담할 필요가 없다는 뜻이다. 이 표현은 후에 "It ain't over 'til the fat lady sings."로 바뀌었다.

`ex` 결과는 끝까지 지켜봐야 한다.
It isn't over until the fat lady sings.

❶ 체질량지수

BMI는 body mass index의 약자로서, 체질량지수라고 한다. 체질량지수는 체중을 신장의 제곱으로 나눈 값으로서, 직접적인 비만도를 보여주는 것은 아니지만 키와 몸무게의 비율을 알려 주는 지표로 활용할 수 있다. 체질량지수가 20미만은 저체중, 20~24는 정상, 25~29는 과체중, 30이상은 비만이다.

$$\text{BMI} = \frac{\text{weight(kg)}}{\text{height}^2(\text{m}^2)}$$

❶ 체중 묻고 답하기

A: 체중이 어떻게 되세요?
❌ How much is your weight?
🔵 What do you weigh? / How much do you weigh?
B: 80킬로그램입니다.
❌ My weight is 80 kilograms.
🔵 I'm 80 kilos[kilograms]. / I weigh 80 kilograms.

4.3 안색 complexion, 표정 expression

안색

안색, 얼굴색, 혈색 complexion; color
- 갑자기 그의 안색이 창백해졌다. Suddenly he turned pale. / Suddenly, his complexion lost its color.

까무잡잡한 dark; swarthy; dark-skinned; (햇볕에 타서) tanned; suntanned; (구릿빛의) bronzed ❶
- 그는 얼굴이 까무잡잡하다. He has a swarthy complexion.

누런, 누리끼리한 sallow

불그스레한, 홍안의 ruddy; ruddy-faced; rosy, 붉은, 빨간 red-faced

상기되다, 빨개지다 blush; flush; glow
- 그 여자는 수줍음이 많아서 사람들 앞에서 말할 때 얼굴이 빨개진다. She's so shy, she blushes when she talks in front of people.

잿빛의 gray; ashen, **창백한, 파리한** pale; white; pasty; wan; pallid
- 그의 얼굴이 백지장처럼 창백해졌다. His face turned as white as a sheet.

초췌한, 푸석푸석한, 해쓱한 rough; haggard; pinched; washed-out
- 그녀는 감기를 앓고 난 후 얼굴이 해쓱해졌다. Her complexion looked washed-out after she caught cold.

칙칙한 dark; dull
- 피부가 칙칙해서 화장이 잘 먹질 않는다. My complexion is so dark that makeup doesn't work very well on me.

하얀, 희멀건 fair; peaches-and-cream (skin)
- 그녀는 피부가 백옥처럼 하얗다. She has very fair skin. / She has a peaches-and-cream complexion.

Josephine Baker ▶

---

❶ 검은 것이 아름답다

20세기 이전에는 얼굴색 또는 피부색으로 그 사람의 사회적 지위를 파악할 수 있었다. 예를 들어, 귀족들이나 사회 고위층은 육체노동을 하지 않았기 때문에 얼굴이 하얗고 창백한 반면, 노동자들은 육체노동을 했기 때문에 햇볕에 얼굴이 타서 피부색이 까무잡잡했다. 그래서 나온 표현이 blue blood, 즉 '파란 피'다. 귀족들은 피부가 창백해서 몸의 혈관이 파랗게 도드라져 보였기 때문에 blue blood로 불렸다. 귀족들의 편안한 삶을 동경하는 이러한 사회적 분위기 때문인지 여성들도 까무잡잡한 피부보다는 하얗고 창백한 피부를 원했다. 납lead이나 비소arsenic가 함유된 화장품을 바르다가 사망하는 여성도 있었고, 햇볕에 타지 않으려고 한여름에도 긴 드레스를 입고 양산을 쓰는 여성들이 부지기수였다.

그러다가 1920년대에 프랑스의 세계적인 패션 디자이너였던 코코 샤넬Coco Chanel이 우연히 햇볕에 피부가 탔는데, 샤넬의 추종자들이 그것을 보고 그녀를 따라 하기 위해 선탠을 하기 시작했다. 또한 1925년에 파리로 온 조세핀 베이커Josephine Baker라는 육감적인 흑인 여성 무용수로 인해 파리 사교계에는 순식간에 블랙 열풍이 불었다. 검은 것이 아름답다는 생각이 퍼지게 된 것이다.

사람들은 검고 까무잡잡한 피부를 만들기 위해 일광욕sunbathing과 선탠tan을 하기 시작했다. 1946년에는 비키니 수영복이 탄생했고, 일광욕 침대sunbed와 자외선 차단제sunblock이 개발되었다. 이렇게 검고 햇볕에 탄 피부색에 대한 거부감이 사라지기 시작하면서 그전까지는 인종차별의 최대 피해자였던 흑인들도 Black is beautiful, 즉 '검은 것이 아름답다'는 모토를 내걸고 자신들의 피부색을 떳떳하게 받아들이기 시작했다.

표정

표정 expression; look; face; countenance
- 그 여자는 놀란 표정을 지었다. She had a surprised look on her face.

난색 disapproving look
- 난색을 표하다 show disapproval / express disapproval

무표정 poker face ❶
- 무표정한 expressionless / impassive / blank / poker-faced / deadpan
- 그녀는 처음부터 끝까지 무표정으로 일관했다.
  She remained poker-faced from the beginning to the end.

오만상, 우거지상 frown; grimace; scowl

울상 long face
- 울상을 짓다 frown / be ready to cry
- 왜 그렇게 울상이니? Why the long face?

> **왜 그렇게 얼굴이 길어?**
> 어떤 사람이 울상을 짓고 있을 때 쓸 수 있는 표현이 "Why the long face?"이다. 슬프거나 기분 나쁜 일이 있으면 자기도 모르게 미간을 찌푸리고 입을 벌리는 등, 전반적으로 얼굴이 길어 보이기 때문이다. 이와 비슷한 표현으로는 "What's eating you?"와 "What's bugging you?" 등이 있다. "What's eating you?"는 "무엇이 너를 좀먹고 있니?"라고 번역할 수 있는데, 슬픔이나 괴로움이 사람을 좀먹는다는 우리말 표현과 일맥상통한다.

정색 serious look; straight face
- 나는 정색을 하고 그의 잘못을 꾸짖었다.
  I put on a serious look and reprimanded his fault.

희색 happy look; pleased look; joyful look; glad countenance

꽁한, 뾰로통한, 시무룩한 sulky; sullen; sour
- 뭣 때문에 그렇게 꽁해 있니? Why are you acting so sullen?

멍한 vacant; blank
- 그렇게 멍하게 서있지 말고 빨리빨리 움직여라. Don't just stand there with that blank look on your face. Hurry up and do something.

일그러지다 contort; twist; be distorted; be contorted
- 그의 얼굴은 고통으로 일그러졌다. His face was twisted with pain.

찌푸리다, 찡그리다 frown; scowl; grimace; wrinkle (*one's* forehead); make a face; pull a face; give *sb* a dirty look

침착하게 포커페이스

❶ **포커페이스**
포커poker와 같은 카드놀이cards를 해본 사람이라면 포커페이스poker face라는 말을 들어 본 적이 있을 것이다. 포커페이스는 자신이 어떤 패hand를 들었는지 상대방에게 들키지 않기 위해 무표정한 얼굴을 유지하는 것으로서, 이제는 포커뿐만 아니라 일상생활에서도 널리 쓰이는 말이다. 그리고 좋지 않은 패를 들고서도 마치 좋은 패를 들고 있는 것처럼 연기하는 것을 명사로는 bluffing, 동사로는 bluff라고 한다. 영화 〈007 카지노 로얄〉에는 주인공인 007과 악당 사이의 치열한 bluffing 대결이 펼쳐지기도 한다. 한편 사람들 중에는 아주 엄숙한 얼굴을 하고 아무렇지도 않게 엉뚱한 농담을 하는 경우도 있다. 이때의 농담을 deadpan humor라고 한다. 재치 있고 재미있다는 평가를 받는 사람들의 상당수는 deadpan humor를 잘 구사하는 사람이다.

4.4 목소리, 음성 voice; tone

목소리 — 명사

가성 falsetto
- 그는 가성으로 노래를 불렀다. He sang in falsetto.

고음 high voice; high-pitched voice ↔ **저음** low voice; low-pitched voice
- 그는 저음의 감미로운 목소리를 지녔다. He has a very pleasant, low voice.

고함 shout; yell; roar
- 그는 내 등에 대고 고래고래 고함을 쳤다. He kept yelling at me from behind.

괴성 horrible shriek; loud shriek
- 그는 갑자기 괴성을 질렀다. Suddenly he let out a loud shriek.

기합 shout of concentration

미성 sweet voice; beautiful voice ❶

비명, 외마디소리 scream; shriek; yelp
- 어디선가 비명이 들렸다. I heard a scream from somewhere.

비음, 콧소리 nasal voice; twang
- 그녀는 콧소리를 내며 내게 애교를 부렸다. She acted coquettish with me, speaking in a nasal voice.

쉿소리 hoarse voice; grating voice; husky voice

야유 jeer; hiss; hoot; catcall; boo; heckling
- 사람들은 연사를 향해 야유를 퍼부었다. People jeered[booed] the speaker.

울음소리, 곡성 cry; wail

웃음소리 laughter; laugh; (낄낄거리는) giggle; cackle ❷
- 그 여자의 웃음소리가 방안 구석구석에 울려 퍼졌다. The woman's laughter echoed throughout the room.

탄성 exclamation
- 탄성을 지르다 exclaim / let out an exclamation

환성, 환호성 cheer; shout of joy; acclamation
- 환호성을 지르다 cheer / yell out a cheer / shout for joy

휘파람 whistle ❸
- 휘파람을 불다 whistle / give[let out] a whistle

---

❶ 카스트라토

중세 시대의 교회에서는 여성이 성가대에서 노래를 부르는 것을 금지했다. 여성의 성부(聲部)를 담당할 사람이 필요한데 정작 여성은 노래를 부를 수 없으니 그래서 등장한 것이 카스트라토castrato. 카스트라토란 사춘기 이전에 거세castration, 즉 고환을 제거한 소년을 가리킨다. 고환을 제거하니 남성 호르몬이 부족해져 나이가 들어도 소년 때의 미성을 낼 수 있었던 것이다. 영화 〈파리넬리Farinelli the Castrato〉의 주인공인 파리넬리도 실존했던 이탈리아의 유명한 카스트라토이다. 카스트라토는 비인간적이라는 이유로 더 이상 존재하지 않지만 대신 카운터 테너라고 불리는 남성 가수들이 그들의 명맥을 잇고 있다.

❷ 방송용 웃음, laugh track

코미디 프로그램이나 시트콤 등을 보면 우스꽝스러운 장면에서는 어김없이 사람들의 자지러지는 웃음소리가 들리곤 한다. 이것은 실제 방청객들의 웃음소리가 아니라 미리 녹음해 둔 테이프를 트는 것인데, 이렇게 녹음된 방송용 웃음소리를 laugh track 또는 canned laughter라고 한다. 방송이 처음 시작되었을 무렵 미국에서는 방청객들이 스튜디오에 직접 나와 프로그램을 시청했다. 하지만 웃음소리가 터져 나와야 할 시점에 아무도 웃지 않는다거나, 지나치게 오래 웃거나 너무 시끄럽게 웃는 바람에 방송을 망치는 경우가 있었다. 그래서 찰스 더글라스라는 음향 기사가 laugh track을 만들어서 방송에 사용하기 시작했다. 참고로 녹음된 박수 소리는 applause track이라고 한다.

❸ 늑대의 휘파람소리

wolf whistle, 즉 '늑대의 휘파람소리'는 남성이 여성의 주의를 끌 때 부는 휘파람소리를 가리킨다. 매력적인 여성이 눈에 띌 때 wolf whistle을 부는데, 일반적인 휘파람과 달리 손가락 두 개를 입에 넣어 짧게 두 번 휘파람소리를 내는 것이 특징이다.

목소리 — 형용사

간드러진 lilting
- 간드러진 목소리 a lilting voice

걸걸한 rough; throaty; gruff
- 그는 걸걸한 목소리로 노래를 불렀다. He sang in a gruff voice.

구성진 melodious
- 사람들은 그녀의 구성진 노랫소리에 빠져 들었다. Everyone was taken by her melodious voice.

나긋나긋한, 부드러운 soft; mild; tender; gentle; mellow; silky; silken
- 그녀는 나긋나긋한 목소리로 손님들을 맞이했다. She welcomed the guests with her soft and gentle voice.

나지막한 low; low-pitched

낭랑한 clear and ringing; [inf] silvery

또랑또랑한, 또렷한 clear; distinct

앙칼진 sharp; stinging
- 그녀는 앙칼진 목소리로 나에게 쏘아붙였다. She derided me in sharp tones.

카랑카랑한 high-pitched

허스키한 husky; hoarse ❶
- 그의 트레이드마크는 허스키한 목소리다. His husky voice is his trademark.

❶ 시베리안 허스키의 진실
썰매개로 잘 알려진 시베리안 허스키Siberian Husky와 허스키한husky 목소리와는 어떤 관련이 있을까? 정답은 '없다'이다. 북극지방에 거주하는 종족인 이누이트Inuit의 옛 이름은 에스키모Eskimo였다. 에스키모는 '날고기를 먹는 사람들'이라는 뜻인데, Eskimo가 Eskie로, 그리고 다시 Eskie가 Husky로 변해 Siberian Husky가 되었다. 즉 Siberian Husky는 시베리아를 지나 알래스카로 건너간 에스키모의 개라는 뜻.

목소리 관련 표현
- 목청, 성대 vocal cords; vocal folds
- 성대결절 vocal cord nodules
- 성대모사 vocal mimicry; impersonation
- 성우 (남성) voice actor; (여성) voice actress
- 음성 메시지 voice message
  - 문자 메시지 text message
- 음성 인식 speech recognition; voice recognition

울다 cry
- 엉엉 울다, 오열하다, 울부짖다 wail; howl; bawl; [inf] blubber; cry one's eyes[heart] out
- 울먹거리다 be close to tears; be on the verge of tears; be about to cry
- 징징거리다 snivel
- 흐느끼다 whimper; sob; (코를 훌쩍이며) snuffle; sniffle

웃다 laugh
- 까르르 웃다, 깔깔거리다 giggle
- 껄껄 웃다, 너털웃음을 웃다 guffaw
- 낄낄거리다 chuckle; titter
- 박장대소하다 laugh aloud clapping one's hands
- 비웃다 sneer; snicker; snigger; jeer
- 요절복통하다, 포복절도하다 be rolling [laughing] in the aisles; be convulsed with laughter; [inf] split one's sides; die laughing
- 웃음을 터뜨리다 burst out laughing; burst into laughter
- 자지러지다 scream[roar; shriek] with laughter
- 폭소를 터뜨리다 laugh out loud; laugh a belly laugh

05 신체 상태

5.1 감각, 느낌 feeling; sense; sensation

가려운, 간지러운 itchy, **가렵다** itch; be[feel] itchy
- 등이 가렵다. My back itches.
- 온몸이 가렵다. I feel itchy all over.

거친 rough; coarse ⟷ **매끄러운, 부드러운** soft; smooth
- 아기의 피부는 비단처럼 매끄러웠다. The baby's skin was as smooth as silk.

건조한 dry ⟷ **촉촉한** moist, **축축한** damp; clammy; humid; soggy ❶
- 그녀는 손이 차고 축축했다. Her hands felt cold and clammy.
- 요즘은 피부가 몹시 건조하고 당긴다. These days my skin is terribly dry and drawn.

끈끈한, 끈적거리는 sticky; glutinous; gluey; [inf] gooey ❷

따가운 stinging; irritated, **따끔거리다** smart; sting; prickle; prick; tingle
- 연기 때문에 눈이 따갑다. My eyes smart[sting] from the smoke.

따뜻한 warm ⟷ **시원한, 서늘한** cool

딱딱한 hard; stiff; firm ⟷ **푹신푹신한** soft; yielding
- 이 의자는 너무 딱딱하네요. 푹신푹신한 것으로 바꿔주세요. This chair is too hard. I'd like to exchange it for a softer one.

뜨거운 hot; (매우 뜨거운) boiling (hot); scalding (hot); [inf] roasting; piping hot
⟷ **차가운, 찬** cool; chilly; icy; frosty; ice-cold; [inf] freezing; stone-cold
- 당신 손이 얼음장처럼 차갑군요. Your hands are icy.
- 국이 무척 뜨거우니까 조심해라. Be careful! The soup is piping hot.

미지근한 lukewarm; tepid
- 미지근한 물에 헹궈라. Rinse it in lukewarm water.

아늑한, 포근한 cozy; snug
- 우리는 어느 술집에서 아늑한 저녁을 보냈다. We spent a cozy evening in a pub.

---

❶ **악수 사절**

유난히 손에 땀이 많이 나는 사람이 있다. 다한증 hyperhidrosis이라는 병이 있는 사람은 항상 손이 축축해서 다른 사람과 악수조차 제대로 하기 힘들다. 이런 사람들과 악수를 할 때 느껴지는 기분을 clammy라는 형용사로 표현할 수 있는데, clammy는 조개clam의 살처럼 축축하고 기분 나쁘다는 뜻이다.

ex 그의 손바닥은 차갑고 축축했다.
His hands felt cold and clammy.

❷ **끈끈한 손가락, sticky fingers**

상습적으로 물건을 훔치는 도벽kleptomania을 다른 말로 sticky fingers라고 한다. 번역하면 '끈끈한 손가락'인데, 손만 대면 물건이 찰싹찰싹 달라붙는다는 뜻이다. 동사로는 have sticky fingers처럼 쓴다.

ex 그는 손버릇이 나쁘다.
He **has sticky fingers.**

5.2 생리 현상 physiological phenomenon

생리 현상 — 일반

기지개 stretch
- 그는 기지개를 켜면서 자리에서 일어났다. He yawned and stretched as he got up.

딸꾹질 hiccup; hiccough
- 그는 한 시간째 딸꾹질을 하고 있다. He's been hiccupping for an hour.

몽정 nocturnal emission; wet dream
- 몽정하다 have a nocturnal emission / have a wet dream

방귀 (행위) fart; (가스) gas; wind ❶
- 누가 방귀 뀌었어? Who broke wind? / Who farted?

배설 excretion

체온 (body) temperature

> 저체온증 hypothermia
> 고체온증 hyperthermia

- 우선 아기의 체온을 재시오. First, take the baby's temperature.

트림 belch; burp; belching; burping
- 트림하다 belch / burp
- 뭘 먹었는지 자꾸만 트림이 나온다. I keep belching because of something I ate.

하품 yawn; yawning
- 하품하다 yawn
- 영화가 지루해서 하품만 나왔다. The movie was so boring I kept yawning.

여성의 생리

생리, 월경 menstruation; (menstrual) period; menses ❷
- 생리하다 menstruate / have *one's* period / be on *one's* period
- 지난달에 생리가 없었다. I missed my period last month.

  초경 first period; menarche
  - 그녀는 13살에 초경을 했다. She had her first period at the age of 13.

갱년기, 폐경기 menopause; [inf] the change of life

생리대 sanitary napkin[pad; towel]; (탐폰) tampon; (팬티라이너) pantyliner

생리불순 irregular periods[menstruation]; (무월경) amenorrhea
- 그녀는 생리가 불규칙하다. She has irregular periods. / Her periods are irregular.

생리주기 menstrual cycle

생리통 (stomach) cramps

---

❶ **내 손가락을 당겨 봐**

방귀를 뀌는 행위는 fart, 방귀 자체는 gas 또는 wind라고 한다. 방귀 냄새가 치즈 냄새와 비슷하기 때문에 방귀를 뀌는 것을 cut the cheese, 즉 '치즈를 자르다'라고 표현하기도 한다. 영어권 사람들도 방귀를 가지고 장난치는 것을 좋아하는데, 가장 흔한 장난은 손가락 하나를 내밀면서 다른 사람에게 당겨 보라고 하는 것. 손가락을 당기는 순간 손가락의 주인은 방귀를 뽕 뀔 것이다.

ex 내 손가락을 당겨 봐. Pull my finger.

❷ **생리 전 증후군, 폐경기 증후군**

여성이 생리를 시작할 때는 체내에 급격한 호르몬 변화가 생기는데, 이로 인해 발생하는 증상을 생리 전 증후군 premenstrual syndrome이라고 한다. 생리 전 증후군으로는 두통 headache, 복통 stomachache, 변비 constipation 등의 신체적 증상과, 짜증 irritation과 우울증 depression 등의 정신적인 증상을 들 수 있다. 한편, 나이가 들어 생리가 중단될 때에 나타나는 폐경기 증후군으로는 안면홍조증 hot flush, 골다공증 osteoporosis, 우울증 등의 증상을 들 수 있다.

5.3 신체 상태 physical condition

신체 상태 – 일반 ❶

가벼운, 가뿐한 light ⟷ **무거운** heavy; leaden

개운한 refreshed
- 밤새 푹 자고 나니 몸이 개운하다.
  I feel refreshed from having had a good night's sleep.

기진맥진한, 탈진한 utterly exhausted; worn out; drained; [f] fatigued; [inf] wiped out
- 그 남자는 긴 여행으로 인해 완전히 기진맥진했다.
  He was utterly exhausted by the long journey.

나른한 languid
- 그는 소파 위에 나른하게 누워 있었다. He was lying languidly on the sofa.

답답한 stuffy; stifling; suffocating
- 밀폐된 곳에 오래 있으니 답답하다.
  Being stuck so long in this closed space is stifling.

몽롱한 stupefied; groggy; [inf] fuddled; dopey
- 약 기운 때문에 몽롱하다.
  The medicine has made me groggy. / The drug makes me feel mentally dull.

무기력한 lethargic; listless
- 오늘 따라 힘이 없고 무기력하다. I feel lethargic today.

뻐근한 stiff
- 어깨가 뻐근하다. My shoulders feel stiff. / I have stiff shoulders.

저린 numb; asleep ❷
- 오래 앉아 있었더니 다리가 저리다. I've been sitting so long my leg has fallen asleep. / I've got pins and needles in my leg from sitting so long.

졸린 sleepy; drowsy; dozy
- 졸려 죽겠다. I feel awfully drowsy.

찌뿌드드한 unwell; out of sorts; under the weather ❸
- 오늘은 몸이 찌뿌드드하다. I feel under the weather today.

피곤한, 피로한 tired; weary; run-down; [inf] dog-tired
- 너무 피곤해서 금방이라도 쓰러질 것 같았다. I was so tired I was ready to drop.

오십견 frozen shoulder

만성피로증후군 chronic fatigue syndrome

---

❶ 컨디션 ≠ condition

우리말에서는 그날의 몸의 상태나 기분을 말할 때 컨디션condition이라는 말을 쓴다. 하지만 condition은 신체의 건강 상태를 가리키는 말로서 기분, 느낌 등에는 쓸 수 없다.
- ex 컨디션이 어떠세요?
  ✗ How is your condition?
  ● How are you feeling?
- ex 컨디션이 아주 좋다
  ✗ My condition is really good.
  ● I feel really good.
- ex 컨디션이 별로 안 좋다
  ✗ My condition is not good.
  ● I don't feel very well.

❷ 바늘이 다리를 찔러요

오랫동안 같은 자세로 있다 보면 혈액 순환이 되지 않아 몸이 저리게 된다. 이럴 때 쓸 수 있는 표현이 pins and needles이다. 핀pin과 바늘needle로 콕콕 찌르는 듯한 느낌이 든다는 뜻.
- ex 다리가 저리다.
  I've got **pins and needles** in my legs.

pins and needles 앞에 전치사 on을 붙이면 '조마조마하고 불안하다'라는 전혀 다른 의미가 된다. 우리말에서도 아주 불편한 자리에 있을 때 '바늘방석에 앉아 있다'라고 말하는데 그것과 일맥상통한다.
- ex 그녀는 아버지가 병원에 입원해 있는 내내 좌불안석이었다. She was **on pins and needles** the whole time her father was in the hospital.

❸ 날씨와 컨디션과의 관계

사람은 날씨의 영향을 많이 받기 때문에 화창한 날에는 기분이 절로 좋아지지만, 날씨가 흐리고 우중충하면 기분도 우울해지고 몸도 찌뿌드드한 것 같은 느낌이 든다. 특히 관절염을 앓는 노인들은 날씨가 흐려지고 습도가 높아지면 통증이 더 심해지는 법이다. under the weather는 날씨가 흐린 것처럼 몸이 찌뿌드드한 것을 가리키는 표현이다.

위중한 상태

가사 상태 suspended animation
☐ 가사 상태에 빠지다 fall into a state of suspended animation

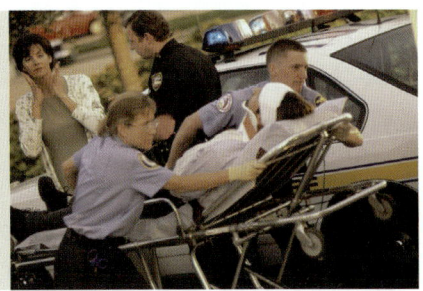

가사 상태, 뇌사, 식물인간
가사 상태는 겉으로는 죽은 듯 보여도 실제로는 살아 있는 상태를 가리킨다. 공상과학영화를 보면, 긴 우주여행을 할 때 우주선의 승무원들이 캡슐에 들어가 목적지에 도착할 때까지 잠을 자는데, 그런 상태를 가사 상태라고 한다. 뇌사는 머리를 크게 다쳐 뇌가 회복 불능 상태에 빠진 것을 뜻한다. 그리고 그런 상태에 있는 사람을 뇌사자라고 한다. 한편, 뇌를 다쳤지만 대뇌만 다쳤을 뿐 호흡, 신진대사, 체온 조절 등을 담당하는 기관은 아직 살아 있는 사람은 식물인간이다. 식물인간은 뇌사자와 달리 산소호흡기가 없어도 호흡을 할 수 있고, 영양을 공급하면 배설도 할 수 있다. 해외 토픽을 보면 수 년간 의식이 없다가 기적적으로 의식을 되찾았다는 환자의 이야기를 접할 수 있는데 그들은 뇌사자가 아니라 식물인간 상태에 있던 환자들이라고 할 수 있다.

기절하다, 실신하다 faint; pass out; black out; lose consciousness; become unconscious
☐ 그녀는 남편의 사망 소식을 듣고 기절했다.
She fainted when she learned of her husband's death.

뇌사 상태 brain death; cerebral death
뇌사자 brain-dead patient
식물인간 person in a vegetative stage; **!** vegetable

인사불성 unconsciousness; unconscious state
☐ 인사불성의 unconscious / senseless / **f** insensible

중태 serious condition; critical condition
☐ 중태에 빠지다 fall into a critical condition
위독한, 위중한 critical; seriously ill

의식이 있는 conscious
의식이 혼미한 semiconscious
의식이 없는 unconscious

혼수상태 coma; comatose state; unconscious state
☐ 그는 일주일 동안 혼수상태였다. He was in comatose state for a week.

환각 상태 hallucinosis ❶

❶ 환각제 hallucinogen
대마초, 마리화나 marijuana; cannabis
아편 opium
엘에스디 LSD (lysergic acid diethylamide)
코카인 cocaine; **inf** coke
필로폰, 히로뽕 methamphetamine; meth
해시시 hashish
헤로인 heroin

음식물 섭취와 관련된 상태

갈증 thirst
- 몹시 갈증이 난다. I'm terribly thirsty.
  목이 마른 thirsty

공복감, 시장기 hunger (pangs)
  배고픈, 출출한 hungry; ravenous; inf starving; starved; famished
- 배고파 죽겠어.
  I'm terribly hungry. / I'm starving (to death). / I could eat a horse. ❶

느글거리는, 메스꺼운 sick; queasy; nauseous; nauseated
- 기름진 음식을 먹었더니 속이 느글거린다.
  I feel queasy[nauseated] from eating greasy food.

더부룩한, 헛배 부른 bloated
- 배가 더부룩하고 소화가 안 된다. I'm bloated and have indigestion.

취한 drunk; intoxicated ❷ 취하지 않은 sober; stone-cold sober
- 내일 네가 술이 깨면 다시 얘기하자.
  Let's talk about it tomorrow after you sober up.

포만감 satiety
  든든한, 배부른 full; inf stuffed
- 배가 너무 부르다. I'm stuffed.

❶ 배고픈데 말이나 잡아먹자

영어에서는 몹시 배가 고플 때 "I could eat a horse.", 즉 말이라도 먹을 수 있다고 말한다. 이 표현은 미국 서부시대 때 생겼는데, 말을 타고 서부로 향하던 사람이 배가 너무 고픈 나머지 타고 있는 말이라도 잡아먹을 수밖에 없다는 뜻이다. 말을 잡아먹으면 머나먼 길을 걸어가야 하겠지만, 지금 당장은 이것저것 따질 겨를이 없을 정도로 배가 고프다는 뜻.

살짝 취한 tipsy
취한 drunk; intoxicated
만취한 dead drunk; plastered; wasted

❷ drunk VS drunken

그는 취한 것 같다.
❌ He looks drunken.
⭕ He looks drunk.
drunk와 drunken 모두 형용사이지만, drunk는 주로 서술적 용법으로 쓰이고, drunken은 명사를 꾸며 주는 한정적 용법으로 쓰인다. 다만 음주운전 drunk driving과 같은 경우는 예외적으로 drunk가 명사 앞에 쓰이기도 한다.

5.4 체력, 힘 strength; force; stamina

건강 health

건강한 healthy; sound
- 나는 무척 건강하다 I'm very healthy. / I'm fit as a fiddle.

병약한, 쇠약한 feeble; infirm; sickly

원기 왕성한, 팔팔한 vigorous; sprightly; energetic

정정한 (노인이) spry; [f] hale and hearty

튼튼한 robust; fit

허약한 weak; unhealthy; frail
- 그 아이는 워낙 허약해서 병을 달고 산다. That child is so frail, he's always sick with something.

> healthy 건강한, 건강에 좋은
> healthful 건강에 좋은

체력

근력 muscular strength; muscular power ❶
- 달리기는 지구력 향상에 도움이 된다. Running is good for building endurance.

민첩성, 순발력 agility

민첩한 nimble; agile; deft
- 고양이는 선천적으로 민첩하다. A cat is naturally agile.

유연성 flexibility; pliability

유연한 lithe; supple; limber; flexible
- 몸을 유연하게 하려면 스트레칭을 해라. Do some stretching exercises to keep yourself supple.

지구력 endurance

힘 ❷

강력한, 강한 strong (as an ox); powerful

괴력 Herculean strength; superhuman strength
- 그는 괴력의 소유자다. He has the Herculean strength.

장사, 천하장사 strong man; Samson; goliath ❸

철인(鐵人) iron man ❹

---

❶ 근력과 지구력

근력을 기르기 위해서는 근력운동 weight training과 같은 무산소운동 anaerobic exercise을 해야 하고, 지구력을 기르기 위해서는 달리기와 같은 유산소운동 aerobic exercise을 해야 한다.

❷ power ≠ 힘

power는 사람의 힘이 아니라 영향력, 정신력, 동력이라는 뜻.
ex 힘이 없어서 계단을 못 올라가겠다.
- ✗ I can't climb these stairs. I have no power.
- ✓ I can't climb these stairs. I'm exhausted.
- ✓ I can't climb these stairs. I have no energy.

❸ 삼손과 골리앗

삼손 Samson과 골리앗 Goliath은 모두 성경에 등장하는 인물로서, 덩치가 크고 힘이 센 사람의 대명사처럼 쓰인다. 삼손은 긴 머리카락이 힘의 원천이었지만 데릴라 Delilah라는 여성에게 머리카락을 잘린 후 괴력을 잃게 되고, 골리앗은 다윗 David의 돌팔매질 한 방에 목숨을 잃게 된다. 삼손과 데릴라, 그리고 다윗과 골리앗의 실제 영어 발음은 한글과 전혀 다르기 때문에 주의해야 한다.

삼손과 데릴라
Samson and Delilah [sǽmsən ænd diláilə]

다윗과 골리앗
David and Goliath [déivid ænd gəláiəθ]

❹ 철인삼종경기 triathlon

올림픽 코스 Olympics: 수영 1.5km → 사이클 40km → 마라톤 10km

아이언맨 코스 ironman triathlon: 수영 3.9km → 사이클 180.2km → 마라톤 42.195km

수영   사이클   마라톤

PART 1

Unit 2 인간의 마음

1 **이성**
지성 / 생각, 관념 / 의지, 정신력

2 **의식, 감각, 꿈**

3 **감정, 기분**
기쁨, 만족 / 분노, 불만 / 슬픔, 고독, 미련 / 걱정, 당혹감, 공포 / 감탄, 놀라움, 경외감 /
사랑, 관심 / 미움, 질투, 굴욕감, 싫증 / 욕구

4 **성격**
선악 / 친절과 불친절 / 정직, 순수성, 성실성

5 **태도**

01 이성 reason; rationality

1.1 지성 intelligence; intellect

관찰력 (powers of) observation
- 그녀는 관찰력이 뛰어나다. She has great powers of observation.

  관찰하다, 살피다 observe; watch; keep (a) watch
  - 과학자들은 화산을 주의 깊게 관찰하고 있다.
    Scientists are keeping a close watch on the volcano.

기억력, 암기력 (power of) memory; recall; recollection ❶
- 기억력이 좋다 have good memory ⬌ 기억력이 나쁘다 have bad memory

  기억하다 remember; (기억해 내다) recall; recollect; (마음에 담아 두다) keep sth in mind
  - 당신이 한 말을 기억해 두겠다. I will keep in mind what you said.
  - 내가 제대로 기억하는 거라면 그 사건은 10년 전에 일어났다.
    If I remember correctly, that incident took place ten years ago.

  떠올리다, 회상하다 reminisce; retrospect; look back (on)
  - 즐거웠던 지난날을 떠올려 보았다. I reminisced about the good old days.

  암기하다, 외우다 memorize; learn *sth* by heart; commit *sth* to memory; (기계적으로 암기하다) learn *sth* by rote
  - 월요일까지 100개의 영어 단어를 외워야 한다.
    I have to memorize a hundred English words by Monday.

> photographic memory 아주 좋은 기억력
> selective memory 기억하고 싶은 것만 기억하는 기억력

> ❶ **단기 기억과 장기 기억**
> 술에 만취해서 소위 필름이 끊긴 상태에서 사람들과 헤어졌는데 신기하게도 자기 집에 무사히 돌아온 경험들이 있을 것이다. 이런 일이 가능한 것은 사람의 장기 기억long-term memory 덕분인데, 단기 기억 short-term memory이 반복되다 보면 어느 순간 장기 기억으로 바뀌게 되어 짧게는 십여 일에서 길게는 수십 년 동안 기억이 유지된다. 비록 술에 취해 의식은 없어도 두뇌에 저장된 장기 기억 덕분에 집으로 가는 길을 잊지 않고 찾아가는 것이다. 영어 어휘 또한 처음 배웠을 때는 쉽게 잊어버리지만 반복해서 학습하다 보면 결국 외우게 되는데, 암기 학습rote learning은 단기 기억이 장기 기억으로 바뀔 때까지 달달 외우게 하는 것이 특징이다. 한편 건망증forgetfulness은 기억상실증amnesia의 일종이다.

도덕심, 윤리 ethics; morality; morals

> **도덕심**
> ❌ ethic; moral → ⭕ ethics; morals
> 도덕심은 ethics나 morals와 같이 항상 복수로 써야 한다. 단수 ethic은 직업 윤리work ethic처럼 특정 집단의 구성원이 지켜야 할 도덕적 규범을 뜻하고, moral은 어떤 이야기나 경험으로부터 얻게 되는 교훈을 뜻한다.

- 그것은 의사의 윤리에 어긋나는 일이다. That goes against medical ethics.

  도덕적 ethical; moral ⬌ 비도덕적 unethical; immoral; amoral
  - 그것은 법에 어긋나는 것은 아니지만 도덕적으로는 나쁜 것이었다.
    It wasn't illegal, but it was unethical.

> immoral 무엇이 옳고 그른지 알면서 비도덕적인
> amoral 옳고 그름에 대한 개념이 없는 무도덕적인

독창성, 창의력 creativity; originality; ingenuity

  독창적, 창의적 creative; original; inventive; ingenious
  - 그는 매우 창의적이다. He's very creative.

> ingenious 독창적
> ingenuous 순진한

분별력 discretion; discernment; (good) sense; judgment
- 분별력이 있는 discreet ↔ 분별력이 없는 indiscreet
- 그는 분별력이 있는 사람이다. He is a man of good sense.
- 그 아이는 아직 분별력이 부족하다. That child still lacks good judgment.

구별하다 distinguish; differentiate; discriminate; make[draw] a distinction
- 그들은 너무 비슷하게 생겨서 구별할 수가 없다.
  They are so alike that I can't distinguish one from the other.

분별하다 discern

분석력 analytical skills
- 분석력을 기르다 develop *one's* analytical skills

분석하다 AE analyze; BE analyse
- 실패의 원인을 분석해 봅시다. Let's analyze the causes of our failure.

상상력 imagination

imaginable 상상할 수 있는
unimaginable 상상할 수 없는

- 상상력이 풍부한 imaginative ↔ 상상력이 없는 unimaginative
- 그녀는 상상력이 풍부하다. She has a good imagination.
- 그의 상상력은 끝이 없다. There are no limits to his imagination.

상상하다 imagine; picture; fancy; conceive
- 엄마가 된 내 모습을 상상할 수 없다. I can't imagine myself as a mother.

설득력 (powers of) persuasion

설득력 ✗ persuation → ✓ persuasion

- 설득력이 있는 persuasive; convincing
- 그의 주장은 설득력이 없다. He's not very convincing.

설득하다 persuade; convince; coax
- 나는 그를 설득해서 집으로 돌려보냈다. I persuaded him to go back home.

신중, 조심성 care; prudence; caution; circumspection ❶
- 이번 일은 신중에 신중을 기해야 한다. This job requires the utmost care.

신중한 careful; prudent; cautious; circumspect

조심하다, 주의하다 be careful; beware (of); watch (out)
- 조심해! Watch out! / Look out! / Heads up!
- 앞으로 조심하겠습니다. I will be more careful from now on.

조심하세요!
- Watch your back. (배신자가 있으니) 뒤를 조심하세요.
- Watch your language[mouth; tongue]. 말 조심하세요.
- Watch your step. 발 밑을 조심하세요. / 계단 조심하세요.
- Watch your weight. 체중 조절에 주의하세요.

---

❶ 계란이라도 깨질세라

walk on eggs 또는 walk on eggshells, 즉 '달걀 위를 걷다'는 자기보다 우월한 사람이 곁에 있을 때 그의 비위를 거스를까 봐 조심스럽게 행동하는 것을 뜻한다. 아무리 까치발을 하고 조심스럽게 걸어도 계란은 깨지기 쉽기 때문이다. 이와 비슷한 표현으로 be in the doghouse가 있다. 잘못을 저질러서 주인에게 야단을 맞고 제집에 숨어 눈치를 보는 개처럼, 어떤 잘못을 저지른 사람이 상대의 화가 풀리기를 기다리며 근신한다는 뜻이다.

ex 어제 집에 늦게 들어와서 아내 눈치를 보고 있다.
I'm in the doghouse with my wife because I came back home late yesterday.

이해력 understanding; grasp

이해하다 understand; comprehend; grasp; make out; figure out; [f] apprehend; [inf] get
- 나는 그를 이해할 수 없다. I can't understand him.
- 이해하시겠습니까? Do you understand? / Are you with me? ❶
- 그녀는 이걸 이해할 능력이 부족한 것 같다.
  She seems to lack the ability to comprehend this.

적응력 adaptability
- 적응력이 있는 adaptable
- 그는 적응력이 뛰어나다. He's very adaptable.

적응하다 adapt (*oneself*) to; adjust; settle in; accommodate (*oneself*); acclimate; (익숙해지다) get used to
- 그는 이곳 날씨에 아직 적응하지 못했다.
  He hasn't gotten used to the weather here yet.

짐작, 추측 guess; supposition; speculation; assumption; presumption

예상하다, 예측하다 expect; anticipate; predict; foresee; forecast

짐작하다, 추측하다 guess; suppose; speculate; assume; presume; conjecture; surmise; (행간을 읽다) read between the lines ❷
- 그녀는 나이가 짐작이 안 된다. It's impossible to guess her age.

추리력 power of inference; ability to infer

| 귀납법 induction |
| 연역법 deduction |

추론하다, 추리하다 infer; deduce; reason
- 증거를 종합하면 범인은 한 명이 아니라는 것을 추론할 수 있다. From the evidence, we can deduce that more than one person was involved in the crime.

통찰력 insight; perception
- 그는 통찰력이 뛰어난 사람이다. He is a man of great insight.

꿰뚫어 보다, 통찰하다 penetrate; see through
- 그녀는 내 마음을 꿰뚫어 보고 있었다. She could see right through me.

판단력 judgment
- 그는 판단력이 부족하다. He lacks judgment. / His judgment is lacking.
- 그녀는 판단력이 뛰어난 것 같다. She seems to have excellent judgment.

판단하다 judge; decide; make a judgment[decision]
- 겉모습으로 사람을 판단하지 마라. Don't judge a book by its cover. / Don't judge a person just by his outward appearance.

❶ 너, 도대체 어디로 간 거야?

Are you with me?
❌ 나랑 함께 있는 거니?
⭕ 내 말 이해하고 있는 거니?

영어권에서는 대화 도중에 상대방이 자신의 말을 제대로 이해하고 있는지를 끊임없이 확인하는데, 이럴 때는 Do you understand? 보다 Are you with me? 라는 말을 종종 쓴다. 즉 그 사람의 신체가 아니라 정신이 자신과 함께 있는지를 묻는 질문인 셈이다.

A: 내 말 이해되니? Are you with me?
B: 응, 이해돼. Yes, I'm with you. /
아니, 이해 안돼. No, I'm not with you.

상대방이 이해했는지를 묻는 질문은 여러 가지가 있다.
ex 내가 하는 말이 이해되니?
Got it?
OK, so far?
Is that clear?
Do you get it?
Have you got it?
Do you follow me?
Do you know what I'm talking about?
Did you understand what I said?

❷ 행간을 읽다

행간space between the lines이란 행과 행 사이의 여백을 가리킨다. 물론 행간에는 아무것도 쓰여 있지 않다. 행간을 읽는다는 것은 직접적으로 표현되지는 않았지만 그 속에 숨은 속뜻을 파악하는 것을 뜻한다. 행간을 잘 읽는 사람은 눈치가 빠른 사람이다.

1.2 생각, 관념

생각

생각, 사고 thought; thinking; idea ①
- 생각하다, 여기다 think / regard / consider
- 그녀는 생각에 잠겨 있다. She's lost in thought.
- 당신의 사고방식을 이해할 수 없군요. I can't understand your way of thinking.
- 모든 사람들이 그를 범인으로 여기고 있다. Everybody thinks he's the culprit.

견해, 의견 opinion; view; point of view
- 그의 의견은 나의 의견과 다르다.
  His views differ from mine. / He and I disagree on this.

고려 consideration
- 고려하다 consider / give thought[consideration] to / take *sth* into consideration
- 모든 것을 고려해 볼 때 우리는 이 싸움에서 이길 가능성이 없다.
  All things considered, there's no way we can win this fight.

관점, 시각 viewpoint; point of view; standpoint; perspective; angle
- 우리는 이 문제를 새로운 시각에서 볼 필요가 있다.
  We need to get a new perspective on this issue.
  - 세계관 world view

심사숙고 deliberation; meditation; contemplation; reflection
- 심사숙고하다 think *sth* over / deliberate / meditate / contemplate / (되씹다) ruminate / [inf] chew over; chew the cud ②
- 나는 심사숙고 끝에 그녀의 제안을 받아들였다. I accepted her proposal after deep deliberation. / I thought over her suggestion carefully before I accepted it.

아이디어 idea
- 굉장한 아이디어군요! What a brilliant idea!
- 아이디어 좀 내보세요. Give me some ideas. / Try to come up with a good idea.

  영감 inspiration; [AE] brainstorm; [BE] brainwave
  - 갑자기 영감이 떠올랐다.
    I had a sudden inspiration. / Suddenly I got a brilliant idea.

② 곱씹어보다
소, 양, 염소와 같이 서너 개의 위를 가지고 있는 반추동물 ruminant은 한 번 먹은 것을 다시 토해 내어 되새김질을 하는데, 이것을 ruminate 또는 chew the cud라고 한다. 반추동물이 되새김질을 하듯이 어떤 생각을 자꾸만 곱씹어 생각하는 것도 같은 동사를 쓴다.

ex 그는 대답하기 전에 곰곰이 생각하는 경향이 있다. He tends to chew the cud before he answers.

---

① 생각과 사고의 집합체 ideology

- 개인주의 individualism
- 극단주의 extremism
- 민족주의 nationalism
- 애국주의 patriotism
- 인도주의 humanitarianism
- 진보주의 progressivism
- 국수주의 chauvinism
- 급진주의 radicalism
- 보수주의 conservatism
- 이기주의 egoism; egotism
- 인본주의 humanism
- 평등주의 egalitarianism
- 권위주의 authoritarianism
- 기회주의 opportunism
- 사대주의 toadyism
- 이타주의 altruism
- 인종주의 racism
- 황금만능주의 mammonism

관념

관념 idea; sense; concept

강박관념 obsession
- 그녀는 누가 자기를 죽이려 한다는 강박관념에 사로잡혀 있다.
  She's obsessed with the thought that someone's trying to kill her.

고정관념 stereotype; fixed idea ❶
- 그런 고정관념은 버리세요. You should do away with such stereotypes. / Try to free yourself of such stereotypes.

선입견, 선입관 preconception; preconceived idea
- 나는 미국인에 대해 많은 선입견을 가지고 있다.
  I have a lot of preconceived ideas about Americans.

시간관념 sense of time; concept of time
- 그녀는 시간관념이 없다. She has no sense of time.

위생관념 sense of hygiene

편견 prejudice; bias ❷
- 그는 동성애자들에 대해 편견을 가지고 있다. He's prejudiced against homosexuals.

❶ 아시아인에 대한 부정적인 고정관념
yellow peril 황화론, 황색 위협
인구가 많은 동양인들이 언젠가는 미국, 캐나다, 호주와 같은 백인 국가를 잠식할 것이라는 동시아인에 대한 고정관념.

perpetual foreigner 영원한 이방인
아시아인들은 아무리 오랜 기간을 백인 국가에서 살아도 결국 그 나라에 동화되지 못하고 영원한 외국인으로 남게 될 것이라는 고정관념.

❷ 이런 표현은 삼가해 주세요
각 나라에는 다른 인종이나 민족, 국민들을 깔보거나 차별하는 표현들이 있다. 자신이 잘 알지 못하는 인종이나 민족에 대한 편견이나 선입견 때문에 이러한 표현을 쓰는데, 이것을 ethnic slur 또는 racial slur라고 한다. 흔히 같은 인종이나 국민끼리는 서로에게 ethnic slur를 쓰기도 하지만, 다른 인종이나 국민에게는 엄청난 모욕이 될 수 있다. 예를 들어 흑인들은 서로를 nigger, 즉 '깜둥이'라고 부르는 경우가 많지만, 만약 백인이 흑인을 nigger라고 불렀다가는 인종주의자라는 지탄을 받을 수 있다.

Chinaman, Ching Chong, Chink 중국인. Ching Chong은 중국어의 어감을 의성어로 표현한 것이고, Chink는 눈이 가늘게 찢어졌다는 뜻.
Eskimo 이누이트Inuit의 옛 명칭. Eskimo는 날고기를 먹는 사람이라는 뜻.
gook 아시아인 또는 베트남인. 한국전쟁 당시 한국인들이 미군 병사를 보면 "미국?"이라고 물었는데, 미군에게는 이 말이 "Me, gook.", 즉 "나는 gook이다."라고 들렸다. gook은 베트남전쟁을 거치면서 주로 베트남인을 가리키는 표현으로 바뀌었다.
Hun, Jerry, Kraut 독일인. Hun은 4세기 중엽 유럽 일대를 지배했던 훈족에서 유래. Jerry는 2차 세계대전 당시 독일군에 의해 발명된 철제 연료통인 jerry can의 약자. Kraut는 독일식 절인 양배추 sauerkraut의 약자.
Jap 일본인. Japanese의 약자
kike 유대인. 유대인 이민자들은 이민 서류에 ×자 대신 동그라미를 치는 버릇이 있었는데, 유대어로 동그라미를 kikel이라고 한다. ×자를 쓰지 않는 이유는 그것이 십자가를 상징하기 때문.
nigger, nigga, spade 흑인
redneck 미국 남부 지방의 가난하고 교육 수준이 낮은 백인. 육체 노동을 많이 해서 목이 벌겋게 탔다고 해서 붙은 표현.
Ugly American 미국인. 시끄럽고 건방지고 자기중심적인 미국인들을 다른 나라 사람들이 부르는 말.
Uncle Tom 백인에게 지나치게 고분고분하고 순종적인 흑인. 〈엉클 톰의 오두막Uncle Tom's Cabin〉이라는 소설의 등장인물에서 유래.

1.3 의지, 정신력 will; willpower

결단력 decision; determination; resolution
- 결단력이 있는 decisive; resolute ⟷ 결단력이 없는 indecisive; irresolute
- 그는 결단력이 부족하다. He lacks determination.

결심하다 decide; determine; make up *one's* mind; **f** resolve
- 나는 그녀와 결혼하기로 결심했다. I've made up my mind to marry her.

극기심, 자제력, 자제심 self-control; self-restraint; self-discipline
- 자제력을 잃다 lose *one's* self-control

자제하다 (감정을) control *oneself*; contain *oneself*; restrain *oneself*; check *oneself*; (행동을) refrain
- 너무 화가 나서 나 자신을 자제할 수 없었다.
  I was so furious I couldn't contain myself.

끈기, 인내심, 참을성 patience; perseverance; persistence; endurance; tenacity
- 끈기 있는 patient; persevering; persistent; tenacious ⟷ 끈기 없는 impatient
- 내 인내심을 시험하지 마라. Don't test my patience.

참을 수 있는 bearable; endurable; tolerable
참을 수 없는 unbearable; unendurable; intolerable

인내하다, 참다 (어려운 상황을) bear; endure; stand; tolerate; put up with; bite the bullet ❶; (감정·충동 등을) suppress; repress; stifle

> **더 이상 참을 수 없어!**
> ❌ I cannot endure! / I cannot bear it any longer!
> ⭕ I can't take it anymore!
> endure와 bear, tolerate와 같은 단어는 구어체에서는 잘 쓰이지 않고 주로 문어체에서 쓰인다. 일상적인 대화에서는 take, have had it, be fed up과 같은 동사를 쓴다.
> ex 이젠 질렸어! I'm fed up!
> ex 참을 만큼 참았어! I've had it!

- 도저히 참을 수 없다. I can't stand it. / I can't tolerate it. / I can't put up with it.

단결심 esprit de corps

단결하다, 단합하다 unite; band together
- 그 당은 지도자를 중심으로 단결되어 있다. The party is united behind its leaders.

도전정신 can-do attitude

esprit de corps [esprí: di: kɔːr]는 morale of a group, 즉 '단체의 사기'라는 뜻의 프랑스어

도전하다 challenge; (해보다) try
- 나는 지난 여름에 번지점프에 도전했다.
  I tried bungee jump last summer.

❶ **고통을 이겨낼 땐 총알!**
예전에는 전쟁터에서 부상당한 병사들을 수술할 때 마취를 하지 않는 경우가 있었다. 마취제를 쉽게 구할 수 없었기 때문이다. 이럴 때는 궁여지책으로 부상당한 병사에게 총알을 물리고 수술을 했는데, 총알을 물리면 수술을 받는 병사가 고통을 못 이긴 나머지 혀를 깨무는 일을 막을 수 있었기 때문이다. 게다가 단단한 돌과는 달리 총알은 세게 깨물면 우그러지기 때문에 치아가 상하는 것도 방지할 수 있었다. 여기에서 유래된 표현이 bite the bullet인데, '어려운 상황을 꿋꿋이 이겨내다'라는 뜻이다.

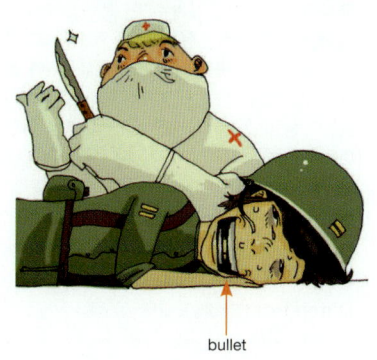

bullet

독립심, 자립심 spirit of independence
독립하다, 자립하다 stand on *one's* own feet; support *oneself*
- 나는 스무 살이 되던 해에 독립했다. I've been supporting myself since I was 20.

모험심 spirit of adventure; adventurous spirit
- 모험심이 있는 adventurous ⟷ 모험심이 없는 unadventurous
- 그는 모험심이 강하다. He has a strong spirit of adventure.

모험하다 take a risk
- 불필요한 모험을 하지 마라. Don't take unnecessary risks.

믿음, 신념 belief; trust; faith; confidence; (확신) conviction; (정치적·종교적) creed
- 그는 끝내 나의 믿음을 저버렸다. He wound up betraying my trust.

믿다, 신뢰하다 believe; trust; have confidence; have faith (in); (확신하다) be sure; be certain
- 나는 당신의 능력을 믿는다. I believe in your abilities.

> 믿을 수 있는 believable; credible
> 믿을 수 없는 unbelievable; incredible

사기 morale, 패기 spirit; vigor, 투지, 투혼 fight; fighting spirit
- 그 팀은 투지가 넘친다. That team is full of the fighting spirit.

선의, 호의 goodwill; good faith ⟷ 악의 ill will; malice; spite
- 그는 선의에서 그 일을 했다. He did that out of goodwill.
- 그녀의 행동에 악의는 없었다. There was no ill will in what she did.

> 강심장 daredevil
> 겁쟁이 coward; *inf* chicken

용기 courage; *inf* guts ❶
- 용감한 brave / courageous
- 용기를 내세요. Keep your courage up! / Take courage!
- 나는 그에게 반대할 용기가 없었다. I didn't have the guts to oppose him.

---

❶ 네덜란드인의 만용

영국과 네덜란드는 17세기 중반에 해상의 패권을 놓고 세 차례의 해전을 벌였다. 결국은 네덜란드가 영국에 패해 패권국가의 자리를 내어 주기는 했지만, 네덜란드는 위풍당당하던 영국 해군에 수 차례의 패배를 안겼고, 영국 해군은 자존심에 큰 상처를 입게 되었다. 화가 난 영국인들은 네덜란드 해군은 술에 취한 상태에서 앞뒤 가리지 않고 싸웠기 때문에 자기들이 패할 수밖에 없었다고 패배를 정당화했는데, 이때 나온 표현이 Dutch courage이다. '네덜란드인의 용기'라는 뜻의 Dutch courage는 술 취한 사람이 부리는 만용이라는 뜻이다. 영국인들은 네덜란드와의 전쟁 이후 네덜란드에 분풀이를 하기 위해 Dutch가 들어가는 신조어들을 만들어내기 시작했는데, 대부분의 단어가 네덜란드와 네덜란드인을 비하하는 내용이다.

double Dutch 횡설수설
Dutch auction 역경매 (가장 낮은 가격을 부른 사람이 낙찰을 받는 경매)
Dutch cap 페미돔 (여성용 콘돔)
Dutch courage 술 취한 사람의 만용
Dutch treat 더치페이 식사
Dutch wife 죽부인, 섹스인형
go Dutch 더치페이를 하다

주의력, 집중력 concentration; attention
- 그 일은 엄청난 집중력을 요한다. That task requires tremendous concentration.
  - 몰두하다 be absorbed[engrossed; immersed] in; bury[immerse] *oneself* in
    - 그는 연구에 몰두했다. He was totally absorbed in his research.
  - 집중하다 concentrate; focus (on); center (on)
    - 주변이 시끄러워서 집중할 수 없었다. It was so noisy I couldn't concentrate.

진취성 enterprise, 추진력 drive
- 진취적 enterprising / go-ahead / adventurous / forward-looking
- 그녀는 추진력이 강한 사람이다. She has a lot of drive.
  - 추진하다 push ahead; push forward
    - 계획대로 일을 추진하세요. Please keep pushing ahead according to the plan.

협동심 team spirit; coordination
- 그녀는 협동심이 부족하다. She lacks team spirit.
  - 협동하다, 협력하다 cooperate; collaborate; work[pull] together; join[combine] forces (with)
    - 양측은 이 문제에 협력하기로 했다.
      Both sides have agreed to cooperate on this issue.

희생정신 self-sacrifice
- 희생정신을 발휘하다 show an attitude of self-sacrifice
  - 희생하다 sacrifice ❶
    - 스스로를 희생하다 sacrifice *oneself* (for)

---

❶ 남을 위해 희생하는 사람

sacrificial lamb 희생양. 유대교의 유월절이라는 축일에 제물로 바쳐지는 양.
scapegoat 속죄염소. 유대교의 속죄일이라는 날에 모든 유대인들의 죄를 대신 짊어지고 황야로 내쫓김을 당하는 염소.
whipping boy 매 맞는 소년. 중세시대 유럽에서 왕자가 잘못을 저지르거나 학업을 등한시했을 때 대신 매를 맞던 소년.
lightning rod 피뢰침. 건물 꼭대기에 설치되어 번개를 맞는 피뢰침처럼 남의 잘못을 대신 뒤집어쓰는 사람.

협동심
❌ teamwork
⦿ team spirit
teamwork는 공동 작업이라는 뜻

02 의식, 감각, 꿈

의식

의식 consciousness
- 의식적 conscious
- 그는 의식적으로 담배를 줄이려고 노력하고 있다.
  He is making a conscious effort to cut down on smoking.

목적의식 sense of purpose

무의식 unconscious; unconsciousness
- 무의식적 unconscious
- 무의식 상태에 빠지다 lose consciousness
  집단무의식 collective unconscious

자의식 sense of identity; self-consciousness; self-awareness
- 그는 자의식이 강하다. He has a strong sense of identity.

잠재의식 subconscious; subconsciousness
- 그의 잠재의식 속에는 어렸을 때의 상처가 고스란히 남아 있다.
  The wounds of his childhood still remain in his subconscious.

피해의식 victim mentality
- 그의 마음은 형에 대한 피해의식으로 가득 차 있다.
  He's living under a victim mentality about his brother.

> 피해자 victim ⇔ 가해자 attacker

감각

감각 sense; feel ❶
- 그녀는 음악적 감각이 뛰어나다. She has a real feel for music.

방향 감각 sense of direction ❷
- 방향감각을 상실하다 lose *one's* sense of direction

예감, 육감, 직감 hunch; sixth sense; gut feeling; gut instinct
- 남편에게 무슨 일이 생기지 않았을까 하는 불길한 예감이 들었다.
  My sixth sense told me that something had happened to my husband.

---

❶ 오감 five senses

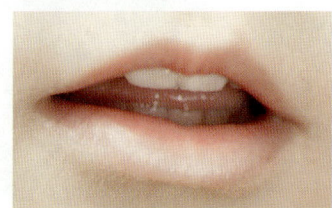

▲ 미각 (sense of) taste

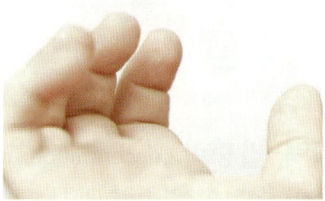

▲ 촉각 (sense of) touch

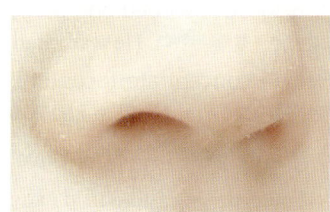

▲ 후각 (sense of) smell

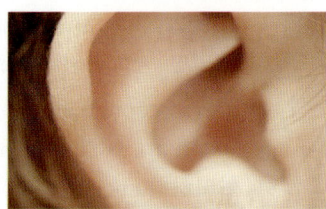

▲ 청각 (sense of) hearing

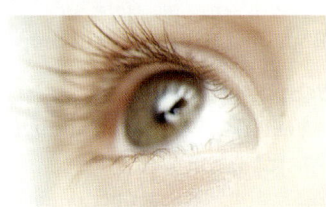

▲ 시각 (sense of) sight

유머 감각 sense of humor
- 유머 감각이 있는 humorous; witty ⊖ 유머 감각이 없는 humorless
- 그녀는 유머 감각이 뛰어나다. She has a great sense of humor. / She is very witty.

직관 intuition
- 직관적 intuitive
- 나는 직관적으로 그가 거짓말을 하고 있다는 것을 알았다. My intuition told me he was lying.

꿈

꿈 dream
- 꿈을 꾸다 dream / have a dream

개꿈 silly dream; wild dream

길몽, 돼지꿈, 용꿈 auspicious dream

⊖ 악몽 nightmare; bad dream; terrible dream

단꿈 sweet dream

태몽 dream that foretells pregnancy; dream of the forthcoming conception of a baby

해몽 dream interpretation; dream reading
- 해몽하다 interpret[read] a dream

❷ 방향 direction
방위 bearing; point of the compass
동서남북 cardinal points; north, south, east and west

동 east (E)
- 동남동 east-southeast (ESE)
- 남동 southeast (SE)
- 남남동 south-southeast (SSE)

남 south (S)
- 남남서 south-southwest (SSW)
- 남서 southwest (SW)
- 서남서 west-southwest (WSW)

서 west (W)
- 서북서 west-northwest (WNW)
- 북서 northwest (NW)
- 북북서 north-northwest (NNW)

북 north (N)
- 북북동 north-northeast (NNE)
- 북동 northeast (NE)
- 동북동 east-northeast (ENE)

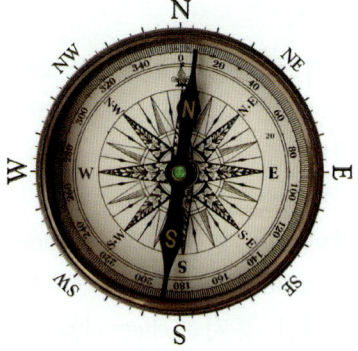

03 감정, 기분

3.1 기쁨, 만족

기쁨 — 명사 ❶

기쁨, 즐거움, 행복 happiness; pleasure; joy; delight; enjoyment; gladness
- 여러분과 함께 이 기쁨을 나누고 싶습니다. I want to share this joy with all of you.

환희, 희열 bliss; **f** rapture

황홀감 ecstasy
- 황홀감에 빠지다 fall into (a state of) ecstasy

흥분 excitement
- 홈팀이 승리하자 경기장은 흥분의 도가니로 변했다.
  When the home team won, the crowd went wild with excitement.

기쁨 — 형용사

감격적, 감동적 touching; moving; heartwarming
- 그 영화는 정말로 감동적이었다. That movie was really moving.

기쁜, 즐거운, 행복한 glad; happy; pleased; delighted; joyful ❷
- 그는 아주 행복한 어린 시절을 보냈다. He had a very happy childhood.

명예로운, 영광스러운 honorable; glorious
- 그는 전쟁터에서 명예롭게 전사했다. He died an honorabe death on the battlefield.

유쾌한, 흥겨운 cheerful; pleasant; delightful; exciting

짜릿한, 통쾌한 thrilling; electrifying; exhilarating

황홀한 ecstatic; blissful
- 그는 황홀한 표정으로 그녀를 바라보았다.
  He looked at her with a blissful expression on his face.

기쁨 — 동사

감격하다, 감동하다 be moved; be touched
- 나는 그녀의 친절한 마음씨에 감동했다. I was touched by her kindness.

기뻐하다, 즐거워하다 be glad; be happy; be pleased; be delighted

설레다, 흥분하다 get[become] excited; be elated; be thrilled
- 나는 그녀가 귀국했다는 소식을 듣고 무척 흥분했다.
  I got all excited when I heard she'd come back to Korea.

---

❶ 눈이 별처럼 반짝거리는

싫어하거나 관심이 없는 일을 할 때 눈을 반짝반짝 빛내며 열의에 불타오르는 사람은 없을 것이다. 반면 관심 있고 흥미로운 일을 할 때면 눈망울이 초롱초롱해지며 활기를 되찾게 된다. have stars in *one's* eyes는 잔뜩 기대에 부풀거나 기쁜 나머지 눈에서 반짝반짝 빛나는 별이 보일 정도라는 표현.

ex 두 사람은 다가올 결혼 생각에 잔뜩 기쁨에 들떠 있다.
Thinking about their coming marriage, they both **have stars in their eyes**.

❷ 조개처럼 행복하다

몹시 기쁘거나 행복할 때 쓸 수 있는 영어 표현으로 as happy as a clam이 있다. 이 말은 as happy as a clam at high water[tide], 즉 '만조 때의 조개처럼 행복하다'라는 표현의 줄임말이다. 조개 clam는 썰물이 되면 백사장이나 뻘 위에 그대로 노출되는데, 바닷물이 없으니 먹이를 구하기도 어려울 뿐만 아니라 천적으로부터의 공격에 무방비로 노출된다. 하지만 다시 밀물이 되면 껍질을 벌려 물속에 있는 먹이를 먹을 수도 있고, 천적으로부터 몸을 숨길 수도 있다. 그래서 as happy as a clam이라는 표현이 나왔다.

만족 – 명사

만족 satisfaction; contentment
- 그는 만족에 찬 눈으로 우리를 보았다. He gave us a look of contentment.

만족 – 형용사

간편한, 편리한 convenient
- 이 기계는 사용이 편리하다. This machine is convenient to use.

괜찮은 all right; okay; OK ❶
- 그는 얼굴이 괜찮게 생겼다. He has a nice face. / His looks are OK.

만족스러운 satisfactory; satisfying; acceptable, **만족한** satisfied; content ❷
- 나는 이번 시험에서 만족스러운 결과를 얻었다. I got an acceptable grade on the recent test.

바람직한 desirable ↔ **바람직하지 않은** undesirable
- 회의는 바람직한 결과를 도출하지 못했다. The meeting did not result in a desirable outcome.

수월한, 쉬운, 용이한 easy; (무척 쉬운) easy as pie
- 수학 시험 문제는 대체로 쉬웠다. The math test was pretty easy overall.

안락한, 편안한, 편한 comfortable; easy; [inf] comfy
- 그와 함께 있으면 무척 편안하다. I feel very comfortable with him.

알맞은, 적당한, 적합한 appropriate; suitable; proper; adequate; suited

좋은 good; fine; nice; (무척 좋은) [inf] out of this world ❸
- 좋아! Good! / All right! / OK!
- 오늘은 나들이하기에 좋은 날씨다. Today's a fine day to go out somewhere.

푸짐한, 풍부한 generous; plentiful; rich

만족 – 동사

만족하다 be satisfied (with); be content[contented] (with)
- 나는 현재의 직장에 만족하고 있다. I'm satisfied with my current job.

❶ OK로도 충분

흔히 all right 또는 OK라고 하면 썩 만족스럽지는 않지만 그냥저냥 받아들일 만한 수준이라고 생각하기 쉽다. 하지만 all right와 OK는 실제 영어에서는 good 또는 nice와 비슷한 뜻으로 쓰인다. 어떤 식당에 가서 식사를 했다고 가정해 보자. 같이 식사를 한 사람이 식당의 음식 맛이 어땠냐고 물었을 때 "It's OK."라고 대답하면 "맛있게 잘 먹었다."라는 뜻이다. 오히려 "It's delicious."라고 대답한다면 "엄청나게 맛있었다"라는 과장된 표현으로 들리기 쉽다.

❷ satisfied VS satisfactory

satisfied 자신의 기분이 주관적으로 만족스러운
satisfactory 사물의 상태, 성질 등이 객관적으로 만족스러운

ex 결과는 만족스러웠다.
✗ I was satisfactory with the result.
✗ The result was satisfied.
◉ I was satisfied with the result.
◉ The result was satisfactory.

❸ good과 nice의 미묘한 차이

good과 nice는 모두 '좋다'라는 뜻을 가진 형용사이지만, good은 객관적으로 좋을 때 사용하고 nice는 주관적으로 좋을 때 쓴다. 예를 들어 착한 행동을 한 아이를 칭찬할 때 쓰는 표현인 "What a good boy!"는 '당연히 그렇게 행동했어야 했다'라는 뉘앙스가 있고, "What a nice car!"라고 하면 객관적으로 비싸고 성능이 좋은지 여부를 떠나 자기 마음에 드는 차라는 뜻이다.

3.2 분노, 불만

분노, 화 — 명사

분노, 화 anger; rage; fury; resentment; indignation; **f** wrath
- 그녀의 마음은 분노로 가득 차 있었다. She was filled with anger.

> **분노의 포도**
> 미국의 소설가 존 스타인벡John Steinbeck은 〈분노의 포도The Grapes of Wrath〉라는 장편소설을 썼다. 분노의 포도란 무슨 뜻일까? 구약성서의 이사야 63장을 보면 다음과 같은 내용이 나온다.
>
> *I have trodden the winepress alone;*
> 나는 홀로 포도즙 짜는 틀을 밟았다;
> *from the nations no one was with me.*
> 백성들 가운데 아무도 나와 함께하는 자가 없었다.
> *I trampled them in my anger*
> 나는 노여워서 그들을 짓밟았고
> *and trod them down in my wrath;*
> 분노해서 그들을 짓밟았다;
> *their blood spattered my garments,*
> 그들의 피가 나의 옷에 튀었고
> *and I stained all my clothing.*
> 나의 옷이 피로 물들었다.
>
> 위의 성경 구절은 신이 인간에게 분노한 나머지 그들을 포도처럼 짓밟는다는 내용이다. 포도주를 만들려면 먼저 포도를 기계에 넣거나 발로 밟아 으깨야 하는데, the grapes of wrath는 인간을 포도처럼 짓밟는 신의 분노를 가리킨다. 소설 〈분노의 포도〉는 포도처럼 짓밟히고 학대당하는 미국의 노동자들의 삶을 그렸다.

불쾌감 displeasure
- 그는 불쾌감을 감추지 않았다. He didn't hide his feelings of displeasure.

화 — 형용사

괘씸한, 불쾌한, 언짢은 upset; unpleasant; offended; disgusted; [f] displeased
- 그는 사소한 일에도 불쾌해한다. He gets upset over small things.

분한, 원통한, 화난 angry; mad; indignant; furious; bitter; resentful; infuriated
- 나를 화나게 만들지 마. Don't make me mad[angry].

어처구니없는, 터무니 없는, 황당한 absurd; ridiculous; unreasonable; outrageous; nonsensical; [f] preposterous; (가격·금액 등이) exorbitant; (근거 없는) groundless; unfounded
- 상인은 터무니 없는 가격을 불렀다. The merchant asked for an outrageous price.
- 하도 어처구니없어서 말이 나오지 않았다. The situation was so preposterous I was dumbfounded.

억울한 unfair; unjust

화 — 동사

발끈하다 fly into a rage[temper]; [inf] fly off the handle; hit the roof[ceiling] ❶
- 그는 자신에 대한 험담을 듣고 발끈했다. He flew off the handle when he heard people badmouthing him.

분노하다, 화내다 get[become] angry[mad]; lose *one's* temper; resent; fume; seethe; see red ❷
- 장난으로 한 말이니까 화내지 마. Don't get mad. I was just kidding.

토라지다 sulk; become[get] sulky
- 그녀는 툭하면 토라져서 말을 하지 않는다. She gets sulky at the drop of a hat and refuses to talk.

❷ **투우사를 향해 돌진하는 소처럼**

스페인의 투우 경기를 보면 투우사가 소를 향해 붉은 천을 흔들고, 흥분한 소는 천을 향해 돌진하는 장면이 나온다. 여기서 유래된 표현이 see red, '붉은색을 보다'이다. 하지만 투우에 사용되는 소는 색맹이라서 실제로는 색을 구별하지 못한다. 소가 붉은 천을 향해 달려드는 이유는 펄럭거리는 천이 자기에게 위협이 된다고 생각하기 때문이다. 즉 투우 경기의 성격상 붉은 천을 사용하는 것이지 붉은색 자체가 황소를 흥분시키지는 않는다. 이와 비슷한 표현으로는 like a red flag to a bull이 있다.

ex 걔한테 이 얘기는 언급하지 마. 화만 돋울 테니까.
Don't mention this to him. It would be **like a red flag to a bull**.

❶ **날아간 도끼날**

도끼질을 하다 보면 도낏날이 도낏자루에서 빠지는 경우가 종종 있다. fly off the handle은 이렇게 도낏자루handle에서 빠져 다른 사람에게 날아가는 위험한 도낏날처럼 갑자기 이성을 잃고 발끈하는 것을 뜻한다. handle을 운전대로 착각하고 '운전 도중 핸들을 놓아 버리다'라는 뜻으로 생각하는 사람들이 있는데, 운전대 또는 핸들은 영어로 steering wheel 또는 the wheel이기 때문에 맞지 않는다. hit the roof 또는 hit the ceiling은 화가 나서 펄쩍펄쩍 뛰는 모습을 가리키는 표현인데 하도 뛰어서 머리가 천장이나 지붕에 닿을 정도라는 뜻이다.

불만, 실망감 – 명사

불만, 실망감 dissatisfaction; discontent ❶
- 많은 사람들이 정부의 조치에 대해 불만을 표시했다. Many people expressed dissatisfaction with the government's measures.

환멸감 disillusionment
- 정치에 환멸감을 느낀 많은 유권자들이 선거 당일 투표에 불참했다. Disillusioned by politics, many voters stayed away from the polls on election day.

불만 – 형용사

개탄스러운 deplorable

거북한, 껄끄러운, 불편한 uncomfortable; awkward; inconvenient; (관계가) strained
- 두 사람은 거북한 관계에 있다. The two of them have an awkward relationship.

까다로운, 복잡한 complicated; complex; intricate; tangled

나쁜 (옳지 않은) bad; wrong; (해로운) bad; harmful; ⓕ injurious
- 거짓말은 나쁜 짓이다. Lying is bad.
- 미안해. 내가 나빴어. I'm sorry. I was wrong.

못마땅한, 불만스러운 unhappy; dissatisfied; unsatisfactory; discontented
- 그녀는 나를 못마땅한 눈초리로 쳐다보았다. She gave me a dissatisfied look.
- 그가 하는 모든 행동이 불만스러웠다. Everything he did was unsatisfactory.

부적당한, 부적합한 inappropriate; unsuitable; unfit; improper
- 이 영화는 아이들이 보기에 부적당하다. This movie is unsuitable for children.

미성년자가 보기에 부적당한 영화

미국은 영화를 5개의 등급으로 분류한다. 이중 R과 NC-17은 미성년자가 관람하기에 부적절한 영화에 붙는 등급인데, NC-17 등급을 받으면 흥행에 지장이 있기 때문에 R등급을 받기 위해 영화사에서 자진해서 특정 장면을 삭제하기도 한다.

- **G** (General Audiences) 전체 관람가, 연소자 관람가
- **PG** (Parental Guidance Suggested) 연령 제한 없으나 보호자의 지도 필요
- **PG-13** (Parental Guidance Under 13) 13세 미만 아동은 보호자의 엄격한 지도 필요
- **R** 17세 미만은 보호자 동반 시 관람 가능
- **NC-17** (No Children Under 17) 17세 미만 미성년자 관람 불가

---

❶ **발로 투표하다**

vote with one's feet, 즉 '발로 투표하다'라는 표현은 특정 장소에서 퇴장하거나 다른 곳으로 이동함으로써 자신의 실망감과 반대 의사를 표현하는 행위를 뜻한다. 1997년에는 당시 영국령이었던 홍콩이 중국에 반환되었는데, 홍콩이 중국에 통합되기 전에 많은 홍콩 사람들이 다른 나라로 이주함으로써 중국에 대한 반감을 드러내기도 했다. 또한 우리나라의 국회의사당에서도 정부와 여당에 대한 항의의 뜻으로 야당 의원 전원이 의사당을 퇴장하는 광경을 종종 볼 수 있는데, 이런 것이 모두 vote with one's feet의 예이다.

ex 음식점의 서비스가 워낙 좋지 않아서 우리는 음식점을 나가기로 결정했다.
The service at the restaurant was so bad that we decided to **vote with our feet**.

불량한, 열악한, 허접스러운 poor; inferior; terrible; inf lousy
□ 그 여자는 열악한 환경에서 일하고 있다.
　The environment where she works is terrible.

실망스러운 disappointing; frustrating
□ 그녀의 새 작품은 다소 실망스럽다. Her new work is rather disappointing.

저조한 poor; low
□ 그 팀은 올해 들어 저조한 성적을 기록하고 있다.
　That team has had a poor record this year.

초라한 poor; humble; (겉모양이) shabby
□ 그는 초라한 옷차림을 하고 있었다. He was dressed shabbily.

불만 — 동사

개탄하다, 통탄하다 deplore
□ 온 국민이 그 사건에 개탄을 금치 못했다. All the citizens deplored the incident.

실망하다 be disappointed; be frustrated
□ 당신에게 실망했어요. I'm disappointed in you.

3.3 슬픔, 고독, 미련

슬픔 - 명사

슬픔 sorrow; grief; sadness
- 그는 아내를 잃은 후 슬픔에 잠겨 있다.
  He was overcome with grief at the loss of his wife.

우울함, 침울함 depression ❶; melancholy

슬픔 - 형용사

불운한, 불행한 unhappy; unfortunate; unlucky; [f] ill-starred
- 그는 불행한 어린 시절을 보냈다. He had an unhappy childhood.

비참한, 참담한, 처량한 miserable; wretched
- 비참한 기분이 들었다. I felt miserable.

비통한, 슬픈, 애통한 sad; mournful; grief-stricken; broken-hearted; heartbroken; [f] sorrowful
- 그녀가 죽었다는 소식을 듣고 너무나 슬펐다.
  I was terribly sad when I heard she had died.

우울한, 울적한, 침울한 gloomy; depressed; melancholy; down; [inf] blue ❷
- 왜 그렇게 우울한 거야? Why are you so down[blue; depressed]?
- 요 며칠간 기분이 우울했다. I've been feeling down[blue] these last few days. / I've been depressed recently.

슬픔 - 동사

서러워하다, 슬퍼하다, 한탄하다 lament; (어떤 이의 죽음을) grieve; mourn
- 많은 사람들이 그의 죽음을 슬퍼했다. Many people mourned his death.

> **❶ 경제가 우울할 때**
> depression은 우울증뿐만 아니라 불경기를 나타내는 말로도 쓰인다. the Depression은 1929년 미국에서 시작된 대공황을 가리키기도 한다. 한편 주식시장에서는 황소bull와 곰bear이라는 동물이 호황과 불황을 상징하는데, bull market 또는 bullish market은 강세장, bear market 또는 bearish market은 약세장을 뜻한다. 황소와 곰 모두 사나운 동물들인데 왜 주식시장이 호황일 때는 '황소의 시장'이라고 하고, 불황일 때는 '곰의 시장'이라고 부를까? 이에 관해서는 다양한 해석이 있는데, 황소는 속도가 빠르며 공격을 할 때 뿔을 치켜 들고 상대를 아래에서 위로 공격하지만, 곰은 속도가 느리고 겨울이면 동면을 할 뿐만 아니라 공격을 할 때도 앞발을 들어 위에서 아래로 내리치기 때문이다. 또한 독일 속담에 "Don't sell the bearskin before you have killed the bear.", 즉 "곰을 죽이기 전에는 곰가죽을 팔지 말라."는 속담이 있는데, 실제로 곰을 잡아 죽인 후에야 곰가죽을 팔 수 있는 것이지 미리부터 들떠서 호황을 기대해서는 안된다는 뜻이다.

> **❷ 윈스턴 처칠의 우울증**
> 영국을 2차 세계대전의 승리로 이끈 영국 수상 윈스턴 처칠Winston Churchill은 강인해 보이는 외모와는 달리 평생 지독한 우울증에 시달렸다. 그는 자신의 우울증은 어디를 가든지 항상 자신을 졸졸 따라다닌다는 뜻으로 검정 개black dog라고 불렀는데, 원래는 영국 작가인 사뮤엘 존슨이 처음으로 사용한 black dog라는 표현은 그 후 우울증의 동의어로 빈번히 쓰이게 되었다. 한편 우울증의 또 다른 이름은 blue devils, 줄여서 the blues라고 하는데, 예전에는 악마가 몸 속에 들어오면 우울증에 걸린다고 생각했다. 여기서 blue는 청색이라는 색깔이 아니라 '바람 등이 불다'라는 뜻의 동사 blow의 과거형 blew가 시간이 지나면서 blue로 변한 것이다.

▲ 한국의 여의도나 미국의 월스트리트와 같은 금융 중심지에는 어김없이 황소와 곰의 동상이 있는데, 황소가 곰에 비해 더 공격적이고 씩씩하게 묘사된 것이 특징이다.

고독 — 명사

고독, 외로움 loneliness
- 그녀의 편지 덕분에 외로움을 이겨낼 수 있었다.
  Thanks to her letter, I was able to overcome my feelings of loneliness.

고독 — 형용사

고독한, 쓸쓸한, 외로운 lonely; lonesome; solitary; forlorn
- 그는 말년을 고독하게 보냈다. His last years were lonely ones.

고요한, 적막한 still; silent; quiet
- 그는 적막한 산중에서 혼자 살고 있다. He lives alone in a quiet mountain area.

공허한, 썰렁한, 허전한 empty; deserted; desolate
- 그녀가 내 곁에 없으니 마음 한구석이 허전하다.
  Without her near me, my heart feel empty.

미련 — 명사

미련, 아쉬움, 후회 regret; remorse
- 막상 회사를 그만두려고 하니 미련이 남는다. Now that I've decided to quit my job, I find that I have some regrets about it.

미련 — 형용사

덧없는, 허무한 vain; empty
- 인생은 덧없는 것이다. Life is vain.

아쉬운, 유감스러운 sorry; regretful ❶
- 우리는 이별을 아쉬워했다. We were sorry to have to say goodbye.

안타까운, 애석한 sad; pitiful; unfortunate
- 안타깝게도 우리 팀이 패배했다. It is unfortunate that our team lost.

미련 — 동사

후회하다 regret; be sorry
- 내 말을 듣지 않은 것을 두고두고 후회할 것이다. You'll always be sorry that you didn't listen to me. / You'll forever regret not listening to me.

---

❶ **항상 '미안한' 건 아니에요**

영어권 사람들은 "Sorry." 또는 "I'm sorry."라는 말을 참 많이 쓴다. 공공장소에서 살짝 어깨가 부딪쳐도 "I'm sorry."라고 하고, 남에게 안 좋은 일이 생겼을 때도 "I'm sorry."라고 한다. 후자의 "I'm sorry."는 미안하다는 것이 아니라 유감이라는 뜻이다. 한편 영어권 국가에서 교통사고 등이 났을 때 상대방에게 "I'm sorry."라고 말한다면 사고의 책임이 자신에게 있다고 인정하는 것이 되므로 주의해야 한다. 그렇다면 "You'll be sorry."는 무슨 뜻일까? 이 말은 "언젠가 지금 당신이 하는 말과 행동을 후회하게 될 것이다."라는 뜻인데, 상대방에게 겁을 주거나 엄포를 놓을 때 종종 사용하는 표현이다.

3.4 걱정, 당혹감, 공포

걱정 – 명사

걱정, 근심 concern; worry; anxiety; apprehension; disturbance
- 무슨 걱정 있으세요? Are you worried about something?
- 걱정도 팔자다!
  It's none of your business, so don't waste your time worrying about it.

걱정 – 형용사

걱정스러운, 근심스러운 worried; concerned; anxious; troubled
- 어머니의 건강이 걱정스럽다. I'm worried about my mother's health.

꺼림칙한, 떨떠름한 uncomfortable; uneasy
- 일은 잘 풀렸지만 왠지 기분이 떨떠름하다.
  Everything turned out all right, but for some reason I feel uneasy about it.

뒤숭숭한, 심란한, 싱숭생숭한 unsettled; distracted; disturbed
- 마음이 심란하다. I feel distracted. / I feel disturbed and anxious.

불안한, 조마조마한, 초조한 afraid; nervous; anxious ❶
- 내일 있을 시험 때문에 마음이 불안하다. I'm nervous about tomorrow's test.

심각한, 심상찮은 serious; grave
- 환자의 상태가 심각하다. The patient is in serious condition.

암담한, 암울한 dark; hopeless; grim; bleak; dismal
- 앞으로 어떻게 먹고살지 암담하다.
  The future looks hopeless; I don't know how I'm going to make ends meet.

어려운, 험난한, 힘든 hard; difficult; tough; [inf] rough
- 그는 험난한 일생을 살아왔다. He's had a very hard life.

걱정 – 동사

걱정하다, 근심하다 worry; be concerned; be worried; be anxious
- 너무 걱정하지 마세요. Don't worry about it so much.

노심초사하다, 전전긍긍하다 fret
- 그는 자신의 거짓말이 탄로 날까 봐 전전긍긍했다.
  He fretted over the possibility that someone would find out he'd been lying.

---

❶ 양철 지붕 위의 고양이

지붕이나 옥상이 콘크리트가 아니라 양철tin로 되어 있다면 신발을 신지 않은 맨발로는 발을 디딜 수조차 없을 정도로 뜨거울 것이다. like a cat on a hot tin roof, 즉 '뜨거운 양철 지붕 위의 고양이처럼'이라는 표현은 뜨거워서 펄쩍펄쩍 뛰는 고양이처럼 발을 동동거리며 안절부절못하는 사람을 가리키는 표현이다. 이 표현은 원래 like a cat on hot bricks, 즉 '뜨거운 벽돌 위의 고양이처럼'이었는데, 미국의 극작가인 테네시 윌리엄스가 〈A Cat on a Hot Tin Roof〉라는 희곡을 발표하면서 지금과 같은 표현으로 굳어졌다.

ex 그는 어제부터 계속 초조해하고 있다.
He's been **like a cat on a hot tin roof** since yesterday.

❶ 갑자기 망설여질 때

여름에 냇가로 물놀이를 떠났다고 가정해 보자. 그런데 냇물에 발을 살짝 넣어 보니 물이 너무 차가워서 몸서리가 쳐질 정도다. 이렇게 되면 물에 들어가겠다는 생각은 싹 사라지고 만다. have[get] cold feet이라는 표현은 어떤 일을 하기로 계획했는데 마지막에 갑자기 마음이 불안해져서 그 일을 포기하고 싶은 마음이 드는 것을 가리킨다. 특히 여성이 결혼 직전에 갑자기 마음이 불안해져서 결혼을 망설일 때 이 표현을 쓴다.

ex 그녀는 결혼 직전에 갑자기 불안한 마음이 들었다.
She **got cold feet** before her wedding.

당혹감 – 명사

당혹감 embarrassment ①
- 그는 그 결정에 당혹감을 감추지 못했다.
  He couldn't hide his embarrassment at the decision.

당혹감 – 형용사

곤란한, 난처한, 당황스러운 embarrassing; awkward ②
- 내 입장이 난처하게 되었다. I'm in an awkward position.
- 기자는 그녀에게 곤란한 질문을 던졌다.
  The reporter asked her an embarrassing question.

어리둥절한, 혼란스러운 confused; puzzled; perplexed; bewildered
- 그는 어리둥절한 표정을 지었다. He looked puzzled[bewildered].

어이없는 dumbfounded; aghast
- 정말 어이없군! I'm dumbfounded. / I'm aghast.

당혹감 – 동사

당황하다 be embarrassed; be flustered
- 그는 당황한 나머지 말까지 더듬었다. He was so embarrassed that he stammered.

아연실색하다 be shocked; be dumbfounded; be dumbstruck
- 모두들 아연실색해서 아무 말도 하지 못했다.
  Everyone was too shocked to say anything.

---

① 마른하늘에 날벼락

우리말에 '청천벽력' 또는 '마른하늘에 날벼락'이라는 표현이 있다. 구름 한 점 없이 맑은 하늘에서 갑자기 번개thunderbolt가 떨어지듯 놀랍고 당황스러운 일이라는 뜻이다. 영어에도 이와 흡사한 표현으로 a bolt from[out of] the blue가 있다. 줄여서 out of the blue로만 쓰기도 하는데, 이때 blue는 파란 하늘을 가리킨다. 한편 마른 하늘에 치는 번개, 즉 마른 번개는 지상에서 50km 위에 있는 성층권에서 발생하는 방전 현상을 가리킨다.

ex 그의 사임은 마른하늘에 날벼락 같은 일이었다.
His resignation came (right) out of the blue.

똥 묻은 개가 겨 묻은 개 나무란다.
The pot calls the kettle black.

---

② 딜레마에 빠졌을 때

중세 시대에는 나무 판자로 만든 목조선이 일반적인 선박의 형태였다. 목조선에서 물과 닿는 부분의 나무 틈새를 devil이라고 하는데, devil이 벌어지면 배에 물이 들어와 배가 침몰할 수 있기 때문에 선원들은 바다 한가운데에서도 틈만 나면 devil을 막는 작업을 해야 했다. 작업 자체가 어렵기도 하지만, 배에서 떨어지면 시퍼런 바닷물 속으로 빠질 수밖에 없기 때문에 선원들에게는 무척이나 곤혹스러운 일이었다. 그래서 between the devil and the deep blue sea라는 표현은 이러지도 저러지도 못하는 진퇴양난의 상황에 처해 있는 것을 가리키는 표현이 되었다. 이와 비슷한 표현으로 be (stuck) between a rock and a hard place가 있다. 20세기 초반 미국의 Bisbee라는 지역의 광부들은 회사 측에 임금 인상과 보다 나은 작업 환경을 요구하며 파업을 벌였다. 하지만 사측은 그들의 요구를 무시하고 천 명이 넘는 시위대를 강제로 억류했다가 Bisbee에서 수백 킬로미터 떨어진 곳으로 강제 추방해 버렸다. 바위rock를 뚫는 고된 광산 노동에 시달리다가 순식간에 실업자가 되어 낯설고 힘든 곳hard place으로 추방된 것이다.

ex 그는 이러지도 저러지도 못하는 곤란한 상황에 처해 있다. He is between the devil and the deep blue sea. / He is (stuck) between a rock and a hard place.

공포 – 명사

겁, 공포 ❶, 두려움 fear; fright; terror ❷; horror; dread; scare; panic
- 겁이 많다 be easily frightened ⬌ 겁이 없다 be fearless
- 사람들은 겁에 질려 이리저리 도망쳤다.
  People scattered in all directions out of fear.

공포 – 형용사

가혹한, 심한, 혹독한 hard; harsh; severe; cruel; brutal
- 그는 종업원들을 가혹하게 부려먹는다. He's really hard on his staff.

괴기스러운, 엽기적 grotesque; eerie; bizarre
- 엽기적인 살인 사건이 발생했다. There's been a bizarre murder.

끔찍한, 참혹한, 처참한 terrible; awful; horrible; dreadful; appalling; abominable
- 정말 끔찍한 광경이었다. It was really a horrible sight.
- 그는 끔찍한 죽음을 당했다. He died a horrible death.

낯선, 생소한 unfamiliar; strange
- 그는 얼굴이 낯설다. His face is unfamiliar to me.

❶ 공포증

고소공포증 acrophobia; fear of heights
과학기술공포증 technophobia
광장공포증 agoraphobia
대인공포증 social phobia; anthropophobia
동물공포증 zoophobia
무대공포증 stage fright
물공포증 aquaphobia
비행공포증 aerophobia; fear of flying
폐소공포증 claustrophobia

❷ 테러의 유래

18세기 프랑스 혁명the French Revolution 당시 로베스피에르가 이끄는 급진적인 자코뱅당은 국내외의 불만 세력을 억압하고자 공포정치reign of terror를 실시했다. 반대 세력을 닥치는 대로 단두대로 보내 처형한 것이다. 그 후 테러terror라는 단어는 폭력으로써 상대방을 위협하거나 공포에 빠뜨리는 행위를 뜻하게 되었다. 자코뱅당처럼 국가가 국민을 억압하려는 목적으로 저지르는 테러는 state terrorism이라고 한다.

두려운, 무서운, 무시무시한 frightening; terrifying; fearful; scary; horrifying; bloodcurdling

☐ 무시무시한 광경이 눈앞에 펼쳐졌다. A terrifying scene lay before my eyes.

어색한 awkward

☐ 낯선 사람이 너무 많아서 무척 어색했다.
There were so many strangers there I felt like a fish out of water. ❶

으스스한, 을씨년스러운, 음산한 gloomy; dreary; ghostly; [inf] creepy; spooky

☐ 그 버려진 집은 귀신이라도 나올 것처럼 으스스했다.
That deserted house was so creepy it looked haunted.

공포 — 동사

겁내다, 두려워하다, 무서워하다 fear; be afraid; be frightened; be scared; be terrified; be petrified

☐ 그녀는 어둠을 무서워한다. She's afraid of the dark.
☐ 아무것도 두려워할 필요가 없다. There's nothing to be afraid of.

몸서리치다, 전율하다 shudder; shiver

☐ 사람들은 그 광경을 보고 전율했다. Everyone shuddered at the sight.

❶ 물을 떠난 물고기처럼

물고기는 물을 떠나서는 살 수 없다. 물속에서는 자유자재로 움직일 수 있지만 물 밖으로 나오게 되면 파닥거리다가 죽어갈 수밖에 없기 때문이다. a fish out of water, 즉 '물 밖으로 나온 물고기'라는 표현은 어색하고 낯선 상황에 처한 사람을 가리키는 말이다.

3.5 감탄, 놀라움, 경외감

감탄 — 명사

감탄, 경탄 wonder; admiration
- 그의 용기에 감탄을 금할 수 없다. I have great admiration for his courage.

> 감탄사 interjection; exclamation

감탄 — 형용사

감명적, 인상적 impressive; memorable; striking; spectacular; breathtaking
- 그 배우의 연기는 대단히 인상적이었다. His acting was very impressive.

걸출한, 뛰어난, 탁월한 outstanding; remarkable; exceptional; distinguished
- 그는 한국이 낳은 걸출한 지휘자이다. He is one of Korea's most outstanding conductors.

굉장한, 대단한, 훌륭한 wonderful; great; excellent; fantastic; amazing; terrific; marvelous; tremendous
- 정말 굉장한 경기였다! It was an amazing game[match]!

극적 dramatic
- 협상은 극적으로 타결되었다. The negotiations ended in a dramatic compromise.

근사한, 멋있는, 멋진 nice; cool; lovely; great; `inf` hot; (옷차림 등이) fashionable; stylish; `inf` sharp
- 와, 정말 멋있다! Wow, that's really cool!

기적적 miraculous
- 그는 그 사고에서 기적적으로 살아났다. Miraculously, he survived the accident.

독창적, 창의적, 창조적 creative; original; inventive; ingenious
- 그의 계획은 대담하고 독창적이었다. His plan was bold and original.

> ingenious 독창적
> ingenuous 순진한

어마어마한, 엄청난 huge; enormous; massive; tremendous; immense
- 그녀는 어마어마하게 큰 집에서 산다. She lives in a huge mansion.

완벽한, 흠잡을 데 없는 perfect; flawless; immaculate; impeccable
- 그녀의 연기는 흠잡을 데 없었다. Her acting was flawless.

혁신적 innovative

현란한, 화려한 splendid; colorful; flashy; showy; flamboyant
- 그는 현란한 춤 솜씨를 선보였다. He showed off his flashy dancing.

획기적 groundbreaking; epoch-making
- 그가 획기적인 아이디어를 내놓았다. He came up with a groundbreaking idea.

Unit 2 인간의 마음

감탄 – 동사

감탄하다, 경탄하다 wonder; admire; marvel

☐ 나는 그의 빠른 일 처리 능력에 감탄했다.
I really admired his ability to get things done fast.

고대 7대 불가사의
Seven Wonders of the Ancient World

◀ 에페수스의 아르테미스 신전
Temple of Artemis at Ephesus
그리스신화에 등장하는 사냥의 여신 아르테미스를 위해 기원전 550년에 지어졌다. 짓는 데 120년이 걸렸다. 세 번에 걸친 방화와 약탈로 인해 파괴되었다.

▲ 기자의 피라미드 **Great Pyramid of Giza**
기원전 2500년경 이집트의 파라오 쿠푸왕을 위해 건설된 세계 최대의 피라미드. 고대 7대 불가사의 중 유일하게 현존한다.

▲ 바빌론의 공중정원 **Hanging Gardens of Babylon**
기원전 605~562년경 건설. 여러 개의 층으로 이루어진 정원은 급수 시설이 갖추어졌으며 최대 높이는 22미터에 달했다. 기원전 1세기경 지진으로 파괴되었다.

▲ 올림피아의 제우스상 **Statue of Zeus at Olympia**
기원전 435년에 지어졌으며, 높이는 12미터에 달했다. 서기 5~6세기경 화재로 인해 파괴되었다.

▲ 하르카르나소스의 마우솔로스 영묘
Mausoleum of Maussollos at Halicarnassus
고대 페르시아의 지방 총독인 마우솔로스를 위해 건설된 무덤. 기원전 351년에 지어졌으며 높이는 45미터에 달했다. 서기 1494년 십자군 원정대에 의해 파괴되었다.

▲ 로도스의 거상 **Colossus of Rhodes**
그리스신화에 등장하는 태양의 신을 형상화한 거대한 청동상. 높이가 35미터에 달했다. 기원전 292~280년 사이에 건설되었으며, 기원전 262년 지진에 의해 파괴되었다.

▲ 알렉산드리아의 파로스 등대
Lighthouse of Alexandria
기원전 280년에 세워진 이집트의 등대. 높이가 115~135미터 사이였으며, 수세기 동안 지구상에서 가장 높은 건축물 중 하나였다. 서기 1303년에서 1480년 사이 지진으로 인해 파괴되었다.

놀라움 – 명사

놀라움 surprise; astonishment; amazement
- 모두 그 소식을 듣고 놀라움을 금치 못했다.
  Everybody was shocked to hear the news.

충격 shock; jolt ❶
- 그녀의 죽음은 우리 모두에게 깊은 충격이었다.
  Her death was a profound shock to all of us.

놀라움 – 형용사

갑작스러운, 급작스러운 sudden; abrupt; unexpected
- 그녀는 어머니의 갑작스러운 죽음에 망연자실했다.
  She was devastated by the sudden death of her mother.

기상천외한 extraordinary

놀라운, 충격적 surprising; shocking; amazing; astonishing; startling
- 정말 충격적인 소식을 들었다. I've heard some really shocking news.

믿을 수 없는 unbelievable; incredible

이례적, 파격적 exceptional; unusual; unconventional; (전례 없는) unprecedented
- 그녀는 파격적인 대우를 받고 경쟁사로 스카우트되었다. She quit her job and took a position with a competing company that made her an unprecedented offer.

놀라움 – 동사

경악하다, 기겁하다, 놀라다 be surprised; be astonished; be amazed; be startled; (충격을 받다) be shocked; be stunned ❷
- 사람들은 그 소식을 듣고 경악을 금치 못했다. People were stunned at the news.

경외감 – 명사

경외감 (sense of) awe
- 우리는 경외감에 가득 차서 피라미드를 바라보았다. We gazed in awe at the pyramids.

---

❶ 충격에 의한 정신질환
쇼크 shock
외상후스트레스장애 post-traumatic stress disorder (abb PTSD)
전쟁피로증후군 combat stress reaction; shell shock; battle fatigue
정신적 외상 trauma

❷ 놀랐을 때 사용하는 기독교식 감탄사
(Oh,) My God! 가장 흔히 쓰이는 감탄사
Oh, my! 뒤에 God이 빠진 형태. 가벼운 놀라움을 나타내는 표현
My goodness! 중장년층 이상이 자주 쓰는 표현. goodness, 즉 '선'은 가장 선한 분, 즉 기독교의 하나님을 상징.
Oh, dear! 여성이 자주 쓰는 감탄사. dear, 즉 '소중한 사람' 역시 기독교의 하나님을 상징
Gosh! Gosh는 God을 가리키는 완곡한 표현. 기독교에서는 신의 이름을 함부로 입에 올리면 안 되기 때문에 God을 대체하는 단어를 사용하는 경향이 있다.

경외감 – 형용사

거룩한, 성스러운, 신성한 holy; sacred; divine

숙연한, 엄숙한, 장중한 solemn; grave
- 장례식은 숙연한 분위기 속에서 거행되었다.
  The funeral was conducted in a solemn manner.

웅장한, 으리으리한, 장엄한 imposing; grand; magnificent; majestic; awe-inspiring

전지전능한 almighty; **f** omniscient; omnipotent
- 전지전능하신 하느님 all-knowing, almighty God / omniscient, omnipotent God

세계 신 7대 불가사의
New Seven Wonders of the World

▲ 멕시코 치첸이트사 피라미드
Chichen Itza, Mexico

▲ 페루 잉카 마추픽추
Machu Picchu, Peru

▲ 요르단 페트라 Petra, Jordan

▲ 인도 타지마할 Taj Mahal, India

▲ 브라질 거대 예수상
Christ the Redeemer, Brazil

▶ 이탈리아 콜로세움 Colosseum, Italy

▲ 중국 만리장성 Great Wall of China, China

3.6 사랑, 관심

사랑 — 일반 ❶

그리움 longing
- 시간이 지날수록 그를 향한 그리움이 더해 갔다.
  My longing for him grew ever greater as time passed.

사랑, 애정, 정 love; affection; attachment
- 사랑하다 love / adore / have an affection (for)
- 그녀는 사랑에 눈이 멀었다. She is blind with love. / She is blinded by love.

호감 good feeling
- 나는 그에게 호감을 가지고 있다. I have a good feeling about him.

❶ **그리스식 사랑 분류법**
agape 아가페 영혼의 사랑, 비이기적인 사랑
eros 에로스 육체의 사랑, 남녀간의 사랑
philia 필리아 친구간의 사랑, 우정
storge 스토르게 자식에 대한 부모의 본능적인 사랑
xenia 크세니아 낯선 사람에 대한 호의, 손님에 대한 주인의 호의

사랑 — 가족애

내리사랑 parental love
- 내리사랑은 있어도 치사랑은 없다. Parental love often goes unrequited.

모성애, 모정 mother's love; maternal love ❷
- 그녀는 모성애가 지극하다. Her maternal love is boundless.
- 어머니의 사랑은 위대하다. A mother's love knows no bounds.

부성애, 부정 father's love

우애, 형제애 brotherly love[affection]; sisterly love[affection]
- 그 형제는 우애가 돈독하다. The brothers share a deep affection for each other.

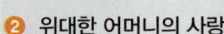
sibling rivalry 부모의 사랑을 독차지하기 위한 형제자매 간의 갈등과 경쟁

❷ **위대한 어머니의 사랑**
- All I am I owe to my mother. 나의 어머니가 나라고 하는 사람을 만드셨다. – 조지 워싱턴, 미국 초대 대통령 –
- A mother understands what a child does not say. 어머니는 아이가 말하지 않는 것을 이해한다. – 유대 속담 –
- God could not be everywhere and therefore He made mothers. 신은 모든 곳에 있을 수 없어서 어머니들을 만드셨다. – 유대 속담 –
- I remember my mother's prayers and they have always followed me. They have clung to me all my life.
  어머니의 기도를 나는 기억한다. 그 기도는 나를 항상 따라다녔다. 내 평생 동안 그 기도는 나에게 꼭 매달려 떨어지지 않았다. – 에이브러햄 링컨, 미국 대통령 –
- Of all the rights of women, the greatest is to be a mother. 여성이 가진 권리 중 가장 위대한 것은 어머니가 되는 것이다. – 임어당, 중국 작가 –
- The heart of a mother is a deep abyss at the bottom of which you will always find forgiveness.
  어머니의 마음은 심연과도 같아서 그 밑바닥에서는 언제나 용서를 구할 수 있다. – 발자크, 프랑스 작가 –

사랑 — 성 정체성

동성애 homosexuality; homoeroticism

양성애 bisexuality

이성애 heterosexuality

> 동성애자 homosexual
> 양성애자 bisexual
> 이성애자 heterosexual

사랑 — 사회적 관계

동료애, 동지애 camaraderie

애교심 love for *one's* school

애사심 loyalty to *one's* company

우정 friendship ❶
☐ 그들의 우정은 사랑으로 발전했다. Their friendship grew into love.

전우애 comradeship

> 전우 comrade in arms

❶ 친구의 종류
친구 friend; companion; [inf] amigo; buddy
급우 classmate, 학우 school friend; fellow student
단짝 best friend; alter ego; (복수형) firm friends
죽마고우 old friend; childhood friend
펜팔 pen pal; pen friend; (이메일 펜팔) keypal
이성친구 (남자친구) boyfriend; (여자친구) girlfriend

사랑 – 기타

순정 pure love
- 그녀는 순정을 다 바쳐 그 남자를 사랑했다.
  Her love for him was pure and wholehearted.

열애 passionate love
- 그들은 오랜 열애 끝에 결혼했다.
  They got married after a long, passionate courtship.

영원한 사랑 undying love
- 나는 그녀에게 영원한 사랑을 약속했다. I promised her my undying love.

육체적 사랑 erotic love ❶ ↔ **정신적 사랑** platonic love

조건 없는 사랑 unconditional love

짝사랑 (secret) crush; unrequited love
- 짝사랑하다 have a (secret) crush on *sb* / carry a torch for *sb*
- 그녀는 영어 선생님을 짝사랑하고 있다. She has a crush on her English teacher.

첫사랑 first love
- 그녀는 나의 첫사랑이다. She was my first love.

편애 favoritism
- 편애하다 favor / prefer
- 그는 지나치게 큰아들을 편애한다. He favors his eldest son too much.

풋사랑 puppy love

Men always want to be a woman's first love; women like to be a man's last romance.
남자들은 항상 자신이 여자의 첫사랑이기를 바라고 여자들은 자신이 남자의 마지막 사랑이기를 바란다.
– 오스카 와일드, 아일랜드 작가 –

짝사랑 ❌ one-sided love ➡ ⭕ (secret) crush

---

❶ 에로스 VS 플라톤

에로스Eros는 그리스신화에 등장하는 사랑의 신으로서, 로마신화의 큐피드Cupid와 동일한 인물이다. 에로스는 벌거벗은 몸에 날개가 달리고, 활과 화살을 들고 다니는데, 에로스의 화살을 맞은 사람은 자신이 처음 보는 상대를 사랑하게 된다. 그래서 누군가에게 첫눈에 반하게 되는 것, 즉 love at first sight를 에로스의 사랑의 화살 때문이라고 해석하기도 한다. 에로스는 프시케Psyche라는 여성과 사랑에 빠져 쾌락Hedone이라고 하는 딸을 낳는데, 쾌락주의hedonism라는 말은 Hedone에서 유래되었다. 에로스적인 사랑, 즉 erotic love는 육체적인 사랑을 뜻하는 말이다. 한편 고대 그리스에서는 남성과 남성, 특히 나이 든 남성과 미소년과의 동성애가 일반적인 사회현상이었다. 여성을 불완전한 존재로 여겼기 때문에 이성애보다 동성애를 아름답고 고상한 것으로 여겼던 것이다. 그래서 남색pederasty을 Greek love 또는 Greek way라고 부르기도 했다. 그리스의 철학자 플라톤Plato과 그의 스승 소크라테스Socrates 모두 동성애에 호의적이었고, 실제로 동성애자였다는 주장이 있다. 플라톤의 이름에서 유래된 platonic love가 이제는 육체적 관계가 배제된 남녀의 정신적 사랑을 뜻하지만, 처음에는 남성과 남성 간의 동성애를 은유적으로 뜻하는 말이었다.

사랑 관련표현

그리다, 그리워하다 miss; long for; pine for
- 그는 아직도 죽은 아내를 그리워하고 있다. He still pines for his dead wife.

동경하다 yearn; [inf] hanker
- 그는 어릴 적부터 도시 생활을 동경해 왔다.
  He's yearned to live in a big city since he was a child.

반하다, 사랑에 빠지다 fall in love (with); fall for sb ❶
- 나는 그녀에게 첫눈에 반했다. I fell in love with her at first sight.

사랑스러운 lovely; sweet; adorable
- 나에게는 사랑스러운 아내와 아이가 있다. I have a lovely wife and child.

아끼다 cherish; treasure

좋아하다, 총애하다 like; be fond of; care for; [inf] be crazy[mad] about
- 어떤 영화를 좋아하세요? What kind of movies do you like?
- 그는 술을 무척 좋아한다. He really likes to drink. / He's a big drinker.

❶ 어지러울 정도로 사랑해

물구나무를 서면 몹시 어지럽다. head over heels, 즉 '다리가 머리 위에 있는'이라는 표현은 어떤 사람을 열렬히 사랑해서 그 사람이 곁에만 있어도 어지럽고 현기증이 난다는 뜻.

ex 그는 그녀에게 푹 빠졌다.
He is completely **head over heels** about her.

관심 – 명사

관심, 흥미 interest; attention ↔ 무관심 indifference; unconcern; apathy
- 그 사건은 나의 흥미를 불러일으켰다. That incident attracted my attention.

궁금증, 호기심 curiosity ❷
- 그는 호기심이 많은 소년이다. That boy is curious about everything.
- 그는 호기심을 이기지 못하고 그 편지를 읽었다.
  His curiosity got the better of him and he read the letter.

❷ 호기심이 고양이를 죽였다

고양이는 목숨이 아홉 개라는 말이 있을 정도로 목숨이 질긴 동물이라고 한다. 하지만 고양이는 겁이 많고 조심스러운 대신 지나치게 호기심이 많다는 약점이 있다. "Curiosity killed the cat."은 강인한 생명력을 자랑하는 고양이도 지나친 호기심 때문에 목숨을 잃었다는 뜻으로, 지나친 호기심은 금물이라는 말이다. 비슷한 표현으로는 "Ignorance is bliss.", 즉 "모르는 게 약이다."가 있다.

A: 이 상자 안에는 뭐가 있을 거라고 생각하니?
  What do you think is in this box?
B: 나 같으면 그냥 내버려 두겠어. 지나친 호기심은 금물이야.
  I would rather leave it alone. Curiosity killed the cat.

관심 – 형용사

기발한, 신기한, 참신한 original; novel
☐ 그가 기발한 아이디어를 내놓았다. He came up with an original idea.

독특한 distinctive; (유일한) unique; (고유한) peculiar
☐ 그는 말투가 독특하다. He has a very distinctive way of speaking.

매력적, 매혹적 charming; fascinating; attractive; appealing; captivating; enticing
☐ 그녀는 젊고 매력적이다. She's young and attractive.

> **charming** → charm 영 매력, 부적, 동 매혹하다, 홀리다
> **fascinating** → fascinate 동 매혹하다
> **attractive** → attract 동 주의를 끌다, 끌어당기다, 매혹하다
> **appealing** → appeal 동 마음을 끌다
> **captivating** → captivate 동 매혹하다
> **enticing** → entice 동 유혹하다, 꼬드기다

묘한, 특이한, 희한한 strange; peculiar; odd; unusual; uncommon; funny; curious
☐ 그녀는 특이한 이름을 가지고 있다. She has an unusual name.
☐ 부엌에서 묘한 냄새가 났다. A strange odor was coming from the kitchen.

불가사의한, 신비한 mysterious; uncanny; enigmatic; mystical
☐ 그녀는 병을 치료하는 신비한 능력을 지녔다. She has an uncanny ability to cure diseases.

색다른, 이색적, 이채로운 different; unconventional; unusual; out of the ordinary
☐ 방학 동안에 색다른 경험을 했다. During our school vacation, I had some experiences that were out of the ordinary.

이국적 exotic
☐ 그녀는 이국적인 외모를 지녔다. There's something exotic about her appearance.

재미있는, 코믹한 funny; amusing; entertaining; hilarious
☐ 정말 재미있는 영화였다. The movie was really entertaining.

흥미로운, 흥미진진한 exciting; interesting; absorbing; compelling; captivating
☐ 경기는 점점 흥미롭게 진행되었다. The game got more and more exciting.

관심 – 동사

궁금하다 wonder
☐ 그가 지금 어디 있는지 궁금하다. I wonder where he is now.

3.7 미움, 질투, 굴욕감, 싫증

미움 — 명사

거부감, 반감, 혐오감 disgust; repulsion; loathing; abhorrence

미움, 증오 hate; hatred; dislike; animosity; disfavor; ill feeling; bad feeling
- 내 마음속에는 아직도 그에 대한 미움이 남아 있다.
  I still harbor some ill feelings toward him.

> 증오범죄 hate crime는 자신과 국적, 인종, 종교가 다른 사람을 공격하는 범죄행위

적개심, 적대감 hostility; antagonism
- 그녀의 눈은 적개심으로 불타고 있었다. Her eyes were burning with hostility.

미움 — 형용사 ❶

가소로운, 같잖은 ridiculous; laughable
- 그의 행동이 하도 같잖아서 말문이 막혔다.
  He acted so ridiculously that I didn't know what to say.

가증스러운 contemptible; despicable
- 그는 가증스럽게도 자신의 잘못을 나에게 전가했다.
  It was despicable of him to put the blame for his own faults on me.

> contemptible ➡ contempt 명 경멸
> despicable ➡ despise 동 경멸하다

구차한 (변명 등이) lame; pathetic; feeble
- 구차한 변명은 집어치워!
  Cut the lame excuses! / Enough of your pathetic excuses!

극성스러운 extreme; fanatical; fanatic ❶
- 요즘 엄마들은 자녀 교육에 극성스럽다.
  These days mothers get fanatical about their kids' education.

노골적, 적나라한 (말·행동 등이) obvious; (사진 등이) explicit; graphic
- 그 영화에는 노골적인 섹스 장면이 다수 들어 있다.
  There are a lot of explicit sex scenes in that movie.

미운, 역겨운, 혐오스러운 ugly; disgraceful; disgusting; unpleasant; offensive; detestable; repulsive; sickening; revolting
- 정말 역겹군! That's really disgusting! / How revolting!
- 그가 했던 말은 혐오스럽기 그지없었다. What he said was repulsive to me.

> ❶ **극성스러운 어머니들**
> 한국의 엄마들은 자녀 교육에 극성스러운 것으로 유명하다. 하지만 미국과 캐나다의 엄마들도 극성스럽기로는 한국의 엄마들에 뒤지지 않는다. 미국에서는 일류 대학에 진학하기 위해서는 학교 성적뿐만 아니라 스포츠, 봉사 활동 등 다양한 분야에서 두각을 나타내야 하기 때문에 미국 엄마들은 연예인 매니저처럼 하루 종일 자녀를 따라다니며 그들의 스케줄을 관리한다. 그래서 등장한 단어가 soccer mom과 hockey mom, 즉 '축구 엄마'와 '하키 엄마'다. 이들은 자녀의 수업이 끝나면 그들을 자신이 운전하는 차에 태워 축구장이나 하키장까지 데려다 주고 다시 데려오는 극성 엄마들이다. 대부분의 soccer mom과 hockey mom은 도시 근교에 거주하는 중산층 백인 여성들이다.

미움 - 형용사 ❷

사치스러운 extravagant; lavish
- 그녀는 사치스러운 생활을 하고 있다. She's having an extravagant lifestyle.

상스러운, 속된, 천한 vulgar; crude; coarse ❶
- 그는 내게 상스러운 농담을 했다. He told me vulgar[crude] jokes.

선정적, 외설스러운 suggestive; lascivious; racy; smutty
- 그 영화는 선정적인 장면이 많다. That movie has a lot of racy scenes.

얄팍한, 천박한 shallow; superficial
- 그는 얄팍한 변명으로 위기를 모면하려 했다. He tried to worm his way out of the situation with some superficial excuse.

요란한 (옷차림 등이) gaudy; loud; garish; flashy; brash
- 그녀는 옷차림이 요란했다. She wore gaudy clothes.

음란한, 음탕한 obscene; dirty; lewd
- 음란한 농담을 하다 tell dirty jokes / tell a dirty joke

지독한, 형편없는 awful; terrible; outrageous; [inf] lousy
- 음식은 지독하게 맛이 없었다. The food tasted terrible.

징그러운 nasty; hideous; [inf] gross; creepy
- 그는 징그러운 눈빛으로 나를 쳐다보았다. He gave me a creepy look.

한심스러운, 한심한 pathetic; pitiful
- 이 한심한 놈아! You're pathetic!

---

❶ **욕은 네 글자로 이뤄진다**

영어의 욕설swearword은 네 글자로 된 경우가 많아서 four-letter word라고도 한다. 영어권에서는 글이나 문장에서 four-letter word가 나올 경우에는 fuc*과 같이 한 단어를 별표로 처리하고, 방송에서 욕설이 나올 경우에는 '삐' 하는 효과음으로 욕설을 지우게 된다. 이런 효과음을 bleep이라고 한다.

arse 엉덩이의 비속어
cock 남성의 성기를 가리키는 말
cunt 여성의 성기를 가리키는 말
damn "망할"로 번역
fuck 성교의 비속어. "쌩"으로 번역
hell 지옥
shit 대변의 비속어. "젠장!" 또는 "제기랄"로 번역
twat 여성의 성기를 가리키는 말

미움 - 동사

미워하다, 싫어하다, 증오하다 hate; dislike
- 죄는 미워하되 사람은 미워하지 마라.
  You can hate the deed, but you shouldn't hate the person who did it.

혐오하다 detest; loathe; abhor
- 나는 전쟁을 혐오한다. I abhor war.

misanthropist 인간을 혐오하는 사람
misogynist 여성을 혐오하는 사람

질투

샘, 시기, 질투 jealousy; envy
- 시기하다, 시샘하다, 질투하다 envy / be jealous of / be envious of / be green with envy
- 지금 질투하는 거니? Are you jealous?
- 그녀는 질투의 화신이다.
  She is the green-eyed monster. ❶ / She's the epitome of jealousy.

굴욕감 — 명사

굴욕감, 모멸감, 수치심 shame; humiliation; [f] mortification
- 나는 그녀의 말에 심한 모멸감을 느꼈다. I was humiliated by what she said.

굴욕감 — 형용사

굴욕적, 모욕적 humiliating; shameful
- 우리 팀은 굴욕적인 패배를 당했다. Our team suffered a humiliating defeat.

부끄러운, 수치스러운, 창피한 embarrassed; ashamed; abashed; mortified ❷
- 창피해서 얼굴을 들 수 없었다. I was too embarrassed to show my face.
- 부끄러운 줄 알아라. Shame on you! / You should be ashamed of yourself.

불명예스러운 dishonorable; [f] ignoble
- 그는 부하를 폭행하고 불명예 제대를 했다. He got a dishonorable discharge for mistreating the soldiers in his command.

굴욕감 — 동사

수치스러워하다, 창피해하다 be ashamed; be embarrassed; be abashed
- 그는 자신의 잘못을 몹시 창피해했다.
  He was extremely ashamed of what he had done.

---

❶ 초록 눈의 괴물

영어에서는 질투를 a green-eyed monster, 즉 '녹색 눈을 한 괴물'이라고 하고, 질투에 사로잡히는 것을 be green with envy와 같이 표현한다. 이 표현은 셰익스피어William Shakespeare의 〈오셀로Othello〉에서 유래되었다.

O! beware my lord, of Jealousy:
It is the green-eyed monster, which doth mock.
The meat it feeds on.

오, 주인이시여. 질투를 조심하시옵소서:
질투는 사람의 마음을 농락하며 먹이로 삼는 녹색 눈을 한 괴물이니까요.

❷ embarrassed와 ashamed의 차이

embarrassed 실수를 해서 창피하고 당황스러운
ashamed 하지 말아야 할 행동을 해서 죄책감을 느끼고 면목이 없는

ex 어제 친구들 앞에서 돌부리에 걸려 넘어졌는데, 어찌나 부끄러웠는지 몰라.
❌ Yesterday, I tripped over a rock in front of my friends. I was so ashamed!
⭕ Yesterday, I tripped over a rock in front of my friends. I was so embarrassed!

싫증 — 명사

권태, 싫증, 지루함 boredom; tedium ❶

- 나는 노래를 불러 지루함을 덜어 보려 했다.
  I tried to relieve the boredom by singing.

싫증 — 형용사

구태의연한 outdated; old-fashioned
- 한국의 교육 방식은 예나 지금이나 구태의연하기 짝이 없다.
  Korean educational methods have always been old-fashioned.

단조로운, 천편일률적 monotonous; humdrum
- 요즘은 단조로운 일상을 보내고 있다. My life is monotonous these days.

따분한, 심심한, 지루한 dull; boring; bored; unexciting; tedious; [f] wearisome
- 지루해 죽겠다 I'm bored to death. / I'm bored to tears.
- 회의는 길고 지루했다. The meeting was long and boring.

무미건조한 dry; plain; dull; lackluster

상투적, 진부한 conventional; stale; worn-out; banal; (흔한) commonplace; (문장 등이) trite; hackneyed
- 상투적인 표현 a cliché

썰렁한, 재미없는 flat; dull; uninteresting; unfunny; (농담이) corny
- 정말 재미없는 영화였다. It was a really dull movie.

장황한 lengthy; rambling; long-winded; wordy; [f] verbose
- 길고 장황한 연설 a long rambling speech

획일적 uniform; standardized
- 획일적인 교육을 받다. receive a standardized education.

싫증 — 동사

물리다, 식상하다, 질리다 be[get] fed up; be sick and tired of; get tired of; be bored with; lose interest
- 맨날 빵만 먹었더니 이제 물린다. I'm sick and tired of eating bread every day.

---

❶ **7년 만의 권태기**

미국의 여배우 마릴린 몬로Marilyn Monroe는 〈7년만의 외출The Seven Year Itch〉이라는 영화에서 지하철 환풍구 바람에 치마가 들리는 장면 하나로 세계적인 섹시 아이콘으로 떠올랐다. 하지만 the seven-year itch라는 말은 '결혼 7년째에 찾아오는 권태기'라는 뜻으로 외출과는 전혀 상관이 없다. 영화 제목을 문자 그대로 번역했다면 〈7년만의 권태기〉가 되어야 한다.

3.8 욕구 desire

생리적 욕구

본능 instinct, **본성** (human) nature
- 원초적 본능 a basic instinct

  모성 본능 maternal instinct
  - 모성 본능을 자극하다 arouse sb's maternal instincts

  보호 본능 protective instinct
  - 그의 외모는 여성들의 보호 본능을 자극한다.
    His appearance arouses the protective instinct in women. /
    Women take one look at him and they want to protect him.

  생존 본능 instinct for survival; survival instinct

욕심, 탐욕 greed ; _f avarice
- 욕심이 많은 greedy; avaricious
- 그는 탐욕스러운 인간이다. He's a greedy person.
- 그는 돈에 욕심이 없다. He's not a money-grubber. / He's not just after money.

  구두쇠 miser; scrooge; cheapskate; skinflint

  물욕 earthly desires ❶

  성욕 lust; sex drive; sexual desire; _f libido
  - 성욕을 자극하다 stimulate one's sexual desire

  식욕 appetite ❷
  - 식욕을 잃다 lose one's appetite
  - 그는 식욕이 왕성하다. He has a great[big] appetite.

❶ 부자병, 혹시 걸리셨나요?

현대인은 물질적으로 풍족해질수록 더 많은 것을 소유하려고 발버둥친다. 남보다 더 많이 소비해야 직성이 풀리고 돈이 아무리 많아도 현재의 재산에 만족하지 못한다. 부자병 affluenza은 affluence(부유함, 풍족함)와 influenza(독감)를 합성해 만든 신조어로서, 현대인의 이러한 병적인 욕심을 가리키는 말이다.

❷ 식습관 장애 eating disorder

거식증 anorexia (nervosa)
식욕부진 loss[lack] of appetite
폭식증 bulimia (nervosa)

---

❷ 음식에 욕심을 부리는 사람
- *bite off more than one can chew* 자신이 씹을 수 있는 분량보다 더 많은 음식을 입에 물다
  ➔ 능력과 분수에 맞지 않는 짓을 하다
- *have a finger in every pie* 모든 파이에 손을 대다 ➔ 온갖 일에 다 참견하다
- *one's eyes are bigger than one's stomach* 위보다 눈이 크다
  ➔ 자기가 먹을 수 있는 양보다 더 많은 것을 먹으려고 욕심을 내다

안전에 대한 욕구

긴박감, 긴장감 tension; suspense

내 안의 나비떼
몹시 긴장을 하면 마치 멀미가 난 것처럼 속이 울렁거린다. have[get; feel] butterflies (in *one's* stomach), 즉 '위장 속에 나비가 날아다닌다'라는 표현은 '어떤 일을 앞두고 무척 긴장하다'라는 뜻. 나비들이 배 속에서 날개를 펄럭거리며 날아다닌다면 무척 속이 울렁거릴 것이기 때문이다. 그렇다면 긴장감을 없애는 방법은 무엇일까? 말장난같지만 나비를 몸 밖으로 날려 보내면 된다.

ex 긴장을 하는 것은 괜찮다. 긴장감을 없애려면 나비들을 줄을 지어 날려 보내면 된다.
It's OK to **have butterflies in your stomach**. The trick is to get them to fly in formation.

- 국경 지대에 긴장감이 고조되고 있다.
  Tensions are rising in the region near the country's border.

긴박한, 급박한, 위급한 urgent; pressing; critical; desperate
- 사태가 급박하게 돌아가고 있다. The situation is getting critical.

복수심, 앙심 grudge; **f** rancor
- 그녀는 내게 앙심을 품고 있다. She's holding a grudge against me.

복수하다, 앙갚음하다 take revenge[vengeance]; avenge (*oneself*); revenge *oneself*
- 그는 아버지의 원수에게 복수했다. He took revenge on his father's enemies.

불신감 distrust; mistrust; disbelief, 의심, 의혹 doubt; suspicion
- 나는 그 여자의 능력에 대해 의심을 갖고 있다. I have doubts about her ability.
- 그는 의심이 많은 사람이다.
  He is a doubting Thomas. ❶ / He is suspicious about everything.

수상한, 의심스러운 doubtful; suspicious; dubious
- 수상한 사람이 집 주위를 배회하고 있다.
  Some suspicious person is loitering around outside the house.

의심하다 doubt; suspect
- 지금 나를 의심하는 건가요? Do you doubt me?

❶ **의심하는 도마 doubting Thomas**
도마Thomas는 예수의 12사도 중 한 사람이다. 성경의 요한복음을 보면, 도마는 예수가 부활했다는 소식을 듣고도 그 사실을 믿지 못해 자기가 직접 예수의 상처를 만져 보겠다고 말한다. doubting Thomas, 즉 '의심하는 도마'는 남의 말을 믿지 못하고 무엇이든지 의심하는 사람을 가리킨다.

안도감, 안심 relief

☐ 그녀가 무사하다는 소식에 모두들 안도의 한숨을 내쉬었다.
Everyone breathed a sigh of relief when they heard that she was safe.

안도하다, 안심하다 be relieved; feel at ease

안정감 sense of stability

위기감 sense of crisis

☐ 요즘은 회사에서 구조조정을 당하지 않을까 하는 위기감이 든다. There's a sense of crisis in the company these days for fear of restructuring.

위태로운, 위험한 dangerous; risky; hazardous; unsafe

절망감 despair; hopelessness, frustration ❶

낙심하다, 좌절하다 be discouraged; be downhearted; be dejected; be dispirited

☐ 그는 시험에 떨어지고 크게 낙심했다.
He became completely discouraged after failing the test.

절망하다 despair; lose hope; give up hope

☐ 절망하기에는 아직 이르다. It's too early to give up hope.

체념하다 resign *oneself* to; be resigned to

해방감 sense of freedom

❶ 절망하는 사람의 말

될 대로 되라.
- Whatever will be, will be.
- Que sera, sera. (스페인어로 Whatever will be, will be.라는 뜻)

사는 게 다 그렇지.
- That's life.
- That's the way it goes.
- That's the way the cookie crumbles.
- That's the way the ball bounces.
- C'est la vie. (프랑스어로 Such is life.라는 뜻)

자기존중에 대한 욕구

경멸감, 멸시감 contempt; scorn; disdain
경멸하다, 멸시하다 despise; scorn; disdain; hold *sb* in contempt
깔보다, 얕보다, 업신여기다 look down on; belittle; disparage
□ 그는 가난한 사람들을 깔보는 경향이 있다. He tends to look down on the poor.

> contempt of court 법정모독죄

경쟁심 competitive spirit; sense of rivalry
□ 그는 경쟁심이 강한 편이다.
He has a strong sense of rivalry. / He's a very competitive person.
경쟁하다 compete; contend (for) ❶

> 경쟁자 rival; competitor; contestant; contender

기대감 anticipation; expectation
□ 그녀의 눈은 기대감으로 반짝였다. Her eyes were shining with anticipation.
기대하다 anticipate; expect
□ 너무 큰 기대는 하지 마세요. Don't expect too much.

상실감 sense of loss
□ 그녀는 아들을 잃어버린 상실감에서 벗어나지 못하고 있다.
She hasn't been able to overcome her sense of loss since her son died.
상실하다, 잃어버리다 lose

성취감 sense of accomplishment
성취하다, 이루다, 이룩하다 achieve; accomplish; fulfill

❶ **개가 개를 잡아먹는 사회**
dog-eat-dog은 개가 같은 개를 잡아먹을 정도로 경쟁이 치열하고 비정하다는 뜻의 형용사. dog-eat-dog society는 다른 사람은 전혀 배려하지 않고 나만 잘되면 된다는 현대의 치열한 경쟁사회를 가리킨다.

승리감 triumph ↔ 패배감 sense of defeat
　승리하다, 이기다 win; beat; defeat
　↔ 지다, 패배하다 lose; be defeated; be beaten; suffer a defeat
　□ 내가 졌다. I lost.
　□ 한국 팀이 일본을 이기고 우승을 차지했다.
　　The Korean team beat Japan for the championship.

우월감 sense of superiority

↔ 열등감, 콤플렉스 sense of inferiority; inferiority complex

누구나 콤플렉스가 있다

나폴레옹 콤플렉스 Napoleon complex
키가 작은 남성이 그에 대한 보상심리로 공격적이고 과장된 행동을 하는 심리 상태. 나폴레옹의 키는 170cm 정도로 당시 기준으로는 절대 작은 키가 아니었지만, 키가 큰 근위대와 함께 있다 보니 상대적으로 작게 보였을 뿐이라고 한다.

신데렐라 콤플렉스 Cinderella complex
동화 속 신데렐라처럼 자신의 인생을 변화시켜 줄 왕자와 같은 사람을 기다리는 여성들의 의존적인 심리 상태

엘렉트라 콤플렉스 Electra complex
여자 아이가 부친에게 집착을 보이며 모친에게 경쟁심과 적대감을 느끼는 심리 상태. 엘렉트라는 트로이를 멸망시킨 아가멤논Agamemnon의 딸인데, 자신의 어머니인 클리템네스트라Clytemnestra가 정부(情夫)와 짜고 아버지를 살해하자 남동생과 공모하여 어머니를 살해한다.

오이디푸스 콤플렉스 Oedipus complex
남자 아이가 자신의 모친에게 집착을 보이며 부친에게 경쟁심과 적대감을 느끼는 심리 상태. 자기도 모르게 아버지를 죽이고 어머니를 아내로 삼은 그리스신화의 오이디푸스에서 유래한다.

□ 그녀는 자신의 외모에 열등감을 가지고 있다.
　She has an inferiority complex about her looks.
　우월한 better (than); superior (to) ↔ 열등한 inferior (to)
　□ 그는 스스로가 남들보다 우월하다고 생각한다.
　　He thinks he's better than everyone else.

자긍심, 자부심 pride
　대견한, 자랑스러운 proud
　□ 네가 정말 자랑스럽다. I'm really proud of you.

자신감 confidence; assurance; self-confidence; self-assurance; self-belief
□ 그의 실패는 자신감 부족 때문이다. His failure is due to lack of confidence.
　자신만만하다 be full of confidence

자존심 self-esteem; self-respect; self-importance; self-worth
□ 너는 자존심도 없니?
　Don't you have any self-respect? / Where's your pride?

자아실현의 욕구

감사, 고마움 gratitude; appreciation ⇔ **배은망덕** ingratitude
- 나를 도와준 모든 분들에게 감사의 뜻을 표현했다.
  I expressed my gratitude to everyone who had helped me.

  감사하다, 고마워하다 thank; appreciate
  - 정말 고맙습니다. Thank you (so much). / I appreciate it (very much).
  - 고마워할 필요 없어요. There's no need to thank me. / Think nothing of it.

  고마운 thankful; grateful; indebted (to) ⇔ **배은망덕한** ungrateful

관용 tolerance, **이해심** understanding; regard; consideration
- 그녀는 이해심이 부족하다. She lacks understanding.

  이해하다 understand, **용서하다** forgive; excuse; pardon
  - 그의 행동이 이해는 되지만 용서는 되지 않는다.
    I understand why he did that, but I can't forgive it.

사명감, 의무감 sense of duty
- 그는 사명감을 가지고 맡은 일을 묵묵히 처리했다.
  He silently did his work out of a sense of duty.

양심 conscience
- 나는 양심에 어긋나는 일을 한 적이 없다.
  I've never done anything that goes against my conscience.

존경심 respect; reverence; **esteem**

  존경스러운 admirable; honorable; respectable

  존경하다 respect; admire; revere; look up to
  - 그는 형을 존경한다. He respects his older brother.

자책감, 죄의식, 죄책감 (sense of) guilt; guilty conscience
- 그녀의 얼굴에는 죄책감이 가득했다. Guilt was written all over her face.

  미안한, 죄송한 sorry ❶

책임감 sense of responsibility
- 책임감이 강하다 have a strong sense of responsibility

  책임지다 have[take] responsibility (for)
  - 아무도 그 사건에 대한 책임을 지지 않았다.
    No one has taken responsibility for the incident.

충성심 loyalty; allegiance ❷

  충성하다 be loyal (to)

허영심 vanity

---

derelicition of duty 근무태만, 직무유기

❶ 사과에 대한 대답

흔히 "I'm sorry."에 대한 대답을 "You're welcome."으로 착각하는 경우가 많은데, "You're welcome."은 "Thank you."에 대한 대답이다.
A: 미안합니다. I'm sorry.
B: 괜찮습니다.
✗ You're welcome.
✓ That's OK.
✓ Forget about it.

❷ Pledge of Allegiance

우리나라에 '국기에 대한 맹세'가 있듯이 미국에는 '충성 맹세Pledge of Allegiance'라는 것이 있다. 충성 맹세는 1892년 프랜시스 벨라미라고 하는 침례교 목사가 초안을 작성했는데, 그 동안 몇 차례의 수정을 거친 후 1954년에 지금과 같은 최종안이 확정되었다. 2000년대 들어서 미국 법원이 충성 맹세가 위헌이라는 판결을 잇달아 내리면서 사회적 논란이 커지고 있다.

I pledge Allegiance to the flag of the United States of America and to the Republic for which it stands, one nation under God, indivisible, with Liberty and Justice for all.

나는 미 합중국 국기와 그것이 상징하는 국가에 대한 충성을 맹세합니다. 우리는 하나님 아래 하나의 나라이며 나누어질 수 없습니다. 우리나라는 모든 이를 위한 자유와 정의의 나라입니다.

애정과 소속에 대한 욕구

동정심, 연민 sympathy; pity; compassion ❶
- 너의 동정 따위는 바라지 않는다. I don't need your sympathy.

　동정하다 sympathize; pity; take pity on *sb*; feel for *sb*
- 사람들은 그를 동정했다. People took pity on him.

동질감 (sense of) kinship; togetherness, 일체감 sense of unity
- 동질감을 느끼다 feel a kinship with *sb*

　같은, 동일한 same; identical, 비슷한 similar

> identical twins 일란성 쌍둥이
> fraternal twins 이란성 쌍둥이

배신감 sense of betrayal
- 그 남자가 그 말을 했을 때 나는 배신감을 느꼈다.
  When he said that, I felt a sense of betrayal.

　배신하다 betray; stab *sb* in the back ❷
- 그는 자신의 조국을 배신했다. He betrayed his own fatherland.

소속감 sense of belonging
- 소속감을 느끼다 feel a sense of belonging

　소속되다, 속하다 belong to
- 그는 민주당 소속 의원이다. He's a Democratic Party lawmaker.

이질감 sense of difference, 위화감 (sense of) incompatibility ; feeling of alienation
- 일부 부유층의 과소비가 사회적 위화감을 조성하고 있다. Conspicuous consumption by some of the wealthy is causing feelings of alienation among the rest of society.

　다른 different; dissimilar

친근감, 친밀감 friendliness
　친근한, 친밀한, 친숙한 familiar; close; intimate; friendly
- 그를 처음 보았을 때부터 친근했다.
  I felt friendly towards him from the moment I first saw him.

---

❶ **sympathy card**
우리나라에서는 사람이 죽었을 때 문상을 가는 것이 일반적이지만, 영어권에서는 sympathy card라는 것을 보낸다. sympathy card는 손으로 직접 써서 우편으로 보내는 것이 일반적이지만, 요즘은 이메일로 보내는 전자카드도 활성화되었다. sympathy card에는 고인의 가족이나 친척을 위로하는 내용과 함께, 고인과의 추억담, 그리고 자신이 도울 수 있는 일이 있다면 언제든 부탁하라는 등의 내용을 곁들인다.

❷ **배신자 betrayer의 종류**
apostate (종교적) 변절자, 배교자
collaborator 부역자, 적을 돕는 사람
defector 자신이 속한 정치 체제를 부정하고 다른 곳으로 탈출하려는 사람
Judas 배신자, 예수를 배신한 유다Judas에서 유래
rebel 반역자
traitor 매국노, 적에게 나라를 팔아먹는 사람
turncoat (정치적·종교적) 변절자, 적군을 속이기 위해 겉에는 적군의 유니폼, 속에는 아군의 유니폼이 디자인된 군복을 입는 전술에서 유래

04 성격

4.1 선악

성격 일반

성격, 성품, 인격 character; personality ❶
- 성격이 좋다 have a good character[personality]
- 성격이 나쁘다 have a bad character[personality]

성질 temper ❷, temperament
- 성질 좀 죽여라. You need to control your temper.
- 그는 성질이 고약하다 He has a bad[terrible] temper.

❶ **character와 personality의 차이**
character 평범하지 않고 남들과 다른 성격이나 특징
personality 오랜 기간에 걸쳐 형성된, 잘 바뀌지 않는 성격

❷ **성질을 가리키는 접사 tempered**
bad-tempered; ill-tempered 성격이 고약한
even-tempered 온화한
good-tempered 온순한
hot-tempered; quick-tempered; short-tempered 다혈질적인
sweet-tempered 상냥한

선 good

강직한, 바른, 청렴한 upright; incorruptible
- 그는 정직하고 청렴한 사람이다. He is an honest and upright person.

고결한, 고매한, 고상한 noble; high-minded; principled; **f** upstanding

도덕적, 윤리적 ethical; moral; scrupulous

동정적 sympathetic; compassionate

선량한, 선한, 착한 good; good-natured; good-hearted

양심적 conscientious

> **양심적 병역거부자**
> 자신의 도덕적, 종교적 신념에 따라 병역이나 참전을 거부하는 사람을 양심적 병역거부자conscientious objector, 줄여서 CO라고 한다. 여호와의 증인Jehovah's Witness이나 퀘이커교도Quaker와 같이 종교적 이유 때문에 병역을 거부하는 사람들이 대부분이지만, 개인의 도덕적인 신념 때문에 병역을 거부하는 사람들도 많다. 징병제를 실시하는 많은 국가에서 이들을 위해 대체복무제alternative service를 실시하고 있는데, 우리나라는 양심적 병역거부가 병역기피draft dodging로 악용될 소지가 있다고 해서 아직까지 실시하지 않고 있다.

어진, 인자한, 자애로운 **f** benevolent; benign

의로운, 정의로운 right; just; righteous

인간적, 인도적 humane

자비로운 merciful; philanthropic

> philanthropy 박애주의
> philanthropist 박애주의자

악 evil

가차없는, 무자비한 ruthless; merciless
- 그는 반대파를 무자비하게 탄압했다.
  He ruthlessly suppressed those who opposed him.

고약한, 괴팍한 bad; foul; irritable; bad-tempered; ill-tempered
- 그는 성질이 고약하기로 유명하다. He's well known for his foul temper.

극악무도한, 잔인한, 흉악한 cruel; brutal; vicious ❶

나쁜, 못된, 사악한 bad; evil; wicked; malicious

냉혹한 cold-blooded

> cold-blooded animal 변온동물, 냉혈동물
> warm-blooded animal 항온동물, 온혈동물

매정한, 무정한, 비정한 cold; cold-hearted; callous; heartless; unfeeling

부도덕한, 비도덕적, 비윤리적 immoral; unethical; unprincipled; unscrupulous

> immoral 도덕관념이 있는데도 불구하고 부도덕한
> amoral 도덕이라는 개념 자체가 없는

비뚤어진, 삐딱한 perverse; [inf] warped; twisted

비양심적 unconscientious

비열한, 심술궂은, 야비한 dirty; nasty; malevolent; [inf] mean
- 넌 정말 야비한 인간이구나. You're really mean.

비인간적, 비인도적 inhumane

졸렬한, 치사한, 치졸한 cheap; shameful; dishonorable

❶ 잔인한 영화
❌ cruel movie → ⭕ violent movie
cruel은 사람의 성격이나 태도, 상황 등을 나타내는 형용사. 그러므로 잔인하고 폭력적인 영화는 cruel movie가 아니라 violent movie라고 해야 한다.
ex 그 영화는 너무 잔인했다. The movie was too violent.

4.2 친절과 불친절

친절과 공손함

겸손한, 겸허한 modest; humble; unassuming; unpretentious
- 그녀는 지나치게 겸손하다. She is too modest.
- 그는 자신에 대한 비판을 겸허히 받아들였다. He accepted criticism modestly.

공손한, 깍듯한, 정중한 polite; courteous; respectful; well-mannered
- 그는 웃어른에게 깍듯하기로 유명하다.
  He's known for being very courteous to his elders.

관대한, 너그러운 generous; broad-minded; tolerant; magnanimous; liberal; open-handed; (아이들에게) indulgent; (처벌이) lenient ❶
- 그는 내 잘못을 너그러이 용서해 주었다. He magnanimously forgave me.
- 그 부부는 아이에게 지나치게 관대하다.
  That couple are too indulgent with their children.

다정한, 상냥한, 친절한 kind; friendly; hospitable; affectionate; nice; warm-hearted; kind-hearted; sweet; pleasant; amiable ❷; amicable; cordial

따뜻한, 푸근한 warm; genial; congenial

부드러운, 온유한, 온화한 soft; mild; tender; gentle; good-tempered

사교적 sociable; outgoing; gregarious ❸

세심한, 자상한 thoughtful; considerate; attentive

순한, 온순한, 유순한 meek; docile
- 그는 천성이 순하다. He has a docile temperament.

❷ **amiable과 amicable**
amiable 성격, 태도 등이 친절하고 상냥한
ex 그녀는 우리를 다정하게 대했다. She was amiable in her manner towards us.
amicable 대인 관계, 협상 등이 우호적이고 협조적인
ex 그들은 분쟁을 우호적으로 매듭지었다. They have reached an amicable settlement of the dispute.

❸ **사교적인 사람**
extrovert 외향적인 사람 ⇔ **introvert** 내성적인 사람
good mixer; people person 남들과 잘 어울리는 사람
social butterfly 마당발 (나비가 이 꽃에서 저 꽃으로 날아다니듯 많은 모임에 참석하는 사람)

---

❶ **관대한 처벌을 부탁해요**
미국에서는 범인이 자백을 하거나 수사에 적극 협조하는 대가로 관대한 처벌leniency을 요구하는 경우가 많다. 이러한 상황에서 비롯된 표현이 '죄수의 딜레마prisoner's dilemma' 또는 '수인의 딜레마'다. 두 명의 범죄 용의자가 있다고 가정해 보자. 이들이 범인이라는 심증은 확실한데 뚜렷한 물증이 없다. 그래서 경찰은 두 용의자를 각각 다른 방에 떨어뜨려 놓은 후, 죄를 자백하고 다른 사람이 주범이라고 증언한다면 당신은 가벼운 처벌을 받게 될 것이라고 용의자들을 설득한다. 용의자들은 심각한 고민에 빠진다. 두 사람 모두 묵비권을 행사하면 증거 불충분으로 풀려나겠지만, 한 사람이라도 겁에 질린 나머지 다른 사람을 배신하고 죄를 자백한다면 그 사람은 무거운 처벌을 받게 될 것이고, 만약 두 사람 모두 자백을 한다면 두 사람 모두 처벌을 받게 될 것이다. 즉, 서로를 믿고 침묵을 지킨다면 처벌을 피할 수 있지만, 서로에 대한 믿음을 잃는 순간 무거운 처벌을 받게 되는 셈이다. 20세기 후반에 미국과 소련이 군비경쟁을 벌인 것도 서로를 믿지 못하고 죄수의 딜레마에 빠졌기 때문이다. 죄수의 딜레마는 경제학에서 널리 쓰이고 있는 이론이다.

불친절과 무례함

강압적, 고압적, 위압적 high-handed; overbearing; domineering ❶

거친, 난폭한, 사나운 wild; rough; violent; harsh; fierce; ferocious

건방진, 무례한, 주제넘은 rude; impolite; disrespectful; inf impudent; cocky; naughty; (윗사람에게) sassy; cheeky

☐ 건방진 녀석 같으니라고! What a cocky bastard! / Who does he think he is!

권위적 authoritarian; bossy

☐ 그녀의 아버지는 지나치게 권위적이다. Her father is much too authoritarian.

권위주의 authoritarianism
권위주의자 authoritarian

냉랭한, 쌀쌀맞은, 차가운 cold; cool; frigid; icy; frosty

딱딱한, 뻣뻣한 stiff

몰염치한, 뻔뻔한, 파렴치한 shameless; brazen; blatant

무뚝뚝한, 퉁명스러운 curt; abrupt; brusque

☐ 그는 무뚝뚝하지만 속은 따뜻한 사람이다.
He comes off as being brusque, but he's actually quite warm-hearted.

불친절한 unkind; unfriendly; unpleasant; ungracious; inhospitable

비사교적 unsociable ❷

살기등등한 bloodthirsty; murderous

엄격한, 엄한 strict; stern; austere; tough; (가혹할 정도로) hard; harsh

옹졸한, 쩨쩨한, 편협한 small-minded; intolerant; narrow-minded; petty

위협적 threatening; coercive

☐ 그는 위협적인 어조로 말했다. He spoke in a threatening tone.

적대적 hostile; antagonistic

☐ 두 나라는 적대적인 관계에 있다.
Those two countries are antagonistic toward each other.

호전적 aggressive; warlike; belligerent

❷ 비사교적인 사람
bad mixer 비사교적인 사람
dropout; misfit 사회 부적응자
introvert 내성적인 사람
loner 외톨이
lone wolf 고독한 늑대, 외톨이
misanthrope; misanthropist 인간을 싫어하는 사람
misogynist 여자를 싫어하는 남자
outcast 왕따

---

❶ 위압적인 표현, had better

많은 한국인들은 had better를 '~하는 게 좋겠다'라는 완곡한 권유의 뜻으로 알고 있다. 하지만 had better는 실제로는 '~하지 않으면 큰코다칠 줄 알아'라는 상당히 위압적인 뜻으로 쓰인다. 그러므로 had better가 들어간 표현은 자기보다 연장자나 상사에게는 사용하지 않는 편이 좋다. 예를 들어 아이가 담배를 피우는 아버지의 건강이 걱정되어 "You'd better stop smoking."이라고 말한다면 아버지는 충격을 받을 수도 있다. "아빠, 담배 안 끊으면 재미없을 줄 알아."와 같은 뉘앙스로 들릴 수 있기 때문이다. 이럴 때는 had better 대신 should를 쓰거나, 'Would you~' 또는 'Could you~'와 같은 표현으로 바꿔 쓰면 된다.

열심히 공부하는 게 신상에 좋을 걸.
You'd better study hard.

4.3 정직, 순수성, 성실성

정직 honesty

솔직한, 정직한, 진실한 honest; sincere; truthful; open; (말·대답 등이) straight; straightforward

- 솔직히 말하자면
  honestly / to be honest with you / frankly speaking / to tell you the truth
- 나한테는 솔직하게 털어놔. Be honest with me. / Level with me.

직선적, 직설적 candid; frank; forthright; outspoken ❶

↔ **완곡한** euphemistic ❷

- 그는 직설적으로 나의 단점을 비판했다. He was candid about my faults.

순수성 innocence

무던한, 소탈한, 털털한 easygoing; free and easy

- 그는 성격이 무던해서 웬만한 일에는 화를 내지 않는다.
  He's so easygoing you'll rarely see him lose his temper.

소박한 simple

순수한, 순진한 naive; innocent; genuine; ingenuous; pure; pristine; (어린아이처럼) childlike

- 그녀는 어린아이처럼 순수하다. She's as innocent as a child.

> childlike 순수한
> childish 유치한

성실성 sincerity

건실한, 성실한, 착실한 sincere; honest and hardworking

- 그는 매사에 성실하다. He is sincere in all he does. / He always does his best.

미더운, 믿음직스러운 trustworthy; reliable; dependable; (책임감이 있는) responsible

---

❶ **call a spade a spade**

어떤 것에 대해 숨기지 않고 직설적으로 말할 때 call a spade a spade라는 표현을 쓴다. 하지만 정작 미국에서는 이 표현을 잘 쓰지 않는다. spade는 삽이라는 뜻 외에도 카드의 스페이드처럼 새까만 흑인을 가리키는 비속어로도 쓰이기 때문이다. 즉 미국에서는 call a spade a spade가 '깜둥이를 깜둥이라고 부르다'라는 뜻도 되는 셈이다.

---

❷ **완곡한 완곡어법**

듣는 사람이 불쾌한 감정이 들지 않도록 우회적으로 사용하는 단어나 표현, 그리고 그런 어법을 완곡어법euphemism이라고 한다. 변소를 화장실이라고 부르거나 죽는 것을 돌아가셨다고 말하는 것도 모두 완곡어법의 일종이다. 완곡어법은 주로 사회적 약자를 가리킬 때 쓰이는데, 장애인은 한때 '병신'이라는 뜻의 the lame 또는 the crippled로 불렸지만, 최근에는 '육체적으로 도전을 받고 있는 사람'이라는 뜻의 the physically challenged, 그리고 '보통 사람과는 다른 능력을 가지고 있다'는 뜻의 the differently abled 등으로 불린다. 하지만 euphemism이 지나치면 그것 또한 문제가 되는 법. 엄연한 범죄행위인 표절plagiarism을 '문학적 차용'literary borrowing이라고 말한다거나, 고문torture을 '강화된 심문 기법'enhanced interrogation techniques으로 표현하는 것은 정도가 지나친 완곡어법이라고 할 수 있다. euphemism의 반대말은 위악어법dysphemism인데, 일부러 무례하고 불쾌한 표현을 사용하는 것을 뜻한다. 텔레비전을 바보상자 idiot box로 부른다거나, 이메일 보다 속도가 느린 전통적인 방식의 우편을 snail mail, 즉 '달팽이처럼 느려 터진 우편'이라고 부르는 것이 dysphemism이다.

순수하지 못한 성격

간사한, 교활한, 능청스러운 cunning; sly; crafty; artful; `inf` tricky ❶
- 그 남자는 교활한 늙은 여우다. He is a crafty old fox.

계산적, 타산적 calculating
- 그는 냉정하고 계산적인 사람이다. He's cold and calculating.

까다로운, 까탈스러운, 깐깐한 particular; fussy; difficult; choosy; `inf` picky
- 그녀는 성격이 까탈스럽기로 유명하다. She's known for being really picky about everything.

느끼한 oily; buttery; greasy; `f` unctuous
- 그는 느끼한 미소로 나를 맞았다. He greeted me with a greasy smile.

부정직한 dishonest; insincere; untruthful; (비밀이 많은) secretive

새침한 coy; prim ❷
- 새침한 표정을 짓다 have a coy expression on one's face

약은, 약삭빠른, 영악한 clever; shrewd

엉큼한, 음흉한 sneaky
- 그는 보기와는 달리 엉큼한 구석이 있다. He may not look it, but he can be really sneaky.

음란한, 지저분한 dirty

❶ **풀밭의 뱀**
snake in the grass, 즉 '풀밭에 숨어 있는 뱀'은 교활하고 믿을 수 없는 사람을 가리키는 표현이다. 풀밭에 숨어 있는 뱀은 눈으로는 잘 보이지 않지만, 가까이 가면 느닷없이 사람을 물기 때문이다. 비슷한 동사 표현으로 등 뒤에서 비수를 꽂는다는 뜻의 stab sb in the back이 있다. 한편 배신자나 변절자를 뜻하는 영어 단어 중에 turncoat가 있다. turncoat, 즉 '코트를 뒤집어 입는 사람'이라는 표현은 적을 안심시키기 위해 겉에는 적군의 군복, 속에는 아군의 군복이 디자인된 옷을 입고 적에게 접근한 후 갑자기 아군의 군복으로 뒤집어 입고 공격을 하는 군사 전략에서 비롯된 표현이다.

`ex` 그의 말을 믿지 마. 그는 교활한 인간이야.
Don't trust him. He's a **snake in the grass**.

불성실 irresponsibility; untrustworthiness

무책임한 irresponsible
- 그런 무책임한 대답이 어디 있니? How can you give such an irresponsible answer?

불성실한 untrustworthy; undependable

나 잡아봐라.

❷ **새침한 그녀의 전략**
남녀 관계는 밀고 당기기라고 한다. 소개팅으로 만난 여성이 나에게 관심이 없는 것 같다고 지레 낙심하지 말자. 그녀는 괜히 튕기며 당신을 떠보고 있는 것일 수도 있다. 여성이 남성에게 괜히 튕기며 새침하게 구는 것을 영어로는 playing hard to get이라고 한다. 번역하면 '잡기 어려운 사람인 것처럼 연극을 하고 있다'는 뜻.

A: I think she doesn't like me. 그녀는 나를 좋아하고 있는 것 같지 않아.
B: Cheer up. Maybe she's **playing hard to get**. 힘내. 괜히 너를 떠보고 있는 걸 거야.

05 태도 attitude; manner

객관적 objective
- 객관적인 시각으로 그 문제를 볼 필요가 있다.
  You need to be objective about that problem.
- ⇔ 주관적 subjective

결사적, 필사적 desperate; frantic, 급한, 성급한, 조급한 impatient; hasty; rash; impetuous
- 성급하게 굴다가는 일을 망칠 수 있다.
  If you're too hasty, you may make a mess of things.
- ⇔ 느긋한, 여유만만한, 태평한 carefree; easygoing; relaxed
- 그는 시험이 내일인데도 태평하다.
  He seems awfully relaxed, considering that the exam is tomorrow.

결연한, 단호한 determined; resolute; decisive
- ⇔ 우유부단한 irresolute; indecisive; [inf] wishy-washy; shilly-shally
- 그 여자는 태도가 우유부단하다.
  She's very indecisive. / She's always shilly-shallying around.

고분고분한, 순종적 obedient; submissive; compliant; amenable
- ⇔ 도전적, 반항적 defiant; rebellious; disobedient
- 그 아이는 부모에게 반항적으로 군다. That child is defiant toward his parents.

공명정대한, 공정한, 공평한 just; fair; impartial; disinterested; [f] dispassionate, 중립적 neutral ❶
- ⇔ 불공정한, 불공평한, 편파적 unfair; unjust; partial; prejudiced; biased
- 심판은 경기 내내 편파적인 판정을 했다.
  The referee kept making unfair calls throughout the match.

급진적 radical ⇔ 진보적 progressive ⇔ 중도적 middle-of-the-road ⇔ 보수적 conservative

긍정적 positive; affirmative
- ⇔ 냉소적 cynical; sarcastic, 부정적 negative, 회의적 skeptical

낙관적, 낙천적 optimistic; happy-go-lucky; [f] sanguine; [inf] upbeat
- ⇔ 비관적, 염세적 pessimistic

---

❶ **중립국**

중립국neutral country이란 국제 분쟁이 발생했을 때 어느 편에도 가담하지 않고 중립적인 입장을 지키는 국가를 가리키는데, 그 중 국제적으로 인정을 받는 중립국을 영세중립국이라고 한다. 흔히 영세중립국에는 스위스Switzerland밖에 없다고 생각하기 쉬운데, 전세계적으로 여러 나라가 영세중립국으로 인정을 받고 있다. 스웨덴은 1814년 영세중립국의 지위를 얻은 가장 오래된 영세중립국이다. 영세중립국은 전쟁에 참가하거나 군사동맹을 맺을 수 없지만, 다른 나라로부터 침략을 받았을 경우를 대비해 군대를 보유할 수 있다.

〈영세중립국 명단〉
리히텐슈타인 Liechtenstein
몰타 Malta
바티칸 시국 Vatican City
스웨덴 Sweden
스위스 Switzerland
아일랜드 Ireland
오스트리아 Austria
코스타리카 Costa Rica
투르크메니스탄 Turkmenistan
핀란드 Finland

꼼꼼한 meticulous; detailed; precise; fastidious, 신중한 cautious; careful; prudent; (언행이) discreet; circumspect, 철두철미한, 철저한, 투철한 thorough; thoroughgoing

- 유족들은 경찰의 철저한 수사를 요구했다. The surviving family members demanded that the police do a thorough investigation.

● 경솔한, 부주의한 careless; neglectful; negligent; indiscreet, 안이한 complacent

- 이 문제를 안이하게 생각해서는 안 된다.
We must not be negligent about this problem.

남성적 manly; masculine; (지나칠 정도로) macho

● 여성적 womanly; feminine; girlie; (남성이 여성스러운) womanish; effeminate

냉정한, 차분한, 침착한 calm; cool ❶; composed; poised; self-possessed; level-headed; cool-headed

- 위급할 때일수록 냉정해질 필요가 있다.
The more critical the situation is, the calmer you have to be.

● 다혈질적, 신경질적 short-tempered; quick-tempered; hot-tempered; hot-headed

❶ 오이처럼 침착하다?

아주 난처한 상황 속에서도 침착하게 행동하는 것을 as cool as a cucumber, 즉 '오이처럼 침착하다'고 한다. cool은 '침착하다'라는 뜻 외에도 '차갑다'라는 뜻도 있다. 실제로 오이는 날씨가 아무리 더워도 속의 온도가 겉의 온도보다 최대 20도나 더 차갑다고 한다.

논리적 logical

- 왜 네 말이 맞는지 논리적으로 설명해 봐라.
Give me a logical explanation of why you're right.

● 비논리적 illogical

능동적, 적극적 active, 열렬한, 열정적, 정열적 passionate; eager; enthusiastic; ardent; devoted; fervent; avid, 자발적 voluntary ❷

- 한국인들은 자녀 교육에 열정적이다.
Koreans are passionate about their kids' education.

voluntary resignation 명예퇴직
voluntary unemployment 자발적 실업
voluntary work 자원봉사

● 미온적, 시큰둥한 half-hearted; lukewarm; tepid; unenthusiastic; lackadaisical; unresponsive, 소극적, 수동적, 피동적 passive

- 그녀는 매사에 소극적이다. She's passive about everything.

당당한, 떳떳한 confident; honorable; dignified, 용감한 brave, 정정당당한 fair and square; aboveboard

● 굴종적 subservient, 비겁한 cowardly, 비굴한 servile

- 비굴하게 굴지 말고 떳떳하게 행동해라.
Stop being so servile and stand up for yourself.

독립적 independent; self-reliant, 자율적, 자주적 autonomous ①
- 의존적 dependent, 타율적 heteronomous

명랑한, 쾌활한, 활달한 cheerful; cheery; lively; jolly; bright; bubbly; vivacious; dynamic; [inf] perky, 씩씩한, 정력적, 활기찬 energetic; vigorous; [inf] peppy
- 의기소침한 dispirited; depressed; despondent
  - 아이는 선생님께 야단을 맞고 의기소침해졌다. The child became dispirited after the teacher scolded him.

명확한 obvious; unequivocal
- 애매한, 어정쩡한 vague; ambiguous; equivocal

민감한, 예민한 sensitive; thin-skinned ▶ 과민한 neurotic; oversensitive; hypersensitive
  - 그녀는 자신에 대한 비판에 지나치게 민감하다. She's oversensitive about criticism.
- 둔감한, 무신경한 unconcerned; insensitive; indifferent; apathetic; uninterested; thick-skinned

비판적 critical
- 무비판적 uncritical
  - 외국 문화를 무비판적으로 받아들이다 accept (aspects of) foreign culture uncritically

세련된 refined; sophisticated; polished
- 투박한 unsophisticated; uncouth

실용적, 현실적 realistic; practical; pragmatic; down-to-earth
- 비현실적 unrealistic; impractical

심각한, 엄숙한, 진지한 serious; earnest; solemn; grave
  - 실없는 소리 하지 말고 진지하게 굴어라. Stop talking nonsense and get serious.
- 실없는, 싱거운 dull; silly

① 독립적이거나 의존적이거나
<independent>
independent clause 주절
independent counsel 특별검사
independent country 독립국
Independence Day (미국의) 독립기념일
independent farmer 자작농
independent film 독립영화
Independence Hall 독립기념관
independence movement 독립운동
the Declaration of Independence (미국의) 독립선언문
war of independence 독립전쟁
<dependent>
colony 식민지
dependency 속국
dependent clause 종속절
protectorate 보호국
satellite country 위성국가
tenant farmer 소작농

얌전한 well-behaved; well-mannered, 의젓한, 점잖은 mature; dignified

● 방정맞은, 채신없는, 호들갑스러운 frivolous; flippant; inappropriate

☐ 호들갑 떨지 마. Stop being so frivolous.

온건한 moderate

● 극단적 extreme; immoderate ❶

dove(비둘기파)는 온건파moderate party의 다른 이름
hawk(매파)는 강경파hardliners의 다른 이름

이성적, 합리적 reasonable; rational; sensible

☐ 합리적인 해결 방안을 마련해 봅시다.
Let's try to come up with a reasonable solution.

● 감상적, 감정적 sentimental; emotional, 몰상식한, 몰지각한, 무분별한 thoughtless; [f] imprudent, 비이성적, 비합리적 unreasonable; irrational

❶ 극단적인 익스트림 스포츠 extreme sport

번지점프 bungee jump
빙벽등반 ice climbing,
스카이다이빙 skydiving; (서핑보드를 달고 뛰는) skysurfing
암벽등반 rock climbing
야마카시, 파쿠르 Parkour; the art of displacement (맨손으로 담장을 뛰어넘거나 건물을 오르는 기술. 1990년대 후반 프랑스에서 시작되었으며, 야마카시는 아프리카의 링갈라어로 강인한 영혼, 강인한 신체, 강인한 사람을 뜻한다)

자연스러운 natural; unaffected

☐ 긴장하지 말고 자연스럽게 굴어라. Don't get uptight; just act naturally.

● 부자연스러운, 작위적 unnatural; affected

☐ 그의 태도는 어딘가 부자연스러운 데가 있었다.
There's something unnatural about his attitude.

재미있는, 재치 있는 humorous; witty

● 고루한, 고리타분한 staid; old-fashioned; behind the times; [inf] stuffy

충성스러운, 충실한 dutiful; loyal; faithful, 헌신적 devoted; dedicated; committed

☐ 그녀는 병든 남편을 헌신적으로 간호했다.
She devoted herself to caring for her sick husband.

● 불충한 disloyal; treacherous; unfaithful

융통성 있는 flexible, 타협적 compromising; yielding

● 강경한, 비타협적 inflexible; rigid; unbending; uncompromising; [f] unyielding, 고집스러운, 완고한 stubborn (as a mule); obstinate; headstrong; stiff-necked; [inf] pigheaded, 독단적 dogmatic

협조적 cooperative

● 비협조적 uncooperative

PART 1

Unit 3 생로병사

1. **탄생**
   임신 / 출산
2. **성장**
   생일 / 육아 / 나이, 연령
3. **죽음**
   사망 / 죽다, 죽이다
4. **장례, 제례**
   장례 / 무덤, 묘지 / 제사, 제례

01 탄생 birth

1.1 임신 pregnancy

가임과 불임

가임 fertility
- 가임의 fertile
  - 가임 기간 child-bearing period; fertile window
  - 가임 연령 child-bearing age
    - 그녀는 가임 연령이 지났다. She's past child-bearing age.

> fertile land 옥토
> infertile land 불모지

불임 sterility; infertility
- 불임의 sterile / infertile / barren
- 그녀는 병원에서 불임 치료를 받고 있다. She's being treated for infertility.

> sterilization operation 불임수술

정자와 난자

난자 ovum (pl ova); egg (cell)
- 수정란 fertilized egg

배란 ovulation
- 배란하다 ovulate
  - 배란기 ovulatory phase

정자 sperm

착상 implantation; nidation

수정 fertilization; insemination

인공수정 artificial insemination ❶

체내수정 internal fertilization

체외수정 in vitro fertilization (abb IVF)
- 시험관아기 test-tube baby
  - 그 아이는 시험관아기로 태어났다. That child was a test-tube baby.

---

❶ **인공수정과 체외수정**

인공수정 또는 체내인공수정은 주로 남성의 정자에 문제가 있을 때 실시하며, 남성의 정액을 채취해 여성의 자궁에 직접 주사하는 방법을 가리킨다. 반면 체외수정은 여성의 난자에 문제가 있을 때 실시하는데, 여성의 난자를 채취해 체외에서 정자와 인공적으로 수정시킨 후, 그렇게 수정된 수정란을 다시 여성의 자궁에 넣어 착상시키는 방법을 가리킨다. in vitro는 라틴어로 within the glass, 즉 '유리 안에서'라는 뜻인데, 실제로는 길쭉한 시험관test tube이 아니라 납작한 배양접시petri dish에서 수정이 진행된다. 즉, 시험관아기가 아니라 배양접시아기petri-dish baby인 셈이다. 최초의 시험관아기는 1978년 영국에서 태어났다.

▲ petri dish

임신의 종류

대리임신 surrogacy
  대리모 surrogate mother ❶
상상임신 false pregnancy; phantom pregnancy; (의학용어) pseudocyesis
자궁외임신 ectopic pregnancy; extrauterine pregnancy

> ❶ **아기 낳는 게 산업이라니!**
> 불임 부부를 위해 대신 아기를 낳아 주는 여성을 대리모라고 한다. 대리모는 불임 부부의 남편과 직접적인 성 관계를 통해 임신하는 것이 아니라, 보통은 불임 부부의 정자와 난자로 체외수정된 태아를 대리모의 자궁에 착상시키는 방법으로 임신이 이루어진다. 인도에서는 이러한 대리임신이 하나의 산업으로 발전하고 있는데, 많은 극빈층 여성들이 호구지책으로 대리모를 지원하고 있기 때문이다. 인도에서는 2002년에 대리임신이 합법화되었다.

산모와 태아

만삭의 heavily pregnant
- 내가 마지막으로 그 여자를 보았을 때 그녀는 만삭이었다.
  When I last saw her, she was heavily pregnant.

산모, 임산부 pregnant woman; expectant mother; mother-to-be
- 이곳은 임산부를 위한 자리입니다. These seats are for pregnant women.

입덧 morning sickness; vomiting of pregnancy
- 입덧을 하다 have[suffer from] morning sickness
- 입덧이 심해서 물도 못 마신다.
  My morning sickness is so bad, I can't even drink water.

태교 fetal education
- 그녀는 클래식 음악을 들으며 태교를 하고 있다.
  She listens to classical music as part of fetal education for her unborn baby.

태기 sign of pregnancy
- 입덧을 하면 태기가 있다는 신호다. Morning sickness is a sign of pregnancy.

태동 fetal movement
- 오늘 처음으로 우리 아기의 태동을 느꼈다.
  Today I felt my baby kick for the first time.

태아 embryo; AE fetus; BE foetus

> embryo 임신 8주까지의 태아
> fetus 태아의 성별이 결정되는 임신 9주째부터의 태아

피임, 피임법

가족계획 family planning ❶
- 가족계획을 세우다 plan a family

가족계획과 중국의 소황제
중국은 1970년대 후반부터 1가구 1자녀 정책을 추진하고 있다. 무분별한 인구 증가를 막기 위해 국가적 차원에서 산아제한을 실시한 것이다. 시골에 거주하는 사람은 둘째까지 낳을 수 있지만, 도시에 거주하는 가정은 남녀를 불문하고 한 명의 자녀만을 낳을 수 있다. 만약 도시에 거주하는 사람이 둘째를 낳게 되면 엄청난 벌금을 무는 것은 물론 직장에서 차별을 받을 수도 있다. 사정이 이렇다 보니 중국인 부모들은 외동자식을 애지중지하게 되었고, 아이들은 버릇없고 이기적으로 자라기 일쑤다. 이런 아이들을 작은 황제little emperor라는 뜻의 소황제(小皇帝)라고 하는데, 중국어로는 '샤오황띠'라고 한다. 한편 쌍둥이를 낳으면 둘이 되었건 셋이 되었건 호적에 올릴 수 있기 때문에, 어떤 가정에서는 먼저 태어난 아이의 출생신고를 미루다가 둘째가 태어나면 둘이 쌍둥이인 것처럼 신고를 하는 경우도 있다고 한다.

낙태, 인공유산 abortion; induced abortion
산아제한, 피임 contraception; birth control

낙태 반대론 pro-life / 낙태 반대론자 pro-lifer
낙태 찬성론 pro-choice / 낙태찬성론자 pro-choicer

- 피임하다 practice contraception / practice birth control
- 그 부부는 결혼 초기에 피임을 했다.
  That couple practiced contraception when they first got married.

피임기구 contraceptive device
- 콘돔 condom; `inf` rubber
  - 콘돔을 사용하다 use a condom
- 페미돔 diaphragm; cervical cap; (상표명) Femidom

피임법 contraception
- 주기법 rhythm method
- 체외사정 external ejaculation; withdrawal method

피임약 birth-control pills; contraceptive (pill)
- 피임약을 복용하다 take birth-control pills / be on the pill
- 경구 피임약 oral contraceptive (pill); the pill
- 사후 피임약 emergency contraceptive pill; morning-after pill

중국의 가족계획 구호 변천사

〈초기〉
"Raise fewer babies but more piggies." 아기는 적게 기르고 돼지새끼를 더 기르자.
"Houses toppled, cows confiscated, if abortion demand rejected." 정부의 낙태 요구를 거절하면 집은 무너지고 암소는 압수될 것이다.
"One more baby means one more tomb." 아기를 한 명 더 낳으면 무덤이 하나 추가될 뿐이다.

〈후기〉
"The mother earth is too tired to sustain more children." 대지는 많은 아이들을 수용하기에는 너무 지쳤다.
"Both boys and girls are parents' hearts." 아들이건 딸이건 부모의 마음 속에 있다.

1.2 출산 childbirth; birth; delivery

산모의 신체 ❶

양막 amnion

양수 amniotic fluid
- 아내가 양수가 터져 급히 병원으로 옮겼다
  My wife's water broke, so I rushed her to the hospital.

자궁 womb; (의학용어) uterus

제대혈 (umbilical) cord blood

태반 placenta

탯줄 umbilical cord
- 내 손으로 직접 아기의 탯줄을 잘랐다. I cut my baby's umbilical cord myself.

출산

산고, 산기, 진통 labor pains; (자궁의 수축) contractions
- 30분 간격으로 진통이 왔다. My contractions were thirty minutes apart.

출산 예정일 due date
- 그녀는 출산 예정일보다 이틀 늦게 아기를 낳았다.
  Her baby was born two days after her due date.

출산법

라마즈분만 Lamaze; the Lamaze method

무통분만 painless childbirth; painless delivery
- 나는 무통주사를 맞고 아기를 낳았다. I delivered my baby under pain medication.

수중분만 water birth

유도분만 induced delivery; induced labor

자연분만 natural childbirth; natural delivery
- 나는 자연분만으로 아이를 낳았다. When I had my baby, I had a natural delivery.

제왕절개 caesarean (section); C-section ❷
- 그녀는 제왕절개로 첫째를 낳았다. She had her first child by C-section.

---

❶ 산모의 신체

태아는 산모의 자궁 안에서 40주 동안 자라게 된다. 자궁은 양막이라고 하는 얇은 막으로 덮여 있고, 양막 안에는 양수라는 물이 차 있다. 양수는 임신 초기에는 산모의 혈청과 성분이 비슷하지만, 임신 후반으로 갈수록 태아의 소변과 비슷한 성분으로 변해 간다. 한편 태반은 모체에서 영양분을 받아들이고 태아의 노폐물을 배출하는 역할을 하는데, 태반의 가운데에서 나와 태아의 배꼽에 연결된 긴 줄을 탯줄이라고 한다. 분만 시에는 탯줄에 딸려 태반이 밖으로 나오게 된다. 태반과 탯줄에서는 제대혈을 얻을 수 있다.

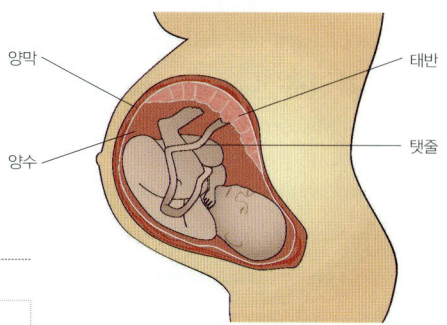

contractions (자궁이 열리고 수축이 일어나는 단계)
→ delivery (태아가 밖으로 나오는 단계)
→ placenta (탯줄과 태반이 나오는 단계)

❷ 제왕절개와 시저의 관계

많은 사람들이 로마의 황제인 줄리어스 시저 Julius Caesar가 제왕절개로 태어났기 때문에 caesarean section이라는 이름이 붙은 것으로 알고 있지만 그것은 사실과 다르다. 로마 시대에는 Lex Caesarea라는 법이 있었는데, 이 법은 산모가 출산 도중 사망했을 경우에만 제왕절개를 실시하도록 명시해 놓았다. 그런데 기록을 보면 시저의 모친은 시저를 낳은 이후에도 오랫동안 생존한 것으로 되어 있으니 시저가 제왕절개로 태어나지 않았다는 증거가 되는 셈이다. Lex Caesarea의 Caesar는 시저라는 특정인의 이름이 아니라 로마 황제를 가리키는 일반 명사로 보는 것이 옳다. 독일 황제의 이름으로 쓰였던 카이저 Kaiser와 러시아 황제의 이름이었던 짜르 Tsar는 모두 Caesar로부터 나온 말이기 때문이다.

출산의 종류

난산 difficult delivery; difficult birth; (의학용어) dystocia
- 난산하다 have a difficult delivery
- 그녀는 초산인데다 난산이었다.
  It was her first childbirth, and she had a difficult delivery.

도산, 역산 breech birth; breech delivery
- 태아가 다리부터 나오기 시작했다. The baby was born feet first.

> 태아의 머리가 아니라 발이 먼저 자궁 밖으로 나오는 것

사산 stillbirth
- 사산하다 have a stillbirth / have a baby born dead / lose a baby

순산 safe delivery; safe birth
- 순산하다 have a safe delivery / have an easy labor

유산, 자연유산 miscarriage; spontaneous abortion ❶
- 유산하다 miscarry / have[suffer] a miscarriage
- 그녀는 두 아이를 모두 유산했다.
  She was pregnant twice and miscarried both times.

조산 premature birth; premature delivery
- 조산하다 give premature birth (to)

초산 first delivery; first birth
- 그녀는 이번이 초산이다. This is her first delivery.

> ❶ 유산, 사산, 조산
> 유산은 태어나자마자 태아가 사망하는 것이고, 사산은 태아가 태내에서 죽은 채로 밖으로 나오는 것을 가리키는데, 유산은 보통 임신 20주 이내에 발생한다. 조산은 임신 20주에서 36주 사이에 출산하는 것을 가리킨다. 임신 기간이 짧을수록 태아가 사망할 확률도 커진다.

관련표현

몸조리, 산후조리 postnatal care; postpartum care ❷
- 나는 아직 산후조리 중이다. I'm still receiving postnatal care.
  - 산후조리원 postnatal[postpartum] care center

산파, 조산원 midwife

산후우울증 postnatal depression; postpartum depression; inf baby blues
- 그녀는 출산 이후 극심한 산후우울증에 시달렸다.
  She suffered from serious postpartum depression after her baby was born.

육아 휴직, 출산 휴가 (여성에게 주어지는) maternity leave; (남성에게 주어지는) paternity leave; (부부에게 주어지는) parental leave
- 그는 육아 휴직 중이다. He's on paternity leave.
- 그녀는 오늘부터 출산 휴가에 들어간다. She starts her maternity leave today.

출산율, 출생률 birthrate; birth rate

> ❷ 각국의 산후조리 문화
> 서양에서는 임신 기간 중에는 산모의 건강이 최우선 사항이지만 막상 출산 후에는 태어난 아기가 관심의 초점이 되고, 산모는 스스로 산후조리를 해야 한다. 반면 동양에서는 출산 후에 산모의 건강에 초점이 맞춰진다. 인도와 중동 지역에서는 출산 후 40일 동안 산모의 바깥 출입이 금지되며, 그 기간 동안에는 가족들이나 도우미가 가사를 돌보게 된다. 중국에서는 보통 30일간 산모의 바깥 출입이 금지되는데, 그 기간 동안에는 수돗물로 머리를 감거나 목욕을 하거나 손을 닦는 것이 금기시되고, 조리되지 않은 과일을 먹는 것도 금지된다.

출산 장려금 baby bonus; childbirth grant

출생신고 birth registration
- 오늘 아들의 출생신고를 했다. I registered the birth of my baby son today.

아기 | baby; f infant

기형아 deformed baby; malformed baby
- 그는 기형아로 태어났다. He was born deformed.

> 기형 deformity; (선천적인) birth defect; congenital disorder

미숙아, 조산아 premature baby; prematurely born infant; inf preemie

과숙아 postmature baby
- 그는 미숙아로 태어났지만 지금은 무척 건강하다.
  He was born prematurely, but now he's as healthy as can be.

칠삭둥이 baby born in the 7th month of pregnancy
- 그는 칠삭둥이다. He was born in the seventh month of pregnancy.

팔삭둥이 baby born in the 8th month of pregnancy

사산아 stillborn baby
- 그녀는 사산아를 낳았다. Her baby was stillborn.

신생아 newborn; newborn baby[infant]

우량아 strapping baby; big, healthy baby
- 그녀는 4.5kg의 우량아를 낳았다.
  She had a strapping baby that weighed four and a half kilograms.

정상아 normal baby; (임신 기간을 꽉 채우고 태어난) full-term baby

> **베이비 샤워**
> 우리에게는 생소한 미국 문화 중에 베이비 샤워 baby shower라는 것이 있다. 베이비 샤워는 곧 태어날 아기를 위해 산모의 친구와 지인들이 산모에게 아기용품을 선물하는 일종의 파티를 의미한다. 즉 shower는 목욕이 아니라 아기에게 줄 선물을 소나기처럼 뿌린다는 뜻이다. 이와 비슷한 말로 bridal shower가 있는데, 이것은 결혼을 앞둔 예비 신부를 위해 신부의 친구들이 혼수용품을 선물하는 파티를 가리킨다.

엄마, 나는 어디서 나왔어요?

어린 아이는 종종 부모에게 아기는 어디서 나오고 자기가 어떻게 태어났냐는 질문을 한다. 하지만 아이에게 성관계에 대해 설명할 수 있는 부모는 많지 않다. 우리나라의 대부분의 부모들은 아이를 다리 밑에서 주워 왔다고 얼버무리며 말한다. 영어권에서는 아이에게 황새stork가 아기를 데려온다고 말한다. 황새는 일부일처를 하는 동물로서, 암수의 금슬이 좋아서 예로부터 행복과 번영을 가져다 주는 동물로 여겨져 왔기 때문이다. 영어권의 동화를 보면 포대기에 싸인 아기를 황새가 운반하는 그림을 종종 볼 수 있다. 한편 영어권에서는 아이에게 성교에 대해 설명할 때 the birds and the bees, 즉 '새와 벌'이라는 단어를 쓴다. 새와 벌이 꽃에서 꽃으로 날아다니며 꽃가루를 옮긴 덕분에 수정pollination이 일어나는 것을 사람의 성교에 빗댄 표현이다.

A: 엄마, 나는 어디서 나왔어요? Mom, where did I come from?
B: 황새가 너를 우리에게 데려다 주었단다. The stork brought you to us.

02 성장 growth

2.1 생일 birthday

생일의 종류

음력 생일 lunar birthday
- 내 음력 생일은 다음 달 3일이다. My lunar birthday is on the third day next month.

| 음력 lunar calendar |
| 양력 solar calendar |

백일 the (one) hundredth day

돌, 첫돌 one's first birthday
- 내일이 우리 아들의 첫돌이다. Tomorrow is my son's first birthday.

성년식, 성인식 coming-of-age celebration[ceremony] ❶
- 스무 살이 되면 성인식을 치른다. The coming-of-age celebration is held at the age of 20.

> **공식적으로 성인이 되는 나이**
> 청소년에서 성인이 되는 나이를 coming of age라고 한다. 한중일을 비롯한 많은 나라에서는 만 19세나 20세를 coming of age로 규정하는데, 성인이 되면 음주와 흡연을 할 수 있고, 운전면허를 딸 수 있고, 투표를 할 수 있으며 자신의 의지에 따라 결혼할 수 있다. 미국에서도 18세에서 19세 사이를 coming of age로 규정하고 있지만, coming of age보다는 16세 생일을 인생에서 가장 특별한 날로 여긴다. 미국에서는 16세가 되면 운전면허시험을 볼 수 있는데, 자동차 왕국으로 불리는 미국에서는 자기 차를 운전한다는 것이 상당히 큰 의미를 갖기 때문이다. 그래서 만 16세 생일파티를 sweet sixteen (birthday) party, 즉 '정말 기쁘고 즐거운 16세 생일파티'라고 부른다. 미국 청소년에게는 16세가 일종의 coming of age인 셈이다. 하지만 미국에서도 만 19세 미만은 담배를 구입할 수 없고, 만 21세 미만은 상점에서 술을 구입할 수 없다. 그래서 21세를 legal drinking age라고 부른다.

환갑, 회갑 one's sixtieth birthday
- 그는 얼마 전에 환갑이 지났다. He celebrated his 60th birthday recently.

진갑 one's sixty-first birthday

고희, 칠순 one's seventieth birthday

성명축일(영명축일)
천주교 신자들은 누구나 세례명을 가지고 있는데, 성명축일 name day은 자신의 세례명을 딴 성인의 탄신일을 가리킨다. 천주교에는 만 명 이상의 성인이 있기 때문에 매일매일이 성명축일인 셈이다. 일부 천주교 국가에서는 자신의 생일보다 성명축일을 더 중요하게 여긴다.

❶ **성년식과 번지점프**
세계 각국의 많은 나라에서는 성인이 되기 전에 통과의례 rite of passage를 거치고 자신이 성인이 될 자격이 있다는 것을 증명해야 한다. 남태평양의 국가 바누아투 Vanuatu에는 펜테코스트 Pentecost Island라는 섬이 있다. 전설에 의하면 펜테코스트섬의 한 원주민 여성이 난폭한 남편을 견디다 못해 남편에 대한 경고의 의미로 발목에 나무덩굴을 감고 나무 꼭대기에서 땅으로 뛰어내렸다. 이에 놀란 남편은 덩굴 덕분에 아내가 살아났다는 사실을 모른 채 투신자살을 했다. 그 후로 많은 여성들이 그 여성의 용기를 기리기 위해 발목에 나무덩굴을 감고 나무 위에서 뛰어내렸고, 나중에는 펜테코스트섬의 청년들이 성인이 되기 위해 반드시 거쳐야 하는 통과의례로 자리잡았다. 번지점프 bungee jump는 펜테코스트섬의 통과의례에서 유래되었다.

생일잔치

생일잔치 birthday party
  생일선물 birthday present

백일잔치 hundredth day party[celebration]
☐ 우리 딸의 백일잔치에 와 주셔서 감사합니다.
  Thanks for coming to my baby daughter's hundredth day party.

돌잔치 first-birthday party
☐ 아들의 돌잔치를 열어주려고 한다.
  We want to have a party for my baby son's first birthday.

  돌잡이 *doljabi* ❶
    ☐ 아기가 돌잡이에서 연필을 잡았다. In the *doljabi* part of its first-birthday party, the baby picked up the pencil.

환갑잔치 one's sixtieth birthday party

고희연 one's seventieth birthday party

❶ 돌잡이를 영어로 설명해 보자
At the first-birthday party, the child is placed in front of a table with a display of symbolic items like pens, books, rice, money, and so forth. Koreans believe that their child's fate will be dictated by whatever he or she picks up at the *doljabi*. For example, if a child grabs a pen, he or she will become a scholar, and if a child grabs a bundle of string, he or she will have a long life. This event is usually eagerly watched by the crowd.

돌잔치에서는 펜, 책, 쌀, 돈 등과 같은 상징적인 의미를 지닌 물품이 있는 상이 아기 앞에 놓이게 된다. 한국인들은 돌잡이에서 아기가 집는 물건이 아기의 운명을 결정짓는다고 믿는다. 예를 들어 아이가 펜을 집으면 그 아이는 학자가 될 것이고, 실뭉치를 집는다면 장수를 누리게 될 것이다. 돌잡이는 많은 사람들이 관심 있게 지켜보는 행사이다.

2.2 육아 childcare

아이 돌보기 ❶

기르다, 양육하다, 키우다 nurture; raise; rear; bring up
- 아내는 세 아이를 키웠다. My wife has reared three children.

보모 nanny; (시간제로 고용하는) `AE` babysitter; sitter; `BE` childminder ❷

유모 wet nurse

육아일기 baby book
- 육아일기를 쓰다 keep a baby book

수유와 수유용품

모유, 젖 mother's milk; breast milk
- 그녀는 젖이 잘 안 나와서 아기에게 분유를 먹이고 있다.
  She doesn't produce enough breast milk, so she feeds her baby on formula.

  초유 foremilk; colostrum

수유 breastfeeding
- 수유하다 nurse / breastfeed / suckle
- 그녀는 모유 수유를 하고 있다. She's nursing her baby. / She's breastfeeding.

수유용품 nursing equipment
  우유병, 젖병 baby bottle; feeding bottle
  유축기 breast pump
  - 유축기를 사용해서 젖을 짜다. use a breast pump to express milk

젖꼭지 (여성의) nipple; teat; (젖병의) teat

젖몸살 mastitis
- 그녀는 젖몸살을 심하게 앓았다. She suffered from severe mastitis.

육아용품 baby goods

강보, 포대기 baby blanket; swaddling clothes
- 집 앞에 강보에 싸인 아기가 버려져 있었다. Someone left an infant in front of my house, wrapped in a baby blanket.

공갈젖꼭지, 노리개 젖꼭지 `AE` pacifier; `BE` dummy

---

❶ 까꿍

아기와 함께 놀 때 흔히 하는 말 중에 '까꿍' 또는 '도리도리 까꿍'이 있다. 영어에도 이와 비슷한 말이 있는데, 영어권에서는 손으로 자신의 얼굴을 가리고 있다가 "Peekaboo! (I see you!)"라고 말하며 아기에게 자신의 얼굴을 보여준다. 이것은 아기의 인지능력을 향상시켜 자신이 부모라는 사실을 각인시키기 위한 행동이다. 한편 아기를 간질일 때는 "Kitchy-coo." 또는 "Tickle, tickle."이라고 말하기도 한다.

❷ 베이비시터 babysitter

미국에서는 어린 아이를 혼자 집에 두는 것이 법으로 금지되어 있다. 심지어 엄마가 아기를 혼자 차에 둔 채 잠깐 슈퍼마켓에 다녀오더라도 아동학대법으로 처벌을 받을 수 있다. 그렇기 때문에 부부가 아기를 혼자 두고 외출을 할 때는 반드시 babysitter를 고용해야 한다. 주로 이웃에 사는 여학생들이 babysitter 노릇을 하는데, 시급이 짭짤한 편이기 때문에 여학생들에게는 좋은 용돈벌이 수단이 된다. babysitter의 동사형은 babysit인데, 여기서 sit은 '시간을 끌다'라는 뜻의 동사 sit on에서 유래되었다. 즉, babysitter는 아기의 부모가 집 밖에서 시간을 보내는 동안 아기와 함께 시간을 끄는 사람이라는 뜻이다. babysitter가 파트타임제 보모라면, nanny는 그 집에서 함께 거주하는 보모를 가리킨다.

기저귀 **AE** diaper; **BE** nappy | 기저귀발진 diaper rash; nappy rash

☐ 아기에게 기저귀를 채우다 diaper a baby / put a diaper on a baby
☐ 여보, 아기 기저귀 좀 갈아 주세요. Honey, would you change the baby's diaper?

　일회용 기저귀 disposable diaper
　천 기저귀 cloth diaper

딸랑이 rattle
모빌 mobile
배내옷 layette; baby clothes
보행기 baby walker; walker
아기띠, 캐리어 baby carrier; child carrier; (등에 지는) backpack carrier; (가슴에 안는) sling
요람 cradle ❶
☐ 요람을 흔들어 아이를 재웠다. I rocked the baby to sleep in its cradle.
유모차 stroller; baby carriage; pushchair; (baby) buggy
☐ 그는 아기를 유모차에 태웠다. He put the baby in the stroller.
유아침대 **AE** crib; **BE** cot; (바구니처럼 생긴) bassinet
치아 발육기 teething ring
카시트 booster seat; car seat
턱받이 bib
☐ 아기에게 턱받이를 대 줘라. Put a bib on the baby.

❶ **요람을 훔치는 손**

cradle-robber 또는 cradle-snatcher, 즉 '요람을 훔치는 사람'은 자기보다 훨씬 어린 여성과 결혼하거나 성 관계를 맺는 남성을 가리키는 말. 영어권에는 half-your-age-plus-seven이라는 법칙이 있는데, 예를 들어 나이가 40인 남성이라면 자신의 나이의 절반인 20에 7을 더한 27살보다 어린 여성과 사귄다면 사회적 지탄을 받을 수 있다는 뜻이다. 이렇게 나이 차가 많이 나는 커플들의 교제를 May-December romance라고도 하는데, 인생의 12월December, 즉 황혼기에 있는 사람이 인생의 5월May, 즉 젊은 사람과 하는 교제라는 뜻. 이 밖에도 sugar daddy는 나이 어린 여성과 원조교제를 하는 남성을 가리키기도 하고, boy toy 또는 toy boy는 나이 많은 여성과 교제하거나 결혼한 젊은 남성을 가리키는 말로 쓰인다.

▲ crib; cot　　▲ bassinet　　▲ backpack carrier　　▶ sling

성장

2.3 나이, 연령 age

유아기 | infancy

갓난아이, 아기, 유아 baby; **f** infant; (걸음마를 시작한) toddler
남아 baby boy ⇔ 여아 baby girl
신생아 newborn

유년기 | childhood

아동, 아이, 어린이 child (**pl** children); youngster; **inf** kid;
(9~12세 사이의) preteen
☐ 12세 이하의 어린이는 이 프로그램을 시청할 수 없다.
　This program is not suitable for viewing by children 12 and under.
개구쟁이, 악동 imp; rascal; **inf** monkey
☐ 우리 아들은 말썽꾸러기 개구쟁이다. My son is a little rascal.
골목대장 playground bully; the leader of the kids in the neighborhood
미아 missing child
소녀, 여자 아이 (little; small; young) girl
　말괄량이, 왈가닥 tomboy
소년, 남자 아이 (little; small; young) boy
　미소년 handsome boy; good-looking boy; Adonis ❶
　선머슴 roughly playful boy
응석받이 spoiled child; pampered child
☐ 매를 아끼면 아이가 응석받이가 된다. Spare the rod and spoil the child.

청소년기 | adolescence

청소년 teenager; adolescent; **inf** teen
가출 청소년 teenage runaway
불량 청소년, 비행 청소년 juvenile (delinquent)

> early teens 13세에서 14세까지
> mid teens 15세에서 17세까지
> late teens 18세에서 19세까지

영어권의 연령대

infancy (태어나서 2세까지) 유아기
childhood (2세에서 12세까지) 유년기
adolescence, teens
(13세에서 19세까지) 청소년기
early adulthood
(20세에서 34세까지) 청년기
middle adulthood
(35세에서 54세까지) 중년기
late adulthood (55세 이상) 노년기

영어로 나이를 말하는 법

우리나라는 태어나자마자 1살로 치고, 미국은 1년이 지나야 1살로 친다. 그래서 외국인에게 나이를 말할 때 만(滿) 나이를 따지느라 Korean age, American age 등으로 표현하는 경우가 많은데, 영어권에서는 그런 구분이 있다는 사실 자체를 모르기 때문에 처음부터 미국식 나이로 말해야 한다.

ex 만 서른 살입니다.
❌ My Korean age is 30.
❌ I'm 30 in Korean age.
⭕ I'm 30 (years old).

❶ 꽃보다 남자

요즘은 여자보다 더 예쁜 남자가 많을 정도로 외모에 대한 남성들의 관심이 크다. 외모에 대한 지나친 집착을 아도니스 증후군 Adonis Complex이라고 하는데, 아도니스 Adonis는 그리스신화에 나오는 미소년으로서 살아서는 미의 여신인 아프로디테 Aphrodite의 사랑을 받고, 죽어서는 아네모네 anemone 꽃이 된다. 하지만 pretty boy라는 말은 '여자처럼 얼굴만 예쁘장하고 남자답지 못한 남자'라는 뜻으로서 칭찬보다는 경멸의 뜻으로 쓰이는 말이다. 한편 메트로섹슈얼 metrosexual은 '패션 감각이 뛰어나고 외모에 많은 시간과 돈을 투자하는 도시 남성'이라는 뜻. 영국의 축구 스타 데이비드 베컴 David Beckham이 대표적인 메트로섹슈얼이다.

청년기 | early adulthood

젊은이, 청년 youth; young person
- 여보게 젊은이, 자네 이름이 뭔가? Say, young man, what's your name?

성인, 어른 adult; grown-up ⇔ **미성년자** minor; underaged person
- 너도 이제 어른이 다 되었구나. You're almost all grown up now.

숙녀, 아가씨 young lady; chick; bird; (호칭) miss ❶
- 그 아이는 어엿한 숙녀로 자랐다. That child has grown into a fine young lady.

> adult 자신의 행동에 대해 법적으로 책임질 나이에 있는 사람
> grown-up 아직 신체적으로 덜 자란 아이들과 비교하는 단어

중년기 | middle adulthood

중년 middle age; midlife; *one's* middle years
- 그들은 결혼한 지 25년 된 중년 부부다.
  They're a middle-aged couple who have been married for 25 years now.

아저씨, 중년 남성 middle-aged man; (호칭) mister; Mr.

아주머니, 중년 여성 middle-aged woman; (호칭) Mrs.; Ms.; madam; ma'am
- 아주머니, 지금 몇 시에요? Excuse me, Ma'am. May I ask the time?

노년기 | late adulthood

노년 *one's* old age; *one's* advanced age

노인, 늙은이 aged[elderly] person; senior citizen; (집합적) the aged[elderly]

노파 crone; old bag; hag, **할머니** elderly woman; elderly lady

할아버지 elderly man

상태

노쇠한 decrepit; infirm; old and feeble, **늙은** old; aged

동갑 the same age, **동갑내기, 동년배** peer; peer group ❷
- 우리는 동갑내기 부부다. My wife[husband] and I are the same age.

손윗사람, 연상, 연장자 *one's* elder ⇔ **손아랫사람, 연하** *one's* junior

어린, 젊은 young; youthful

---

❶ 칙릿, 칙플릭

chick은 병아리나 새끼 새를 뜻하기도 하고 젊은 여성을 가리키는 속어로 쓰이기도 한다. 칙릿chick lit은 젊은 여성의 기호에 맞는 사랑, 우정, 성 따위를 소재로 다룬 소설을 말하는데, 〈브리짓 존스의 일기Bridget Jones's Diary〉가 대표적인 칙릿이다. 칙플릭chick flick은 칙릿과 마찬가지로 젊은 여성을 타깃으로 한 영화를 말한다. 〈귀여운 여인Pretty Woman〉이나 〈악마는 프라다를 입는다The Devil Wears Prada〉와 같은 영화, 그리고 〈섹스 앤 더 시티Sex and the City〉와 같은 드라마가 대표적인 칙플릭이다. chick lit의 lit은 literature의 줄임말이고, flick은 영화를 가리키는 속어로 쓰인다.

나이를 말할 때

특정한 연령대를 말할 때는 'be동사 + in + *one's* + (형용사) + 숫자'와 같이 표현한다.

ex 그는 20대다.
He is in his twenties.

ex 그는 삼십 대 초반이다.
He is in his early thirties.

ex 그는 삼십 대 중반이다.
He is in his mid-thirties.

ex 그는 삼십 대 후반이다.
He is in his late thirties.

❷ 동갑, 연상, 연하

우리나라는 선후배 개념이 강해서 나이를 말할 때 *one's* elder, *one's* junior라는 단어를 쓰려는 경향이 있다. 하지만 영어에서는 다음과 같이 표현하는 것이 일반적이다.

ex 우리는 동갑이다.
We are (of) the same age. /
We were born in the same year.

ex 그는 나보다 3살 연상이다.
△ He is my senior by three years.
◎ He is three years older than I am.

ex 나는 그보다 3살 연하다.
△ I'm three years his junior.
◎ I'm three years younger than him.

03 죽음 death

3.1 사망 death

고인과 유족

고인, 사망자 the dead; [f] the deceased; (전쟁·사고 등으로 인한) fatality
- 이번 사고로 인한 희생자의 수는 백 명에 이른다.
  The number of fatalities in this accident has reached a hundred.

유가족, 유족 the bereaved (family); family of the deceased
- 유가족들은 정부에 보상을 요구하고 나섰다.
  The family of the deceased demanded compensation for the government.

사망 관련 표현

검시, 부검 autopsy; postmortem (examination); necropsy
- 부검하다 autopsy / conduct an autopsy
  검시관 coroner; medical examiner

미라 mummy

부고, 부음 obituary; [inf] obit
- 신문에서 그의 부고를 접했다. I read his obituary in the newspaper.

사망률 mortality (rate); death rate; fatality rate
- 의학의 발달로 인해 사망률이 급격히 감소하고 있다.
  The death rate has been dropping drastically thanks to medical advances.
  신생아 사망률 neonatal mortality

사망진단서 death certificate

사망통지서 death notice

사후경직 rigor mortis ❶

> ❶ **시신의 변화 과정**
> **pallor mortis** 사후 20분 정도 후에 시체가 창백해지는 현상
> **algor mortis** 사후체온하강
> **rigor mortis** 손발이 딱딱해지는 사후경직
> **livor mortis** 시반. 혈액이 아래로 모이면서 시체에 보랏빛 반점이 나타나는 현상
> ▼ **decomposition** 부패

시신, 시체, 주검 (dead) body; corpse; remains; (연구용·해부용) cadaver

corpse [kɔːrps] 시체
corps [kɔːr] 단체

- 그의 시신은 화장되었다. His body was cremated. / He was cremated.

시체 도둑

의과대학 등에서 사용하는 해부용 시신을 카데바cadaver라고 한다. 1800년대 초반 영국에는 많은 의과 대학이 세워졌는데, 카데바가 부족해서 해부 실습을 제대로 할 수 없었다. 공식적으로는 사형을 당한 죄수의 시신만을 카데바로 쓸 수 있었는데, 사형수의 숫자가 갈수록 줄어드는 것이 문제였다. 그래서 등장한 것이 시체 도둑body snatcher이다. 시체 도둑들은 새로 생긴 무덤을 파헤쳐서 아직 부패하지 않은 시신을 꺼내 의과대학에 돈을 받고 넘기는 일을 했다. 시체 도둑들이 하도 기승을 부리다 보니 고인의 가족과 친척들이 밤을 세워 무덤을 지키는 경우도 허다했다. 가난한 집에서 사람이 죽었을 경우에는 아예 유가족에게 돈을 주고 시신을 사오기도 했다. 하지만 시체 도둑들은 붙잡혀도 벌금형과 같은 가벼운 처벌을 받았다. 단, 시신의 옷가지나 패물 등을 훔쳤을 경우에는 중죄가 성립되었기 때문에 시체 도둑들은 시신의 옷가지와 패물은 훔쳐 가지 않았다. 사태의 심각성을 깨달은 영국 정부가 1832년 일반인의 시체도 해부용으로 기증할 수 있다는 법률을 제정하면서 시체 도둑질body snatching은 점차 자취를 감추게 되었다.

시체안치소, 영안실 mortuary; morgue ❶

유골, 유해 ashes

유서 will; testament; (자살자의) suicide note

- 그는 유서도 남기지 않고 자살했다.
  He committed suicide without leaving a suicide note.

유언 (임종 직전에 남기는) last words; dying wish

- 그는 자신의 시신을 병원에 기증하라는 유언을 남겼다.
  His dying wish was to have his body donated for medical research.

유품 article left by the deceased

- 이 시계는 돌아가신 우리 할아버지의 유품이다.
  This watch belonged to my late grandfather.

❶ 파리의 시체안치소

19세기 프랑스 파리 시민들에게 파리의 시체안치소Paris morgue는 일종의 공짜 극장이었다. 당시 파리에서는 신원 미상의 시신이 발견되면 시체안치소에 진열해 놓고 신원을 아는 사람이 나타나기를 기다렸는데, 가족이 사라진 사람들뿐만 아니라 단순한 호기심에서 시체안치소를 찾는 시민들이 많았다. 변변한 오락거리가 부족했던 시기에 파리의 시체안치소는 세계에서 유일하게 공개적으로 시신을 구경할 수 있는 장소였고, 게다가 입장료도 없었기 때문이었다. 많게는 하루에 4만 명이 넘는 사람들이 시체안치소를 방문했고, 유럽에서 발행된 관광 가이드북은 파리의 시체안치소를 파리 최고의 관광 명소로 묘사해 놓았다. 파리의 시체안치소는 1907년에 폐쇄되었다.

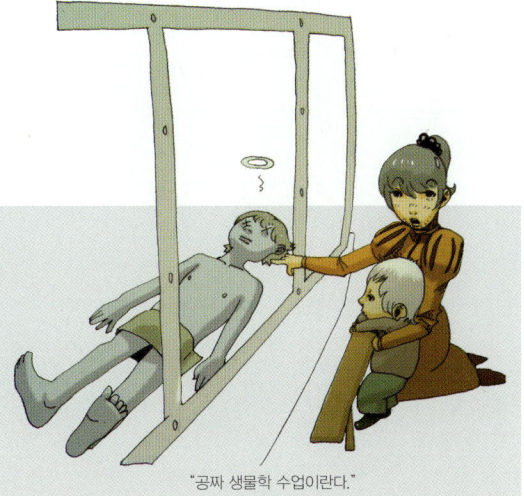

"공짜 생물학 수업이란다."

3.2 죽다, 죽이다

죽다

죽다, 사망하다 die; lose *one's* life; (완곡한 표현) breathe *one's* last breath; pass away; pass on; depart this life; inf kick the bucket; bite the dust; be six feet under ❶
- 그는 암으로 사망했다. He died of cancer.

죽은 dead; f deceased; ↔ 살아 있는 alive

객사하다 die away from home; die in a foreign land

과로사하다 die from overwork

굶어 죽다, 아사하다 starve (to death); die from starvation; die of hunger
- 예전에는 굶어 죽는 일이 흔했다.
  In the old days, it was common for people to starve to death.

급사하다, 돌연사하다 die suddenly; meet with an untimely death

단명하다, 요절하다 die young; die at a young age
- 그 가수는 서른 살의 젊은 나이로 요절했다. That singer died at the young age of 30.

동사하다 freeze to death; be frozen to death

몰살당하다, 전멸하다 be annihilated; be exterminated

병사하다 die of an illness

사고사하다 die from[in] an accident; be killed in an accident
- 그는 비행기 사고로 사망했다. He died in an airplane accident.

살해되다 be killed; be murdered

쇼크사하다 die of shock

❶ '죽다'의 다양한 관점

kick the bucket

높은 곳에 끈을 매어 자살할 때 발을 디디고 있던 양동이 bucket를 걷어찬다 kick는 뜻.

bite the dust

얼굴을 땅에 처박고 죽은 사람은 흙 dust을 먹는다는 bite 뜻. 성경의 lick the dust라는 표현에서 유래.

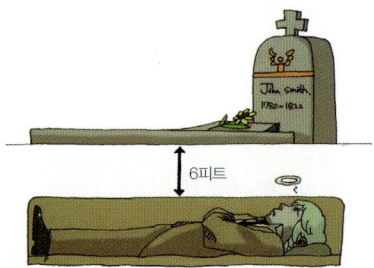

be six feet under

6피트, 즉 땅속 1.8미터 깊이에 묻혀 있다는 뜻. 1.8미터는 관의 깊이.

순교 (religious) martyrdom
- 순교하다 be martyred
  순교자 martyr

순국하다 die for *one's* country; sacrifice *one's* life for *one's* country

순직하다 die on the job; die at *one's* post (of duty); die in the line of duty
- 세 명의 소방관이 순직했다. Three firemen died in the line of duty.

압사하다 be pressed[crushed] to death

옥사하다 die in prison

의문사 mysterious death; suspicious death
- 의문사하다 die a mysterious[suspicious] death

익사하다 drown (*oneself*); be drowned (to death)
- 아이는 며칠 뒤 익사체로 발견되었다.
  The child drowned, and its body was found a few days later.

자연사하다 die a natural death

전사하다 die in a war; be killed in action[battle]; die in the battlefield
  전몰자, 전사자 person killed in battle[action; war]; KIA ❶; (집합적) the war dead; the fallen

즉사하다 die instantly; die[be killed] on the spot

질식사하다 choke to death

추락사하다 die in a fall
- 그는 절벽에서 추락사했다. He died in a fall from a cliff.

학살당하다 be slaughtered; be massacred
- 수많은 사람들이 전쟁 중에 학살당했다. Many people were slaughtered in the war.

횡사하다 die an untimely[accidental] death; die before *one's* time
- 수백 명의 사람들이 폭발 사고로 비명횡사했다.
  Hundreds of people met an untimely death in the explosion.

❶ KIA는 자동차회사의 이름?
KIA killed in action의 약자로서, 전투 중 사망한 군인을 의미
WIA wounded in action의 약자로서 전투 중 부상당한 군인을 의미
MIA missing in action의 약자로서 전투 중 행방불명된 군인을 의미

저승사자와 스머프와의 관계

서양의 저승사자는 후드가 달린 검은 망토를 입고 큼지막한 낫을 든 해골로 묘사된다. 서양의 저승사자를 Grim Reaper 또는 Angel of Death라고 하는데, Grim Reaper가 들고 있는 낫은 사람들의 목을 베기 위한 것이 아니라 곡식을 수확reap하듯이 죽은 자의 영혼을 거두어 들이는 도구이다. 한편 1980년대에 우리나라에서 방송되어 큰 인기를 모은 〈개구쟁이 스머프The Smurfs〉라는 애니메이션이 있다. 〈개구쟁이 스머프〉에는 스머프들 외에도 악당 마법사 가가멜Gargamel과 그의 고양이 아즈라엘Azrael이 등장한다. 그런데 Azrael은 이슬람교와 유대교 등에서 죽음을 관장하는 대천사의 이름이기도 하다. 사탄Satan의 우두머리로 잘 알려진 루시퍼Lucifer가 대천사 Azrael의 동생이다. 고양이 Azrael이 끊임없이 스머프들을 죽이고 잡아먹으려고 한다는 점에서 볼 때 Azrael은 스머프들에게는 저승사자나 마찬가지인 셈이다.

죽이다

죽이다 kill
- 내가 그 자식을 죽여버릴 거야. I'm going to kill that bastard.

> **한국인의 위험한 언어 습관**
> 한국인들은 몹시 분한 마음이 들면 "너, 죽을 줄 알아."라던지 "죽여 버리겠어."와 같은 말을 종종 한다. 하지만 영어권 국가에서 "I'm going to kill you."라고 말했다가는 경찰에 체포될 수 있다. 심각한 살해 위협으로 간주되기 때문이다. 이럴 때는 "You will be sorry about this."라고 하면 된다. 언젠가는 네가 한 일을 후회하게 될 것이라는 뜻이다.

> 과실치사 manslaughter
> 일급살인 first-degree murder
> 청부살인 contract killing

교살하다 strangle; throttle; murder (*sb*) by strangulation; (철사로) garrotte
- 범인은 그녀를 목 졸라 죽였다. The murderer strangled her to death.
  교살자 strangler

독살하다 poison
- 그는 아내를 독살한 혐의를 받고 있다. He is suspected of poisoning his wife.

때려죽이다, 타살하다 knock[beat] *sb* to death

말살하다, 몰살하다 exterminate; annihilate; obliterate; wipe out

사살하다, 총살하다 shoot (*sb* dead); kill *sb* by shooting
- 그들은 인질 열 명을 사살하겠다고 경고했다.
  They warned us that they were going to shoot ten of the hostages.

살인, 살해 murder; killing; homicide ❶
- 살해하다 murder / take *one's* life / [f] slay / [inf] do away with
  살인마, 살인자 murderer; killer 피살자 murder victim; the murdered
  연쇄살인범 serial killer

숙청하다 liquidate
- 왕은 반대 세력을 모조리 숙청했다.
  The king has his opposition completely liquidated.

암살 assassination
- 암살하다 assassinate
  살인 청부업자, 킬러 killer; hit man; hired gun
  - 그는 자객에게 암살당했다. He was assassinated by a hit man.
  암살단 hit squad; death squad
  암살자, 자객 assassin ❷

찔러 죽이다, 척살하다 stab *sb* to death

---

❶ 살인을 뜻하는 접미사 –cide
fratricide 형제살인
genocide 대량 학살
homicide 살인
infanticide 영아살해
matricide 모친살해
parricide 존속살해죄, 존속살해범
patricide 부친살해
regicide 국왕시해, 국왕시해범

❷ 해시시를 복용한 암살자
해시시hashish는 마약의 일종으로서, 인도산 대마초의 꽃이삭과 수지 등을 가루로 만든 형태를 가리킨다. 한편 중세시대 이슬람권에는 Hashishin 또는 Hashshashin이라고 하는 전설적인 암살자 집단이 있었다. Hashishin 소속의 암살자들은 해시시를 복용하고 환각에 빠진 상태에서 암살을 저지르곤 했는데, 암살자를 뜻하는 assassin이라는 단어는 Hashishin에서 비롯되었다.

처형 execution ❶

- 처형하다 execute
- 그는 반역죄로 처형당했다. He was executed for treason.

가장 끔찍한 처형

중세 시대 영국에서는 국왕에게 반역을 꾀한 대역죄인에게 Hanged, drawn and quartered라는 끔찍한 형벌을 내렸다. 사형 당일이 되면 죄인은 광장으로 끌려 나와 죽기 직전까지 밧줄에 목이 졸리고hanged, 산 채로 내장이 꺼집어내지고drawn 성기가 잘려 자신의 눈앞에서 불태워졌으며, 마지막으로 사지를 절단 당한 후quartered 목이 잘렸다. 그리고 죄인의 토막 난 시신은 막대에 꽂혀 전국 각지의 거리에 내걸렸다. 영화 〈브레이브하트Braveheart〉를 보면 멜 깁슨이 Hanged, drawn and quartered를 당하는 장면이 나온다. 멜 깁슨이 연기한 윌리엄 월레스William Wallace라는 인물은 실제로 영국에 대항한 스코틀랜드의 기사로서 1305년 영화에서 그려지는 것과 같은 방법으로 처형되었다.

© 20세기 폭스

학살 massacre; slaughter; butchery; holocaust; carnage; (인종 청소) genocide ❷

- 학살하다 slaughter / butcher / massacre
- 2차 대전 중 수많은 유대인들이 학살되었다.
  Large numbers of Jews were massacred in the Second World War.
- 학살자, 도살자 butcher

❶ 처형 방법

교수형 hanging
독극물 주사형 lethal injection
전기의자형 electrocution
참수형 beheading; decapitation
총살형 execution by firing squad
화형 the stake; execution by burning

❷ 학살의 규모

massacre 사망자의 숫자가 적게는 네다섯 명에서 많게는 수십만 명에 이르는 학살.
holocaust 수십만 명에서 수백만 명에 이르는 학살. the Holocaust는 2차 대전 당시 독일군에 의한 유대인 대량학살을 뜻한다.
genocide 특정 인종, 종교집단, 정치집단의 구성원과 체제, 문화 등을 조직적으로 말살하는 행위. 일제 강점기에 일본이 한국에 실시한 내선일체 정책도 일종의 genocide.

자살

자살 suicide

- 자살하다 kill *oneself* / commit suicide
- 그는 자살로 생을 마감했다. He killed himself.

자살방조죄 aiding and abetting suicide

동반자살하다 commit suicide together[with *sb*]

분신자살하다 burn *oneself* to death; immolate *oneself*

- 시위 도중 한 명이 분신자살을 시도했다.
  During the demonstration one person tried to immolate himself.

안락사, 존엄사 euthanasia; mercy killing; assisted suicide

음독자살하다 kill *oneself* by taking poison; poison *oneself* to death

집단자살 mass suicide; collective suicide

- 집단자살하다 commit mass suicide

투신자살하다 jump to *one's* death

- 그녀는 강에서 투신자살했다. She jumped to her death in the river below.

할복자살 hara-kiri; seppuku

- 할복자살하다 commit hara-kiri / commit seppuku

04 장례, 제례

4.1 장례 funeral; obsequies

장례 방식

매장 burial; interment
- 매장하다, 묻다 bury / inter

생매장하다 bury sb alive
- 붕괴된 건물 안에 많은 사람들이 생매장되었다.
  Lots of people were buried alive in the collapsed building.

암매장하다 bury (a dead body) secretly[in secret]
- 그들은 시신을 야산에 암매장했다.
  They buried the body secretly in the mountains.

합장하다 bury together
- 우리 할아버지와 할머니는 합장되셨다. My grandparents were buried together.

수목장 natural burial ❶

수장 underwater funeral; burial at sea
- 수장하다 bury (a dead body) under the water

조장(鳥葬), 천장(天葬) sky burial ❶

풍장(風葬) wind burial ❶

화장 cremation ❷
- 화장하다 cremate
- 고인의 시신은 고인의 뜻에 따라 화장되었다.
  The deceased body was cremated, in accordance with his wishes.
  화장장, 화장터 crematorium; crematory

장례 기간

삼일장 burial on the third day after death
- 그의 장례는 3일장으로 치러졌다. He was buried on the third day after his death.

오일장 burial on the fifth day after death

칠일장 burial on the seventh day after death

---

❶ 천장, 풍장, 수목장

히말라야 산맥에 위치한 티베트는 조장(鳥葬) 혹은 천장(天葬)이라는 독특한 장례 방식으로 유명하다. 천장은 시신을 잘게 잘라 독수리vulture에게 먹이는 방식의 장례인데, 티베트에서는 윤회사상을 믿기 때문에 죽은 육신은 아무런 의미가 없기도 하지만, 국토가 좁고 험한 바위로 되어 있어 매장이 어렵고, 나무가 많지 않아서 화장을 하기도 어렵다는 이유도 있다.

풍장은 시신이나 시신이 든 관을 나무 위나 동굴 등에 내버려둔 채 자연적으로 부패시키는 방법인데, 전라도 지방의 섬에서도 몇십 년 전까지 풍장을 실시했다고 한다.

한편 최근 생겨난 장례 문화 중에 수목장이라는 것이 있다. 우리나라의 수목장은 고인의 화장한 유골을 나무 밑에 뿌리거나 묻는 방식인데 비해, 미국이나 영국의 수목장은 화장하지 않은 시신을 땅에 묻고 그 위에 나무를 한 그루 심어 그곳이 무덤이라는 것을 표시하는 것이 차이점이다.

❷ 영화 〈Troy〉의 결정적 실수

인도에서는 사람이 죽으면 강가에 위치한 화장터에서 시신 주위에 장작을 쌓아 올리고 화장을 한다. 즉, 우리나라처럼 건물 안에서 화장을 하는 것이 아니라 노천에서 화장을 하는 셈인데, 화장을 하기 위해 쌓아 올린 장작더미를 pyre라고 한다.

브래드 피트Brad Pitt 주연의 영화 〈트로이Troy〉를 보면 그리스 전사들이 전사하면 pyre를 높이 쌓고 화장을 하는 장면이 나온다. 이때 시신의 눈 위에 동전을 올려 놓는 것을 볼 수 있는데, 이것은 영화의 내용적 오류로서 실제로는 시신의 입에 동전을 넣었다고 한다. 그리스신화를 보면 저승Hades에는 스틱스Styx라는 강이 흐르는데, 샤론Charon이라는 뱃사공이 나룻배를 저어 망자의 영혼을 Hades로 인도한다고 되어 있다. 시신의 입에 넣는 동전은 망자가 샤론에게 지불하는 뱃삯인 셈이다.

장례 주체

국민장 national funeral ❶
국장 state funeral ❶
- 대통령의 장례는 국장으로 치러진다. The president will have a state funeral.

군장 military funeral
사회장 public funeral

❶ 국장과 국민장

국장과 국민장은 대통령 또는 국가에 지대한 공헌을 한 사람이 사망했을 때 치르는 장례식이다. 국장은 국가에서 치러 주는 장례식으로서 9일 이내의 기간에 거행하며 장례 비용 전액을 국고에서 보조하는 반면, 국민장은 7일 이내에 치르며 장례 비용 일부를 국고에서 보조한다는 점이 다르다. 광복 이후 우리나라에서 국장을 치른 사람은 박정희 전 대통령과 김대중 전 대통령이다. 한편 영국에서는 아이작 뉴턴Isaac Newton, 찰스 다윈Charles Darwin, 윈스턴 처칠Winston Churchill 등의 장례식이 국장으로 치러졌다.

장례 절차

발인
- 발인은 화요일 오전 9시다.
  The funeral procession will begin at nine on Tuesday morning.

상여 bier
  상여꾼 pallbearer; bier-carrier

염
- 염하다 clean[wash] and dress[shroud] a corpse
- 나는 아버지의 염을 지켜보았다.
  I watched as my father's body was washed and shrouded.

영결식 the rite of bidding farewell to the deceased
영구차, 장의차 hearse; funeral coach
운구행렬, 장례행렬 funeral procession; (funeral) cortege
장송곡, 진혼곡, 레퀴엠 requiem; dirge; coronach
조문, 조사, 추도사 eulogy; elegy; funeral speech; funeral message
추도식, 추모식 memorial service; requiem
- 오늘 죽은 동생의 추도식이 있다.
  We're having a memorial service for my late brother today.

> **마지막 인사, viewing**
>
> 미국에서는 사람이 죽으면 의사가 사망 사실을 확인한 후 장례지도사가 와서 유족들과 장례 절차를 의논한다. 미국 영화나 드라마를 보면 곱게 화장한 시신이 정장 차림으로 관에 누워 있고 조문객들이 시신의 모습을 보면서 작별 인사를 하는 장면을 볼 수 있는데 이것을 viewing이라고 한다. 그런데 시신을 매장하기 전까지는 시신이 부패되어서는 안 되기 때문에 그 전에 미리 시신의 혈액과 체액을 제거하고 방부 처리를 해서 일종의 미라로 만든다. 이런 과정을 embalming이라고 한다. 한편 대통령이나 종교 지도자처럼 사회적으로 명망이 높았던 사람이 사망하게 되면 그의 시신을 방부 처리하고 의장대의 경호 하에 공공기관이나 성당 등에 전시하여 많은 사람들이 참배할 수 있도록 하는데, 그런 것을 명사로는 lying in state, 동사로는 lie in state라고 한다. 우리나라에서도 2009년에 김수환 추기경이 선종했을 때 시신을 embalming해서 조문객들이 추기경의 시신을 보면서 참배할 수 있도록 한 바 있다. 한편 모택동과 호치민, 레닌, 김일성과 같은 인물의 시신은 영구 보존 처리되어 일반인에게 전시되고 있다.
>
> ex 그의 시신은 명동성당에 안치되어 있다. His body **lies in state** in Myeongdong Cathedral.

장례 준비, 빈소의 모습

문상, 조문 condolence call; call of condolence
- 조문을 가다 make a call of condolence

  문상객, 조문객 condoler

부의금, 조의금 funeral donation; contribution to funeral expenses

분향소 incense altar

  향 incense; (중국의) joss stick
  - 향로에 향을 꽂아라. Put an incense stick in the incense burner.

  향로 incense burner

상가, 초상집 mourner's house; house of mourning

빈소, 장례식장 funeral home; funeral parlor
- 오늘 친구 아버지의 빈소를 찾았다. Today I went to the funeral parlor to pay my respects to the deceased father of a friend of mine.

상복, 소복 mourning dress; mourning clothes
- 그녀는 상복을 입고 있었다. She was wearing mourning clothes.

상장(喪章) mourning ribbon; black ribbon; crepe

상제 mourner

  맏상제, 상주 chief mourner

영정사진 picture of the deceased
- 그는 자신의 영정사진을 미리 찍어 두었다. He had himself photographed in preparation for his own funeral.

장례지도사 funeral director; undertaker; mortician, 장의사 funeral parlor; funeral home

조화(弔花) condolence flowers

4.2 무덤, 묘지

무덤 grave; tomb

고분 ancient tomb; tumulus (pl tumuli)
고인돌 dolmen
돌무덤, 석총 stone grave
명당 propitious site for a grave
영묘 mausoleum
  능, 왕릉 royal mausoleum

> gravedigger 무덤을 파는 일꾼
> grave robber; tomb raider 도굴범

> 풍수지리 feng shui
> 지관 geomancer

무덤의 구조

관, 목관 coffin; casket ❶
  석관 sarcophagus
묘비, 비석 tombstone; gravestone; headstone
  묘비명, 비문 epitaph ❷
봉분 burial mound
위령탑 memorial; cenotaph
추모비 monument; memorial stone
☐ 사람들은 추모비를 세워 그의 고귀한 희생을 기렸다.
  People set up a monument to commemorate his noble sacrifice.

❶ 관 뚜껑에 못을 박아라

(the last) nail in the coffin, 즉 '시체를 넣은 관의 뚜껑을 닫는 최후의 못질'이라는 표현은 불에 기름을 끼얹는다는 우리말 표현과 일치하는데, 가뜩이나 안 좋은 상황에 최후의 치명타를 날리는 행동이나 상황을 뜻한다. 이와 비슷한 표현으로는 the last straw (that broke the camel's back)가 있다. 낙타의 등 위에 이미 짐을 너무 많이 올려 놓았기 때문에 지푸라기 하나만 더 올려도 낙타의 등이 부러진다는 뜻.

ex 사람들은 이번 파업이 산업계에 큰 타격을 가할 것으로 우려하고 있다.
  People fear that this strike will be **the last nail in the coffin** of the industry.

❷ 묘비명, 어떻게 남기시겠어요?

영어권의 묘비에는 고인의 태어난 날짜와 사망한 날짜, 그리고 고인이 어떤 사람이었는지를 알려주는 짤막한 문구가 적혀 있는 경우가 많다. 어떤 묘비에는 고인이 직접 선택한 비문이 새겨져 있기도 한데, 셰익스피어Shakespeare의 묘비에는 훗날 자신의 정체를 밝히려는 사람들의 행동을 경고하는 듯한 비문이 새겨져 있다.

Good friend, for Jesus' sake forbear,
To dig the dust enclosèd here.
Blest be the man that spares these stones,
And cursed be he that moves my bones.
벗들이여 제발 부탁컨대
여기 묻힌 것을 파지 말아 다오
이것을 그대로 두는 자는 축복받고
내 뼈를 옮기는 자는 저주받을지어다

묘지 | burial ground

grave VS tomb

grave는 관을 묻은 자리에 봉분을 올리거나 비석을 세운 일반적인 무덤을 가리킨다. 반면 tomb은 봉분과 비석 대신 큰 건축물을 짓거나 산에 동굴을 파서 그 안에 시신을 안치한 형태의 무덤을 가리킨다. 즉 grave는 시신을 땅 속에 묻는 형태의 무덤이고, tomb은 시신을 석관에 넣어 지상에 안치한 형태의 무덤이다. 인도의 타지마할 Taj Mahal과 이집트의 피라미드 pyramid는 tomb의 일종이다.

공동묘지 cemetery; (교회 주변의) graveyard; churchyard

공원묘지 cemetery park

국립묘지 national cemetery
- 그는 국립묘지에 안장되었다. He was buried in the National Cemetery.

납골당 charnel house
- 납골함, 유골함 urn

무연고 묘지 grave for those who without surviving family or relatives

지하묘지 catacombs ❶ ; (교회 지하의) (burial) vault; crypt

❶ **카타콤의 역사**

서기 313년 밀라노칙령에 의해 정식 종교로 인정을 받기 전까지 기독교는 300년 넘게 로마의 탄압을 받았다. 기독교도들은 예수가 재림하면 죽은 자들이 부활한다고 믿었기 때문에 시신을 화장하지 않고 매장했는데, 당시 로마의 기독교도는 하층민들이 대부분이었기 때문에 매장을 할 땅을 구하기가 힘들었다. 그래서 그들은 자연스럽게 해결책을 지하 공간에서 찾기 시작했다. 게다가 로마는 화산암 위에 지어진 도시였기 때문에 땅을 파기가 쉽다는 이점도 있었다. 이렇게 해서 만들어진 비밀 지하 묘지 카타콤 catacombs은 묘지뿐만 아니라 비밀 예배 장소의 역할도 했는데, 로마에만 수십 곳이 있으며 총 연장 길이가 900km를 넘는다고 한다.

제사

제사

제사, 차례 ancestral rites; memorial service[ceremony] for ancestors
- 오늘은 할아버지의 제사가 있다. Today we hold ancestral rites for my grandfather.

고사 *gosa*; propitiatory rites to avoid misfortune and bring good luck
- 우리 조상들은 액운을 쫓고 행운을 빌기 위해 고사를 지냈다. Our ancestors conducted propitiatory rites to avoid misfortune and bring good luck.

기우제 ritual for rain; rain-making ceremony
- 가뭄이 계속되자 마을 사람들이 기우제를 지냈다. Because of the long drought, the villagers conducted a rain-making ceremony.

산신제 ritual for the mountain spirit[god]

위령제 memorial service; memorial ceremony

제례

기일, 제삿날 anniversary of *one's* death
- 어제가 아버지의 3번째 기일이었다. Yesterday was the third anniversary of my father's death.

사당 (family) shrine ❶

신주, 위패 mortuary tablet; ancestral tablet; spirit tablet
　지방 ancestral tablet (made of paper)

제기 utensils used in ancestral rites

제단 altar

제물, 제수 offering; food for ancestral rites; sacrificial food ❷
- 그는 정성껏 마련한 제물을 제단 위에 올리고 제사를 지냈다. He placed the carefully prepared sacrificial food on the altar and conducted the rites.

벌초와 성묘

벌초하다 cut the weeds around a grave; mow the grass around a grave

성묘하다 pay *one's* respects at a family grave(site); pay a visit to *one's* ancestor's grave

---

❶ **야스쿠니 신사**

일본의 야스쿠니 신사Yasukuni Shrine는 일본 최대의 신사로서, 도쿄 중심가의 황궁 옆에 자리잡고 있으며, 250만 명이 넘는 영령을 모시고 있다. 그런데 종종 일본 총리를 비롯한 정치인들이 야스쿠니 신사를 공식 참배함으로써 한국, 중국 등의 반발을 사고 있다. 그 이유는 야스쿠니 신사에서 모시고 있는 250만 명의 영령들 대부분이 일본의 천황을 위해 전쟁터에서 죽어간 군인들이며, 그 중에는 2차 세계대전 당시 태평양전쟁을 일으킨 주범으로서 전범 재판에서 사형 선고를 받고 처형당한 14명의 A급 전범들도 포함되어 있다. 그렇기 때문에 일본 총리가 야스쿠니 신사를 참배한다는 것은 주변국들에게는 일본이 과거의 잘못을 전혀 뉘우치지 않고 있다는 증거로 보이는 셈이다.

❷ **희생양, 속죄염소**

고대 유대교에서는 중요한 재산 중 하나인 양lamb을 신에게 제물로 바쳐 자신의 잘못을 빌고 신의 축복을 기원했다. 여기서 나온 표현이 희생양sacrificial lamb인데, 다른 사람의 잘못을 대신 뒤집어쓰거나 비난을 당하는 사람을 가리킨다. 한편 속죄염소scapegoat는 희생양과 약간의 의미 차이가 있다. 유대교에는 속죄일이라고 하는 날이 있는데, 유대인들은 이날 자신의 죄를 씻고 신과 화해하고자 한 마리의 염소goat에 자신들의 모든 죄를 떠넘긴 채 그 염소를 황야로 쫓아낸다. 즉, 죽여서 제물로 받치는 것이 희생양이라면, 속죄염소는 산 채로 쫓아낸다는 차이가 있다.

Unit 4 질병과 부상

1 질병
질병 일반 / 전염병 / 남성질환, 여성질환 / 성인병 / 신체장애 / 눈병 / 귓병, 입병, 콧병 /
피부병 / 소화기 질환 / 호흡기 질환 / 비뇨기 질환 / 뼈, 근육, 신경 질환 / 혈관 질환, 혈액 질환 /
직업병, 증후군 / 중독증, 결핍증 / 정신병 / 질병 기타 / 질병 관련표현

2 증상, 상태, 통증

3 부상, 상처

01 질병 illness; disease

1.1 질병 일반

고질병, 만성질환, 지병 chronic disease
- 그는 어제 저녁 지병으로 사망했다.
  He died yesterday evening of a chronic disease.

> 만성신부전 chronic renal failure
> 만성피로증후군 chronic fatigue syndrome

골병 deep-rooted illness; persistent illness

괴질 mysterious disease; unidentified disease
- 남부 지방에 괴질이 돌고 있다. Some mysterious disease is going around in the southern region of the country.

난치병, 불치병 incurable disease; fatal disease
- 그는 불치병을 앓고 있다. He has an incurable disease.

노인병, 노환 geriatric disease; diseases of old age
- 알츠하이머병 Alzheimer's (disease)
- 치매 (senile) dementia
  - 치매를 앓다 suffer from dementia

소아병, 소아질환 pediatric disease
- 야뇨증 bedwetting; (의학용어) nocturnal enuresis

> bedwetter 오줌싸개

속병 (몸의 병) internal disease; (마음의 병) heartache

수인성 질환 waterborne disease

유전 질환 genetic disorder; hereditary disease
- 다운증후군 Down's syndrome; Down syndrome
- 혈우병 bleeder's disease; [AE] hemophilia; [BE] haemophilia ❶

중병 serious illness; severe disease ↔ **잔병** minor illness; minor ailment
- 그는 지금까지 잔병치레 한 번 한 적이 없다.
  He's never suffered from minor ailments.

풍토병 endemic (disease)

합병증 complications
- 그녀는 당뇨병의 합병증으로 병원에 입원했다.
  She's been hospitalized with complications of diabetes.

희귀병 rare disease; orphan disease

'질병'의 뉘앙스 차이

illness 그다지 심하지 않은 병
disease illness보다 구체적인 병으로서, 병명이 분명하고 의학 연구 또는 치료의 대상이 되는 병
sickness illness와 비슷하지만 보다 구어적인 표현
disorder 신체 일부나 정신에 문제가 있어 정상적인 기능을 못하는 상태
ailment 감기처럼 정도는 심하지 않지만 자주 걸리는 병

---

❶ **혈우병이란?**

hemophilia는 피blood를 뜻하는 그리스어 haima와 사랑love을 뜻하는 philia가 합쳐진 단어로서 '피를 사랑하는 병'이라는 뜻. 혈우병은 혈액 내에 혈소판platelet이 없는 것이 아니라 혈액의 응고 인자가 부족해서 생긴다. 응고 인자가 부족하기 때문에 상처가 나면 딱지scab가 제대로 굳지 못해 계속해서 조금씩 출혈이 일어나게 된다. 일반적으로 혈우병에 걸린 여자 아이는 태내에서 사망하게 되고, 남자 아이도 사춘기를 넘기지 못하고 사망하게 된다.

❶ **러시아의 몰락과 혈우병**

19세기 대영제국을 이끌었던 빅토리아 여왕은 혈우병 인자를 가지고 있었는데, 그녀의 자손들이 유럽의 다른 왕가와 혼인 관계를 맺으면서 혈우병은 유럽 전역의 왕가로 퍼지게 되었다. 그래서 혈우병을 the royal disease, 즉 '왕실의 질병'이라고 부르기도 했다. 이렇게 빅토리아 여왕의 혈우병 인자를 물려받은 사람 중에는 제정 러시아의 마지막 황제였던 니콜라이 2세의 아들도 있었다. 당시 의사들은 아스피린aspirin으로 혈우병을 치료하려 했는데, 이러한 방법은 혈우병을 오히려 악화시킬 뿐이었다. 라스푸틴은 단지 아스피린을 사용하지 않았을 뿐이고, 그 결과 아들의 병세가 호전되자 러시아 황후는 라스푸틴을 전폭적으로 신임하게 되었다. 황후의 신임을 얻은 라스푸틴은 러시아의 국정을 마음대로 좌우지하다가 1916년에 암살당했다. 라스푸틴이 죽은 다음해 10월에는 러시아혁명이 일어나게 되고, 러시아 황제의 일가는 혁명군에게 사살당하게 된다.

1.2 전염병 infectious disease; contagious disease

1군 전염병

이질 dysentery
　세균성이질 bacillary dysentery
장티푸스 typhoid; typhoid fever; enteric fever
콜레라 cholera
흑사병, 페스트 the Black Death; the plague ❶

2군 전염병

디프테리아 diphtheria
백일해 pertussis; whooping cough ┃ 백일해(百日咳)는 백일 동안 기침을 한다는 뜻
볼거리 mumps, 유행성이하선염 endemic parotitis
B형 간염 hepatitis B ┃ 귀밑샘, 이하선 parotid gland
소아마비 polio; poliomyelitis; infantile paralysis
　□ 그는 어릴 때 소아마비를 앓아 걸음이 부자유스럽다.
　　He has an awkward walk because he suffered from polio as a child.
수두 chickenpox; varicella
일본뇌염 Japanese encephalitis ┃ 뇌염모기 culex (mosquito)
파상풍 tetanus; lockjaw

> 파상풍은 녹슨 못 등에 찔렸을 때 걸리는 병이다. 파상풍균이 몸 속으로 침투하면 중추신경을 침범하여 처음에는 목과 턱의 근육이 경직되고 나중에는 입을 열지 못하고 침을 삼키지도 못하게 된다. lockjaw는 lock(자물쇠)+jaw(턱)이라는 뜻.

풍진 German measles; rubella
홍역 measles; rubeola

---

❶ **유럽의 역사를 바꾼 흑사병**

✗ pest → ◯ the Black Death

흔히 흑사병을 페스트라고 하는데, pest는 역병 또는 대규모 전염병이라는 뜻의 pestilence의 줄임말이며, pest 자체는 해충을 의미한다. 흑사병은 쥐벼룩에 의해 전파되는데, 임파선 또는 림프선이 부어오르는 선페스트 bubonic plague, 공기에 의해 전염되는 폐페스트 pneumonic plague, 그리고 패혈증형 흑사병 septicemic plague 등이 있다. 한편 14세기 중반 유럽을 휩쓴 흑사병은 유럽에서만 2,500~5,000만 명의 목숨을 앗아갔고, 14세기 동안 전 세계적으로 7,500만 명에서 많게는 2억 명이 사망한 것으로 알려져 있다. 이렇게 사망자가 속출하자 사람들은 신에 대한 믿음을 잃어버리기 시작했고, 다급해진 가톨릭 교회는 외국인과 유대인, 거지, 나환자 등에게 화살을 돌렸다. 많은 사람들이 흑사병을 퍼뜨렸다는 이유로 산 채로 불에 태워졌고, 그 후로 중세를 휩쓴 마녀사냥이 본격적으로 시작되었다.

3군 전염병

결핵 tuberculosis (abb TB)
　폐결핵 pulmonary tuberculosis, 폐병 lung disease
공수병, 광견병 rabies; hydrophobia ❶
나병, 한센병 leprosy; Hansen's disease
　나환자, 문둥이 leper
　나환자촌 leper colony
독감, 인플루엔자 flu; influenza
　☐ 그는 독감에 걸려 몸져누웠다. He's down with the flu.
냉방병, 레지오넬라증 legionellosis; legionnaire's disease
　☐ 냉방병에 걸리다 get sick from overexposure to air conditioning
말라리아, 학질 malaria ❷
발진티푸스 typhus; typhus fever
브루셀라병 brucellosis; undulant fever
비브리오패혈증 Vibrio Vulnificus Septicemia
성병 sexually transmitted disease; venereal disease
　매독 syphilis
　임질 gonorrhea
성홍열 scarlet fever; scarlatina
유행성출혈열 epidemic hemorrhagic fever; hemorrhagic fever with renal syndrome
쯔쯔가무시 scrub typhus; tsutsugamushi fever
탄저병 anthrax ❸
후천성면역결핍증, 에이즈 AIDS
(acquired immune deficiency syndrome의 약자)
　에이즈 환자 AIDS patient; PWA (people with AIDS의 약자)

> 유행성출혈열의 병원균인 한타바이러스 hantavirus는 우리나라의 한탄강에서 그 이름을 따왔으며, 세계 최초로 한타바이러스를 규명한 이호왕 박사에 의해 지어진 이름.

❶ 물이 무서운 광견병

광견병은 개나 고양이, 이리, 박쥐 등의 가축이나 야생동물에게 물렸을 때 생기는 질병이다. 광견병에 걸리게 되면 물이나 음식물을 삼키기 힘들고, 항상 갈증이 나지만 물을 두려워하기 때문에 공수병(恐水病)이라고 한다. hydro는 '물의'라는 뜻의 접미사이며 phobia는 공포증이라는 뜻. 광견병에 걸린 사람이나 동물은 흔히 입에 거품을 무는데, 갈증은 심하지만 물을 마실 수 없기 때문에 조금이라도 갈증을 달래기 위해 입에 거품을 무는 것이다. 예전에는 광견병에 걸리면 자신을 문 개의 털을 물린 상처에 대거나, 털을 태워서 물에 타 마시면 병이 낫는다고 믿었다. 이처럼 같은 것이 같은 것을 치료한다는 개념을 동종요법 homeopathy이라고 한다.

❷ 학을 떼다

말라리아는 한자로 학질(虐疾)이라고 한다. 흔히 어렵거나 힘든 일로 진땀을 뺄 때 '학을 떼다' 또는 '학질을 떼다'라는 표현을 쓰는데, '떼다'는 고치다라는 뜻. 말라리아는 열이 많이 나며 땀을 많이 흘려야 나을 수 있는 병인데, 힘든 일로 진땀을 빼는 것과 말라리아가 낫는 과정이 비슷하다고 해서 생긴 표현이다. 비슷한 표현으로는 '홍역을 치르다'가 있다. '홍역을 치르다'와 '학을 떼다'는 영어로는 have had it with, be through a rough time 등으로 표현한다.
　ex 나는 정치라면 학을 뗀 사람이다.
　　I've had it with politics.

❸ 미국인을 긴장시킨 탄저병

그리스어로 석탄을 뜻하는 anthrakis에서 이름이 유래된 탄저병은 피부가 까맣게 썩어 들어가며 사망에 이르는 무서운 병이다. 탄저균 anthrax bacterium을 배양하고 건조시켜 아주 작은 포자 상태로 만들면 흰색 또는 베이지색 가루가 되는데, 2001년 9.11 테러 사건 이후 미국 공공기관에는 백색 가루가 들어 있는 우편물이 배달되어 미국 전역을 공포에 떨게 만들기도 했다. 탄저병의 탄(炭)은 연탄이나 숯, 그리고 저(疽)는 종기라는 뜻이다.

동성애자들만 에이즈에 걸린다?

1981년 미국에서 에이즈가 처음 발견되었을 때 에이즈 증상을 보이는 사람들의 상당수가 동성애자였다. 그래서 초기에는 에이즈를 gay-related immune deficiency, 즉 '동성애자 관련 면역결핍증'이라고 불렀다. the 4H disease라는 용어도 쓰였는데, 여기서 4H란 카리브해의 섬나라인 아이티 사람 Haitian, 동성애자 homosexual, 혈우병 환자 hemophiliac, 그리고 마약의 일종인 헤로인 복용자 heroin user를 의미하는데, 주로 이런 사람들이 에이즈 증상을 나타냈기 때문이다. AIDS라는 명칭은 이듬해인 1982년에 생겼다.

4군 전염병

뎅기열 dengue fever
두창, 마마, 천연두 smallpox; variola
조류 인플루엔자 avian influenza (abb AI); bird flu ❶
중증급성호흡기증후군, 사스 SARS (severe acute respiratory syndrome의 약자)
황열 yellow fever

❶ 종간 장벽
동물의 바이러스나 박테리아, 이, 기생충 등의 병원체가 사람에게 전염되어 걸리는 전염병을 zoonosis 라고 한다. 탄저병, 브루셀라병, 뎅기열, 유행성출혈열, 말라리아, 광견병 등은 모두 zoonosis의 일종이다. 예전에는 동물의 종species과 종 사이에는 '종간 장벽species barrier'이라는 것이 있어 동물의 질병이 사람에게 직접적으로 전염되지 않는다고 생각했다. 하지만 20세기 후반에 조류독감과 인간광우병 등이 발생하면서 종간 장벽이 무너지고 있다.

지정전염병, 기타 전염병

간염 hepatitis
살모넬라증 salmonellosis
수족구병 Hand, Foot and Mouth Disease (abb HFMD)
신종플루 H1N1 flu; H1N1 influenza
인간광우병, 크로이츠펠트–야콥병 Creutzfeldt-Jakob disease (abb CJD)

관련표현

감염, 전염 infection; contagion
☐ 감염되다 be infected
☐ 전염성의 infectious / contagious
☐ 수천 명의 사람들이 그 병에 감염되었다.
　Thousands of people have become infected with that disease.

보균자 carrier
유행성의 epidemic

1.3 남성질환, 여성질환

남성질환 man's disease

고환암 testicular cancer
발기부전, 발기불능 impotence; erectile dysfunction
전립선암 prostate cancer; cancer of the prostate gland
전립선염 prostatitis; inflammation of the prostate gland
조루증 premature ejaculation ↔ 지루증 delayed ejaculation

- 고환 testicles; testis (abb testes)
- 발기 erection
- 전립선 prostate
- 사정 ejaculation

여성질환 woman's disease

난소암 ovarian cancer
냉, 대하 vaginal discharge; leukorrhea; leucorrhea
무월경 AE amenorrhea; BE amenorrhoea
불감증 frigidity
생리불순 menstrual disorder
생리통 cramps
  그녀는 생리통이 심한 편이다. She gets severe cramps during her period.
유방암 breast cancer
유방염, 유선염 mastitis
임신중독 toxemia of pregnancy, 자간전증 preeclampsia ❶
자궁경부암 cervical cancer
자궁근종 uterine fibroids
자궁내막염 endometritis
자궁암 uterine cancer
질염 vaginitis

- 난소 ovary
- 생리, 월경 menstruation; (menstrual) period; menses
- 유방 breast; bust; bosom
- 자궁경부 cervix
- 임신 pregnancy
- 자궁 womb; uterus
- 질 vagina

❶ **임산부 최대의 적**

임신 20주 경부터 나타나는 임신중독증은 산모와 태아의 목숨을 앗아갈 수 있는 무서운 병이다. 최고 혈압 140mmHg 이상의 고혈압이 발생하면 신장 혈관 수축에 의해 신장이 손상되어 단백뇨가 생기고, 다시 단백뇨가 원인이 되어 손발이 붓는 부종이 발생한다. 음식이나 독소에 의한 중독증이 아니기 때문에 요즘에는 자간전증이라는 용어를 많이 쓰는데, 자간전증이 심해지면 발작과 혼수상태를 수반하는 자간증으로 발전하게 된다. 임신중독의 원인은 아직까지 뚜렷하게 밝혀진 것이 없으며, 대개는 출산 후에 자연스럽게 회복하게 된다.

성인병 lifestyle disease

성인병 ✗ adult disease → ◉ lifestyle disease
성인병은 성인adult에게 생기는 질병이 아니라 현대인의 좋지 못한 생활습관lifestyle 때문에 생기는 질병이다. 문명이 발달할수록 증가하는 병이라는 뜻으로 diseases of civilization이라고 부르기도 한다.

고지혈증 hyperlipidemia ❶
고혈압 high blood pressure; hypertension
⬌ 저혈압 low blood pressure; hypotension
☐ 그는 혈압이 높은 편이다. His blood pressure is somewhat high.

당뇨병 diabetes ❷
☐ 나는 당뇨가 있다. I've got diabetes. / I am diabetic.
　당뇨병 환자 diabetic

> 동맥 artery ⬌ 정맥 vein

동맥경화증 arteriosclerosis; hardening of the arteries
비만 obesity
☐ 비만은 만병의 근원이다. Obesity is the cause of many other ailments.
지방간 fatty liver

> 뚱뚱한 fat, 비만한 obese

심장병

> 부정맥(不整脈)은 맥박, 즉 심장 박동이 불규칙한 병으로서 정맥과는 상관이 없다

심장병, 심장 질환 heart disease; cardiac disease
부정맥 arrhythmia
심근경색 myocardial infarction
심부전 cardiac insufficiency

> 심근, 심장근 myocardium; cardiac muscle

심장마비 heart attack; heart failure
☐ 그는 심장마비로 사망했다. He died of a heart attack.
☐ 찬물에 갑자기 들어가면 심장마비를 일으킬 수 있다.
　Sudden immersion in cold water can cause a heart attack.
심장판막증 valvular heart disease

> 심장판막 heart valve

협심증 angina; angina pectoris

❶ 고지혈증이란?

고지혈증(高脂血症)은 과다한 영양 섭취와 운동 부족으로 인해 혈액 내에 지방 성분이 많은 상태를 가리킨다. hyperlipidemia의 hyper-는 '초과한', '위의'라는 뜻의 접두사이며, 반의어는 '부족한', '아래의'라는 뜻의 hypo-이다.

hyper-
hyperacidity 위산과다
hyperbole 과장법
hyperhidrosis 다한증
hypersensitive 과민한
hypersexuality 섹스중독
hypertension 고혈압
hyperthermia 고체온증

hypo-
hypodermic 피하주사
hypoglycemia 저혈당
hypotension 저혈압
hypothermia 저체온증
hypotrichosis 무모증
hypoxia 저산소증

❷ 당뇨병의 원인과 증상

사람이 섭취한 음식물은 포도당grape sugar으로 변해 혈액 안으로 들어가고 세포에 흡수되어 에너지로 쓰인다. 이처럼 혈액 속에 녹아 있는 당분을 혈당blood sugar이라고 하는데, 췌장pancreas에서 분비하는 인슐린insulin이라는 호르몬이 혈당 수치를 조절한다. 당뇨병은 인슐린 분비에 문제가 생겨 혈당이 조절되지 않고 포도당을 소변으로 배출하는 증상을 말한다. 당뇨병은 유전적 요인과 더불어 고지방 고열량의 식단, 운동 부족, 스트레스가 원인인데, 당뇨병에 걸리면 소변의 양이 많아지고 신진대사metabolism가 균형을 잃게 된다. 그리고 신장질환kidney disease, 백내장cataract, 동맥경화증arteriosclerosis과 같은 다양한 합병증complications이 나타나게 된다.

암, 종양

암 cancer; carcinoma ❶
- 암에 걸리다 get cancer / contract cancer
- 그녀는 말기 암 판정을 받았다. She was diagnosed with late-stage cancer.

  간암 liver cancer
  갑상선암 thyroid cancer
  결장암 colon cancer
  골암 bone cancer
  뇌종양 brain tumor
  대장암 colon cancer; colorectal cancer; cancer of the large intestine
  방광암 bladder cancer
  식도암 esophageal cancer; cancer of the esophagus
  위암 stomach cancer; gastric cancer; cancer of the stomach
  직장암 rectal cancer
  췌장암 pancreatic cancer; cancer of the pancreas
  폐암 lung cancer; cancer of the lungs
  피부암 skin cancer
  혈액암 cancer of the blood; myelogenous leukemia; 백혈병 **AE** leukemia; **BE** leukaemia ❷
  후두암 laryngeal cancer; cancer of the larynx

종양 tumor ❸
- 종양 제거 수술을 받다
  have a tumor removed / have an operation to remove a tumor

  악성 종양 malignant tumor, 육종 sarcoma
  ● 양성 종양 benign tumor
  혈관종 angioma; (딸기 모양의) strawberry mark
  흑색종 melanoma

전이 metastasis
- 전이되다 metastasize / (퍼지다) spread
- 암이 다른 장기들로 전이되었다. The cancer had spread to other organs.

❶ **암 관련표현**

발암물질 carcinogen; cancer-causing agent
항암물질 anticarcinogenic substance
항암제 anticancer drug
항암치료 cancer treatment

❶ **별자리에도 'cancer'가 있던데요?**

그리스신화에 등장하는 영웅 헤라클레스Hercules는 12가지의 위대한 업적을 세운다. 그 중 하나는 머리가 여러 개 달린 괴물 히드라Hydra를 물리친 것인데, 헤라클레스가 히드라와 한창 싸우고 있을 때 그를 미워하던 여신 헤라Hera가 거대한 게crab를 보내 헤라클레스를 방해하려고 했다. 게는 자신의 집게로 헤라클레스의 발가락을 무는 데는 성공했지만 헤라클레스의 발에 밟혀 그 자리에서 죽고 만다. 게를 불쌍히 여긴 헤라는 게를 황도 12궁zodiac 중 하나인 게자리the Crab라는 별자리로 만들어 준다. the Crab는 다른 말로는 Cancer라고 하는데, 이 때의 Cancer는 암과 전혀 상관없이 그리스어로 게를 의미한다.

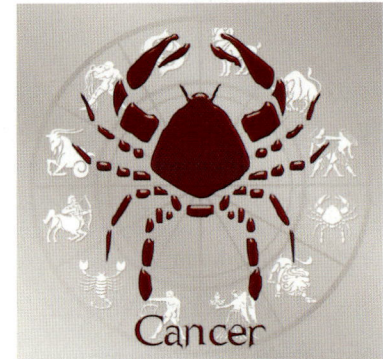

❷ 백혈병의 원인

백혈병은 혈액암의 일종으로서, 골수bone marrow 내에서만 있어야 할 미성숙한 백혈구 white blood cell들이 혈액 내에서 계속 증가하는 병을 가리킨다. 정상인의 경우는 혈액 $1mm^3$당 백혈구의 개수가 6000~8000개인데 반해, 백혈병 환자는 백만 개 이상 되기 때문에 백혈구 때문에 혈액이 하얗게 보일 정도다. 그래서 백혈병(白血病)이라고 한다. 어차피 제 기능을 못하는 백혈구들이기 때문에 인체의 면역 작용에도 도움이 안 되고, 골수가 끊임없이 백혈구를 생산하느라 적혈구와 혈소판 등을 생산하지 못해 빈혈anemia이나 출혈bleeding 등의 증상에 시달리게 된다. 현재까지는 골수이식수술bone marrow transplantation이 가장 확실한 백혈병 치료법이다.

❸ 종양과 암의 관계

종양은 양성 종양과 악성 종양으로 구분된다. 악성 종양은 다시 암과 육종으로 나뉘어지는데, 암은 피부나 점막 등의 상피조직에 생기는 것이고, 육종은 근육이나 혈액 등의 비상피조직에 생기는 것을 가리킨다. 악성 종양의 특징은 무제한 증식uncontrolled growth, 침투 invasion, 전이metastasis 등을 들 수 있는데, 골암은 다른 기관에서 생긴 암이 몸 전체에 전이된 말기 암을 가리킨다.

1.5 신체장애 physical disability

장애

장애 disability; defect; impairment ❶
  장애인 disabled person; (집합적) people with disabilities; the disabled

> **장애인** ❌ the handicapped → ⭕ disabled person; people with disabilities
>
> 장애인은 크게 신체장애인physically challenged person과 정신장애인mentally challenged person으로 구분된다. 예전에는 장애인을 the handicapped, 즉 결점handicap을 가진 사람이라고 불렸지만, 이 표현은 모욕적인 어감을 가지고 있기 때문에 더 이상 쓰이지 않는다. 신체나 정신이 손상된 사람들이라는 뜻의 the impaired도 the handicapped와 마찬가지로 잘 쓰이지 않는다. 요즘에는 보다 중립적인 the disabled, the challenged와 같은 표현이 잘 쓰이는데, 이 말은 신체나 정신의 일부분을 사용할 수 없게 되었거나disabled, 신체나 정신을 사용하는 데 도전을 받고 있는challenged 사람들이라는 뜻. disabled의 명사형인 disability와 impaired의 명사형인 impairment는 각각 장애를 뜻한다.

❶ **장애 분류**
신체장애 physical disability; physical impairment
정신장애 mental disability; mental disorder

시각 장애

시각 장애 visual impairment
☐ 그는 시각 장애를 가지고 태어났다. He has been visually impaired since birth.
  시각 장애인 visually impaired person; (집합적) the visually challenged

맹인, 장님 blind person; (집합적) the blind
☐ 그녀는 태날 때부터 눈이 안 보였다. She was born blind.

애꾸눈 one-eyed person

> blind 눈이 보이지 않는 ↔ sighted 눈이 보이는

청각 장애

독순술 lip reading
수화 sign language

청각 장애 hearing impairment
  청각 장애인, 귀머거리 hearing-impaired person; (집합적) the deaf
☐ 그는 완전히 귀가 먹었다. He's completely deaf. / He's as deaf as a post.

귀가 멀다 go deaf; lose one's hearing

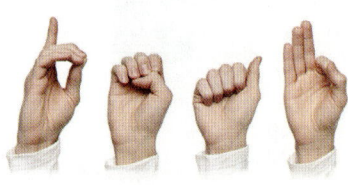
"I'm deaf." 저는 청각장애인입니다.

언어 장애

언어 장애 speech defect; speech disorder
- 그녀는 언어 장애가 있다. She has a speech defect.
  - 언어 장애인 speech-impaired person

말더듬이 stammerer; stutterer
- 그는 말을 심하게 더듬는다. He stammers a lot. / He stutters severely.

벙어리 ⚠ mute, **농아** ⚠ deaf mute

> **꿀 먹은 벙어리**
> 어떤 사람이 갑자기 꿀 먹은 벙어리가 되었을 때 쓸 수 있는 표현 중에 "Cat got your tongue?"이 있다. 번역하면 "고양이가 네 혀를 가져갔니?"인데, 이 표현은 중세 시대에 거짓말쟁이의 혀를 뽑아 왕의 고양이에게 먹이로 주는 처벌 방식에서 비롯되었다는 설이 있다. 이 표현은 공식 석상이나 잘 모르는 사람에게는 쓰지 않으며, "Why can't you tell me?"로 바꾸어 표현할 수 있다.
>
> **ex** 대답해. 뭐가 문제야? 왜 꿀 먹은 벙어리가 된 거야?
> Answer me, what's the matter?
> Cat got your tongue?

"Cat got your tongue?"

실어증 dysphasia; aphasia

혀짤배기 lisper

기타 신체장애

고자 eunuch

거인증 giantism; gigantism, **말단비대증** acromegaly ❶

● **소인증, 왜소증** dwarfism, **말단왜소증** acromicria

구개파열 cleft palate, **구순파열** cleft lip; ⚠ harelip
  - 언청이 person with a cleft lip

곱사등이, 꼽추 ⚠ hunchback; humpback

외팔이 one-armed person

절름발이 ⚠ cripple
- 사람들은 그를 절름발이라고 놀렸다.
  People made fun of him because he was a cripple.

목발 crutches
보행보조기 walker
휠체어 wheelchair

❶ 끝없이 자라는 병
거인증은 성장기에 발병하면 키가 계속 커지고 성인이 된 후 발병하게 되면 얼굴이나 손과 발 등의 말단 부위가 커지는 말단비대증이 된다. 거인증은 뇌의 뇌하수체에 종양이 생기면서 성장호르몬이 과하게 분비되면서 발생한다. 외형뿐만 아니라 장기도 커지기 때문에 고혈압, 당뇨 등의 성인병들이 합병증으로 생긴다. 수술로 종양을 없애는 것이 가장 좋은 치료법이고, 완전히 제거되지 않을 경우, 약물과 방사선 치료를 병행해야 한다. 이 거인증을 앓고 있는 유명인으로는 할리우드의 배우인 브룩쉴즈가 있다.

1.6 눈병 eye disease

안구 질환

각막염 keratitis
건조안, 안구건조증 dry eye (syndrome); xerophthalmia
결막염 conjunctivitis; pinkeye ❶
녹내장 glaucoma ❷
망막염 retinitis
백내장 cataract ❷
안염 ophthalmia

각막 cornea
결막 conjunctiva
망막 retina

시력 질환

근시, 근시안 nearsightedness; shortsightedness; myopia
☐ 그녀는 심한 근시다. She's very nearsighted.

난시, 난시안 astigmatism

노안 presbyopia
☐ 그는 사십 대 중반에 노안이 왔다. He became presbyopic in his mid 40s.

복시 double vision; diplopia

사시, 사시안 squint; strabismus
　내사시 esotropia　　외사시 exotropia ❸
　사시안인, 사팔뜨기 squinter

색맹 color blindness

색약 color weakness; color amblyopia

야맹증 night blindness; nyctalopia

약시 lazy eye; amblyopia

원시, 원시안 farsightedness; long-sightedness

착시 optical illusion
☐ 그 마술은 착시 현상을 이용한 일종의 트릭이다.
　That magic is just a trick using an optical illusion.

환각 visual hallucination

❶ 아폴로 11호의 우연

우주선 아폴로 11호는 1969년 7월 20일 달에 착륙했다가 지구로 귀환했다. 한편 비슷한 시기인 1969년과 70년에 아프리카 가나에서 원인을 알 수 없는 눈병이 발생했다. 사람들은 우주선 아폴로 11호가 달에서 병원체를 가져왔기 때문에 그 병이 발생했다고 생각해서 그 눈병을 아폴로눈병Apollo 11 disease이라고 불렀다. 아폴로눈병의 정식 명칭은 급성출혈성결막염acute hemorrhagic conjunctivitis이다.

❷ 녹내장 VS 백내장

안구, 즉 눈의 내부는 방수라고 하는 물로 채워져 있다. 방수의 양이 많아지게 되면 눈의 압력, 즉 안압 intraocular pressure이 높아져 시신경optic nerve이 손상되고 동공pupil의 안쪽이 녹색을 띠게 된다. 그리고 시야가 점점 좁아지게 되다가 시력을 잃게 된다. 녹내장(綠內障)은 내부가 녹색으로 가로막혔다는 뜻. 백내장(白內障)은 내부가 백색으로 가로막혔다는 뜻인데, 백내장에 걸리면 수정체lens가 하얗게 변하기 때문에 동공이 뿌옇게 보이며 시야가 흐릿해진다.

❸ 내사시와 외사시

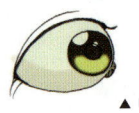 
▲ 내사시

▲ 외사시

1.7 귓병, 입병, 콧병

귓병 ear disease

고막염 myringitis

고막파열 ruptured eardrum

> 고막 eardrum; tympanum; tympanic membrane

□ 그는 사고로 고막이 터졌다. His eardrums ruptured[burst] in an accident.

귀앓이, 이통 earache

귀울림, 이명 tinnitus

난청 difficulty in hearing

□ 그는 가벼운 난청 증세가 있다. He's slightly hard of hearing.

중이염 otitis media; glue ear

환청 auditory hallucination

> 중이 middle ear

□ 그는 환청에 시달리고 있다. He suffers from auditory hallucinations.

입병 mouth disorder

구내염 canker sore

잇몸 질환 gum disease

치은염 gingivitis

치주염, 풍치 paradentitis

> 치은염은 잇몸에 염증이 생긴 상태이고, 치주염은 치조골까지 염증이 생긴 상태

콧병 nose disease

코골이, 수면무호흡증 sleep apnea syndrome

코막힘 stuffy nose; nasal congestion

□ 코가 꽉 막혔다. I have a stuffy nose.

1.8 피부병 skin disease

종류

궤양 ulcer

다래끼 sty; stye
- 왼쪽 눈에 다래끼가 났다. I have a sty in my left eye.

다모증 hypertrichosis ↔ 무모증 hypotrichosis; atrichia

다한증, 땀과다증 hyperhidrosis; excessive sweating

두드러기 hives; nettle rash; urticaria
- 나는 돼지고기를 먹으면 두드러기가 난다. I break out in hives if I eat pork.

땀띠 heat rash; prickly heat
- 등에 땀띠가 나서 무척 따갑다. I've got a bad case of prickly heat on my back.

무좀 athlete's foot; tinea pedis
- 나는 겨울만 되면 무좀으로 고생한다. I suffer from athlete's foot whenever winter rolls around.

물집, 수포 blister

발진 rash
- 피부에 발진이 생겼다. I broke out in a rash. / My skin broke out in a rash.

기저귀발진 diaper rash

백반증 vitiligo; leukoderma

백색증, 색소결핍증 albinism ❶
  백색증 환자, 색소결핍증 환자 albino

> 기저귀 diaper; nappy
> 일회용 기저귀 disposable diaper
> 천 기저귀 cloth diaper

버짐 ringworm; tinea
- 그의 얼굴에 버짐이 폈다. Ringworm appeared on his face.

마른버짐, 건선 psoriasis

부스럼, 종기 boil; abscess; sore; (진물이 흐르는) running sore
- 온몸에 부스럼이 났다. I have abscesses all over my body.

뾰두라지, 뾰루지 eruption
- 코끝에 뾰루지가 돋았다. I've got an eruption on the end of my nose.

색소침착 pigmentation

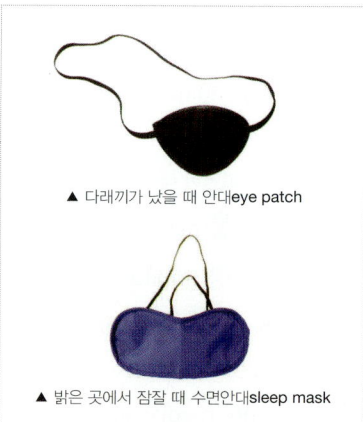

▲ 다래끼가 났을 때 안대 eye patch

▲ 밝은 곳에서 잠잘 때 수면안대 sleep mask

❶ 멜라닌이 부족한 병

백색증 또는 색소결핍증은 선천적으로 체내의 멜라닌색소 melanin pigment가 부족해서 피부와 모발이 하얗고 눈이 빨간 증상을 가리키는데, 색소결핍증 환자를 알비노 albino 또는 person with albinism이라고 한다. 색소결핍증은 동물에도 자주 발생하는 현상인데, 흰쥐 albino rat와 백사 albino snake는 알비노의 일종이지만 백호 white tiger는 알비노가 아니라 호랑이의 변종이다. 백호의 몸에 나 있는 줄무늬가 백호가 알비노가 아니라는 증거. 인구의 대다수가 흑인종인 아프리카에서는 알비노의 신체가 행운을 불러온다는 미신 때문에 많은 흑인 알비노들이 살해 위협에 시달리고 있으며, 실제로 알비노의 신체 일부가 암암리에 거래되고 있다고 한다. 흑인 알비노의 눈 색깔은 붉은색이 아니라 푸른색에 가까운데, 황인종이나 백인종에 비해 멜라닌색소가 풍부하기 때문이다.

albino rabbit

습진 eczema
- 습진에 걸리다 be affected by eczema

　주부습진 housewife's eczema

아토피 atopy, 아토피 피부염 atopic dermatitis
- 그 아이는 아토피가 심하다. That child suffers from severe atopy.

안면홍조증 hot flash; hot flush

액취증 osmidrosis; bromhidrosis

여드름 (하나하나의 여드름) pimple; zit; (병명) acne
- 여드름을 짜다 squeeze a pimple / pop a pimple
- 그는 여드름박사다. He's pimple-faced. / He's got bad acne.

> 암내 (겨드랑이의) underarm odor; armpit smell
> 탈취제 deodorant; deodorizer

옴 itch; scabies; (동물의) mange
- 옴이 오르다 catch[have] the itch / be infected with the itch[scabies]

완선 jock itch; tinea cruris

욕창 bedsore; pressure ulcer

탈모 hair loss; alopecia

　원형탈모증 (병적인) alopecia areata; (유전적인) pattern baldness

티눈 corn

포진 herpes; herpes simplex

　구순포진 herpes labialis; cold sore; fever blister

　대상포진 herpes zoster; shingles

> 바이러스의 감염으로 인해 피부 또는 점막에 크고 작은 물집이 생기는 피부병

피부염 dermatitis

관련표현

곪다 fester; form pus
- 상처가 곪아서 고름이 나온다. The wound has festered and is discharging pus.

헐다 (피부가) have sore skin; (입안이) have a canker sore
- 잠을 못 잤더니 입 안이 헐었다. I slept poorly and got a canker sore.

1.9 소화기 질환 digestive disease

간경변, 간경화 cirrhosis   `간 liver`
  복수 ascites; abdominal dropsy
    ☐ 환자는 배에 복수가 차기 시작했다.
    The patient began suffering from abdominal dropsy.

결석 (병명) calculus (pl calculi); lithiasis; (돌) stone ❶
    ☐ 신장결석 제거수술을 받다 have a kidney stone removed

`결장 colon`

결장염 colonitis

과민성대장증후군 irritable bowel syndrome (abb IBS)

담석증 cholelithiasis   `쓸개, 담낭 gall bladder`
  담석 gallstone; bilestone; biliary calculus

대장염 colitis   `대장 large intestine`

맹장염, 충수염 appendicitis   `맹장 appendix`

복막염 peritonitis   `복막 peritoneum`

설사 AE diarrhea; BE diarrhoea; inf the runs
    ☐ 어제는 밤새 설사를 했다. I had the runs all night last night.
    ☐ 며칠째 설사가 멈추지 않는다. I've had diarrhea for several days now.
  설사약, 지사제 paregoric; diarrhea medicine ❷
  하제 laxative; purgative ❷

소화불량, 체증 indigestion; dyspepsia
    ☐ 소화불량에 걸리다 have indigestion
  급체 acute indigestion
    ☐ 그는 급체로 며칠째 먹지 못하고 있다.
    Because of acute indigestion, he hasn't been able to eat for several days.

식도염 esophagitis   `식도 esophagus`

십이지장 궤양 duodenal ulcer   `십이지장 duodenum`

십이지장염 duodenitis

위궤양 gastric ulcer; stomach ulcer   `위 stomach`

위산과다 hyperacidity

위장병 stomach trouble; stomach disorder   `위액 gastric juice` `위산 gastric acid`

---

❶ **몸 안에 생기는 돌**

고대 그리스인들은 작은 조약돌을 가지고 수학 문제를 풀거나, 조약돌을 화폐 삼아 가축을 거래하곤 했다. 그래서 수학의 한 분야인 미분differential calculus과 적분integral calculus에는 돌이라는 뜻의 calculus가 들어가 있다. 한편 몸 안에 생기는 결석stone은 진짜 돌이 아니라 염분이 돌처럼 단단하게 뭉친 것을 가리킨다. 결석을 예방하기 위해서는 평소에 수분을 많이 섭취해야 한다. 결석 치료에는 체외충격파쇄석술extracorporeal shock wave lithotripsy이 많이 쓰인다.

방광결석 bladder stone; urinary calculus
신장결석 kidney stone; renal calculus
요로결석 urinary stone; urolith

❷ **지사제 VS 하제**

지사제는 설사를 멎게 하는 약이고 하제는 설사가 나게 하는 약. 하제purgative의 접두사 purg-는 '깨끗이 하다', '정화시키다'라는 뜻인데, 비슷한 뜻을 가진 단어로 purge와 purgatory 등이 있다. purge는 정적을 제거한다는 뜻의 숙청이고, purgatory는 기독교에서 천국과 지옥의 중간 지점에 있다는 연옥을 뜻한다. 연옥은 지상에서 자신이 지은 죄를 씻고 천국에 들어갈 준비를 하는 곳이다.

위장염 gastroenteritis
  위염 gastritis
  장염 enteritis
직장염 proctitis — 직장 rectum
췌장염 pancreatitis — 췌장 pancreas

염증이 생겼을 땐 –itis

접미사 –itis는 염증 inflammation이라는 뜻으로서, –itis가 붙은 의학용어는 'inflammation + of + the + 장기·기관의 명칭'과 같이 바꿔 말할 수 있다. 예를 들어 신장염이라는 뜻의 nephritis는 inflammation of the kidneys와 같이 바꿔 말할 수 있다.

arthritis 관절염 (관절 joint)
bronchitis 기관지염 (기관지 bronchial tubes)
colitis 대장염 (대장 large intestine)
colonitis 결장염 (결장 colon)
conjunctivitis 결막염 (결막 conjunctiva)
cystitis 방광염 (방광 bladder)
dermatitis 피부염 (피부 skin)
duodenitis 십이지장염 (십이지장 duodenum)
endometritis 자궁내막염 (자궁 uterus)
enteritis 장염 (창자 intestines; bowels)
esophagitis 식도염 (식도 esophagus)
gastritis 위염 (위 stomach)
gingivitis 치은염 (잇몸 gum)
hepatitis 간염 (간 liver)
keratitis 각막염 (각막 cornea)
laryngitis 후두염 (후두 larynx)
meningitis 뇌막염 (뇌막 meninges)
myelitis 척수염 (척수 spinal cord)
myringitis 고막염 (고막 eardrum)
nephritis 신장염 (신장 kidney)
osteomyelitis 골수염 (골수 marrow)
pancreatitis 췌장염 (췌장 pancreas)
paradentitis 치주염 (잇몸 gum)
parotitis 이하선염 (이하선 parotid gland)
periostitis 골막염 (골막 periosteum)
peritonitis 복막염 (복막 peritoneum)
pharyngitis 인두염 (인두 pharynx)
pleuritis 늑막염 (늑막 pleura)
proctitis 직장염 (직장 rectum)
prostatitis 전립선염 (전립선 prostate)
pyelitis 신우염 (신우 renal pelvis)
retinitis 망막염 (망막 retina)
rhinitis 비염 (코 nose, 비강 nasal cavity)
tonsillitis 편도선염 (편도선 tonsil)
urethritis 요도염 (요도 urethra)
vaginitis 질염 (질 vagina)

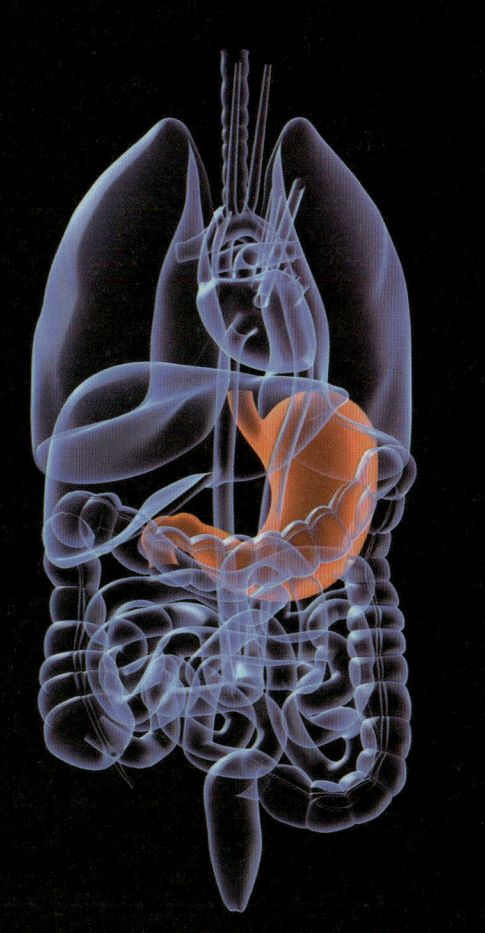

1.10 호흡기 질환 respiratory disease

감기 (common) cold ❶
- 나는 툭하면 감기에 걸린다. I catch cold very easily.
- 이번 감기는 정말 독하다.
  The cold that's going around right now is really a bad one.
- 감기가 오려는 것 같다.
  I must be coming down with a cold. / I think I'm catching a cold.

　목감기 sore throat
　코감기 head cold

기관지염 bronchitis

[기관지 bronchial tubes; bronchus (**pl** bronchi)]

기관지확장증 bronchiectasis

늑막염 pleurisy; pleuritis

[늑막 pleura]

부비강염, 축농증 sinusitis; ozena

비염 rhinitis
- 비염이 있어서 코로 숨쉬기가 힘들다.
  I'm having trouble breathing, because of rhinitis.

　알레르기성 비염 allergic rhinitis

인후염 pharyngolaryngitis

　인두염 pharyngitis

[인두 pharynx]

　후두염 laryngitis; throat infection

[후두 larynx; **inf** voice box]

천식 asthma
- 그녀는 천식을 앓고 있다. She suffers from asthma.

　천식 환자 asthmatic
　흡입기 inhaler; **inf** puffer ❷

[폐가 잔뜩 늘어나 있을 뿐 다시 줄어들지 못해 숨을 내쉬기 어려운 질병. 흡연이 주요 원인]

폐기종 (pulmonary) emphysema

폐렴 pneumonia

[폐 lung(s)]

호흡곤란 dyspnea; shortness of breath
- 환자는 호흡곤란 증세를 호소했다. The patient complained of shortness of breath.

---

❶ **감기와 독감에 관한 진실**

독한 감기를 독감influenza으로 알고 있는 사람들이 많은데 감기와 독감은 전혀 다른 질병이다. 감기는 다양한 바이러스에 의해 발생하는 호흡기 질환이지만 독감은 인플루엔자 바이러스influenza virus에 의해 발병하는 전염병이다. 감기는 서서히 발생하며 고열과 합병증을 동반하는 경우가 거의 없지만, 독감은 급격히 발병하고 고열, 근육통뿐만 아니라 천식이나 폐렴과 같은 합병증을 동반한다. 감기를 영어로 cold라고 하기 때문에 날씨가 추울 때 감기에 걸리는 것으로 착각하기 쉽지만, 감기는 바이러스로 인해 걸리기 때문에 바이러스가 생존할 수 없는 추운 극지방에서는 오히려 감기에 걸리지 않는다.

❷ **흡입기**

천식 환자들은 호흡 곤란과 기침, 천명 등의 증상이 나타나는데, 이에 대한 치료 방법으로는 약과 주사를 맞는 방법과 흡입약을 투약하는 방법이 있다. 흡입약은 흡입기inhaler로 직접 기관지에 투여하여 효과가 빠르다는 장점이 있다. 흡입기는 종류가 다양하기 때문에 구입 시 약사의 도움을 받아 올바른 사용법을 배워야 한다.

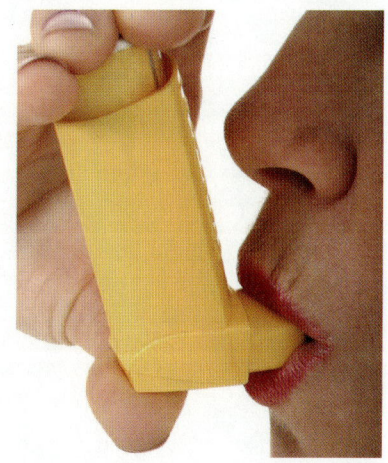

1.11 비뇨기 질환 urinary disease

다뇨증 polyuria
단백뇨 proteinuria; albuminuria
방광결석 bladder stone; urinary calculus; cystolith ❶
방광염 cystitis; bladder infection
변비 constipation; irregularity
☐ 그녀는 변비가 심하다. She's severely constipated.

> 방광 (urinary) bladder

변비 치료법
장세척 colonic irrigation
관장 enema
좌약 enema; suppository
식이요법 diet

신장병 nephropathy; kidney disease
　신부전 renal failure; renal insufficiency; kidney failure
　만성신부전 chronic renal failure
　☐ 그는 만성신부전으로 주기적으로 혈액투석을 받는다.
　　He has to undergo regular dialysis because of chronic renal failure.
　신우염 pyelitis
　신장결석 kidney stone; renal calculus
　신장염 nephritis

> 신장 kidney

오줌소태 pollakiuria
요도염 urethritis
요독증 uremia
요로결석 urolith
요실금 (urinary) incontinence
요혈, 혈뇨 hematuria
☐ 오줌에 피가 섞여 나왔다. There was blood in my urine.
치질, 치루 hemorrhoids; [inf] piles

> 요도 urethra

신장 건강에 빨간불이 들어왔을 때

다뇨증은 소변urine을 비정상적으로 많이 배출하는 증상이며, 단백뇨는 신장에서 걸러져야 할 단백질protein이 걸러지지 못하고 소변으로 배출되는 증상이다. 소변을 보았을 때 거품이 많이 생긴다면 단백뇨를 의심해 볼 수 있다. 오줌소태는 소변을 조금씩 자주 보는 증상을 가리키는데, 세 가지 증상 모두 신장의 기능이 약해져서 생긴다. 한편 요독증은 신장의 기능이 극도로 악화되어 소변으로 배출되어야 할 각종 노폐물이 혈액 속에 쌓여 일어나는 중독 증세를 가리킨다. 이처럼 신장이 제 기능을 못할 때는 인공투석dialysis을 통해 노폐물을 걸러줘야 한다.

❶ **방광결석과 모아이**

방광결석cystolith의 접사 –lith는 '돌'이라는 뜻. megalith란 유사 이전에 세워진 돌로 된 거대한 구조물인데, 잘 알려진 megalith로는 고인돌 dolmen, 영국의 스톤헨지Stonehenge, 이스터 섬의 모아이Moai 등이 있다.

cholelithiasis 담석증
lithograph 석판화
lithography 석판인쇄
megalith (유사 이전의) 거석
Neolithic age 신석기시대
Paleolithic age 구석기시대
urolith 요로결석

▲ Moai

1.12 뼈, 근육, 신경 질환

뼈 질환

골다공증 osteoporosis; BE brittle bone disease

> 골밀도bone density가 떨어져 생기는 병

☐ 우리 어머니는 골다공증이 있으시다. My mother has osteoporosis.

골막염 periostitis — 골막 periosteum

골수염 osteomyelitis — 골수 bone marrow

디스크, 추간판탈출증 slipped disc; slipped disk

☐ 디스크가 재발했다. I've got another slipped disk.

척수염 myelitis — 척수 spinal cord

근육 질환

경련 convulsion
☐ 경련하다 convulse
☐ 그는 경련을 일으키며 쓰러졌다. He collapsed with convulsions.

간질, 발작 seizure; epilepsy; epileptic fit
☐ 그녀는 간질을 앓고 있다. She has epilepsy.

간질 환자 epileptic

근육경련, 쥐 cramp; (muscle) spasm; (다리의) inf charley horse ❶
☐ 갑자기 다리에 쥐가 났다. Suddenly I got a charley horse.

안면경련 tic; facial spasm

근위축증 muscular dystrophy, 루게릭병 amyotrophic lateral sclerosis (abb ALS); Lou Gehrig's disease

> 루게릭병의 정식 명칭은 '근위축성측삭경화증'인데, 1941년 이 병으로 사망한 미국 뉴욕 양키스의 야구 선수 루게릭의 이름을 따서 지어졌다. 영국 출신의 세계적 물리학자인 스티븐 호킹Stephen Hawking 박사가 루게릭병으로 장기간 투병을 하고 있는 것으로도 유명하다. 루게릭병에 걸리게 되면 운동신경세포가 파괴되어 팔다리를 못 쓰게 되다가 나중에는 말을 하는 것은 물론 손가락 하나도 까딱할 수 없게 된다. 그리고 결국은 호흡을 할 수 없게 되어 사망에 이르게 된다. 하지만 육체가 완전히 마비된 상황에서도 환자의 의식과 감각은 끝까지 온전한 상태를 유지하기 때문에 '육체라는 감옥에 정신이 갇히는 질병'으로도 불린다. 소설 〈모리와 함께 한 화요일Tuesdays with Morrie〉은 루게릭병 환자인 모리교수의 이야기를 그리고 있다.

수전증, 손떨림증 hand tremor
☐ 그는 수전증이 심하다. He has a severe hand tremor. / His hands tremble badly.

테니스엘보 tennis elbow

❶ charley horse
1800년대 말 미국의 야구장에서는 더 이상 경주를 할 수 없는 늙은 말horse을 부려서 야구장을 관리했는데, 그런 말의 별명이 Charlie였다. 여기서 유래된 charley horse라는 표현은 허벅지나 종아리에 갑자기 일어나는 경련을 뜻한다. 말의 뒷다리에 걷어차인 것처럼 강렬한 통증을 느끼기 때문이다.

팔꿈치 관절의 통증
테니스를 즐기는 사람들이 많이 걸리는 질환이라 테니스엘보란 이름이 붙었다.

관절 질환

관절염 arthritis; joint inflammation
- 그는 무릎 관절염을 앓고 있다. He has arthritis in his knee.
  - 골관절염 osteoarthritis
  - 류머티즘 rheumatism, 류머티즘성 관절염 rheumatoid arthritis
  - 퇴행성 관절염 degenerative joint disease

오십견 frozen shoulder; (의학용어) adhesive capsulitis
- 그녀는 오십견이 심해서 팔을 들지도 못한다.
  She has a frozen shoulder and can't even lift her arm.

통풍 gout

> 오십견(五十肩)은 특별한 원인 없이 50세 이후에 발병한다고 해서 붙은 이름이지만 나이와는 상관 없이 당뇨병 등으로 젊은 나이에 발병하기도 한다.

신경 질환

신경통 neuralgia
- 좌골신경통 sciatica

파킨슨병 Parkinson's disease; Parkinson disease ❶

마비

마비 paralysis; numbness

> **paralysis** 사고나 질병 등으로 몸의 일부나 전체가 영구히 마비된 상태
> **numbness** 오랫동안 같은 자세를 취하거나 추위 등으로 몸이 일시적으로 감각을 잃은 상태

- 마비되다 be paralyzed / (추위 등으로) go numb
- 갑자기 팔에 마비가 왔다. Suddenly my arm went numb.
- 추위로 온몸이 마비되었다. My whole body was frozen stiff.

뇌성마비 cerebral palsy ❷
반신불수, 반신마비 (좌우 마비) hemiplegia; half-body paralysis; (하반신 마비) paraplegia
- 반신불수가 되다 be paralyzed from waist down
  - 반신불수 환자 hemiplegic; paraplegic

안면마비 facial paralysis; facial palsy
전신마비, 전신불수 general paralysis

---

❶ 파킨슨병과 알츠하이머병의 차이

파킨슨병은 대뇌의 신경 전달 물질인 도파민이 부족해 생기는 퇴행성 신경 질환으로서, 팔다리가 떨리고 근육이 경직되며 동작이 느려지는 등의 증상이 나타난다. 권투 선수 무하마드 알리Muhammad Ali는 무수한 펀치에 뇌가 충격을 입어 파킨슨병을 얻었다. 한편 치매 또는 알츠하이머병은 대뇌의 신경세포가 죽어서 발생하는 퇴행성 뇌질환이다. 파킨슨병은 운동기능 장애가 먼저 나타나는 반면 알츠하이머병은 기억력과 인지기능 장애가 먼저 나타난다.

❷ 뇌성마비 VS 소아마비

뇌성마비와 소아마비는 완전히 다른 병이다. 뇌성마비는 선천적으로 뇌에 이상이 생겨 발생하는 병으로서 운동장애와 지체장애 등의 증상을 동반한다. 반면 소아마비는 폴리오 바이러스polio virus에 의해 후천적으로 발병하는 전염병으로서 하지 마비 등의 증상을 동반한다. 간혹 뇌성마비를 뇌성소아마비라고 부르기도 하는데, 뇌성마비가 올바른 명칭이다.

1.13 혈관 질환, 혈액 질환

혈관 질환 vascular disease ❶

뇌졸중, 중풍, 풍 stroke; palsy ❷
- 그의 아버지는 1년 전에 풍을 맞았다. His father had a stroke last year.

뇌경색 cerebral infarction
- 그는 어제 저녁 뇌경색으로 쓰러졌다.
  Yesterday evening he collapsed with a cerebral infarction.

뇌일혈, 뇌출혈 cerebral hemorrhage

색전증 embolism, 혈전증 thrombosis

정맥류, 하지정맥류 varicose veins; varix (pl varices)

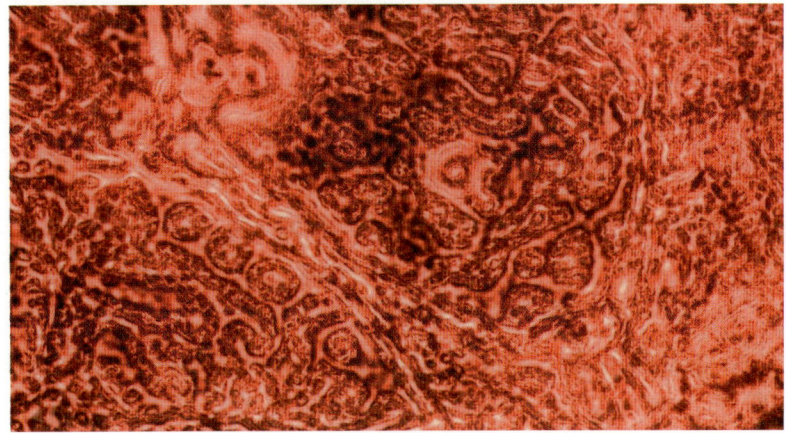

혈액 질환 blood disease

고혈당증 hyperglycemia ➡ 저혈당증 hypoglycemia

빈혈 [AE] anemia; [BE] anaemia ❸

> 혈당 blood sugar

- 다이어트를 심하게 했더니 빈혈이 생겼다.
  I dieted too much and wound up with anemia.

악성빈혈 pernicious anemia
재생불량성빈혈 aplastic anemia

패혈증 blood poisoning; sepsis; septicemia ❹

황달 jaundice; icterus
- 황달에 걸리다 get jaundice

---

❶ **혈관 blood vessel**
정맥 vein
동맥 artery
모세혈관 capillary (vessel)

❷ **뇌졸중**
뇌졸중은 뇌경색, 뇌출혈 등의 뇌혈관 질환을 통틀어 일컫는 말이다. 뇌경색은 혈액 내의 혈전thrombus, 지방, 종양 등의 색전embolus이 혈관을 막아서 뇌에 혈액 공급이 제대로 되지 않는 상태를 뜻하고, 뇌출혈은 고혈압이 주된 원인으로서 뇌의 동맥이 터져 뇌 속에 혈액이 흘러넘치는 상태를 가리킨다. 뇌졸중에 걸리게 되면 다행히 살아났다 하더라도 반신마비hemiplegia와 언어 장애speech defect 등의 심각한 후유증을 겪게 된다.

❸ **빈혈의 원인**
빈혈은 혈액 내에서 산소를 운반하는 역할을 하는 적혈구red blood cell와 그 안에 함유된 헤모글로빈hemoglobin이 부족해서 일어나는 현상이다. 헤모글로빈의 주성분인 철분이 부족하면 체내에 산소를 제대로 공급하지 못해 현기증, 두통 등의 증상이 일어나게 된다.

❹ **피가 썩는 병**
패혈증(敗血症)은 피가 썩는 증상이라는 뜻으로, 상처나 염증 등에서 생긴 세균이 혈관으로 들어가 번식하면서 중독 증상을 일으키는 병이다. 비브리오패혈증 Vibrio Vulnificus Septicemia은 비브리오균 Vibrio vulnificus에 감염된 어패류를 날로 먹거나, 오염된 바닷물이 피부에 난 상처에 닿았을 때 발생하는 전염병이다.

1.14 직업병, 증후군

직업병 occupational disease

석면증 asbestosis   *석면 asbestos*
손목터널증후군 carpal tunnel syndrome ❶
잠수병 diver's disease; decompression sickness (abb DCS); caisson disease ❷
진폐증 pneumoconiosis; black lung (disease) ❸

증후군, 신드롬 syndrome

걸프전증후군 Gulf War Syndrome

1990년 이라크가 쿠웨이트를 침공하자 미국이 주도하는 다국적군은 이듬해 1월부터 이라크와 전쟁을 벌여 승리하게 된다. 이 전쟁이 걸프전Gulf War이다. 그런데 걸프전이 끝난 후 많은 참전 군인들이 만성피로와 두통, 현기증, 기억상실 등의 각종 질환에 시달리게 되었고, 참전군인들의 2세들이 선천적인 기형을 가지고 태어나기도 했다. 이처럼 걸프전 참전군인들과 가족들이 겪고 있는 원인 불명의 각종 질병을 걸프전증후군이라고 한다. 걸프전증후군의 원인으로는 사린가스 등의 화학무기와 열화우라늄탄depleted uranium bullet이 꼽힌다. 열화우라늄탄이란 원자력발전이나 핵무기 제조 과정에서 생긴 우라늄 찌꺼기로 만든 총알이나 포탄을 가리키는데, 철판을 잘 뚫는 성질이 있어 무기로는 안성맞춤이지만 문제는 폭발 시 방사능을 누출한다는 점이다. 미국은 처음에는 걸프전에서 열화우라늄탄을 사용하지 않았다고 부인했지만, 열화우라늄탄을 사용한 것이 확인된 지금은 열화우라늄탄과 걸프전증후군과의 상관 관계를 부인하고 있다.

만성피로증후군 chronic fatigue syndrome
☐ 그는 만성피로에 시달리고 있다. He suffers from chronic fatigue syndrome.

새집증후군 sick building syndrome
☐ 우리 가족은 새집으로 이사한 후 새집증후군에 시달리고 있다. Since my family moved into our new house, we've been suffering from sick building syndrome.

생리전 증후군 premenstrual syndrome (abb PMS)
☐ 그녀는 생리전 증후군으로 신경이 날카로워져 있다. She's really touchy right now because of PMS.

유아돌연사증후군 sudden infant death syndrome; cot death

이코노미클래스증후군 Economy class syndrome

> 일등석 first class
> 이등석, 비즈니스석 business class
> 삼등석, 이코노미석 economy class; tourist class

❶ 손목이 시큰시큰

손목터널증후군은 키보드나 마우스를 오래 사용하는 사무직 노동자에게 많이 나타나는 직업병으로서 손목뼈carpus에 심한 통증을 느끼는 증상.

❷ 잠수병의 원인과 예방

다이버들이 사용하는 산소탱크aqualung에는 산소가 아니라 압축공기compressed air가 들어 있는데, 압축공기는 지상의 공기와 마찬가지로 약 78%의 질소와 21%의 산소로 이루어져 있다. 한편 깊은 바다 속의 수압이 매우 높기 때문에 공기의 부피가 줄어들어 지상에서 호흡하는 것보다 몇 배나 많은 공기를 들이마시게 된다. 즉, 물속에서는 지상에서보다 몇 배나 많은 질소를 들이마시게 되는 셈이고, 그렇게 마신 질소는 혈액 속으로 고스란히 녹아 들어가게 된다. 그런데 문제는 수면 위로 상승할 때이다. 이처럼 혈액 속에 질소가 녹아 있는 상태에서 갑자기 수면 위로 올라가게 되면 체내의 압력이 갑자기 줄어들면서 질소가 기포로 변해 혈관을 막는 색전증embolism을 일으키게 된다. 이것을 잠수병 또는 감압병이라고 한다. 잠수병에 걸리지 않으려면 수면 위로 서서히 상승해야 한다. 그래야 혈액 내의 질소가 기포로 변하지 않고 허파를 통해 배출되기 때문이다.

❸ 가장 긴 영어 단어

진폐증은 폐에 석면가루나 석탄가루 등의 미세한 먼지가 쌓여 생기는 병인데, 폐가 까맣게 변한다고 해서 black lung disease라고 한다. 진폐증은 다른 말로는 pneumoconiosis라고 하는데, pneumonoultramicroscopicsilicovolcanoconiosis라고 하는 45자로 된 단어의 줄임말이다. 이 단어는 옥스포드 영어사전에 등재되어 있는 가장 긴 영어 단어이다.

1.15 중독증, 결핍증

중독증

중독, 중독증 poisoning; addiction ❶

해독제 antidote; detoxicant

☐ 중독되다 be[get] poisoned
　중독자 addict

마약중독, 약물중독 drug addiction; narcotism ❷
　마약중독자 drug addict; inf dopehead; druggie; junkie

본드 흡입 solvent abuse; glue sniffing

식중독 food poisoning
☐ 초밥을 먹은 사람들이 식중독 증세를 일으켰다.
　The people who ate the sushi had symptoms of food poisoning.

알코올중독 alcoholism
☐ 그는 알코올중독으로 병원에서 치료를 받고 있다.
　He's in the hospital being treated for alcoholism.
　알코올중독자 alcoholic

연탄가스 중독, 일산화탄소 중독 carbon monoxide poisoning
☐ 그는 연탄가스 중독으로 사망했다. He died of carbon monoxide poisoning.

중금속중독 heavy metal poisoning, 공해병 pollution-related diseases
　납중독 lead poisoning
　수은중독 mercury poisoning ❸
　카드뮴중독 cadmium poisoning

카페인중독 caffeine addiction

---

❶ 중독과 집착

poisoning 음식, 중금속, 연탄가스와 같은 특정 물질이 체내에 쌓여 발생하는 중독 현상
- 식중독 food poisoning
- 납중독 lead poisoning

addiction 특정한 물질, 행위, 사물 등에 몸과 정신이 지나치게 집착하는 현상
- 게임중독 video game addiction
- 카페인중독 caffeine addiction

❷ 마약의 종류

대마초, 마리화나 marijuana; cannabis
모르핀 morphine
아편 opium
코카인 cocaine
필로폰, 히로뽕 methamphetamine
해시시 hashish
헤로인 heroin

❸ 진시황의 착각

중세 시대에는 성병에 걸렸을 때 수은을 먹거나 몸에 발랐고, 중국의 진시황은 수은을 불로초 삼아 마시거나 바르다가 수은중독으로 사망했다. 소량의 수은을 섭취하면 일시적으로 피부가 하얗고 팽팽해지는데, 이런 이유 때문에 진시황이 수은을 불로초로 여긴 것이다. 최근에는 수은이 함유된 화장품이 종종 적발되어 사회적 물의를 일으키기도 한다.

결핍증 deficiency disease ❶

각기병 beriberi
괴혈병 scurvy; scorbutus
구루병 rickets
산소결핍증, 저산소증 anoxia; hypoxia
    고산병, 산악병 altitude sickness; mountain sickness ❷
영양 결핍, 영양실조 malnutrition; nutritional deficiency ❸
- 영양실조에 걸리다 suffer from malnutrition

탈수증 dehydration
- 여름에는 수분을 충분히 섭취하지 않으면 탈수증에 걸리기 쉽다.
In summer, if you don't drink enough water, you can become dehydrated.

❷ 고산병
고산병은 낮은 곳에서 갑자기 높은 곳으로 올라갈 때 생긴다. 보통 해발 2400미터 이상의 고지대에서 발생하는데, 기압이 낮아지면 산소와 이산화탄소가 부족해져 두통과 호흡곤란, 현기증, 불면증 등의 증상이 나타난다. 고산병이 심해지면 폐에 물이 차는 폐수종 pulmonary edema으로 발전할 수 있다.

❸ 영양분 nutrition
탄수화물 carbohydrates
지방 fat
단백질 protein
비타민 vitamin
미네랄 mineral
철분 iron (content)

❶ 비타민 결핍증
비타민을 충분히 섭취하지 못해 생기는 질병을 비타민 결핍증 avitaminosis이라고 한다.

비타민A	안구건조증 dry eye syndrome 야맹증 night blindness
비타민B	각기병 beriberi ※다리가 붓거나 힘이 없어진다. beriberi는 스리랑카어로 'I cannot, I cannot'이라는 뜻으로서 다리에 힘이 없어서 걸을 수 없다는 것을 강조하는 표현.
비타민C	괴혈병 scurvy ※잇몸과 피부에서 피가 나고 빈혈을 일으킨다.
비타민D	구루병 rickets ※척추가 휘어지고 안짱다리가 된다.

1.16 정신병 mental disorder; mental illness

정신병자

정신병자 mental patient; (중증의) psycho; psychotic; (타인에게 공격적인) psychopath ❶
- 그는 하는 짓이 정신병자 같다. He acts as if he were psychotic.

정신병에 걸리면
정신과 psychiatry
정신과 의사 psychiatrist
정신병원 psychiatric hospital; mental hospital; insane asylum

미치광이 crazy person; lunatic ❷; **inf** maniac

사이코 **!** madman; nut; nutcase; wacko
- 그 자식 사이코 아냐? Is he some kind of wacko? / Is he nuts?

광분하다 rampage; be in a frenzy
- 그는 그 소식을 듣고 광분했다. The news threw him into a frenzy.

미친, 실성한 mad; insane; **inf** crazy

미치다, 실성하다 go insane; **inf** go crazy; go mad; go nuts; be[go] out of *one's* mind
- 당신 미쳤어요? Are you crazy? / Are you out of your mind? / Are you nuts?

정신병 — 종류

과대망상 delusion of grandeur; megalomania
- 과대망상에 빠지다 fall into delusion of grandeur
  과대망상 환자 megalomaniac

도벽 kleptomania
- 그 아이는 도벽이 있다. That child is a kleptomaniac.
  도벽 환자 kleptomaniac

상사병 lovesickness
- 상사병에 걸린 lovesick
- 그는 그녀를 본 후 상사병에 걸렸다. He's been lovesick ever since he saw her.

---

❶ **사이코패스**

사이코패스psychopath는 반사회적 인격장애 psychopathy라는 정신병을 가진 사람을 가리킨다. 연쇄살인범serial killer 중에 사이코패스가 많은데, 다른 사람의 고통이나 두려움을 이해하지 못하고, 도덕이라는 개념이 없기 때문에 살인을 저지르고도 전혀 죄책감을 느끼지 못하는 경우가 많다.

❷ **보름달과 정신병과 엉덩이**

미치광이를 뜻하는 lunatic이 달을 뜻하는 라틴어 luna에서 유래되었다는 사실에서도 알 수 있듯이 서양에서는 오래 전부터 보름달과 정신병 사이에 밀접한 관련이 있다고 믿었다. 보름달이 뜨면 늑대인간werewolf이 나타난다거나, 사람들이 난폭해지고 범죄율이 높아진다는 생각은 모두 달을 두려워하는 서양의 믿음에서 비롯되었다. 한편 mooning은 자신의 엉덩이를 드러내며 상대방을 조롱하는 동작을 가리킨다. 희고 둥근 엉덩이가 달을 닮았기 때문에 이런 명칭이 붙었는데, 미국이나 유럽의 시위대는 폭력적인 시위를 하기보다는 mooning으로써 상대를 조롱하는 동시에 자신들의 의사를 나타내는 경우가 많다. mooning은 어떤 나라에서는 공연음란죄 indecent exposure라는 경범죄에 해당하지만, 미국에서는 성기를 드러내지 않는 한 처벌받지 않는다. mooning의 동사형은 moon이다.

ex He mooned me.
그는 나에게 엉덩이를 내보이며 조롱했다.

스트레스 stress; strain
- 그는 회사에서 엄청난 스트레스를 받고 있다. He is under a lot of stress at work.
- 스트레스 쌓인다! It's really stressful! / It's really stressing me out!

신경과민, 신경쇠약 neurasthenia; nervous breakdown
- 신경쇠약에 걸리다 suffer from a nervous breakdown

신경증, 노이로제 neurosis

노이로제 ❌ neurose → ⭕ neurosis

- 엄마가 하도 잔소리를 해서 노이로제에 걸릴 지경이다. I'm about to turn into a nervous wreck because of my mother's constant nagging.

신경증 환자 neurotic

심기증 hypochondria; hypochondriasis

자신의 건강에 대해 지나치게 걱정하는 증상

심기증 환자 hypochondriac

우울증 depression; inf the blues

우울증 치료제 antidepressant

계절성정서장애 seasonal affective disorder (abb SAD)

> **저는 가을을 타요**
> 특정 계절만 되면 괜히 우울해지고 마음이 싱숭생숭해지는 경우가 있다. 우리말에서는 이럴 때 계절을 탄다고 표현하는데, 이것은 단순히 기분 탓이 아니라 계절성정서장애라는 우울증의 일종으로 햇빛을 많이 못 쬐면 생긴다고 알려져 있다. 자신이 가을을 잘 타는 가을 남자라고 말하고 싶으면 autumn person이라고 하면 된다.
> **ex** 가을은 내가 가장 좋아하는 계절이고, 난 가을 남자랍니다.
> Autumn is my favorite time of year and I'm an autumn person.

산후우울증 postpartum depression; postnatal depression; inf baby blues
- 그녀는 산후우울증을 겪고 있다. She's suffering from postpartum depression.

의부증, 의처증 delusional jealousy
- 그는 의처증이 있다. He's suffering from delusional jealousy over his wife.

이중인격 split personality; dual personality ❶, 다중인격 multiple personality
- 그는 이중인격자다. He has a dual personality.

---

❶ **지킬박사와 하이드씨**
소설 〈지킬박사와 하이드씨〉Strange Case of Dr. Jekyll and Mr. Hyde〉에는 선하고 존경받는 지킬박사와 추악하고 잔인하기 이를 데 없는 하이드라는 인물이 등장한다. 하지만 하이드는 별개의 인물이 아니라 지킬박사가 스스로 만들어 낸 분신과도 같은 존재. 이처럼 한 사람이 두 개의 인격을 갖고 있는 정신질환을 이중인격이라고 하고, 두 개 이상은 다중인격이라고 한다. 그리고 둘을 합쳐 해리성 인격장애 dissociative identity disorder라고 부른다. 소설의 제목에서 유래된 Jekyll and Hyde는 선과 악의 완전히 상반된 이중인격을 가진 사람을 가리키는 표현이다.

정신분열증 schizophrenia
- 정신분열증을 앓다 have schizophrenia / suffer from schizophrenia

  정신분열증 환자 schizophrenic

정신적 외상 trauma, 충격, 쇼크 shock
- 그의 죽음은 우리 모두에게 큰 충격이었다.
  His death was a complete shock to all of us.

  외상후스트레스장애 post-traumatic stress disorder (abb PTSD)
  - 그는 사고 이후 외상후스트레스장애에 시달리고 있다.
    Since the accident, he's been suffering from post-traumatic stress disorder.

  전투신경증, 전쟁피로증후군 shell shock; battle fatigue; combat stress reaction

정신착란 delirium; derangement
- 정신착란을 일으키다 become mentally deranged

조울증 manic depression; bipolar disorder

> 비정상적으로 들뜬 상태인 조증mania과 우울증depression이 번갈아 나타나는 증상

편집증 (한 가지 일에 집착하는) monomania; obsession; (다른 사람들이 자기를 해치려 든다고 믿는) paranoia; delusional disorder
- 그는 편집증이 있어서 길을 걸을 때 절대로 보도블록의 금을 밟지 않는다.
  He has an obsession about not stepping on the cracks in the sidewalks.

  편집증 환자 monomaniac; paranoid; paranoiac

피해망상 persecution complex

향수병 homesickness
- 향수병에 걸리다 suffer from homesickness / become homesick

화병 *hwabyeong*; mental disorder as a result of repressed anger or stress
- 그녀는 사기를 당하고 화병으로 몸져누웠다. She's sick in bed with an emotionally based ailment caused by repressed anger.

> 1996년 미국 정신과협회는 화병을 한국인에게만 나타나는 특이한 정신질환의 일종으로 공인했다.

히스테리 hysteria; hysterics
- 히스테리를 부리다 get[become] hysterical / go into hysterics
- 저 여자는 노처녀 히스테리가 있는 것 같다. She seems to be a hysterical old maid.

  집단 히스테리 mass hysteria

공포증 phobia ❶

결벽증 mysophobia
    결벽증 환자 mysophobe

고소공포증 acrophobia; fear of heights
☐ 나는 고소공포증이 있다. I'm afraid of heights. / I suffer from acrophobia.
    고소공포증 환자 acrophobe

공황발작 panic attack, 공황장애 panic disorder

과학기술공포증 technophobia   아무 이유 없이 심한 공포심을 느끼는 증상
    과학기술공포증 환자 technophobe

광장공포증 agoraphobia
    광장공포증 환자 agoraphobe; agoraphobic

대인공포증, 대인기피증 social phobia; anthropophobia

> 접두사 anthropo-는 그리스어로 '사람의'라는 뜻
> **anthropophagy** 식인풍습 (= cannibalism)
> **anthropology** 인류학
> **misanthrope** 사람을 싫어하는 사람
> **philanthropy** 박애주의
> **philanthropist** 박애주의자, 자선사업가

동물공포증 zoophobia

동성애혐오증 homophobia
    동성애 혐오자 homophobe

무대공포증 stage fright

물공포증 aquaphobia

비행공포증 aerophobia; fear of flying

외국인기피증, 외국인혐오증 xenophobia
    외국인 혐오자 xenophobe

폐소공포증 claustrophobia
    폐소공포증 환자 claustrophobe

---

❶ phobia VS philia

접미사 -phobia는 '~공포증' 또는 '~혐오증'이라는 뜻이며, -phobe는 '~을 무서워하는 사람'이라는 뜻. -phobia의 반의어는 -philia이며, -phobe의 반의어는 -phile이다.

<-phobia>
acrophobia 고소공포증
aerophobia 비행공포증
agoraphobia 광장공포증
anthropophobia 대인공포증
aquaphobia 물공포증
claustrophobia 폐소공포증
homophobia 동성애혐오증
hydrophobia 광견병, 공수병
mysophobia 결벽증
technophobia 과학기술공포증
xenophobia 외국인혐오증

<-philia>
hemophilia 혈우병
necrophilia 시간 (시신을 간음하는 행위)
paraphilia 성도착
pedophilia 소아기호증

중독

중독 addiction
- 중독되다 be addicted to
- 그는 게임에 중독되었다. He is addicted to games.
  - 중독자 addict

게임중독 video game addiction, 컴퓨터중독 computer addiction

도박중독 compulsive gambling; problem gambling
- 그는 도박에 중독되어 가정과 직장을 팽개쳤다.
  He's so addicted to gambling that he's abandoned his job and his family.

섹스중독 hypersexuality; sexual addiction
- 섹스중독자 hypersexual; [inf] sex maniac

일중독 workaholism
- 일중독자 workaholic ❶
- 그는 일요일에도 회사에 출근하는 일중독자다.
  He's such a workaholic he even goes in to the office on Sundays.

포르노중독 pornography addiction

성도착 paraphilia

관음증 voyeurism
- 관음증 환자 voyeur; peeping Tom ❷

노출증 exhibitionism
- 노출증 환자 exhibitionist; flasher
- 여학교에서 노출 행위를 일삼던 노출증 환자가 경찰에 체포되었다. The police have arrested an exhibitionist who had been indecently exposing himself around a girls' school.

변태성욕 perversion; sexual deviation, 이상성욕 erotomania
- 변태성욕자 pervert; [inf] perv

복장도착 transvestism; cross-dressing
- 복장도착자 transvestite; cross-dresser
- 남장 여자 female transvestite
- 여장 남자 male transvestite; drag queen

---

❶ 중독자, -aholic
workaholic의 접미사 -aholic은 '어떤 사물이나 행위에 중독되거나 집착을 가진 사람'이라는 뜻.
alcoholic 알코올 중독자
chocoholic 초콜릿 중독자
shopaholic 쇼핑 중독자

❷ 엿보면 혼날 줄 알아!
남을 엿보기 좋아하는 사람을 peeping Tom, 즉 '엿보는 톰'이라고 한다. peeping Tom은 관음증voyeurism이라는 정신병이 있는 관음증 환자 voyeur와 같은 뜻으로 쓰이는데, 이 표현의 유래는 다음과 같다. 중세 시대 때 영국의 한 영주가 백성들로부터 과도한 세금을 거두려고 하자 인정 많은 그의 아내 고디바Godiva가 세금을 낮춰 줄 것을 부탁했다. 영주는 아내의 부탁을 거절하기 위해 벌거벗은 몸으로 말을 타고 마을을 한 바퀴 돌면 세금을 깎아 주겠다고 했고, Godiva는 실제로 자신의 긴 머리카락으로 몸을 가린 채 알몸으로 마을을 돌았다. 백성들은 이런 Godiva를 엿보지 않을 것을 약속했지만, Tom이라고 하는 재단사는 문에 구멍을 뚫고 그녀를 엿보려고 하다가 눈이 멀어버렸다고 한다.

사디즘, 학대성욕도착증 sadism ❶
🔄 마조히즘, 피학대성욕도착증 masochism
    사디스트 sadist 🔄 마조히스트 masochist
소아기호증, 소아애호증 pedophilia
    소아기호증 환자 pedophile
스와핑 wife-swapping
페티시즘 fetishism
    페티시즘 환자 fetishist

정신장애

정신장애 mental disability
    정신장애인 mentally challenged person; (집합적) the mentally challenged
강박장애, 강박증 obsessive-compulsive disorder ❷
건망증, 기억장애 forgetfulness; absent-mindedness
- 나는 건망증이 심하다. I'm very forgetful.

기억상실증 amnesia
- 그는 기억상실증에 걸려 자기 이름조차 기억하지 못한다.
  He's suffering from amnesia and can't even remember his own name.
    기억상실증 환자 amnesiac

발달장애 developmental disability
- 그 아이는 발달장애가 있어서 또래들보다 지능이 낮다. That child has a developmental disability that prevents him from keeping up with other children of his age.

성격장애, 인격장애 personality disorder
자폐증 autism
- 전에는 자폐증을 정신지체로 잘못 진단을 내리곤 했다.
  Autism used to be incorrectly diagnosed as mental retardation.
    자폐증 환자 autistic person

정서장애 emotional disturbance; emotional disorder; affective disorder
정신박약, 정신지체 mental retardation; mental deficiency
학습장애 learning disability

---

❶ 때리고 맞는 사도마조히즘

성적(性的) 대상을 때리거나 육체적인 고통을 가함으로써 성적 쾌감을 얻는 성도착은 사디즘, 반대로 그렇게 맞을 때 쾌감을 느끼는 것은 마조히즘이다. 사디즘과 마조히즘을 합쳐 가학피학성 변태성욕 sadomasochism, 줄여서 SM 또는 S and M 이라고 한다. 사디즘은 프랑스의 귀족이자 작가인 사드후작Marquis de Sade, 마조히즘은 오스트리아의 작가인 자허마조흐Leopold von Sacher-Masoch에서 유래되었다. 이처럼 사도마조히즘적 관계에서 몸에 착 달라붙는 가죽옷이나 속옷을 입고 채찍으로 벌거벗은 남성을 때리는 여성을 dominatrix라고 한다.

❷ 가끔씩은 강박증에 가까운 미신

ex If you walk under a ladder, you will have bad luck.
사다리 밑으로 걸어가면 나쁜 일이 생긴다.
벽에 기대어 있거나 양 다리를 펼치고 세워진 사다리의 모양은 삼각형을 이룬다. 영어권에서는 사다리의 삼각형이 기독교의 삼위일체를 상징하며, 사다리 밑으로 지나가는 것은 신성모독이라고 생각하기 때문에 아무리 급해도 사다리 밑으로 지나가지 않는다.

ex Step on a crack, break your mother's back.
(보도블록의) 금을 밟으면 어머니의 등이 부러진다.
보도블록의 금은 무덤의 입구를 상징하기 때문에 금을 밟으면 가족이 죽거나 안 좋은 일이 일어난다고 믿는다. 특히 아이들이 이 미신을 믿는 편이다.

1.17 질병 기타

건초열 hay fever
고체온증 hyperthermia ↔ 저체온증 hypothermia

> 꽃가루가 눈과 코의 점막을 자극하여 일어나는 증상

난독증 dyslexia
- 그는 난독증이 있어 책을 읽을 때 어려움을 겪는다. He's dyslexic and finds it difficult to read.
  - 난독증 환자 dyslexic

뇌막염, 뇌수막염 meningitis

멀미 motion sickness
- 멀미가 나는 것 같다. I think I'm getting carsick[airsick; seasick].
  - 뱃멀미 seasickness ❶
  - 비행기 멀미 airsickness
  - 차멀미 carsickness
    - 그는 여행 기간 내내 차멀미로 고생했다. He was carsick during the whole trip.

식곤증 drowsiness after meals
- 밥을 배불리 먹고 나니 식곤증이 밀려온다. I get drowsy after eating my fill.

알레르기 allergy

> allergen 알레르기 원인 물질

- 알레르기가 있는 allergic
- 나는 복숭아 알레르기가 있다. I'm allergic to peaches.

열병 fever

열사병, 일사병 sunstroke; heatstroke

원자병 radiation sickness

> 방사능 radioactivity
> 방사선 radiation

조로증 progeria; Hutchinson-Gilford Syndrome

춘곤증 spring fever
- 그녀는 봄만 되면 춘곤증에 시달린다. She gets spring fever every year.

탈장 hernia

---

❶ 바다 전용 다리 sea legs

파도에 출렁거리는 작은 배를 탔다가 다시 육지에 발을 딛게 되면 마치 땅바닥이 출렁거리는 듯한 묘한 느낌이 든다. 이럴 때 쓸 수 있는 표현이 sea legs다. sea legs는 한동안 배를 타다가 육지에 내렸을 때 느껴지는 묘한 느낌뿐만 아니라, 흔들리는 배의 갑판 위에서 뱃멀미에 걸리지 않고 자유롭게 걸을 수 있는 능력을 뜻한다.

- get[have] one's sea legs 비틀거리지 않고 갑판 위를 걷다
- get one's sea legs off 육지에서의 보행에 익숙해지다

"난 sea legs가 없나 봐."

식습관장애 eating disorder

거식증 anorexia (nervosa)
- 지나친 다이어트는 거식증을 유발할 수 있다. Too much dieting can lead to anorexia.
  - 거식증 환자 anorexic

식욕부진 lack of appetite; poor appetite

폭식증 bulimia (nervosa)
- 폭식증 환자 bulimic

수면장애 sleep disorder

가위눌림, 수면마비 sleep paralysis ❶

기면증 narcolepsy ❷

몽유병 sleepwalking; Ⓕ somnambulism
- 그는 몽유병을 앓고 있다. He suffers from somnambulism. / He walks in his sleep.
  - 몽유병 환자 sleepwalker; Ⓕ somnambulist

불면증 insomnia; sleeplessness ❷❸
- 요즘 불면증에 시달리고 있다. Lately I've been suffering from insomnia.
  - 불면증 환자 insomniac

이 갈기 bruxism
- 그녀는 잘 때 이를 간다. She grinds her teeth when she sleeps.

❷ 불면증과 기면증
불면증은 밤에 잠을 자지 못하는 증상이고, 반대로 기면증은 항상 꾸벅꾸벅 졸거나 잠을 자는 증상을 가리킨다. 불면증 환자는 수면제sleeping pill를 복용하고, 기면증 환자는 각성제stimulant를 복용한다.

❸ 100마리의 양
머릿속에 온갖 생각이 가득해서 잠을 이룰 수 없을 때 쓸 수 있는 방법이 양sheep을 세는 것이다. 머릿속으로 한데 모여 있는 양의 마릿수를 세거나, 목장의 울타리를 뛰어넘는 양을 세다 보면 다른 잡념이 사라져 잠을 이루는 데 도움이 되기도 한다. 하지만 다른 이유로 잠을 못 이루는 경우에는 양을 세는 것이 오히려 잠을 자는 데 방해가 된다. 양을 세는 데 집중하다 보면 오히려 정신이 또렷해지기 때문이다. 머릿속으로 양을 세는 것을 영어로는 counting sheep이라고 한다.

ex I couldn't sleep last night, so I counted sheep. 어젯밤에는 잠이 오지 않아서 머릿속으로 양을 셌다.

❶ 왜 가위에 눌리는 걸까?
사람은 평생 30년 가까운 시간을 잠을 자며 보낸다. 잠의 종류에는 선잠light sleep, 낮잠nap, 단잠deep sleep뿐만 아니라 역설수면paradoxical sleep과 정상수면orthodox sleep이라는 것도 있다. 역설수면이란 몸은 자고 있지만 뇌는 계속해서 활동을 하는 역설적인 상태의 잠을 뜻하는데, 역설수면에 빠져 있을 때는 눈동자가 빠르게 움직이기 때문에 렘수면REM sleep이라고도 한다. REM은 rapid eye movement, 즉 '급속 안구 운동'의 약자. 반면 정상수면은 역설수면과는 반대로 뇌는 잠을 자고 있지만 몸은 깨어 있는 상태의 잠을 가리킨다. 한편 자면서 가위에 눌리는 것을 의학용어로는 수면마비라고 하는데, 수면마비란 역설수면 도중 몸이 잠에서 깨지 않은 상태에서 의식만 잠에서 깨는 것을 뜻한다. 수면마비 상태에서는 종종 귀신과 같은 환영을 보기도 하는데, 몸을 움직일 수 없기 때문에 극도의 공포를 느끼게 된다. 잠을 자는 도중 외계인에게 납치되었다고 주장하는 사람들의 상당수가 수면마비를 겪은 것으로 확인되었으며, 영혼이 육체에서 분리되는 유체이탈out-of-body experience 현상도 수면마비와 관련이 있다. 수면마비의 주요 원인으로는 불규칙한 수면과 스트레스, 갑작스런 환경의 변화 등이 있다. 옛날 사람들은 악마가 사람의 몸 위에 올라타 있을 때 가위에 눌린다고 생각했다.

1.18 질병 관련표현

발병 outbreak
- 발병하다 develop / occur (in)

잠복기 incubation period; latent period
- 그 병은 일주일의 잠복기를 거친다.
  That disease has an incubation period of one week.

초기 early stage
- 그 병은 초기에 발견해야 치료가 가능하다.
  That disease is curable only if discovered in an early stage.

투병하다 fight against disease; try to fight off an illness
- 그는 3년째 투병 생활을 하고 있다.
  He's been trying to fight off his illness for three years.

말기 late stage

회복 recovery; recuperation
- 낫다, 회복하다 recover / recuperate / be cured / get well / get better / (상처 등이) heal (up)
- 환자는 회복 속도가 빠르다. The patient is recovering fast. / The patient's recovery has been fast.

재발 relapse
- 재발하다, 도지다 relapse / suffer a relapse
- 그 병은 재발 가능성이 높다.
  Patients who've had that disease can easily suffer a relapse.

❶ 질병별 잠복기

병명	잠복기 (단위: 일)
감기	2~5
뎅기열	3~14
독감	1~3
볼거리	14~18
소아마비	7~14
수두	14~16
신종플루	2~7
천연두	7~17
콜레라	1~3
풍진	14~21
홍역	9~12
SARS	10일 미만

❷ '회복'의 뉘앙스 차이
recover 원래의 건강을 회복하다
recuperate 질병이나 부상으로부터 회복되다
be cured 박테리아나 바이러스로 인한 병이 낫다
get well; get better 몸 상태가 나아지다
heal 외상, 골절상 등이 시간이 흐르면서 아물다

완치, 완쾌 full recovery; complete recovery
- 완치되다, 완쾌되다 recover completely / be completely cured
- 빨리 완쾌되시기를 빕니다. I hope you recover completely soon.

후유증 aftereffect
- 그는 교통사고 후유증에 시달리고 있다.
  He's suffering from the aftereffects of a traffic accident.

경증의 mild; slight; light ↔ 중증의 serious
- 그는 중증 장애인이다. He has a serious handicap.

급성의 acute ↔ 만성의 chronic ❶

병력 medical history
- 그 집안은 정신병력이 있다. The family has a medical history of mental illness.
  가족력 family history

병명 name of a disease

병석 sickbed
- 병석에 눕다 be sick in bed / be bedridden

병세 condition
- 환자의 병세가 호전되고 있다. The patient's condition is improving.

선천적 congenital ↔ 후천적 acquired
- 그는 선천적으로 기형이 있다. He has a congenital deformity.

양성(陽性) positivity ↔ 음성(陰性) negativity
- 양성의 positive   음성의 negative
- 그는 에이즈 양성 판정을 받았다. He tested HIV-positive.

양성(良性) benignity ↔ 악성(惡性) malignancy
- 양성의 benign   악성의 malignant
- 조직 검사 결과 종양은 양성으로 밝혀졌다. The biopsy showed that the tumor is benign.

저항력 resistance
- 아이들은 병에 대한 저항력이 약하다. Children have low resistance to disease.

체질 constitution
- 그는 허약 체질이다. He has a weak constitution.

치사율 fatality (rate)
- 그 병은 치사율이 높다. That disease has a high fatality rate.

❶ 급성질환 VS 만성질환

급성질환 acute disease; acute illness
- 급성고산병 acute mountain sickness
- 급체 acute indigestion
- 중증급성호흡기증후군 severe acute respiratory syndrome (abb SARS)

만성질환 chronic disease; chronic illness
- 만성신부전 chronic renal failure
- 만성피로증후군 chronic fatigue syndrome (abb CFS)

후천성면역결핍증 acquired immune deficiency syndrome (abb AIDS)

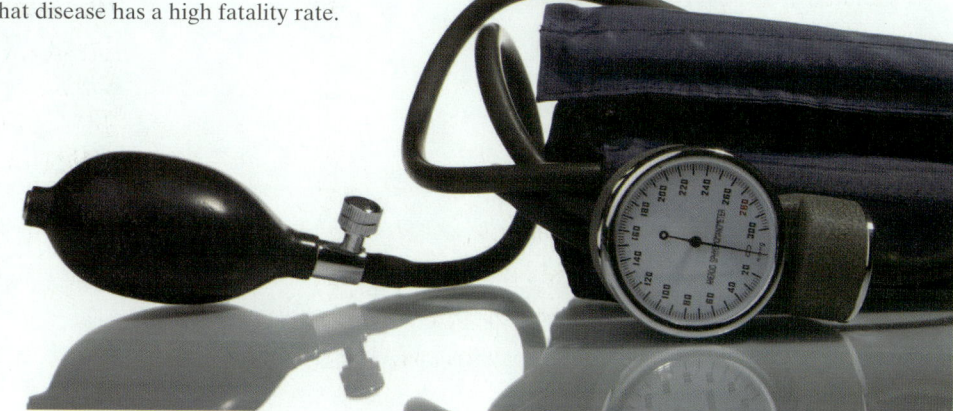

병균과 면역

병균, 병원균 pathogen

바이러스 virus
에이즈 바이러스 AIDS virus; HIV (human immunodeficiency virus의 약자)
- 에이즈 바이러스에 감염되다 be infected with the AIDS virus

인플루엔자 바이러스 influenza virus

박테리아, 세균 bacterium (pl bacteria); germ; bacillus (pl bacilli)
슈퍼박테리아 superbug ❶

내성 tolerance (to)
- 항생제를 오랫동안 복용하면 내성이 생길 수 있다. If you use antibiotics for a long time, the microorganisms in your body can develop a tolerance to them.

면역 immunity ❷
- 그 병은 한 번 앓고 나면 면역이 생긴다. Once you've had the disease, you develop an immunity to it.

면역원 immunogen, 항원 antigen ⇔ 항체 antibody

면역체계 immune system

항원항체반응 antigen-antibody reaction

백신 vaccine

---

❶ 슈퍼박테리아
❌ super bacteria → ⭕ superbug
박테리아는 세포를 가진 하나의 생물이지만, 바이러스는 생물과 무생물의 중간 단계로서 숙주host가 있어야만 생존할 수 있는 병원체이다. 가장 작은 박테리아는 가장 큰 바이러스보다 크기가 크다. 한편 보통의 박테리아는 항생제antibiotic로 죽일 수 있지만, 항생제의 남용으로 인해 내성이 생겨 잘 죽지 않는 변종 박테리아를 슈퍼박테리아라고 한다. 포도상구균 staphylococcus이 대표적인 슈퍼박테리아다.

❷ 이런 immunity도 있네?
diplomatic immunity 외교관의 면책특권
legislative immunity 국회의원의 면책특권
immunity from arrest 국회의원의 불체포 특권

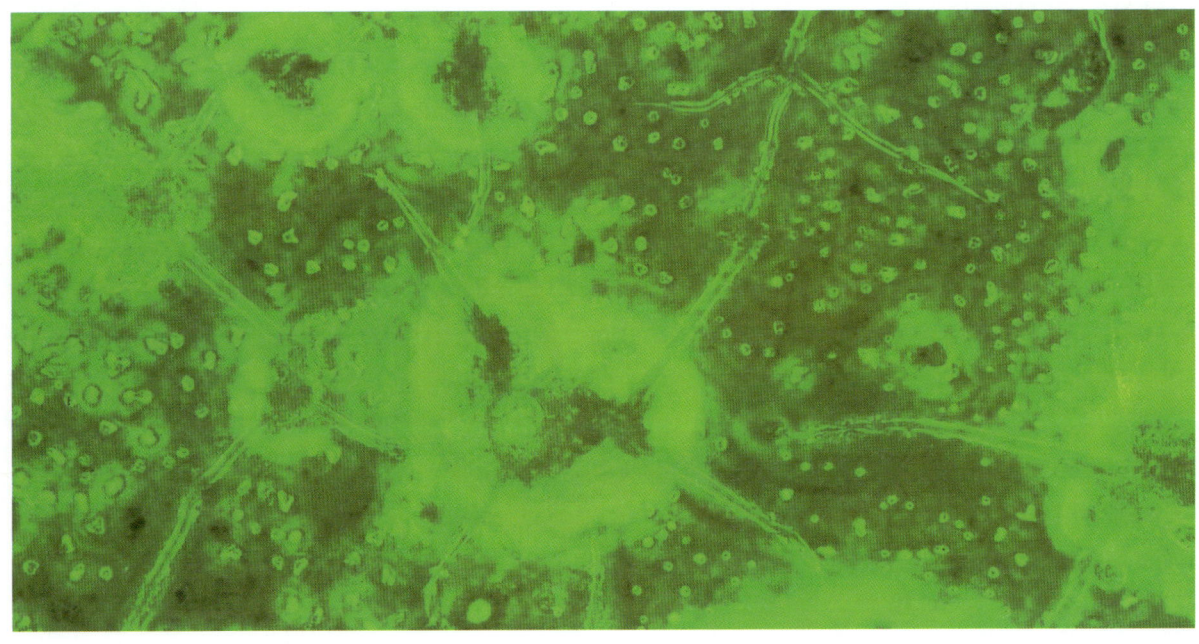

02 증상, 상태, 통증

증상 symptom

각혈 hemoptysis
- 그는 기침을 하다가 피를 토했다. He coughed up blood.

괴사 necrosis, 괴저 gangrene
- 그는 당뇨병으로 인한 괴저가 생겨 다리를 절단해야 했다.
  His leg had to be amputated because of gangrene brought on by diabetes.

구역질, 메스꺼움 nausea; sickness
- 그 광경을 보고 구역질이 났다. I was filled with nausea at the sight.

구토 vomit; nausea; vomiting
- 구토하다, 토하다 vomit / bring up / throw up / puke (up)

입덧 vomiting of pregnancy

토하다 ❌ overeat → ⭕ vomit
오바이트 overeat는 '과식을 하다'라는 뜻

금단증세, 금단현상 withdrawal symptoms; [inf] cold turkey

> cold turkey, 즉 '차가운 칠면조'는 마약, 알코올 등 중독성이 있는 물질을 단번에 끊는 동작 또는 그 후에 찾아오는 금단증세를 가리킨다. 중독성 물질을 단숨에 끊게 되면 참을 수 없는 고통이 찾아오는 것은 물론 환영과 환청에 시달리게 되고 소름이 돋고 식은 땀을 흘리게 되는데, cold turkey는 금단현상을 겪고 있는 마약중독자의 피부에 돋은 두드러기와 소름이 털 뽑힌 칠면조의 껍질처럼 오톨도톨하다고 해서 생긴 표현이다. 중독성 물질을 단숨에 끊는 것은 go cold turkey 또는 quit something cold turkey와 같이 표현한다.
>
> **ex** 나는 3년 전에 담배를 딱 끊었다.
> **I went cold turkey** and stopped smoking three years ago.

- 담배를 끊고 며칠 후부터 금단현상에 시달리기 시작했다.
  A few days after I quit smoking, I started to get withdrawal symptoms.

기침 cough ❶
- 기침하다 cough
- 그는 아침부터 기침을 심하게 하고 있다.
  He's been coughing severely since this morning.

부기 swelling, 부종 edema; oedema
- 부기가 가라앉았다. The swelling has gone down.
- 그녀의 얼굴에는 아직 부기가 남아 있다. There's still some swelling in her face.

어지럼증, 현기증 dizziness; vertigo; giddiness
- 갑자기 현기증이 났다. Suddenly I felt dizzy.

열 fever
- 아들의 이마에 열이 있다. My son's forehead is hot with fever.

---

❶ **기침할 때는 Bless you!**

기침은 식도 esophagus가 아닌 기도 respiratory tract에 이물질이 들어갔을 때 이를 제거하기 위한 반사작용을 뜻하고, 재채기는 콧속에 이물질이 들어가 코의 점막을 간질일 때 일어나는 반사작용이다. 재채기를 할 때 사방으로 퍼지는 침과 콧물의 속도는 약 160km로서 웬만한 강속구 투수의 공보다 빠르다. 영어권 사람들은 기침이나 재채기를 하는 순간 그 사람의 영혼이 잠시 육체를 떠난다고 생각한다. 그리고 그 짧은 순간 동안 악마가 그 사람의 몸 속에 들어올 수 있다고 생각한다. 그래서 옆에 있는 사람이 기침을 했을 때는, 전혀 모르는 사람이라 할지라도, "(God) Bless you."라는 말을 해주는 것이 예의다. 당신의 영혼이 빠져나가지 않도록 신의 가호를 빈다는 뜻.

고열 high fever

미열 slight fever; mild fever; low-grade fever

염증 inflammation; irritation
- 코에 염증이 생겼다. I've got an inflammation in my nose.

오한, 한기 chill
- 밤새 오한이 났다. I had the chills all night.

재채기 sneeze
- 재채기하다 sneeze
- 계속 재채기가 나온다. I keep sneezing.

출혈 bleeding ❶
- 출혈하다, 피가 나다 bleed
  - 과다출혈 excessive bleeding; severe bleeding; heavy bleeding
    - 환자는 과다출혈로 생명이 위독하다. Excessive bleeding has put the patient's life at risk.
  - 내출혈 AE hemorrhage; BE haemorrhage
  - 하혈 bloody discharge; vaginal bleeding
    - 하혈을 하다 discharge blood

헛구역질 retch; dry heaves
- 헛구역질하다 retch / have the dry heaves

❶ 출혈이 있을 때는
지혈 hemostasis
지혈대 tourniquet
지혈제 styptic; hemostatic

상태

결리다 have a stitch (in)
- 옆구리가 결린다. I have a stitch in my side.

띵한, 어지러운 lightheaded; dizzy; giddy
- 술을 몇 잔 마셨더니 어지럽다. I've had a few drinks and feel a little lightheaded.

부은 swollen; puffy; puffed up, 붓다 swell (up)
- 다친 발목이 심하게 부었다. I injured my ankle and it swelled up badly.

시큰거리다, 시큰하다 be sore; have a pain (in) ❷
- 오른 손목이 시큰거린다. I have a pain in my right wrist.

쑤시다, 욱신거리다 ache; throb (with pain)
- 발목이 쑤신다. My ankle aches.

쓰린, 얼얼한 stinging; burning; smarting

아픈 (병으로) sick; ill; unwell; (상처 등이) painful; sore
- 오늘은 아파서 회사에 출근하지 못했다. I missed work today because I was sick.

❷ a sight for sore eyes
보기만 해도 반갑고 즐거운 사람이나 광경을 a sight for sore eyes라고 한다. 직역하면 '눈이 아프고 시린데 그런 아픔을 싹 날려버릴 정도로 반가운 광경'이라는 뜻. 비슷한 표현으로는 the apple of sb's eye가 있다. 여기서 apple은 원래 눈의 동공 pupil을 뜻하는 말이었는데, 둥그런 사과가 동공을 닮았기 때문이다. 시각은 인간의 감각기관 중에서도 가장 중요한 기관이기 때문에 '동공 = 소중하고 사랑스러운 사람'이라는 뜻이 되었다.

통증

아픔, 통증 (sharp) pain; ache; agony; discomfort; (따끔한) prick
- 옆구리에 심한 통증이 느껴졌다. I felt a sharp pain in my side.

근육통 muscle pain; myalgia
- 무리하게 운동을 했더니 근육통이 생겼다.
  I have some muscle pain from overdoing my exercise.

두통 headache ❶
- 그는 심한 두통을 호소했다. He complained of a splitting headache.

　편두통 migraine

배앓이, 복통 stomachache; abdominal pain; inf bellyache; (아기들의) colic; (속 쓰림) heartburn
- 복통 때문에 밤새 잠을 못 잤다. I was awake all night with a stomachache.

요통 backache; lumbago; back pain

치통 toothache
- 치통 때문에 죽을 맛이다. I have a terrible toothache.

흉통 chest pain

❶ 눈엣가시 = 두통 = 검은 양

생각만 해도 머리가 아픈 눈엣가시 같은 사람이나 문젯거리를 headache라고 한다. 비슷한 단어로는 nuisance, bother, black sheep 등이 있다. 특히 black sheep, 즉 '검은 양'은 어떤 조직 내에서 허구한 날 사고만 치는 문제아를 가리키는데, 양은 원래 흰털을 가지고 태어나지만 가끔 열성 유전으로 태어나는 검은 양의 털은 상업적으로 가치가 없다는 데에서 유래된 표현이다.

ex 그 녀석은 우리 집의 문제아다. 그 아이만 생각하면 머리가 지끈지끈 아프다.
He is the **black sheep** of our family. He always gives me a headache.

"He is a black sheep."

03 부상, 상처 injury; wound

부상 — 일반 ❶

다치다 hurt; be[get] hurt; be injured; be wounded; suffer a wound[injury]
- 어디 다친 데는 없으세요? Are you hurt anywhere? / Are you injured?

경상 slight injury[wound]; minor injury[wound]

중상 serious injury; serious wound

치명상 fatal injury[wound]; mortal injury[wound]
- 치명상을 입다 be fatally[mortally] wounded / suffer a mortal wound

> 부상자 the injured; the wounded

❶ injury VS wound
injury 교통사고나 타인의 공격에 의한 상처
wound 전쟁, 싸움 등에서 총, 칼에 의해 다친 상처

부상 — 외상

딱지, 피딱지 scab ❷
- 딱지를 뜯지 마세요. Stop picking at your scab.
- 상처에 딱지가 생겼다. A scab formed over the wound.

물집, 수포 blister
- 발바닥에 물집이 생겼다. I've got blisters on the soles of my feet.

열상 laceration; (깊은) gash

자상 cut

> 열상은 날카롭지 않은 도구에 의해 찢어진 상처
> 자상은 칼과 같은 날카로운 도구에 의해 베인 상처

  베이다 cut (one's hand); suffer a cut
  - 칼에 손가락을 베었다. I cut myself with a knife.

찰과상 abrasion; scratch; scrape

  까지다, 쓸리다 graze; skin; scrape
  - 자전거를 타다가 넘어져 무릎이 까졌다. I fell off my bike and scraped my knee.

총상 bullet wound; gunshot wound

  관통상 penetrating wound
  - 그는 어깨에 관통상을 입었다. He suffered a penetrating wound on his shoulder.

화상 (불에 덴) burn; (물에 덴) scald; (햇볕에 의한) sunburn
- 2도 화상을 입다 suffer second-degree burns

  데다 (불에) burn (oneself); (물에) scald (oneself)
  - 그녀는 어렸을 때 다리를 심하게 데었다.
    She burned her leg severely when she was little.

  중화상 severe burn; serious burn

> derm (피부) + abrasion (마찰, 찰과상) = dermabrasion (박피술)

❷ scab과 strikebreaker
노동자들이 파업을 벌이면 회사 측에서는 파업에 불참한 사람들과 퇴직한 직원, 그리고 때로는 용역 회사나 경비회사의 직원들로써 회사를 정상 가동 시키며 파업을 무시키거나 방해하려고 한다. 이렇게 파업에 불참하고 정상적으로 근무를 하는 사람들을 파업strike을 분쇄break하는 사람들이라는 뜻의 strikebreaker라고 한다. scab은 strikebreaker의 모욕적인 표현인데, 상처가 난 자리에 생기는 딱지처럼 회사라는 조직에 난 상처인 파업을 무시키려는 사람이라는 뜻이다.

흉터 scar
- 그는 이마에 흉터가 있다. He has a scar on his forehead.

부상 – 기타

골절 (bone) fracture ❶
- 골절된 fractured
- 골절되다, 부러지다 fracture / be broken
- 그는 다리가 부러져서 목발을 짚고 다닌다. He broke his leg and is on crutches.

뇌진탕 concussion
- 뇌진탕에 걸린 concussed
- 그녀는 빙판에서 넘어져 뇌진탕을 입었다.
  She slipped on the ice and suffered a concussion.

동상 frostbite; (손·발의) chilblain
- 동상에 걸린 frostbitten
- 그 등반가는 심한 동상에 걸려 손가락을 모두 절단해야 했다. The mountain climber suffered such severe frostbite that all his fingers had to be amputated.

멍, 타박상 bruise; contusion; (눈 언저리의) black eye
- 멍든 bruised
- 그는 온몸이 시퍼렇게 멍들었다.
  He had bruises all over his body. / He was black and blue all over.
- 내가 그의 얼굴을 때려서 그의 눈에 멍이 들었다.
  I punched him in the face and now he has a black eye.

염좌 sprain; wrench ❷
- 삐다 sprain; twist; wrench
  - 조깅을 하다가 발목을 삐었다. I sprained my ankle jogging.

탈골, 탈구 joint dislocation; luxation
- 탈구되다 be dislocated
- 그는 툭하면 어깨가 빠진다. He's always dislocating his shoulder.

혹 (부딪쳐서 생긴) bump; lump; (종양) cyst; wen
- 이마를 벽에 부딪쳐서 혹이 생겼다.
  I ran into a wall and got a bump on my forehead.

---

❶ 골절의 종류
단순골절 simple fracture
폐쇄성 골절 closed fracture
복합골절 compound fracture
개방성 골절 open fracture
피로골절 stress fracture

단순골절 또는 폐쇄성 골절은 뼈는 부러졌지만 부러진 뼈가 피부를 뚫고 나오지 않은 골절을 가리키고, 복합골절 또는 개방성 골절은 뼈가 피부를 뚫고 나온 상태의 골절을 의미한다. 피로골절은 신체의 일부분을 과다하게 사용하여 뼈가 부러진 경우인데, 운동선수에게 자주 발생한다.

❷ wrench
wrench는 공구의 일종인 렌치 또는 스패너라는 뜻도 있다. 염좌는 렌치로 볼트나 너트를 돌리듯 신체의 일부가 비정상적으로 꺾여 인대 ligament가 늘어나는 부상이다.

speed bump 과속방지턱

PART 2

Unit 5 의생활

1 **입고 벗기**

2 **옷차림**

3 **옷감, 섬유**
천연섬유 / 가죽, 모피 / 합성섬유, 인조섬유

4 **옷의 종류**
상의 / 하의 / 속옷 / 정장, 전통의상 / 운동복, 제복, 가운 / 특수복 / 의복 기타 / 의복의 구성 요소 / 사이즈, 무늬, 패션

5 **소지품, 액세서리**
모자 / 신발 / 소지품 / 액세서리 / 안경

01 입고 벗기

입다

입다, 착용하다 wear ❶; put on; get dressed; slip on; (서둘러) throw on
- 나는 재킷을 입어 보았다. I slipped on the jacket to see how I'd look in it.
- 그는 서둘러 옷을 입고 집을 나섰다. He threw on his clothes and went out.
- 나는 이 옷을 2년째 입고 있다. I've been wearing these clothes for two years.

갈아 입다 change (into); get changed
- 여기서 옷을 갈아 입어라. Change your clothes here.

거꾸로 입다 wear[put on] one's clothes backwards

뒤집어 입다 wear[put on] one's clothes inside out
- 너, 셔츠를 뒤집어 입었어. Hey, you've got your shirt on inside out.

입어 보다 try sth on
- 그 재킷 입어 봐도 될까요? Can I try that jacket on?

차려입다 dress up; `inf` doll (oneself) up

벗다

벗다 take off; remove; undress; (훌훌 벗다) slip out of; throw off
- 입고 있는 옷을 전부 벗어라. Take off all your clothes.
- 나는 그의 외투를 벗겨 주었다. I took off his overcoat.

벌거벗다 strip down; strip off; strip[get] naked; get undressed

나체, 벌거숭이, 알몸 naked[nude] body; `inf` birthday suit

반라의 topless; naked to the waist

벌거벗은, 알몸의, 전라의 (stark) naked; nude; stripped; undressed ❷
- 학생들은 전라의 모델을 그리고 있었다. The students were drawing a nude model.

전라 (full) nudity; nakedness

❶ **마릴린 먼로의 잠옷, 샤넬 넘버 5**
"What do I wear in bed? Why, Chanel No. 5, of course."
"잘 때 뭘 입고 자냐고요? 물론 샤넬 넘버 5죠."
무엇을 입고 자느냐는 기자의 질문에 샤넬의 향수만 뿌리고 잔다고 대답한 마릴린 먼로Marilyn Monroe. 대담하면서도 재치 있는 마릴린 먼로의 대답이 가능했던 것은 wear라는 동사가 전천후로 쓰이기 때문이다. wear는 옷을 입는 것뿐만 아니라 향수를 뿌리고, 신발을 신고, 장갑을 끼고, 안경을 쓰고, 화장을 하고, 시계를 차는 등 몸에 걸치는 모든 행동에 사용할 수 있다.

❷ **그들만의 민망한 질주**
스포츠 경기 도중 갑자기 벌거벗은 사람이 경기장으로 난입했다는 기사를 심심찮게 볼 수 있다. 이렇게 벌거벗고 대중 앞을 달리는 사람을 스트리커streaker, 이런 행위는 스트리킹streaking이라 한다. 원래 streak은 '전속력으로 질주하다'라는 뜻이었는데 1970년대 미국 학생들이 정부에 대한 항의와 저항의 의미로 나체로 질주하기 시작하면서 지금과 같은 뜻이 생겼다. 스트리커들은 많은 대중이 모이는 곳을 선호하고 단순히 재미를 추구하는 사람들이다. 이들의 목적은 경찰에게 잡히지 않고 얼마나 오래 질주하느냐인데, 경찰에게 체포되면 공연음란죄와 경기장 난입죄 등으로 처벌된다.

02 옷차림

단정한 옷차림 ❶

근사한, 멋있는, 멋진 fashionable; stylish; smart; [inf] sharp; snazzy

깔끔한, 단정한 neat and clean; clean and tidy; well-groomed

수수한 pleasantly plain; pleasantly simple

맞다 fit, 어울리다 suit; match; go well
- 이 셔츠는 내게 딱 맞는다. This shirt fits me perfectly.
- 그 색깔의 옷은 너와 어울리지 않는 것 같다. Clothes of that color don't suit you.

조이는, 타이트한 tight; skintight; tight-fitting; skinny

화사한 beautiful; gorgeous
- 이 드레스 정말 화사하다! How gorgeous this dress is!

단정하지 못한 옷차림

구겨진, 쭈글쭈글한 creased; wrinkled; wrinkly
- 그는 구겨진 셔츠를 입고 있었다. He was wearing a wrinkled shirt.

남루한, 너덜너덜한 ragged; tattered; shabby

더러운, 추레한 dirty; untidy; scruffy

야한, 요란한 gaudy; loud; garish; flashy; brash; showy; (노출이 심하고 달라붙는) skimpy; (가슴이 깊게 패인) low-cut; (등이 훤히 드러나는) backless
- 그녀의 옷차림은 요란하지 않으면서도 근사하다.
  Her clothes aren't showy, but she looks quite stylish.

촌스러운 countrified; (유행에 뒤떨어진) unfashionable; out of style
- 그는 유행에 뒤떨어진 옷을 입고 있었다. His clothes were out of style.

해진 frayed; worn out

촌뜨기 country person; rustic; provincial; bumpkin

헐렁헐렁한 baggy; loose; loose-fitting
- 그는 늘 헐렁한 바지에 달라붙는 티셔츠를 입고 다닌다.
  He always wears baggy pants and tight-fitting T-shirts.

후줄근한 sloppy; limp

멋쟁이 fashionista; sharp dresser; smart dresser; (유행을 선도하는) trendsetter

❶ 드레스 코드

여행 중 레스토랑이나 바를 방문할 계획이라면 격식을 차린 멋진 의상과 구두를 챙겨 가자. 외국 대부분의 고급 레스토랑이나 바에는 드레스 코드 dress code가 있어 반바지나 샌들 등의 캐주얼한 복장을 하고 있다면 아쉽지만 발길을 돌릴 수밖에 없다. 레스토랑과 같은 특정 장소의 복장 규칙도 드레스 코드이고, 사회적으로 통용되는 복장 규정도 드레스 코드라고 한다. 또한 성당이나 사원에서도 경건한 분위기를 위해 팔과 다리가 드러나는 옷차림을 금지하는 드레스 코드가 있기도 하다.

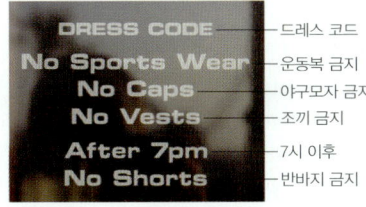

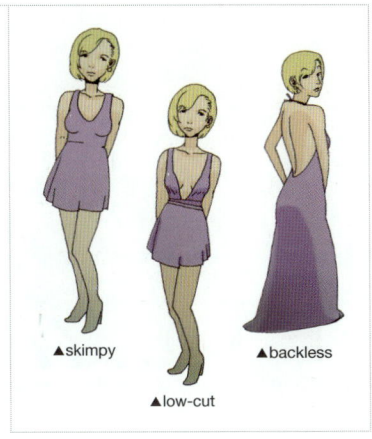

▲skimpy ▲low-cut ▲backless

03 옷감 fabric, 섬유 fiber

3.1 천연섬유 natural fiber

식물섬유 vegetable fiber

마, 마직 bast fiber
  모시 ramie fabric; ramie cloth
  베, 삼베 burlap; hessian; sackcloth; sacking
  아마포, 리넨 linen

면, 면직, 무명 cotton (cloth)
  데님 denim
  돛천, 범포, 캔버스천 canvas
  모슬린 muslin
  방수포, 유포 oilcloth; oilskin
  순면 pure cotton
    □ 이 블라우스는 순면 100%이다. This blouse is 100-percent cotton.
  코듀로이 corduroy
    □ 그는 갈색 코듀로이 재킷을 입고 있었다.
      He was wearing a brown corduroy jacket.
  포플린 poplin
  플란넬 flannel
    □ 녹색 플란넬 치마 a green flannel skirt

항균성과 항독성이 있는 burlap

테이블보와 냅킨, 와이셔츠, 손수건 등에 사용되는 linen

면, 목화, 면사 모두 영어로는 cotton

강하고 내구력이 강한 denim

미술 도구인 캔버스도 canvas로 만들어진 것

커튼으로 애용되는 muslin

특수 오일을 바른 후 건조시켜 만드는 oilcloth

코르덴이나 골덴은 콩글리시, 코듀로이가 정확한 용어

부드럽고 광택이 나는 poplin

부드러운 옷과 담요에 쓰이는 flannel

220 | Unit 5 의생활

동물섬유 animal fiber

견직, 비단, 실크 silk

누에고치 (silkworm) cocoon

☐ 그녀는 보라색 실크 블라우스를 입고 있었다. She was wearing a purple silk blouse.

- 공단 satin
- 벨벳 velvet
- 시폰 chiffon

모직 woolen fabric; woolen cloth, 울 wool

- 낙타털 camelhair; AE camel's hair
- 더플 duffle; duffel
  ☐ 더플 코트는 학생용 겨울 코트로 잘 알려져 있다. Duffle coats are well known as winter coats for students.
- 순모 pure wool
- 양모, 양털 fleece; lambswool
- 오리털 duck down
  ☐ 이 오리털 패딩 점퍼는 가볍고 따뜻하다. This duck-down jacket is light and warm.
- 캐시미어 cashmere
- 토끼털, 앙고라 rabbit fur; angora
- 트위드 tweed
- 펠트 felt

표면이 매끄럽고 광택이 있어 이브닝드레스에 애용되는 satin

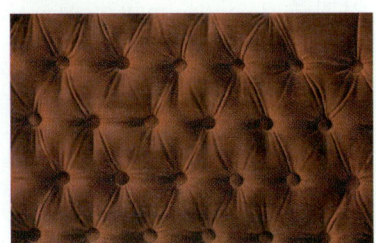

고급스러운 분위기를 뽐내기 좋은 velvet

드레스나 란제리 등의 재료로 사용되는 chiffon

터키 박트리아 지방의 쌍봉낙타의 털로 만드는 camelhair

세계 양털시장의 1/3 정도를 차지하고 있는 오스트레일리아의 메리노 merino 종

카슈미르 Kashmir 지방에 서식하는 캐시미어 염소 cashmere goat의 부드러운 속털로 만드는 cashmere

부드럽고 긴 털이 특징인 앙고라 토끼 angora rabbit의 털로 만드는 angora

tweed로 만들어진 모자

felt로 만드는 테니스공

3.2 가죽 leather, 모피 fur

곰가죽 bearskin
담비가죽 sable
돈피, 돼지가죽 pigskin
두더지가죽 moleskin
물개가죽 sealskin
밍크모피 mink
뱀가죽 snakeskin
사슴가죽 deerskin
섀미 chamois leather — 무두질한 양가죽이나 염소가죽
악어가죽 crocodile skin[leather]; alligator skin[leather]
양가죽 sheepskin; (어린 양의) lambskin; (스웨이드) suede
에나멜가죽 patent leather

> 에나멜가죽 ❌enamel leather → ⭕patent leather
> 에나멜가죽은 에나멜enamel이라는 도료를 표면에 칠해 광택이 나는 것이 특징으로, 영어로는 특허 patent를 받은 가죽이라는 뜻으로 patent leather라고 한다.

여우모피 fox skin
염소가죽 goatskin; (어린 염소의) kidskin
우피, 소가죽 cowhide
  송아지가죽 calfskin
토끼가죽 rabbit skin

skin이 leather가 되기까지

아직 가공하지 않아 동물의 털과 기름이 그대로 붙어 있는 날가죽은 skin, hide 또는 rawhide라고 한다. 하지만 동물의 날가죽을 그대로 옷으로 만들거나 입을 수는 없다. 날가죽은 털과 기름을 제거한 후 약품을 첨가하는 과정을 거치는데 이것을 무두질tanning이라고 한다. 무두질을 하는 무두장이를 tanner, 그리고 무두 공장을 tannery라고 한다. 무두질을 거쳐야만 비로서 상품성을 갖는 leather로 변신하게 된다. 아프리카 모로코의 페스Fes라는 도시에는 대규모 무두공장이 있는데, 세계적으로 유명한 관광명소이기도 하다.

모피를 입느니 차라리 벗겠어요

"I'd rather go naked than wear fur." "모피를 입느니 차라리 벗겠어요." 이 자극적인 문구는 PETA, 즉 동물의 윤리적인 대우를 위한 모임People for the Ethical Treatment of Animals의 대표적인 모피 반대 캠페인 문구이다. PETA의 회원인 유명 연예인들이 이 문구와 함께 누드로 광고를 찍기도 하고, PETA 시위대들이 이 문구가 적힌 피켓으로 신체의 중요 부분을 가린 채 누드로 거리를 누비기도 한다. 이들은 누드 시위 외에도 모피나 가죽 브랜드의 패션쇼에 난입하기도 하고, 모피를 두르고 있는 유명인들에게 밀가루를 뿌리기도 한다.

3.3 합성섬유 synthetic fiber, 인조섬유 man-made fiber

극세사 microfiber
나일론 nylon
- 이 제품은 나일론이 45% 함유되어 있다. This product is 45 percent nylon.

극세사는 폴리에스테르와 나일론을 합성해서 만든 것으로 머리카락 굵기의 1/100보다 가늘다

나일론의 발명
나일론은 최초의 합성섬유로 1938년 미국 듀폰Dupont사의 월리스 캐러더스Wallace Carothers와 그의 연구팀에 의해 발명되었다. 이전까지의 천연섬유보다 질기고 가볍고 신축성도 좋은 것은 물론 저렴한 가격으로 의복의 대량 생산을 가능하게 만드는 등, 20세기 최고의 발명품 중 하나로 꼽을 만하다. 나일론으로 만든 첫 번째 제품은 여성용 스타킹이었는데, 시판 첫날만 500만 개가 팔렸다고 한다.

❶ micro–
micro–는 '아주 작은'이라는 뜻의 접두사.
microcar 초소형 자동차
microchip 마이크로칩
microcredit 소액대출
microfilm 마이크로필름
microlight 초경량 비행기

스판덱스 (상표명) Lycra; Spandex
아크릴섬유 acrylic fiber

❌ acryl fiber → ⭕ acrylic fiber

인조가죽 leatherette; imitation leather; artificial leather
- 저 재킷은 인조가죽이라 값이 저렴하다.
  That jacket is made of artificial leather, so it's cheaper.

인조견사, 레이온 rayon
- 레이온으로 만들어진 옷은 땀이 잘 흡수되지 않는다.
  Rayon garments don't absorb perspiration very well.

폴리에스테르 polyester

04 옷의 종류

4.1 상의 top

외투, 코트 coat

가죽코트 leather coat
더플코트 duffel coat; duffle coat
롱코트 overcoat ↔ 반코트 car coat

> ✗half coat → ○car coat
> car coat는 운전하기 편하도록 롱코트를 줄인 코트

☐ 나에게는 롱코트보다는 반코트가 어울린다.
　A car coat looks better on me than an overcoat.

망토 cape; cloak
모피코트 fur coat; fur-lined overcoat
밍크코트 mink coat
양가죽 코트, 무스탕 sheepskin coat
트렌치코트 trench coat ❶

점퍼, 재킷 jacket ❷

방풍 점퍼 windbreaker; windcheater
볼레로 bolero
사파리 점퍼 safari jacket; bush jacket
캐주얼 재킷, 블레이저 blazer; sports jacket; sports coat
파카, 후드 점퍼 parka; anorak; hooded jacket
항공 점퍼 bomber jacket

스웨터와 조끼

스웨터 sweater; [BE] jumper
　브이넥 스웨터 V-neck sweater
　크루넥 스웨터 crew-neck sweater
　터틀넥 스웨터 turtleneck; [BE] polo neck

---

❶ **버버리가 만든 바바리**

늦가을 최고의 아이템인 트렌치코트는 우리에게는 바바리라는 말로 익숙하다. 바바리는 처음 트렌치코트를 선보인 영국의 패션 브랜드, 버버리Burberry의 이름을 딴 것으로 1890년대 처음으로 시장에 선보였다. 어깨의 견장, 허리를 묶는 끈 등 특유의 디자인을 지금도 유지하고 있으며 스테디셀러로 여전히 인기가 많다.

❷ **점퍼? 재킷?**

우리는 흔히 지퍼가 달린 품이 넉넉한 윗옷을 '잠바', 또는 '점퍼'라고 부르고, 양복 상의 모양의 윗옷을 '재킷'이라고 부르지만 영어로는 둘 다 jacket이다. 영어로 jumper는 머리부터 넣는 스웨터나 두꺼운 셔츠, 또는 소매와 칼라가 없는 원피스를 가리킨다.

▶ 방풍과 방한에 최고, windbreaker

▲ 블라우스나 원피스 위에 걸치는 짧은 상의, bolero

▲ 스마트 캐주얼, blazer

◀ 폭격기 승무원bomber 들의 복장에서 유래된 bomber jacket

조끼 AE vest; BE waistcoat
카디건 cardigan (sweater)

셔츠와 블라우스

셔츠 shirt, 블라우스 blouse
긴팔 셔츠 long-sleeved shirt
남방셔츠 aloha shirt; Hawaiian shirt ❶
민소매 셔츠 sleeveless shirt
반팔 셔츠 short-sleeved shirt
와이셔츠 dress shirt
- 그는 흰 와이셔츠에 파란 넥타이를 맸다.
  He was wearing a white dress shirt and a blue tie.

폴로 셔츠 polo shirt; inf polo ❷
티셔츠 T-shirt; tee shirt; inf tee
라운드 티셔츠 crew-neck T-shirt; ringer T-shirt
탱크톱 tank top; crop top ❸
- 그녀는 탱크톱에 스키니진을 입고 나타났다.
  She showed up wearing skinny jeans with a tank top.

튜닉 tunic
튜브톱 AE tube top; BE boob tube ❸ — 허리 아래까지 내려오는 상의로 그 위에 허리띠를 두르기도 한다.
홀터톱 halter top ❸

상의 액세서리

네커치프 neckerchief
목도리 scarf; muffler; (깃털로 장식된) (feather) boa
- 목에 목도리를 두르고 외출을 했다.
  I wore a scarf around my neck when I went out.

숄 shawl
- 그녀는 어깨에 숄을 두르고 있었다. She had a shawl draped over her shoulders.

스카프 headscarf

❌ scarf → ⭕ headscarf
scarf는 목도리를 뜻한다

❶ 하와이의 공식 정장, 남방셔츠

밝고 강렬한 색상의 화려한 프린트가 인상적인 남방셔츠는 하와이에서 유래되었기 때문에 aloha shirt 혹은 Hawaiian shirt라는 이름으로 불린다. 알로하aloha는 하와이의 인사말일 뿐만 아니라 사랑, 애정을 뜻하기도 한다. 우리에겐 해변에서나 입을 만한 느낌의 셔츠이지만, 날씨가 무더운 하와이에서는 사업상의 만남이나 공식적인 정부 행사 때에도 입을 수 있는 정장 셔츠의 역할을 한다. 남방셔츠는 다른 셔츠와 달리 바지 위로 내놓고 입는 것이 정석이다.

❷ 폴로셔츠의 원조는 테니스셔츠

폴로셔츠를 처음 디자인한 사람은 테니스 챔피언이었던 르네 라코스테René Lacoste. 좀 더 편안한 경기를 위해 라코스테는 직접 테니스셔츠를 디자인해서 1926년 처음으로 입고 경기에 나섰다. 그 후 자신의 별명이었던 악어를 셔츠의 왼쪽 가슴 부분에 새겨 넣었는데, 이것이 패션 브랜드 라코스테의 시작인 셈이다. 라코스테가 디자인한 테니스셔츠는 폴로 선수들에게도 인기를 끌게 되었고, 폴로 선수였던 루이스 레이시Lewis Lacey가 폴로 선수의 로고를 수놓은 폴로셔츠를 판매하기 시작하면서 테니스셔츠라는 말보다 폴로셔츠라는 말이 일반적으로 쓰이게 되었다.

❸ 톱 4인방

▲ tank top

▲ crop top

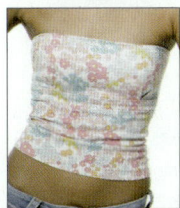
▲ tube top

▲ halter top

4.2 하의 bottoms

바지 — 형태

바지 AE pants; BE trousers
건빵바지, 카고바지 cargo pants
골반바지 hip-hugger pants; hiphuggers
나팔바지 bell-bottoms; flares
레깅스 leggings; stretch pants; (발바닥에 끈을 거는) stirrup pants
멜빵바지 AE overalls; BE dungarees
몸뻬 loose work pants[trousers] for women
반바지 shorts; (긴 바지를 잘라 만든) cutoffs
□ 집에 있는 긴 청바지를 잘라서 반바지로 만들었다.
I cut the legs of some jeans I had at home and made shorts out of them.
7부바지 (통이 넓은) crop pants; cropped pants; (통이 좁은) capri pants; capris; pedal pushers
핫팬츠 hot pants
방수바지 waders
스키니팬츠 skinny pants; skin-tight pants
일자바지 straight pants
□ 일자바지는 다리를 길어 보이게 하는 효과가 있다.
Straight pants make your legs look longer.
정장바지 dress pants; suit pants
체크바지 trews
치마바지 culottes

▲ 주머니에 물건을 넣을 수 있는 cargo pants

▲ 골반 부분에 걸쳐서 입는 hip-hugger pants

▲ 밑단이 종bell처럼 생긴 bell-bottoms

▲ 예뻐 보여도 건강에는 별로인 leggings

◀ 이탈리아의 카프리섬에서 처음 유행한 capri pants

세상 밖으로 나온 속옷

밑으로 내려 입은 바지 위로 드러나는 화려한 속옷. 바지를 일부러 내려 속옷을 드러내는 일명 '똥싼바지' 패션을 가리켜 '옷이 처지다'라는 뜻의 sag를 써서 sagging, 그런 옷을 입은 사람을 sagger라고 한다. 원래 sagging은 교도소에서 수감자들이 입었던 바지에서 유래되었다. 감옥에서는 자살이나 폭행 사건을 방지하기 위해 벨트 착용을 금지했기 때문에 어쩔 수 없이 바지가 흘러내렸지만, 1990년대 힙합 아티스트들은 이것을 패션으로 받아들여 지금은 힙합 패션의 하나로 자리잡게 되었다. 최근에는 미국의 몇몇 도시에서 sagging을 풍기문란으로 보고 경범죄로 규정하는 사례들이 늘어나고 있는 추세이다.

바지 — 재료

가죽바지 leather pants
면바지 cotton pants
솜바지, 핫바지 padded pants
청바지, 진 (blue) jeans; denims ❶
코듀로이 바지 corduroys; cords

바지 액세서리

각반 gaiter(s)
☐ 다리에 각반을 차다 wear gaiters

> 정강이를 보호하고, 바지 사이로 들어오는 찬바람을 막기 위한 용도

멜빵 **AE** suspenders; **BE** braces

허리띠, 혁대, 벨트 belt; waistband; (천으로 된) sash; cummerbund ❷
☐ 허리띠를 조이다 tighten *one's* belt

    버클 buckle
    ☐ 벨트의 버클을 채우다 buckle up *one's* belt
    ☐ 벨트의 버클을 풀다 unbuckle *one's* belt

치마

> skirt chaser 여성들의 치마 끝만 졸졸 쫓아다니는 바람둥이

치마, 스커트 skirt
☐ 그녀는 바지보다 치마를 즐겨 입는다. She prefers to wear skirts rather than pants.

긴치마 long skirt; trailing skirt

드레스, 원피스 (one-piece) dress

미니스커트 miniskirt; mini
☐ 그녀는 다리가 날씬해서 미니스커트가 잘 어울린다.
   She has slender legs, so she looks good in a miniskirt.

랩어라운드 스커트 wraparound (skirt)

주름치마 pleated skirt

투피스 (two-piece) suit[dress]

펜슬스커트 pencil skirt

---

❶ 가장 유명한 바지

1873년 미국의 이민자였던 리바이 스트라우스Levi Strauss와 제이콥 데이비스Jacob Davis는 세계에서 가장 유명한 바지를 만들어 낸다. 금속 리벳rivet을 박은 포켓과 금속 단추로 잠그는 데님 바지가 그것. 튼튼한 재질의 이 바지는 나오자마자 작업복으로 큰 히트를 친다. 두 남자는 함께 이 바지에 대한 특허를 신청했고, 약 20년 동안 독점적인 생산자로 군림했으나, 특허가 만료된 이후에는 많은 의류업체들이 그들을 모방한 비슷한 디자인의 바지를 내놓게 되었다. 하지만 리바이와 제이콥의 바지는 청바지를 대표하는 리바이스Levi's라는 세계적인 브랜드로 여전히 사랑받고 있다.

❷ 돈을 아끼려면 허리띠를 조여라

tighten one's belt는 말 그대로 '허리띠를 조이다'라는 뜻이지만 비유적으로 쓰면 '돈을 적게 쓰다', '절약하다'라는 뜻. belt and braces[suspenders]는 '허리띠와 멜빵'이라는 뜻으로, 허리띠도 매고 멜빵도 한 '이중으로 된 안전 대책'이라는 말이다. blow below the belt는 '허리 아래의 급소를 가격하는 반칙'을 가리키기도 하고 '야비한 행위'를 뜻하기도 한다.

4.3 속옷 underwear; undergarment

여성 속옷, 란제리 lingerie

가터벨트 [AE] garter belt; garters; [BE] suspender belt
거들 girdle
브래지어, 브라 bra; [f] brassiere
    누드 브라 nubra
    브래지어 패드 [inf] falsies
    와이어 브라 underwire (bra)
속치마, 페티코트 underskirt; half slip; petticoat
슈미즈 chemise
슬립 slip (dress)
올인원 all-in-one
캐미솔 camisole
코르셋 corset ❶

누드 브라 ❌ nude bra → ⭕ nubra

❶ **건강 대신 얻은 잘록한 허리**

코르셋은 중세 시대에 만들어졌다. 18세기 코르셋의 특징은 가슴은 부풀리고 허리는 가늘게 보이도록 꽉 조이는 것이었는데, 당시에 허리 사이즈를 14인치 이하까지 조였던 여성들에 대한 기록이 남아 있다. 하지만 과도한 코르셋 착용은 호흡곤란과 소화불량을 일으키기 일쑤였고, 코르셋에 의해 피부가 찢기거나 갈비뼈가 부러지고, 심지어 내장에 손상을 입기도 하였다. 코르셋을 너무 조인 나머지 사망한 경우까지 있었다고 한다.

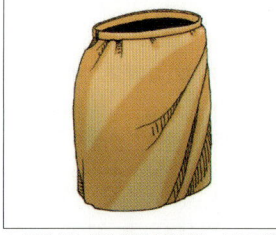
▲ 드레스나 치마 안에 받쳐 입는 부드러운 실크 소재의 half slip

▲ 치마처럼 생긴 속옷으로 치마의 모양을 잡아주는 petticoat

▲ 어깨에서 허벅다리까지 오는 풍성한 속옷 chemise

▲ 어깨가 가는 끈으로 연결되어 있는 slip

▲ 슬립의 상반신 부분만 따로 만든 camisole

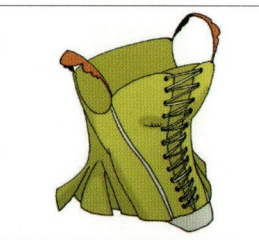
▲ 배와 허리 부분을 졸라매어 날씬하게 보이도록 하는 corset

▲ 브래지어, 허리를 날씬하게 만드는 웨이스트니퍼와 거들이 하나로 합쳐져 있는 all-in-one

속옷 일반

속옷 ❌innerwear → ⭕underwear

내복 long underwear; long johns; thermals
☐ 내복 상의 a thermal top 🔄 내복 하의 a thermal bottom

러닝셔츠 [AE] undershirt; [BE] vest; singlet
☐ 그들은 러닝셔츠 바람으로 농구를 하고 있었다.
They were playing basketball in their undershirts.

러닝셔츠
❌running shirt
⭕undershirt

팬티 [AE] underpants; [BE] pants

국부 보호대 jockstrap; athletic supporter

권투 선수들이나 격투기 선수들이 생식기를 보호하기 위해 착용

끈팬티 thong; G-string

사각팬티, 트렁크팬티 (헐렁헐렁한) boxers; boxer shorts; (달라붙는) boxer briefs; tight boxers
☐ 그는 삼각팬티보다는 사각팬티를 즐겨 입는다. He prefers boxers to jockey shorts.

삼각팬티 (남성용) briefs; jockey shorts; (여성용) [AE] panties; [BE] knickers

> **삼각팬티** ❌panty → ⭕panties
> 팬티도 바지pants와 마찬가지로 항상 복수형으로 쓴다. panties는 여성용 삼각팬티를 뜻하며, 남성용 삼각팬티는 briefs라고 한다.

▲ thong

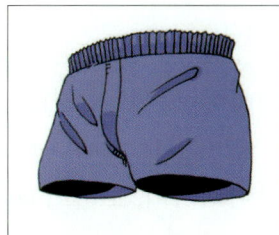
▲ boxers

스타킹과 양말

발토시, 레그워머 leg warmer

스타킹 (a pair of) stockings
☐ 당신 스타킹에 올이 나갔어요. You have a run[ladder] in your stockings.

망사스타킹 net stockings; mesh stockings; fishnet stockings

밴드스타킹 (허벅지 높이의) thigh-highs

판타롱스타킹 (무릎 높이의) knee-highs

팬티스타킹 pantyhose; pantihose; tights

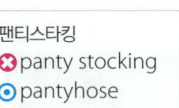

팬티스타킹
❌panty stocking
⭕pantyhose

▲ tight boxers

양말 socks

무릎 양말 knee socks

발가락 양말 toe socks

발목 양말 ankle socks

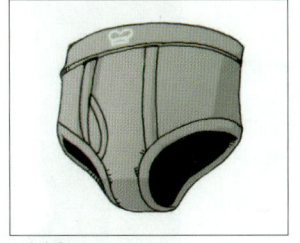
▲ briefs

▲ panties

옷의 종류 | **229**

4.4 정장 formal wear, 전통의상 national costume

정장 formal wear; formal dress

싱글정장 single-breasted suit
더블정장 double-breasted suit

- 야회복 (남녀의) evening dress ❶; (여성의) evening gown
  - 연미복 tailcoat; tails; swallow-tailed coat ❷
  - 턱시도 tuxedo; dinner jacket; [inf] tux ❷
    - □ 그는 턱시도에 검은 나비넥타이를 맸다. He wore a tuxedo and a black bow tie.
- 양복, 양장, 수트 suit
  - 신사복 (business) suit
    - □ 그는 신사복이 잘 어울린다. He looks good in a (business) suit.
  - 여성 바지정장 pantsuit; trouser suit

바지와 재킷으로 구성

- 예복 regalia; ceremonial dress

❶ **morning dress도 있다?**

morning dress는 결혼식과 같은 중요한 행사 시에 입는 남성 예복이다. 이름은 모닝드레스 morning dress이지만 보통은 저녁 5시 이전의 오후 시간에 열리는 행사에 참석할 때 입으며, 저녁 7시 이후에는 입지 않는다. 무릎 길이의 뒷자락과 좌우로 파인 앞자락이 특징인 모닝코트 morning coat, 짙은 줄무늬 바지, 그리고 흰 셔츠에 넥타이나 크러뱃을 매는 것이 정석이다.

◀ bow tie

넥타이

- 넥타이, 타이 tie; necktie
  - 넥타이핀 tie tack; tie clip; [BE] tiepin; (핀처럼 생긴) stickpin
- 나비넥타이, 보타이 bow tie
- 볼로타이 bolo tie [BE] bootlace tie
- 크러뱃 cravat

▲ bolo tie

▲ cravat

❷ **연미복 VS 턱시도**

남성복 중에서 최고로 격식을 차린 복장이 연미복이고 연미복 대용으로 입는 것이 턱시도이다. 연미복은 하얀 나비넥타이, 턱시도는 까만 나비넥타이를 하는 것이 차이점. 연미복은 재킷의 뒷부분이 제비 꼬리처럼 갈라져 있기 때문에 연미복(燕尾服)이라고 한다. 남성이 연미복을 입을 때 파트너인 여성은 흰 장갑과 발끝까지 내려오는 이브닝드레스를 입고, 남성이 턱시도를 입을 때는 무릎 길이의 칵테일드레스를 입는 것이 관례이다.

연미복

턱시도

한복 *hanbok*; traditional Korean dress

대님 *daenim*; traditional Korean ankle band
댕기 *daenggi*; traditional Korean ribbon
동정 *dongjeong*; thin white cloth-covered (paper) collar for traditional Korean clothes
두루마기 *durumagi*; traditional Korean overcoat
버선 *beoseon*; traditional Korean socks
저고리 *jeogori*; traditional Korean jacket
족두리 *jokduri*; bride's headpiece; Korean bridal crown

세계의 전통의상

기모노 (일본의) kimono
사롱 (말레이시아의) sarong
사리 (인도의) sari
아오자이 (베트남의) ao dai
차도르 (이슬람 국가의) chador, 히잡 hijab, 부르카 burka ❶
치파오 (중국의) qipao; cheongsam
킬트 (스코틀랜드의) kilt

❶ **차도르, 히잡, 부르카**
이슬람 여성들은 자신의 몸을 가리기 위해 히잡이나 차도르, 부르카를 두른다. 히잡은 머리카락과 목, 그리고 가슴의 일부를 가리는 스카프이며, 차도르는 얼굴을 제외한 머리부터 발끝까지 온몸을 덮는 검은 천이다. 부르카는 온몸을 덮는 가장 보수적인 복장으로서, 눈 부분도 망사로 가리게 되어 있다. 탈레반 치하의 아프가니스탄 여성들은 부르카를 착용해야만 했다.

▲ kimono를 입을 때는 오비obi라는 허리띠를 허리보다 약간 위로 착용한다.

▲ sarong은 허리에 두르는 의상으로 남녀 모두 입는다.

▲ sari를 입는 가장 일반적인 방법은 천을 허리에 두른 후 어깨 너머로 넘기는 것이다.

▲ ao dai는 베트남 여성들이 결혼식과 같은 큰 행사가 있을 때 입는 예복

▲ 옆이 트인 qipao는 활동성이 좋고 여성미가 넘친다.

▲ 남자가 입는 치마로 잘 알려진 kilt에는 주머니가 없어서 sporran이라고 하는 가죽 주머니를 찬다.

4.5 운동복, 제복, 가운

운동복

운동복, 체육복 sportswear; sweat suit; jogging suit; tracksuit; warm-ups ❶
  운동복 상의 sweatshirt; jersey
  운동복 하의 sweatpants; (반바지) running shorts
도복 (taekwondo; karate) uniform
등산복 hiking clothes[clothing]
수영복 swimwear; (여성의) swimsuit, 비치웨어 beachwear
  끈수영복 thong; G-string
  남성용 수영복 (트렁크) swimming trunks; (사각의) square leg swimsuit; jammers; (삼각의) speedo
  여성용 수영복 (원피스) one-piece swimsuit; (비키니) bikini; two-piece swimsuit; (탱키니) tankini
  전신수영복 full body swimsuit
스키복 ski wear
승마복 riding habit; equestrian uniform
체조복, 타이즈 leotard; body suit

❶ 운동복 이야기

땀sweat을 내는 옷이라는 뜻의 sweat suit, 조깅 jogging할 때 입는 jogging suit, 트랙track을 달리기 위한 tracksuit. 이름은 다르지만 모두 운동복을 뜻하는 말이다. suit은 상하의가 같은 종류의 옷감과 같은 색, 같은 무늬로 된 옷을 가리킨다.

▲ swimming trunks

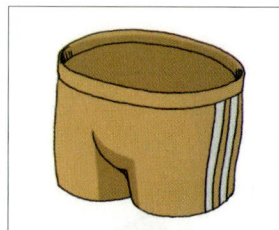
▲ square leg swimsuit

▲ jammers

▲ speedo

▲ bikini

▲ tankini

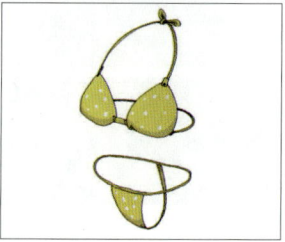
▲ G-string

▲ full body swimsuit

제복, 유니폼 uniform

교복, 학생복 school uniform
□ 우리 학교는 교복을 입는다. We wear uniforms at my school.

군복 military uniform
- 야전 상의 field jacket
- 위장복, 얼룩무늬 군복 camouflage (fatigues)
- 전투복 combat uniform[fatigues]; battle dress; khaki(s)
- 해군복, 세일러복 sailor suit

수의(囚衣), 죄수복 prison uniform
□ 그는 수의를 입고 수갑을 찬 채 호송차에 올랐다. He was in handcuffs and wearing a prison uniform as he got into the paddy wagon.

정복 ceremonial dress; (특히 군대의) dress uniform; full dress

❶ 캐주얼 프라이데이

일주일에 하루, 정장 대신 캐주얼을 입고 출근하는 날을 dress-down day라고 한다. 금요일이 dress-down day인 경우가 많기 때문에 casual Friday 또는 dress-down Friday라고도 한다. dress-down day는 미국과 캐나다에서 시작되었는데, 편안한 업무 환경 조성이라는 당초 취지와는 달리 직원들의 의류지출비가 늘고, dress-down day에 입을 수 있는 캐주얼 복장에 관한 기준이 모호해 갈등을 겪는 경우도 있다.

사복

사복 (경찰관의) ordinary clothes; plainclothes; (군인의) inf civvies
□ 시위 현장에는 사복 경찰들이 배치되었다. There were plainclothesmen at the demonstration.

평상복, 캐주얼 casuals; casual clothes; ordinary clothes; plain clothes ❶
□ 그 남자는 캐주얼 차림을 좋아한다. He likes to wear casual clothes.

❷ 신부복

천주교의 신부복은 그 사람의 지위를 상징한다. 교황 Pope은 흰색 신부복을 입으며, 추기경cardinal은 검은색 신부복 위에 빨간색 띠와 모자를 착용한다. 추기경보다 지위가 낮은 주교bishop는 검은색 신부복 위에 진홍색 띠와 모자를 착용하며, 일반 평신부는 아무 장식 없이 검정색 신부복만을 착용한다.

평신부   추기경   주교

가운 gown; robes

- 목욕가운 bathrobe; dressing gown
- 병원가운, 환자복 patient gown
- 승복 Buddhist monk's[priest's] robe
- 신부복 cassock; soutane ❷
- 의사가운 doctor's gown
  - 수술복 scrubs
- 졸업가운 graduation gown; academic dress

4.6 특수복

갑옷 armor; (한 벌의) suit of armor
- 병사들은 갑옷으로 무장을 했다. The soldiers are dressed in armor.

  미늘갑옷 scale armor

  사슬갑옷 mail; chain mail

  판금갑옷 plate armor

구속복 straitjacket ❶

방수복 waterproofs; waterproof clothes
- 이 옷은 방수가 된다. This garment is waterproof.

방진복 dust-proof clothes

방탄복 body armor, 방탄조끼 bulletproof vest; flak jacket
- 그는 입고 있던 방탄조끼 덕분에 목숨을 건질 수 있었다.
  He survived, thanks to the bulletproof vest he was wearing.

방한복 winter clothing

방화복 fireproof suit; flame-retardant clothing

비옷, 우비 raincoat; slicker; mac; mack; mackintosh

상복, 소복 mourning dress; mourning clothes

수의(壽衣) shroud; (시체를 싸는 천) winding sheet

우주복 spacesuit; pressure suit

임부복 maternity clothes; maternity clothing

작업복 working clothes; (상하의 일체형의) jumpsuit; boilersuit; coveralls

잠수복 wetsuit; diving suit

잠옷, 파자마 nightclothes; **AE** pajamas; **BE** pyjamas; (긴 상의) nightshirt; (여성용) nightdress; negligee; **inf** nightie
- 그는 잘 때 잠옷을 입는다. He sleeps in pajamas.

판초 poncho

> ❶ **후디니의 구속복**
> 구속복은 긴 소매를 등 뒤로 교차시켜 묶는 형태의 옷으로서, 남을 해치거나 자해할 가능성이 있는 흉악 범죄자나 정신병자에게 입힌다. 한편 19세기를 대표하는 마술사 중에 해리 후디니Harry Houdini라는 사람이 있다. 그는 구속복을 입고 크레인에 거꾸로 매달린 채 탈출마술escapology을 선보여 큰 인기를 끌었는데, 그가 구속복을 벗어던지는 데 걸린 시간은 불과 2분 37초였다.

▲ 가죽 위에 금속조각을 붙인 미늘갑옷

▲ 사슬갑옷은 판금갑옷 이전에 기사들의 갑옷으로 애용되었다.

▶ 잘 만들어진 판금갑옷은 무게가 20kg에 불과하다.

◀ 단열과 방수성이 뛰어난 wetsuit은 스쿠버 다이버들이 애용하는 잠수복

◀ 19세기 초에 개발된 diving suit은 금속 헬멧에 연결된 호스를 통해 산소를 공급받았다.

4.7 의복 기타

성별, 주체
남성복 men's wear[clothing]; menswear
아동복 children's wear[clothes; clothing]; kids' clothing
여성복 women's wear[clothing]; ladieswear
유아복 baby's clothing; infant clothing

옷감
가죽옷 leathers
면제품 cotton product; cotton goods, 솜옷 cotton clothes
모직물, 털옷 fur clothing; woolen clothes; woollens
비단옷 silk clothes

계절
동복 winter clothes; (유니폼) winter uniform
춘추복 spring[autumn] wear; (정장) spring[autumn] suit
하복 summer clothes; (유니폼) summer uniform

제조 방법
기성복 ready-made clothes; off-the-rack clothes; off-the-peg clothes
□ 그는 기성복이 잘 맞지 않아서 맞춤옷만 입는다. Ready-made clothes don't fit him well, so he only wears clothes that are custom-tailored for him.
누비옷 quilted clothes
니트, 뜨개옷 knitwear
맞춤옷, 주문복 custom-tailored clothes; tailor[custom]-made clothes; tailored clothes

기타
넝마, 누더기 rags; shreds; tatters; ragged clothes; tattered clothes ❶
물려 입는 옷 hand-me-downs

❶ rag-and-bone man
rag-and-bone man은 말이 끄는 수레를 타고 넝마rag와 뼈다귀bone를 모으는 넝마주이를 가리킨다. 이렇게 모은 넝마는 천이나 종이의 재료로, 그리고 뼈다귀는 아교glue의 재료로 쓰였다.

4.8 의복의 구성 요소

세부 명칭

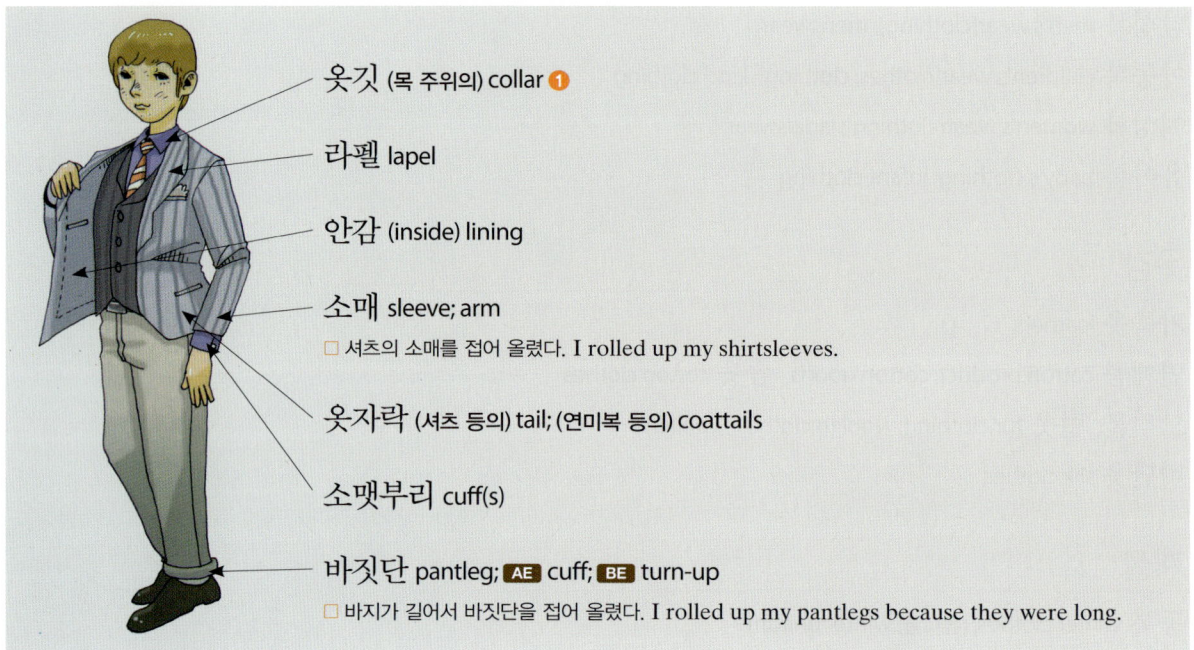

- 옷깃 (목 주위의) collar ❶
- 라펠 lapel
- 안감 (inside) lining
- 소매 sleeve; arm
  - □ 셔츠의 소매를 접어 올렸다. I rolled up my shirtsleeves.
- 옷자락 (셔츠 등의) tail; (연미복 등의) coattails
- 소맷부리 cuff(s)
- 바짓단 pantleg; AE cuff; BE turn-up
  - □ 바지가 길어서 바짓단을 접어 올렸다. I rolled up my pantlegs because they were long.

기장, 길이 length
- □ 바지의 길이를 줄이다 have pants shortened

봉합선, 솔기 seam
- □ 소매의 솔기가 뜯어졌다. The seam of my sleeve has split.

옷단 hem; hemline

단추

단추, 버튼 button; (장식용) stud
- □ 단추를 풀다 unbutton ↔ 단추를 채우다 fasten; button (up)
- □ 이 옷은 뒤에서 단추를 채우게 되어 있다. This dress buttons up[at] the back.
  - 고리단추 hook and eye
  - 똑딱단추 snap fastener

단춧구멍 buttonhole

접착포, 벨크로 (상표명) Velcro

---

❶ what color is your collar?

옷깃collar의 색깔은 그 사람의 직업을 나타내기도 한다. 화이트칼라white-collar worker는 흰색 셔츠를 입고 출근하는 사무직 노동자들을 가리키며, 블루칼라blue-collar worker는 질긴 푸른색 천으로 만든 셔츠를 입고 일하는 육체 노동자들을 뜻한다. 화이트칼라는 현대에 들어와서 골드칼라gold-collar worker로 분화되었는데, 골드칼라는 젊고 전문 기술이 있으며 금융, 정보통신, 첨단기술 관련 분야에서 일하는 사람들을 뜻한다. 요즘 들어 부쩍 주목 받고 있는 사람들은 그린칼라green-collar worker이다. 이들은 환경과 에너지 분야에서 일하는 사람들로, 환경과 에너지 위기를 겪고 있는 현대사회에서 가장 중요한 인력으로 여겨지고 있다.

주머니

주머니, 호주머니 pocket
- 그는 주머니에 손을 집어넣고 걸었다.
  He walked with his hands buried in his pockets.

가슴주머니 (상의의) breast pocket

뒷주머니 (바지의) hip pocket

안주머니 (상의의) inside pocket

앞주머니 (바지·상의의) front pocket

의복 부착물

레이스 lace; tassel; fringe, 프릴 frill
- 프릴 장식이 달린 드레스 a dress with frills

반짝이, 스팽글 spangle; sequin

세탁설명라벨 care label ❶
- 세탁 전에는 우선 세탁설명라벨을 읽어라. Read the care label first before cleaning.

어깨끈 shoulder strap
- 드레스의 어깨끈이 끊어졌다. The shoulder strap on my dress was broken.

지퍼 AE zipper; BE zip; (바지의) AE fly; BE flies
- 지퍼를 올리다 zip up ↔ 지퍼를 내리다 unzip
- 야, 너 바지의 지퍼가 열렸어. Hey, your fly's open. / inf Your barn door's open.

패드 padding

후드 hood

---

❶ **세탁설명라벨 읽기**

기호	설명	기호	설명	기호	설명
	물세탁 가능 Wash		건조기 사용 가능 Machine dry		
	손 세탁만 Hand wash only		표백 가능 Use any bleach (when needed)		표백 금지 Do not bleach
	물세탁 금지 Do not wash		다리미 사용 가능 Iron - Ironing is needed		다리미 사용 금지 Do not iron or press with heat
	비틀어 짜지 말 것 Do not wring by hand or wringer washer		드라이클리닝 가능 Dry-clean		드라이클리닝 금지 Do not dry-clean

4.9 사이즈 size, 무늬 pattern, 패션 fashion

사이즈 size

- 특대 extra large (abb XL)
- 대 large (abb L)
- 중 medium (abb M)
- 소 small (abb S); short
- 특소 extra small (abb XS)

사이즈 변환법

	특소	소	중	대	특대
미국	XS	S	M	L	XL
한국	44	55	66	77	88
가슴둘레	32	33~34	35~37	38~40	42
허리둘레	24	25~26	27~29	30~32	34
엉덩이둘레	34	35~36	37~39	40~42	44

※ 신체 둘레 단위 : 인치|inch

무늬 pattern

- 격자무늬, 체크무늬 plaid
- 타탄 (스코틀랜드의) tartan
- 꽃무늬 floral design[pattern]; flower pattern
- 물방울무늬 polka dots
- 바둑판무늬 check; checkers; grid (pattern)
- 빗살무늬, 헤링본 herringbone
- 아라베스크 arabesque
- 줄무늬 stripes; striped pattern; (가로 줄무늬) horizontal stripes; (세로 줄무늬) vertical stripes; (가는 세로 줄무늬) pinstripes
- 페이즐리, 아메바무늬 paisley

패션 fashion; style

패션 감각 dress sense; sense of style
☐ 그녀는 패션 감각이 남다르다. She has an extraordinary sense of style.

그런지룩 grunge fashion
밀리터리룩 military fashion
복고풍 retro fashion
☐ 30년 전의 복고풍이 유행하고 있다.
　Retro fashions from 30 years ago are in style again.

빈티지룩 vintage fashion
프레피룩 preppy fashion
힙스터룩 hipster fashion

미국의 명문 사립고등학교, 대입예비학교의 학생preppy들이 즐겨 입는 패션.
preppy fashion

신경 쓰지 않은 듯 신경 쓴
hipster fashion

주로 1920년대 이후부터 1980년대 이전 사이에 만들어진 옷.
vintage fashion

60, 70년대 스타일의 귀환.
retro fashion

견장과 금빛 단추 등이 특징인
military fashion

90년대 영스트리트 패션에서 시작한
grunge fashion

05 소지품, 액세서리

5.1 모자 hat; cap

종류 — 모양

갓 *gat*; Korean traditional hat made of bamboo and horsehair

귀덮개모자 chullo

멕시코 모자 sombrero

벙거지모자 bucket hat

베레모 beret

보닛 bonnet

비니 beanie

삿갓 conical hat

스컬캡 skullcap; yarmulke

 유대인 남성들은 스컬캡skullcap이라는 납작한 모자를 쓴다. 이 모자는 신을 향한 존경과 경외의 뜻을 담고 있는데, 독실한 신자들은 종교 행사뿐만 아니라 일상생활 속에서도 스컬캡을 쓴다. 한편 천주교 신부들도 스컬캡과 비슷한 모자를 쓰는데, 이것은 주케토zucchetto라고 부른다.

실크해트 silk hat; top hat

야구모자 baseball cap
- 그는 야구모자를 거꾸로 쓰고 있었다. He was wearing a baseball cap backwards.

중산모 bowler hat

중절모 fedora; homburg; trilby
- 양복에 중절모를 쓴 신사가 가게로 들어왔다.
  A gentleman in a suit and a fedora walked into the shop.

카우보이모자 cowboy hat

터번 turban

터키모자, 페즈 fez

헌팅캡 flat cap

---

❶ hat VS cap

hat은 챙brim이 모자 전체를 두르고 있는 형태의 모자. 반면 cap은 야구모자처럼 앞쪽에만 챙이 있는 모자를 뜻한다.

▲ sombrero

▲ bucket hat

▲ bonnet

▲ beanie

▲ silk hat

▲ bowler hat

▲ fedora

▲ turban

▲ fez

▲ flat cap

종류 — 기능

군모, 전투모 military cap; (장교모) peaked cap; (정글모) boonie hat

방수모 (어부·선원들의) sou'wester

방탄모 bulletproof helmet

방한모 trooper hat; Russian hat
  귀덮개 earflap

사각모, 학사모 graduation cap; mortarboard
□ 졸업식이 끝난 뒤 학생들은 사각모를 위로 던졌다. After the graduation ceremony, the students threw their mortarboards up in the air.

사냥모 deerstalker

deerstalker는 앞뒤로 챙이 있는 모자로서, 사슴 사냥을 하는 사람들이 많이 애용한다고 해서 deer(사슴) + stalker(쫓는 사람)라는 이름이 붙었다. deerstalker는 추리소설의 주인공인 셜록홈스Sherlock Holmes의 트레이드마크이기도 하다.

수영모 swimming cap; bathing cap

썬캡 sun visor

안전모, 철모, 헬멧 helmet; crash helmet; hard hat; safety helmet; (챙이 넓은) pith helmet
□ 이곳은 안전모를 착용하지 않으면 들어갈 수 없다. You can't go in here without a safety helmet on.

▲ military cap

▲ peaked cap

▲ boonie hat

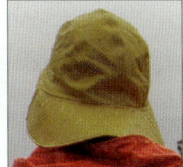
▲ sou'wester

▲ bulletproof helmet

▲ trooper hat

▲ crash helmet

▲ hard hat

▲ pith helmet

종류 — 재료

털모자 woolen hat

밀짚모자, 맥고모자 straw hat; (straw) boater; panama (hat)

구성 요소

술 tassel

차양, 챙 brim; visor; BE peak

턱끈 chinstrap
□ 모자의 턱끈을 조이다 tighten *one's* chinstrap

5.2 신발 shoes; footwear

종류 — 모양

구두 shoes; dress shoes
　단화 flats
　로퍼 loafers
　모카신 moccasin
　옥스퍼드 oxfords; lace-ups
　윙팁 brogues; wingtips
　키높이 구두 elevator shoes; height increasing shoes ❶
　통굽 구두 platform shoes
샌들 (a pair of) sandals
　조리샌들 flip-flops; thongs
슬리퍼 slippers; (밑창이 있고 앞이 막힌) mules; (나무로 만든) clogs
장화, 부츠 boots; (발목 높이의) ankle boots; (무릎 높이의) knee-high boots; (허벅지 높이의) thigh-high boots; (비가 올 때 신는) wellington (boots)
하이힐, 힐 heels; high heels; high-heeled shoes

❶ **남성용 하이힐, 키높이 구두**
남성용 키높이 구두는 보통 6cm 정도의 굽으로 되어 있는데, 구두 안쪽으로 굽이 숨겨져 있어서 그냥 보기에는 일반 구두와 다름없다. 구두 안쪽을 깔창으로 채워서 키를 높이는 키높이 깔창도 있다. 아무도 모르게 키가 커 보이는 효과가 있긴 하지만, 높은 구두굽으로 인해 무게가 많이 나가기 때문에 힘이 많이 들어가고, 발목을 감싸주는 부분이 낮아져 착용감도 떨어진다.

> **굽과 건강**
> 여성미와 각선미를 동시에 살려주는 하이힐. 하지만 10cm를 넘나드는 높은 하이힐은 신체에 무리를 준다. 하이힐을 신으면 체중이 발가락 쪽으로 집중되기 때문에 엄지발가락이 휘는 무지외반증이 생길 수 있고, 무릎 관절과 발목 건강에 좋지 않다. 또 체중이 앞으로 쏠리면서 척추 건강에도 해로우며, 온몸이 긴장된 상태이기 때문에 어깨와 목, 허리 등에도 통증이 올 수 있다. 하이힐이 아니라고 안심하기는 이르다. 앞에도 굽이 있는 통굽 구두는 밑창이 두꺼워 구부러지지 않기 때문에 결국은 신발을 끌거나 무릎을 더 사용하게 만들고, 굽이 없는 단화는 바닥이 너무 얇기 때문에 발을 내디딜 때의 충격이 그대로 관절로 전해진다는 문제가 있다. 건강에 이상적인 굽 높이는 2~3cm 정도로 걸을 때 발목이 10도 정도 기울기 때문에 굽이 아예 없는 것보다 약간 있는 것이 좋다.

　스틸레토힐, 킬힐 stiletto (heel)
　슬링백 slingbacks
　웨지힐 wedge heels
　키튼힐 kitten heels
　펌프스 pumps

끈이 없는 구두.
loafers

인디언들이 신었던 사슴 가죽 신발에서 유래한 **moccasin**

정장에 잘 어울리는 끈을 묶는 구두.
oxfords

구두코 부분에 W자의 천을 덧댄
brogues

앞쪽에도 굽이 있는
platform shoes

굽 높이가 10cm 정도 되는, 단검이라는 뜻의 **stiletto**

뒤꿈치에 끈을 연결한
slingbacks

밑창과 굽이 연결된
wedge heels

굽 높이가 5cm 이하인
kitten heels

앞쪽은 낮으며 발등이 많이 드러나는
pumps

발가락 사이에 끈을 끼는
flip-flops

앞이 막힌 슬리퍼
mules

전체 혹은 바닥이 나무로 만들어진 신발
clogs

방수처리가 되어 있어 비 오는 날 신기 좋은 **wellington (boots)**

소지품, 액세서리 | **243**

종류 — 기능

군화 military boots; combat boots
    사막화 desert boots
덧신 overshoes; galoshes
등산화 hiking boots
    아이젠 crampon
방수화 waterproof shoes
방한화 arctic boots; winter boots
설상화 snowshoes
승마화 riding boots
실내화 indoor shoes
    교실 안에서는 실내화를 신어야 한다.
    We have to wear indoor shoes in the classroom.
운동화 athletic shoes; gym shoes, 스니커즈 AE sneakers; BE trainers; training shoes

> **살금살금 걷기 좋은 sneakers**
> sneaker는 '살금살금 걷는 사람'을 뜻하고, sneakers는 바닥에 고무창을 대서 걸을 때 소리가 나지 않는 운동화이다. 고무창을 댄 운동화는 모두 sneakers라고 할 수 있다.

농구화 basketball shoes
스키화 ski boots
육상화, 스파이크화 spikes
조깅화 running shoes
축구화 soccer shoes
테니스화 tennis shoes

◀ 위장 효과를 위해 모래 색깔로 된 desert boots

▼ 빙벽을 오르내리거나 빙판 위를 걸을 때 사용하는 crampon

◀ 말을 탈 때 신는 riding boots

▼ 깊이 쌓인 눈 위를 걸을 때 신는 snowshoes

종류 – 재료

가죽신 leather shoes
고무신 rubber shoes
나막신 wooden shoes (with high supports)
짚신 straw shoes
캔버스화 canvas sneakers
털신 fur boots

종류 – 제조 방법

기성화 ready-made shoes
수제화 handmade shoes

구성 요소

구두코 toecap
굽, 뒤축 heel
- 구두 굽을 갈아 주세요. Please put new heels on these shoes for me.

깔창 insole
밑창 sole
- 신발 밑창에 껌이 달라붙었다. There's gum stuck to the sole[bottom] of my shoe.

신발 끈 (shoe)lace; shoestring
- 신발 끈을 묶다 tie *one's* shoelaces[shoestrings]; lace[fasten; do up] *one's* shoes
- 신발 끈을 풀다 untie *one's* shoelaces[shoestrings]
- 신발 끈이 풀렸네요. Your shoelaces are untied.

징 hobnail

관련표현

구두골, 구두틀 shoetree
구둣주걱 shoehorn

말이 신는 신발 horseshoe

경주마나 노동력을 목적으로 기르는 말의 발굽에는 U자 모양의 쇠붙이인 편자horseshoe를 박는다. 그렇지 않으면 말발굽이 쉽게 닳기 때문이다. 두꺼운 말발굽은 사람의 손톱이나 발톱과 비슷한 조직이기 때문에 못을 박아도 말이 통증을 느끼지 않는다. 한편 영어권에서는 편자의 열린 부분을 위로 향하게 하고 문이나 벽에 걸어 놓으면 좋은 일이 생긴다고 믿는다. 행운이 그 안으로 들어가기 때문이다. 반대로 열린 부분을 밑으로 향하게 하면 복이 새나간다고 생각한다.

5.3 소지품 personal belongings

가방

가방 bag; sack
- 가방을 어깨에 메다 (한쪽 어깨에) carry a shoulder bag / (양쪽 어깨에) carry a bag on *one's* shoulder

더플백 duffel bag; kit bag
메신저백 messenger bag; courier bag
미술가방 portfolio
배낭, 백팩 backpack; rucksack; knapsack
서류가방, 007가방 briefcase; attaché case
손가방, 토트백 tote bag
쇼핑백 shopping bag; BE carrier (bag)
숄더백 shoulder bag
쌈지, 파우치 pouch
여행용 가방, 트렁크 suitcase ❶
책가방 book bag; satchel
핸드백 handbag; purse
허리쌕 AE fanny pack; BE bum bag
화장품 가방 vanity case

❶ 잘못 알고 있는 트렁크와 캐리어

❌ trunk; carrier → ⭕ suitcase
우리는 흔히 여행용 가방을 트렁크나 캐리어라고 부르지만, 영어에서 trunk는 바퀴가 달리지 않은 궤짝, 그리고 carrier는 쇼핑백을 뜻한다.

▲ suitcase ▲ trunk

◀ carrier

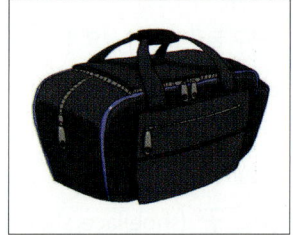
▲ 벨기에의 도시 이름에서 유래된 duffel bag

 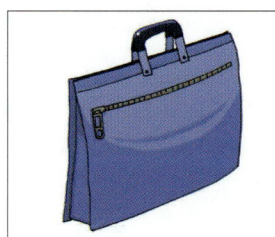 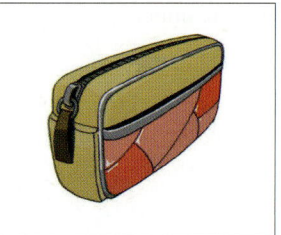 

▲ 등 뒤로 둘러메는 messenger bag　　▲ 종이나 그림, 지도 등을 넣는 portfolio　　▲ 여성들의 휴대용 작은 가방으로 애용되는 pouch　　▲ 화장품 가방은 vanity case, 화장대는 vanity (table), 화장대 거울은 vanity mirror

지갑

머니클립 money clip ❶

전대 money belt

지갑 wallet; (여성용) purse ❷

- 버스에서 지갑을 털렸다. My wallet got taken when I was on the bus.
- 여행 중에는 전대를 차고 다녔다. I wore a money belt during the trip.

　동전지갑 change purse
　반지갑 bifold (wallet)
　장지갑 long wallet

❶ money clip이 뭐지?

money clip은 일반 지갑이 불편할 경우 간편하게 지폐나 신용카드 등을 가지고 다닐 수 있는 작은 기구이다. 단위 당 지폐의 사이즈가 다른 경우에는 사용이 불편할 수 있으며 동전 등은 따로 보관해야 해 번거롭기도 하다.

❷ wallet과 purse 구분

지갑은 여성용과 남성용의 이름이 각각 다르다. 남성용의 납작한 지갑은 wallet, 그리고 동전 등을 넣을 수 있는 다소 불룩한 여성용 지갑은 purse라고 한다. 핸드백handbag을 purse라고 부르기도 한다.

호신용품

가스분사기 pepper spray

가스총 (tear) gas gun

- 가스총을 쏘다 fire a gas gun

전기충격기 stun gun

호각, 호루라기 whistle ❸

- 호루라기를 불다 blow a whistle

❸ 부정행위에 호루라기를 불다

whistle-blower는 회사나 조직의 내부고발자를 뜻한다. 부정거래나 불법행위를 목격했을 때 눈감지 않고 호루라기whistle를 불어blow 이를 외부에 알린다는 의미에서 생겨났다. 내부고발자 중에서도 익명의 제보자를 뜻하는 말로는 deep throat가 있다. 이는 미국의 워터게이트 사건 당시 대통령이었던 닉슨을 물러나게 한 익명의 제보자에게 붙었던 별명이기도 하다.

기타

부채 fan

- 그녀는 부채를 펴 들었다. She unfolded her fan.

　쥘부채 folding fan

손수건 handkerchief; `inf` hankie; hanky

- 그는 손수건으로 얼굴의 땀을 닦았다.
　He wiped the sweat off his face with a handkerchief.

양산 parasol; sunshade, 우산 umbrella, 비치파라솔 (beach) umbrella

- 우산 좀 같이 써도 될까요? Would you let me share your umbrella?
- 제 우산을 같이 쓰시죠.
　Why don't you get under my umbrella? / Let's share my umbrella.

지팡이 (walking) stick; cane

- 그는 지팡이를 짚고 걷는다. He uses a walking stick. / He walks with a cane.

5.4 액세서리 accessories; trinkets

반지

반지 ring ❶
- 나는 그녀의 손가락에 반지를 끼워 주었다. I put a ring on her finger.

결혼반지 wedding ring; wedding band; marriage ring

사랑의 손가락
결혼반지는 일반적으로 왼손 약지에 낀다. 왼손 약지에 흐르는 일명 '사랑의 혈관vein of love'이 심장과 직접 연결되어 있다고 믿었기 때문이다. 하지만 인도나 남미, 동유럽 일부 국가 등에서는 오른손 약지에 결혼반지를 끼기도 한다.

- 그의 왼손에 결혼반지가 끼워져 있었다. He wore a wedding ring on his left hand.

금반지 gold ring, **은반지** silver ring
- 다이아몬드가 박힌 금반지 a gold ring with diamond insets

약혼반지 engagement ring

우승반지, 챔피언반지 championship ring

졸업반지 class ring; graduation ring

커플링 couple ring; couple's ring

❶ 반지 어디에 끼고 계신가요?
엄지 **thumb**: 강하고 독립적이에요
검지 **index finger**: 사랑을 기다립니다, 결혼하고 싶어요
중지 **middle finger**: 사랑에 빠졌어요
약지 **ring finger**: 결혼(약혼)했어요
소지 **little finger**: 독신이에요

목걸이

목걸이 necklace; (목에 꼭 끼는) choker
- 목걸이를 하다 wear a necklace
- 목걸이를 풀다 unhook *one's* necklace / take off *one's* necklace

펜던트 pendant; locket

펜던트pendant는 목걸이에 매달린 보석 등의 장식을 가리킨다. 펜던트 중에 뚜껑이 달려 있어 사진을 넣을 수 있는 것을 로켓locket 이라고 한다.

헤어 액세서리 headpiece

곱창밴드 scrunchie

머리끈 hair tie

머리띠, 헤어밴드 headband; hairband

머리핀 hairpin; (실핀) bobby pin; hair grip; (똑딱핀) barrette; hair slide; (집게핀) hair clip

비녀 *binyeo*; Korean traditional ornamental hairpin

티아라 tiara

헤어네트 hairnet

▲ scrunchie ▲ bobby pin ▲ barrette
▲ hair clip ▲ tiara ▲ hairnet

장갑

장갑 gloves
- 장갑을 끼다 (동작) put on gloves / (상태) wear gloves
- 장갑을 벗다 take off gloves

가죽장갑 leather gloves

머프 muff

벙어리장갑 mittens

손토시, 팔토시 arm warmers

털장갑 woolen gloves

기타

가면, 마스크, 탈 (장식용) (face) mask; (눈을 가리는) eye mask; (복면) hood; balaclava; ski mask

귀걸이, 귀고리 earrings
- 귀걸이를 하다 put on earrings

귀마개 earmuffs

두건 do-rag, **반다나** bandanna; bandana; (여성용) headscarf

배지 AE button; BE badge

베일 veil
- 베일을 쓰다 wear a veil
- 베일을 벗기다 unveil / remove a veil

> 미사보 (천주교의) veil
> 면사포 wedding veil; bridal veil

브로치 brooch; pin
- 브로치를 달다 wear a brooch

손목시계 watch; wristwatch

완장 armband; (군인의) brassard

팔찌 bracelet; bangle ● **발찌** anklet

피어싱 (body) piercing ❶
- 그는 코에 피어싱을 했다. He had his nose pierced.

❶ **왜 사람들은 몸에 구멍을 뚫을까?**
피어싱은 귀나 배꼽 등 신체의 한 부분에 구멍을 뚫어 보석이나 링 같은 장신구를 하는 것을 말한다. 가장 일반적인 귓불부터 시작해, 배꼽, 코, 입술, 눈썹, 혀, 유두 등, 피어싱을 하는 신체 부위는 점점 광범위해지고 있다. 고통을 참아가면서 피어싱을 하는 이유는 자신의 몸을 더욱 아름답게 보이기 위해, 혹은 성적으로 어필하기 위해서이다. 종교적인 믿음이나 신념을 나타내기 위해 피어싱을 하기도 하는데, 말레이시아의 힌두교 축제인 타이푸삼에 참가한 힌두교도들은 속죄와 축복의 의미로, 아프리카의 부족은 위협과 주술의 의미로 피어싱을 한다.

5.5 안경 glasses; eyeglasses

종류 – 형태

금테 안경 gold-rimmed glasses
무테 안경 rimless glasses
뿔테 안경 horn-rimmed glasses
외알 안경 monocle; eyeglass
코안경 pince-nez; nose glasses

▲ 한쪽 눈의 시력이 좋지 않을 때 쓰는 monocle

▲ pince-nez는 안경다리가 없는 대신 코(nose → nez)를 꼬집는(pinch→pince) 형태의 안경

종류 – 용도

누진다초점안경 bifocals
돋보기안경 reading glasses
보안경, 고글 safety glasses; goggles
색안경, 선글라스 (a pair of) sunglasses; dark glasses; inf shades

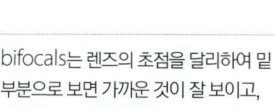
bifocals는 렌즈의 초점을 달리하여 밑부분으로 보면 가까운 것이 잘 보이고, 윗부분으로 보면 먼 것이 잘 보인다.

구성 요소

안경다리 arm; earpiece
안경알 lens; (eye)glass lens
☐ 안경에서 안경알이 하나 빠졌다. One of the lenses fell out of my glasses.
안경테 glasses frame; eyeglass frame
☐ 축구를 하다가 안경테가 부러졌다. I broke the frame of my glasses playing soccer.

콘택트렌즈

렌즈, 콘택트렌즈 lens; contact lens; inf contacts
☐ 그는 안경 대신 콘택트렌즈를 착용한다. He wears contact lens instead of glasses.
서클렌즈 circle contact lens
컬러렌즈 colored contact lens

PART 2

1	**식습관**	육식과 채식 / 먹다, 마시다
2	**음식의 상태**	맛 / 냄새 / 상태
3	**요리법**	
4	**조미료**	
5	**음식**	끼니, 식사 / 일식 / 중식 / 양식, 세계음식 / 음식 기타
6	**한식**	밥, 죽, 국수 / 떡, 한과 / 국, 탕, 찌개, 전골 / 구이, 무침, 볶음, 절임, 조림, 찜, 튀김 / 김치 / 한식 기타
7	**발효식품**	
8	**유제품**	
9	**빵, 과자, 초콜릿**	빵, 케이크 / 과자, 아이스크림, 초콜릿

Unit 6 식생활

10	**가공식품, 패스트푸드**	
11	**음료**	물, 음료 / 차 / 커피
12	**술**	술 일반 / 술의 종류 / 술 관련표현
13	**담배**	
14	**곡물**	
15	**채소**	뿌리채소 / 줄기채소 / 열매채소 / 나물
16	**견과류**	
17	**과일**	
18	**고기, 육류**	닭고기 / 돼지고기 / 쇠고기 / 육류 기타
19	**수산물, 해산물**	생선 / 연체동물, 갑각류, 해조류
20	**주방용품**	식기 / 취사도구, 조리용품 / 병, 용기, 통, 기타 / 주방가전

01 식습관 dietary habit

1.1 육식과 채식

육식과 채식

생식 raw foodism; raw food diet
- 생식을 하다 eat raw[uncooked] food
  생식주의자 raw foodist

육식 meat diet
- 그는 채식보다는 육식을 즐기는 편이다. He prefers a meat diet to a vegetarian diet.
  육식주의자 meat-eater

채식 vegetarian diet, **채식주의** vegetarianism
- 채식을 하다 be[go] on a vegetarian diet
  채식주의자 vegetarian ❶

---

❶ 어떤 타입의 채식주의세요?

채식주의자vegetarian라고 하면 단순히 고기를 먹지 않고 채소를 먹는 사람이라고 치부하기 쉽지만, 같은 채식주의자라고 해도 약간씩 차이가 있다. 서양의 채식주의자들은 대부분이 육류와 어류는 먹지 않지만 유제품과 달걀은 먹는 락토 오보 베지테리언이다. 비건vegan은 육류, 어류뿐만 아니라 동물로부터 얻은 꿀이나 가죽 등도 거부하며, 애완동물의 사료도 채소를 고집하는 순수한 의미의 채식주의자이다.

	육류, 가금류	생선	달걀	유제품	꿀
비건 vegan	×	×	×	×	×
락토 오보 베지테리언 lacto-ovo-vegetarian	×	×	○	○	○
락토 베지테리언 lacto-vegetarian	×	×	×	○	○
오보 베지테리언 ovo-vegetarian	×	×	○	×	○
페스커테리언 pescetarian	×	○	○	○	○

1.2 먹다, 마시다

먹다

먹다 eat; have; take; (먹어 치우다) finish; `inf` polish off ❶
- 쿠키 하나 먹어도 돼요? Can I have a cookie?
- 잊지 말고 약 먹어라. Remember to take your medicine.

게걸스럽게 먹다 devour; `inf` guzzle; gobble; wolf (down); pig out
- 그는 게걸스럽게 점심을 먹어 치웠다. He gobbled down his lunch.

과식 overeating; `f` gluttony
- 과식하다 overeat / eat too much / eat like a horse / `inf` make a pig of *oneself*
- 되도록 과식은 피하세요. Avoid overeating if possible.

급하게 먹다 bolt (down); eat fast
- 그는 통근 버스를 타기 위해 급하게 아침을 먹어야 했다.
  He had to eat really fast to make it in time for the bus to work.

배불리 먹다, 포식하다 gorge; eat to *one's* heart's content; eat *one's* fill; stuff *oneself*
- 오늘 저녁은 정말 배불리 먹었다. I really ate my fill this evening.

빨다, 빨아 먹다 suck ❷

삼키다 swallow; (어렵사리) get down
- 약이 너무 써서 삼키기 어려웠다.
  The medicine was so bitter I could hardly swallow it.

섭취하다 ingest; consume; take (in)
- 미국인들은 쇠고기를 많이 섭취한다. Americans consume a lot of beef.

소식하다 do not eat much; eat little; eat lightly; eat like a bird
- 소식하는 것이 건강에 좋다고 한다. They say eating lightly is good for your health.

편식하다 eat only what *one* wants; be a picky eater

폭식 binge; binge eating
- 폭식하다 binge / go on an eating binge
- 그녀는 스트레스를 받으면 폭식을 하는 버릇이 있다.
  She goes on an eating binge when she gets stressed out.

핥다, 핥아먹다 lick
- 그는 숟가락을 깨끗이 핥았다. He licked the spoon clean.

---

eatable; edible 먹을 만한, 먹을 수 있는
uneatable, inedible 먹을 수 없는

❶ '먹다'의 다양한 유형

우리말에서 '먹다'라는 말은 매우 다양한 상황에서 쓰인다. 밥도 먹고, 약도 먹고, 욕도 먹고, 나이도 먹는다. 이처럼 다양하게 쓰이는 '먹다'라는 동사를 영어에서는 어떻게 써야 할까?

음식을 먹다 <u>eat</u> food
물을 먹다 <u>drink</u> water
약을 먹다 <u>take</u> medicine
마음 먹다 <u>make up</u> one's mind
나이를 먹다 <u>get</u> old
욕을 먹다 <u>get</u> called names;
　　　　<u>get</u> a scolding

❷ suck의 또 다른 뜻

짜증 나는 상사 때문에 직장이 싫어질 때, 고장 난 기계를 가지고 몇 시간 동안 씨름했을 때 suck이라는 단어를 쓸 수 있다. suck은 미국영어에서 격식을 차리지 않는 대화에 사용하는데, 매우 불쾌하거나 형편 없는 상황이나 물건, 사람에게 쓸 수 있다.

`ex` 그의 노래들은 형편없어! **His songs suck!**
　　 이 모든 상황이 짜증 나!
　　 This whole situation sucks!

"It sucks!"

깨물다, 씹다

깨물다, 깨물어먹다 bite; (단단한 음식을) crunch

씹다, 씹어먹다 chew (on); bite; masticate
- 음식을 꼭꼭 씹어먹어라. Chew your food thoroughly.

오물거리다, 우물거리다 nibble; chew *sth* with *one's* mouth closed

우적우적 씹다 munch; champ; chomp
- 그는 사과 하나를 우적우적 씹어먹었다. He munched on an apple.

질겅질겅 씹다 chew *sth* noisily
- 그녀는 껌을 질겅질겅 씹고 있었다. She was chewing gum noisily.

마시다

마시다 drink; have; (한 모금 마시다) take a sip
- 마실 것 좀 없나요? Do you have anything to drink?

들이마시다, 들이켜다 drink up; drain; [inf] swig; (단숨에) gulp (down); down; swill; [inf] guzzle ❶
- 그는 물 한 잔을 단숨에 들이켰다. He downed a whole glass of water in one gulp.

홀짝홀짝 마시다 sip
- 그녀는 바에 앉아 와인을 홀짝홀짝 마시고 있었다. She sat at the bar, sipping wine.

후루룩거리며 마시다 slurp
- 그는 수프를 후루룩 마셨다. He slurped as he ate his soup.

❶ **원샷!**
❌ One shot! → ✅ Bottoms up!
shot은 위스키처럼 독한 술을 마실 때 사용하는 소주잔처럼 작은 잔을 의미한다. 원샷을 할 때는 Bottoms up! 외에도 다음과 같이 말할 수 있다.
Down the hatch!
Drink up!
Chug it!
Slam it!

각국의 식사예절 table manners

미국: 음식을 씹을 때는 입속의 내용물이 보이지 않도록 하고, 수프를 먹을 때는 소리를 내지 않도록 한다. 팔뚝을 탁자에 올려놓는 것은 괜찮지만 팔꿈치를 올려놓는 것은 결례이며, 음식을 썰 때 포크는 왼손에 칼은 오른손에 쥔다. 단, 음식을 먹을 때는 오른손에 포크를 들어도 된다.
중국: 밥그릇은 왼손에 들고 입 가까이에 댄 채 젓가락으로 밥을 밀어 넣으며 먹는다. 국물이 있는 국수는 스푼에 얹어서 먹는 것이 정석이다.
일본: 수프는 들어서 바로 입으로 마시는 것이 일반적이다. 식사 중에 소리를 내는 것은 결례이나 국수를 먹을 때는 일부러 후루룩 소리를 내면서 먹는다.
인도: 포크나 나이프 등을 쓰지 않고 오른손으로 식사를 하는 것이 관례이다. 다만 음식을 덜어서 먹을 때는 깨끗한 숟가락을 사용해야 한다.

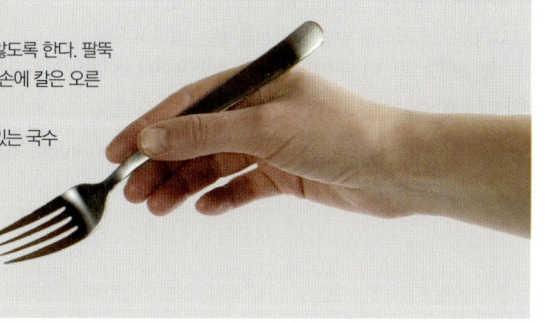

식습관 dietary habit

거르다, 굶다 skip (a meal); starve; go hungry
- 입맛이 없어서 점심을 굶었다. I skipped lunch because I had no appetite.

금식, 단식 fast
- 금식하다, 단식하다 fast / observe a fast
- 수술 때문에 오늘 하루는 금식해야 한다.
  I have to fast today in preparation for an operation.

다이어트 diet; starvation diet; (속성의) crash diet

요요현상 yo-yo effect; yo-yo dieting ❶
- 요요현상으로 체중이 다시 불었다.
  I dieted but wound up regaining the weight because of the yo-yo effect.

대식가, 먹보 heavy eater; glutton; **f** gourmand
- 저 남자는 대식가다. That man is a glutton. / That man loves to pig out.

미식가, 식도락가 gourmet; **f** gourmand; epicure; **inf** foodie
- 식도락 gourmandism; epicurism
  - 그는 30대 후반부터 식도락을 즐겼다. He's been a gourmand since his late 30s.

소식가 light eater

> **diet**
> ① 체중 조절을 위한 식이요법
> ② 날마다 먹는 음식

❶ 빼는 것보다 중요한 유지하기
요요현상은 내려갔다가 다시 올라오는 장난감인 요요처럼 힘들게 감량한 체중이 빠른 속도로 다시 증가하는 현상을 말한다. 우리 몸은 일정한 상태를 유지하려는 성질이 있어 체중이 줄어들면 그 이전으로 돌아가려고 한다. 그래서 감량된 체중을 오랫동안 유지할수록 다시 살찔 가능성은 줄어든다. 요요현상을 방지하기 위해서는 음식 섭취량을 줄이는 것과 더불어 물과 비타민을 섭취하고, 운동을 통해 체내의 지방을 없애고 기초대사량의 큰 부분을 차지하는 근육량을 늘리는 것이 중요하다.

관련표현

맛보다 taste; try; have a taste (of)
- 그것은 내가 여태까지 맛본 최고의 와인이다. That's the best wine I've ever tasted.

사레들리다 choke
- 물을 급히 마시다가 사레들렸다. I drank water so fast I choked on it.

식성 appetite
- 그 여자는 식성이 좋다. She has a good appetite.

식욕 appetite
- 요즘은 통 식욕이 없다. Lately I've completely lost my appetite.

식탐 gluttony

음미하다 savor; appreciate
- 그냥 마시지 말고 맛을 음미해 보세요.
  Don't just toss it down. Savor the taste as you drink it.

입맛 taste
- 내 입맛에 딱 맞는다. It really suits my taste.

> 식욕을 잃다 lose one's appetite
> 식욕이 왕성하다 have a good appetite
> 식욕을 돋우다 work up an appetite
> 식욕을 버리다 spoil[ruin] one's appetite
> 식욕부진 loss[lack] of appetite

02 음식의 상태

2.1 맛 taste; (좋은 맛) savor

다섯 가지 맛 ❶

단맛 sweet taste
단, 달착지근한, 달콤한 sweet; sugary; sweetish
- 그녀는 단 음식을 좋아한다. She has a sweet tooth.

매운맛 spicy taste
매운, 매콤한, 얼큰한 hot; spicy; fiery
- 나는 매운 음식을 잘 먹는다. I like spicy food.
알싸한, 얼얼한 pungent; (기분 좋게) piquant; tangy

신맛 vinegary taste; sour taste
새콤한, 시큼한, 신 sour; tart; vinegary; (무척 신) acid; acidic ❷
- 포도가 무척 시다. The grapes are awfully sour.

쓴맛 bitter taste
쓴, 씁쓸한 bitter
- 블랙커피를 마셨더니 입맛이 쓰다.
 I drank my coffee black and it left a bitter taste in my mouth.

짠맛 salty taste
짠, 짭짤한 salty
- 이 수프는 약간 짜다. This soup is a bit salty.

❶ 시고 쓰고 가끔씩은 달콤한 세상사
sour 싫은, 불쾌한, 좋지 않은, 가혹한, 서투른
- Their marriage turned **sour**. 그들의 결혼 생활은 실패로 돌아갔다.

bitter 고통스러운, 증오에 찬, 신랄한, (바람·추위 등이) 지독한
- **bitter** words 신랄한 말
- **bitter** cold 지독한 추위
- **bitter** experience 고통스러운 경험

sweet 기분 좋은, 상냥한, 귀여운
- **Sweet** dreams! 좋은 꿈 꿔
- That's very **sweet** of you.
 매우 상냥하시네요.

delicious 즐거운, 유쾌한
- **delicious** music 즐거운 음악
- **delicious** fragrance 기분 좋은 향
- **delicious** joke 유쾌한 농담

❷ 흥! 신 포도 따위
"The grapes are probably sour anyway!"
이 말은 〈이솝우화〉의 〈여우와 포도〉편에서 나무에 열린 포도를 따먹으려고 애쓰던 여우가 결국 포기하면서 내뱉는 말이다. 겉으로 보기에는 먹음직스럽지만 자기가 먹을 수 없기 때문에 애써 포도가 시어서 맛이 없을 것이라고 자위를 하는 것이다. 그래서 sour grapes, 즉 '신 포도'라는 말은 갖고 싶지만 가질 수 없는 사물을 애써 깎아내릴 때 쓰는 표현이다.

좋은 맛

깊은, 풍부한 mellow

깔끔한, 담백한 light; clean
- 이 국은 국물 맛이 깔끔하다. This soup has a nice light taste.

달콤쌉싸름한 bittersweet

맛있는 tasty; palatable; savory; (무척 맛있는) delicious; [inf] yummy
- 이 케이크는 정말 맛있다. This cake is really delicious.

부드러운 smooth
- 이 맥주는 맛이 정말 부드럽다. This beer is really smooth.

> 맛이 부드러운 ✗ soft → ✓ smooth
> soft는 hard의 반대말로 딱딱하지 않고 부드러운 것을 의미한다.

상큼한, 시원한 refreshing; refreshingly cool
- 상큼한 오렌지 주스 refreshing orange juice

새콤달콤한 sweet and sour

> 탕수육 sweet and sour pork

순한 mild ↔ **독한** strong
- 이건 너무 독하네요. 좀 더 순한 것으로 주시겠어요?
  This is too strong. Could you give me a milder one?

나쁜 맛

고약한, 역겨운 bad; nasty; foul; awful; disgusting; offensive; horrible; terrible ❶
- 이렇게 역겨운 파스타는 처음이다. I've never tasted pasta this bad before.

느끼한 greasy; oily
- 중국 음식은 느끼해서 싫다. Chinese food's too greasy for me.

떫은, 쌉쌀한 bitter; astringent

맛없는 unappetizing; unsavory; [f] unpalatable

밍밍한, 싱거운 bland; [f] insipid
- 이 국은 내 입맛에는 너무 밍밍하다. This soup is too bland for my taste.

비린 fishy

❶ 'not delicious' 들어본 적 있니?
△ This *kimbap* is not delicious!
◎ This *kimbap* is awful!
◎ This *kimbap* tastes terrible!
"이 김밥은 맛이 끔찍하다."라고 말할 때 not delicious는 문법적으로는 맞지만 어색한 표현이다. '무척 맛있지 않다'와 같이 번역되기 때문이다. 이럴 때는 bland(아무 맛이 없는), too salty(너무 짠), too greasy(너무 느끼한), too spicy(너무 매운) 등으로 대체할 수 있다.

2.2 냄새 smell; odor

구린내, 악취 stench; reek; foul odor; nasty odor; `inf` stink
　고약한, 구린, 역겨운 unpleasant; bad; nasty; foul; awful; disgusting; offensive; smelly ❶
　□ 냄새 한번 고약하군! What a stench! / What a foul odor!

군내 stale smell
□ 김치에서 군내가 난다. The kimchi smells stale.

노린내 fur-scorching smell; the smell of burning fat[hair]　　　　비계나 머리카락 타는 냄새

비린내 fishy smell　　　　　　　　　　　　　　　　　　　　　　　가죽 그슬리는 냄새
□ 주방에서 생선 비린내가 진동했다. The kitchen reeked of fish.
　비린 fishy

쉰내 sour smell
□ 밥에서 쉰내가 나기 시작했다. The rice smelled like it was turning sour.

탄내 burnt smell
□ 부엌에서 탄내가 난다. I smell something burning in the kitchen.

풋내 smell of freshly cut grass
　풋풋한 fresh

향, 향기 scent; fragrance; (커피·빵 등의) aroma; (와인·꽃 등의) bouquet
□ 나는 갓 뽑은 커피 향기를 좋아한다. I like the aroma of freshly brewed coffee.
　향긋한, 향기로운 savory; fragrant; aromatic; sweet-scented

❶ 냄새는 구려도 맛은 좋아

청국장cheonggukjang: 외국인뿐만 아니라 우리나라 사람들 중에도 청국장찌개 냄새를 무척 싫어하는 사람들이 많지만, 두리안과 마찬가지로 그 맛에 한번 빠지면 벗어나기 힘들다. 요즘은 분말이나 환으로 만들어 간편하게 섭취하기도 한다.

두리안durian: 천국의 맛과 지옥의 냄새를 가진 과일. 두리안은 부드럽고 달콤한 과육으로 과일의 황제라는 별명을 가지고 있지만 냄새가 지독해서 공공장소에는 반입이 금지되기도 한다.

취두부Choudoufu: 취두부는 중국 야시장의 가판대에서 쉽게 볼 수 있는 음식이다. 발효시킨 두부를 튀겨낸 후 적당한 크기로 잘라서 먹는다. 발효식품답게 냄새가 상당히 고약하다.

블루치즈blue cheese: 푸른 곰팡이의 푸른 무늬가 선명한 블루치즈는 치즈 중에서도 유독 구린 냄새를 자랑한다. 블루치즈 중에서 유명한 것으로는 고르곤졸라Gorgonzola, 로크포르Roquefort 등이 있다.

2.3 상태

걸쭉한, 진한 thick

기름진 fatty; greasy; oily; rich

김빠진 (맥주 등이) flat
- 맥주가 김이 빠졌다. The beer has gone flat.

꼬들꼬들한 hard; firm; heavy; (면발이) al dente ❶, 된 thick; uncooked
- 밥이 약간 되다. The rice is a little uncooked.

맛깔스러운, 먹음직스러운 appetizing; mouth-watering
- 음식이 정말 먹음직스럽네요. The food is really appetizing.

멀건, 묽은, 연한 watery; thin; weak; sloppy

바삭바삭한, 아삭아삭한 crisp; crispy; crunchy
- 아삭아삭한 오이 샐러드를 먹었다. I had a crunchy cucumber salad.

발효된, 삭은 fermented

부드러운, 연한 tender; soft

부패한, 썩은 rotten, 부패하다, 썩다 rot (away); decay

불은 soggy
- 라면이 퉁퉁 불었다. The ramen noodles have gotten soggy.

상한, 쉰 bad; spoilt; stale, 상하다, 쉬다 go bad[sour]; spoil; go[get] stale
- 냉장고에 넣어 둔 두부가 상했다. The tofu I had in the refrigerator has gone bad.

설익은 underdone; (과일 등이) unripe; green; (고기 등이) rare; (전혀 익지 않은) raw; uncooked
- 고기가 설익었다. The meat's rare.

시든 withered

신선한, 싱싱한 fresh

익은 (과일 등이) ripe; (고기 등이) done; well-done; (과일이 지나치게 익은) overripe; (고기가 지나치게 익은) overdone ❷
- 스테이크는 완전히 익혀 주세요. I'd like to have the steak well-done.

질긴 tough
- 고기가 너무 질겨서 잘 안 씹힌다. The meat is so tough I can hardly chew it.

쫀득한, 쫄깃한, 차진 glutinous; sticky

팍팍한, 퍽퍽한 dry (and tough)
- 이 닭가슴살은 너무 퍽퍽해서 싫다. I don't like this chicken breast. It's too dry.

❶ 부드럽지도 딱딱하지도 않은, al dente
알덴테 al dente는 이탈리아어로 '이빨까지 to the tooth'라는 뜻이다. 씹힐 정도로 단단함이 느껴져야 적당하다는 말이다. 보통 이탈리아 요리에서 스파게티나 파스타 면을 삶을 때 겉은 부드럽고 심지 쪽은 덜 익힌 것이 알덴테 상태이다. 쌀이나 채소도 알덴테 상태로 익히기도 한다.

❷ 스테이크를 어떻게 익혀드릴까요? "How would you like your steak done?"
안까지 바싹 익혀서 먹고 싶을 때는 well-done, 중간 정도로 익히길 원할 때는 medium, 살짝 익힌 부드러운 육질을 원할 때는 rare라고 말한다. 취향에 따라서 medium-rare 또는 medium-well-done이라고 할 수도 있다.

03 요리법 recipe

조리법 — 재료 준비

갈다 grind; mill; (강판에) grate

개다, 반죽하다 knead; mix *sth* with[and] water
☐ 밀가루를 물에 개다 mix flour with water

깎다, 껍질을 벗기다 peel; pare
☐ 감자의 껍질을 벗기고 반으로 잘라라. Peel the potatoes and cut them in half.

다듬다 (채소 등을) prepare

다지다 mince; finely chop
☐ 다진 고기 minced meat

발효시키다 ferment

버무리다, 섞다 mix (*sth* with *sth*)

불리다 (물에) soak; macerate
☐ 하룻밤 동안 콩을 물에 불려 둬라. Leave the beans to soak overnight.

썰다, 자르다 cut; chop (up); (얇게) slice; (네모나게) dice (up); cube; (채를 썰다) julienne; shred
☐ 무를 얇게 썰다 slice the daikon in thin slices

slice
dice; cube   julienne; shred

옷을 입히다 coat; (설탕옷 등을) glaze
☐ 떡에 콩가루를 입히다 coat rice cakes with soy flour

우리다 (육수 등을) steep

으깨다, 짓이기다 mash
☐ 으깬 감자 mashed potatoes

재다 (양념에) marinate
☐ 양념에 재운 양고기 marinated lamb

절이다 (소금에) salt (down); (소금·식초 등에) pickle
☐ 김치를 담그기 위해 배추를 소금에 절여 두었다.
I salted down some napa cabbages in preparation for making kimchi.

젓다, 휘젓다 (스푼으로) stir; (계란·크림 등을) beat; whisk; whip; churn ❶
☐ 크림을 넣고 충분히 저어라. Add some cream and stir thoroughly.

짜다 (물기를) squeeze; press

❶ '젓다'는 단순하지 않다
churn 버터를 만들기 위해 우유 등을 통에 넣고 젓다
beat; whisk 달걀, 크림 따위를 휘저어 거품을 내다
whip beat보다 빠르게 저어 달걀, 크림 따위에 거품을 내다

whip

조리법 — 가열

굽다 (빵 등을) bake; (고기 등을) roast; barbecue; grill; broil; charbroil ❶
□ 숯불에 돼지고기를 구워 먹었다. I ate pork broiled on a charcoal fire.

끓이다, 삶다 boil; heat; (약한 불에) stew; simmer
□ 수프를 적어도 30분은 끓여라. Let the soup simmer for at least 30 minutes.

데우다 warm (up); heat (up); reheat; (전자레인지로) microwave
□ 전자레인지에 우유를 1분간 데워라. Microwave the milk for a minute.

데치다 blanch; parboil
□ 시금치를 끓는 물에 살짝 데치다 parboil the spinach

뜸 들이다 let *sth* settle in its own steam

볶다 stir-fry; sauté

졸이다 boil down; (기름에 볶은 후에) braise

찌다 steam
□ 야채는 10분 정도 찌시오. Steam the vegetables for about 10 minutes.

튀기다 (프라이팬에) fry; griddle; (튀김기에) deep-fry
□ 새우를 프라이팬에 튀기다 fry shrimp

훈제하다 smoke
□ 나는 훈제 연어와 샐러드를 주문했다. I ordered smoked salmon and a salad.

❶ 어떻게 구워 드릴까요?
roast 오븐을 이용하여 굽거나 재료를 불 위에서 직접 굽다
barbecue; broil 야외에서 장작불이나 숯불 등에 고기를 통째로 굽다
grill 가스레인지 위에 석쇠나 넓은 팬을 얹고 고기나 생선을 굽다

▲ barbecue

▲ fry; griddle   ▲ deep-fry

04 조미료 seasoning

감미료

감미료 sweetener
    인공 감미료 artificial sweetener ❶
    천연 감미료 natural sweetener
꿀, 벌꿀 honey
    꿀물, 꿀차 honey-water; honeyed water
    로열젤리 royal jelly

> 꿀벌의 머리에서 나오는 분비물로서 로열젤리를 많이 섭취한 애벌레는 여왕벌로 자라게 된다.

당밀 AE molasses; BE treacle ❷
사카린 saccharine
설탕 sugar
    각설탕 lump sugar; sugar cube
    맥아당, 엿당 maltose
    백설탕 refined sugar
    올리고당 oligosaccharide
    포도당 grape sugar; (화학) glucose; dextrose; D-glucose
    황설탕 brown sugar
    흑설탕 unrefined sugar; raw sugar
시럽 syrup
    메이플 시럽 maple syrup ❸
    옥수수 시럽 corn syrup
    조청 grain syrup

❶ 인공 감미료

인공 감미료는 꿀이나 설탕, 당밀과 같은 천연 감미료 대신에 단맛을 내기 위해 사용하는 화학적인 감미료이다. 사카린, 아스파탐, 수크랄로스 등이 대표적인 인공 감미료이며, 설탕보다 수백 배나 단맛이 강하다. 청량음료와 껌, 과자, 사탕에 많이 사용되며, 과다 섭취할 경우 설사나 위장장애를 일으킬 수 있다. 인공 감미료는 아직도 부정적인 논란이 계속되는 만큼 되도록 섭취하지 않는 것이 좋다.

❷ 당밀이란?

당밀은 사탕수수 sugar cane와 사탕무 sugar beet 등에서 설탕을 정제하고 남은 진득한 검은 액체. 사탕수수 당밀은 생강쿠키나 빵을 만들 때 종종 들어간다. 당밀이 없을 때에는 같은 용량의 꿀이나 메이플 시럽으로 대체할 수 있다.

당밀이 들어간 생강쿠키

❸ 메이플 시럽

단풍나무 maple는 날씨가 추운 겨울이면 뿌리에 당분을 저장하는데 봄이 되면 당분이 위쪽으로 올라온다. 이 단풍나무의 진액으로 만드는 것이 메이플 시럽이다. 대표적인 생산지로는 캐나다의 퀘벡 지방이 있다. 겨울이 끝나는 2월부터 4월경에 단풍나무에 구멍을 뚫어 튜브를 삽입한 후 수액을 얻는데 이 수액을 끓여서 졸이면 시럽의 형태로 탄생한다. 메이플 시럽은 팬케이크나 와플, 프렌치토스트 등의 요리에 뿌려 먹는 것이 대표적이고, 그 밖에도 메이플 시럽을 넣은 과자나 케이크, 사탕류도 다양하다.

소금 salt ❶

깨소금 sesame salt; ground sesame mixed with salt
소금물 salt water; brine
암염 rock salt
정제염 refined salt
천일염 sea salt; bay salt

염전salt pond에서 생산하는 소금

식용유, 마가린

기름, 식용유 oil; cooking oil; vegetable oil
☐ 프라이팬에 식용유를 두르다 put cooking oil in a frying pan
  들기름 perilla oil
  옥수수기름 corn oil
  올리브유 olive oil ❷
  참기름 sesame oil
  카놀라 canola oil
  콩기름 soybean oil
  팜유 palm oil
  포도씨유 grape seed oil
  해바라기씨유 sunflower oil
마가린 margarine

유채꽃canola의 기름

❶ 소금의 가치
지금은 소금을 쉽고 저렴하게 구할 수 있지만, 한때는 소금이 금만큼 귀했었다. 음식에 들어가는 가장 중요한 향신료였지만 내륙 지방에서는 구하기 어려웠기 때문에 그 가치가 매우 높았다. 소금을 도시로 나르기 위해 길이 닦여졌고 그 길을 중심으로 경제도 활성화되었다. 고대 그리스에서는 금과 소금의 가치가 거의 비슷했고, 로마 시대에는 군인에게 소금을 급료로 주기도 했다.

❷ 우월한 올리브유
올리브유는 올리브 열매를 압착해서 얻는다. 그 중에서도 엑스트라 버진 올리브유extra virgin olive oil는 올리브 열매를 따서 가장 먼저 짜낸 올리브유인데, 섬세하고 우월한 맛을 가지고 있을 뿐만 아니라 건강에도 좋다고 알려져 있다. 올리브유는 샐러드에 뿌려 먹기도 하고 빵을 찍어 먹거나 수프나 스튜 등에 첨가하기도 한다. 하지만 발연점이 낮아 튀김이나 볶음 요리에는 적당하지 않다.

소스, 드레싱

소스 sauce

고기소스 gravy

드레싱 dressing; salad dressing ❶

마리네이드 marinade ❷

마요네즈 mayonnaise; inf mayo

살사소스 salsa, 칠리소스, 핫소스 chili sauce; hot sauce, 타바스코 (상표명) Tabasco

> 재료는 고추냉이 horseradish

와사비 wasabi

케첩 (tomato) ketchup; catsup, 토마토소스 tomato sauce
- 감자튀김을 케첩에 찍어 먹었다. I had fried potatoes with ketchup.

❷ **고기를 부드럽게 먹으려면**
올리브유와 식초, 와인, 향신료 등을 섞어서 만든 marinade에 고기를 재워 두자. 식초가 들어가기 때문에 marinade에 재운 고기는 뚜껑을 덮어 유리나 스테인리스 용기에 보관해야 한다.

식초 vinegar

감식초 persimmon vinegar

발사믹식초 balsamic vinegar

> 청포도즙을 졸인 다음 나무통에서 발효시켜 만드는 식초

사과식초 apple cider vinegar

와인식초 wine vinegar

현미식초 brown rice vinegar

❶ **드레싱의 종류**

야채의 디핑 소스로 나온 랜치 드레싱 ranch dressing. 사워크림과 마요네즈, 다진 파, 마늘가루 등을 혼합해서 만든다.

참치 샐러드와 싸우전드 아일랜드 드레싱 Thousand Island dressing. 마요네즈와 케첩, 타바스코, 다진 피클과 양파 등을 혼합한 드레싱이며, 상추 등이 들어간 대부분의 야채 샐러드와 잘 어울린다.

프렌치 드레싱 French dressing을 얹은 니스 샐러드. 프랑스에서 가장 흔한 드레싱이라서 붙은 이름이다. 올리브유와 와인식초가 기본이며, 여기에 소금, 설탕, 후추, 겨자 등을 넣기도 한다.

상추와 이탈리안 드레싱 Italian dressing. 물과 올리브유, 식초나 레몬즙, 다진 양파가 기본으로 다양한 허브와 향료가 들어간다. 이탈리안 드레싱은 미국 스타일의 드레싱으로 정작 이탈리아에서는 볼 수 없다.

식품첨가물

식품첨가물 (food) additives

식용색소, 착색제 food coloring; food color

향료, 향신료 spice; flavoring

겨자 mustard

계피 cinnamon

바닐라 vanilla

박하 mint; peppermint

사프란 saffron

육두구 (열매) nutmeg; (껍질을 말린) mace

후추 (통후추) peppercorn; (후춧가루) pepper; black pepper

겨자의 씨앗을 갈아서 물과 식초 등을 섞으면 우리가 흔히 보는 겨자 소스가 된다. 향신료로 쓰이는 겨자씨는 피클을 만들거나 육류와 해산물 등을 요리할 때 자주 들어간다.

mustard

녹나무과인 육계나무 cinnamon의 안쪽 껍질을 이용해 만들며, 막대와 가루 형태가 있다. 향이 좋고 단맛을 돋우는 성질이 있어 케이크나 쿠키에 많이 쓰이고, 수정과와 카레를 만들 때도 들어간다.

cinnamon

음식에 바닐라 향을 넣는 방법은 바닐라 꼬투리 vanilla pod와 바닐라 에센스 vanilla extract 두 가지가 있다. 아이스크림이나 초콜릿, 캐러멜, 커피 등에 들어간다.

vanilla

멘솔 menthol이 다량 함유되어 있는 peppermint는 차와 아이스크림, 껌, 치약 등에 사용된다. 기름을 추출하여 샴푸와 비누 등에도 쓰인다.

peppermint

사프란 크로커스 saffron crocus라 불리는 꽃의 암술대를 건조시켜 만든 향신료. 풀이나 건초의 향에 약간은 쓴맛이 나며, 아주 소량으로도 아름다운 노란빛을 낸다. 아랍과 인도, 터키, 모로코, 유럽 등지의 요리에 들어간다.

saffron

육두구 나무의 열매를 말린 후 갈아서 사용한다. 달콤하면서도 강한 맛이 나며, 와인을 따뜻하게 데워 마실 때나 빵이나 쿠키 등에 첨가해 향을 내기도 한다.

nutmeg

05 음식 food

5.1 끼니, 식사 meal

때, 시기

아침(식사), 조식, 조찬 breakfast ❶
- 대륙식 아침식사 continental breakfast
- 영국식 아침식사 English breakfast; full breakfast

아점, 브런치 brunch
- 일요일에는 브런치를 즐기곤 했다. I used to have brunch on Sundays.

오찬 luncheon, 점심(식사), 중식 lunch
- 점심시간 lunchtime; lunch break; lunch hour
  - 점심시간은 12시부터 1시까지다. Lunchtime is from noon to one.

저녁(식사), 만찬, 석식 dinner; supper

> **dinner와 supper의 차이**
> dinner와 supper는 저녁 식사라는 의미로 동일하게 쓸 수 있다. 하지만 잘 차려진 저녁 식사를 얘기할 때는 dinner를, dinner를 먹은 후나 하루 중 가장 늦게 먹는 가벼운 야식이란 뜻으로 쓰고 싶을 때는 supper를 쓴다.

저녁 시간 dinnertime; suppertime

간식, 새참, 참 snack, 군것질거리, 주전부리 inf munchies
- 밤참, 야식, 야참 (late-)night snack

분량

곱빼기 double helping; double portion
- 자장면 곱빼기 하나 주세요. I'd like a double portion of black bean sauce noodles.

일인분 portion; serving; helping
- 불고기 일인분 더 주세요. Another[One more] serving of *bulgogi*, please.

"식사 하셨어요?"

식사를 했냐며 안부를 묻는 것이 우리에겐 자연스럽지만, 영어에 그대로 적용시키면 작은 오해가 생길 수도 있다. "점심[저녁]식사 하셨어요 Did you eat lunch[dinner]?"라고 물으면 단순한 안부인사가 아니라 '식사 안 했으면 같이 먹자'라는 뜻으로 받아들인다. 안부를 묻고 싶을 때는 그냥 "How are you?" 정도가 적당하다.

❶ **가벼운 유럽식 VS 푸짐한 영국식**

continental breakfast 지중해 연안의 유럽 지역에서 유래한 비교적 간단한 아침 식사. 보통 크루아상croissant과 같은 빵에 커피, 우유, 주스 등을 곁들인다. 살라미salami나 햄, 요구르트, 시리얼이 포함될 때도 있다.

English breakfast 푸짐하게 나오는 영국식 아침 식단. continental breakfast에는 조리된 음식이 나오지 않는 반면, English breakfast에는 볶거나 구운 음식이 대부분이다. 베이컨과 달걀 요리가 나오고 구운 토마토, 볶은 버섯, 토스트, 소시지 등이 나온다. 보통 홍차와 함께 먹는다.

5.2 일식 Japanese food; Japanese cuisine

낫토 natto; Japanese fermented soybeans

단무지 pickled radish

데리야끼 teriyaki; dish of grilled slices of beef, chicken, or fish that have been marinated in soy sauce seasoned with sake, ginger, and sugar

돈부리 donburi; Japanese rice bowl dish ❶

간장, 정종, 생강, 설탕 등을 넣은 달콤한 소스에 고기를 재워 구운 요리

락교 rakkyo; vinegared wild chives ❷

모찌 mochi; Japanese glutinous rice cake

미소시루 miso soup

생선회, 회 sashimi; thinly sliced raw fish

샤브샤브 shabu-shabu

소바 soba

어묵, 오뎅 oden; fish cake
 꼬치 오뎅 oden boiled on a skewer in broth

오코노미야끼 okonomiyaki; pancake with various meat and vegetable ingredients ❸

우동 udon; thick, white Japanese noodles made from wheat flour

우메보시 umeboshi; salty and tart Japanese condiment made from unripened Japanese apricot plums pickled in brine ❹

초밥 sushi
 김말이초밥 temaki; hand roll
 김초밥 makizushi; rolled sushi
 생선초밥 nigirizushi
 유부초밥 inarizushi; stuffed sushi

타코야끼 takoyaki; spherical, fried dumpling of batter with a piece of octopus inside ❸

❶ 돈부리에 뭘 올려 먹을까?

돈부리는 밥 위에 다양한 재료를 얹어서 먹는 덮밥으로, 줄여서 '돈'이라고도 한다. 돈부리에 얹어 먹는 재료는 거의 무한대이지만 그 중 가장 흔한 것으로는 닭고기와 계란을 얹은 오야꼬동, 튀김을 얹은 텐동, 쇠고기를 얹은 규동, 돈가스를 얹은 가츠동, 장어를 얹은 우나기동 등이 있다. 돈부리는 우리나라의 덮밥과는 달리 비비지 않고 먹는다.

❷ 락교의 정체

일식집에 가면 쪽파의 뿌리처럼 하얗고 동그랗게 생긴 야채가 반찬으로 나오는데, 씹으면 아삭아삭하고 새콤달콤해서 입맛을 돋운다. 이것은 일본어로는 락교, 우리 말로는 염교라는 식물인데, 파처럼 재배하고, 뿌리만 잘라내서 식초에 절인다.

❸ 일본의 대표 간식

따끈따끈한 오코노미야끼와 타코야끼는 출출한 일본인들의 속을 달래주는 대표 간식이다. 오코노미야끼는 가쓰오부시, 즉 가다랑어포를 우린 물에 밀가루를 개어 양배추, 오징어, 돼지고기, 파 등을 넣고 두툼하게 부친 것이고, 타코야끼는 밀가루 반죽에 문어와 파를 넣고 동글동글하게 구워 낸다.

▲ 오코노미야끼   ▲ 타코야끼

❹ 일본의 '완소' 반찬, 우메보시

우리에게 김치가 있다면 일본인들에게는 우메보시가 있다. 매실을 소금에 절인 우메보시는 짜고 신 강렬한 맛으로 일본인의 식탁에 자주 오르내린다. 맨밥에 우메보시만을 반찬으로 도시락을 싸서 다닌 어르신들에게는 추억의 음식이다. 우메보시는 살균, 해독 작용이 뛰어나 주먹밥이나 초밥에 함께 넣으면 밥이 잘 상하지 않으며, 과음한 다음 날 속을 풀기 위한 해장음식으로 곁들이기도 한다.

5.3 중식 Chinese food; Chinese cuisine

고추잡채 stir-fried pimento with vegetables
깐쇼새우 sweet and sour shrimp
깐풍기 fried chicken with garlic sauce; sweet and sour chicken
꽃빵 Mandarin roll
마파두부 mapo tofu
만두 dumpling; (소를 넣은) wonton, 딤섬 dim sum, 춘권 spring roll ❶
   군만두 fried dumpling
   만둣국 dumpling soup; wonton soup
   물만두 boiled dumpling
   찐만두 steamed dumpling
볶음국수, 초면 chow mein
북경오리 Peking duck
불도장 Buddha jumps over the wall

Buddha jumps over the wall이란 이름은 그 냄새가 너무 좋아서 채식주의자인 스님들도 불도장을 먹기 위해 절의 담을 넘었다는 이야기에서 유래한다

중국의 4대 요리
북경요리 Beijing cuisine
상해요리 Shanghai cuisine
광동요리 Cantonese cuisine
사천요리 Szechuan cuisine

네 발 달린 것 중에서 책상, 걸상 빼고는 다 먹는다
중국의 남부에 위치해 있는 광동성은 바다에 접해 있고 따뜻한 아열대 기후 지대로 다양한 식재료를 사용하는 것이 특징이다. 다양한 야채와 과일, 풍부한 해산물을 기본으로 동물의 내장에서부터 닭발, 오리의 혀, 뱀과 달팽이, 제비집, 고양이까지, 정말 책상과 걸상을 빼고 네 발 달린 것은 모두 식재료로 쓰인다. 재료의 신선함을 살리기 위해 센 불에서 살짝 볶거나 찐 요리가 많으며, 간을 적게 해서 재료의 풍미를 충분히 느낄 수 있다.

❶ 딤섬과 춘권
dim sum 만두와 비슷하지만 피가 만두피보다 얇다. dim sum은 대부분 한 입 크기로서 종류가 수백 가지가 넘는다. 차와 함께 코스 요리 중간이나 전채요리로 간단히 먹는데, 이를 얌차Yum cha라고 한다.

spring roll 밀가루나 쌀가루로 만든 전병에 갖가지 소를 넣고 말아서 튀긴 음식이다. 소로는 돼지고기와 다진 채소가 들어간다.

샥스핀 shark fin soup; shark's fin soup ❶

송화단, 피단 century egg ❷

양장피 cold vegetable dish

오향장육 braised beef shank; steamed sliced pork with five flavors

울면 noodle soup with seafood

유산슬 braised sea cucumber with shrimp and beef; stir-fried mixed seafood and vegetables

자장면 black bean sauce noodles ❸

잡탕밥 chop suey; stir-fried mixed seafood

제비집 요리 bird's nest soup

짬뽕 spicy seafood noodle soup

춘장 sweet noodle sauce; sweet bean sauce

탕수육 sweet and sour pork; fried pork with sweet and sour sauce

팔보채 braised assorted seafood and vegetables

호떡 Chinese pancake stuffed[filled] with brown sugar

❶ 샥스핀의 정체

샥스핀, 즉 상어 지느러미 수프는 중국 명나라 때부터 귀한 음식으로 사랑을 받아왔다. 중국인들은 샥스핀을 강장제와 최음제로 여기며, 내장을 튼튼하게 해주고 노화를 늦춰 준다고 생각한다. 고가의 제비집 요리보다 저렴한 것도 샥스핀 인기의 비결이다. 상어 지느러미 중에서는 등지느러미가 가장 비싸고, 꼬리지느러미가 두 번째, 그리고 배지느러미와 옆에 난 지느러미가 가장 싸다. 상어 사냥은 바다 한가운데서 이루어지는데, 지느러미가 잘린 상어는 산 채로 바다에 다시 던져져 다른 물고기들의 먹이가 된다. 지느러미를 제외한 상어 고기는 가치가 없기 때문이다. 이 때문에 샥스핀은 동물 보호론자들의 많은 비난을 받고 있다.

❷ 중국식 전채요리, 피단

오리알을 재와 소금, 석회와 쌀겨를 섞은 진흙 안에 몇 주 또는 몇 달을 묻어 두면 노른자는 거무튀튀한 녹색으로 변하고 흰자는 갈색의 투명한 젤리 상태로 변하는데, 이것을 송화단 또는 피단이라고 한다. 피단은 중국 요리에서 전채 음식으로 자주 나온다.

❸ 중국에서 귀화한 자장면

하루 평균 700만 그릇 이상 소비되며 문화관광부 선정 한국의 100대 민족 문화 상징에 당당히 선정된 자장면. 이제는 우리나라의 대표 음식이 된 자장면은 원래는 중국 산둥성 출신이다. 산둥 지방의 작장면이 1905년 인천 차이나타운에 거주하던 화교들에 의해 지금의 자장면으로 재탄생한 것이다. 작장면과 자장면 모두 춘장으로 만들어지지만, 작장면은 자장면보다 국물이 없고 단맛이 덜하다. 한국식 자장면은 춘장에 캐러멜을 섞어서 좀 더 달고 윤기가 나며, 채소와 국물이 많다.

5.4 양식, 세계음식 world food; world cuisine

샌드위치와 토스트 sandwich and toast

▶ 오픈 샌드위치 open sandwich
식빵 한 쪽에 두세 가지 재료를 얹어 먹는 샌드위치. 베이글을 이용하기도 한다.

▲ 서브마린 샌드위치 submarine sandwich
바게트빵을 반으로 갈라서 고기와 치즈, 야채, 소스 등 다양한 재료를 넣은 샌드위치. 줄여서 sub이라고 부른다.

◀ 대그우드 샌드위치 dagwood sandwich
3단 이상으로 여러 겹을 쌓아 올린 샌드위치. 여러 겹으로 쌓아 올리는 만큼 재료도 매우 다양하게 들어간다.

▼ 프렌치 토스트 French toast
식빵을 계란, 우유, 설탕 등을 섞은 것에 적셔서 구운 것으로 메이플시럽이나 잼 등을 얹어서 먹는다.

▲ 클럽 샌드위치 club sandwich
식빵 3장을 2단으로 쌓는 샌드위치. 전통적으로 아래층에는 칠면조 고기가, 위층에는 베이컨과 상추, 토마토가 들어가지만 요즘은 다양한 재료가 들어간다.

▶ BLT 샌드위치 BLT sandwich
베이컨bacon과 상추lettuce, 토마토tomato가 들어가는 샌드위치로 마요네즈가 소스로 들어간다.

튀김 fried dish

고로케, 크로켓 croquette
돈가스, 포크커틀릿 pork cutlet
비프가스, 비프커틀릿 beef cutlet
생선가스 fish cake
피시앤드칩스 fish and chips ❶

❶ 영국의 국민 음식, 피시앤드칩스

영국뿐 아니라 호주와 뉴질랜드에서도 매우 유명한 피시앤드칩스는 반죽을 입힌 생선과 감자를 튀긴 음식이다. 생선은 주로 대구, 가자미, 광어 등을 사용하며, 기호에 따라 소금이나 식초를 쳐서 먹기도 한다. 식당에 앉아서 포크로 먹기도 하지만 포장해서 손으로 집어 먹는 대표적인 길거리 음식이다. 피시앤드칩스를 전문으로 파는 식당들은 chippies나 chippers 또는 chip shops라고 부르기도 한다.

고기요리 meat dish

미트볼 meatball

바비큐 barbecue; BBQ
☐ 오늘 저녁에 친구들과 바비큐 파티를 열 예정이다.
　I'm having friends over for a barbecue this evening.

사테 (동남아시아의) satay

스테이크 steak; beefsteak

　티본스테이크 T-bone steak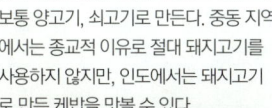
안심과 등심이 만나는 부분에 있는 T자 모양의 뼈가 있는 고기로 만든 스테이크

　햄버거스테이크 hamburger steak; Salisbury steak ❷

케밥 kebab; kabob

보통 양고기, 쇠고기로 만든다. 중동 지역에서는 종교적 이유로 절대 돼지고기를 사용하지 않지만, 인도에서는 돼지고기로 만든 케밥을 맛볼 수 있다.

❷ 햄버거스테이크의 기원

중앙아시아의 타르타르족은 생고기를 다져 양념을 한 타르타르 스테이크 tartar-steak를 즐겨 먹었다. 생고기를 먹지 않는 유럽인들은 타르타르 스테이크를 불에 구워먹기 시작했는데, 그것이 지금의 햄버거스테이크의 기원이다.

파스타 pasta

라비올리 ravioli
라자냐 lasagna; lasagne
마카로니 macaroni
스파게티 spaghetti
- 크림 소스 스파게티 white cream sauce spaghetti

다양한 파스타pasta의 세계

파르팔레 **farfalle**
카펠리 단젤로 **capelli d'angelo**
펜네 **penne**
라비올리 **ravioli**
칸넬로니 **cannelloni**
라자냐 **lasagna**
푸질리 **fusilli**
콘킬리에 **conchiglie**
스파게티 **spaghetti**
탈리아텔레 **tagliatelle**

파스타는 밀가루와 물, 달걀로 만든 이탈리아 면으로, 면 자체를 뜻하기도 하고 그 면으로 만든 요리를 지칭하기도 한다. 파스타의 종류는 굵기와 모양에 따라 300여 종이 넘는다.

기타

나초 nachos, 타코 taco ❶

리조또 risotto

샐러드 salad

수프 soup, 콩소메 consommé

쌀국수 (beef) noodle soup; (베트남의) pho

오믈렛 omelet; omelette
　오므라이스 fried rice wrapped in a thin omelet; omelet over rice

오트밀 oatmeal; BE porridge

카레 curry
　카레라이스 curried rice; curry and[with] rice

크레페 crepe

파이 pie
　고기파이 mince pie
　애플파이 apple pie

팬케이크, 핫케이크 pancake; flapjack

퐁듀 fondue

피자 pizza

> 우리나라의 국과 비슷한 맑고 담백한 수프

이탈리아 요리로, 팬에 기름을 두른 후 쌀을 살짝 볶은 후 닭고기 육수를 부어서 천천히 익힌다. 볶음밥과 죽의 중간 정도라고 생각하면 된다.

❶ **멕시코 음식의 기본, 토르티야 tortilla**

토르티야는 옥수수 가루나 밀가루로 만든 둥글 납작한 빵으로, 멕시코 음식에 없어선 안될 요소이다. 토르티야를 접고 안에 고기와 치즈, 야채를 넣어서 타코taco를 만들어 먹기도 하고 기름에 튀긴 토르티야 위에 치즈 등을 얹어서 나초nachos를 만들어 먹기도 한다. 그 밖에도 토르티야 사이에 고기와 치즈 야채 등을 넣고 구운 케사디야quesadilla, 역시 비슷한 재료를 토르티야에 넣고 막대 모양으로 말아 오븐에 구운 엔칠라다 enchilada도 있다.

nachos

enchilada

taco

quesadilla

5.5 음식 기타

고급 요리 haute cuisine ❶

궁중 요리 (royal) court cuisine

급식 (학교의) school lunch; school dinner

다이어트 식품 diet food; dietetic food
    저지방 식품 low-fat food; (지방이 거의 없는) nonfat food
    ⊙ 고지방 식품 high-fat food
    저칼로리 식품 low-calorie food ⊙ 고칼로리식품 high-calorie food

대용식 substitute
- 저희 식당에서는 고기 대용식으로 콩을 사용합니다.
  In our restaurant, we use soy substitutes for meat.

도시락 lunch; AE box lunch; BE packed lunch

백반 meal with a bowl of rice, soup and side dishes

별미, 별식 special dish

분식 flour-based food

불량식품 unsanitary food; low-quality food

뷔페식 buffet; smorgasbord

산해진미, 진미 (all sorts of) delicacies ❷

전채요리, 애피타이저 appetizer; hors d'oeuvre ❸
  ⊙ 주요리 main course; entrée ⊙ 후식, 디저트 dessert; BE sweet
- 그녀는 디저트로 아이스크림을 주문했다. She ordered ice cream for dessert.
- 애피타이저로는 수프와 샐러드가 나옵니다.
  Soup and salad will be served as appetizers.

❶ haute cuisine이란?

haute cuisine은 고급 레스토랑이나 호텔에서 제공하는 고급 요리를 뜻한다. 식전에 마시는 술인 아페리티프apéritif부터 시작해 디저트까지 10개 이상의 코스로 구성되어 있고, 음식과 와인, 그리고 식기가 조화를 이뤄야 하며, 정중하고 효율적인 서비스도 기본이다. 높은 가격도 haute cuisine의 특징이라고 할 수 있다. 원래는 프랑스의 정통 고급 요리를 뜻했지만 지금은 위의 요건들을 갖춘 각 지역의 전통 음식과 퓨전 음식 등도 haute cuisine이라고 부른다.

❷ 세계 3대 진미

철갑상어알, 캐비어 caviar(e)

송로버섯 truffle

거위간요리, 푸아그라 foie gras

❸ 맛있는 식사를 위한 준비운동

전채요리는 본격적인 식사에 앞서 식욕을 자극하기 위한 요리이다. 고급 재료들로 재료의 맛을 살려 간단히 조리하며, 양은 배가 부르지 않은 정도이다.

프랑스의 오르되브르 hors d'oeuvre 프랑스의 전채요리인 오르되브르에는 생굴요리나 훈제연어, 달팽이 요리인 에스카르고escargot, 치즈, 푸아그라 등이 나온다. 찬 요리들이 대부분이나 파이와 같은 따뜻한 오르되브르도 있다.

이탈리아의 안티파스토 antipasto 안티파스토는 소량이지만 정갈한 맛의 이탈리아의 전채요리이다. 보통은 간단한 양념을 한 야채나, 훈제하거나 말린 육류나 해산물이 나온다. 안티파스토 다음에는 프리모피아또primo piatto라 불리는 파스타나 리조또 등의 음식이 나온다.

영양식 nourishing food

유동식 liquid diet; **inf** pap

이유식 baby food

정식 set menu; (고급 식당의) table d'hôte ❶

☐ 정식 2인분 주세요.
Both of us will have the set menu. / The table d'hôte for two, please.

한정식 Korean table d'hôte

주식 staple diet ➡ 밑반찬, 반찬, 부식 side dish; **inf** side

진수성찬 (sumptuous) feast

특식 **AE** specialty (of the house); **BE** speciality (of the house)

포장 음식, 테이크아웃 carryout; **AE** takeout; **BE** takeaway ❷

퓨전요리 fusion food; fusion cuisine; fusion cooking

☐ 요즘은 한식을 접목한 퓨전요리가 인기다.
Korean fusion cuisine is very popular nowadays.

향토 음식 local dish; native dish; native food; specialty

건강식품

건강식품, 보양식 healthy diet, 건강보조식품 dietary supplements; nutritional supplements

개소주 medicinal broth[extract] strained from dog meat cooked with various herbs

녹즙 green vegetable juice

뱀탕 (medicinal) snake soup

---

❶ 정찬을 먹는 경제적인 방법

table d'hôte는 쉽게 말하면 정해진 가격에 파는 메뉴이다. 한 가지 메뉴가 아니라 프랑스식 정식코스 메뉴를 가리키는데, 보통은 오르되브르부터 수프, 샐러드, 메인 요리, 치즈, 디저트, 음료까지 전체 코스가 이미 정해져 있다. 코스 전체를 따로 주문하는 것보다 경제적이다. 우리나라의 한정식도 일종의 table d'hôte라고 할 수 있다.
알 라 카르트 à la carte는 이와는 반대로 원하는 메뉴를 골라서 주문하는 것을 말한다. table d'hôte로 주문하는 것보다 비싸다. 풀코스로 주문할 수도 있고 간단히 전채요리와 메인 요리, 음료수 정도로만 주문할 수도 있다.

❷ For here or to go?

"여기서 드실 건가요? 아니면 싸 가세요?"
영어권의 패스트푸드점에 들어가면 항상 듣게 되는 질문이다. 매장에서 먹을 거라면 "For here, please."를, 가지고 나갈 거라면 "To go, please." 라고 대답하면 된다.

차에서 내리기 귀찮을 때

drive-thru와 drive-in은 모두 자동차에서 내리지 않고 식사를 할 수 있는 형태의 레스토랑이다. 드라이브 스루 레스토랑 drive-thru[through] restaurant은 차들이 일렬로 줄을 서서 식당으로 들어가 주문을 한 후 음식을 포장해 가는 형태이고, 드라이브 인 레스토랑 drive-in restaurant은 음식점 주차장에 주차하고 있으면 종업원이 주문한 음식들을 가져다 줘서, 차에 탄 채로 식사를 할 수 있는 곳이다. 레스토랑뿐만 아니라 드라이브 스루 은행 drive-thru bank, 드라이브 스루 약국 drive-thru pharmacy, 드라이브 인 극장 drive-in theater 등도 있다.

06 한식 Korean food

6.1 밥, 죽, 국수

밥

국밥 *gukbap*; boiled rice served in soup

김밥 *gimbap*; seasoned rice rolled in dried laver

꽁보리밥, 보리밥 boiled barley; steamed barley

누룽지, 눌은밥 *nurungji*; crusty, browned rice made from the scorched part of steamed rice

덮밥 *deopbap*; bowl of rice served with toppings
    쇠고기덮밥 bowl of rice topped with beef
    회덮밥 bowl of rice topped with cubed raw fish and fresh vegetables

볶음밥 *bokkeumbap*; fried rice
    김치볶음밥 fried rice with kimchi

비빔밥 *bibimbap*; rice mixed with vegetables and beef ❶
    돌솥비빔밥 *dolsot bibimbap*; stone pot bibimbap

쌀밥 steamed rice; cooked rice; boiled rice

쌈밥 *ssambap*; rice and condiments wrapped in leaves of lettuce, cabbage, sesame, etc. ❷

약밥, 약식 *yakbap*; glutinous sweet rice with chestnut, pine nut, jujube and raw sugar

오곡밥 *ogokbap*; five-grain rice

잡곡밥 multigrain rice; boiled rice and cereals

주먹밥 rice ball

찬밥 cold rice; (남은 밥) leftover rice
   □ 라면 국물에 찬밥을 말아 먹었다. I ate leftover rice in ramen broth.

찰밥 cooked glutinous rice

콩나물밥 cooked rice with soybean sprouts

콩밥 cooked rice with beans

쌀	rice
콩	bean
조	millet
팥	adzuki bean
수수	sorghum

❶ 세계 속의 비빔밥

한국인에게 너무나 친숙한 비빔밥은 여러 가지 나물과 양념들이 혼합된 맛과 영양으로 외국인들에게도 한국을 대표하는 제일의 음식이다. 비행기 기내식으로도 제공되는 비빔밥은 국제 기내식협회(ITCA)에서 최고의 기내식으로 뽑히기도 했다.
비빔밥 중 가장 유명한 전주비빔밥은 우주선 식량으로 개발 중에 있으며, 비빔밥의 재료와 조리법을 표준화하고 브랜드화하려고 노력하고 있다.

❷ 쌈문화

채소에 밥이나 고기를 얹어서 싸먹는 쌈. 쌈문화는 멕시코의 화히타나 베트남의 월남쌈 등에서도 찾을 수 있지만, 우리나라처럼 생야채로 쌈을 먹는 경우는 많지 않다. 우리나라는 예로부터 들판에서 쉽게 신선한 야채를 구할 수 있었고, 오른손 식문화로 인해 비교적 자유로운 왼손 덕분에 쌈문화가 발달할 수 있었다. 쌈을 싸먹는 채소로는 상추, 깻잎, 배춧잎, 호박잎 등이 있고, 채소에서 더 확장되어 미역, 다시마, 김치, 밀쌈까지 다양하게 응용된다. 구절판과 보쌈이 가장 발전된 쌈의 형태라 할 수 있다.

죽 gruel; porridge ❶

단팥죽, 팥죽 (sweet) adzuki-bean gruel
닭죽 rice porridge with chicken ❷
쌀죽 rice gruel; rice porridge
   미음 thin rice gruel
잣죽 pine nut porridge
전복죽 abalone porridge
호박죽 pumpkin porridge

❶ gruel VS porridge

아시아권에서는 여러 가지 곡식을 이용해 죽을 끓여 먹지만, 영어권에서 porridge라고 하면 대부분 귀리를 빻아 만든 오트밀oatmeal에 우유나 물을 넣고 끓인 음식을 말한다. gruel은 porridge보다 좀 더 묽은 형태의 죽을 뜻한다.

국수 noodles ❸

냉면 naengmyeon; cold buckwheat noodles
   물냉면 mulnaengmyeon; cold buckwheat noodle soup
   비빔냉면 bibimnaengmyeon; cold buckwheat noodles mixed in a spicy sauce
막국수 makguksu; buckwheat noodles
비빔국수 bibimguksu; spicy noodles; noodles mixed with vegetables and red pepper sauce
소면 plain noodles
수제비 sujebi; clear soup with shredded flour dough
온면 onmyeon; warm noodle soup
잔치국수 janchi-guksu; Korean banquet noodle soup; noodle soup served with kimchi, thinly sliced egg, onions, and cucumbers etc.
잡채 japchae; boiled cellophane noodles mixed with stir-fried vegetables and shredded meat
칼국수 kalguksu; chopped noodles; boiled flat noodles in broth made of anchovies and sliced zucchini
콩국수 kongguksu; cold bean-soup noodles; noodles in cold bean soup

❷ 지친 몸과 마음엔 닭고기수프

전세계적인 베스트셀러 〈영혼을 위한 닭고기수프 Chicken Soup for the Soul〉는 따뜻하고 감성적인 짧은 실화들을 묶은 에세이다. 우리가 아프면 으레 죽을 먹는 것처럼 서양에서는 감기가 걸리면 닭고기수프를 끓여 먹곤 하는데, 닭고기수프는 몸뿐만 아니라 영혼을 보듬는 음식이라고 해서 이런 제목이 붙었다. 닭고기수프는 닭고기와 물, 다양한 야채를 넣고 끓인 수프로서 우리나라의 닭죽에 비해 묽은데, 닭고기가 목의 가래를 제거해 주고 소화도 잘 되기 때문에 오래 전부터 감기 치료식으로 자리잡아 왔다.

❸ 국수 언제 먹여줄래?

언제 결혼할 거냐고 물을 때 사람들이 흔히 하는 말이다. 옛날 밀이 귀하던 시절에 국수는 귀족들이나 먹을 수 있는 귀한 음식이었고, 일반인들은 결혼식과 같은 잔치가 열려야 국수를 맛볼 수 있었기 때문에 이런 표현이 생겨났다. 그리고 기다란 국수는 장수를 상징하기 때문에 국수를 먹음으로써 부부의 인연이 오래가기를 바라는 의미도 있다. 요즘도 결혼식장에 가면 메뉴에서 잔치국수를 찾을 수 있는데, 잔치국수는 말 그대로 결혼식과 같은 잔치 때 먹는 국수라는 뜻이다.

6.2 떡, 한과

떡 tteok; rice cake ❶

가래떡 garaetteok; cylindrical rice cake
경단 gyeongdan; sweet rice ball (covered with soybean flakes)
백설기 baekseolgi; steamed white rice cake
송편 songpyeon; half-moon-shaped rice cake (served at *Chuseok* decorated with pine needle)
시루떡 sirutteok; steamed rice cake (garnished with adzuki beans)
쑥떡 ssuktteok; rice cake flavored with mugwort
인절미 injeolmi; glutinous rice cake coated with bean flour
절편 jeolpyeon; patterned rice cake
찰떡, 찹쌀떡 chaltteok; chapssaltteok; pounded glutinous rice cake
고물, 떡고물 powder coating for rice cake
떡볶이 tteokbokki; spicy rice cake with vegetables

액을 면하라는 의미를 가진 수수경단은 아기의 백일상과 돌상에 오른다. 아기가 탈없이 건강하게 자라길 기원하는 뜻이다.

흰색의 백설기는 신성함과 깨끗함을 상징한다. 아기가 태어나거나 백일이 되었을 때 먹는다.

잡귀를 쫓고 액을 막아 준다는 팥이 들어간 시루떡은 고사를 지낼 때나 이사했을 때 사람들과 나누어 먹는다.

잘 들러붙는 인절미처럼 부부금실도 좋길 바라는 의미에서 혼인 시 만들어 먹었던 떡

한과, 전통과자 Korean traditional confectionery

강정, 유과 gangjeong; yugwa; deep-fried sweet rice puffs
뻥튀기 (쌀로 만든) puffed rice; rice puffs; (옥수수로 만든) puffed maize
약과 yakgwa; deep-fried cookies made with flour, sesame oil, honey, rice wine, cinnamon and ginger juice
엿 yeot; (Korean) taffy ❷
  호박엿 pumpkin taffy
호두과자 small walnut-flavored cake in the size and shape of a walnut

❶ 떡과 관련된 속담
그림의 떡 It's a pie in the sky.
남의 떡이 더 커 보인다. The grass is greener on the other side of the fence.
누워서 떡 먹기 It's a piece of cake.
떡 줄 사람은 꿈도 안 꾸는데 김칫국부터 마신다. Don't count your chickens before they are hatched.
보기 좋은 떡이 먹기에도 좋다. Names and natures do often agree.

❷ 엿과 비슷한 태피taffy
태피는 설탕과 버터, 물 등을 넣고 끓여서 만드는 캔디로 과일맛, 당밀, 클래식 등의 종류가 있다. 한국의 엿보다는 좀 더 말랑말랑하고 부드럽다. 가장 유명한 태피는 애틀랜틱시티 Atlantic City의 특산물인 소금물 태피Salt water taffy.

찌개, 전골

찌개 *jjigae*; stew ❶, 전골 hot pot

김치찌개 *kimchi-jjigae*; kimchi stew

동태찌개 *dongtae-jjigae*; frozen pollack stew

된장찌개 *doenjang-jjigae*; soybean paste stew

버섯전골 *beoseot-jeongol*; mixed mushroom hot pot

부대찌개 *budae-jjigae*; army squad stew; spicy stew made with wieners, canned ham and instant ramen noodles

한국전쟁 직후 음식이 부족했을 때 미군부대에서 먹다 남기거나 몰래 빼낸 고기와 햄 등에 고추장을 넣어 만든 음식. 미군부대에서 부대찌개라는 이름이 유래되었다.

비지찌개 *biji-jjigae*; stew made with bean-curd dregs[tofu residue]

순두부찌개 *sundubu-jjigae*; spicy soft tofu stew
- 오늘 점심 메뉴는 순두부찌개 백반이다.
  Today's lunch is spicy soft tofu stew and rice.

신선로 *sinseollo*; royal hot pot; dish of meat and vegetables cooked in rich broth

육개장 *yukgaejang*; hot spicy meat[beef] stew ❷

청국장찌개 *cheonggukjang-jjigae*; stew made from strong-smelling soybean paste

❶ **태국의 대표 찌개, 톰얌쿵**

태국의 대표 음식 톰얌쿵tom yam kung은 닭고기 육수에 새우와 버섯, 고추, 레몬그라스, 라임, 생강, 피시소스, 코코넛밀크, 고수 등 갖가지 재료들이 아낌없이 들어간 찌개로서, 맵고, 시고, 짜고, 단 모든 맛을 맛볼 수 있는 음식이다. 뜨거울 때 먹어야 제 맛이며, 온도를 유지하기 위해 신선로처럼 생긴 그릇에 담겨 나온다.

관련표현

건더기 solid ingredients of soup; bits of meat and vegetables in soup

국거리 soup ingredients

국물 soup, 육수 stock; meat stock; meat broth
- 멸치육수 anchovy stock

맹탕 bland soup; watery soup ⬌ 진국 rich stock; rich broth
- 이 닭 국물 좀 먹어 봐. 진국이야. Try this chicken broth. It's nice and rich.

❷ **유럽에서 얼큰한 것이 생각날 때**

유럽에서는 굴라시goulash를 주문해 보자. 굴라시는 쇠고기와 양파, 야채, 각종 향료와 같은 파프리카를 넣은 매콤한 맛의 스튜로서 우리나라의 육개장과 비슷한 음식이다. 굴라시는 원래 헝가리 음식으로 헝가리어로는 구야시gulyás라고 하며, 헝가리뿐만 아니라 동유럽 국가와 독일, 오스트리아, 이탈리아 등지에서도 맛볼 수 있다.

6.4 구이, 무침, 볶음, 절임, 조림, 찜, 튀김

구이 | grilled dish; broiled dish

갈비구이 grilled (beef; pork) ribs, 숯불갈비 charcoal barbecue
떡갈비 *tteokgalbi*; grilled rib meat patties
산적 *sanjeok*; grilled skewers of beef and vegetables ❶
생선구이 grilled fish
장어구이 grilled eel; broiled eel

무침 seasoned dish

골뱅이무침 boiled and seasoned whelk
도라지무침 seasoned balloon flower root
오징어무침 seasoned squid
콩나물무침 seasoned bean sprout

볶음 stir-fries; sauté

낙지볶음 stir-fried small octopus
멸치볶음 stir-fried anchovies
제육볶음 stir-fried (spicy) pork

---

❶ 다양한 꼬치의 세계

한국의 산적
쇠고기와 버섯, 대파 등을 길쭉하게 썰어서 양념한 후 꼬챙이에 꿰어서 구운 음식

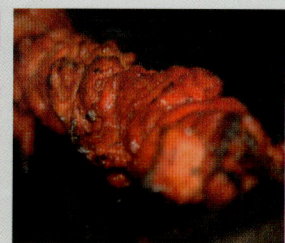
인도의 탄두리치킨tandoori chicken
꼬챙이에 꿴 닭고기를 인도의 전통 화덕인 탄두르tandoor에서 익힌 요리. 각종 향신료로 만든 마살라masala 양념을 바른다.

인도네시아의 사테satay
닭고기나 쇠고기, 돼지고기 등을 한입 크기로 썰어서 코코넛 잎에 싼 후 대나무 꼬챙이에 끼워 장작불에 굽는다. 땅콩 소스와 밥, 오이 등과 곁들여 먹는다.

그리스의 수블라키souvlaki
꼬챙이에 고기와 야채를 꿰어서 숯불에 구워 먹는 요리. 그리스 전통 빵인 피타pita와 튀긴 감자를 함께 낸다.

절임 pickled food

고추초절임 pickled (chili) pepper

양파초절임 pickled onion

조림 braised dish

갈치조림 braised cutlassfish

고등어조림 braised mackerel

장조림 beef chunks braised in soy sauce

콩자반 black beans simmered in soy sauce and sugar

찜 steamed dish

계란찜 steamed egg

아귀찜 spicy steamed anglerfish with bean sprouts

튀김 fried dish; deep-fried dish

> fried dish 프라이팬에 기름을 두르고 튀긴 음식
> deep-fried dish 튀김기(deep fryer)에 넣고 튀긴 음식

고구마튀김 deep-fried sweet potato

생선튀김 deep-fried fish

양파튀김 onion ring

튀각 deep-fried kelp

6.5 김치 kimchi

종류

갓김치 *gat-kimchi*; leaf mustard kimchi

겉절이 *geotjeori*; spicy napa cabbage salad kimchi

깍두기 *kkakdugi*; diced[cubed] white radish kimchi

깻잎김치 *kkaennip-kimchi*; kimchi features layers of perilla leaves marinated in soy sauce and other spices

나박김치, 동치미 *nabak-kimchi; dongchimi*; white radish water kimchi; water-based white radish kimchi

물김치 *mul-kimchi*; water kimchi

배추김치 *baechu-kimchi*; napa cabbage kimchi

백김치 *baekkimchi*; white napa cabbage kimchi

보쌈김치 *bossam-kimchi*; wrapped kimchi

부추김치 *buchu-kimchi*; chives kimchi

열무김치 *yeolmu-kimchi*; young summer radish kimchi

오이소박이 *oi-sobagi*; stuffed cucumber kimchi; cucumber kimchi stuffed with hot and spicy seasonings

총각김치 *chonggak-kimchi*; young white radish kimchi

파김치 *pa-kimchi*; green onion kimchi; scallion kimchi

김치 역할을 하는 각국의 채소절임

음식이 물릴 때나 간이 심심하다 싶을 때 김치만 한 것이 없다. 우리가 김치를 끼고 살듯이 나라마다 우리의 김치 역할을 하는 채소절임들이 있다.

사워크라우트 sauerkraut 잘게 썬 양배추를 김치처럼 신맛이 나게 발효시킨 독일 음식. 햄이나 소시지 등과 함께 기름에 볶아서 먹기도 하고, 샌드위치나 핫도그에 들어가기도 한다.

아차르 achar 소금과 향신료가 들어간 오일이나 레몬 주스에 망고, 레몬, 라임, 당근, 토마토, 양파, 생강, 마늘 등의 다양한 과일과 야채를 절여 만든 인도 음식.

츠케모노 tsukemono 일본식 채소절임. 소금으로 절인 우메보시와 단무지, 식초로 절인 락교와 생강절임 등이 대표적이다.

◀ 사워크라우트와 구운 돼지갈비

▶ 망고로 만든 아차르

◀ 초밥과 생강절임

관련표현

김장 kimchi-making for the winter; preparing kimchi for the winter
- 우리 집은 이번 주말에 김장을 할 예정이다.
  We'll do kimchi-making for the winter this weekend.

묵은지, 신김치 sour kimchi; over-fermented kimchi

풋김치 fresh kimchi; freshly prepared kimchi

6.6 한식 기타

부침개

부침개, 전 *buchimgae; jeon*; pan-fried delicacies; Korean pancake
- 부침개를 부치다 fry Korean pancakes

감자전 *gamjajeon*; pan-fried potato

고추전 *gochujeon*; pan-fried stuffed green chili peppers

굴전 *guljeon*; pan-fried oyster

김치전 *kimchijeon*; kimchi pancake

비지떡 *bijitteok*; pancake made with bean-curd dregs ❶

빈대떡 *bindaetteok*; mung-bean pancake; green-gram pancake

파전 *pajeon*; green-onion pancake

호박전 *hobakjeon*; pan-fried summer squash

화전 *hwajeon*; pan-fried pancake with flower petals

고기|요리 meat dish

닭백숙 whole chicken soup with rice
- 영계백숙 pullet soup with rice

불고기 *bulgogi*; thinly sliced[shredded] marinated beef

수육 (쇠고기) boiled beef; (돼지고기) boiled pork
- 편육 sliced boiled beef[pork]

육회 *yukhoe*; Korean steak tartare; raw beef strips with raw egg and a dash of soy sauce mixed with Asian pear ❷

기타

묵 *muk*; jelly; jellied food
- 녹두묵, 청포묵 mung bean jelly
- 도토리묵 acorn jelly
- 메밀묵 buckwheat jelly

해파리냉채 cold jellyfish salad

❶ 싼 게 비지떡

비지떡은 옛날에 먹을 것이 부족할 때 두부를 만들고 남은 비지에 쌀가루나 밀가루를 넣고 반죽해 전처럼 부쳐낸 떡이다. '싼 게 비지떡'이라는 말은 값이 싼 만큼 맛도 없다는 뜻으로, 값싼 물건은 기대를 하면 안 된다는 의미. 영어로는 "You get what you pay for."라고 한다.

❷ 타르타르와 카르파치오

타르타르tartare와 카르파치오carpaccio는 생고기를 이용해 만드는 서양식 육회 요리다. 타르타르는 우리나라의 육회처럼 고기를 잘게 다지는 반면, 카르파치오는 고기를 얇게 저미는 것이 차이점. 주 재료는 쇠고기, 연어, 참치, 사슴고기 등이다.

▲tartare

▲carpaccio

07 발효식품 fermented food

장

장 (고체 형태의) fermented paste; (액체 형태의) fermented sauce

간장 soy sauce
  양조간장 traditionally fermented soy sauce
  초간장 vinegared soy sauce
  화학간장 (artificially) hydrolyzed soy sauce

고추장 *gochujang*; red pepper paste
  초고추장, 초장 red pepper paste with vinegar; vinegared red pepper paste sauce

된장 *doenjang*; soybean paste
  청국장 *cheonggukjang*; strong-smelling soybean paste

메주 fermented soybean block; block of fermented soybeans

젓갈

젓, 젓갈 pickled seafood
가자미식해 *gajami-sikhae*; spicy fermented sole ❶
굴젓 *guljeot*; spicy pickled oyster
꼴뚜기젓 *kkolttugijeot*; pickled baby octopus
명란젓 *myeongnanjeot*; pickled pollack roe
새우젓 *saeujeot*; pickled shrimp
액젓 fish sauce
    멸치액젓 brined anchovy allowed to ferment
오징어젓 *ojingeojeot*; pickled squid
조개젓 *jogaejeot*; pickled clams
창난젓 *changnanjeot*; pickled pollack intestines

❶ 가자미식해
식혜와 혼동하기 쉬운 가자미식해는 함경도의 토속음식으로서, 머리와 내장을 떼어낸 가자미를 소금에 절인 후, 쌀밥과 마늘, 고춧가루, 엿기름 가루 등을 섞어서 항아리에 담아 3~4일 삭힌 음식이다.

염장식품 salted food ❷

게장 *gejang*; seasoned raw crab; marinated crab
    간장게장 crab marinated in soy sauce
    양념게장 spicy seasoned crab
오이지 *oiji*; cucumbers pickled in brine
장아찌 *jangajji*; vegetables pickled[preserved] in soy sauce
    마늘장아찌 pickled garlic

❷ 염장을 지르다
음식에 소금을 뿌리거나 소금물에 담가 절이는 것을 염장salting이라고 한다. '염장을 지르다'는 표현은 마음의 상처에 소금을 뿌리는 행위를 말한다. 아픈 곳에 소금을 뿌리면 몹시 쓰라린 것처럼, 안 그래도 일이 풀리지 않아 마음이 언짢은데 옆에서 그 일에 대해 계속 화를 돋우는 것을 말한다. 영어로는 '불 난 집에 부채질하다라는 뜻의 fan the flames나 add fuel to the fire를 쓸 수 있다.

08 유제품 dairy products

우유

우유 milk
- 우유 한 팩 a carton of milk

멸균우유 pasteurized milk

분유 (infant) formula; baby milk
- 그녀는 아기에게 분유를 먹이고 있다. She feeds her baby formula.

연유 evaporated milk

- **가당연유** condensed milk; sweetened condensed milk

> 우유나 탈지유에 설탕을 넣고 가열하여 농축시킨 우유

저지방우유 low-fat milk

> 지방 함유율이 2% 이하인 우유

전지유 whole milk

탈지유 skim milk; skimmed milk; nonfat milk

기타

발효유 fermented milk, **요구르트** yoghurt; yogurt ❶
- **요구르트 아이스크림** frozen yogurt; [inf] froyo

버터 butter ❷
- 빵에 버터를 바르다 spread butter on bread

생크림, 크림 (whipped) cream
- **사워크림** sour cream
- **휘핑크림** whipping cream

---

❶ **요구르트? 야쿠르트?**

요구르트 yoghurt는 우유에 젖산균을 넣어 만든 발효유를 말한다. 그렇다면 야쿠르트는? 야쿠르트 yakult는 일본에서 발명한 유산균 발효유로 국내의 한국야쿠르트 사에서 이 제품을 들여와 같은 이름으로 판매하고 있다. 이 제품의 선풍적인 인기로 야쿠르트가 보통명사로 쓰이고 있지만 사실 야쿠르트는 요구르트의 하나의 제품 이름일 뿐이다.

❷ **버터 VS 마가린**

버터는 우유의 지방을 응고시킨 것이고 마가린은 이런 버터를 대체할 식품을 찾다가 만들어진 대용품이다. 마가린은 동식물성 기름을 원료로 응고시키는데, 버터와 영양가가 거의 비슷하고 버터보다 콜레스테롤은 적지만, 트랜스 지방이 많다.

치즈 cheese

모짜렐라 mozzarella 숙성시키지 않은 생치즈로 다른 치즈에 비해 맛이 산뜻하다. 피자의 토핑으로 많이 쓰이며 파스타에도 자주 들어간다.

카망베르 camembert 프랑스의 카망베르Camembert라는 마을에서 처음 만들어져서 붙은 이름. 부드러운 식감의 치즈로 와인과 궁합이 잘 맞는다.

파마산 parmesan (cheese) 이탈리아 파르마Parma 지역에서 나는 치즈. 수분이 매우 적어 얇게 조각을 내거나 가루를 내어 피자나 파스타, 샐러드 위에 뿌려 먹는다.

체다 치즈 cheddar cheese 영국의 작은 마을인 체다Cheddar에서 처음 만들어졌지만 지금은 영어권에서 가장 유명하고 가장 많이 먹는 치즈. 잘 녹는 성질이 있어 다양한 요리에 활용된다.

크림 치즈 cream cheese 크림과 우유를 섞어 숙성시키지 않은 치즈. 맛이 부드럽고 약간의 신맛과 함께 고소한 맛이 있다. 빵이나 베이글, 크래커 등에 많이 발라 먹으며, 치즈케이크, 샐러드 드레싱 등의 재료가 된다.

09 빵, 과자, 초콜릿

9.1 빵, 케이크

빵

빵 bread; pastry
- 빵을 굽다 bake bread
- 사람은 빵만으로는 살 수 없다. Man cannot live by bread alone.

종류 — 재료

마늘빵 garlic bread
옥수수빵 corn bread; pone
통밀빵 whole wheat bread
호밀빵 rye bread
흰빵 white bread

종류 — 형태

데니시 페이스트리 Danish pastry; [inf] Danish
도넛 doughnut; donut; (꽈배기 모양의) cruller; twister
또띠아 tortilla
롤빵 roll
머핀 muffin
바게트 baguette; French bread; French stick; French loaf
베이글 bagel
식빵 sliced bread
찐빵 steamed bun (with sweet bean paste)
크루아상 croissant
크림빵 cream bun; cream puff
피타빵 pita bread

밀가루와 우유, 설탕, 계란, 상당량의 버터가 들어가는 Danish pastry

꽈배기 모양의 도넛, cruller

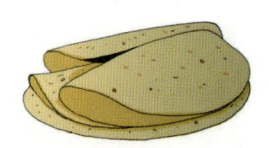

옥수수나 밀가루로 만드는 tortilla

컵케이크와 비슷하지만, 덜 달고, 설탕옷이 없는 muffin

달걀, 우유, 버터를 넣지 않고, 밀가루, 이스트, 물, 소금으로 만드는 bagel

초승달 crescent moon처럼 생겼다고 붙은 이름, croissant

그리스와 중동지방에서 많이 먹는 pita bread

케이크

케이크 cake

종류 — 때, 시기

생일케이크 birthday cake
웨딩케이크 wedding cake
크리스마스케이크 Christmas cake

종류 — 성격, 재료, 형태

생크림케이크 whipped-cream cake
스펀지케이크, 카스텔라 sponge cake ❶
시폰케이크 chiffon cake ❷
초콜릿케이크 chocolate cake ❶
   브라우니 brownie
치즈케이크 cheesecake
☐ 치즈케이크가 입 안에서 사르르 녹는다. The cheesecake melts in my mouth.
컵케이크 cupcake; BE fairy cake
파운드케이크 pound cake

관련표현

빵가루 (bread) crumbs
빵껍질 crust (of bread)
소 filling

❶ 천사와 악마를 닮은 케이크

angel food cake는 스펀지케이크의 별명이다. 달걀의 노른자나 버터를 사용하지 않고 흰자만을 거품을 내어 만들기 때문에 하얗고 폭신폭신하고 부드러우며, 맛도 깔끔하고 칼로리도 적은 것이 특징이다. 반면 devil's food cake는 맛도 색도 진한 초콜릿 케이크의 별명이다. 케이크 위에 초콜릿을 듬뿍 얹는 것이 특징으로, 버터가 들어가 열량이 매우 높다. devil's food cake는 다이어트를 하는 사람에게는 악마devil와 같은 케이크인 셈이다.

▲ angel food cake

▲ devil's food cake

❷ 시폰처럼 부드러운

시폰케이크는 계란을 흰자와 노른자로 분리해서 각각 거품을 낸 뒤 다른 재료를 넣고 반죽해서 굽는다. 그래서 가벼울 뿐만 아니라 상당히 부드럽기 때문에 시폰, 즉 비단이라는 이름이 붙었다.

9.2 과자, 아이스크림, 초콜릿

과자 confectionery

건빵 hardtack ❶
껌 chewing gum; gum
  □ 수업 중에는 껌을 씹지 마라. Don't chew gum during class.
  풍선껌 bubble gum
마시멜로 marshmallow
무스 mousse
비스킷, 크래커 cracker; (짭짤한) saltine ❷
생강과자 (사람 모양의) gingerbread man
슈크림 cream puff
와플 waffle
월병 mooncake
웨이퍼, 웨하스 wafer
젤리 jelly; jello; (상표명) Jell-O
커스터드 custard
쿠키 AE cookie; BE biscuit
팝콘 popcorn
푸딩 pudding
프레첼 pretzel

프레첼의 모양에 관해서는 많은 설이 있는데, 3개의 구멍이 기독교의 삼위일체를 뜻한다고 하기도 하고, 아이의 기도하는 두 손을 본뜬 것이라고도 한다.

설탕과 젤라틴 등으로 만드는 marshmallow

크림이나 젤리에 거품을 일게 하여 설탕, 향료를 넣고 차게 식힌 mousse

사람 모양으로 생긴 gingerbread man

반죽 껍질을 부풀리게 구운 후 커스터드와 생크림 등을 채운 cream puff

밀가루, 우유, 계란 등을 반죽해서 판에 넣고 구운 waffle

밀가루 반죽으로 만든 껍질 안에 팥과 졸인 과일을 넣고 구운 mooncake

계란찜처럼 말랑말랑한 pudding

사탕

사탕, 캔디 candy; drops; BE sweet
- 그는 하루 종일 사탕을 달고 산다. He sucks the sweets all the day.

눈깔사탕, 알사탕 jawbreaker; gobstopper

막대사탕 lollipop; lolly; inf sucker

목캔디 cough drops; throat lozenge

박하사탕 mint (candy); peppermint (candy)

솜사탕 cotton candy; candyfloss

스카치캔디 butterscotch

지팡이사탕 candy cane ❸

캐러멜 caramel

턱jaw을 부러뜨릴break 정도로 단단하고, 입gob을 움직이지 못하게 할 stopper 정도로 크다는 의미

◀ lollipop

❶ 건빵에 별사탕이 들어 있는 이유
건빵의 주원료는 밀가루와 설탕, 소금, 쇼트닝 등으로, 고온에서 굽기 때문에 수분이 매우 적다. 수분이 적어서 무게가 가볍고 저장성이 좋아 군용 식량으로 이용된다. 담백한 맛이라 질리지는 않지만 건조하기 때문에 목이 메이기 쉽다. 이런 경우를 대비해 별사탕이 동봉되어 있기도 하는데, 별사탕을 빨다 보면 침이 나와 건빵을 목으로 넘기기 수월하기 때문이다.

❸ 지팡이사탕은 왜 구부러졌을까?
크리스마스트리 장식용인 지팡이사탕은 하얀 바탕에 빨간 줄무늬 모양이며 끝이 지팡이처럼 구부러져 있다. 예슈Jesus의 첫 글자인 J에서 비롯되었다는 설도 있고, 크리스마스트리를 장식할 때 나무에 쉽게 걸기 위해 구부러져 있다고도 한다. 지팡이사탕은 박하peppermint나 계피cinnamon 맛이 많다.

◀ cracker ◀ cookie

❷ 크래커, 쿠키
단단하고 깨물면 바삭바삭하며, 표면에 구멍이 뚫려 있는 과자를 크래커cracker라고 부른다. 맛이 담백하여 커피나 차, 수프와 함께 곁들이기에 좋으며 다양한 재료들을 얹어서 카나페를 만들어 먹기도 한다. 쿠키cookie는 비스킷보다 더 말랑말랑하고 구멍이 없으며, 단맛이 진한 과자를 말한다.

아이스크림, 빙과류

아이스크림 ice cream; (그릇에 담겨 나오는) sundae
  막대 아이스크림, 하드 ice-cream bar; ice lolly; Popsicle
  아이스크림 케이크 ice-cream cake
  아이스크림 콘 ice-cream cone
샤베트, 셔벗 sorbet; sherbet ❶
파르페 parfait
팥빙수 adzuki-bean ice dessert

❶ **아이스크림의 어머니, 샤베트**
초기 아이스크림의 형태는 과즙이나 꿀 등을 넣은 얼음으로 만든 샤베트에 가까웠다. 사각사각 시원한 얼음에 우유와 크림을 넣어 지금과 같은 아이스크림을 만든 사람은 17세기 영국의 국왕 찰스 1세의 프랑스 요리사인 것으로 알려져 있다. 아이스크림은 그 후로도 약 200여 년 동안 귀족들과 부유층들만이 먹을 수 있는 고급 디저트였다.

초콜릿

초콜릿 chocolate; chocolate bar; chocolate candy; candy bar; truffle
□ 그는 초콜릿 몇 조각으로 허기를 달랬다.
  He satisfied his hunger with a few pieces of chocolate.

다크초콜릿 **AE** dark chocolate; **BE** plain chocolate
밀크초콜릿 milk chocolate
화이트초콜릿 white chocolate

부러뜨려 먹는 **chocolate bar**

캐러멜을 초콜릿이 감싸고 있는 **candy bar**

하얀 연유가 들어 있는 **truffle**

동글납작한 초콜릿 **chocolate candy**

10 가공식품, 패스트푸드

가공식품 processed food

당면 cellophane noodles; glass noodles
땅콩버터 peanut butter
라면 ramen; instant noodles ❶
- 점심에는 라면을 끓여 먹자. Let's have ramen for lunch.
  컵라면 instant cup ramen; cup-o-noodle
시리얼 cereal ❷, 콘플레이크 cornflakes
유부 dried tofu
잼 jam; jelly; preserve
  딸기잼 strawberry jam
  마멀레이드 marmalade — 감귤 껍질을 과일 주스와 물에 섞어 졸인 것
통조림, 캔 can; tin (can); canned food

건조식품 dried food

건어물 stockfish; dried fish, 어포 fish jerky; dried fish slices
  과메기 (청어를 말린) dried herring; (꽁치를 말린) dried mackerel pike
  대구포 dried cod (fillet)
  마른오징어, 오징어포 dried squid (fillet)
  반건조 오징어 half-dried squid
  북어포 dried pollack (fillet)
  쥐포 dried filefish (fillet)
김 dried laver; nori
육포 beef jerky

❶ 라면 없이 못살아

연간 국내 소비량 36억 개, 일인 연간 소비량 약 80개. 세계 최대의 라면 소비국은 중국이지만 일인 연간 소비량은 우리나라가 세계 1위다. 라면이 우리나라에 처음 소개된 것은 1963년인데, 10원짜리 삼양라면이 그 주인공이었다. 원래 라면은 중국 음식이지만 인스턴트 라면이 탄생한 곳은 일본이다. 1958년 일본 닛신식품의 안도 모모후쿠가 국수를 튀겨서 인스턴트 라면을 판매했으며, 1971년에는 최초의 컵라면도 선보였다.

❷ 시리얼의 탄생

미국 미시간주Michigan의 한 요양원에서 환자들의 식사를 책임지던 윌 케이스 켈로그Will Keith Kellogg는 효모가 들어간 빵이 소화가 안 된다는 환자들의 요청에 따라 효모가 없는 빵을 만들려고 노력 중이었다. 어느 날 밀을 삶아 놓고 깜박했는데, 곰팡이가 핀 밀을 버리기 아까워 롤러에 넣고 돌렸더니 얇은 조각들이 나왔고, 그것을 불에 살짝 구웠더니 먹기도 쉽고 소화도 잘 된다는 사실을 발견했다. 이 새로운 음식은 환자들 사이에서도 인기를 끌었고, 윌은 요양원을 떠나 회사를 세우게 된다. 이 음식이 우리의 아침 식탁에도 심심찮게 오르는 시리얼이며, 윌이 세운 회사가 현재 시리얼 시장의 절반을 차지하는 켈로그Kellogg이다.

소시지, 햄

베이컨 bacon
- 아침 식사로 베이컨과 계란 프라이가 나왔다.
  We were served bacon and eggs for breakfast.

소시지 sausage ❶
- 볼로냐 소시지 bologna; Bologna sausage
- 비엔나 소시지 Vienna sausage
- 살라미 salami
- 페퍼로니 pepperoni
- 프랑크 소시지 frankfurter; **AE** wiener; weenie

순대 sundae; black pudding; blood sausage; blood pudding ❷

햄 ham

❷ **순대, 우리만의 음식이 아니었다**
돼지 창자에 당면과 찰밥, 그리고 선지를 넣고 삶은 순대를 세계 각지의 사람들이 즐기고 있다는 걸 아시는지? 영어로 black pudding 혹은 blood sausage라 불리는 음식은 우리나라의 순대와 비슷하게 생겼다. 우리의 순대처럼 창자에 선지와 돼지고기, 보리 등의 곡식을 넣고 만드는데, 영국식 아침식사 English breakfast에 오르기도 한다.

❶ **소시지라고 다 같다는 편견은 버려**
우리가 흔히 말하는 소시지는 돼지고기, 쇠고기 등을 갈아서 동물의 창자나 인공 케이싱casing에 채운 후 끓는 물에 삶은 것이다. 이런 방법으로 만든 소시지에는 볼로냐 소시지, 비엔나 소시지, 프랑크 소시지가 있다. 반면 이탈리아 음식이나 피자에 쓰이는 살라미와 페퍼로니는 삶지 않고 훈연하여 공기 중에서 건조시켜 만든다.

Bologna sausage

Vienna sausage

frankfurter

salami

pepperoni

패스트푸드

즉석식품, 패스트푸드 fast food; (건강에 해로운) junk food; (미리 조리된) convenience food ⬌ 슬로푸드 slow food

> **슬로푸드 운동** Slow Food movement
> 햄버거, 피자, 치킨, 도넛 등, 주문해서 바로 먹을 수 있는 패스트푸드fast food에 반기를 든 것이 슬로푸드 운동Slow Food movement이다. 슬로푸드 운동은 맛을 음미하는 즐거움을 되찾고, 각 지역의 전통 음식 문화를 보존하며, 채소나 과일, 고기 등의 재료들을 자연의 속도에 맞춰서 생산하는 것을 지지하는 운동이다. 자연이 계절마다 인간에게 제공하는 재료들로 정성스럽게 요리한 음식을 천천히 음미하며 먹자는 취지이다. 슬로푸드 운동은 패스트푸드 업체인 맥도날드가 로마에 진출하는 것을 반대하며 카를로 페트리니Carlo Petrini가 처음 시작하게 되었고 지금은 전 세계 120여 개국에 지부를 두고 활발히 활동하고 있다.

French fries

감자튀김, 프렌치프라이 fried potato; (길쭉한) French fries; fries; (둥글고 납작한) AE chips; BE crisp

chips

버거, 햄버거 hamburger; burger; BE beefburger
   베지버거 veggie burger; (상표명) Gardenburger
   치즈버거 cheeseburger
   치킨버거 chicken sandwich
   패티 patty; burger

양념치킨 seasoned spicy fried chicken, 프라이드치킨 fried chicken

핫도그 (소시지를 막대에 꽂은) corn dog; (소시지를 빵에 넣은) hot dog
- 핫도그 하나 주세요. 겨자는 빼고요. I'll have a hot dog without mustard, please.

corn dog

hot dog

관련표현

방부제 preservative
- 이 제품은 방부제가 첨가되지 않았다. This product contains no preservatives.

유통기한 shelf life; expiration date; expiry date; BE sell-by date; use-by date
- 이건 유통기한이 언제까지입니까? What's the expiration date on this?

11 음료 drink

11.1 물 water, 음료 drink

물 water ❶

광천수, 약수 mineral water; spring water    약수터 (mineral) spring

냉수, 찬물 cold water, 얼음물 ice water

🔄 온수 hot water; warm water

☐ 그는 얼음물 한 잔을 주문했다. He asked for a glass of ice water.

맹물 plain water

☐ 이건 아무 맛도 없는 맹물이다. This is just plain, flavorless water.

생수 (판매용) bottled water

☐ 그 생수 얼마죠? How much is the bottled water?

소다수, 탄산수 soda water; soda

식수, 음용수 drinking water; potable water

☐ 이 물은 식수로 적합하지 않다.
  This water is not potable. / This water isn't fit for drinking.

정수 purified water

정수기 water purifier

❶ **물도 음료수처럼 골라 먹자**
해외에서는 위생상의 이유 또는 수돗물이 석회질을 다량 함유하고 있기 때문에 불가피하게 생수를 사 먹어야 할 때가 있다. 물을 사서 마시는 것이 일반화되어 있는 유럽에서는 레스토랑 메뉴에서 음료수만큼 다양한 물 메뉴를 볼 수 있다.
물은 크게 탄산수 sparkling water와 일반 생수인 미네랄워터 mineral water로 나뉜다. 탄산수는 생수에 탄산을 첨가한 물인데, 단맛이 없는 사이다라고 생각하면 된다. 유럽에서는 탄산수가 소화를 촉진시킨다고 알려져 있다.

음료

음료 (nonalcoholic) drink; [f] beverage

☐ 음료는 무엇으로 하시겠어요? What would you like to drink?

스포츠음료, 이온음료 sports drink

탄산음료

청량음료, 탄산음료 soft drink; soda (pop); tonic; [BE] fizzy drink; [inf] pop

사이다 lemon-lime soda; (상표명) Sprite; Seven up

콜라 cola; (상표명) Coke; Coca-Cola; Pepsi

사이다 ❌ cider → ⭕ lemon-lime soda
영어로 cider는 사과주스나 사과술을 뜻한다.

과일음료 fruit drink

밀크셰이크 milkshake
스무디 smoothie ①
스쿼시 squash ①
슬러시 slush ①
주스 juice; fruit juice
    사과주스 (apple) cider
    오렌지주스 orange juice; inf OJ
코코아 cocoa, 핫초콜릿 hot chocolate; drinking chocolate
화채 fruit punch; punch; (깡통에 담긴) fruit cocktail ②
    ☐ 수박 화채 watermelon punch

전통음료 traditional beverage

수정과 *sujeonggwa*; persimmon punch; sweet drink flavored with ginger and cinnamon
숭늉 *sungnyung*; browned rice tea
식혜 *sikhye*; sweet rice punch

① 스무디, 스쿼시, 슬러시

스무디smoothie는 밀크셰이크와 모양이 비슷하지만, 아이스크림 없이 얼린 과일, 얼음, 요구르트 등을 갈아 만든 음료를 말한다. 스쿼시squash는 오렌지나 레몬 등의 과즙과 설탕을 탄산수에 타서 먹는 음료이다. 슬러시slush는 반은 얼음, 반은 물로 된 스쿼시를 뜻한다. 오렌지에이드나 레몬에이드 등의 에이드ade도 스쿼시와 거의 같은 의미로 쓰인다.

smoothie

② fruit cocktail 알코올 도수 0%

칵테일cocktail에는 두 가지 뜻이 있는데, 알코올이 들어간 음료를 뜻하기도 하고, 한입 크기로 썰린 해산물이나 과일 등이 나오는 전채요리를 뜻하기도 한다. fruit cocktail은 작은 입방체 모양으로 썰린 체리와 복숭아, 포도, 파인애플 등의 과일을 가리킨다. 새우를 이용한 새우칵테일 shrimp cocktail도 있다.

fruit cocktail

shrimp cocktail

11.2 차 tea

곡물차

보리차 barley tea
옥수수차 corn tea, 옥수수염차 corn silk tea
율무차 Job's tear's tea
현미차 roasted brown rice tea

과실차

대추차 jujube tea
레몬차 lemon tea, 레모네이드 lemonade
모과차 quince tea
오미자차 Chinese magnolia vine tea
유자차 citron tea

한방차

결명자차 sicklepod tea
구기자차 wolfberry tea
생강차 ginger tea
쌍화차 medicinal tea
인삼차 Korean ginseng tea
칡차 kudzu extract[tea]

> **차를 마시자!**
> 물 대신 흔히 마시는 보리차는 물보다 갈증 해소에 탁월하고 소화에도 도움이 된다. 시중에 많이 나와 있는 옥수수염차는 이뇨 작용을 촉진시켜 부기를 빼 준다. 또한 몸을 따뜻하게 해주는 대추차와 신맛의 레몬차는 피로 회복에 도움을 준다. 모과차와 유자차는 감기 예방에 효과가 있으며, 생강차와 쌍화차는 감기몸살에 걸렸을 때 마시면 좋다. 그 밖에도 눈의 피로를 풀어 주는 결명자차와 여름철에 기운이 나게 해 주는 오미자차 등이 있다.

엽차, 허브차

국화차 chrysanthemum tea
녹차 green tea ❶
루이보스티 rooibos tea ❷
보이차 Pu-erh tea; Pu'er tea ❷
우롱차 oolong (tea)
허브차 herb tea; herbal tea
홍차 black tea; (스리랑카산) Ceylon tea
   밀크티 milk tea
   얼그레이 Earl Grey tea

기타

아이스티 iced tea

관련표현

찻잎 tea leaf
티백 tea bag; (삼각형으로 된) pyramid tea bag
티볼 tea ball; tea infuser
티타임 teatime; (휴식 시간) tea break; coffee break

❶ 녹차

항산화, 항암, 중금속 제거, 항균 등의 다양한 효능을 가지고 있다고 알려진 녹차. 녹차는 차나무의 잎으로 만드는데, 찻잎을 그냥 말린 것이 녹차, 발효시킨 것이 홍차, 반쯤 발효시킨 것이 우롱차이다. 녹차는 찻잎의 수확 시기에 따라서 다시 종류가 나뉜다. 4월 초순경 가장 먼저 딴 잎으로 만드는 것이 우전(雨前), 5월 초순 안으로 딴 것이 세작(細雀), 5월 중순경까지 딴 것이 중작(中雀), 그 이후에 딴 것은 대작(大雀)이라고 한다. 우전은 생산량이 가장 적지만 봄비를 맞아 맛이 부드러워 최고급 차로 여겨진다. 늦게 수확한 잎으로 만든 차일수록 맛이 강하다.

❷ 루이보스티와 보이차

루이보스티 남아프리카의 원주민들이 즐겨 마시던 차로, 차의 재료인 루이보스는 남아프리카공화국 케이프타운의 세더버그Cederberg 산맥 일대에만 자생하는 침엽수이다. 카페인이 없으며, 항산화 물질이 많이 함유되어 있는 것으로 알려져 있다.
보이차 중국 운남성에서 생산되는 찻잎을 발효시켜 만든 차. 오래될수록 품질이 좋아지기 때문에 그만큼 가격도 비싸진다. 지방과 콜레스테롤을 분해하는 효과가 있다고 알려져 있다.

루이보스티

보이차

11.3 커피 coffee

종류 – 제조방법

원두커피, 드립커피
brewed coffee; drip coffee

커피콩을 볶은 후 갈아서 필터에 넣고 뜨거운 물을 부어서 만드는 커피. 커피메이커로 만들 수도 있고 직접 손으로 할 수도 있다.

에스프레소 espresso

진한 이탈리아식 커피. 커피콩을 곱게 갈아서 공기를 압축하여 뽑아낸다. 보통 커피보다 카페인이 적다.

인스턴트커피, 즉석커피 instant coffee

커피콩의 추출액을 건조시킨 분말 형태의 커피. 뜨거운 물에 잘 녹아 쉽게 만들어 마실 수 있다.

종류 – 맛, 성격 ❶

냉커피 ice coffee; iced coffee
- 냉커피는 없나요? Don't you have iced coffee?

디카프커피 decaffeinated coffee; `inf` decaf

라떼, 카페라떼 latte; caffè latte

마끼아또 macchiato
- 캐러멜 마끼아또 되나요? Can I have caramel macchiato?

밀크커피 coffee with cream[milk]

블랙커피 black coffee

아메리카노 Americano; caffè Americano

카페모카 caffè mocha

카페오레 café au lait

카푸치노 cappuccino

캔커피 canned coffee

관련표현

원두, 커피콩 coffee beans
- 우리는 매장에서 원두를 직접 볶는다.
  We roast the coffee beans ourselves right here in the shop.

커피나무 coffee tree

크림, 프림 cream
- 프림을 넣지 않은 커피로 주세요.
  Please don't put any cream in my coffee. / I'd like my coffee black, please.

에스프레소 머신 espresso machine

커피메이커 coffee maker; coffee machine

커피포트 electric coffeepot

---

❶ **요즘 커피 메뉴 쉽지 않죠?**
디카프커피 카페인을 제거한 커피지만 소량의 카페인은 남아 있다.
카페라떼 에스프레소에 뜨거운 우유를 섞은 커피
카페모카 에스프레소에 우유와 초콜릿을 첨가한 커피. 위에 휘핑크림을 얹어서 마신다.
마끼아또 에스프레소를 작은 잔에 담고 거품을 낸 뜨거운 우유를 1~2 찻숟가락 정도 얹는다.
아메리카노 에스프레소에 물을 섞어 농도를 옅게 한 커피
카페오레 드립커피에 뜨거운 우유를 섞은 커피
카푸치노 에스프레소에 뜨거운 우유, 우유 거품을 1:1:1의 비율로 넣은 커피

마끼아또

아메리카노

카푸치노

12 술

12.1 술 일반

술, 주류 alcohol; drink; alcoholic beverage; [f] liquor; [inf] booze

독주 (hard) liquor; strong alcoholic drink; [f] spirits

밀주 illegal liquor; [inf] moonshine; (독한) [inf] hooch ❶

반주
- 반주를 하다 drink with *one's* meal
- 우리 아버지는 반주를 즐기신다. My father likes to have a drink with his meals.

양주 imported alcoholic drink

폭탄주 sake bomb; bomb shot; boilermaker ❷
- 그 모임에서는 폭탄주를 마시는 관습이 있다.
  There is a custom to drink sake bomb in the meeting.

해장술 hair of the dog (that bit you)
- 어디 가서 해장술이나 한 잔 하자. Let's go out for a hair of the dog.

예전에는 광견병에 걸린 개에게 물리면 그 개의 털을 상처에 대거나, 털을 태워서 물에 타 마시면 병이 낫는다고 믿었다. 여기서 유래된 표현이 hair of the dog (that bit you). 해장술은 나를 문 개의 털로 상처를 치료하듯이 술병을 술로 푸는 것을 의미한다.

❶ 금주법과 밀주의 역사

20세기 초반 미국은 늘어나는 술집으로 골머리를 앓고 있었다. 술집에서는 도박과 매춘도 공공연히 행해졌는데, 청교도 정신을 주장하는 기독교도들의 반발이 거셌다. 그래서 미국 의회는 1920년에 금주법 Prohibition을 제정하고 전국적으로 술의 제조와 유통, 판매를 전면 금지시켰다. 때마침 미국이 독일에 전쟁을 선포하면서 주요 맥주 수출국인 독일에 대한 여론이 악화된 것도 법 제정에 한몫을 했다. 하지만 항상 마시던 술을 갑자기 끊을 수는 없는 법. 밀주제조 bootlegging와 밀주업자 bootlegger들이 활개를 쳤고, 유명한 마피아인 알 카포네도 밀주 판매로 큰돈을 벌었다. 지켜보는 사람이 없는 밤에 거래한다고 해서 밀주를 moonshine이라고 불렀다. 사람들은 스피크이지 speakeasy라는 별명이 붙은 무허가 술집에서 몰래 술을 마셨는데, speakeasy라는 말은 바텐더가 술을 주문하는 손님의 태도를 보고 수상한 점이 없다고 판단되면 은근한 태도로 easy 말을 붙이기 speak 때문이다. 한편 당시에는 흑백차별이 심했지만, 흑인들은 스피크이지에서만큼은 자유롭게 음악을 연주할 수 있었고 그 결과 재즈가 각광을 받게 되었다. 금주법은 1933년 폐지되었다.

❷ 폭탄주

회식 자리에서 심심찮게 등장하는 폭탄주는 맥주에 양주 혹은 소주를 섞어서 마시는 술이다. 폭탄주의 개념은 한국과 미국이 약간 다른데, 한국과 일본에서는 맥주에 소주 또는 사케를 부어 마시는 sake bomb, bomb shot을 폭탄주라고 하고, 미국에서는 위스키나 테킬라, 보드카와 같은 독주 한 잔에 맥주 한 잔이 같이 나오는 boilermaker를 폭탄주라고 한다. 미국에서도 섞어 마시기도 하지만 먼저 독주를 마신 후 입가심으로 맥주를 마시는 것이 정석이다. 이때 입가심으로 마시는 맥주를 chaser라고 한다. 폭탄주에 든 맥주의 탄산은 다른 술의 알코올 흡수를 가속화시키기 때문에 위경련이나 알코올쇼크 등의 위험성이 있다.

sake bomb   boilermaker

12.2 술의 종류

양조주

양조주 brewage

> 양조주는 발효 fermentation시켜 만든 술
> 양조업 brewing industry
> 양조장 (맥주의) brewery; (양조주의) distillery; (포도주의) winery
> 양조업자 brewer

동동주, 막걸리, 탁주 raw rice wine; unrefined rice wine

벌꿀술 mead

정종, 청주 sake; clear, refined rice wine

맥주

맥주 beer ❶

□ 시원한 맥주 한잔 생각이 간절하다. I'm dying for a cold glass of beer.

라거 lager

병맥주 bottled beer

생맥주 draft beer; draught beer

에일 ale

  흑맥주, 스타우트 stout; dark beer

캔맥주 canned beer

하우스 맥주 home brew

> 흑맥주
> ✗ black beer
> dark beer

> ❶ 맥주 바로 알기
> 생맥주 병맥주나 캔맥주가 아니라 큰 통에서 마개를 통해 직접 받아 마시는 맥주.
> 라거와 에일 라거는 저온에서 장기간 숙성한 맥주로, 색이 맑고 시원한 청량감이 특징이다. 에일은 색이 탁하고 맛도 진한데, 발효과정 중에 넣는 이스트가 맥주를 빨리 숙성시키고 단맛을 내기 때문이다. 흑맥주는 맥아를 까맣게 태워 발효시킨 에일의 일종이다. 우리 나라에서는 라거가 대중적이지만 요즘에는 에일도 많이 찾는다.

포도주

포도주, 와인 wine
- 와인 한잔 할까? How about having some wine?

로제 와인 rosé (wine)

백포도주, 화이트 와인 white wine; *inf* white

보르도 와인 Bordeaux (wine) ❶

보졸레누보 Beaujolais Nouveau

> **가볍고 산뜻하게 즐기는 와인**
> 보졸레누보는 프랑스 부르고뉴Bourgogne의 보졸레Beaujolais 지역에서 생산되는 와인. 그해 가을에 수확한 포도를 단시간 내에 발효시켜 11월 셋째 주 목요일에 전세계적으로 동시에 판매된다. 빨리 숙성시킨 만큼 신선하며 과일 향이 풍부한 것이 특징으로, 조금씩 음미하기보다는 가볍게 마시는 와인이다.

- 보졸레누보는 11월 셋째 주 목요일에 판매된다. They start selling the Beaujolais Nouveau on the third Thursday in November.

스파클링 와인 sparkling wine ❷
    샴페인 champagne; *inf* bubbly

적포도주, 레드 와인 red wine

하우스 와인 table wine ❸

---

❶ **와인의 여왕, 보르도 와인**
보르도 와인은 프랑스의 보르도Bordeaux 지방에서 생산된 와인을 말한다. 보르도는 세계 최대 와인 산지로, 세부적으로는 메독Medoc, 그라브Graves, 생테밀리옹Saint-Emilion, 소테른Sauternes, 포므롤Pomerol 등으로 나누어진다. 포도를 재배하기에 최적의 기후 조건을 가지고 있고, 중세 시대부터 발달한 와인 생산의 역사를 지니고 있는 지역이다. 총 생산량의 90%가 레드 와인이며, 그랑 크뤼Grand Crus(보르도 와인 중 최상 등급의 와인) 등의 고급 와인 산지로 알려져 있지만 저렴한 가격대의 와인들도 많이 생산된다.

❷ **스파클링 와인과 샴페인의 차이**
둘 다 포도가 발효될 때 나오는 탄산가스가 보존된 발포성 와인이지만, 샴페인은 프랑스 샹파뉴Champagne 지방에서만 생산되는 스파클링 와인을 가리킨다.

로제 와인
레드 와인과 화이트 와인의 중간. 레드 와인과 화이트 와인을 섞거나, 포도 껍질만 넣어 발효시키다가 껍질을 제거한 와인

화이트 와인
껍질을 벗긴 청포도로 만든 와인

레드 와인
포도의 껍질, 알맹이, 씨 등을 모두 넣어 만든 와인

스파클링 와인
탄산가스가 보존된 발포성 와인

❸ **와인이 고민될 때**
하우스 와인은 레스토랑에서 가볍게 한 두잔 마시는 손님들을 위해 항상 준비해 놓는 와인을 말한다. 보통은 레드 와인 한 종, 화이트 와인 한 종을 구비해 놓는다. 하우스 와인은 가격에 비해 품질이 좋고, 어느 음식과도 무난하게 어울리기 때문에 어떤 와인을 마실지 고민이 되거나, 와인을 한 두 잔만 마실 계획이라면 하우스 와인을 선택하는 것이 무난하다.

와인 읽기

와인에 관한 모든 것은 라벨에 나와 있다. 고급 와인일수록 라벨의 디자인도 신경 쓴 것을 알 수 있다. 보통은 와인명과 회사명, 포도 재배지, 빈티지vintage(포도 수확 연도), 알코올 도수, 용량 등이 표기되어 있다. 보통 와인명이나 회사명이 가장 크게 나타나 있고, 포도 재배지가 그 아래에, 빈티지는 와인 로고 아래에 표기되어 있는 것이 일반적이다. 포도 품종은 표기되기도 하고, 삭제되어 있기도 하다. 프랑스와 이탈리아산 와인에는 정부에서 지정한 등급이 있는데, 프랑스에서는 AOC, 이탈리아에서는 DOC나 DOCG라고 표기되어 있는 것이 좋은 등급의 와인이다. 그리고 간혹 'Reserve', 혹은 'Reserva', 'Riserva'라고 적혀 있는 와인들이 있는데, 다른 와인보다 좀 더 오래 숙성시킨 와인을 나타낸다. 일반적으로는 보통 와인보다 가격이 비싸고, 좋은 품질이라고 여겨진다.

이 정도는 알고 있자, 대표 포도 품종

〈레드 와인 품종〉

카베르네 소비뇽 Cabernet Sauvignon
레드 와인에 가장 많이 쓰이는 포도 품종이며, 다수의 유명 레드 와인들이 이 품종으로 만들어진다. 껍질에서 나오는 떫은 맛인 타닌이 강해 다른 포도 품종에 비해 숙성 기간이 5년에서 10년 정도로 긴 편이다. 단일 품종으로도 많이 생산되지만 메를로 등의 다른 레드 와인 품종들과 블렌딩해서도 많이 사용된다.

메를로 Merlot
카베르네 소비뇽보다 타닌이 적고 부드러우며, 과일향이 특징이다. 보통 레드 와인은 상온으로 두었다 마시면 되지만 메를로 종으로 만든 와인은 상온보다 약간 낮은 온도로 마시는 것이 좋다.

피노 누아르 Pinot Noir
프랑스 부르고뉴의 레드 와인 품종으로 유명한 피노 누아르는 재배하기도 까다롭고 생산하기도 어렵다고 알려져 있지만, 일단 제대로 생산이 된다면 최상의 품질을 지닌 와인으로 인정받는다. 타닌이 적고 산도가 다른 레드 와인 품종보단 높은 편이다.

산지오베제 Sangiovese
이탈리아에서 재배되는 주요 레드 와인 품종이다. 붉은 선홍색 빛의 와인으로 유명하다. 부드러운 질감과 알맞은 산도를 지니고 있다.

〈화이트 와인 품종〉

샤르도네 Chardonnay
대표적인 화이트 와인 품종이다. 클래식한 화이트 와인을 찾는다면 샤르도네 품종을 확인하는 것이 안전하다. 다른 품종의 화이트 와인에 비해 산도가 약한 편이다. 프랑스의 부르고뉴와 샹파뉴 지방에서 많이 재배된다.

소비뇽 블랑 Sauvignon Blanc
산도가 높고 특유의 멜론 향으로 유명하다. 프랑스의 루아르 계곡 주변에서 많이 재배된다. 해산물과 궁합이 잘 맞는 와인 품종이다.

리슬링 Riesling
높은 산도와 우아한 풍미로 유명한 화이트 와인 품종이다. 최고급 화이트 와인 리스트에는 리슬링으로 만들어진 것들이 많다. 프랑스의 알자스 지방과 독일의 라인 강 인근에서 많이 재배된다.

증류주 distilled liquor; distilled spirits ❶

고량주 kaoliang (liquor)
럼주 rum
보드카 vodka
브랜디 brandy
   코냑 cognac
소주 *soju*; Korean distilled spirits
☐ 그녀는 소주 한 잔에 취해 버렸다. She got drunk on one glass of *soju*.
압생트 absinthe   쑥을 원료로 만든 술. 환각성분이 있어 악마의 술이라고도 불렸다.
위스키 whiskey; whisky ❷
   몰트위스키 malt whiskey; malt
   버번 bourbon
   스카치위스키 Scotch (whisky)
진 gin   노간주나무 열매juniper berry로 향을 낸 술
테킬라 tequila

❶ **증류주의 알코올 도수**

증류주는 발효해서 만든 술을 다시 증류하기 때문에 알코올 도수가 높다. 사탕수수로 만든 고량주는 40~63도이며, 역시 사탕수수를 원료로 만든 럼주도 40도 선이다. 선인장으로 만든 멕시코 술, 테킬라도 40도 정도다. 독주로 유명한 보드카는 예전에는 60도 이상이었지만 요즘은 45~50도 정도의 것들이 많다. 브랜디는 와인을 증류한 술인데, 이 역시 최소 40도가 넘는다. 프랑스의 코냑Cognac 지방에서 만들어지는 브랜디가 코냑이다. 우리나라의 대표 증류주인 소주는 원래 25~30도 정도이지만 요즘은 20도 이하의 저도수 소주가 대거 나오고 있다. 민속주인 안동소주는 45도이다.

❷ **위스키**

위스키는 보리, 호밀, 밀, 옥수수 등의 곡물을 발효하여 증류시킨 후 참나무통에서 숙성시킨 술. 그 중 스카치위스키는 스코틀랜드에서 생산되는 위스키를 가리키고, 버번은 옥수수를 원료로 만든 미국산 위스키, 그리고 몰트위스키는 맥아malt, 즉 엿기름으로 만든 위스키인데, 한 지역에서 자란 맥아만으로 만든 몰트위스키를 single malt whisky라고 한다. 스코틀랜드와 캐나다, 그리고 일본산 위스키는 whisky, 미국과 아일랜드산 위스키는 whiskey라고 표기한다.

혼성주

혼성주, 리큐어 mixed drink; liqueur

증류주에 다른 재료나 향을 첨가한 술. liqueur를 그대로 소리 나는 대로 읽어 '리큐어', '리큐르'라고도 한다.

과일주 fruit liquor
- 딸기주, 복분자주 strawberry wine
- 매실주 Japanese apricot wine; plum wine
- 사과주 `AE` hard cider; `BE` cider
- 인삼주 ginseng liquor

칵테일 cocktail
- 마가리타 margarita
- 마티니 martini
- 블러디메리 Bloody Mary
- 스크류드라이버 screwdriver
- 진토닉 gin and tonic; `inf` G & T
  - ☐ 진토닉 한 잔 주세요. I'll have a gin and tonic, please.

▲ 스크류드라이버 보드카+오렌지주스

◀ 블러디메리 보드카+토마토 주스+우스터 소스, 타바스코 적당량, 셀러리와 레몬으로 장식

▶ 마가리타 테킬라+라임주스, 레몬이나 라임즙을 묻힌 후 소금을 두른 잔

◀ 마티니 진+베르무트vermouth, 올리브로 장식

▶ 진토닉 진+토닉워터tonic water, 라임이나 레몬으로 장식, 얼음 넣은 잔

12.3 술 관련표현

술꾼

술고래, 술꾼, 애주가 (heavy) drinker; drunkard; (주기적으로 술을 마시는) inf tippler ↔ 금주가 teetotaler

알코올중독자 alcoholic
- 그는 술꾼이기는 하지만 알코올중독자는 아니다.
  He likes to drink, but he's not an alcoholic.

음주 drinking

2차 pub crawl; bar-hopping
- 우리 2차 갑시다. Let's go bar-hopping.

건배, 축배 toast
- 건배하다 toast / drink a toast (to)
- 신랑, 신부를 위해 건배합시다! Let's drink a toast to the bride and groom!

과음 excessive drinking; immoderate drinking
- 과음하다 drink too much / drink to excess

금주, 절주 abstention; teetotalism; temperance
- 금주하다 stop[quit] drinking / abstain from alcohol[drinking]
- 그는 술을 마시지 말라는 충고를 받았다. He's been advised to quit drinking.

대작하다 drink together

술자리 drinking party; drinking occasion
- 요즘은 술자리가 잦은 편이다. Recently I've often had occasion to drink.

원샷 bottoms up; down the hatch; drink up

자작하다 serve oneself; help oneself to liquor

주량 drinking capacity ❶
- 주량이 얼마나 되세요? How much can you drink?

폭음 binge drinking
- 폭음하다 binge / go on a (drinking) binge / go on a bender
- 그는 술을 마셨다 하면 폭음을 한다. Whenever he drinks, he overdoes it.

술자리에서는 첨잔이 예의?

우리나라에서는 상대방의 술잔에 술이 남아 있다면 술을 따르지 않는 것이 예의다. 하지만 일본이나 중국에서는 상대방의 술잔이 바닥을 보이기 전에 술을 가득 채우는 것이 매너. 와인을 마실 때도 와인 잔에 와인이 남아 있을 때 첨잔을 하는 것이 일반적이다. 또 상대방이 와인을 따라줄 때는 와인 잔은 그냥 식탁 위에 두면 된다. 와인 잔을 드는 것은 오히려 따르는 사람을 불편하게 할 수 있다.

❶ 술이 센 사람, 약한 사람

술이 센 사람
- ❌ strong drinker
- ⭕ good drinker

술이 약한 사람
- ❌ weak drinker
- ⭕ poor drinker

술이 센 것을 나타내는 표현에는 drink *sb* under the table이 있다. 내가 술을 마시는 동안 다른 사람은 술에 취해 테이블 밑에서 구르고 있다는 뜻이다. 한편 여자는 같은 체중의 남자보다 체액이 적어 혈중알코올농도가 더 높으며, 여성호르몬은 알코올을 분해하는 효소의 작용을 방해하기 때문에 여성이 남성보다 술에 더 쉽게 취한다. 알코올 도수가 높은 술일수록 알코올을 분해하는 속도가 느리다는 것도 알아 두자.

취했을 때 쓰는 표현

블랙아웃 blackout ❶
- 어젯밤에 술을 너무 많이 마셔서 필름이 끊겼다.
  I drank so much last night, I had a blackout.

숙취 hangover; morning after
- 아직도 숙취가 남아 있다. I still have a hangover.

술기운, 취기 intoxication; inf tipsiness

술버릇, 술주정, 주벽 drinking habits
- 너는 술버릇을 고칠 필요가 있어. You need to change your drinking habits.

술병(-病)
- 술병이 나다 drink *oneself* ill

취한 drunk; f intoxicated ↔ 취하지 않은 sober; stone-cold sober
- 술을 아무리 마셔도 좀처럼 취하지 않는다.
  No matter how much I drink, I don't get drunk.

거나한, 알딸딸한 tipsy
- 슬슬 알딸딸해진다. I'm getting a little tipsy.
- 아빠는 거나하게 취하신 상태로 집에 돌아오셨다. My dad came home tipsy.

만취한 dead drunk; blind drunk; inf plastered; wasted; wrecked; smashed; hammered
- 그는 만취 상태로 운전을 하다가 사고를 냈다.
  He drove when he was dead drunk and caused an accident.

> ❶ **뇌가 보내는 경고**
> 일시적인 정전이나 무대 위의 암전을 뜻하는 블랙아웃blackout. 사람의 두뇌도 블랙아웃을 겪을 때가 있다. 술을 지나치게 많이 마신 다음 날, 과음한 전날의 기억이 나지 않을 때 흔히 '필름이 끊겼다'고 하는데 이것이 바로 블랙아웃이다. 블랙아웃은 뇌에서 기억을 저장하는 해마라는 부분이 알코올로 인해 손상을 입어 발생한다. 블랙아웃은 뇌가 보내는 경고로서, 블랙아웃을 종종 겪는 사람이 계속해서 알코올을 섭취한다면 중대한 뇌 손상을 입을 수 있다.

기타

도, 도수 proof; ABV (alcohol by volume의 약자)
- 이 술은 도수가 어떻게 되나요?
  What proof is this liquor? / How strong is this liquor?

> ABV는 순수한 알코올 도수를 100%로 보는 반면 proof는 순수한 알코올을 200%로 보고 도수를 매긴다. 가령 ABV가 40이라면, 80proof가 된다.

술병(-甁) (liquor) bottle
- 방 여기저기에 빈 맥주병이 널려 있었다.
  There were empty beer bottles all over the room.

스트레이트의 straight (up); neat ↔ 온더록의 on the rocks
- 보드카 한 잔, 스트레이트로 주세요. I'll have a shot of vodka, neat, please.
- 그는 위스키를 스트레이트로 마신다.
  He drinks his whiskey neat. / He drinks his whiskey straight (up).

straight | on the rocks

13 담배 cigarette

흡연

흡연 smoking
- 흡연하다 smoke / (줄담배를 피우다) chain-smoke

  간접흡연 passive smoking; second-hand smoking

  흡연석 smoking section; (기차 등의) smoker

  ● 금연석 non-smoking section

  흡연실 smoking room

  흡연자 smoker ● 비흡연자 nonsmoker
- 우리 집에는 담배를 피우는 사람이 없다. There are no smokers in my family.

  골초, 애연가 heavy smoker; chain smoker
- 그는 골초다. He is a heavy smoker.

nicotine 니코틴
nico-teen 십대 흡연자

cigarette VS tobacco

cigarette은 제품으로서의 담배를 가리키는 반면 tobacco는 여러해살이풀인 담배의 잎을 뜻한다. tobacco를 말려서 가공한 것이 cigarette인 셈. 담배 가게는 tobacconist라고 한다.

종류 ❶

물담배 hookah; shisha
시가, 여송연, 엽궐련 cigar
씹는 담배 chewing tobacco
양담배 imported cigarettes
코담배 snuff

❶ 담배의 종류

시가는 담뱃잎을 조각내지 않고 통째로 만 것으로 일반 담배에 비해 독하며, 향기가 중요하기 때문에 밀봉해서 보관한다. 미국 메이저리그 야구 경기를 보면 선수들이 뭔가를 계속 씹고 뱉는 것을 볼 수 있는데, 이것은 **씹는 담배**다. 씹는 담배는 긴장 완화와 집중력 향상에 도움이 되기도 하지만, 구강암이나 고혈압과 같은 나쁜 영향을 미치기도 한다. 씹는 담배뿐만 아니라 물로 피우는 담배도 있다. **물담배**는 물이 필터 역할을 하는 담배로서 중동 지역에서 특히 인기가 있다. 코담배는 가루로 된 담배로서 입이나 코로 연기를 내뿜는 대신 코로 냄새를 맡거나 들이마신다.

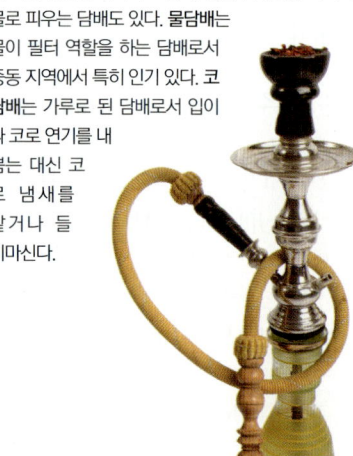

▶ 물담배

담배 소송

최근 미국에서는 폐암으로 사망한 남성의 미망인이 담배 회사인 필립모리스를 상대로 낸 손해배상 청구 소송에서 약 8000만 달러를 유족에게 지급하라는 판결이 난 적이 있다. 이 금액은 유족에 대한 배상금도 포함되어 있지만 상당 부분은 징벌적 성격의 배상금이다.
1954년 미국에서 담배 회사를 상대로 한 소송이 최초로 제기된 후 세계적으로 비슷한 소송들이 잇따르고 있지만 우리나라를 비롯한 대부분의 나라에서는 원고 패소 판결이 내려졌다. 하지만 최근 미국에서처럼 담배 회사에 책임을 묻고 흡연자의 손을 들어주는 판결이 종종 나오기도 한다.

관련 용품

곰방대, 담뱃대, 파이프 (tobacco) pipe

라이터 (cigarette) lighter
- 라이터를 켜다 light a lighter / strike a lighter
  - 가스라이터, 일회용 라이터 disposable lighter
  - 지포라이터 (상표명) Zippo
  - 터보라이터 turbo jet (flame) lighter

성냥 match; (타 버린) matchstick
- 성냥에 불을 붙여라. Light a match.
  - 딱성냥 strike-anywhere match
  - 성냥갑 matchbox; matchbook
  - 안전성냥 safety match

성냥개비 끝에 발화성 물질을 묻혀 성냥갑 없이도 불을 붙일 수 있는 성냥

◀ matchbox

◀ matchbook

성냥갑과 성냥으로 이루어진 성냥

재떨이 ashtray
- 그는 재떨이에 담배를 비벼 껐다. He stubbed his cigarette out in the ashtray.

관련표현

금연보조제 (니코틴패치) (nicotine) patch; (금연껌) nicotine gum ❶
- 그는 금연보조제의 도움 없이 금연에 성공했다.
  He quit smoking without the help of nicotine patches or gum.

꽁초, 담배꽁초 cigarette butt; butt; [inf] fag end
- 담배꽁초를 함부로 버리지 마시오. Do not discard cigarette butts.

담배 연기 cigarette smoke

담뱃갑 pack of cigarettes, 담배케이스 cigarette case

담뱃재 cigarette ash
- 카펫 위에 담뱃재를 떨지 마라. Don't drop your cigarette ashes on the carpet.

필터 filter (tip)

❶ 금연보조제

금연보조제는 담배를 대신하여 인체에 니코틴을 공급한다. 하지만 담배보다 소량으로 니코틴을 공급하면서 점차적으로 니코틴 의존도를 낮춘다는 것이 금연보조제의 원리. 대표적인 금연보조제로는 니코틴을 피부에 부착하는 니코틴패치와 껌으로 씹는 금연껌 등이 있다.

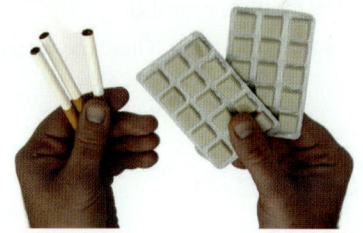

14 곡물 grain

쌀 rice

백미 white rice; polished rice

찹쌀 glutinous rice; sticky rice; sweet rice ⇔ 멥쌀 nonglutinous rice

햅쌀 newly[freshly] harvested rice ⇔ 묵은쌀 old rice

현미 brown rice

> **건강을 생각한다면 현미**
> 곡식의 속껍질을 벗겨 깨끗하게 만드는 과정을 도정이라고 한다. 현미는 도정을 하지 않고 겉껍질만 벗긴 쌀이고, 현미를 도정하여 쌀겨와 씨눈을 제거한 쌀이 백미다. 백미가 현미에 비해 맛이 좋고 소화도 잘 되지만, 현미의 쌀겨와 씨눈에는 비타민이나 식이섬유가 풍부하기 때문에 영양적인 측면에서는 현미가 낫다. 현미는 백미보다 단단하기 때문에 물에 충분히 불리고, 압력솥을 이용하여 밥을 짓는 것이 좋다. 현미는 아직 씨의 형태이기 때문에 재배하면 싹이 나오는데, 이를 발아 현미라고 한다. 현미가 발아하면 더 많은 영양소들이 생겨나고 소화가 더 잘되는 형태로 변한다.

발아 현미 germinated brown rice

흑미 black rice

쌀가루 rice flour

쌀겨, 왕겨 rice chaff; rice husks

쌀눈 embryo bud of rice

쌀뜨물 used water from washing rice ❶

쌀벌레 (rice) weevil ❷
- 쌀에 쌀벌레가 생겼다. There are weevils in the rice.

❶ 쌀뜨물 그냥 버리지 마세요
쌀을 씻을 때 나오는 뿌연 쌀뜨물. 죽순이나 취나물 등을 삶을 때 쌀뜨물을 쓰면 떫은 맛을 없애주기도 하고, 국이나 찌개 등의 국물로 사용하면 더욱 깊은 맛을 느낄 수 있다. 쌀뜨물에는 미네랄과 각종 비타민 등이 들어 있어 피부에도 좋다. 쌀뜨물로 천연 세제를 만들어서 사용하기도 한다.

❷ 쌀벌레 퇴치법
쌀통에 붉은 고추나 마늘을 넣어 두면 쌀벌레가 생기는 것을 방지할 수 있다. 쌀을 보관할 때는 공기가 잘 통하는 선선한 곳에 두고, 쌀을 꺼낼 때도 물이 묻지 않도록 조심해야 한다.

관련표현

낟알, 알곡, 톨 (쌀 등의) grain; (밤 등의) nut

미숫가루 powder made of mixed grains; roasted and ground grains

곡물 기타

귀리 oat
기장 millet
메밀 buckwheat
밀 wheat
    밀가루 (wheat) flour ❶
    밀가루 반죽 dough

밀가루 이외의 그냥 반죽은 paste 또는 batter라고 한다.

보리 barley
    맥아, 엿기름 malt
    보리쌀 polished barley; pearl barley
사탕수수 sugar cane; (sweet) sorghum
수수 sorghum
    수수깡, 수숫대 sorghum straw
옥수수 corn; maize; sweet corn; (자루) corn on the cob
    옥수수수염 corn silk

corn on the cob은 낱알이 아닌 옥수수를 의미. 낱알은 kernel이라고 한다.

율무 Job's tears ❷
잡곡 mixed grain
조 foxtail millet
호밀 rye

귀리

기장

메밀

수수

❷ **욥의 눈물**
율무를 뜻하는 Job's tears에서 Job은 성경에 나오는 욥을 뜻한다. 욥은 자신에게 닥친 온갖 불행을 믿음으로 견뎌 내는 인물로서, 욥이 흘렸던 눈물이 율무 열매와 비슷하다고 하여 이와 같은 이름이 붙었다.

❶ **치대면 생기리**
밀가루는 글루텐gluten의 성분 함량에 따라 구분된다. 글루텐은 곡류에 존재하는 불용성 단백질로 반죽이 잘 늘어나게 만들어주고 빵을 구울 때 부풀게 해준다. 쫄깃쫄깃한 식감도 글루텐 때문이다. 글루텐은 밀가루 반죽을 치대면 치댈수록 많이 생기는데, 빵을 만들 때는 많이 치대야 쫄깃하고 부드러워지지만, 과자를 만들 때는 많이 치대면 바삭바삭한 맛이 없어지고 딱딱해진다.
박력분pastry flour 글루텐 함량이 가장 낮은 밀가루. 바삭바삭한 과자나 튀김을 만드는 데 사용된다.
중력분all-purpose flour 박력분과 강력분의 중간. 국수를 만들 때 사용된다.
강력분bread flour 글루텐 함량이 가장 높다. 빵을 만드는 데 사용된다.

15 채소 vegetable

15.1 뿌리채소 root crop; root vegetable

감자 potato
   녹말, 전분 starch
고구마 sweet potato; [AE] yam
   군고구마 roasted[baked] sweet potato
고추냉이 horseradish ①
당근, 홍당무 carrot
무 daikon; white radish
   무말랭이 dried slices of daikon
   무생채, 무채 julienned daikon salad
   무순 sprout of a daikon; daikon sprout
   무청 the green part of a daikon; daikon leaves
   시래기 dried radish leaves
   알타리무, 열무, 총각무 young radish
비트 beet; beetroot
사탕무 sugar beet
생강 ginger
순무 radish; turnip
양파 onion
연근 lotus root
우엉 burdock
참마, 얌 yam
카사바 cassava
토란 taro

① 생선회는 와사비와 함께

고추냉이의 뿌리는 갈아서 일본 음식의 양념인 와사비 wasabi로 쓰인다. 와사비는 간장에 풀어서 생선회나 초밥을 먹을 때 찍어 먹는데, 후각을 자극하는 톡 쏘는 맛은 생선의 비린 맛을 없애 준다. 일본에서 생산되는 고추냉이는 양이 적어서 가격이 비싸기 때문에 저렴한 서양식 고추냉이가 많이 쓰인다.

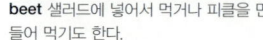

beet 샐러드에 넣어서 먹거나 피클을 만들어 먹기도 한다.

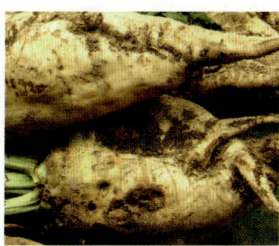

sugar beet 설탕을 만드는 원료이며, 가축 사료로도 쓰인다.

radish 작고 부드러운 것은 식용이며, 큰 것은 가축 사료로 쓰인다.

cassava 카사바에서 채취한 녹말인 타피오카 tapioca를 삶아 쫀득쫀득한 알맹이로 만들어 과일음료에 넣어서 먹기도 한다.

15.2 줄기채소 leafy vegetable

갓 leaf mustard
근대 (Swiss) chard
미나리 water celery
배추 Chinese cabbage; napa cabbage
　양배추 cabbage
부추 chives
브로콜리 broccoli
상추 lettuce ❶
셀러리 celery
시금치 spinach
쑥갓 crown daisy
아스파라거스 asparagus
아욱 (curled) mallow
아티초크 artichoke
청경채 bok choy
치커리 chicory
케일 kale; kail
콜리플라워 cauliflower
파 Welsh onion; scallion; leek
파슬리 parsley

살짝 데치거나 생으로 먹어도 되는 broccoli

생으로 먹어도 되고 익혀서도 먹는 celery

살짝 데치거나 구워서 아삭아삭함을 즐기는 asparagus

꽃이 피기 전의 꽃봉오리를 식용으로 사용하는 artichoke

약간 쌉싸름한 맛의 chicory

녹즙용으로 인기가 많은 kale

연해서 소화가 잘되고 위에 좋다고 알려진 cauliflower

그대로 먹기도 하고 잘게 썰어서 음식 위에 뿌리기도 하는 parsley

❶ 그냥 다 똑같은 상추라고요?

로메인상추 romane lettuce
일반 상추보다 단맛이 강하고, 샐러드용으로 쓰이며, 우리나라에서는 쌈채소로 인기가 많다.

보스턴상추 boston lettuce
우리가 먹는 상추보다 잎이 연하고 부드럽다.

상추 green leaf lettuce
우리가 흔히 먹는 일반 상추.

양상추 head lettuce
수분이 많은 샐러드용 상추.

꽃상추 endive
주로 샐러드용으로 먹는다.

15.3 열매채소

가지 AE eggplant; BE aubergine

고추 pepper; chili pepper; hot pepper; chili (pepper); capsicum ❶

    고춧가루 red pepper powder

    서양고추, 피망 pimento; pimiento; bell pepper; sweet pepper

    파프리카 paprika

    풋고추 unripe green pepper

    홍고추 red pepper

깨 (참깨) sesame (seed); (들깨) perilla

    깻묵 sesame dregs; sesame pulp

    깻잎 perilla leaf

마늘 garlic; (통마늘) bulb; head; (마늘 한 쪽) clove

    마늘종 garlic stems

박 gourd

오이 cucumber

호리병박 calabash; bottle gourd

호박 (늙은 호박) pumpkin; (winter) squash; (애호박) zucchini; courgette; summer squash

❶ 누가 누가 더 맵나

인도의 부트졸로키아 고추는 세상에서 가장 매운 고추로 기네스북에 올라 있는데, 청양고추보다 약 100배 정도 더 매운 것으로 알려져 있다. 부트졸로키아는 영어로는 '유령고추'라고 번역되는데, 너무 매워서 먹으면 혼이 빠진다는 뜻. 우리만큼 매운 음식을 좋아하는 멕시코에도 아바네로라는 맵기로 소문난 고추가 있는데, 청양고추보다 약 30배 정도 더 맵다. 태국의 프리키누 또한 크기는 작지만 매운 맛으로 유명하다.

부트졸로키아

pumpkin

winter squash

zucchini

summer squash

대두, 콩 bean; soybean; soy; soya bean

강낭콩 kidney bean
검은콩 black bean
녹두 mung bean
완두콩 pea
팥 adzuki bean

강낭콩은 신장kidney와 모양이 비슷해서 kidney bean이라는 이름이 붙었다.

▶ kidney

▼ kidney beans

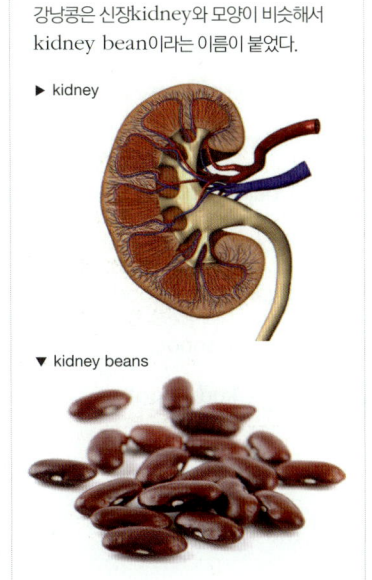

콩 관련 식품

두부 tofu; bean curd
☐ 두부 한 모 주세요. I'd like a loaf[block] of tofu.
  비지 bean-curd dregs; tofu residue
두유 soya milk; soybean milk
숙주나물 mung bean sprouts
순두부 soft tofu; soft bean curd
콩가루 bean flour

콩 관련표현

꼬투리, 콩깍지 pod; pea pod ❶
콩나물 bean sprouts
콩대 beanstalk

❶ 내 눈에 콩깍지
우리나라에서는 사랑에 빠진 사람이 상대방의 단점은 보지 못하고 좋게만 볼 때 눈에 콩깍지가 씌었다라고 한다. 콩깍지는 콩을 털어내고 남은 껍질로, 이 콩깍지가 눈을 덮어 사물을 정확하게 보지 못한다는 의미. 같은 의미로 영어에서는 Love is blind, 즉 '사랑은 눈먼 장님'이라는 표현을 쓴다.

15.4 나물 wild vegetables

고사리 fiddlehead (fern)
    고사리나물, 고사리무침 seasoned fiddlehead
냉이 shepherd's purse ❶
달래 wild scallion
도라지 balloon flower root; bellflower root
두릅 edible shoots of a fatsia
쑥 mugwort; wormwood
죽순 bamboo shoots
칡, 칡뿌리 kudzu root

❶ 목자의 지갑
냉이의 영어 이름은 shepherd's purse, 즉 목자의 지갑이다. 냉이 열매의 모양이 목자들이 갖고 다니는 주머니 모양과 비슷하다고 하여 붙여진 이름이다.

버섯 mushroom

느타리버섯 oyster mushroom
동충하초 vegetable worms; caterpillar fungus
새송이버섯 King trumpet[oyster] mushroom
송로버섯 truffle
송이버섯 pine mushroom; matsutake
식용버섯 edible mushroom ⬌ 독버섯 toadstool; poisonous mushroom
양송이버섯 button mushroom
영지버섯 lingzhi
팽이버섯 golden needle mushroom; winter mushroom
표고버섯 shiitake (mushroom)

동충하초(冬蟲夏草)는 '겨울에는 벌레였다가 여름에 식물로 바뀐다'는 뜻. 나비, 벌, 메뚜기와 같은 곤충을 숙주 삼아 자라는 버섯

세계 3대 진미 중 하나인 송로버섯의 가격은 금보다 비싸다. 송로버섯은 땅에서 자라며, 버섯을 채취할 때는 훈련된 개나 돼지를 이용한다.

oyster mushroom

button mushroom

lingzhi

shiitake (mushroom)

16 견과류 nut

개암, 헤이즐넛 hazelnut; filbert ①

도토리, 상수리 acorn

땅콩 peanut; groundnut ②
- 볶은 땅콩 roasted peanuts

밤 chestnut
- 밤을 까려다 가시에 찔렸다. I got pricked by a thorn trying to hull a chestnut.
  - 군밤 roasted chestnut
  - 밤송이 chestnut bur
  - 알밤 shelled chestnut

아몬드 almond

은행 gingko nut

잣 pine nut

캐슈넛 cashew (nut)

피스타치오 pistachio (nut) ③

해바라기씨 sunflower seed; sunflower kernel

호두 walnut

호박씨 pumpkin seed; pepita

① 향으로 더 익숙한 헤이즐넛
견과류의 일종인 헤이즐넛은 생으로 먹기도 하지만, 향이 고소하면서도 강해 여러 식품에 첨가되기도 한다. 헤이즐넛 향은 커피나 초콜릿, 과자 등에 들어간다.

③ 피스타치오그린
피스타치오그린 pistachio green은 피스타치오 열매와 비슷한 옅은 녹색을 가리킨다. 피스타치오는 그냥 먹기도 하고 과자나 아이스크림에도 들어간다.

② 피너츠
무뚝뚝한 표정이지만 다정한 찰리 브라운Charlie Brown, 사람보다 더 사람 같은 찰리의 애견, 스누피 Snoopy, 그리고 바람 잘 날 없는 찰리의 친구들. 1950년 찰스 먼로 슐츠Charles M. Schulz가 연재하기 시작한 만화 〈피너츠Peanuts〉의 개성 넘치는 캐릭터들이다. 〈피너츠〉는 2000년까지 50년 동안 총 3억 부가 발행되었으며, 전세계 75개국에서 발간되었다. Peanuts란 제목은 땅콩처럼 가볍고 재미있게 읽을 수 있는 만화라는 뜻이지만, 정작 작가는 이 제목을 좋아하지 않았다는 후문이다.

17 과일 fruit

열대 과일 tropical fruit

망고스틴 mangosteen
두리안이 과일의 왕이라면 mangosteen은 과일의 여왕이라 불린다.

코코넛 coconut

리치 lychee; litchi
양귀비가 즐겨 먹었다는 lychee

아보카도 avocado (pear); alligator pear

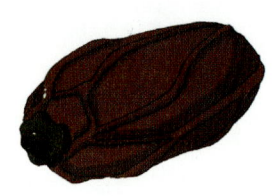

대추야자 date
야자나무에서 열리는 date. 무척 달다.

파인애플 pineapple

레몬 lemon

라임 lime

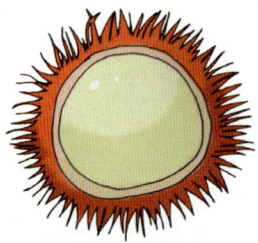

람부탄 rambutan
털이 숭숭 나 있는 rambutan은 달고 신 과육을 맛볼 수 있다.

카카오 cacao

망고 mango

두리안 durian
durian은 과일의 왕이라는 별명을 가지고 있지만 냄새가 지독하다.

구아바 guava
달콤하고 수분이 많은 guava

바나나 banana;
(요리용 바나나) plantain

파파야 papaya; pawpaw
그냥 먹어도 되고 잼 등을 만들어 먹기도 하는 papaya

멜론 melon; honeydew melon

머스크멜론 cantaloupe; muskmelon

용과 pitahaya; dragon fruit
우리나라 제주도에서도 나는 pitahaya. 배 맛과 비슷하다.

과일 | 325

종류 — 기타

감 persimmon
   곶감 dried persimmon
   홍시 mellow persimmon
감귤, 귤, 밀감 mandarin (orange); tangerine; citrus
구기자 wolfberry
금귤, 낑깡 kumquat
다래 hardy kiwi
대추 jujube
딸기 strawberry ❶
매실 Japanese apricot
머루 (Korean) wild grapes
모과 (Japanese) quince
무화과 fig
배 (호리병박 모양의) pear; (둥근) Asian pear
버찌, 앵두, 체리 cherry
복분자, 산딸기 raspberry ❶
복숭아 peach
   천도복숭아 nectarine
블랙베리 blackberry ❶
블루베리 blueberry ❶
사과 apple
   능금 crab apple ❷
살구 apricot
석류 pomegranate
수박 watermelon
□ 시원한 수박 한 쪽 드세요. Have a piece of cool watermelon.
오디 mulberry

pear   Asian pear

❶ Berry Brothers

strawberry

raspberry

blackberry

blueberry

오렌지 orange
오미자 schisandra chinensis
올리브 olive ❸
유자 yuzu
자두 plum
　말린 자두 prune
자몽 grapefruit
참다래, 키위 kiwi (fruit); Chinese gooseberry
참외 (oriental) melon
포도 grape
　건포도 raisin; currant
　청포도 green grape

종류 — 때, 시기

첫물 first produce of the season ⬌ 끝물 last produce of the season
풋과일 unripe fruit
햇과일 newly harvested fruit

과일의 구성 요소

과육 flesh; pulp

과즙 (fruit) juice; nectar
☐ 이 배는 무척 달고 과즙이 풍부하다. This pear is very sweet and juicy.

껍질 skin; (바나나 등의) peel; (레몬·오렌지 등의) rind; zest; (깎고 난) peelings
☐ 사과의 껍질을 깎다 peel an apple

씨, 씨앗 seed; pip; (복숭아 등의) pit; stone

❷ **사과와 능금의 차이**

능금 crab apple은 사과와 모양이 비슷하지만 크기가 훨씬 작아서 골프공만하다. 능금의 품종을 개량하여 상품화한 것이 사과. 능금은 시큼하면서도 단맛이 나는데 상품성이 없어 가로수나 관상목으로 기른다.

❸ **올리브 가지를 내밀다**

extend[offer; hold out] an olive branch, 즉 '올리브 가지를 내밀다'는 '화해를 요청하다'라는 뜻이다. 노아의 홍수 때 노아가 마른 땅을 찾아 보낸 비둘기가 올리브 가지를 물고 왔다는 성경 내용에서 유래되었다. 잎이 달린 올리브 가지는 평화와 화해의 상징으로 쓰인다.

18 고기, 육류 meat

18.1 닭고기 chicken

부위

닭가슴살 (chicken) breast
닭갈비 (chicken) ribs
닭껍질 (chicken) skin
닭날개 (chicken) wing
닭다리 drumstick; (chicken) thigh
닭똥집 (chicken) gizzards
닭발 (chicken) feet

달걀

계란, 달걀 egg
  노른자위 yolk; egg yolk
  달걀 껍질 eggshell
  흰자위 egg white; white (of an egg)

달걀 요리

계란말이 folded egg
계란 프라이 fried egg ❶
  □ 계란 프라이를 하다 fry an egg
삶은 계란 (완숙) hard-boiled egg; (반숙) soft-boiled egg
날계란 raw egg
수란 poached egg
스크램블드에그 scrambled egg

닭의 종류
닭 chicken
병아리 chick
수탉 rooster; cock
암탉 hen
영계 pullet

❶ **How would you like your eggs?**
미국인들은 계란 요리를 즐긴다. 매 끼니마다 계란 요리가 식탁에 오르고, 계란 프라이와 토스트만으로 아침 식사를 대신하기도 한다. 그래서 미국의 음식점에 가서 계란 요리를 주문할 때는 자기가 원하는 요리법까지도 알려 줘야 한다. 주문을 받는 웨이터가 "계란 요리를 어떻게 해 드릴까요?" 라고 묻는다면 보통 sunny-side up 또는 over easy 중 하나를 선택하면 된다. sunny-side up은 한 쪽만 익혀 노른자를 터뜨리지 않은 계란 프라이인데, 반숙된 노른자가 해sun를 닮았다고 해서 붙은 이름. over easy는 계란을 뒤집어서 양쪽 면을 다 익힌 것이다.

sunny-side up   over easy

달걀을 깨서 물 속에서 반숙시킨 **poached egg**   달걀을 잘 풀어서 기름을 두른 팬에 볶은 **scrambled egg**

18.2 돼지고기 pork

갈매기살 skirt meat
돼지갈비 (pork) ribs; spare ribs
돼지곱창 chitterlings; chitlins
돼지껍질 pork rinds
돼지머리 (pig) head
뒷다리살 (pork) leg; ham
등심 (pork) loin
막창 (pig) large intestine
목살 Boston shoulder; blade shoulder
삼겹살 (pork) belly
- 퇴근 후에 삼겹살에 소주 한잔 어때?
  How about going out for *soju* and pork belly after work?

안심 (pork) tenderloin
앞다리살 arm shoulder
족발 trotters; pettitoes

돼지의 종류

돼지 pig; (식용의) hog; (유아어) piggy
멧돼지 (wild) boar
새끼 돼지 piglet; suckling pig; (식용의) porker
수돼지 boar
암돼지 sow

돼지고기를 금지하는 문화

이슬람권에서는 돼지고기를 먹지 않는다. 이슬람교의 경전인 코란에 돼지고기를 먹지 말라고 되어 있기 때문이다. 이렇게 돼지고기 섭취를 종교적으로 금지한 데에는 환경적인 이유를 들 수 있다. 돼지는 다른 가축들과 달리 잡식성으로 사람과 비슷한 식성을 가지고 있고, 열이 많은 동물이기 때문에 물도 많이 필요하다. 대부분이 사막인 중동에서는 돼지를 먹일 사료도 부족하고 물도 부족하다. 게다가 유목 생활을 하던 중동에서 활동성이 떨어지는 돼지를 데리고 다니기도 불편하기 때문에 아예 종교적으로 돼지고기를 금지하게 되었을 것이라고 추측된다.

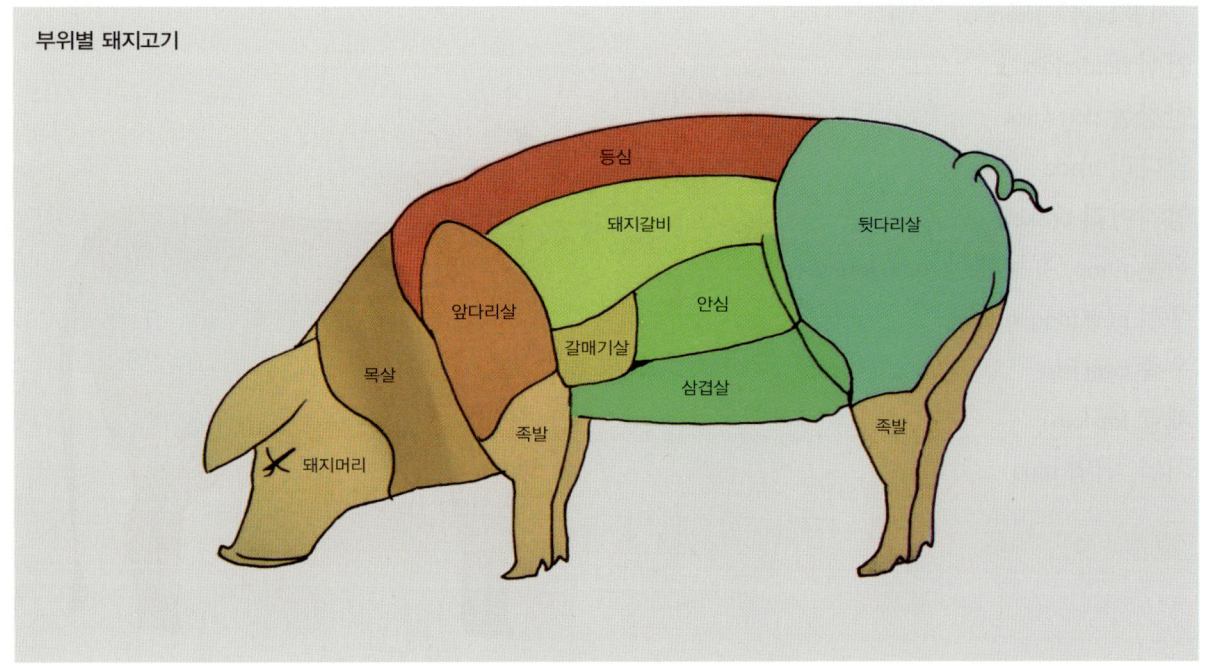

부위별 돼지고기

18.3 쇠고기 beef

곱창 (cow) small intestines
다진 쇠고기 AE ground beef; BE mince
대창 (cow) large intestine
등심 sirloin
목심 chuck
사태 shank
선지 clotted blood from slaughtered cows
설도 bottom round
송아지고기 veal
쇠갈비 (beef) ribs
   LA갈비 short ribs ❶
쇠꼬리 oxtail
쇠머리 (cow) head
쇠뼈 beef bone
   도가니 knee cartilage of a cow; knee bone
   사골 beef leg bone(s)
안심 tenderloin
안창살 skirt meat
앞다리 blade
양지머리 brisket
우둔 rump, 홍두깨살 rump round
우설 beef tongue
우족 beef feet
채끝 top loin
처녑, 천엽 tripe

소의 종류

소 cattle
송아지 calf
수소, 황소 bull; (거세된) ox
암소 cow
젖소 milk cow; milch cow

❶ LA갈비

LA갈비는 우리나라의 갈비와는 달리 고기를 뼈와 함께 얇게 절단한 것이 특징이다. LA라는 단어의 기원에 대해서는 여러 가지 설이 있는데, 고기를 측면으로 lateral 썰었다고 해서 LA라고 부른다는 설도 있고, 미국인들은 그다지 즐기지 않는 쇠갈비를 미국 LA에 사는 교포들이 수입하면서 그 지역의 이름을 붙였다는 설도 있다.

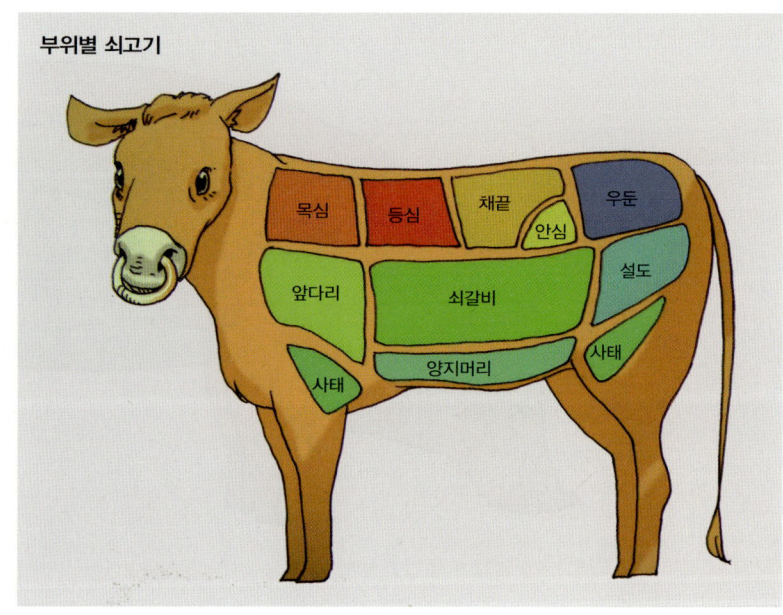

부위별 쇠고기

18.4 육류 기타

종류

개고기 dog meat
거위고기 goose
    푸아그라 foie gras ❶
꿩고기 pheasant
말고기 horsemeat; horseflesh
사슴고기 venison
양고기 mutton; (새끼 양의) lamb
오리고기 duck (meat)
칠면조고기 turkey

상태

날고기, 생고기 raw meat; fresh meat
☐ 이것은 얼리지 않은 생고기입니다. This is fresh meat that's never been frozen.
냉동육 frozen meat
냉장육 chilled meat
수입육 imported meat
☐ 이 고기는 국내산인가요, 수입산인가요? Is this meat domestic or imported?

부위

고깃덩이 lump of meat; chunk of meat
비계, 지방 fat
☐ 이건 살코기는 거의 없는 비계덩어리군요. This meat is just fat with hardly any lean.
살, 살코기 lean meat

---

❶ **푸아그라의 어두운 뒷면**

세계 3대 진미 중 하나인 푸아그라foie gras는 프랑스어로 fat liver라는 뜻으로, 비정상적으로 살을 찌운 오리나 거위의 간을 말한다. 푸아그라는 구워서 먹기도 하고 빵에 발라 먹기도 한다. 하지만 푸아그라를 만드는 방법은 잔인하기 이를 데 없다. 보통의 거위와 오리의 간은 크기가 작기 때문에 인위적으로 간의 크기를 키우기 위해 좁은 우리에 가두고 많은 사료를 먹여 살을 찌운다. 그 과정에서 배가 부른 거위와 오리가 사료를 토하는 것을 방지하기 위해 목에 튜브를 끼워 억지로 먹이기도 한다. 이렇게 살을 찌운 오리와 거위의 간은 정상적인 간에 비해 10배나 무게가 더 나간다고 한다. 푸아그라는 과식과 운동부족에 시달린 거위와 오리의 지방간fatty liver인 셈이다.

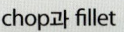
chop과 fillet

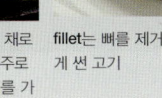

chop은 뼈가 붙은 채로 두툼하게 썬 고기. 주로 양고기나 돼지고기를 가리킨다.

fillet는 뼈를 제거하고 얇게 썬 고기

19 수산물, 해산물 seafood

19.1 생선 fish

생선 일반

등푸른생선 blue-backed fish ❶
붉은살생선 red-flesh(ed) fish
흰살생선 white-flesh(ed) fish

민물고기 | freshwater fish

가물치 (northern) snakehead
메기 catfish
미꾸라지, 추어 loach; mudfish; weatherfish
붕어 crucian carp
쏘가리 freshwater mandarin fish
잉어 carp ❷

> **회를 먹는 순서**
>
> 붉은살생선에는 참치와 방어, 고등어, 꽁치, 연어 등이 있고 흰살생선에는 넙치, 우럭, 농어 등이 있다. 흰살생선은 지방이 적고 담백하지만 붉은살생선은 지방이 많고, 맛이 좀 더 진하다. 회나 초밥을 먹을 때는 담백한 흰살생선을 먼저 먹고 붉은살생선은 그 다음에 먹는 것이 좋다.

❶ 몸에 좋은 등푸른생선

고등어와 꽁치, 정어리, 청어, 삼치, 연어, 방어 등은 모두 등푸른생선이다. 운동량이 많은 등푸른생선은 근육이 많아 살이 단단하고 지방 함량이 흰살생선에 비해 높다. 불포화지방산이 많아 콜레스테롤을 낮춰 주고 유방암 등의 암을 억제하는 효과도 있다고 한다. 또한 비타민 D와 E 등이 풍부하며, 양질의 단백질 공급원이기도 하다. 등푸른생선의 껍질 부분의 붉은 살에는 불포화지방산의 일종인 오메가-3 지방산이 많이 함유되어 있다.

❷ 비단잉어의 역사

빛깔이 알록달록한 관상용 비단잉어를 koi 또는 Japanese carp라고 한다. 비단잉어는 1800년대 초반에 일본에서 처음으로 탄생했는데, 원래는 흰색과 검은색 무늬밖에 없었지만, 다른 색깔을 가진 돌연변이 잉어를 계속 교배시키고 품종을 개량하여 지금과 같은 화려한 색깔의 비단잉어가 탄생하게 되었다. koi는 일본어로 잉어라는 뜻뿐만 아니라 사랑과 우정이라는 뜻도 있기 때문에 비단잉어는 일본에서 사랑과 우정의 상징으로 쓰인다.

▲ 등푸른생선의 대표 주자, 고등어

회귀성 어류, 기수성 어류 ❶

회귀성 어류 migratory fish
기수성 어류 diadromous fish
뱀장어, 장어 eel
뱅어 whitebait
빙어 (pond) smelt
송어 trout
연어 salmon
은어 sweetfish; ayu (fish)
전어 gizzard shad

관련표현

생선살 fillet
생선알, 어란 roe
   철갑상어알, 캐비어 caviar(e)

❶ 회귀성 어류, 기수성 어류

자신이 태어난 곳으로 돌아와 산란하는 어종을 회귀성 어류라고 한다. 민물에서 살다가 바다로 돌아와 산란하는 어종도 있고, 반대로 바다에서 살다가 민물에서 산란하는 어종도 있다. 가장 널리 알려진 회귀성 어류로는 연어가 있으며, 캐비어의 주인공인 철갑상어도 회귀성 어류의 일종이다. 한편 기수성 어류는 민물과 바닷물이 만나는 기수역에서 서식하는 어종을 가리키는데, 민물고기는 삼투압 조정 능력이 없어 염분이 높은 바닷물에서는 생존할 수 없지만, 기수성 어류는 민물과 바닷물에서 모두 살 수 있다.

바닷물고기 | saltwater fish

가다랑어 bonito
가오리 ray; stingray
가자미, 광어, 넙치 sole; halibut; plaice; flatfish; flounder ❶
갈치 hairtail; cutlassfish
고등어 mackerel
    ☐ 간고등어 a salted mackerel
고래 whale
곰장어, 먹장어 sea eel, 붕장어 conger (eel)
꽁치 Pacific saury; mackerel pike
농어 sea bass; perch
다랑어, 참다랑어, 참치 tuna; BE tuny
대구 cod; codfish
도루묵 sailfin sandfish
도미, 돔 (red) snapper; sea bream; porgy
망둑어, 망둥이 goby
멸치 anchovy
명태, 생태 pollack ❷
    노가리 little pollack; young pollack
    동태 frozen pollack
    북어, 황태 dried pollack
    코다리 half-dried pollack

❶ **가자미와 광어 구별법**

납작하고 눈이 한쪽으로 몰려 있는 광어와 가자미는 그 생김새가 매우 흡사하다. 배를 아래로 하고 봤을 때 눈이 머리의 왼쪽에 있으면 광어, 오른쪽에 있으면 가자미이다.

가자미일까, 광어일까?

❷ **명태의 다양한 이름**

우리나라 대표 생선 명태는 많은 이름을 가지고 있다. 잡힌 그대로의 명태를 생태라고 부르며, 명태의 새끼를 노가리, 얼린 명태를 동태, 바짝 말려 수분을 없앤 것을 북어, 한겨울에 얼었다 녹았다를 반복하며 말린 것을 황태라고 한다. 그리고 반 건조한 명태를 코다리라고 한다. 명태의 알은 명란젓으로, 창자는 창란젓으로 만들어서 먹는다.

고등어

농어

대구

도미, 돔

민어 croaker
방어 yellowtail; amberjack
밴댕이 big-eye herring
병어 (silver) pomfret
복, 복어 blowfish; globefish; fugu
삼치 Japanese Spanish mackerel
상어 shark
   상어 지느러미 shark fin
숭어 gray mullet
아귀 anglerfish; monkfish
우럭 black rockfish
전갱이 horse mackerel
정어리 sardine
조기 yellow croaker
   굴비 salt-dried yellow croaker
준치 Chinese herring
쥐치 filefish
청어 herring ❶
홍어 (thornback) skate ❷

❶ 붉은 청어

청어는 쉽게 상하기 때문에 효과적으로 보관하기 위해 절이거나 훈제한다. 그 중에서도 훈제청어smoked herring는 훈제 과정에서 붉은색을 띠게 되기 때문에 붉은 청어red herring라고도 한다. 옛날 영국에서는 red herring 특유의 강한 비린내로 여우를 사냥하는 사냥개들을 훈련시켰다고 한다. 여우가 다니는 길에 red herring의 냄새를 흘려 사냥개를 혼란에 빠뜨린 후 여우 냄새를 찾게 했던 것이다. 그래서 red herring은 '본질을 헷갈리게 하는 정보'나, '혼란을 야기시키는 것'이라는 의미를 갖게 되었다.

❷ 홍어와 가오리

홍어는 몸통이 마름모꼴이고 주둥이가 뾰족하지만 가오리는 둥그스름한 원형에 가깝다. 홍어는 배의 색깔이 등의 색깔과 비슷하거나 암적색을 띠는 반면 가오리는 흰색을 띤다. 홍어는 몸에 요소urea 성분이 많아 삭히게 되면 특유의 톡 쏘는 냄새가 난다. 가오리도 요소 성분이 있기는 하지만 가오리만큼 톡 쏘는 냄새가 나지는 않는다.
홍어회에 탁주, 즉 막걸리를 곁들이는 것을 홍탁(洪濁), 홍어회와 삶은 돼지고기, 묵은 김치를 먹는 것을 삼합(三合)이라고 한다. 성질이 찬 홍어에 따뜻한 성질의 막걸리, 기름진 돼지고기와 시큼한 김치의 조합은 음식궁합으로도 좋다. 신안군 흑산도에서 나는 홍어를 최고로 친다.

병어

복, 복어

정어리

청어

19.2 연체동물, 갑각류, 해조류

연체동물 mollusk

골뱅이 (common) whelk
굴 oyster ❶
꼴뚜기 baby octopus
낙지 long-legged octopus
다슬기 marsh snail; black mystery snail
달팽이 (요리용) escargot
멍게 sea squirt
문어 octopus
소라 conch; turban shell; wreath shell
오징어 squid ❷
   갑오징어 cuttlefish ❷
우렁이 freshwater snail; mud snail; pond snail
조개 clam
   가리비 scallop; scollop
   꼬막, 피조개 cockle; ark shell
   대합 (large) clam
   맛, 맛조개 razor clam; razor shell
   바지락 Manila clam
주꾸미 webfoot octopus
전복 abalone; ear shell, 오분자기 small abalone
홍합 mussel

❶ **굴, 'R'이 들어간 달에 먹어라**

굴은 겨울이 제철이다. 온도가 내려가면 추위에 견디기 위해 영양분을 더 많이 섭취하기 때문에 영양도 뛰어나고 신선하며, 살도 도톰하다. 그래서 'R'이 들어간 9월September, 10월October, 11월November, 12월December, 1월January, 2월February, 3월March, 4월April까지가 굴이 나는 제철이며, 나머지 5월부터 8월까지는 굴을 먹지 않는 편이 낫다. 일본에도 벚꽃이 지고 나면 굴을 먹지 말라는 말이 있다.

❶ **세상은 너의 굴이다**

"The world is one's oyster."는 직역하면 "세상은 너의 굴이다."이지만 관용적으로는 "세상은 네가 마음 먹기에 달렸다.", "하려고만 하면 뭐든지 할 수 있다."라는 뜻이다. 굴을 보면 단단한 껍질로 싸여 있어 잘 열릴 것 같지 않지만 마음만 먹으면 칼이나 손으로 생각보다 쉽게 깔 수 있다. 이런 의미에서 세상도 어렵고 힘들 것 같지만 용기를 낸다면 무슨 일이든지 해낼 수 있다는 의미가 되었다.

❷ **오징어와 갑오징어**

오징어는 모양이 길쭉하지만 갑오징어는 원통형에 가깝다. 갑오징어의 몸 속에는 석회질로 된 흰색의 등뼈가 있는데, 가루를 내면 지혈제로 쓸 수 있다. 갑오징어의 갑(甲)은 갑옷처럼 생긴 이 등뼈를 가리킨다.

오징어

갑오징어

갑각류 crustacean

가재 crayfish; crawfish
게 crab
  게살 crabmeat
  꽃게 blue crab
  대게 snow crab
  왕게, 킹크랩 king crab
바다가재, 랍스터 lobster
새우 shrimp; prawn ❶
  대하 white shrimp
  민물새우, 토하 freshwater shrimp
  보리새우 Kuruma shrimp
  참새우 tiger prawn

blue crab   snow crab

king crab   lobster

❶ **shrimp와 prawn**
shrimp와 prawn은 우리말로는 모두 새우로 번역되지만, prawn이 shrimp보다 좀 더 크다. 해외의 레스토랑 메뉴에서는 shrimp보단 prawn이 더 많이 눈에 띈다.

해조류 seaweed

다시마 kelp
미역 wakame; brown seaweed
파래 green laver; sea lettuce
톳 hijiki

◀Kuruma shrimp

◀white shrimp

기타

성게 sea urchin
해삼 sea cucumber
해파리 jelly fish; sea jelly

◀tiger prawn

20 주방용품 kitchenware

20.1 식기 tableware

그릇 — 일반

그릇 bowl
대접, 탕기 (soup) bowl
- 대접에 밥을 푸다 put rice in a big bowl

믹싱볼 mixing bowl
샐러드볼 salad bowl ❶
소스그릇 sauceboat; gravy boat
식판 compartment plate
쟁반 tray; (금속쟁반) salver; (은쟁반) silverplate
접시 plate; dish; (크기가 큰) platter
- 일회용 접시, 종이 접시 paper plate

종지 small bowl
화채그릇 punch bowl

▼ 여러 재료들을 넣고 섞기에 편한 mixing bowl
▼ 펀치나 음료를 담아내는 punch bowl
▲ 소스를 담는 sauceboat
▲ 납작하고 둥근 접시, plate
▲ plate보다 더 큰 사이즈의 접시, platter

그릇 — 재료

놋그릇, 주발 brass bowl
목기 wooden bowl
사기그릇, 사발 porcelain bowl
양재기 enamelware
옹기, 질그릇 pottery; earthenware
유리그릇 glass bowl; (집합적) glassware

❶ 샐러드볼 정책

샐러드볼salad bowl은 샐러드를 버무리는 큰 그릇이다. 샐러드볼 안에 담긴 야채와 과일 등은 한데 섞여 있으면서도 각각의 맛과 질감을 잃지 않고 조화로운 맛을 낸다. 그래서 이민자들의 국가인 미국이나 캐나다의 다문화 정책을 salad bowl이라고 한다. 미국은 예전에는 다른 나라의 문화를 인정하지 않고 자국의 문화로 흡수하고 동화시키는 멜팅팟melting pot 정책을 사용했지만, 요즘은 다문화 가정의 언어와 관습 등을 인정하고 아우르는 샐러드볼 정책을 쓰고 있다.

잔, 컵 – 종류

잔, 컵 cup
☐ 손이 미끄러워서 잔을 놓쳤다. My hands were slippery and I dropped the cup.

계량컵 measuring cup; measuring jug

머그잔, 머그컵 mug

술잔 ❶
    맥주잔 beer glass; (손잡이가 달린) tankard
    브랜디잔 snifter
    샴페인잔 champagne flute
    소주잔, 양주잔 shot glass
    와인잔 wine glass; goblet

유리잔, 유리컵 glass
    텀블러 tumbler

종이컵 paper cup

찻잔 teacup
    다기, 찻잔 세트 tea set
    차 거름망 tea strainer

커피잔 coffee cup

원통형의 컵에 손잡이가 달린 mug

❶ 술잔 collection

맥주를 마시는 전용잔. **beer glass**

손잡이가 달린 맥주잔. **tankard**

굽이 짧고 잔의 아랫부분은 불룩하며 위로 갈수록 폭이 좁아지는 **snifter**

샴페인의 탄산을 유지하기 위해 좁고 길게 생긴 **champagne flute**

물이나 주스, 맥주 등을 마시는 일반적인 원통형의 잔, **tumbler**

한 모금 정도의 분량이 들어가는 **shot glass**

온도에 민감한 와인을 위해 굽이 긴 **wine glass**

잔, 컵 – 구성

손잡이 handle

잔 받침, 컵 받침 saucer; (종이로 된) coaster; beer mat
☐ 컵과 받침이 한 세트입니다. The cup and saucer are a set.

숟가락, 젓가락, 포크

계량스푼 measuring spoon
- 작은술 teaspoon
- 큰술 tablespoon
  - ☐ 설탕 두 큰술과 소금 한 작은술을 넣어주세요.
    Put two tablespoons of sugar and a teaspoon of salt in it.

숟가락, 스푼 spoon
- 수저통 spoon holder
- 은수저 silver spoon ❶

젓가락 (a pair of) chopsticks
- ☐ 나는 젓가락으로 음식 먹는 데 서투르다. I'm not very good at using chopsticks.
- 나무젓가락 wooden chopsticks
- 젓가락 받침 chopstick rest

포크 fork; (고기를 자를 때 쓰는) carving fork

❶ 은수저를 물고 태어난 아기
요즘에는 은수저가 없는 집이 없지만, 예전에는 은수저가 있는 집이 귀했다. 그래서 '은수저를 입에 물고 태어났다(born with a silver spoon in one's mouth)'라는 표현은 부유한 집안에 태어났다는 뜻.
ex 그는 부잣집 아들로 태어났다.
He was born with a silver spoon in his mouth.

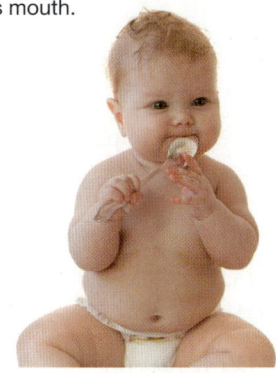

fork   carving fork

20.2 취사도구, 조리용품 cookware; kitchen utensils

취사도구

가마솥 (삼발이가 달린) AE caldron; BE cauldron; (한국의) Korean traditional caldron made of cast iron

  솥뚜껑 caldron lid

냄비, 솥 pot; saucepan
- 가스레인지 위에서 냄비가 끓고 있다. There's a saucepan boiling away on the gas stove.

  냄비받침 trivet; table mat

  돌솥 stone pot

  뚝배기 (unglazed) earthen bowl[pot]

  시루, 찜통 steamer; double boiler

  압력솥 pressure cooker
- 압력솥에 밥을 지었다. I cooked rice in a pressure cooker.

  전골냄비 stockpot

  캐서롤 casserole

  코펠 portable pots and pans for camping

코펠은 독일어 Kocher에서 나온 말

바비큐 그릴 barbecue grill; BBQ grill

번철, 불판 griddle

석쇠 gridiron

주전자 kettle

The pot calls the kettle black. 똥 묻은 개가 겨 묻은 개 나무란다.

- 난로 위에 주전자가 끓고 있다. There's a kettle boiling on the stove.

  차주전자 teakettle; teapot

프라이팬 pan; frying pan; skillet; sauté pan; (중국식) wok

◀ 삼발이가 달린 caldron

◀ 긴 손잡이가 달린 saucepan

◀ 서양에서 수프를 끓일 때 주로 이용하는 stockpot

◀ 조리한 채로 식탁에 놓을 수도 있는 casserole

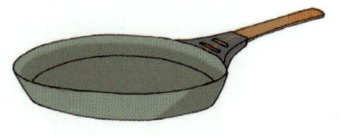
측면이 비스듬하고 뚜껑이 없는 pan

측면이 직선이며 뚜껑이 달려 있는 sauté pan

중국 요리에 자주 쓰이는 wok

조리용품

강판 grater
거품기, 휘핑기 whisk
국자 ladle; dipper ❶
뒤집개 spatula
밀대 rolling pin
밥주걱, 주걱 rice paddle
요리스푼 slotted spoon
조리, 체 sieve; strainer; colander
집게 tongs

❶ **하늘에 뜬 큰 국자**
밤하늘에 빛나는 북두칠성은 국자를 닮았다고 해서 Big Dipper라고 한다. 영국에서는 북두칠성을 찰스의 마차Charles' Wain라고 부르기도 한다.

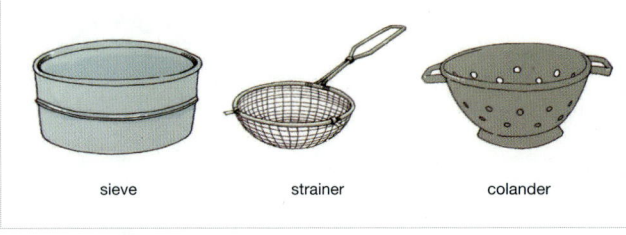

sieve　　　strainer　　　colander

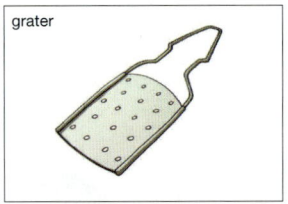
grater

whisk

spatula

rolling pin

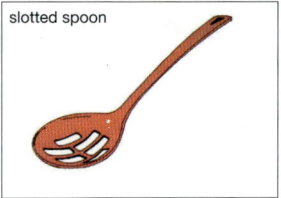
slotted spoon

tongs

도마와 칼

도마 cutting board; chopping board

칼, 나이프 knife; kitchen knife
  감자칼 (potato) peeler
  과도 paring knife
  부엌칼, 식칼 chef's knife; (네모나게 생긴) cleaver; (고기를 썰 때 쓰는) carving knife
  빵칼 bread knife
  피자칼 pizza cutter
  회칼 fillet knife

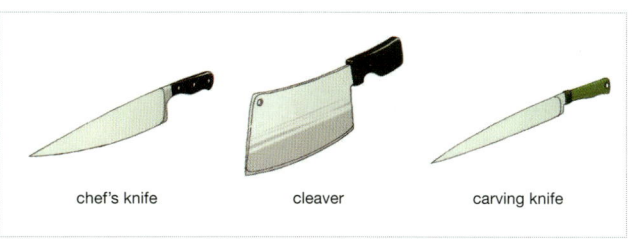

숫돌 (평평한) whetstone; (둥근) grindstone
  가죽숫돌, 혁지 strop

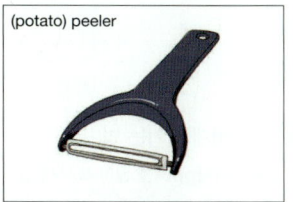
(potato) peeler

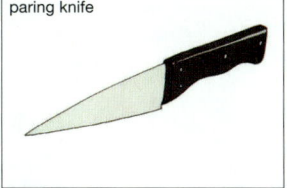
paring knife

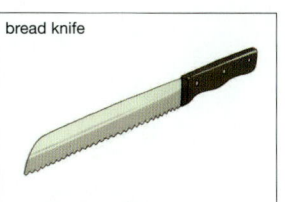
bread knife

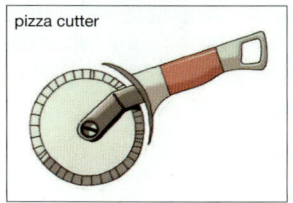
pizza cutter

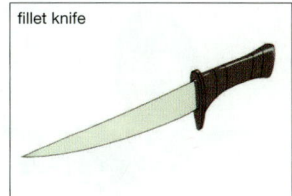
fillet knife

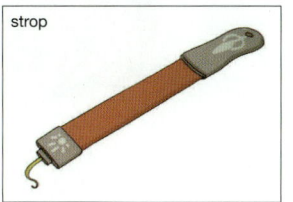
strop

20.3 병, 용기, 통, 기타

병, 용기, 통

병, 용기, 통 container; (원통형의) jar
도시락통 lunchbox
물병, 물통 pitcher; jug; (유리로 된) carafe
밀폐용기 airtight container
  □ 그것은 밀폐용기에 보관해야 한다. You have to store this in an airtight container.
바구니 basket; (소풍바구니) picnic basket; BE hamper
보온병 (vacuum) flask; (상표명) Thermos (flask; bottle) ❶
설탕통 sugar bowl
소금통 salt cellar; salt shaker
쌀통 rice bin
  □ 쌀통이 텅 비었다. There's no rice left in the rice bin.
아이스박스 cooler; coolbox
양념통 cruet
  양념대 spice rack
    □ 양념대 위에는 각종 양념통이 놓여 있다.
      There is a variety of spices on the spice rack.
장독, 항아리 Korean traditional crock
  장독대 platform for crocks (of sauces and condiments)
찬합 stackable side-dish box
후추갈이 pepper mill ❷

❶ **Thermos**
Thermos의 접두사 thermo-, 또는 therm-는 '열의' 라는 뜻의 접두사.
thermometer 온도계, 체온계
thermotherapy 온열요법, 열치료
thermodynamics 열역학
thermosphere (대기권의)열권

▼ cruet
◀ spice rack

❷ 후추를 신선하게 즐기는 법
일반적으로 후춧가루 pepper를 많이 쓰지만, 말린 통후추 peppercorn를 후추갈이 pepper mill를 이용해 그 자리에서 갈아 넣으면 더 강렬하고 신선한 후추의 맛을 즐길 수 있다. 후추는 오래 가열하면 맛과 향이 없어지므로 요리의 마지막 단계에 넣어야 한다.

주방용품 기타

냅킨 napkin; table napkin; BE serviette; (천으로 된) table linen ❶

따개, 오프너 opener
   깡통따개 can opener; tin opener
   병따개 bottle opener
   코르크따개 corkscrew ❷

랩 plastic wrap; clingfilm

맷돌 millstone
☐ 맷돌로 콩을 갈다 grind soybeans with a millstone

바가지 large (plastic) bowl, 조롱박, 표주박, 호리병박 gourd dipper

식기건조대 dish rack

앞치마, 행주치마 apron; BE pinafore

오븐장갑 oven mitt; potholder

은박지, 호일 foil; tinfoil; aluminum foil; silver foil
☐ 남은 음식은 은박지로 싸서 냉장고에 보관해라.
  Wrap the leftovers in foil and store them in the refrigerator.

절구 (stone; wooden) mortar
☐ 절구로 깨를 빻다 grind sesame seeds in a mortar
   절굿공이 (wooden) pestle

행주 dishcloth; (마른 행주) dishtowel; tea towel

호두까기 nutcracker

---

❶ **알아두면 유용한 냅킨 사용법**

되도록 주빈이나 나이가 가장 많은 사람이 냅킨을 편 후에 냅킨을 편다. 편 냅킨은 무릎 위에 올려 놓고 식사를 하는데, 식사 도중 자리를 뜰 경우에는 냅킨을 의자에 둔다. 냅킨을 테이블 위에 올려 놓으면 식사가 끝났다는 뜻이다. 냅킨으로 식사 중간 중간에 손이나 입을 닦는다. 얼굴이나 목의 땀을 닦거나 포크 등을 닦는 데 사용하는 것은 무례한 행동으로 비춰진다. 여성의 경우에는 냅킨에 립스틱이 묻지 않도록 식사 전에 가볍게 립스틱을 닦아 내면 좋다. 식사가 끝나면 냅킨을 대충 접어서 테이블 위에 놓으면 된다.

요즘은 알루미늄으로 은박지를 만들지만, 예전에는 은이나 주석으로 만들었기 때문에 아직도 silver foil, tinfoil이라는 용어가 쓰인다.

---

❷ **와인 따는 방법도 가지가지**

코르크따개 corkscrew 가장 기본적인 오프너. 스크루를 돌려서 코르크에 박은 후 힘을 주어 잡아 빼면 된다. 생각보다 힘이 많이 들고 중간에 코르크가 부숴질 염려도 있다.

소믈리에나이프 sommelier knife 레스토랑이나 와인바의 웨이터나 소믈리에들이 가장 많이 사용하는 오프너. 스크루를 돌려서 코르크에 밀어 넣은 후 지렛대를 이용해서 코르크를 빼낸다. 소믈리에나이프의 뒤에는 작은 칼이 달려 있어 와인의 포장을 뜯을 수도 있다.

윙스크루 wing screw 초보자들이 가장 쉽게 와인을 딸 수 있는 오프너. 오프너를 병에 고정시킨 후 위에 붙은 스크루 나사를 돌리면 스크루가 코르크로 파고 들어간다. 그 후 양쪽의 손잡이를 아래로 누르면 코르크가 위로 뽑혀져 나온다.

코르크따개
소믈리에나이프

윙스크루

20.4 주방가전 kitchen appliances

가스레인지 (gas) stove; **AE** range; **BE** cooker
  가스레인지 받침 burner; **BE** hob
  후드 (cooker) hood
녹즙기, 믹서 juicer; blender; **BE** liquidizer
만능조리기 food processor ❶
밥솥, 전기밥솥 electric rice cooker
버너 (휴대용) portable gas stove
식기건조기 dish dryer
식기세척기 dishwasher
오븐 oven; toaster oven ❷
  그릴 broiler; grill
음식물 처리기 food waste disposer
전자레인지 microwave (oven)
  □ 수프를 전자레인지에 데웠다. I heated the soup in the microwave.
제빵기 bread machine
토스터 toaster
  □ 토스터로 식빵 두 장을 구워먹었다. I toasted two slices of bread in the toaster.
튀김기 deep fryer

> 가스레인지 ✗ gas-range
> ● stove / ● gas stove

> 전자레인지 ✗ electronic range
> ● microwave / ● microwave oven

❷ 그릇 확인하셨나요?
오븐이나 전자레인지에는 아무 접시나 넣어서는 안 된다. 접시 뒷면 바닥을 보면 오븐용 내열접시는 oven safe 혹은 ovenproof, 전자레인지에 넣고 돌릴 수 있는 접시는 microwave (oven) safe, 혹은 microwave (oven) proof 등의 문구가 적혀 있다.

❶ 만능조리기 하나면 든든
우리에게는 다소 생소한 만능조리기 food processor는 믹서와는 달리 안에 든 칼날을 교체할 수 있어 다양한 형태로 식재료를 손질할 수 있다. 만능조리기는 식재료를 다양한 크기로 분쇄하는 것은 물론 다지기, 빻기, 채썰기, 거품내기 등을 할 수 있고, 밀가루를 반죽할 때도 쓸 수도 있다.

냉장고

냉장고 refrigerator; fridge
☐ 남은 음식이 있으면 냉장고에 넣어라. Put any leftovers in the refrigerator.
　김치냉장고 kimchi refrigerator
　양문형 냉장고 side-by-side refrigerator
　와인냉장고 wine cooler; wine refrigerator ❶

냉동실 freezer; deep freeze
냉장실 refrigerator; fridge

❶ **와인을 따로 보관해야 하는 이유**
와인은 온도와 빛, 습도에 민감하기 때문에 보관에 주의를 기울여야 한다. 직사광선을 피하고 코르크가 와인에 젖어 있도록 눕혀서 보관해야 하며, 레드 와인은 13~18℃, 화이트 와인은 5~8℃의 온도를 유지하고, 습도는 60~80% 정도를 유지하는 것이 좋다. 와인냉장고는 와인에 맞는 적정 온도와 습도를 유지해 주고 빛을 막아 주어 와인 고유의 맛을 지켜 준다.

◀ 일반형 냉장고

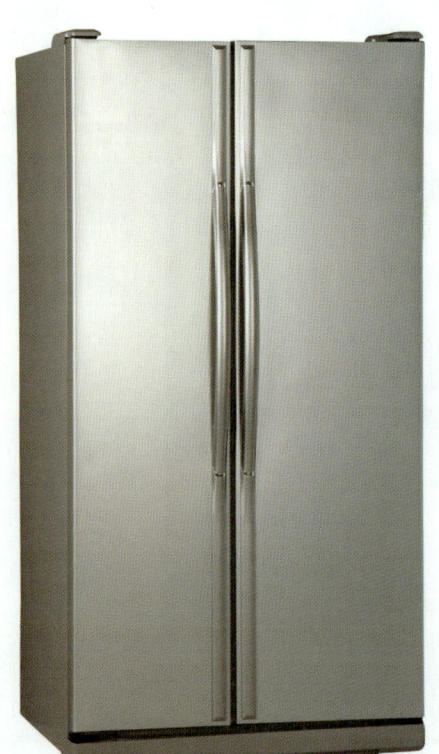

◀ 양문형 냉장고

PART 2

Unit 7 주생활

1 거주자

2 건물, 주택
건물의 형태 / 건물의 재료 / 건물의 용도

3 건물의 구조
층과 계단 / 방 / 화장실 / 문 / 창문 / 벽, 지붕, 정원 / 기타 건물의 구성

4 주거 시설
난방시설 / 상하수도 / 전기시설, 경보시설, 환기시설

5 가구
침대 / 의자 / 수납장, 탁자

6 가전제품
영상가전 / 음향가전 / 생활가전 / 카메라 / 조명기구 / 시계 / 부품, 주변기기

7 침구

8 잡화

01 거주자

거주자

거주자, 주민 resident; inhabitant; dweller; (점유자) occupant; occupier; (무단 거주자) squatter ❶
- 이 섬의 주민은 고작 50명이다. This island has only 50 residents.
- 이곳 주민이세요? Are you a resident here? / Do you live here?

건물주, 집주인 (남성) landlord; (여성) landlady, 임대인 lessor

노숙자, 홈리스 homeless person; (집합적) the homeless; street people
- 그는 사업에 실패한 후 노숙자 생활을 하고 있다.
  He's been homeless since his business failed.

세입자 tenant; renter, 임차인 lessee

유주택자 homeowner; owner-occupier ↔ 무주택자 non-homeowner

> **homeowner** 자기 소유의 집이 있는 사람. 반대말은 non-homeowner.
> **owner-occupier** 자기 소유의 집에서 거주하는 사람. 이때 집은 시골의 단독주택이 아니라 도시의 다세대주택을 의미.

❶ **집세 안 내고 사는 이들**
런던, 뉴욕과 같은 대도시는 상상을 초월할 정도로 집값이 비싸다. 게다가 외국에는 전세라는 개념이 없고 월세만 있는데, 월세 또한 무척 비싸서 자기 집이 없는 월급쟁이들은 월급의 반 이상을 월세로 지출할 정도다. 그래서 생겨난 것이 squatting이다. squatting이란 사람이 살지 않는 빈 건물에 무단으로 거주하는 행위를 뜻하는데, squatting을 하는 사람을 squatter, 무단 거주자라고 한다. 하지만 무단 거주를 하는 건물은 대부분 슬럼가에 위치해 있고 수도와 전기 시설이 없는 경우가 많아 살기에 적합하지 않다.

관련자, 관련시설

가사도우미, 가정부, 파출부 housekeeper | homemaker 가정주부 |
- 입주가정부 a live-in housekeeper
- 우리 집은 가정부를 한 명 두고 있다. We have a housekeeper.

감시원 guard; lookout, 보안요원, 안전요원 security guard
- 무장 보안요원이 은행을 지키고 있었다. There was an armed guard at the bank.

경비실, 수위실 security office; janitor's room
- 물건은 경비실에 맡겨 놓으세요.
  Leave it at the security office. / Leave it with the janitor.

경비원, 관리인, 수위 [AE] janitor; custodian; [BE] caretaker
  야간 경비원 (night) watchman; night porter

관리소, 관리실 management office

350 | Unit 7 주생활

거주

거주, 주거 residence; habitation
- 거주하다, 살다 live / inhabit / reside / dwell ❶
- 어디 사세요? Where do you live?
- 이곳은 사람 살 곳이 못 된다. This place is not suitable for human habitation.

동거 (남녀의) cohabitation
- 동거하다 share / (결혼하지 않은 남녀가) live together / cohabit
- 그들은 결혼 전에 2년간 동거를 했다.
  They lived together for two years before they got married.

  동거인 housemate; domestic partner

별거 separation
- 별거하다 separate
- 그녀의 부모는 현재 별거 중이다. Her parents are separated.

상주하다 reside

정착하다 settle (down)
- 나는 결혼을 하고 고향에 정착했다.
  After I married, I settled down in my home town.

❶ 뉘앙스 차이
live 일반적인 표현, 살다
inhabit 사람이나 동물이 특정 장소에 거주하다
reside 격식을 차린 표현, 거주하다
dwell 문어적인 표현

이사, 주소

이사 move
- 이사하다 move (to)

  이삿짐센터 mover; moving company
  이삿짐차 moving truck

입주하다 move in; move into
- 우리 가족은 다음 주에 새 아파트에 입주한다.
  My family is moving into a new apartment next week.

전입하다 move in; transfer ⬌ 전출하다 move out

주소 address ❷
- 주소를 옮기다 change one's address
- 주소가 어떻게 되세요? What's your address?

퇴거 eviction
- 퇴거하다 leave / vacate / move out
- 그는 세입자에게 이달 중으로 퇴거해줄 것을 요구했다.
  He's asked the tenant to move out within the month.

❷ 각종 주소
email address 이메일 주소
forwarding address (편지의) 발송 주소, 수신인 주소
IP address (인터넷의) 아이피주소 (=Internet Protocol address)
return address (우편물의) 발신인 주소
street address 번지

02 건물 building, 주택 house

2.1 건물의 형태

고층 건물 AE high-rise (building); BE tower block
↔ 저층건물 low-rise (building)
　마천루, 초고층 건물 skyscraper ❶

궁전, 대궐, 왕궁 palace
□ 그는 대궐 같은 집에서 산다. He lives in a house like a palace.

누각, 정자 pavilion; gazebo

단독주택 detached house
□ 그녀는 2층짜리 단독주택에서 살고 있다. She lives in a two-story detached house.

단층집 single-story building ↔ 이층집 two-story building

방갈로 bungalow　　　　　　　　　지하실이 없는 인도식 단층 주택

수상가옥 houseboat ❷

움막집 dugout

원형건물 rotunda

이동식 주택 mobile home; AE trailer (home); BE caravan ❸

조립식 건물 prefabricated building; prefab; manufactured home

트리하우스 tree house　　　　　　　나무 위에 지은 집

한옥 (traditional) Korean-style house ↔ 양옥 Western-style house

> ❶ 세계 초고층 건물 순위 (2009년 11월 기준)

1위 : 아랍에미리트의 부르즈 칼리파
Burj Khalifa, 828미터

2위 : 대만의 타이페이 국제금융센터
Taipei 101, 508미터

3위 : 중국의 상하이 세계금융센터
World Financial Center, 492미터

4위 : 말레이시아의 페트로나스 타워
Petronas Tower, 452미터

house VS home
house 건물로서의 집, 감정이 실리지 않은 단어
• a brick house 벽돌집
home 내가 살고 있는 집, 감정이 실린 단어
• a happy home 행복한 집

houseboat

boathouse

❷ houseboat VS boathouse

수상가옥 houseboat은 집처럼 꾸민 배를 가리킨다. 동남아에서는 주로 빈민들이 수상가옥에 살지만, 유럽에는 유람선 못지않은 시설을 갖춘 수상가옥들이 많고, 남들의 방해를 받지 않고 여유로운 생활을 즐길 수 있는 고급 주거 시설로 여겨진다. 유럽에는 도시지역의 강가에 수상가옥이 많은데, 워낙 인기가 많다 보니 허가를 받아야만 입주할 수 있다. 한편 boathouse는 강가나 바닷가에 세워진 보트 보관창고를 뜻한다.

❸ mobile home VS motor home

mobile home은 자동차에 연결해서 다른 곳으로 이동할 수 있는 이동식 주택이다. 우리나라에서는 주로 여행용으로 쓰이는데, 미국에서는 저소득층 주거 시설의 대명사처럼 쓰인다. 한편 motor home 또는 camper는 자체적으로 움직일 수 있는 캠핑카인데, 외국에서는 직장에서 은퇴한 뒤 캠핑카를 집처럼 꾸미며 여행을 즐기는 사람들이 많다.

▼motor home

mobile home

복합건물 complex

공동주택, 다세대주택 town house; row house; BE terraced house;
(두 채가 벽을 맞댄) AE duplex; BE semi-detached house

아파트 (한 가구) AE apartment; BE flat; (본인 소유의) condominium;
inf condo; (한 동) apartment building; apartment house; block of flats;
(단지) apartment block ❶

- 난 대단지 아파트에 산다. I live in a big apartment complex.
    - 고층 아파트 high-rise apartment building
    - ⇔ 저층 아파트 low-rise apartment building
    - 복층 아파트 maisonette
    - 주상 복합 아파트 apartment building with stores on the ground floor

오피스텔, 원룸 studio; studio apartment[flat]; AE efficiency apartment

똑같이 생긴 집이 벽을 맞대고 있는 형태의 **town house**는 미국 중산층의 대표적인 주거 시설

단독주택도 아니고, 공동주택이라고 부르기도 민망한 **duplex**는 주택 두 채가 벽을 공유하는 형태

---

❶ 아파트의 진실

아파트 ✗ apart → ◉ apartment

우리나라에서는 5층 이상의 주거 시설을 아파트라고 부르고, 5층 미만은 연립 또는 빌라라고 부른다. 하지만 영어권에서는 3층이나 4층 이상이고, 다른 세대와 함께 거주하는 모든 건물을 아파트라고 한다. 빌라 villa는 시골의 고급 별장, 맨션 mansion은 으리으리한 대저택을 의미한다. 우리는 평수로 아파트의 크기를 따지는 반면 영어권에서는 방의 개수로 아파트의 규모를 따지는데, 예를 들어 two-room apartment는 침실과 화장실, 거실 등을 모두 따져 방이 두 개 있는 아파트이고, three-bedroom apartment는 화장실, 거실 등 다른 방은 제외하고 침실만 세 개 있는 아파트라는 뜻이다.
그리고 우리나라에서는 고급 주거 시설로 잘못 알려진 co-op은 cooperative, 즉 협동조합의 약자로서, 건설사가 아닌 일반인들이 조합을 설립해 지은 아파트를 가리킨다. 조합원들은 주주가 되며, 아파트를 소유할 수 있는 권리가 주어진다.

◀ **tenement**는 도시 빈민가의 낡은 임대 아파트. 주민들이 월세를 살며, 건물 외벽에 비상계단이 설치되어 있는 경우가 많다.

◀ **condominium**은 우리나라에서는 리조트 시설로 잘못 알려져 있지만 자기 소유의 (고급) 아파트를 뜻한다. 외국에서는 건설사가 아파트를 지어 일반인에게 분양을 하지 않고 통째로 임대를 하기 때문에 아파트를 소유한 사람이 드물다. 그렇기 때문에 우리나라의 아파트는 대부분이 condominium이라고 할 수 있다. 한편 리조트 시설을 뜻하는 콘도미니엄은 membership resort hotel이나 timeshare condominium 등으로 불러야 한다.

2.2 건물의 재료

기와집 tile-roofed house; house roofed with tiles
  기와 tile; roof tile
너와집 shingle-roofed house
  너와 shingle
목조건물 wooden building
  목재, 재목 AE lumber; BE timber
벽돌집 brick house
  벽돌 brick; (시멘트벽돌) AE cinder block; BE breeze block
  □ 벽돌을 쌓다 lay bricks
석조 건물 stone building
  석재 stone
얼음집, 이글루 igloo — igloo는 이누이트어로 '집'이라는 뜻
천막, 텐트 tent
  □ 텐트를 치다 pitch a tent / put up a tent ● 텐트를 걷다 strike a tent
초가집, 초막 thatched house; thatched-roof house
  볏짚 rice straw, 지푸라기, 짚 straw
태양열 주택 solar house
  태양열 전지판 solar panel
통나무집 log cabin
  통나무 log
판잣집 shanty; shack
  □ 그 가족은 무허가 판잣집에서 살고 있다. That family lives in an illegal shanty.
  판자 board; plank
흙집 adobe (house); sod house
  흙벽돌 adobe; dried mud brick

brick   cinder block

몽골의 전통 천막, 유르트 yurt

거대한 팽이 모양의 빅탑 big top

원뿔형의 인디언 텐트 티피 tepee

2.3 건물의 용도

가건물 temporary building; makeshift building

가정집, 민가, 살림집 private house; private dwelling
- 이 사무실은 가정집을 개조해서 만들었다. This private dwelling is a remodeled office. / This office used to be a family dwelling.

공관, 관사 official residence

공영주택 housing project; public housing

기숙사 residence hall; hall; AE dormitory; inf dorm; BE hall of residence ❶
- 그녀는 대학 시절에 기숙사 생활을 했다. She lived in a residence hall when she was in college.

농가 farmhouse

대피소, 피난처 shelter; refuge
- 모든 사람이 지하 대피소로 대피했다. Everybody took refuge in the basement shelter.
- **방공호** air-raid shelter; bomb shelter

refuge [réfju:dʒ] 피난처
refugee [rèfjudʒí:] 피난민

무허가 건물 unauthorized building
- 무허가 건물을 철거하다 raze an unauthorized building

별장, 전원주택 country house; (휴가를 보내는) vacation home; (여름의) summer house
- 그는 겨울을 바닷가에 있는 별장에서 보낸다. He spends winters at his vacation home by the sea.

빈집 vacant house; empty house; (사람이 살지 않는 집) unoccupied house; uninhabited house
- 이 집은 빈집이다. No one is living in this house. / This house is empty.

사옥 company building; office building
- 사옥을 짓다 build a company building

새 집 new house, **신축 건물** new building; newly-built building ❷

헌 집 old house
- 이 집은 새 집이나 다름없다. This house is practically brand-new.

---

❶ **기숙사**

dormitory는 '잠을 자는'이라는 뜻의 형용사 dormant에서 유래되었는데, 요즘은 주거 공간이라는 뜻의 residence hall이 더 많이 쓰인다. 기숙학교boarding school는 기숙사에서 생활해야 하는 초중고교를 가리킨다. 기숙사는 전통적으로 남녀 구분이 엄격했지만, 최근 미국 대학의 기숙사 중에는 남녀가 같은 건물 또는 같은 층을 사용하는 곳도 있고, 심지어 남녀가 같은 방을 쓸 수 있는 기숙사도 생겨나고 있다. 기숙사를 함께 쓰는 룸메이트를 미국영어로는 roommate, 영국영어로는 flatmate라고 한다. 기숙학교의 사감은 houseparent, 대학 기숙사의 사감은 warden이다.

❷ **새집증후군**

새집증후군sick building syndrome은 새로 짓거나 개보수한 건물에 사는 사람들이 겪는 두통headache, 호흡곤란dyspnoea, 피부염 dermatitis 등의 여러 증상을 가리킨다. 새집증후군의 원인으로는 환기와 냉난방 시스템의 결함, 그리고 건축자재에서 뿜어져 나오는 벤젠benzene, 포름알데히드formaldehyde, 톨루엔toluene 등의 휘발성 유기화합물volatile organic compound을 들 수 있다.

생가 birthplace; house of one's birth
- 이 집은 전임 대통령의 생가다. This house is the birthplace of a former president.

셋방, 자취방 lodgings; rented house[room]
- 그 여자는 대학교 근처의 셋방에 산다.
  She lives in a rented room near the university.

사글세, 월세, 집세 (monthly) rent ❶
- 나는 두 달치 집세가 밀렸다. I am two months behind with the rent.

실버타운 retirement home ❷

안가, 안전 가옥 safe house ❸

오두막집, 오막살이 hut; shack; cottage

은신처, 아지트 hideaway; hideout; hiding place
- 경찰은 가까스로 범인들의 은신처를 찾는 데 성공했다.
  The police managed to find the criminals' hideaways.

자가, 자택 one's (own) house

저택 residence; mansion; villa
- 그녀는 바닷가의 호화 저택에서 살고 있다.
  She lives in a luxurious mansion by the sea.

> starter home은 생애 최초로 구입하는 작은 평수의 주택

전셋집 leased room

  보증금, 전세, 전셋값 key money
  - 나는 이 아파트에 전세를 살고 있다. I have a key-money lease on this apartment.
  - 집주인이 전셋값을 올려 달라고 요구해 왔다.
    The landlord has been asking us to give him more key money.

폐가 deserted house
- 이 집은 살던 사람이 모두 떠나고 폐가가 되었다. This house is deserted.

하숙, 하숙집 boarding house; rooming house; lodging house
- 그는 대학생 때 학교 근처에서 하숙을 했다.
  When he was in college, he lived in a boarding house near the school.

  하숙생 boarder

흉가 haunted house
- 그 집은 흉가다. The house is haunted.

---

❶ **일본의 독특한 월세 문화**

전세가 없고 월세가 대부분인 일본에서 방을 얻는 것은 쉬운 일이 아니다. 월세를 사는 직장인들은 소득의 1/3을 월세로 지출한다는 통계가 있고, 외국인은 일본인의 보증 없이는 집을 얻기조차 힘들다. 일본에서 방을 얻으려면 한 달 월세를 뜻하는 야칭(家賃) 외에도 시키킹(敷金)과 레이킹(礼金), 그리고 부동산 중개 수수료를 지불해야 한다. 시키킹은 '깔아 놓은 돈'이라는 뜻으로 우리나라의 보증금에 해당하는데, 나중에 이사를 나갈 때 집 수리비만큼을 뺀 나머지를 돌려준다. 보통 두 달치 월세를 시키킹으로 지불한다. 레이킹은 집주인에게 지불하는 일종의 사례금으로서 적게는 한 달치에서 많게는 여섯 달치의 월세에 해당하며, 나중에 돌려받지 못한다. 일본인들조차도 시키킹과 레이킹 문화에 대해 문제를 제기하고 있으며, 요즘은 시키킹과 레이킹이 없는 월셋집도 생겨나고 있다.

❷ **실버타운**

❌ silver town → ⭕ retirement home
노인들의 주거시설을 뜻하는 실버타운은 silver town이 아니라 '은퇴 후의 거처'라는 뜻의 retirement home이라고 한다. 실버타운이라는 우리말은 노인 대상의 산업을 가리키는 실버산업 silver industry에서 비롯된 것으로 보이는데, 여기서 silver는 노인들의 백발 또는 은발 silver hair을 가리킨다.

❸ **안전 가옥**

안전 가옥 또는 안가는 국가기관이나 정보기관 등에서 관리하는 시설로서, 정부 요인들이나 재판을 앞둔 증인들이 신변을 보호받는 장소를 가리킨다. 대부분의 안가는 일반 가정집과 비슷하게 생겼으며, 방탄유리와 같은 안전장치가 설치되어 있다. 안가는 위치가 밝혀지는 순간 안가로서의 기능을 상실하기 때문에 안가의 위치는 철저히 비밀에 부쳐진다. 미국에는 증인보호프로그램 witness security program이라는 것이 있는데, 재판 전까지 증인을 안가에 보호하고 재판이 끝난 후에는 증인에게 새로운 신분과 직장, 주거지 등을 제공한다. 박정희 전 대통령은 궁정동 안가에서 살해되었으며, 국내의 대부분의 안가는 김영삼 정부 시절 폐쇄되었다.

03 건물의 구조

 층과 계단

층

층 floor; level; AE story; BE storey
- 그는 나와 같은 층에 살고 있다. He and I live on the same floor.
- 저 빌딩은 20층 짜리다.
  That's a 20-story building. / That building is 20 stories tall.

1층 AE the first floor; BE ground floor

2층 AE the second floor; BE the first floor

3층 AE the third floor; BE the second floor

꼭대기, 최상층 top floor ↔ **최하층** lowest floor; BE lower ground floor
- 그의 아파트는 꼭대기 층에 있다. His apartment is on the top floor.

아래층 downstairs; lower floor; lower story

↔ **위층** upstairs; upper floor; upper story
- 그녀의 사무실은 위층 왼쪽이다. Her office is upstairs on[to] the left.

옥상 rooftop; housetop

지하, 지하층 basement
- 지하의 underground
- 주차장은 지하 2층에 있다. The parking lot is on the second underground level. / The parking lot is on B2.

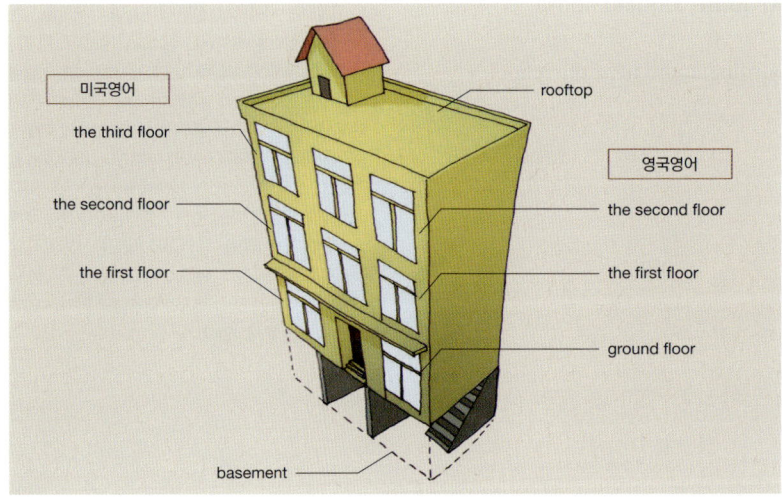

Unit 7 주생활

계단, 승강기, 에스컬레이터

계단 stairs; stairway; (난간이 있는) staircase
- 계단을 오르다 go up the stairs
- 그녀는 천천히 계단을 내려왔다. She came slowly down the stairs.

　나선형 계단 spiral stairway; spiral staircase
　비상계단 (건물 밖의) fire escape
　현관계단 doorstep

난간 banister; handrail; railing
- 난간에 기대어 아래를 내려다보았다. I leaned on the banister and looked down.

층계참 landing

승강기, 엘리베이터 AE elevator; BE lift
- 나는 엘리베이터를 타고 위로 올라갔다. I went up in the elevator.

에스컬레이터 escalator
- 그는 에스컬레이터를 타고 한 층 밑으로 내려갔다.
  He took the escalator down one floor.

나선형 계단 spiral stairway

비상계단 fire escape

현관계단 doorstep

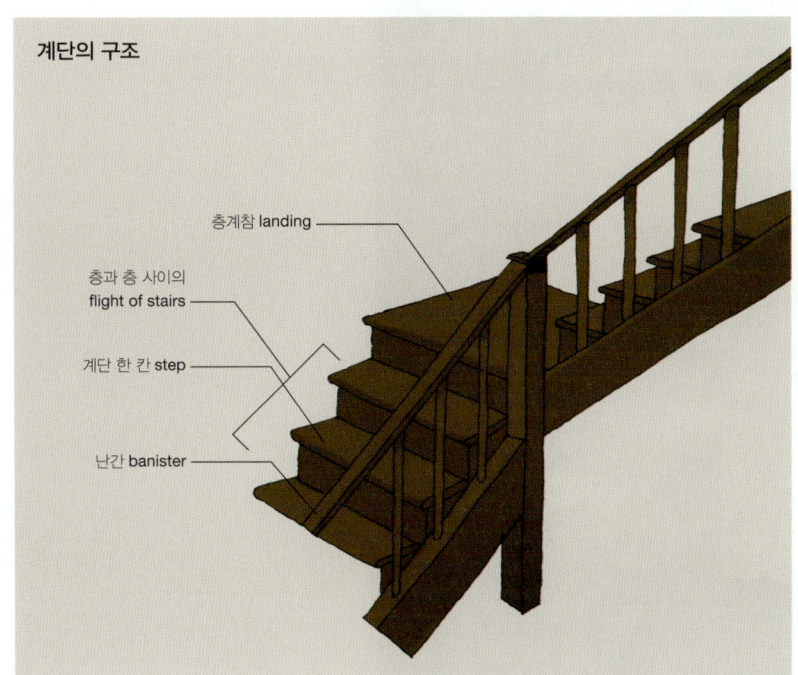
계단의 구조
- 층계참 landing
- 층과 층 사이의 flight of stairs
- 계단 한 칸 step
- 난간 banister

3.2 방 room; chamber

종류 — 가정집

거실, 사랑방, 응접실 living room; sitting room; front room; family room ❶

공부방, 서재 study; library

다용도실 utility room, 세탁실 laundry room

부엌, 주방 kitchen

    개수대, 싱크대 sink
    □ 싱크대에 설거지거리가 가득하다. The sink is full of dishes that need washing.

    조리대 AE countertop; BE worktop; work surface

침실 bedroom; (손님용의) guest room; (잘 사용하지 않는) spare room
□ 이 방은 침실 겸 거실로 쓰인다.
This room serves as both a living room and a bedroom.

❶ 거실의 의미 차이

living room과 sitting room은 손님을 대접하는 공간으로서의 거실이라는 뜻이다. 이런 목적의 거실은 보통 현관문을 열고 들어서면 바로 나오기 때문에 front room이라고도 한다. 반면 family room은 가족들만의 휴식 공간으로서의 거실이라는 뜻이며, 위치도 현관 앞이 아니라 집안의 맨 안쪽에 있는 경우가 많다. 한편 family room은 영국 영어로 호텔의 가족실을 뜻하기도 한다.

종류 – 성격

냉방 cold room
- 방이 냉방이라 보일러를 틀었다. The room was cold, so I turned on the boiler.

단칸방 single room
- 그의 가족은 좁은 단칸방에서 4명이 함께 살고 있다. His family of four lives in a single room.

밀실 secret room

별실 special guest room

빈방 (투숙객이 없는) vacancy; vacant room; (방에 아무것도 없는) empty room
- 빈방 있어요? (숙박업소에서) Do you have a vacancy?

안방 main room; master bedroom

종류 – 위치

다락방 attic; loft; garret

반지하방 semi basement

옥탑방 rooftop house

지하실 (주거 시설·창고 등으로 쓰이는) basement; (창고 등으로 쓰이는) cellar

펜트하우스 penthouse
- 그는 고층 건물의 고급 펜트하우스에서 혼자 산다. He lives in a high-class penthouse on a tall building.

종류 – 용도

고문실 torture chamber

광, 헛간 shed; barn, 저장실, 창고 storehouse; warehouse; storage; depot
　냉동 창고 cold store
　보트하우스 boathouse

귀빈실 VIP room

녹음실 recording studio

놀이방 (장난감이 있는) playroom; (탁아소) day care center; childcare center

대기실 waiting room; anteroom

면회실 visiting room; visitor's room

방송실 (television) studio; (안내 방송을 하는) public-address booth

사무실, 집무실 office
□ 그는 시내에 자그마한 사무실을 마련했다. He has leased a small office downtown.

식료품 저장실 pantry

신방(新房) bridal room; bridal chamber

연습실 practice room

일광욕실 (사방이 유리로 된) solarium; sunroom

작업실 workroom; workshop
□ 그는 낡은 창고를 작업실로 개조해서 사용하고 있다.
He's remodeled an old storage room to use it as a workroom.

녹음실

일광욕실

놀이방

방송실

차고 garage; carport ❶

☐ 차고 앞 주차 금지 (게시) Garage entrance. No parking.

전산실 data center, 컴퓨터실 computer lab

전시실, 전시장 (예술품 등의) gallery; (상품전시장) showroom; salesroom

제어실, 조종실 control room

홀 hall; (아트리움) atrium

studio는 화가의 작업실뿐만 아니라 원룸아파트를 뜻하기도 한다. 벽이나 칸막이로 나뉘어져 있지 않고 탁 트였다는 점에서 서로 닮았기 때문이다.

화방, 화실, 아틀리에 studio; atelier

회의실 meeting room; conference room, 회의장 conference center

☐ 오늘 회의는 5층 회의실에서 열린다.
Today's meeting will be held in the conference room on the fifth floor.

휴게실, 라운지 lounge; (대학의) common room, 로비 (호텔·극장 등의) lobby; foyer

☐ 우리는 5시에 극장 로비에서 만나기로 했다.
We agreed to meet in the theater lobby at five.

로비에서 로비를 하는 로비스트

영국의 국회의원들은 어떤 의제를 논의하기 전후에 국회의사당으로 쓰이는 웨스트민스터 궁전Palace of Westminster의 로비에 모여 휴식을 취하곤 했다. 그 결과 로비에는 국회의원들에게 청탁을 하려는 사람들로 북적거리게 되었다. 청탁, 즉 로비와, 전문적으로 로비를 하는 로비스트는 웨스트민스터 궁전의 로비에서 비롯되었다.

▲ 사방이 막히고 문이 달린 garage

▲ 벽이 없고 지붕만 있는 carport

❶ garage sale VS flea market

garage sale과 flea market 모두 우리말로는 벼룩시장이라고 한다. garage sale은 yard sale이라고도 하는데, 필요 없는 물건들을 자기 집 마당yard이나 차고, 현관 앞 등에서 판매하는 벼룩시장을 가리킨다. 주로 봄맞이 대청소를 하거나 이사를 갈 때 garage sale을 한다. 반면 flea market은 여러 명의 상인들이 한곳에 모인 벼룩시장을 뜻한다. flea market은 17세기 후반 프랑스에서 처음 시작되었는데, 실제로 벼룩이 들끓는 더러운 옷을 내다 파는 사람들이 많아서 이런 이름이 붙었다.

▼ 건물 중앙에 있는 홀을 뜻하는 아트리움은 현대 건축물에서 안마당courtyard과 비슷한 역할을 한다.

3.3 화장실 bathroom; toilet

종류

간이 화장실 portable toilet
공중 화장실 restroom; public toilet; washroom; lavatory
남자 화장실 men's room; the gents
여자 화장실 ladies room; the ladies; women's room
수세식 화장실 (걸터 앉는) flush toilet; (쪼그려 앉는) squat toilet
유료 화장실 pay toilet
재래식 화장실 (건물 밖의) outhouse; shithouse ❶

변기 | toilet

뚫어 뻥 plunger
□ 변기가 막혀서 뚫어뻥으로 뚫어야 했다.
 The toilet got stopped up, so I had to use a plunger on it.
변기솔 toilet brush
비데 bidet ❷
□ 비데를 하다 use a bidet
소변기 urinal
양변기, 좌변기 toilet; toilet bowl
□ 양변기의 물을 내려라. Flush the toilet.
 변기 시트 toilet seat
  □ 변기 시트를 올리다 raise the toilet seat
  □ 변기 시트를 내리다 close[lower] the toilet seat
유아 변기 potty; potty-chair
환자용 변기 bedpan

potty training (아이들의) 배변 훈련

수세식 변기는 16세기 말에 최초로 수세식 변기를 발명한 John Harington이라는 영국인의 이름을 따서 the john이라고도 부른다.

❶ 미국 스타일 재래식 화장실

일명 '푸세식 화장실'이라고 불리는 재래식 화장실은 집 밖에 있다고 해서 outhouse라고 하고, 속어로는 shithouse라고 한다. 미국의 초기 재래식 화장실은 글을 모르는 사람을 위해 그림에서 보이는 것처럼 여성용 화장실은 문에 초승달 무늬를, 남성용은 별무늬를 새겨 넣었다. 남녀 구분도 되고 환기와 채광의 역할도 하는 셈이다. 우리나라는 재래식 화장실에서 쪼그려 앉아 용변을 보지만, 미국에서는 의자처럼 엉덩이를 붙이고 용변을 보는 것이 차이점이다.

❷ 비데에 관한 진실

17세기 초반 프랑스에서 발명된 bidet는 프랑스어로 조랑말pony이라는 뜻. 비데에 앉아 있는 자세가 조랑말을 타고 있는 자세와 비슷하기 때문이다. 우리나라에는 변기 시트를 겸한 전자식 비데가 보편적이지만, 외국에는 세면대와 모양이 비슷한 수동식 비데가 많다. 용변을 본 후 휴지를 쓰지 않고 물과 왼손을 써서 뒤처리를 해야 하는 아랍권 국가의 대부분의 가정에는 비데가 설치되어 있다.

비데   변기

기타 시설

비누받침 soap dish

샤워부스 shower cubicle
  샤워기 shower
  샤워커튼 shower curtain

세면기, 세면대 basin; (bathroom) sink

수건걸이 towel rack
☐ 수건을 수건걸이에 걸다 hang a towel on the towel rack

욕조, 탕 bathtub; tub; BE bath
☐ 뜨거운 욕조에 몸을 담갔다. I soaked in a hot bath.
  월풀욕조 whirlpool tub; (상표명) Jacuzzi

화장지, 휴지 (두루마리로 된) toilet paper; toilet tissue, 티슈 tissue; (상표명) Kleenex

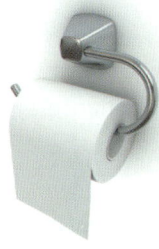
▲ toilet paper

whirlpool tub

shower curtain

3.4 문 door; gate ①

종류 — 위치

대문, 정문, 현관문 front door; front entrance

뒷문, 후문 back door
- 그는 기자들의 눈을 피해 뒷문으로 건물을 빠져나갔다.
  He sneaked out the back door to avoid the reporters.

비상구 emergency exit; fire exit
- 불이 나자 사람들이 비상구를 통해 건물을 빠져나갔다.
  When the fire broke out, everyone left the building via the emergency exits.

옆문 side door

입구 entrance; entry; (동굴·터널 등의) mouth
- 우산은 입구에 놓아두세요. Leave your umbrella by the entrance.

쪽문 wicket gate

출구 exit; way out
- 지하철 1번 출구로 나오세요.
  Use Exit 1 when you come out of the subway station.

종류 — 재료

나무문 wooden door

돌문, 석문 stone door

쇠문, 철문 iron door

유리문 glass door

① door VS gate

마당이나 정원이 있는 건물의 담장에 연결된 큰 출입문. gate

건물의 외부와 내부, 방과 방을 연결하는 문. door

종류 – 형태

덧문 storm door

뚜껑문, 함정문 trapdoor

미닫이문 sliding door; pocket door

방충문 screen door

방화문 fire door

셔터문 shutter door; overhead door; roller shutter
- 셔터문을 내리다 pull down the shutter door
- 셔터문을 올리다 raise[open] the shutter door

여닫이문 hinged door; (양쪽으로 열고 닫는) double doors

자동문 automatic door

접문, 접이문 folding door

회전문 revolving door; swinging door; swing door
- 우리는 회전문을 통과해 건물 안으로 들어갔다.
  We entered the building through a revolving door.

천장이나 마루에 설치된 함정문 trap door은 사다리를 이용해야 한다.

문이 벽 속의 공간으로 들어가는 미닫이문, pocket door

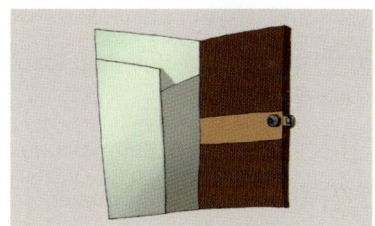

일반적으로 볼 수 있는 여닫이문, hinged door

두 개의 여닫이 문이 달린 double doors는 큰 입구에 사용하는 여닫이문

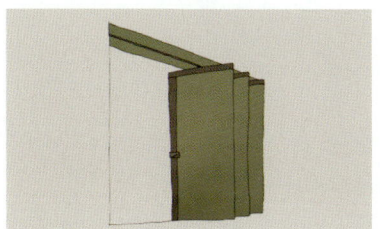

병풍처럼 접히는 접문 folding door은 공간을 효율적으로 사용할 수 있도록 해 준다.

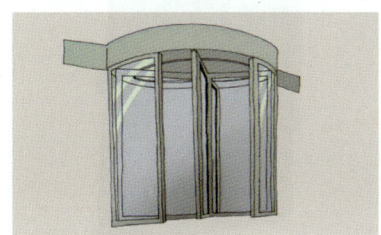

냉난방을 목적으로 큰 건물에 설치되는 회전문 revolving door

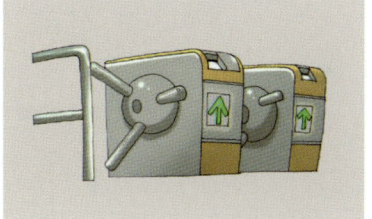

회전문과 비슷하게 생긴 지하철 개찰구는 turnstile

구조

경첩 hinge
- 문에 경첩을 달다 attach hinges to a door

노크 knock
- 노크하다 knock
- 문에서 똑똑 하고 노크 소리가 들렸다. I heard a knock at the door.

도어노커 knocker; doorknocker

도어스토퍼 doorstop

문고리 knob; doorknob

문기둥, 문설주 doorpost; doorjamb; gatepost

문지방, 문턱 threshold ❶
- 문지방을 넘다 cross the threshold

문패 doorplate, **현판** signboard
- 문에 문패를 달다 put a doorplate on the door

문풍지 (paper) weather strip; (paper) draught excluder
- 문에 문풍지를 바르다 put weather strips around the door

인터폰 intercom; BE entryphone

인터폰 ❌interphone ➡ ⊙intercom

초인종 doorbell, **버저** buzzer
- 초인종을 눌렀지만 아무런 대답이 없었다. I rang the doorbell but nobody answered.

펫도어 pet door; dog door

핍홀 peephole; spyhole; judas

❶ 신혼부부는 문지방을 밟지 마라

서양에서는 갓 결혼한 신혼부부가 처음으로 신혼집에 들어갈 때 신랑이 신부를 안고 들어가야 한다는 미신이 있다. 그렇게 하지 않으면 문지방에서 어슬렁거리며 신혼부부를 해코지하려는 악마가 신부의 발을 통해 신부의 몸 속으로 들어간다고 믿기 때문이다. 또한 신부가 원치 않은 결혼을 했을 경우 신부가 제 발로 문지방을 넘으면 금방 달아난다고 믿기 때문이기도 하다. 신부를 안고 문지방을 넘는 관습은 고대 로마 시대에 시작되었는데, 외국의 신랑들은 신혼집뿐만 아니라 신혼여행지의 숙소에서도 신부를 안고 문지방을 넘는다.

ex 신랑은 신부를 안고 문지방을 넘었다.
The groom carried the bride over the threshold.

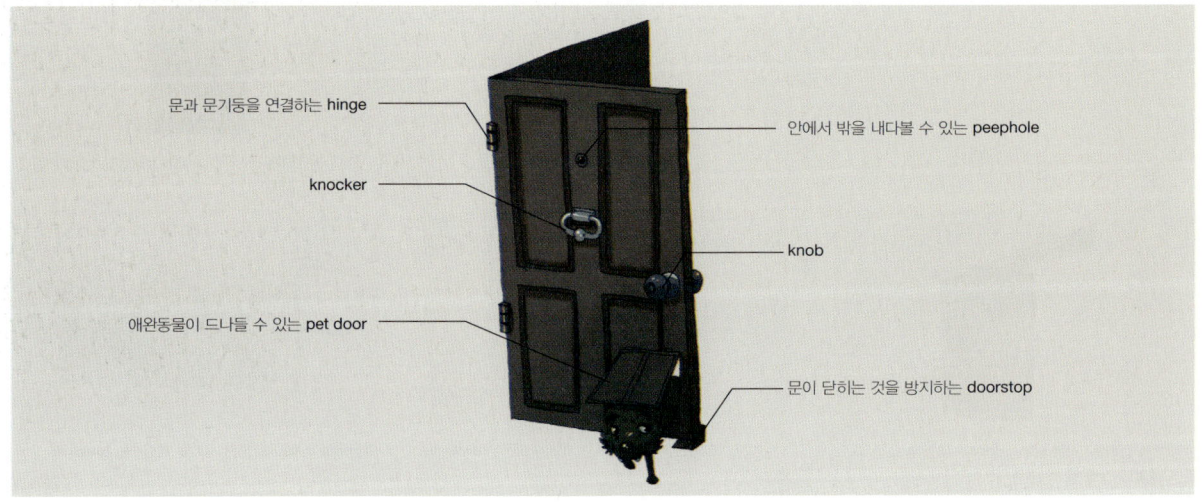

- 문과 문기둥을 연결하는 hinge
- knocker
- 애완동물이 드나들 수 있는 pet door
- 안에서 밖을 내다볼 수 있는 peephole
- knob
- 문이 닫히는 것을 방지하는 doorstop

열쇠와 자물쇠

열쇠 key
- 자물쇠에 열쇠를 넣고 돌렸다. I put the key in the lock and turned it.
- 문을 열려고 했지만, 열쇠가 맞지 않았다.
  I tried to unlock the door, but I had the wrong key.

만능열쇠, 마스터키 master key; skeleton key; passkey

열쇠고리 key ring

열쇠 구멍 keyhole

열쇠 수리공 locksmith

카드키 keycard; swipe card

자물쇠 lock; door lock
- 문에 자물쇠를 채우다 lock a door
- 아무리 해도 자물쇠가 열리지 않는다. The lock won't open.

도어락 digital[electronic] door lock

맹꽁이자물쇠 padlock

번호 자물쇠 combination lock

빗장 bolt; latch
- 문에 빗장을 걸다 bolt[latch] the door

▶ 도어락

▶ 맹꽁이 자물쇠

▶ 번호 자물쇠

▲ 빗장

3.5 창문 window

종류

겉창, 덧창 shutters
외부로부터 창문을 보호하는 덧창

고정창 fixed window
고정되어 열리지 않는 고정창

박공창 dormer (window)
박공gable에 설치되는 박공창

여닫이창 casement (window)
앞뒤로 밀고 당기는 여닫이창

내리닫이창 sash window
위에서 아래로 내리닫는 내리닫이창

미닫이창 sliding window
좌우로 열고 닫는 미닫이창

지붕창, 천장창 roof window, **채광창** skylight
지붕이나 천장에 비스듬히 난 채광창, 천장창

퇴창 bay window; oriel window
벽면에서 외부로 튀어나온 퇴창

구조

방충망 screen
☐ 창문에 방충망을 설치했다. I put screens on the windows.

창살 bar
☐ 창문에 창살을 달다 put bars on the windows

창턱 windowsill; window ledge

창틀, 새시 window frames

블라인드와 커튼

블라인드 blind; window shade; window blind ❶
- 블라인드를 걷다 open the blinds ↔ 블라인드를 치다 close the blinds
  - 로만쉐이드 Roman shade
  - 롤스크린 roller blind
  - 버티칼 블라인드 vertical blind
  - 베네치아 블라인드 Venetian blind

커튼 curtain; (가벼운) lace curtain; (길고 두꺼운) drapes; (커튼봉을 가리는) AE valance; BE pelmet
- 커튼을 열다 open the curtains / draw the curtains aside ↔ 커튼을 닫다 close the curtains
- 창문에 커튼을 달다 hang curtains on a window
  - 커튼봉 curtain pole

❶ **다양한 블라인드**

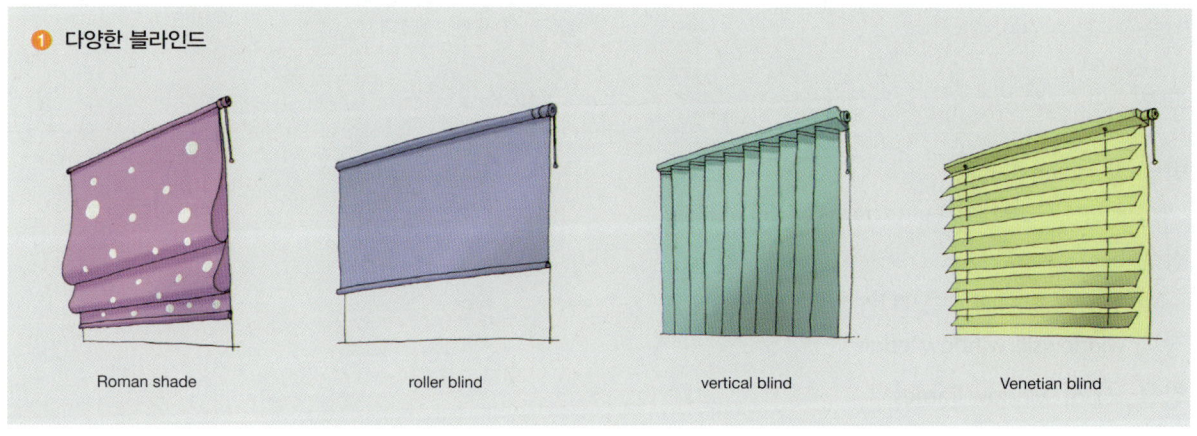

Roman shade   roller blind   vertical blind   Venetian blind

3.6 벽, 지붕, 정원

벽

담, 담장, 벽 wall
- 그 집에는 높은 담이 쳐져 있다. That house has a high wall around it.

  벽지 wallpaper
  - 방의 벽에는 꽃무늬 벽지를 발랐다.
    I papered the walls of the room with floral-pattern wallpaper.

경계벽, 공유벽 party wall

돌담 stone wall; dry-stone wall

방음벽 soundproof wall

방화벽 firewall

벽돌담 brick wall

옹벽 retaining wall

울타리 fence; paling; picket fence; palisade; stockade
- 나무를 잘라 마당에 울타리를 쳤다. I built a wooden fence around the yard.

  산울타리 hedge; hedgerow

철조망, 철책 chain-link fence; barbed-wire fence; razor wire

돌 사이에 회반죽을 바른 stone wall

회반죽을 사용하지 않고 돌의 아귀를 맞춘 dry-stone wall

평평하고 끝이 뾰족한 picket fence

굵은 말뚝을 연결해 만든 palisade

살아 있는 식물로 만든 울타리 hedge

razor wire

barbed-wire fence

chain-link fence

- 건물 주위에는 철조망이 쳐져 있었다.
  The building was surrounded by chain-link fence.

토담, 흙담 earthen wall; mud wall; adobe wall

지붕

지붕 roof ❶
- 지붕 위로 올라가다 go up on the roof
- 우리 집은 지붕이 샌다. Our roof leaks.

굴뚝 (집의) chimney; stack; (공장·선박 등의) smokestack
굴뚝 청소부 chimney sweep

대들보 girder; crossbeam, 서까래 rafter
- 건물의 대들보를 올리다 install crossbeams for a building

배수관, 홈통 (수평의) gutter; guttering; (수직의) downspout

안테나 AE antenna (pl antennas; antennae); BE aerial; (네모난) yagi (antenna); (V자의) TV antenna; inf rabbit ears
- 지붕에 안테나를 설치하다 install an antenna on the roof
접시 안테나 satellite dish; dish antenna

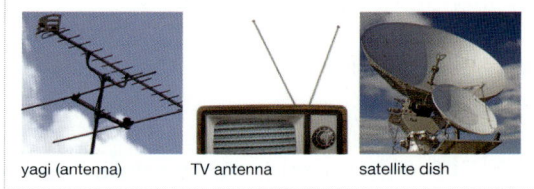
yagi (antenna)   TV antenna   satellite dish

용마루, 지붕마루 ridge

차양, 차일 awning
- 차양을 걷다 raise the awning ↔ 차양을 치다 lower the awning

처마 eaves; (현관문 위로 내민) portico
- 우리는 처마 밑에서 비를 피했다. We took shelter from the rain under the eaves.

피뢰침 lightning rod; lightning conductor

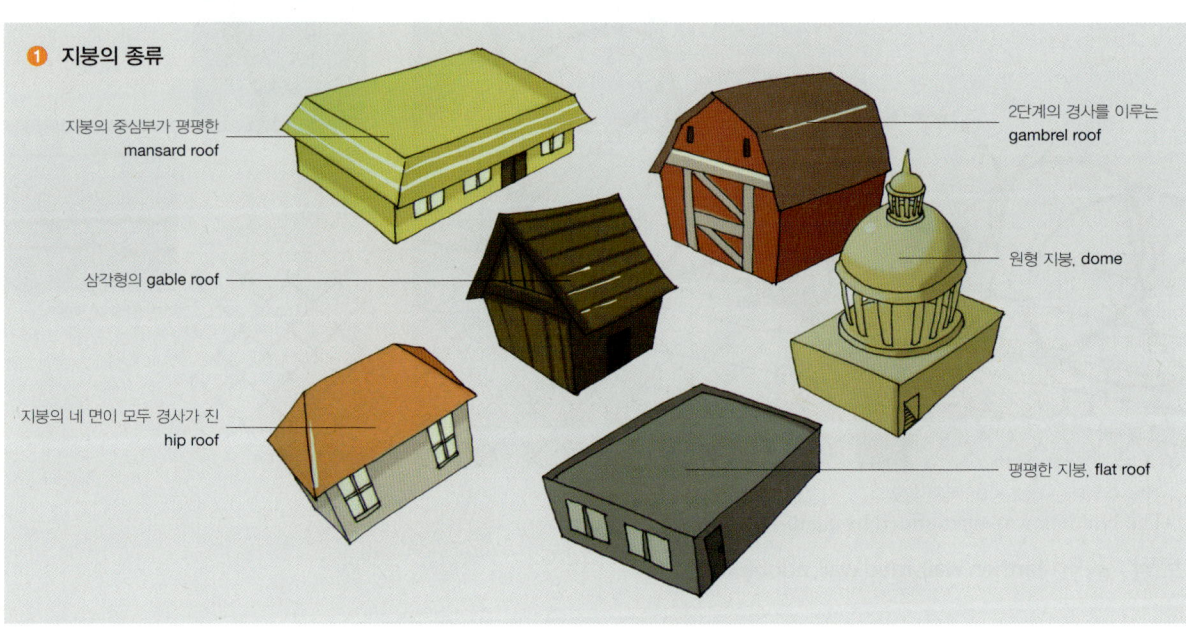

❶ 지붕의 종류
- 지붕의 중심부가 평평한 mansard roof
- 2단계의 경사를 이루는 gambrel roof
- 삼각형의 gable roof
- 원형 지붕, dome
- 지붕의 네 면이 모두 경사가 진 hip roof
- 평평한 지붕, flat roof

Unit 7 주생활

정원

뜰, 마당, 정원 yard; garden
- 그 집에는 넓은 정원이 있다. That house has a big yard.
   - 뒤뜰, 뒷마당, 후원 backyard; back garden
   - 안마당 courtyard
   - 옥상 정원 roof garden

꽃밭, 화단, 화원 flowerbed; bed; flower garden
- 아내는 정원에 꽃밭을 가꾸고 있다. My wife is making a flower garden in our yard.

물뿌리개 watering can; watering pot
- 물뿌리개로 화초에 물을 주었다. I watered the flowers using a watering can.

분무기 sprayer
- 분무기로 물을 뿌리다 spray water / water *sth* with a sprayer

살수기, 스프링클러 sprinkler

잔디 깎는 기계 lawnmower; mower

정원사 gardener

건물의 구조 | 375

3.7 기타 건물의 구성

걸레받이 baseboard; BE skirting, 몰딩 AE molding; BE moulding (board)

기둥, 지주 pillar; support
- 건물의 기둥을 세우다 install pillars for a building
  - 벽기둥 pilaster
  - 원기둥 column
    - 저 원기둥들이 지붕 전체를 지탱한다. Those columns carry the whole roof.

마루, 마룻바닥, 방바닥 floor
- 원목마루 hardwood floor; parquet
- 장판 linoleum; BE lino
  - 방바닥에 새로 장판을 깔았다. I laid new linoleum on my floors.

물탱크 cistern; water tank

박공 gable

천장과 벽의 경계에 있는 몰딩 molding

마루와 벽의 경계에 있는 걸레받이 baseboard

벽에 붙어 있는 장식용 벽기둥

둥근 원기둥

경사진 지붕 밑의 삼각형 벽을 뜻하는 박공

발코니 balcony, 베란다 veranda(h), 테라스 terrace; (뒷마당의) patio ①

복도, 회랑 corridor; gallery; hallway; passage; passageway

우편함 AE mailbox; BE letterbox; (우편물 투입구) mail slot

주춧돌, 초석 cornerstone; foundation stone

천장 ceiling
- 건물의 천장이 무너져 많은 사람들이 죽었다.
  A lot of people died when the building's ceiling caved in.

추녀 (protruding) corners of eaves
- 추녀 끝에 고드름이 맺혔다.
  There are icicles hanging from the corners of the eaves.

축대 embankment; elevation
- 축대를 쌓다 build an embankment

mailbox와 letterbox는 상자 모양의 우편함과 우체통

mail slot은 현관문에 설치된 우편물 투입구

① 발코니 VS 베란다 VS 테라스

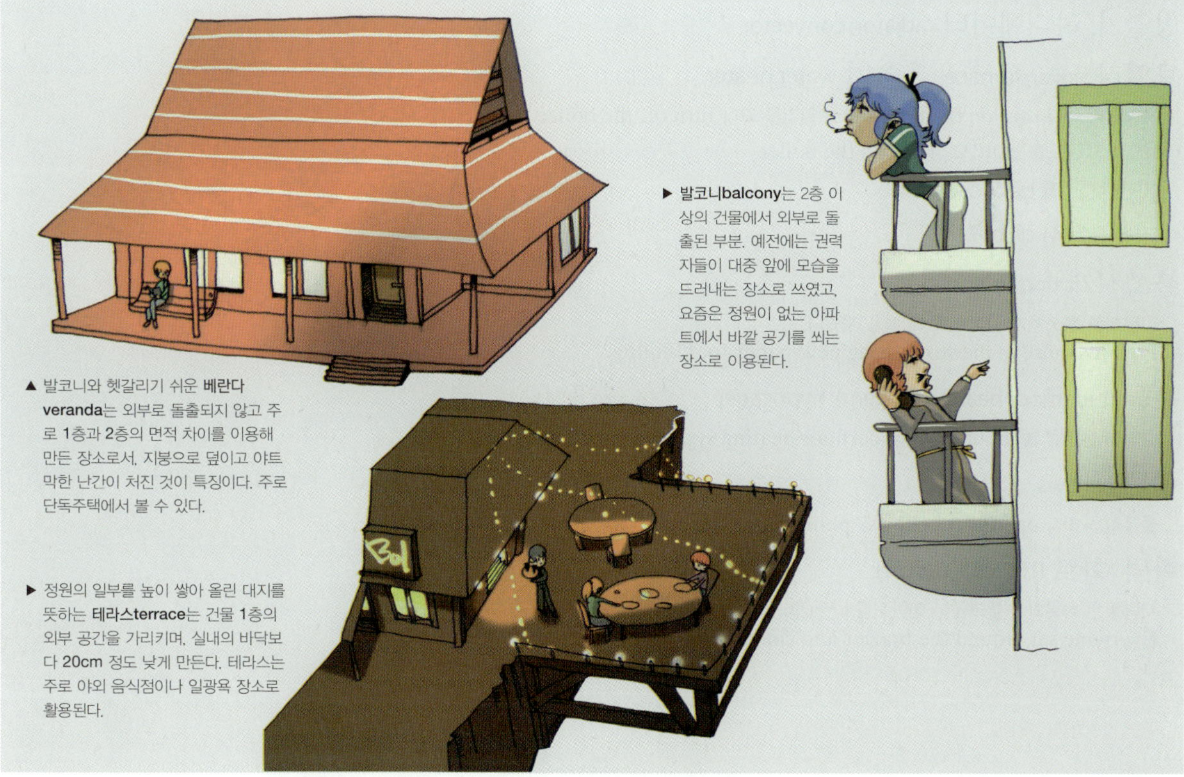

▶ 발코니 balcony는 2층 이상의 건물에서 외부로 돌출된 부분. 예전에는 권력자들이 대중 앞에 모습을 드러내는 장소로 쓰였고, 요즘은 정원이 없는 아파트에서 바깥 공기를 쐬는 장소로 이용된다.

▲ 발코니와 헷갈리기 쉬운 베란다 veranda는 외부로 돌출되지 않고 주로 1층과 2층의 면적 차이를 이용해 만든 장소로서, 지붕으로 덮이고 야트막한 난간이 쳐진 것이 특징이다. 주로 단독주택에서 볼 수 있다.

▶ 정원의 일부를 높이 쌓아 올린 대지를 뜻하는 테라스 terrace는 건물 1층의 외부 공간을 가리키며, 실내의 바닥보다 20cm 정도 낮게 만든다. 테라스는 주로 야외 음식점이나 일광욕 장소로 활용된다.

04 주거 시설

4.1 난방시설

난방시설 heat; heating

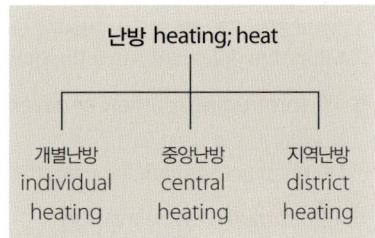

난방 heating; heat
- 개별난방 individual heating
- 중앙난방 central heating
- 지역난방 district heating

난로, 스토브 heater; stove; BE fire; (나무를 때는) wood-burning stove
- 난로를 피우다 light the stove[heater]
- 이리 와서 난롯불 좀 쬐세요. Come over here and warm up by the heater.

　가스난로 gas heater; BE gas fire
　벽난로, 아궁이 fireplace
　석유난로 oil heater; kerosene heater
　연탄난로 coal stove
　연통 flue; stovepipe
- 난로에 연통을 설치하다 install a stovepipe

　열풍기 fan heater
　전기난로 electric heater; BE electric fire

방열기, 라디에이터 radiator; convector

보일러 boiler; furnace, **온수기** water heater
- 보일러를 켜다 turn on the boiler ↔ 보일러를 끄다 turn off the boiler
- 보일러의 온도를 높이세요. Turn up the boiler.

　가스보일러 gas boiler
　기름보일러 oil boiler

불쏘시개 tinder; kindling
- 신문지를 불쏘시개 삼아 난로에 불을 지폈다.
  I started a fire in the stove using newspaper for kindling.

온돌 underfloor heating (system); hypocaust
- 바닥에 온돌을 놓다 put in an underfloor heating system / build a hypocaust

풀무 bellows
- 풀무질을 하다 operate a bellows / pump air with a bellows

화덕, 화로 (charcoal) brazier
- 사람들은 화롯가에 둘러앉아 이야기를 나누었다.
  Everyone sat around the brazier and chatted.

378 | Unit 7 주생활

땔감, 연료 fuel ❶

고체연료 solid fuel

땔나무, 장작 firewood
- 산에 올라가서 장작을 한 짐 해 왔다.
  I went up the mountain and gathered a load of firewood.

숯 charcoal
- 숯을 굽다 burn charcoal / make charcoal

kiln 숯을 만드는 가마

연탄 coal briquette; coal briquet ❷
- 그 집은 아직도 겨울에 연탄을 땐다.
  They still use coal briquettes for heating in winter.

기체연료 gaseous fuel

가스계량기 gas meter

도시가스 city gas

부탄가스 butane
- 가스레인지의 부탄가스가 다 떨어졌다. The gas stove has run out of butane.

액화석유가스 LPG (liquefied petroleum gas의 약자) ❸

액화천연가스 LNG (liquefied natural gas의 약자) ❸

프로판가스 propane

액체연료 liquid fuel, 연료유 fuel oil

경유, 디젤유 diesel

등유 kerosene; lamp oil; BE paraffin

휘발유, 가솔린 AE gasoline; gas; BE petrol ❹

---

❶ 연료가 고갈된다면? 대체에너지!

수력 water power; hydropower
원자력, 핵에너지 nuclear power[energy]; atomic power[energy]
조력 tidal power; tidal energy
지열에너지 geothermal heat; geothermal energy
태양에너지 solar power; solar energy
풍력 wind power; wind energy

❷ 연탄 관련 용어

갈탄 brown coal; lignite
구공탄 nine-holed coal briquette
무연탄 anthracite
연탄가스, 일산화탄소 carbon monoxide
연탄재 used coal briquette
조개탄 oval briquette

❸ LPG VS LNG

LPG, 즉 액화석유가스는 석유를 정류해서 얻어지며 주성분은 부탄과 프로판이다. 반면 LNG는 지하에 묻혀 있는 천연가스natural gas로 만들며, 메탄이 주성분이다. 파이프라인을 통해 각 가정에 공급되는 LNG를 도시가스라고 한다. LPG는 공기보다 무겁기 때문에 가스가 새면 바닥에 가라앉고, LNG는 공기보다 가벼워 위로 뜨게 된다.

❹ 휘발유

✗ oil → ○ gas; gasoline; petrol
우리나라에서는 자동차의 연료를 기름이라고 부르기 때문에 휘발유와 경유를 oil로 생각하기 쉽지만, oil은 휘발유와 경유, 등유 등의 원료인 석유를 가리킨다. 영국에서는 휘발유를 petrol이라고 부르고 미국에서는 gas라고 부르는데, gas는 기체를 뜻하는 가스가 아니라 gasoline의 약자이다. 그래서 미국에서는 주유소는 gas station, 주유기는 gas pump, 자동차의 연료탱크는 gas tank라고 한다. 차의 기름이 떨어졌을 때도 "I'm running out of gas." 또는 "I'm out of gas."라고 한다. 구어체에서는 거의 gas만을 사용하고 신문기사 등에서만 gasoline을 쓴다.

4.2 상하수도

상수도

급수 시설, 상수도, 수도 waterworks; water supply
- 가뭄으로 인해 수도 공급이 중단되었다.
  The water supply got cut off because of the drought.

수도계량기 water meter; water gauge

수도관 water pipe; water main

수도꼭지 faucet; tap; spigot
- 수도꼭지를 틀다 turn on the faucet ↔ 수도꼭지를 잠그다 turn off the faucet

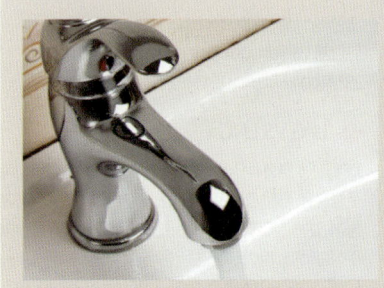
실내에 설치된 수도꼭지는 tap 또는 faucet

실외, 그리고 물탱크에 달린 수도꼭지는 spigot

공원의 급수대 water drinking

기차역에서 물을 공급하던 급수탑 water tower

수돗물 tap water; running water
- 그 집은 수돗물이 나오지 않는다. That house doesn't have running water.

약수터 (mineral) spring
- 나는 매일 아침 약수터에서 물을 떠 온다.
  Every morning I go draw mineral water from a spring.

우물 well
- 우물을 파다 dig a well
- 우물에서 물을 긷다 draw water from a well

두레박 (well) bucket

정수장 water purification plant[facility]

하수도 sewerage

개숫물, 구정물, 설거지물 dishwater

배수구, 하수구 drain; BE plughole ❶
- 막힌 하수구를 뚫다 unclog a drain
- 하수구가 막혔다. The drain is stopped up.

배수로 gutter; ditch

오수, 폐수, 하수 sewage; wastewater; effluent; dirty water
- 공장에서 폐수를 강으로 무단 방류하다가 적발되었다. It came to light that the factory was illegally dumping its wastewater in the river.

정화 시설 sanitation facilities

정화조 septic tank
- 정화조를 청소하다 clean a septic tank

하수관 sewer; waste pipe

하수 시설 sewage system

하수처리장 wastewater treatment plant; sewage disposal plant

❶ 배수구로 빨려 들어간 돈

물도 배수구drain로 빨려 들어가지만, 이때까지의 모든 노력, 10년간의 학업이나 돈이 go down the drain이라고 하면 '수포로 돌아가다', '완전히 잃어버리다', '쓸데없이 되어 버리다'라는 뜻이 된다.

◂ My money going down the drain! 헛되이 써버린 내 돈

4.3 전기시설, 경보시설, 환기시설

전기시설 electrical system

두꺼비집 fuse box; circuit box
  퓨즈 fuse
  □ 퓨즈를 교체하다 change a fuse

변압기, 트랜스 transformer

소켓, 콘센트 socket; (electrical) outlet; (벽에 설치된) wall socket; BE power point ● 플러그 plug ❶
  □ 콘센트에 플러그를 꽂다 plug in / insert a plug into a socket
  □ 콘센트에서 플러그를 뽑다 unplug / pull a plug out of a socket
    멀티콘센트, 멀티탭 power strip

스위치 switch; (똑딱이 스위치) toggle switch

어댑터 adapter; adaptor

전기 electricity
  □ 간밤에 두 시간 동안 전기가 나갔다.
    The electricity was out for two hours last night.

전기계량기 electric meter

전기세, 전기 요금 electric bill

전깃줄, 전선 wire

전원 power supply
  □ 전원을 차단하다 cut off the power supply
    주전원 master switch

> 콘센트 ✗concent → ○outlet; socket
> concent는 concentric plug라는 단어를 줄인 일본어 '콘센또'에서 비롯된 잘못된 말

전기 관련 용어

감전 electric shock
누전 short circuit; electrical short; short
방전 (electric) discharge
전극 electrode; terminal
 • 양극 anode; positive terminal
 • 음극 cathode; negative terminal
전기저항 (electric) resistance
전력 electric power; power
전류 electric current; current
 • 직류 direct current
 • 교류 alternating current
전압, 볼트 voltage; volt
전하 electric charge
정전기 static electricity
충전 charge

toggle switch

❶ 여행갈 때 챙겨 가세요

해외여행지에서 핸드폰이나 카메라 충전기, 노트북, 드라이어 등의 전자 제품의 플러그가 콘센트와 맞지 않아 낭패를 겪는 경우가 있다. 홍콩이나 중국, 베트남, 네덜란드, 벨기에, 독일, 스위스, 이탈리아, 스페인, 오스트리아, 이집트, 칠레와 같은 국가는 우리나라와 마찬가지로 220V를 사용하기 때문에 한국에서 가져간 전자제품을 그대로 사용할 수 있다. 하지만 우리나라와 전압이 다르거나 콘센트의 모양이 다른 나라들도 많다. 일본, 대만, 캐나다 등에서는 110V, 미국에서는 120V의 11자형 플러그가 필요하고, 호주나 뉴질랜드에서는 八자 모양의 플러그가, 영국, 싱가포르, 말레이시아에서는 발이 세 개가 달린 플러그가 필요하다. 이런 애매한 상황에 필요한 것이 만능 어댑터 universal adapter다. 만능 어댑터를 사용하면 전압과 플러그의 모양에 상관없이 전자제품을 사용할 수 있다. 여행을 가기 전에 미리 구입해 갈 수도 있고, 현지의 호텔에 문의해서 빌릴 수도 있다.

경보시설 alarm system

경보기 alarm
- 경보기를 설치하다 install an alarm (system)
- 실수로 경보기를 작동시켰다. I set off the alarm by accident.

가스경보기 gas alarm

경보 alarm; alert
- 경보에 놀라 도둑이 달아났다. The alarm frightened the burglar away.

도난경보기 burglar alarm; security system

화재경보기 fire alarm; smoke alarm; smoke detector

살수기, 스프링클러 (fire) sprinkler
- 화재가 발생하자 건물의 스프링클러가 작동했다. A fire in the building set off the sprinklers.

센서 sensor
- 이 문에는 적외선 센서가 붙어 있다. This door has an infrared sensor.

환기시설 ventilation system

덕트 duct

통풍, 환기 ventilation
- 환기를 시키다 ventilate
- 환기장치가 작동이 안 된다. The ventilation system isn't working.

통풍구, 환기구, 환기창 vent; air vent

환기팬, 환풍기 ventilator; extractor (fan)

공기가 지나가는 통로, duct

05 가구 furniture

5.1 침대 bed

종류 — 모양

2단 침대 trundle bed; truckle bed
그물침대, 해먹 hammock
머피침대 Murphy bed
야전침대 cot; camp bed
요람, 유아침대 cradle; baby bed; bassinet; AE crib; BE cot
　☐ 요람을 흔들다 rock a cradle
이층침대 bunk bed(s); (1층은 책상, 2층은 침대인) loft bed
접이식 침대, 소파베드 sofa bed; futon; daybed
캐노피 침대 canopy bed; four-poster bed
　캐노피 canopy
평상 low wooden bench

> crib death 유아의 돌연사
> cradle robber[snatcher] 나이 차가 많이 나는 연하인 사람과 결혼 혹은 연애하는 사람

> 침대나 좌석 등의 윗부분을 가리는 장식용 천

가구의 종류

DIY 가구
DIY furniture (DIY는 do it yourself의 약자)
고가구, 앤틱가구
antique furniture
원목 가구
hardwood furniture; solid wood furniture
조립식 가구
ready-to-assemble furniture; knock-down furniture

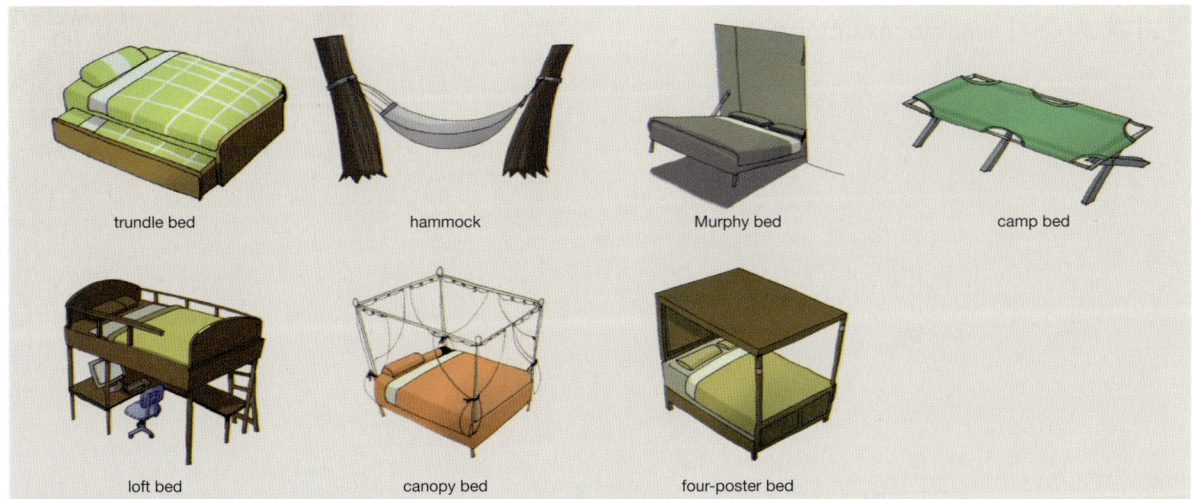

trundle bed　　hammock　　Murphy bed　　camp bed
loft bed　　canopy bed　　four-poster bed

종류 – 재료

돌침대 stone bed
물침대 waterbed
흙침대 mud bed

종류 – 구조

머리판, 헤드보드 headboard; BE bedhead
발판, 풋보드 footboard
프레임 bedstead

매트리스

매트리스 mattress
- 매트리스가 너무 딱딱해서 잠을 잘 수가 없다.
  I can't sleep, because my mattress is too hard.

  매트리스 커버 mattress pad
라텍스 매트리스 memory foam mattress
스프링 매트리스 spring mattress
에어 매트리스 air mattress

크기

싱글 single bed
슈퍼싱글 super single
더블 double bed
퀸 queen-size bed
킹 king-size bed
트윈침대 twin beds

아침부터 기분이 좋지 않아!

밤사이 꿈자리도 뒤숭숭하고 잠도 설쳐 아침부터 컨디션이 좋지 않은 날에는 get out of the wrong side of the bed라는 표현을 쓸 수 있다. 우리말 표현으로는 '꿈자리가 나쁘다', '아침부터 기운이 사납다' 등으로 표현할 수 있다. 로마 시대의 미신에 따르면 침대의 잘못된 방향 wrong side of bed은 왼쪽이다. 침대의 왼쪽에는 사악한 기운이 도사리고 있는데 침대에서 나올 때 왼쪽으로 나오면 그 기운의 영향이 하루 종일 지속된다고 믿었다.

ex 너 오늘 도대체 왜 그래? 꿈자리가 나빴어?
What's the matter with you today? Did you get out of the wrong side of the bed this morning?

침대 사이즈 단위 : cm

종류/국가	미국	영국, 호주	유럽, 남미
싱글	99×191	91×191	90×200
슈퍼싱글	122×213	107×191	100×200
더블	137×191		140×200
퀸	152×203	152×198	160×200
킹	193×203	183×198	180×200

5.2 의자 chair; stool

종류

바 의자, 홈바 의자 bar stool

벤치 bench

비치의자 beach chair; deck chair

사무용 의자 office chair; desk chair

소파 sofa; couch; day bed; BE settee; (2인용) love seat; (천 소파) fabric sofa; (가죽소파) chesterfield
- 그는 소파에 누워 자고 있었다. He was sleeping on the sofa.

스툴, 오토만 footstool; ottoman; BE pouf

안락의자 recliner; easy chair; wing chair

유아식탁의자 highchair

접는 의자, 접이식 의자 folding chair

좌식 의자 legless chair; (일본의) zaisu

팔걸이의자 armchair

회전의자 swivel chair

흔들의자 (다리가 둥근) rocking chair; rocker; (앞뒤로 움직이는) glider

구조

덮개, 커버 upholstery
등받이 backrest
머리받침, 목받침 headrest
방석 (sitting) cushion; zabuton
  ☐ 방석을 깔고 앉다 sit on a cushion
쿠션 cushion; throw pillow
팔걸이 armrest

의자계의 세단

sedan chair 또는 lifter는 가마를 가리키는 말. 일반적인 형태의 승용차를 뜻하는 세단sedan이라는 이름도 프랑스의 스당Sedan 지방에서 귀족들이 타던 의자식 가마에서 유래되었다.

musical chairs

musical chairs는 우리 말로는 '의자 빼앗기 놀이'다. 의자를 가운데에 두고 여러 명의 사람이 둥글게 선다. 의자의 개수는 사람 수보다 하나 적어야 한다. 음악이 나오면 사람들은 의자 주위를 돌다가 음악이 멈추면 재빨리 의자에 앉아야 하는데, 이때 못 앉은 한 명은 탈락된다. 이런 식으로 의자의 개수도 줄고, 사람도 탈락하면 최후의 1인이 승자이다. musical chairs는 은유적으로는 사람이나 물건이 무의미하게 번번이 서로 바뀌는 상황을 뜻하기도 한다.

▶ rocking chair
▶ highchair
▼ recliner
▶ glider

5.3 수납장, 탁자

수납장 cabinet

벽장, 붙박이장 closet; walk-in closet ❶ ; BE cupboard

서가, 책꽂이, 책장 bookcase; bookshelf; (소형의) bookrack
- 책꽂이에 책을 꽂다 put a book on a bookshelf

　북엔드 bookends

책이 쓰러지지 않도록 양쪽에 세우는 것

서랍장 dresser; chest of drawers; chest; bureau

　서랍 drawer
- 맨 위 서랍을 열다 open the top drawer
- 맨 아래 서랍을 닫다 shut the bottom drawer

서류함, 캐비닛 file cabinet; filing cabinet

선반 shelf ❷
- 벽에 선반을 달다 attach a shelf to the wall
- 물건을 선반 위에 올려놓다 put *sth* on a shelf

신발장 shoe rack; shoe shelf; shoe closet
- 신발을 신발장에 넣다 put *one's* shoes on a shoe rack

약장 medicine chest; (화장실의) medicine cabinet

옷장, 장롱 wardrobe

　옷걸이 hanger; clothes hanger; coat stand; hat stand
- 옷을 옷걸이에 걸다 hang clothes on a hanger / hang clothes up

우산꽂이 umbrella stand

자개장 cabinet inlaid with mother-of-pearl

　나전칠기, 자개 mother-of-pearl

장식장 display cabinet; display cupboard

찬장 cupboard; sideboard
- 찬장 맨 위에 있는 접시를 꺼내 주세요.
Please get the dishes from the top shelf of the cupboard.

❶ 옷장 속으로

우리나라는 장롱 문화가 발달했다. 그래서 이사를 할 때마다 커다란 장롱을 옮기는 수고를 해야 한다. 하지만 영어권의 주택에는 붙박이장이 설치된 경우가 많아 소지품과 옷가지 등만 챙기면 이사가 끝난다. walk-in closet은 방처럼 생긴 옷장인데 드레스룸과 비슷한 개념의 공간이다. walk-in closet은 양쪽 또는 삼면의 수납공간을 갖추고 있어 옷과 기타 액세서리들을 보관할 수 있으며, 조명 시설과 전신거울도 갖추고 있다.

❷ 혼기와 선반이 무슨 상관?

물건이 잘 팔리지 않으면 재고창고의 선반에 방치된다. 여기서 비롯된 on the shelf라는 형용사는 '물건이 오랫동안 팔리지 않아 선반 위에 놓여 있는'이라는 뜻인데, 여성에게 사용하면 '혼기를 넘겨 결혼할 가망성이 없는'이라는 뜻이 된다. 한편 꼭대기 선반에 놓인 잡지라는 뜻의 top-shelf magazine은 성인잡지나 도색잡지를 뜻한다. 성인잡지는 아이들의 손이 닿지 않도록 높은 선반에 두어야 하기 때문이다.

탁자, 테이블 table

밥상, 식탁 dining table; kitchen table
- 식탁을 차리다 set the table
- 오랜만에 온 가족이 식탁에 둘러앉아 밥을 먹었다. It had been a long time since the whole family had gathered together around the kitchen table for a meal.

  식탁보, 테이블보 table linen; tablecloth

원탁 round table

책상 desk; writing desk
- 책상을 정리하다 clean up *one's* desk / organize *one's* desk

커피 테이블 coffee table

협탁 (침대용) nightstand; (소파용) end table

화장대 vanity; dressing table
  화장대 거울 vanity mirror

▲ end table

◀ nightstand

06 가전제품 home appliances

6.1 영상가전 video equipment

텔레비전

텔레비전 television (set); TV; (바보상자) idiot box; `inf` the boob tube
- 지금 텔레비전에서 무슨 방송을 하나요? What's on television now?
- 그 경기는 텔레비전으로 방송되었다. The game was broadcast on television.
- 그는 하루 종일 텔레비전을 보고 있다. He's been watching television all day.

텔레비전의 종류

IPTV Internet protocol television ❶
LCD TV liquid crystal display television ❷
   액정 liquid crystal
   액정 화면 LCD; liquid crystal display
LED TV light-emitting diode television ❷
PDP TV plasma display panel television ❷
고화질 TV HDTV; high-definition television
벽걸이 TV wall-mounted television
브라운관 TV CRT television
   브라운관 CRT; cathode-ray tube
인터넷 TV Internet television
컬러 TV color television (set)
평면 TV flat-panel television; flat-screen television
폐쇄회로 TV CCTV; closed-circuit television
프로젝션 TV projection television
흑백 TV black-and-white television

백색가전, 이젠 말을 바꿔야 하나

백색가전 white goods은 주로 냉장고와 세탁기, 에어컨, 전자레인지 등의 생활가전을 말한다. 청결한 이미지를 강조하기 위해 주로 흰색을 사용했기 때문에 붙은 말이다. 하지만 요즘은 이런 색의 규칙을 깨고 검은색, 붉은색, 꽃무늬 등의 화려한 무늬와 강렬한 색을 강조한 백색가전들이 늘고 있다. 한편 텔레비전이나 오디오 등은 갈색가전 brown goods이라고 부른다.

❶ IPTV

IPTV는 텔레비전과 인터넷이 결합된 형태의 텔레비전으로서, 초고속 인터넷을 통해 방송, 동영상 등의 서비스를 제공받는다. 공중파나 케이블 방송과는 달리 본인이 원하는 시간에 원하는 프로그램을 시청할 수 있다.

❷ 슬림한 텔레비전의 시대

LCD TV, PDP TV, LED TV, 모두 두께가 얇아 벽에 걸 수 있는 벽걸이 TV들이다. LCD는 액정 분자의 움직임을 이용해서 화면을 만들어내고, PDP는 기체에 전압을 가해 플라즈마 plasma 상태로 만들어 화면을 만들어낸다. LED TV는 기존 LCD TV의 광원을 발광다이오드(LED)로 바꾼 것으로서, 정식 명칭은 LED Backlit LCD TV라고 할 수 있다.

기타 영상가전

DVD플레이어 DVD player (digital versatile disc player의 약자)
PMP portable media player (휴대용 멀티미디어 플레이어)
게임기 console; games console; (상표명) Gameboy
    조이스틱 joypad; joystick
전자사전 electronic dictionary
프로젝터 projector ❶
    스크린 projection screen
홈시어터 home theater; home cinema
환등기 overhead projector (abb OHP); projector ❶
    슬라이드 slide; transparency; lantern slide

❶ **프로젝터 VS 환등기**
환등기는 프로젝터의 조상뻘 되는 기기로서, 투명한 슬라이드에 빛을 비추어 그 위의 문자나 도표 등을 확대해서 화면에 비춘다. 프로젝터는 컴퓨터나 하드디스크 등에 연결하여 스크린에 영상을 투사하는 디지털 영상기기로서, 요즘은 프로젝터를 구입해 가정 내에 홈시어터를 구축하는 사람들이 점점 늘고 있다.

overhead projector

projector가 있는 home theater

구조, 구성

셋톱박스 set-top box
화면 (스크린) screen; (영상) picture
☐ 화면이 그다지 선명하지 않다. The quality of the picture isn't so great.
☐ 느린 화면으로 다시 보시겠습니까?
    Would you like to see that again in slow motion?
스타일러스펜 stylus
터치스크린 touch screen ❷
☐ 이 전자사전은 터치스크린 방식이다.
    This electronic dictionary has a touch screen.
해상도 resolution
☐ 해상도가 높다 have high resolution ⬌ 해상도가 낮다 have low resolution

❷ **터치스크린 시대**
터치스크린은 손이나 스타일러스펜과 같은 물건으로 화면을 접촉하면 그 위치에 따라 컴퓨터가 선택 사항을 파악하여 처리하는 시스템을 말한다. 별도의 입력 기구 없이 화면에서 바로 선택할 수 있어 쉽고 거부감이 적어, 처음에는 은행이나 지하철 등의 공공장소에서 이용되기 시작했다. 공공부문뿐만 아니라 개인 실생활에서도 휴대폰, PMP, MP3 플레이어, 자동차 내비게이션, 컴퓨터, 노트북, TV 등 터치스크린의 활용 범위가 점점 늘어나고 있다.

6.2 음향가전 audio equipment

CD플레이어 CD player; compact disc player
□ 회사에 갈 때는 CD플레이어로 음악을 듣는다.
  I listen to music on my CD player while I'm on my way to work.
  CD compact disc

MP3플레이어 MP3 player ❶

녹음기 recorder; tape recorder

라디오 radio
□ 라디오를 듣다 listen to the radio
  단파라디오 short-wave radio
  시계라디오 clock radio
  트랜지스터 라디오 transistor radio

마이크 microphone; [inf] mike; mic
□ 그는 마이크를 잡고 자기 소개를 했다. He took the mike and introduced himself.

오디오 stereo (system)

전축 record player, 축음기 gramophone; phonograph
  레코드 record, 엘피반 LP ❷
  턴테이블 turntable

카세트(플레이어) cassette player; tape player; [inf] boom box ❸;
(초소형의) (상표명) Walkman
  카세트테이프 cassette; cassette tape; tape
  □ 카세트에 카세트테이프를 넣다 put a tape into a cassette player

확성기, 메가폰 megaphone; bullhorn
□ 확성기에 대고 말하다 speak through a megaphone

❶ MP3란?
MP3 player에서 MP3는 'MPEG-1 Audio Layer-3'의 약자로서, 오디오 데이터를 압축한 컴퓨터 파일을 말한다. MPEG는 moving picture experts group, 즉 '동화상 전문가 그룹'의 약자로서, 비디오와 오디오 인코딩의 국제 표준화 작업을 수행하는 전문가 집단을 가리킨다. MP3는 용량이 일반 오디오 파일의 1/10에 불과하지만, 음질은 크게 뒤떨어지지 않는다.

❷ 엘피≠레코드
LP는 long-playing record의 약자로서, 1분에 33번 회전하며, 한 면의 재생시간이 30분 정도인 음반을 가리킨다. LP가 발명되기 이전의 초기 레코드는 한 면의 재생시간이 4분 정도에 불과해 고작 한 곡의 노래를 담을 수 있었다.

❸ 소형 전축 크기의 boom box는 1980년대의 힙합문화를 상징한다. 당시 미국에서는 boom box를 어깨에 걸머지고 거리를 돌아다니는 흑인들을 심심찮게 볼 수 있었다.

6.3 생활가전

가습기 humidifier ↔ 제습기 dehumidifier
- 가습기를 틀다 turn on a humidifier ↔ 가습기를 끄다 turn off a humidifier

공기청정기 air purifier

냉풍기, 선풍기 fan; electric fan
- 실링팬 ceiling fan

다리미 iron
- 다리미로 셔츠를 다리다 iron a shirt
- 다리미판 ironing board
- 스팀다리미 steam iron

드라이어, 헤어드라이어 hair dryer; hair drier; dryer; blow dryer
- 드라이어로 머리를 말리다 dry *one's* hair with a hair drier

세탁기 washing machine; [inf] washer; (건조기 겸용 세탁기) washer-dryer; washer-drier
- 나는 일주일에 한 번 세탁기를 돌린다. I do the laundry once a week.
- 건조기 dryer; drier; tumble dryer
- 드럼 세탁기 front-loading washing machine

천장에 붙어 있는 선풍기인 실링팬은 더울 때만 사용하는 것이 아니라 날씨가 추울 때 실내의 열기를 사방으로 퍼뜨리기 위해 사용하기도 한다.

안마기 massager

에어컨 air conditioner

> ✖ aircon → ◉ air conditioner
> aircon은 air와 conditioner를 합쳐 만든 콩글리시로서 영어권에서는 쓰지 않는다. conditioner라는 단어는 어떤 물건이나 물질의 품질을 향상시키는 물건이라는 뜻으로서, air conditioner는 공기air의 질을 향상시키는 에어컨, hair conditioner는 머리카락hair을 윤기 있게 만들어 주는 린스, fabric conditioner는 섬유fabric를 부드럽게 만들어 주는 섬유유연제를 뜻한다.

드럼 세탁기
✖ drum washing machine → ◉ front-loading washing machine

벽걸이형 에어컨 wall-mounted air conditioner
스탠드형 에어컨 standing air conditioner
천장형 에어컨 ceiling-type air conditioner

- 내 방은 에어컨이 설치되어 있다.
  I have an air conditioner in my room.

연수기 water softener

단물, 연수 soft water ↔ 센물, 경수 hard water

온풍기, 히터 heater

정수기 water purifier

진공청소기, 청소기 vacuum (cleaner); (상표명) Hoover
- 내가 청소기로 카펫 청소할게. Let me run the vacuum cleaner over the carpet.

로봇청소기 vacuum cleaning robot
스팀청소기 steam cleaner
카펫청소기 carpet sweeper

6.4 카메라 camera

종류

SLR single lens reflex (camera) ❶

    DSLR digital single lens reflex (camera)

디지털 카메라 digital camera ⬌ 필름 카메라 film camera

방범 카메라 security camera
- 범인의 모습이 방범 카메라에 잡혔다.
  The criminal was caught on tape by a security camera.

비디오카메라, 캠코더 camcorder; video camera; (소형의) palmcorder

수중카메라 underwater camera

일회용 카메라 disposable camera

자동 카메라 compact camera; automatic camera; point-and-shoot camera

즉석카메라, 폴라로이드 카메라 instant camera; (상표명) Polaroid

초소형 카메라 miniature camera

❶ **전문가를 위한 SLR**

보통 카메라는 렌즈를 통해 찍히는 상과 촬영하는 사람이 뷰파인더로 보는 상이 다르다. 이런 구조를 이안 반사식twin lens reflex이라고 하는데, 렌즈뚜껑을 열지 않아도 뷰파인더를 통해 상이 보인다. 반면에 SLR, 즉 single lens reflex는 우리말로는 일안 반사식이라고 하는데, 렌즈를 통해 들어오는 상을 카메라 내부의 펜타프리즘pentaprism이라는 거울로 반사시켜 바로 뷰파인더로 보내기 때문에, 촬영자가 보는 이미지와 실제 찍히는 이미지가 동일하다. SLR 방식의 카메라는 사실감 있게 촬영할 수 있기 때문에 전문가들이 많이 사용한다. 아날로그 방식의 SLR을 디지털화 한 것이 DSLR이며, 필름 대신 전자 센서를 이용해 이미지를 처리하는 것이 차이점이다.

주변기기

삼각대 tripod
- 삼각대에 카메라를 세우고 사진을 찍었다. I used a tripod to take some pictures.

필름 (a roll of) film
- 카메라에 필름을 넣다 put film in a camera

    마이크로필름 microfilm

    컬러필름 color film

    흑백필름 black-and-white film

필터 filter

구조

렌즈 lens
□ 날씨가 추워서 카메라 렌즈에 서리가 끼었다.
It was so cold that my camera lens got steamed up.

광각렌즈 wide-angle lens

렌즈뚜껑, 렌즈후드 lens hood; lens shade

망원렌즈 telephoto lens
□ 카메라에 망원렌즈를 달다 attach a telephoto lens to a camera

접사렌즈 macro lens

줌렌즈 zoom lens

뷰파인더 viewfinder

셔터 shutter

셔터버튼 release button; shutter button
□ 셔터 버튼을 누르다 press the shutter button

조리개 aperture; iris (diaphragm)

플래시 flash
□ 카메라의 플래시를 터뜨리다 use the flash on *one's* camera

관련표현

노출 exposure ❶
□ 이 사진은 노출이 부족해서 전체적으로 어둡게 나왔다.
This picture is underexposed, so everything in it looks dark.

이중노출 double exposure

초점 focus; focal point
□ 카메라의 초점을 맞추다 focus a camera

화소 pixel; picture element; (백만 화소) megapixel ❷
□ 내 휴대전화에는 500만 화소의 카메라가 내장되어 있다.
My cellphone has a five-megapixel camera built in.

❶ **사진의 기본, 노출**

노출은 사진에서 필름에 빛을 얼마나 노출시켜 주었는지를 의미한다. 적절하게 노출되었다면 눈으로 보았을 때와 이미지의 밝기가 동일하지만, 노출이 부족하다면 어둡게, 과하다면 하얗게 나오게 된다. 일반적인 디지털 카메라는 자동으로 노출이 맞춰지지만, 수동 카메라는 조리개와 셔터 속도로 노출을 조절한다. 보통은 셔터버튼을 한 번 눌러서 1회 노출로 하나의 이미지를 찍지만, 이중노출 double exposure은 그 이미지 위에 한 번 더 이미지를 찍는 것을 가리킨다. 두 개의 이미지가 합성되면서 환상적인 분위기가 연출되는데, 노출이 3회 이상인 것을 다중노출 multi exposure라고 한다. 일반 디지털 카메라에는 이중노출 기능이 없다.

이중 노출로 찍은 시계 사진

❷ **화소와 화질**

화소는 사진을 구성하는 최소 단위의 점이다. 같은 면적 안에 들어가는 점의 개수, 즉 화소수가 많을수록 정밀한 사진을 찍을 수 있고 해상도가 좋다. 요즘은 일명 '똑딱이'로 불리는 콤팩트 디지털 카메라도 1,000만 화소를 넘나든다. 고화소일수록 사진이 정교해지기는 하지만 대형 사진을 인화하거나 전문적인 작업이 목적이 아니라면 300만 화소가 넘는 카메라도 충분하다. 그리고 화질을 결정하는 것은 화소 뿐만이 아니라 여러 가지 요인들이 복합적으로 작용한다.

6.5 조명기구 lighting fixture

전깃불 electric light; electric lamp

전구, 전등 light bulb; bulb; light
- 100와트짜리 전구 a 100-watt light bulb
- 전등을 켜다 turn a light on ⊖ 전등을 끄다 turn a light off
- 전구가 나가서 새 전구로 갈아 끼웠다. The bulb burned out, so I changed it.

　꼬마전구 miniature bulb; (크리스마스트리를 장식하는) fairy lights; Christmas lights

네온등 neon lamp

백열등 incandescent lamp, **백열전구** incandescent light bulb

　필라멘트 filament
- 백열등의 필라멘트가 끊어졌다. The filament in the incandescent lamp broke.

샹들리에 chandelier

손전등, 랜턴 AE flashlight; BE torch
- 그는 소리가 나는 쪽으로 손전등을 비추었다. He shone his flashlight in the direction of the sound.

수은등 mercury lamp 〔고속도로, 공원, 광장 등에 많이 사용된다.〕

스탠드 lamp; table lamp
- 그녀는 스탠드를 켠 채로 잠을 잔다. She sleeps with her table lamp on.

　전등갓 lampshade
　플로어 스탠드 floor lamp; standard lamp

아크등 arc light; arc lamp

취침등 nightlight

탐조등, 서치라이트 searchlight
- 서치라이트를 비추다 shine a searchlight (on)

할로겐 램프 halogen lamp 〔백열전구에 할로겐 물질을 주입한 램프. 백열전구보다 훨씬 밝고 더 밝으며, 수명도 오래간다.〕

형광등 fluorescent lamp; fluorescent tube
- 형광등을 갈아 끼우다 change a fluorescent lamp

크리스마스트리 장식으로 쓰이는 fairy lights

테이블이나 가구 위에 놓는 table lamp

바닥에 세우는 floor lamp

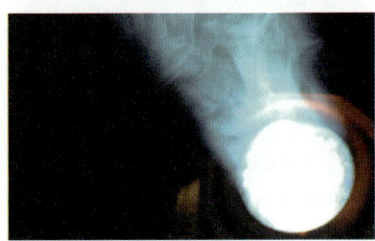
야간 탐색용이나 신호용으로 쓰이는 searchlight

등, 등잔 (oil) lamp; lantern

가스등 gaslight
남포등, 램프, 호롱불 kerosene lamp
종이등 Chinese lantern
호박등 (할로윈의) jack-o'-lantern ❶

❶ **잭은 아직도 떠돌고 있을까?**
할로윈이면 어김없이 등장하는 jack-o'-lantern은 호박의 윗부분을 도려내어 속을 긁어낸 후, 도깨비 모양으로 만든 호박등이다. 전설에 의하면 잭Jack이라는 아일랜드의 술꾼은 어느 날 자신을 데리러 온 악마를 속이고 수명을 연장한다. 하지만 죽고 나서는 천국은 물론이거니와 악마를 속인 죄로 지옥에도 갈 수 없게 되어 암흑을 떠돌게 된다. 너무 춥고 어두운 나머지 잭은 악마에게 사정을 해서 불씨 하나를 받고 그 불씨로 등불을 만들었는데 이것이 지금의 jack-o'-lantern이다.

종이등

등, 등잔

남포등

가스등

6.6 시계 clock; watch ①

종류

괘종시계 grandfather clock
내장시계 (기계 등의) internal clock
모래시계 hourglass; sandglass
물시계 water clock
벽시계 clock; wall clock
뻐꾸기시계 cuckoo clock
손목시계 watch; wristwatch
아날로그시계 analogue clock[watch]
● 전자시계, 디지털시계 digital clock[watch]
자명종, 알람시계 alarm clock
☐ 자명종을 6시에 맞추어 놓았다. I set my alarm clock for six.
　알람 alarm
　☐ 오늘 아침에는 알람이 울리지 않아서 회사에 지각했다.
　　My alarm didn't go off this morning, so I was late for work.
초시계, 스톱워치 stopwatch
☐ 초시계로 시간을 재다 time *sth* with a stopwatch
탁상시계 table clock; desk clock
해시계 sundial
회중시계 pocket watch; fob watch ②

구조

시계추, 진자 pendulum
시곗줄 (회중시계의) watch chain; watch guard; fob; (손목시계의) watchstrap; watchband
침 hand
태엽 spring; clockwork
☐ 시계의 태엽을 감는 것을 깜박했다.
　I forgot to wind the clock.

---

① clock과 watch의 차이
clock 휴대할 수 없는 큰 시계
watch 휴대할 수 있는 손목시계, 회중시계

알람을 맞추다 set the alarm (clock) for
알람을 끄다 turn[shut] off the alarm (clock)

② pocket watch와 watch pocket
1차 세계대전 이후 손목시계가 유행하기 전까지는 회중시계가 가장 보편적인 시계였다. 회중시계는 양복 주머니pocket 안에 넣고 다니기 때문에 pocket watch라고 부르고, 끈fob에 매달린 시계라고 해서 fob watch라고도 한다. 조끼에 있는 주머니는 원래 회중시계를 넣는 용도로 쓰였기 때문에 watch pocket이라고 부른다.

초침 second hand
분침 minute hand
시침 hour hand

6.7 부품 parts, 주변기기 peripherals

리모컨 remote control; remote; (텔레비전의) **inf** zapper
- 그는 리모컨으로 TV 채널을 이리저리 돌렸다.
  He kept changing channels with the remote.

  소리, 볼륨 volume
  - 볼륨을 높이다 turn up the volume / raise the volume
    - 볼륨을 낮추다 turn down the volume / lower the volume

  채널 channel
  - 11번으로 채널을 돌려 봐. Switch to Channel 11.

스피커 speaker; loudspeaker
- 스피커에서 쾅쾅거리는 음악이 흘러나왔다.
  Loud music was booming out of the speaker.

  우퍼 스피커 woofer

이어폰 earphones, 헤드셋 headset, 헤드폰 headphones
- 귀에 이어폰을 꽂다 put on earphones / use earphones

증폭기, 앰프 amplifier; **inf** amp

충전기 charger; battery charger

타이머 timer; time switch
- 전자레인지의 타이머를 2분에 맞추었다. I set the microwave timer to two minutes.

리모컨 ✗ remocon; remote controller → ✓ remote control
remocon은 remote와 control을 합친 일본식 조어법

텔레비전 채널을 이리저리 돌려 가며 TV를 보는 channel surfing

전지

전지, 배터리 battery
- 휴대전화의 배터리가 다 되었다. My cellphone battery's almost dead.

건전지 dry battery

광전지 photocell; photoelectric cell; photovoltaic cell, 태양전지 solar battery

리튬전지 lithium battery

수은전지 mercury battery

알칼리전지 alkaline battery

연료전지 fuel cell

축전지 storage battery

충전지 rechargeable battery

▶ earphones
▶ headset
▶ headphones

07 침구 bedding; bedclothes

담요, 이불 blanket; [AE] comforter; [BE] duvet ❶
- 그 여자는 담요로 무릎을 덮었다. She covered her knees with a blanket.
  - 누비이불, 솜이불 cotton-wool comforter
  - 전기담요, 전기장판 electric blanket; electric mat
    - 요즘은 전기장판을 틀고 잔다. These days I sleep on an electric mat.
  - 퀼트 quilt; crazy quilt; patchwork quilt ❷
  - 홑이불 sheet; bed sheet
    - 그는 한겨울에도 홑이불만 덮고 잔다. He only covers up with a sheet even in the middle of winter.

모기장 mosquito net; mosquito bar
- 모기장을 치다 put up a mosquito net

베개 pillow; (긴 원통형의) bolster
- 베개를 베다 use a pillow / sleep with a pillow
  - 목침 wooden pillow
  - 베갯잇 pillowcase; pillow sham; pillow slip

요 Korean-style mattress used as a bed on the floor

죽부인 Dutch wife

침낭 sleeping bag
- 침낭에 들어가서 잠을 자다 sleep in a sleeping bag

침대보, 시트 sheet; bedspread; bed cover; coverlet

❶ **산통 깨는 일인자**
불이 났을 때 그 위에 모래를 뿌리거나 두꺼운 담요 등을 덮으면 쉽게 불을 끌 수 있다. 여기서 유래된 wet blanket, 즉 '젖은 담요'라는 표현은 유쾌하고 흥겨운 분위기를 싸하게 만드는 사람, 즉 산통을 깨는 사람, 훼방꾼이라는 뜻으로 쓰인다.

> **ex** 그는 산통 깨는 데 일가견이 있다.
> He is a total wet blanket.

pillow

bolster

❷ **퀼트란?**
퀼트는 위로 올라오는 겉천과 뒷판인 뒷감천, 그리고 그 사이의 솜으로 이루어진다. 퀼트에 문양을 넣는 방법으로는 여러 조각을 연결하는 패치워크 patchwork와 천 위에 다른 천을 덧대는 아플리케 applique 등이 있다. 처음에는 방한용으로 만들어졌지만, 요즘은 이불, 커튼, 가방 등의 생활용품부터 장식품까지 다양하게 활용되고 있다.

08 잡화 sundries

거울 mirror ❶
- 그녀는 거울에 비친 자신의 모습을 보았다. She looked at herself in the mirror.
- 그녀는 틈만 나면 거울을 꺼내 화장을 고친다. She's constantly taking out her mirror and fixing her makeup.
  - 볼록거울 convex mirror ⬌ 오목거울 concave mirror
  - 손거울 hand mirror
  - 전신거울, 체경 cheval glass; full-size mirror; full-length mirror

꽃병, 화병 vase, 화분 flowerpot; pot; (상자 모양의) window box

끈끈이 flypaper

달력 calendar; wall calendar; desk calendar; page-a-day calendar
- 달력을 한 장 넘기다 turn over a page on the calendar

❶ 일방향 거울
one-way mirror라고 불리는 일방향 거울은 한쪽에서는 거울처럼 보이지만 다른 한쪽은 투명한 유리처럼 반대쪽이 훤히 들여다 보인다. 일방향 거울은 경찰서의 취조실에 설치된 경우가 많으며, 어린이집이나 유치원 등에서 부모들이 아이들을 관찰할 수 있도록 이 거울을 설치하기도 한다.

wall calendar   desk calendar   page-a-day calendar

돗자리 rush mat; straw mat
- 우리는 돗자리를 깔고 바닥에 앉았다. We sat on a rush mat.

등긁이, 효자손 (wooden) backscratcher
- 등긁이로 등을 긁다 scratch *one's* back with a backscratcher

병풍 folding screen
- 병풍을 치다 set up a folding screen

사진첩, 앨범 album; photograph album
- 앨범에 사진을 끼우다 put a picture in an album

액자 frame; picture frame
- 사진을 액자에 넣다 put a picture in a frame / get a picture framed

양초, 초 candle; (가느다란) taper

- 양초를 켜다 light a candle
- 그는 생일케이크의 초를 불어 껐다.
  He blew out the candles on his birthday cake.

심지 wick

촛농 candle drippings; wax drippings

- 초에서 촛농이 흘러내렸다. Wax ran down the side of the candle.

촛대 candlestick; candelabra; sconce; menorah

◀ 여러개의 초를 꽂을 수 있는 candelabra

▼ 벽에 붙박이로 설치된 sconce

▲ 가장 기본적인 candlestick

▲ 7개의 촛대를 가진 menorah는 유대교를 상징한다.

촛불 candlelight; candle flame

- 나는 촛불을 켜고 책을 읽었다. I read a book by the candlelight.

양탄자, 매트, 카펫 (큰) carpet; (작은) rug; mat; (현관 밖의) doormat; (욕실용) bath mat; (벽난로 앞의) hearthrug; (집합적) carpeting ❶

- 누가 카펫에 커피를 쏟았어? Who has spilt the coffee on the carpet?

❶ 귀한 당신을 위한 레드카펫

화려한 영화제나 시상식 하면 떠오르는 장면 중 하나가 레드카펫 위에서 포즈를 취하는 스타들이다. 중세시대에는 카펫의 두꺼운 모직 천을 붉은색으로 염색하는 것이 힘들고 가격이 비싸 왕이나 귀족과 같은 상류층만이 레드카펫을 밟을 수 있는 특권을 누렸다. 하지만 요즘은 영화제와 같은 행사나 국빈이 방문했을 때뿐만 아니라, 호텔이나 레스토랑 등에서도 레드카펫을 쉽게 볼 수 있다. red-carpet welcome은 '극진한 대우', roll out the red carpet은 '극진히 대접하다'라는 뜻이다.

ex 나는 공항에서 생각지도 못했던 친구들의 성대한 환영을 받았다.
I received an unexpected **red-carpet welcome** at the airport.

carpet

rug

doormat

hearthrug

어항 (작고 둥근) fishbowl; goldfish bowl; (크고 네모난) fish tank

저울, 체중계 scales; weighing machine
- 체중계로 몸무게를 재다 weigh *oneself*
  - 양팔 저울 balance
  - 용수철 저울 spring balance

족자 scroll

태피스트리 tapestry; wall hanging ❶

파리채 flyswatter; swatter
- 파리채로 파리를 잡다 kill a fly with a flyswatter

풍경 wind chime; wind-bell

풍선 balloon
- 풍선을 불다 blow up a balloon
- 풍선이 펑 하고 터졌다. The balloon burst with a pop.

향주머니, 포푸리 potpourri; sachet

◀ 중세 시대에 짜여진 태피스트리

❶ 장식이 아닌 예술

태피스트리는 다양한 색으로 그림을 짜 넣은, 벽에 거는 직물이다. 태피스트리의 기본이 되는 밑그림은 당대의 유명 화가들이 그린 것으로, 지금은 예술 작품으로 취급 받지만 태피스트리가 성행했던 중세 시대에는 실내 장식의 일부였다. 태피스트리로 벽을 장식하면 겨울에는 보온도 되고, 소리가 울리지 않는 효과도 있었다. 짧게는 몇 년에서 길게는 수 십 년간 장인의 손을 거쳐야 완성되는 태피스트리는 그 시간과 노력을 차치하더라도, 양모와 금실 같은 고급 재료로 제작하기 때문에 하나를 완성하는 데 많은 비용이 들었다.

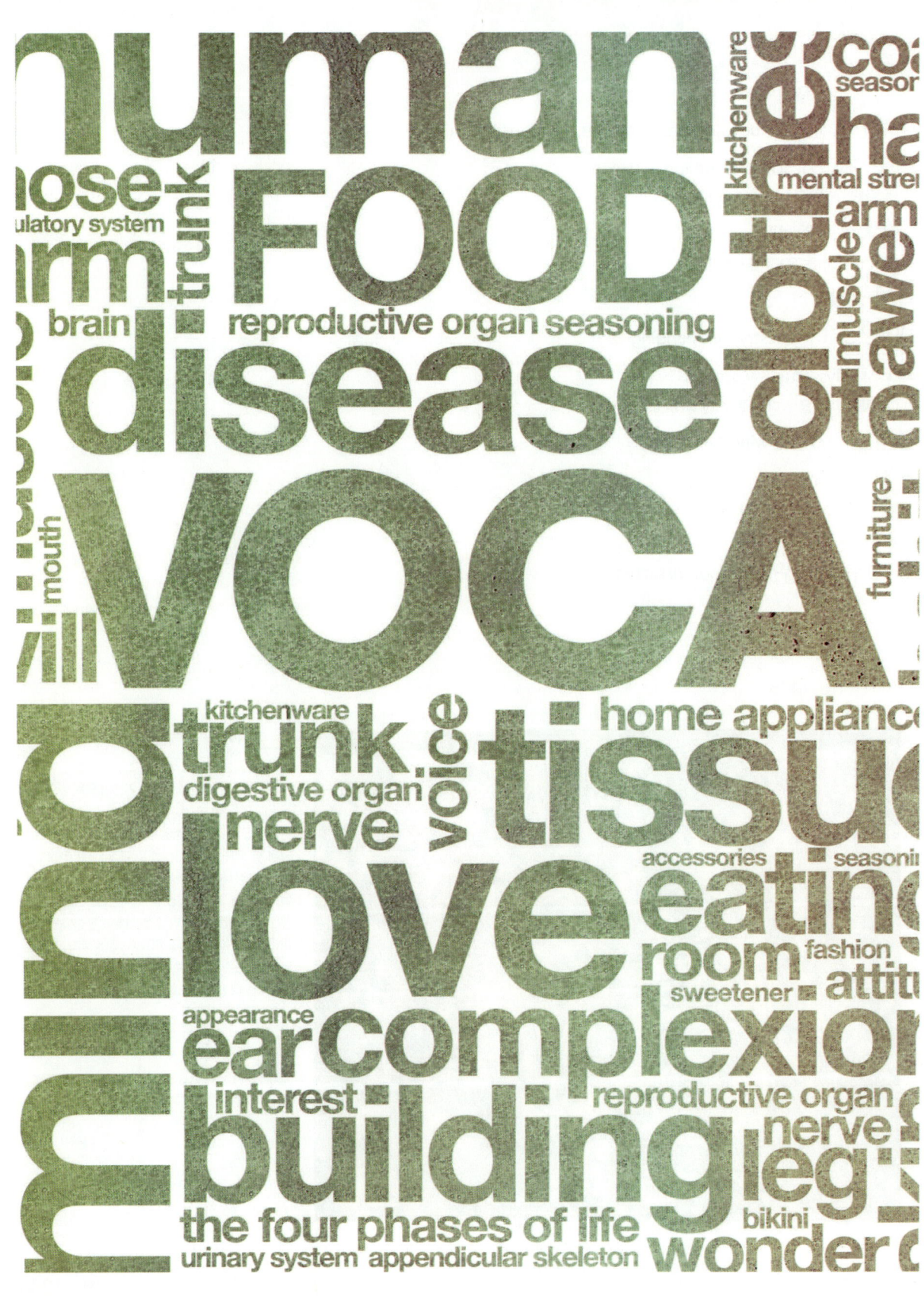

index 발음기호

A

abalone [æ̀bəlóuni]
abashed [əbǽʃt]
abdomen [æbdóumən]
abdominal [æbdámənəl]
abdominoplasty [æbdámənəplæ̀sti]
abet [əbét]
abhor [əbhɔ́:r]
abhorrence [əbhɔ́rəns]
abominable [əbámənəbəl]
abortion [əbɔ́:rʃən]
abrasion [əbréiʒən]
abrupt [əbrʌ́pt]
abs [æbz]
abscess [ǽbses]
absinthe [ǽbsinθ]
absorb [əbzɔ́:rb]
abstention [əbsténʃən]
abyss [əbís]
academic [æ̀kədémik]
accessory [æksésəri]
acclimate [ǽkləmèit]
accommodate [əkámədèit]
accuse [əkjú:z]
achar [ətʃá:r]
ache [eik]
Achilles [əkíli:z]
acid [ǽsid]
acidic [əsídik]
acknowledge [əknálidʒ]
acne [ǽkni]
acorn [éikɔ:rn]
acoustic [əkú:stik]
acquire [əkwáiər]
acrid [ǽkrid]
acromegaly [æ̀kroumégəli]
acromicria [æ̀krəmíkria]
acrophobe [ǽkrəfoub]
acrophobia [æ̀krəfóubiə]

acrylic [əkrílik]
acute [əkjú:t]
adaptable [ədǽptəbəl]
adapter / adaptor [ədǽptər]
addict [ədíkt]
addiction [ədíkʃən]
additive [ǽdətiv]
adequate [ǽdikwit]
adhesive [ədhí:siv]
admiration [æ̀dməréiʃən]
adobe [ədóubi]
adolescent [æ̀dəlésənt]
Adonis [ədánis]
adorable [ədɔ́:rəbəl]
adore [ədɔ́:r]
adrenal [ədrí:nəl]
adrenalin [ədrénəlin]
adult [ədʌ́lt]
adventurous [ədvéntʃərəs]
adzuki bean [ædzúki bi:n]
aerial [ɛ́əriəl]
aerobic [ɛəróubik]
aerophobia [ɛ̀ərəfóubiə]
affect [əfékt]
affective [əféktiv]
affluenza [æ̀flu:énzə]
Afro [ǽfrou]
aftereffect [ǽftərifèkt]
agape [əgéip]
agent [éidʒənt]
aghast [əgǽst]
agile [ǽdʒəl]
agility [ədʒíləti]
agony [ǽgəni]
agoraphobe [ǽgərəfoub]
agoraphobia [æ̀gərəfóubiə]
agoraphobic [æ̀gərəfóubik]
ailment [éilmənt]
air-raid [ɛ́ərreid]
airtight [ɛ́ərtàit]
airway [ɛ́ərwèi]

aisle [ail]
à la carte [a la kart]
al dente [æl dénti]
albinism [ǽlbənìzm]
albino [ælbáinou]
albuminuria [ælbjù:mənjúəriə]
alcoholic [ǽlkəhɔ́(:)lik]
alcoholism [ǽlkəhɔ(:)lìzəm]
ale [eil]
alert [ələ́:rt]
algor mortis [algər mɔ:tis]
alienation [èiljənéiʃən]
alkaline [ǽlkəlàin]
allegiance [əlí:dʒəns]
allergen [ǽlədʒen]
allergic [ələ́:rdʒik]
allergy [ǽlərdʒi]
alligator [ǽligèitər]
almighty [ɔ́:lmáiti]
almond [á:mənd]
aloha [əlóuə]
alopecia areata [æ̀ləpí:ʃiə æriéitə]
altar [ɔ́:ltər]
alternate [ɔ́:ltərneit]
altitude [ǽltitjù:d]
altruism [ǽltruìzəm]
aluminum [əlú:minəm]
alveolar [ælví:ələr]
alveoli [ælvíəlai]
alveolus [ælví:ələs]
Alzheimer [áltshaimə]
amazed [əméizd]
amberjack [ǽmbərdʒæ̀k]
ambidexterity [æ̀mbidekstérəti]
ambidextrous [æ̀mbidékstrəs]
amblyopia [æ̀mblióupiə]
amenable [əmí:nəbəl]
amenorrhea [eimènərí:ə]
amiable [éimiəbəl]
amicable [ǽmikəbəl]
amigo [əmí:gou]

amnesia [æmníːʒə]
amnesiac [æmníːʒiæk]
amnion [ǽmniən]
amniotic [æmniátik]
amoral [eimɔ́ːrəl]
amplifier [ǽmpləfàiər]
amputate [ǽmpjutèit]
amyotrophic [æmiatrɑ́fik]
anaerobic [ænəróubik]
analogue [ǽnəlɔːg]
analytical [ænəlítikəl]
analyze [ǽnəlàiz]
ancestor [ǽnsestər]
ancestral [ænséstrəl]
anchovy [ǽntʃouvi]
anemia [əníːmiə]
angina [ændʒáinə]
angioma [ændʒióumə]
anglerfish [ǽŋglərfiʃ]
angora [æŋgɔ́ːrə]
angular [ǽŋgjələr]
animation [ænəméiʃən]
animosity [ænimɑ́səti]
ankle [ǽŋkl]
anklet [ǽŋklit]
annihilate [ənáiəlèit]
anode [ǽnoud]
anorak [ǽnəræk]
anorexia nervosa
 [ænəréksiə nərvóusə]
anorexic [ænəréksik]
anoxia [ænɑ́ksiə]
antagonism [æntǽgənìzəm]
antagonistic [æntægənístik]
antenna [ænténə]
antennae [ænténai]
anteroom [ǽntirùm]
anthracite [ǽnθrəsàit]
anthrax [ǽnθræks]
anthropology [ænθrəpɑ́lədʒ]
anthropophagy [ænθrəpɑ́fədʒi]
anthropophobia [ænθrəpəfóubiə]

antibiotic [æntibaiɑ́tik]
antibody [ǽntibɑ́di]
anticarcinogenic [æntikɑːsnədʒénik]
antidepressant [æntidiprésənt]
antidote [ǽntidòut]
antigen [ǽntidʒən]
antipasto [æntipǽstou]
antique [æntíːk]
anus [éinəs]
anxiety [æŋzáiəti]
ao dai [ɑ́u dai]
aorta [eiɔ́ːrtə]
apathetic [æpəθétik]
apathy [ǽpəθi]
apéritif [əperətíːf]
aperture [ǽpərtʃùər]
aphasia [əféiʒiə]
apheresis [əférəsis]
Aphrodite [æfrədáiti]
aplastic [ɑplǽstik]
apnea [ǽpníːə]
apostate [əpɑ́steit]
appalling [əpɔ́ːliŋ]
appealing [əpíːliŋ]
appendectomy [æpəndéktəmi]
appendicitis [əpèndəsáitis]
appendix [əpéndiks]
appetite [ǽpitàit]
appetizer [ǽpitàizər]
applaud [əplɔ́ːd]
applause [əplɔ́ːz]
appliance [əpláiəns]
appliqué [æplikéi]
appreciate [əpríːʃièit]
apprehend [æprihénd]
appropriate [əpróuprièit]
apricot [éiprikɑ̀t]
apron [éiprən]
aqualung [ǽkwəlʌŋ]
aquaphobia [ækwəfóubiə]
aquiline [ǽkwəlàin]
arabesque [ærəbésk]

arc [ɑːrk]
arctic [ɑ́ːktik]
ardent [ɑ́ːrdənt]
ark [ɑːrk]
armband [ɑ́ːrmbæ̀nd]
armor [ɑ́ːrmər]
armpit [ɑ́ːrmpìt]
aroma [əróumə]
aromatic [ærəmǽtik]
arrhythmia [əríðmiə]
arse [ɑːrs]
arsehole [ɑ́ːrshòul]
arsenic [ɑ́ːrsnik]
Artemis [ɑ́ːrtəmis]
arteriosclerosis
 [ɑːrtiəriòuskləróusis]
artery [ɑ́ːrtəri]
arthritis [ɑːrθráitis]
artichoke [ɑ́ːrtitʃòuk]
artificial [ɑ̀ːrtəfíʃəl]
asbestos [æsbéstəs]
asbestosis [əspérəgəs]
ascites [əsɑ́itiːz]
ashen [ǽʃən]
ashtray [ǽʃtrèi]
askance [əskǽns]
asparagus [əspérəgəs]
aspirin [ǽspərin]
ass [æs]
assassin [əsǽsin]
assassinate [əsǽsənèit]
assassination [əsæ̀sənéiʃən]
assemble [əsémbəl]
asshole [ǽshòul]
assort [əsɔ́ːrt]
assume [əsúːm]
assumption [əsʌ́mpʃən]
asthma [ǽzmə]
asthmatic [æzmǽtik]
astigmatism [əstígmətìzəm]
astringent [əstríndʒənt]
asylum [əsáiləm]

atelier [ǽtəljéi]
athlete [ǽθliːt]
athletic [æθlétik]
atomic [ətámik]
atop [ətáp]
atopic [eitápik]
atopy [ǽtəpi]
atria [éitriə]
atrichia [eitríkiə]
atrium [éitriəm]
attaché [ətǽʃei]
attachment [ətǽtʃmənt]
attic [ǽtik]
aubergine [óubə*r*ʒìːn]
auburn [ɔ́ːbə*r*n]
auction [ɔ́ːkʃən]
auditory [ɔ́ːditɔ̀ːri]
auspicious [ɔːspíʃəs]
austere [ɔːstíə*r*]
authoritarian [əθɔ̀ːritέəriən]
autism [ɔ́ːtizəm]
autistic [ɔːtístik]
autonomous [ɔːtánəməs]
autopsy [ɔ́ːtɑpsi]
avarice [ǽvəris]
avaricious [ævəríʃəs]
avian [éiviən]
avid [ǽvid]
avitaminosis [eivàitəmənóusis]
avocado [ævəkáːdou]
awe [ɔː]
awestruck [ɔ́ːstrək]
awkward [ɔ́ːkwə*r*d]
awning [ɔ́ːniŋ]
axial [ǽksiəl]
ayu [áːyu]
Azrael [ǽzriəl]

B

babysit [béibisit]
babysitter [béibisitə*r*]
bacillary [bǽsəlèri]
bacilli [bǽsəlai]
bacillus [bəsíləs]
backache [bǽkèik]
backless [bǽklis]
backlit [bǽklit]
backpack [bǽkpæ̀k]
backrest [bǽkrest]
backscratcher [bǽkskræ̀tʃə]
backward [bǽkwə*r*d]
bacon [béikən]
bacteria [bæktíəriə]
bacterium [bæktíəriəm]
badge [bædʒ]
bagel [béigəl]
baggy [bǽgi]
baguette [bægét]
balaclava [bæ̀ləkláːvə]
balcony [bǽlkəni]
bald [bɔːld]
balloon [bəlúːn]
balm [bɑːm]
balsamic [bɔːlsǽmik]
bamboo [bæmbúː]
banal [bənǽl]
bandana [bændǽnə]
bangle [bǽŋgəl]
bangs [bæŋz]
banister [bǽnistə*r*]
banquet [bǽŋkwit]
barbecue [báː*r*bikjùː]
barbed [bɑː*r*bd]
barley [báː*r*li]
barn [bɑː*r*n]
barren [bǽrən]
barrette [bərét]
basin [béisən]
bassinet [bæ̀sənét]
bast fiber [bǽst fáibə*r*]
bastard [bǽstə*r*d]
bathing [béiðiŋ]
bathrobe [bǽθroub]
bathtub [bǽθtʌ̀b]
batter [bǽtə*r*]
battery [bǽtəri]
battlefield [bǽtlfìːld]
bawl [bɔːl]
bay [bei]
BBQ [báː*r*bikjùː]
bean [biːn]
bean curd [biːn kəːrd]
beanie [bíːni]
beanpole [bíːnpòul]
beanstalk [bíːnstɔ̀ːk]
beard [biə*r*d]
bearish [bέəriʃ]
bearskin [bέə*r*skìn]
Beaujolais Nouveau [bouʒəlei nuvou]
beckon [békən]
bedding [bédiŋ]
bedhead [bédhed]
bedpan [bédpæ̀n]
bedsore [bédsɔ̀ː*r*]
bedstead [bédstèd]
bedwetter [bédwetə*r*]
bedwetting [bédwètiŋ]
beef [biːf]
beefburger [bíːfbə̀ː*r*gə*r*]
beefcake [bíːfkèik]
beefsteak [bíːfstèik]
beefy [bíːfi]
beehive [bíːhàiv]
beet [biːt]
behead [bihéd]
belch [beltʃ]
bell-bottoms [bel bátəmz]
bellflower [bélflàuə*r*]
belligerent [bəlídʒərənt]
bellows [bélouz]
bellyache [bélièik]
belongings [bilɔ́ːŋiŋz]
belt [belt]

benevolent [bənévələnt]
benign [bináin]
benignity [binígnəti]
benzene [bénzi:n]
bereaved [birí:vd]
beret [bəréi]
beriberi [béribéri]
betray [bitréi]
betrayal [bitréiəl]
betrayer [bitréiər]
beverage [bévəridʒ]
bewildered [biwíldərd]
bias [báiəs]
biased [báiəst]
bib [bib]
biceps brachii [báiseps bréikiai]
bid [bid]
bidet [bidéi]
bier [biər]
bifocals [baifóukəlz]
bifold [báifòuld]
bile [bail]
bilestone [báilstòun]
biliary [bílièri]
bimbo [bímbou]
bin [bin]
binge [bindʒ]
biopsy [báiɑpsi]
bipolar [baipóulər]
birth [bə:rθ]
birthmark [bə́:rθmɑ̀:rk]
biscuit [bískit]
bisexual [baisékʃuəl]
bisexuality [baisekʃuǽləti]
bishop [bíʃəp]
bitter [bítər]
bittersweet [bítərswì:t]
bizarre [bizɑ́:r]
blackhead [blǽkhèd]
blackout [blǽkàut]
bladder [blǽdər]
blade [bleid]

blanch [blæntʃ]
bland [blænd]
blank [blæŋk]
blanket [blǽŋkit]
blaze [bleiz]
blazer [bléizər]
blazing [bléiziŋ]
bleach [bli:tʃ]
bleak [bli:k]
bleed [bli:d]
blemish [blémiʃ]
blender [bléndər]
blepharoplasty [bléfərəplæ̀sti]
bliss [blis]
blister [blístər]
bloated [blóutid]
blonde [blɑnd]
blood [blʌd]
bloodcurdling [blʌ́dkə̀:rdliŋ]
bloodshot [blʌ́dʃɑ̀t]
bloodstain [blʌ́dstèin]
bloody [blʌ́di]
blowfish [blóufiʃ]
blubber [blʌ́bər]
blurred [blə:rd]
blurry [blə́:ri]
blush [blʌʃ]
boa [bóuə]
boar [bɔ:r]
boarder [bɔ́:rdər]
boater [bóutər]
boathouse [bóuthàus]
bob [bɑb]
bobbed [bɑbd]
bobby [bɑ́bi]
boil [bɔil]
boilermaker [bɔ́ilərmèikər]
boilersuit [bɔ́ilərsu:t]
bok choy [bak tʃɔ́i]
bolero [bəléərou]
bolo tie [bóulou tai]
bologna [bəlóunjə]

bolster [bóulstər]
bolt [boult]
bomb [bɑm]
bomber [bɑ́mər]
bonito [bəní:tou]
bonnet [bɑ́nit]
bony [bóuni]
boo [bu:]
boob [bu:b]
booger [búgər]
bookends [búkenz]
bookrack [búkræ̀k]
boonie [bú:ni]
booster [bú:stər]
bootlace [bú:tlèis]
boots [bu:ts]
booze [bu:z]
Bordeaux [bɔ:dóu]
boredom [bɔ́:rdəm]
bosom [búzəm]
bosomy [búzəmi]
bottle [bɑ́tl]
bottoms [bɑ́təmz]
botulinum [bɑ̀tʃəláinəm]
bouillabaisse [bù:ljəbéis]
bouillon [bú:ljɑn]
bounce [bauns]
bouquet [boukéi]
bourbon [bə́rbən]
bow [bou]
bowel [báuəl]
bowl [boul]
bowleg [bóulèg]
bowler [bóulər]
boxers [bɑ́ksərz]
bracelet [bréislit]
braces [bréisiz]
braid [breid]
brain [brein]
brainstorm [bréinstɔ̀:rm]
brainwave [bréinweiv]
braise [breiz]

brandy [brǽndi]
brash [bræʃ]
brass [bræs]
brassard [brǽsɑːrd]
brassiere [brəzíər]
brawny [brɔ́ːni]
brazier [bréiʒər]
breakdown [bréikdàun]
breast [brest]
breastbone [bréstbòun]
breastfeed [bréstfid]
breath [breθ]
breathe [briːð]
breech [briːtʃ]
breeze [briːz]
brew [bruː]
brewage [brúːidʒ]
brewer [brúːər]
brewery [brúːəri]
brick [brik]
bridal [bráidl]
bride [braid]
briefcase [bríːfkèis]
briefs [bríːfs]
brim [brim]
brine [brain]
briquette [brikét]
brisket [brískət]
brittle [brítl]
broccoli [brákəli]
brogues [brougz]
broil [brɔil]
broiler [brɔ́ilər]
bromhidrosis [brɔːmidrósis]
bronchi [bráŋkai]
bronchial [bráŋkiəl]
bronchiectasis [bràŋkiéktəsis]
bronchitis [braŋkáitis]
bronchus [bráŋkəs]
bronzed [branzd]
broth [brɔː(ː)θ]
brow [brau]

brownie [bráuni]
brows [brauz]
brucellosis [brùːsəlóusis]
bruise [bruːz]
brunch [brʌntʃ]
brunet [bruːnét]
brusque [brʌsk]
bruxism [brʌ́ksizəm]
bubbly [bʌ́bli]
bubonic [bjubánik]
bucket [bʌ́kit]
buckle [bʌ́kəl]
bucktooth [bʌ́ktùːθ]
buckwheat [bʌ́khwìːt]
bud [bʌd]
Buddha [búːdə]
buddy [bʌ́di]
buffet [bʌ́fit]
bug [bʌg]
buggy [bʌ́gi]
bulb [bʌlb]
bulbous [bʌ́lbəs]
bulimia nervosa [bjulímiə nərvósə]
bulimic [bjulímik]
bulky [bʌ́lki]
bull [bul]
bullet [búlit]
bullhorn [búlhɔ̀ːrn]
bullish [búliʃ]
bully [búli]
bum [bʌm]
bump [bʌmp]
bumpkin [bʌ́mpkin]
bun [bʌn]
bundle [bʌ́ndl]
bungalow [bʌ́ŋɡəlòu]
bungee [bʌ́ndʒi]
bunk [bʌŋk]
bur [bəːr]
burdock [bə́ːrdɑ̀k]
bureau [bjúrou]
burglar [bə́ːrɡlər]

burka [bə́ːrkə]
burlap [bə́ːrlæp]
burp [bəːrp]
burst [bəːrst]
bush [buʃ]
bushy [búʃi]
bust [bʌst]
busty [bʌ́sti]
butane [bjúːtein]
butcher [bútʃər]
butchery [bútʃəri]
butt [bʌt]
butterscotch [bʌ́tərskɑ̀tʃ]
butthole [bʌ́thoul]
buttock [bʌ́tək]
button [bʌ́tn]
buttonhole [bʌ́tnhòul]
buxom [bʌ́ksəm]
buzz [bʌz]
buzzer [bʌ́zər]

C

cabbage [kǽbidʒ]
cabinet [kǽbənit]
cacao [kəkɑ́ːou]
cadaver [kədǽvər]
cadmium [kǽdmiəm]
caecum [síːkəm]
caesarean [sizériən]
café au lait [kǽfei ou léi]
café latte [kǽfei látei]
cafeteria [kæ̀fitíəriə]
caffeine [kǽfin]
cage [keidʒ]
caisson [kéisən]
calabash [kǽləbæ̀ʃ]
calculi [kǽlkjəlai]
calculus [kǽlkjələs]
caldron / cauldron [kɔ́ːldrən]
calendar [kǽlindər]

calf [kæf]
calfskin [kǽfskìn]
callous [kǽləs]
callus [kǽləs]
calves [kævz]
camaraderie [kamərádəri]
camcorder [kǽmkɔ:dər]
camel [kǽməl]
camembert [kǽməmbeər]
camisole [kǽməsòul]
camouflage [kǽməflà:ʒ]
canal [kənǽl]
cancer [kǽnsər]
candelabra [kændlábrə]
candid [kǽndid]
candlestick [kǽndlstìk]
candyfloss [kǽndiflɔs]
cane [kein]
canine [kéinain]
canker [kǽŋkər]
cannabis [kǽnəbis]
cannelloni [kænəlóuni]
cannibalism [kǽnəbəlìzəm]
canola [kǽnələ]
canopy [kǽnəpi]
cantaloupe [kǽntəlu:p]
canvas [kǽnvəs]
cap [kæp]
cape [keip]
capelli d'angelo
 [kəpéli dǽndʒelou]
capillary [kǽpəlèri]
cappuccino [kæpətʃínou]
capri [kápri]
capsicum [kǽpsikəm]
capsulitis [kæpsəláitis]
captivating [kǽptivèitiŋ]
carafe [kəráf]
caramel [kǽrəmel]
caravan [kǽrəvæn]
carbohydrates [ka:bouháidreits]
carbon [káːrbən]

carcinogen [kɑːrsínədʒən]
carcinoma [kɑ̀ːrsənóumə]
cardiac [káːrdiæ̀k]
cardigan [káːrdigən]
cardinal [káːrdinl]
caretaker [kɛ́ərtèikər]
cargo [káːgou]
carnage [káːrnidʒ]
carp [kɑːrp]
carpaccio [kɑːpɑːtʃiou]
carpal [káːrpəl]
carpet [káːrpit]
carport [káːrpɔːrt]
carpus [káːrpəs]
carrier [kǽriər]
carrot [kǽrət]
cartilage [káːrtilidʒ]
carve [kɑːrv]
casement [kéismənt]
cashew [kǽʃuː]
cashmere [kǽʃmiər]
casket [kǽskit]
cassava [kəsáːvə]
casserole [kǽsəròul]
cassette [kæsét]
cassock [kǽsək]
castration [kæstréiʃən]
castrato [kæstráːtou]
catacombs [kǽtəkoumz]
cataract [kǽtərækt]
catcall [kǽtkɔːl]
caterpillar [kǽtərpìlər]
catfish [kǽtfiʃ]
cathode [kǽθoud]
catsup [kǽtsəp]
cauliflower [kɔ́ːləflàuər]
caviar(e) [kǽvia]
cavity [kǽvəti]
ceiling [síːliŋ]
celery [séləri]
cell [sel]
cellar [sélər]

cellphone [sélfoun]
cemetery [sémətèri]
cenotaph [sénətæ̀f]
cereal [síəriəl]
cerebellum [sèrəbéləm]
cerebral [sérəbrəl]
cerebrum [sérəbrəm]
ceremonial [sèrəmóuniəl]
certificate [sərtífəkit]
cervical [səːrvikəl]
cervix [sə́ːrviks]
Ceylon [silán]
chador [tʃádɔr]
chaff [tʃæf]
challenge [tʃǽlindʒ]
chamber [tʃéimbər]
chamois [ʃǽmi]
champ [tʃæmp]
champagne [ʃæmpéin]
chandelier [ʃæ̀ndəlíər]
chap [tʃæp]
charbroil [tʃáːrbrɔ̀il]
charcoal [tʃáːrkòul]
chard [tʃɑːrd]
charge [tʃɑːrdʒ]
charnel [tʃáːrnl]
Charon [kɛ́ərən]
chaser [tʃéisər]
chauvinism [ʃóuvənìzəm]
cheap [tʃiːp]
cheapskate [tʃíːpskèit]
checkers [tʃékərz]
cheddar [tʃédər]
cheekbone [tʃíːkbòun]
cheeky [tʃíːki]
chemise [ʃəmíːz]
cheongsam [tʃɔ́ːŋsàːm]
chest [tʃest]
chesterfield [tʃéstərfìːld]
chestnut [tʃésnʌ̀t]
cheval [ʃəvǽl]
chew [tʃuː]

chick [tʃik]
chickenpox [tʃíkənpaks]
chicory [tʃíkəri]
chiffon [ʃifán]
chignon [ʃíːnjɑn]
chilblain [tʃílblèin]
childbirth [tʃáildbə̀ːrθ]
childcare [tʃáildkɛ̀ər]
chili [tʃíli]
chill [tʃil]
chilly [tʃíli]
chimney [tʃímni]
chin [tʃin]
chinstrap [tʃínstræp]
chips [tʃips]
chiromancy [káirəmænsi]
chiseled [tʃízld]
chitlins [tʃítlinz]
chitterlings [tʃítəliŋz]
chives [tʃaivz]
chocaholic [tʃɑːkəhálik]
chocolate [tʃɔ́ːkəlit]
choke [tʃouk]
choker [tʃóukər]
cholelithiasis [kouləliθáiəsis]
cholera [kálərə]
chomp [tʃɑmp]
chonmage [tʃɔ́nmage]
chop [tʃɑp]
chops [tʃɑps]
chopsticks [tʃɑ́pstiks]
chop suey [tʃɑp súi]
chow mein [tʃáu mein]
chromosome [króuməsòum]
chronic [kránik]
chrysanthemum [krisǽnθəməm]
chubby [tʃʌ́bi]
chuck [tʃʌk]
chuckle [tʃʌ́kəl]
chullo [tʃúyo]
chunk [tʃʌŋk]
chunky [tʃʌ́ŋki]

churchyard [tʃə́ːtʃjɑːd]
churn [tʃəːrn]
cider [sáidər]
cigarette [sìgərét]
cinder [síndər]
Cinderella [sìndərélə]
cinnamon [sínəmən]
circuit [səːrkit]
circulation [sə̀ːrkjəléiʃən]
circulatory [sə́ːrkjələtɔ̀ːri]
circumcision [sə̀ːrkəmsíʒən]
circumspect [sə́ːrkəmspèkt]
cirrhosis [siróusis]
cistern [sístərn]
citron [sítrən]
citrus [sítrəs]
civilization [sìvəlizéiʃən]
civvies [síviz]
clam [klæm]
clammy [klǽmi]
claustrophobia [klɔ̀ːstrəfóubiə]
clavicle [klǽvəkəl]
claw [klɔː]
cleavage [klíːvidʒ]
cleaver [klíːvər]
cleft [kleft]
cliché [klíʃei]
clingfilm [klíŋfilm]
clip [klip]
clipper [klípər]
clitoris [klítəris]
cloak [klouk]
clogs [klɑgs]
closet [klázit]
clot [klɑt]
clothes [klouðz]
clove [klouv]
coal [koul]
coaster [kóustər]
coat [kout]
coattails [kóutteilz]
coax [kouks]

cob [kɑb]
cocaine [koukéin]
cochlear [kóukliə]
cock [kɑk]
cockle [kákəl]
cocky [káki]
coconut [kóukənʌt]
cocoon [kəkúːn]
cod [kɑd]
code [koud]
codfish [kádfiʃ]
coercive [kouə́ːrsiv]
coffeepot [kɔ́ːfipɑt]
coffin [káfin]
cognac [kóunjæk]
cohabit [kouhǽbit]
coke [kouk]
colander [kʌ́ləndər]
colic [kálik]
colitis [kəláitis]
collaborate [kəlǽbərèit]
collaborator [kəlǽbərèitər]
collapse [kəlǽps]
collar [kálər]
collarbone [kálərbòun]
colon [kóulən]
colonic [kəlánik]
colonitis [kàlənáitis]
colony [káləni]
colorant [kʌ́lərənt]
colorectal [kouləréktl]
colossus [kəlásəs]
colostrum [kəlástrəm]
column [káləm]
comatose [kóumətòus]
comb [koum]
comedo [kámədòu]
comforter [kʌ́mfərtər]
comfy [kʌ́mfi]
compartment [kəmpáːrtmənt]
complacent [kəmpléisənt]
complex [kəmpléks]

complexion [kəmplékʃən]
compliant [kəmpláiənt]
complication [kɑmplikéiʃən]
compressed [kəmprést]
compulsive [kəmpʌ́lsiv]
comrade [kɑ́mræd]
concave [kɑnkéiv]
concealer [kənsíːlər]
conceive [kənsíːv]
concept [kɑ́nsept]
conch [kɑŋk]
conchiglie [kɑnkíːliː]
concussed [kənkʌ́st]
concussion [kənkʌ́ʃən]
condense [kəndéns]
condiment [kɑ́ndəmənt]
condo [kɑ́ndou]
condolence [kəndóuləns]
condoler [kəndóulə]
condominium [kɑ̀ndəmíniəm]
confectionery [kənfékʃənəri]
confidence [kɑ́nfidəns]
confiscate [kɑ́nfiskèit]
congenital [kɑndʒénətl]
conger [kɑ́ŋgər]
congestion [kəndʒéstʃən]
conical [kɑ́nikl]
conjecture [kəndʒéktʃər]
conjunctiva [kɑ̀ndʒʌŋktáivə]
conjunctivitis [kəndʒʌ̀ŋktəváitis]
conscience [kɑ́nʃəns]
conscientious [kɑ̀nʃiénʃəs]
conscious [kɑ́nʃəs]
conservatism [kənsə́ːrvətìzəm]
console [kənsóul]
consommé [kɑ́nsəmei]
constipated [kɑ́nstipeitid]
constipation [kɑ̀nstəpéiʃən]
constitution [kɑ̀nstətjúːʃən]
consume [kənsúːm]
consumption [kənsʌ́mpʃən]
contacts [kɑ́ntækts]

contagion [kəntéidʒən]
contagious [kəntéidʒəs]
contempt [kəntémpt]
contemptible [kəntémptəbəl]
content [kəntént]
continental [kɑ̀ntənéntl]
contort [kəntɔ́ːrt]
contraception [kɑ̀ntrəsépʃən]
contraceptive [kɑ̀ntrəséptiv]
contraction [kəntrǽkʃən]
contusion [kəntúːʒən]
convector [kənvéktər]
convex [kɑnvéks]
convince [kənvíns]
convincing [kənvínsiŋ]
convulse [kənvʌ́ls]
convulsion [kənvʌ́lʃən]
cookware [kúkwɛ̀ər]
coolbox [kúlbaks]
cooler [kúːlər]
co-op [kóuɑp]
cooperative [kouɑ́pərèitiv]
copper [kɑ́pər]
coquettish [koukétiʃ]
cords [kɔːdz]
corduroy [kɔ́ːrdərɔ̀i]
corium [kɔ́ːriəm]
corkscrew [kɔ́ːrkskrùː]
corn [kɔːrn]
cornea [kɔ́ːrniə]
cornflakes [kɔ́ːrnfleiks]
cornrows [kɔ́ːnrouz]
corny [kɔ́ːrni]
coronach [kɔ́ːrənək]
coroner [kɔ́ːrənər]
corpse [kɔːrps]
corridor [kɔ́ːridər]
corset [kɔ́ːrsit]
cortege [kɔːrtéiʒ]
costa [kɑ́stə]
cot [kɑt]
cottage [kɑ́tidʒ]

cotton [kɑ́tn]
cough [kɔ(ː)f]
countenance [káuntənəns]
countrified [kʌ́ntrifàid]
courgette [kɔːʒét]
courier [kúriər]
courtyard [kɔ́ːrtjɑ̀ːrd]
coveralls [kʌ́vəɔlz]
coverlet [kʌ́vərlit]
coward [káuərd]
cowboy [káubɔ̀i]
cowhide [káuhàid]
coxa [kɑ́ksə]
cozy [kóuzi]
crab [kræb]
crack [kræk]
cracker [krǽkər]
cradle [kréidl]
cramp [kræmp]
crampon [krǽmpən]
cramps [kræmps]
cranial [kréiniəl]
cranium [kréiniəm]
cravat [krəvǽt]
crawfish [krɔ́ːfiʃ]
crawl [krɔːl]
crayfish [kréifiʃ]
creampuff [krímpʌf]
crease [kriːs]
creased [krist]
credible [krédəbl]
creed [kriːd]
creepy [kríːpi]
cremate [kríːmeit]
cremation [kriméiʃən]
crematorium [krìːmətɔ́ːriəm]
crematory [kríːmətɔ̀ːri]
crepe [kreip]
Creutzfeldt-Jacob [krɔitsfelt jakɔb]
crew [kruː]
crib [krib]
cripple [krípl]

crisp [krisp]
crispy [krispi]
croaker [króukər]
crock [krɑk]
crocodile [krɑ́kədàil]
croissant [krəsɑ́:nt]
crone [kroun]
crook [kruk]
crooked [krúkid]
crop [krɑp]
croquette [kroukét]
crossbeam [krɔ́:sbì:m]
crossbones [krɔ́:sbòunz]
cross-eyed [krɔ́:sàid]
cross-legged [krɔ́:slégid]
crotch [krɑtʃ]
crouch [krautʃ]
crow [krou]
crown [kraun]
crown daisy [kraun deizi]
crucian [krú:ʃən]
cruciate [krú:ʃièit]
cruet [krú:ət]
cruller [krʌ́lər]
crumb [krʌm]
crumble [krʌ́mbl]
crunch [krʌ́ntʃ]
crunchy [krʌ́ntʃi]
crush [krʌʃ]
crustacean [krʌstéiʃən]
crusty [krʌ́sti]
crutch [krʌtʃ]
crypt [kript]
crystal [krístl]
crystalline [krístəlain]
cube [kju:b]
cubicle [kjú:bikl]
cuckoo [kú(:)ku:]
cucumber [kjú:kəmbər]
cud [kʌd]
cuddle [kʌ́dl]
cuff [kʌf]

cuisine [kwizí:n]
culex [kjú:leks]
culottes [kju:lɑ́ts]
culprit [kʌ́lprit]
cum [kʌm]
cummerbund [kʌ́məbʌnd]
cunt [kʌnt]
cupboard [kʌ́bərd]
Cupid [kjú:pid]
cup-o-noodle [kʌ́pənu:dl]
curable [kjúərəbəl]
curiosity [kjùəriɑ́səti]
curl [kə:rl]
curling [kə́:rliŋ]
curly [kə́:rli]
currant [kə́:rənt]
current [kʌ́rənt]
curry [kə́:ri]
curt [kə:rt]
curvy [kə́:rvi]
custard [kʌ́stərd]
custodian [kʌstóudiən]
custom [kʌ́stəm]
cutie [kjú:ti]
cutlassfish [kʌ́tləsfiʃ]
cutlet [kʌ́tlət]
cutoffs [kʌ́tɔfs]
cuttlefish [kʌ́tlfiʃ]
cylindrical [silíndrikəl]
cynical [sínikəl]
cyst [sist]
cystitis [sistáitis]
cystolith [sístəliθ]

D

dagger [dǽegər]
daikon [dáikan]
dairy [dɛ́əri]
damp [dæmp]
dandruff [dǽndrəf]

daredevil [dɛ́ərdèvəl]
date [deit]
deadpan [dédpæn]
deaf [def]
decaffeinated [di:kǽfineitid]
decapitation [dikæ̀pətéiʃən]
decay [dikéi]
deceased [disíst]
decomposition [dì:kɑmpəzíʃən]
decrepit [dikrépit]
deduce [didjú:s]
deduction [didʌ́kʃən]
deep-rooted [díp rutəd]
deer [diər]
deerskin [díərskìn]
deerstalker [díərstɔ̀:kər]
defect [difékt]
defector [diféktər]
deferent [défərənt]
defiant [difáiənt]
deficiency [difíʃənsi]
definition [dèfəníʃən]
deformed [difɔ́:rmd]
deformity [difɔ́:məti]
deft [deft]
degenerative [didʒénəréitiv]
dehumidifier [dihjumídifaiə]
dehydrate [di:háidreit]
dehydration [di:hɑidréiʃən]
delicacy [délikəsi]
delinquent [dilíkwənt]
delirium [dilíriəm]
delivery [dilívəri]
deltoid [déltɔid]
delusion [dilú:ʒən]
delusional [dilú:ʒənəl]
dementia [diménʃiə]
demonstration [dèmənstéiʃən]
demoralize [dimɔ́:rəlàiz]
dengue [déŋgi]
denim [dénim]
density [dénsəti]

- **dental caries** [déntl kériz]
- **dentures** [déntʃərz]
- **deodorant** [di:óudərənt]
- **deodorizer** [di:óudəraizər]
- **depleted** [diplí:itid]
- **deplorable** [diplɔ́:rəbl]
- **deplore** [diplɔ́:r]
- **deposit** [dipázit]
- **depot** [dí:pou]
- **depression** [dipréʃən]
- **deranged** [diréindʒid]
- **derangement** [diréindʒmənt]
- **dermabrasion** [də:məbréiʒən]
- **dermatitis** [də̀:rmətáitis]
- **dermis** [də́:rmis]
- **deserted** [dizə́:rtid]
- **desolate** [désəlit]
- **desperate** [déspərit]
- **despicable** [déspikəbəl]
- **despise** [dispáiz]
- **dessert** [dizə́:rt]
- **detached** [ditǽtʃt]
- **detector** [ditéktər]
- **detoxicant** [dì:táksəkənt]
- **devastate** [dévəstèit]
- **deviation** [dì:viéiʃən]
- **devil** [dévl]
- **devour** [diváuər]
- **dextrose** [dékstrous]
- **diabetes** [dàiəbí:tis]
- **diabetic** [dàiəbétik]
- **diadromous** [daiǽdrəməs]
- **diagnose** [dáiəgnòus]
- **dialysis** [daiǽləsis]
- **diaper** [dáiəpər]
- **diaphragm** [dáiəfræ̀m]
- **diarrhea** [dàiərí:ə]
- **dice** [dais]
- **dick** [dík]
- **dictate** [díkteit]
- **diencephalon** [daienséfəlan]
- **diesel** [dí:zəl]

- **diet** [dáiət]
- **dietary** [dáiətèri]
- **dietetic** [dàiətétik]
- **diethylamide** [dàieθəlǽmaid]
- **differential** [dìfərénʃəl]
- **digestive** [daidʒéstiv]
- **digital** [dídʒitl]
- **dim sum** [dímsʌm]
- **dimple** [dímpəl]
- **diode** [dáioud]
- **diphtheria** [difθíəriə]
- **diplomatic** [dìpləmǽtik]
- **diplopia** [diplóupiə]
- **dipper** [dípər]
- **dirge** [də:rdʒ]
- **dirty** [də́:rti]
- **disability** [dìsəbíləti]
- **disabled** [dìséibld]
- **discern** [disə́:rn]
- **discernment** [disə́:rnmənt]
- **discharge** [distʃá:rdʒ]
- **discipline** [dísəplin]
- **discreet** [diskrí:t]
- **discretion** [diskréʃən]
- **discrimination** [diskrìmənéiʃən]
- **disdain** [disdéin]
- **disease** [dizí:z]
- **disgust** [disgʌ́st]
- **disgusted** [disgʌ́stid]
- **disgusting** [disgʌ́stiŋ]
- **dishcloth** [díʃklɔ́(:)θ]
- **disheveled** [diʃévld]
- **dishwater** [díʃwɔ̀:tər]
- **dislocate** [dísloukèit]
- **dislocation** [dìsləkéiʃən]
- **dismal** [dízməl]
- **disorder** [disɔ́:rdər]
- **disparage** [dispǽridʒ]
- **displeased** [displí:zd]
- **disposable** [dispóuzəbəl]
- **disposal** [dispóuzəl]
- **disposer** [dispóuzər]

- **dissociative** [disóuʃieitiv]
- **distill** [distíl]
- **distillery** [distíləri]
- **distinctive** [distíŋktiv]
- **disturbance** [distə́:rbəns]
- **disturbed** [distə́:rbd]
- **ditch** [dítʃ]
- **divine** [diváin]
- **division** [divíʒən]
- **dizzy** [dízi]
- **docile** [dásəl]
- **dodge** [dadʒ]
- **dogmatic** [dɔ(:)gmǽtik]
- **doll** [dal]
- **dolmen** [dóulmen]
- **dome** [doum]
- **domestic** [douméstik]
- **dominatrix** [daminéitriks]
- **domineering** [dàminíəriŋ]
- **donation** [dounéiʃən]
- **doorjamb** [dɔ́:rdʒæm]
- **doorknob** [dɔ́:rnàb]
- **doorplate** [dɔ́:rplèit]
- **dopehead** [dóuphed]
- **dopey** [dóupi]
- **do-rag** [du:rag]
- **dorm** [dɔ:rm]
- **dormer** [dɔ́:mər]
- **dormitory** [dɔ́:rmətɔ̀:ri]
- **dough** [dou]
- **downcast** [dáunkæ̀st]
- **downspout** [dáunspàut]
- **downy** [dáuni]
- **dozy** [dóuzi]
- **drain** [drein]
- **drape** [dreip]
- **drapery** [dréipəri]
- **drapes** [dreips]
- **draught** [drǽft]
- **drawer** [drɔ́:ər]
- **dread** [dred]
- **dreadlocks** [drédlaks]

dreary [dríri]
dreg [dreg]
dress [dres]
dresser [drésər]
dribble [dríbəl]
drip [drip]
dripping [drípiŋ]
drool [druːl]
droop [druːp]
droopy [drúpi]
dropsy [drápsi]
drought [draut]
drown [draun]
drowsy [dráuzi]
druggie [drʌ́gi]
drumstick [drʌ́mstìk]
drunkard [drʌ́ŋkərd]
dual [djúːəl]
dubious [djúːbiəs]
duck [dʌk]
duckling [dʌ́kliŋ]
duct [dʌkt]
duffel [dʌ́fəl]
dugout [dʌ́gàut]
dull [dʌl]
dumb [dʌm]
dumbfounded [dʌmfáundid]
dumbstruck [dʌ́mstrʌk]
dummy [dʌ́mi]
dump [dʌmp]
dumpling [dʌ́mpliŋ]
dumpy [dʌ́mpi]
dungarees [dʌŋgəríz]
duodenal [djùːədíːnəl]
duodenitis [djùːoudináitis]
duodenum [djùːoudíːnəm]
duplex [djúːpleks]
durian [dúəriən]
dust [dʌst]
Dutch [dʌtʃ]
duvet [djuːvéi]
dwarf [dwɔːrf]

dwarfism [dwɔ́ːrfìzəm]
dwell [dwel]
dye [dai]
dyke [daik]
dysentery [dísəntèri]
dyslexia [disléksiə]
dyspepsia [dispépʃə]
dysphemism [dísfəmìzəm]
dyspnea [dispníːə]
dystocia [distóuʃə]
dystrophy [dístrəfi]

E

earache [íərèik]
eardrum [íərdrʌ́m]
earflap [íərflæ̀p]
Earl Grey [ə́ːrl grei]
earlobe [íərlòub]
earmuffs [íərmʌfs]
earthenware [ə́ːrθənwɛ̀ər]
earwax [íərwæ̀ks]
eatable [íːtəbəl]
eaves [iːvz]
eavesdrop [íːvzdrɑ̀p]
ecstasy [ékstəsi]
ecstatic [ekstǽtik]
ectopic [ektápik]
eczema [éksəmə]
edema / oedema [idíːmə]
edible [édəbəl]
eel [iːl]
eerie [íəri]
effeminate [ifémənit]
efficiency [ifíʃənsi]
effluent [éfluənt]
egalitarianism [igælitériənìzm]
eggplant [égplænt]
eggshell [égʃel]
egoism [íːgouìzəm]
egotism [íːgoutìzəm]

ejaculate [idʒǽkjəlèit]
ejaculation [idʒæ̀kjəléiʃən]
ejaculatory [idʒǽkjələtɔ̀ːri]
elated [iléitid]
elbow [élbou]
electric [iléktrik]
electricity [ilèktrísəti]
electrifying [iléktrəfaiŋ]
electrocution [ilèktroukjúːʃən]
electrode [iléktroud]
electroencephalogram
 [ilèktrouenséfələgræ̀m]
elegy [élədʒi]
elevator [éləveitər]
emaciated [iméiʃièitid]
embalm [imbáːm]
embankment [imbǽŋkmənt]
embolism [émbəlìzəm]
embolus [émbələs]
embrace [embréis]
embryo [émbriou]
embryonic [èmbriánik]
emergency [imə́ːrdʒənsi]
emission [imíʃən]
emit [imít]
emphysema [èmfəsíːmə]
enamel [inǽməl]
enamelware [inǽməlwɛ̀ər]
enchanting [entʃǽntiŋ]
enchilada [èntʃəláːdə]
endemic [endémik]
endive [éndaiv]
endocrine [éndoukràin]
endogenous [endádʒənəs]
endometritis [èndoumətráitis]
enema [énəmə]
energetic [ènərdʒétik]
engagement [ingéidʒmənt]
engross [engróus]
enhanced [inhǽnst]
enigmatic [ènigmǽtik]
enlargement [enláːrdʒmənt]

enteric [entérik]
enteritis [èntəráitis]
entertainer [èntərtéinər]
enticing [entáisiŋ]
entrails [éntreilz]
entrée [ántrei]
entryphone [éntrifoun]
enuresis [ènjurí:sis]
epicure [épikjùər]
epicurism [épikjurìzəm]
epidemic [èpədémik]
epidermal [èpədə́:rməl]
epidermis [èpədə́:rmis]
epididymis [èpədídəməs]
epilepsy [épələpsi]
epileptic [èpəléptik]
epinephrine [èpənéfrin]
epitaph [épətæf]
epitome [ipítəmi]
epoch [épək]
equality [i(:)kwáləti]
equestrian [ikwéstriən]
equivocal [ikwívəkəl]
erectile [ikréktil]
erection [irékʃən]
erogenous [irádʒənəs]
eros [érɑs]
erotomania [iròutəméiniə]
eruption [irʌ́pʃən]
erythrocyte [iríθrousàit]
escalator [éskəlèitər]
escapology [iskeipálədʒi]
escargot [èskɑːrgóu]
esophageal [isafədʒí:əl]
esophagitis [isafədʒítis]
esophagus [isáfəgəs]
esotropia [esʌtrɔ́:piə]
espresso [esprésou]
esprit de corps [espri də kɔr]
esteem [istí:m]
ethical [éθikəl]
ethics [éθiks]

ethnic [éθnik]
eulogy [jú:lədʒi]
eunuch [jú:nək]
euphemism [jú:fəmìzəm]
euphemistic [jú:fəmístik]
Eustachian [justéiʃən]
euthanasia [jù:θənéiʒiə]
evaporate [ivǽpərèit]
eviction [ivíkʃən]
exceptional [iksépʃənəl]
excessive [iksésiv]
exclamation [èkskləméiʃən]
excluder [iksklúdər]
excrement [ékskrəmənt]
excreta [ikskrí:tə]
excretion [ikskrí:ʃən]
execute [éksikjùːt]
execution [èksikjú:ʃən]
exempt [igzémpt]
exhalation [èkshəléiʃən]
exhale [ekshéil]
exhaustion [igzɔ́:stʃən]
exhibitionism [èksəbíʃənìzəm]
exhibitionist [eksibíʃənist]
exhilarating [igzíləreitiŋ]
exocrine [éksəkràin]
exorbitant [igzɔ́:rbətənt]
exotic [igzátik]
exotropia [eksətróupiə]
expectorate [ikspéktərèit]
expiration [èkspəréiʃən]
expiry [ikspáiəri]
explicit [iksplísit]
expose [ikspóuz]
exposure [ikspóuʒər]
exterminate [ikstə́:rmənèit]
external [ikstə́:rnəl]
extracorporeal [èkstrəkɔ:rpóuriəl]
extract [ikstrǽkt]
extractor [ikstrǽktər]
extraordinary [ikstrɔ́:rdənèri]
extrauterine [èkstrəjú:tərin]

extravagant [ikstrǽvəgənt]
extremism [ikstrí:mizəm]
extrovert [ékstrouvə̀:rt]
eyeball [áibɔ̀:l]
eyebrows [áibrauz]
eyeglasses [áiglæsiz]
eyelashes [áilæʃiz]
eyelid [ailìd]
eyesight [áisàit]

F

fabric [fǽbrik]
facelift [féislift]
facial [féiʃəl]
facility [fəsíləti]
factor [fǽktər]
fag [fæg]
faggot [fǽgət]
failure [féiljər]
fairy [fɛ́əri]
Fallopian [fəlóupiən]
falsetto [fɔ:lsétou]
falsies [fɔ́:lsiz]
falter [fɔ́:ltər]
famished [fǽmiʃt]
fanatic [fənǽtik]
fanatical [fənǽtikəl]
fang [fæŋ]
fanny [fǽni]
farewell [fɛ̀ərwél]
farfalle [fɑ:fáli:]
fart [fɑ:rt]
fascinating [fǽsineitiŋ]
fashionable [fǽʃənəbəl]
fashionista [fæʃənístə]
fastener [fǽsnər]
fastidious [fæstídiəs]
fat [fæt]
fatal [féitl]
fatality [feitǽləti]

fatigue [fətí:g]
fatigued [fətí:gd]
fatigues [fətígz]
fatsia [fǽtsiə]
fatso [fǽtsou]
fatty [fǽti]
faucet [fɔ́:sit]
fauxhawk [fóuhok]
feast [fi:st]
feces [fí:si:z]
fedora [fidɔ́:rə]
feeble [fí:bəl]
felt [felt]
female [fí:meil]
Femidom [fémidəm]
femoris [fémərəs]
femur [fí:mər]
fence [fens]
feng shui [fʌŋ ʃuéi]
ferment [fə́:rment]
fern [fə:rn]
ferocious [fəróuʃəs]
fertile [fə́:rtl]
fertility [fə:rtíləti]
fertilization [fə̀:rtəlizéiʃən]
fertilize [fə́:rtəlàiz]
fervent [fə́:rvənt]
fester [féstər]
fetal [fí:tl]
fetishism [fí:tiʃìzəm]
fetishist [fí:tiʃist]
fetus / foetus [fí:təs]
fever [fí:vər]
fez [fez]
fiber [fáibər]
fibroids [fáibrɔiz]
fibula [fíbjulə]
fiddle [fídl]
fiddlehead [fídlhèd]
fidget [fídʒit]
fiery [fáiəri]
fig [fig]

filament [fíləmənt]
filbert [fílbərt]
filefish [fáilfiʃ]
fillet [fílit]
fingernail [fíŋgərnèil]
fingerprint [fíŋgərprìnt]
fingertip [fíŋgərtìp]
fireproof [fáiərprù:f]
firm [fə:rm]
fishnet [fíʃnet]
fishy [fíʃi]
fixture [fíkstʃər]
fizzy [fízi]
flak [flæk]
flake [fleik]
flaky [fléiki]
flamboyant [flæmbɔ́iənt]
flank [flæŋk]
flannel [flǽnl]
flapjack [flǽpdʒæk]
flares [fleəz]
flash [flæʃ]
flasher [flǽʃər]
flashlight [flǽʃlàit]
flashy [flǽʃi]
flask [flæsk]
flatfish [flǽtfiʃ]
flats [flæts]
flavoring [fléivəriŋ]
flavorless [fléivərlis]
flea [fli:]
fleece [fli:s]
flexibility [flèksəbíləti]
flexible [fléksəbəl]
flick [flik]
flight [fláit]
flip [flip]
flip-flops [flip flaps]
flippant [flípənt]
floral [flɔ́:rəl]
flounder [fláundər]
flour [flauər]

flu [flu]
flue [flu:]
fluid [flú:id]
fluorescent [flùərésnt]
flush [flʌʃ]
flustered [flʌ́stəd]
flute [flu:t]
flypaper [fláipèipər]
flyswatter [fláiswàtər]
fob [fɑb]
foie gras [fwá:gra]
foil [fɔil]
fondue [fándu:]
foodie [fú:di]
foodism [fú:dizm]
footboard [fútbɔ̀:rd]
footmark [fútmà:rk]
footprint [fútprint]
footsie [fútsi]
footstool [fútstù:l]
footwear [fútwɛ̀ər]
forearm [fɔ́:rà:rm]
forehead [fɔ́(:)rid]
forelock [fɔ́:rlɑ̀k]
foremilk [fɔ́:rmìlk]
foreskin [fɔ́:rskìn]
forlorn [fərlɔ́:rn]
formal [fɔ́:rməl]
formaldehyde [fɔ:rmǽldəhàid]
formula [fɔ́:rmjələ]
forthright [fɔ́:rθràit]
foul [faul]
fox [fɑks]
foxtail millet [fáksteil mílit]
foyer [fɔ́iər]
fracture [frǽktʃər]
fragrance [fréigrəns]
frail [freil]
frankfurter [frǽŋkfərtər]
frantic [frǽntik]
fraternal [frətə́:rnəl]
fratricide [frǽtrisaid]

frayed [freid]
freckle [frékl]
freeze [fri:z]
freezer [frí:zər]
frenzy [frénzi]
fridge [fridʒ]
frigidity [fridʒídəti]
frill [fril]
frilly [fríli]
fringe [frindʒ]
frivolous [frívələs]
frizzy [frízi]
frostbite [frɔ́stbàit]
frostbitten [frɔ́stbìtn]
frosty [frɔ́sti]
frown [fraun]
froyo [fróujou]
frozen [fróuzən]
frustration [frʌstréiʃən]
fu manchu [fu: mæntʃú:]
fuck [fʌk]
fuddled [fʌ́dld]
fuel [fjú:əl]
fugitive [fjú:dʒətiv]
fugu [fugu]
fume [fju:m]
fungus [fʌ́ŋgəs]
fur [fə:r]
furious [fjúəriəs]
furnace [fə́:rnis]
fury [fjúəri]
fuse [fju:z]
fusilli [fju:zíli]
fussy [fʌ́si]
fusty [fʌ́sti]
futon [fjú:tan]
fuzz [fʌz]

G

gabardine [gǽbərdì:n]
gable [géibəl]
gaiter [géitər]
gall [gɔ:l]
gallstone [gɔ́:lstòun]
galoshes [gəláʃəz]
gambling [gǽmbəliŋ]
gambrel [gǽmbrəl]
gamete [gǽmi:t]
gangling [gǽŋgliŋ]
gangly [gǽŋgli]
gangrene [gǽŋgri:n]
garage [gərá:ʒ]
garish [gɛ́əriʃ]
garlic [gá:rlik]
garment [gá:rmənt]
garnish [gá:rniʃ]
garret [gǽrit]
garrotte [gərát]
garter belt [gá:tə belt]
garters [gá:təz]
gaseous [gǽsiəs]
gash [gæʃ]
gasoline [gæ̀səlí:n]
gastric [gǽstrik]
gastritis [gæstráitis]
gastroenteritis [gǽstrouèntəráitis]
gaudy [gɔ́:di]
gauge [geidʒ]
gaunt [gɔ:nt]
gawky [gɔ́:ki]
gay [gei]
gazebo [gəzí:bou]
gender [dʒéndər]
genetic [dʒinétik]
genital [dʒénətəl]
genocide [dʒénəsàid]
genuflect [dʒénjuflèkt]
geomancer [dʒíəmænsər]
geothermal [dʒì:ouθə́:rməl]
geriatric [dʒèriǽtrik]
germ [dʒə:rm]
German [dʒə́:rmən]
gesticulate [dʒestíkjəlèit]
ghastly [gǽstli]
giantism [dʒáiəntìzəm]
giddy [gídi]
gigantism [dʒaigǽntizəm]
giggle [gígəl]
gin [dʒin]
ginger [dʒíndʒər]
gingivitis [dʒìndʒəváitis]
gingko [gíŋkou]
ginseng [dʒínseŋ]
girder [gə́:rdər]
girdle [gə́:rdl]
gizzard shad [gízərd ʃæd]
gizzards [gizərz]
glamorous [glǽmərəs]
glamour [glǽmər]
glance [glæns]
gland [glænd]
glans [glænz]
glare [glɛər]
glaring [glɛ́əriŋ]
glasses [glǽsi:z]
glaucoma [glɔ:kóumə]
glaze [gleiz]
glazing [gléiziŋ]
glider [gláidər]
glimpse [glimps]
globefish [glóubfiʃ]
gloves [glʌvz]
glucose [glú:kous]
glue [glu:]
gluey [glú:i]
gluteal [glú:tiəl]
gluten [glú:tən]
glutinous [glú:tənəs]
glutton [glʌ́tn]
gluttony [glʌ́təni]
goat [gout]
goatee [goutí:]
goatskin [góutskìn]
gob [gɑb]

gobble [gábəl]
goblet [gáblit]
gobstopper [gábstapər]
goby [góubài]
Godiva [gədaívə]
goggle [gágəl]
goggles [gágəlz]
gonorrhea [gànərí:ə]
goose [gu:s]
gooseberry [gú:sbèri]
gooseflesh [gú:sfleʃ]
gore [gɔ:r]
gorge [gɔ:rdʒ]
gorgeous [gɔ́:rdʒəs]
Gorgonzola [gɔ̀:rgənzóulə]
Gosh [gɑʃ]
goulash [gú:lɑ:ʃ]
gourd [gɔ:rd]
gourmand [gúərmənd]
gourmandism [gúərməndìzəm]
gourmet [gúərmei]
gout [gaut]
gown [gaun]
grain [grein]
gramophone [grǽməfòun]
grandeur [grǽndʒər]
grapefruit [gréipfrù:t]
grasp [græsp]
grate [greit]
grater [gréitər]
grating [gréitiŋ]
grave [greiv]
graveyard [gréivjà:rd]
gravy [gréivi]
gray mullet [grei mʌ́lit]
graze [greiz]
greasy [grí:si]
greed [gri:d]
green-gram [grin græm]
gregarious [grigɛ́əriəs]
grid [grid]
griddle [grídl]

gridiron [grídàiərn]
grieve [gri:v]
grill [gril]
grim [grim]
Grim Reaper [grim ri:pər]
grimace [grímə s]
grind [graind]
grinder [gráindər]
grindstone [gráindstòun]
grizzled [grízld]
groggy [grági]
groin [grɔin]
groom [gru(:)m]
gross [grous]
grotesque [groutésk]
grudge [grʌdʒ]
gruel [grú:əl]
gruff [grʌf]
grunge [grʌndʒ]
guava [gwá:və]
guffaw [gʌfɔ́:]
guilt [gilt]
guilty [gílti]
gullet [gʌ́lit]
gulp [gʌlp]
gum [gum]
gut [gʌt]
gutter [gʌ́tər]
guy [gai]
guzzle [gʌ́zəl]
gym [dʒim]

H

habitation [hæ̀bətéiʃən]
hackneyed [hǽknid]
Hades [héidi:z]
hag [hæg]
haggard [hǽgərd]
hairband [hɛ́əbænd]
hairbrush [hɛ́ərbrʌʃ]

haircut [hɛ́ərkʌt]
hairline [hɛ́ərlàin]
hairnet [hɛ́ərnet]
hairpiece [hɛ́ərpì:s]
hairtail [hɛ́ərteil]
hairy [hɛ́əri]
hale [heil]
halibut [hǽləbət]
hallucinate [həlú:sənèit]
hallucination [həlù:sənéiʃən]
hallucinogen [həlú:sənədʒən]
hallucinosis [həlù:sənóusis]
halogen [hǽlədʒən]
halter [hɔ́:ltər]
hammered [hǽmərd]
hammock [hǽmək]
hamper [hǽmpər]
hamstring [hǽmstriŋ]
handcuff [hǽndkʌf]
handicap [hǽndikæp]
handkerchief [hǽŋkərtʃif]
handlebar [hǽndlbà:r]
handstand [hǽndstænd]
hanger [hǽŋər]
hanging [hǽŋiŋ]
hangover [hǽŋòuvər]
hanker [hǽŋkər]
hankie / hanky [hǽŋki]
Hansen [hænsn]
hantavirus [hɑ́:ntəvairəs]
hara-kiri [hɑ́:rəki:ri]
harbor [hɑ́:rbər]
hardening [hɑ́:rdniŋ]
hardliner [hɑ:dláinər]
hardtack [hɑ́:rdtæk]
hardwood [hɑ́:rdwùd]
hardy [hɑ́:rdi]
harelip [hɛ́ər]
hashish [hǽʃiʃ]
hat [hæt]
hatch [hætʃ]
hatchet [hǽtʃit]

hatred [héitrid]
haunt [hɔ:nt]
haute cuisine [out kwizín]
Hawaiian [həwáiən]
hawk [hɔ:k]
hay [hei]
hazelnut [héizəlnʌt]
headache [hédèik]
headband [hédbæ̀nd]
headboard [hédbɔ̀:rd]
headpiece [hédpì:s]
headrest [hédrèst]
headscarf [hédska:f]
headset [hédsèt]
headstand [hédstæ̀nd]
hearing [híəriŋ]
hearse [hə:rs]
heartache [há:rtèik]
heartburn [há:rtbə̀:rn]
hearthrug [há:rθrʌ̀g]
hearty [há:rti]
heatstroke [hí:tstròuk]
heave [hi:v]
heckle [hékəl]
hedge [hedʒ]
hedgerow [hédʒròu]
hedonism [hí:dənìzəm]
heel [hi:l]
height [hait]
helix [hí:liks]
helmet [hélmit]
hem [hem]
hematopoietic [hì:mətoupɔ́i:tik]
hematuria [hì:mətjúəriə]
hemiplegia [hèmiplí:dʒiə]
hemiplegic [hemiplí:dʒik]
hemline [hémlàin]
hemoglobin [hí:məglóubin]
hemophilia [hì:məfíliə]
hemophiliac [hì:məfíliək]
hemoptysis [himátəsis]
hemorrhage [hémərìdʒ]

hemorrhagic [hèmərǽdʒik]
hemorrhoids [hémərɔ̀idz]
hemostasis [hi:məstéisis]
hemostatic [hì:məstǽtik]
hepatitis [hèpətáitis]
herbal [hə́:rbəl]
Herculean [hə̀:rkjəlíən]
hereditary [hirédətèri]
hernia [hə́:rniə]
heroin [hérouin]
herpes [hə́:rpi:z]
herring [hériŋ]
herringbone [hériŋbòun]
hessian [héʃən]
heteronomous [hètəránəməs]
heterosexual [hètərəsékʃuəl]
heterosexuality [hètərəsèkʃuǽləti]
hiccough / hiccup [híkʌp]
hide [haid]
hideaway [háidəwèi]
hideous [hídiəs]
hideout [háidàut]
highlights [háilaits]
Hijab [hidʒá:b]
hijiki [hijí:ki]
hiking [háikiŋ]
hilarious [hiléəriəs]
himbo [hímbou]
hinge [hindʒ]
hipbone [hípbòun]
hiphuggers [híphʌgə:z]
hipster [hípstər]
hiss [his]
hives [haivz]
hoarse [hɔ:rs]
hob [hɑb]
hobble [hábəl]
hobnail [hábnèil]
hog [hɔ:g]
holocaust [háləkɔ̀:st]
homburg [hámbə:rg]
homely [hóumli]

homemaker [hóummèikər]
homeopathy [hòumiápəθi]
homeowner [hóumòunər]
homesick [hóumsìk]
homicide [háməsàid]
homoeroticism [hòuməirátəsìzəm]
homophobe [hóuməfoub]
homophobia [hóuməfòubiə]
homosexual [hòuməsékʃuəl]
homosexuality [hòuməsekʃuǽləti]
honeydew [hʌ́nidjù:]
honorable [ánərəbəl]
hooch [hu:tʃ]
hood [hud]
hoof [huf]
hook [huk]
hookah [húkə]
hoot [hu:t]
hooters [hútərs]
horizontal [hɔ̀:rəzántl]
hormone [hɔ́:rmoun]
horny [hɔ́:rni]
horrible [hɔ́:rəbəl]
horrifying [hɔ́rifaiŋ]
hors d'oeuvre [ɔrdə́rv]
horsehair [hɔ́:rshɛ̀ər]
horseradish [hɔ́:rsrædiʃ]
horsey / horsy / [hɔ́:si]
hospitalize [háspitəlàiz]
hostage [hástidʒ]
hostile [hástil]
hot pot [hát pat]
houseboat [háusbòut]
housemate [háusmeit]
housewife [háuswàif]
hug [hʌg]
humane [hju:méin]
humanism [hjú:mənìzəm]
humanitarianism
[hju:mǽnətɛ́əriənìzəm]
humdrum [hʌ́mdrʌ̀m]
humerus [hjú:mərəs]

humid [hjú:mid]
humidifier [hju:mídəfàiər]
humiliating [hju:mílièitiŋ]
humiliation [hju:mìliéiʃən]
humpback [hʌ́mpbæ̀k]
Hun [hʌn]
hunch [hʌntʃ]
hunchback [hʌ́ntʃbæ̀k]
hunger [hʌ́ŋgər]
hunky [hʌ́ŋki]
hurl [həːrl]
husk [hʌsk]
husky [hʌ́ski]
hut [hʌt]
Hutchinson-Gilford [hʌtʃinsən gilfəːd]
Hydra [háidrə]
hydrolyze [háidroulàiz]
hydrophobia [hàidrouƒóubiə]
hydropower [háidrəpàuər]
hygiene [háidʒi:n]
hymen [háimən]
hymenorrhaphy [háimənərəfe]
hyperacidity [hàipərəsídəti]
hyperbole [haipə́ːrbəlì:]
hyperglycemia [hàipərglaisí:miə]
hyperhidrosis [hàipərhidróusis]
hyperlipidemia [hàipərlìpədí:miə]
hypersensitive [hàipərsénsətiv]
hypersexual [hàipərsékʃuəl]
hypersexuality [hàipərsekʃuǽləti]
hypertension [háipərtènʃən]
hyperthermia [háipərθəːmiə]
hypertrichosis [háipərtrikóusis]
hypocaust [háipəkɔ̀:st]
hypochondria [hàipəkándriə]
hypochondriac [hàipəkándriæk]
hypochondriasis [hàipoukəndráiəsis]
hypogastric [haipougǽstrik]
hypoglycemia [hàipəglaisí:miə]
hypodermic [hàipədə́ːrmik]
hypotension [hàipəténʃən]

hypothermia [hàipəθə́ːrmiə]
hypotrichosis [hàipətrikóusis]
hypoxia [haipáksia]
hysteria [histíəriə]
hysterical [histérikəl]
hysterics [histériks]

I

icicle [áisikəl]
icterus [íktərəs]
identical [aidéntikəl]
identity [aidéntəti]
idiot [ídiət]
igloo [íglu:]
ignoble [ignóubəl]
ignorance [ígnərəns]
illness [ílnis]
illusion [ilú:ʒən]
imitation [ìmitéiʃən]
immaculate [imǽjəlit]
immerse [imə́ːrs]
immersion [imə́ːrʃən]
imminent [ímənənt]
immolate [íməlèit]
immune [imjú:n]
immunodeficiency [ìmjənoudifíʃənsi]
immunogen [imjúnədʒən]
imp [imp]
impair [impɛ́ər]
impairment [impɛ́ərmənt]
impeccable [impékəbəl]
impersonation [impəːrsənéiʃən]
impetuous [impétʃuəs]
implant [implǽnt]
implantation [ìmplæntéiʃən]
impotence [ímpətəns]
impudent [ímpjədənt]
in vitro [in vítrou]
inappropriate [ìnəpróupriit]

incandescent [ìnkəndésənt]
incense [ínsens]
incident [ínsədənt]
incisor [insáizər]
incompatibility [ìnkəmpæ̀təbíləti]
incontinence [inkántənəns]
incorruptible [ìnkərʌ́ptəbəl]
increasing [inkrí:siŋ]
incredible [inkrédəbəl]
incubation [ìnkjəbéiʃən]
incurable [inkjúərəbəl]
indebted [indétid]
indecent [indí:snt]
indecisive [ìndisáisiv]
index [índeks]
indigestion [ìndidʒéstʃən]
indignant [indígnənt]
indiscreet [ìndiskrí:t]
individualism [ìndəvídʒuəlizm]
indivisible [ìndivízəbəl]
induce [indjú:s]
induction [indʌ́kʃən]
indulgent [indʌ́ldʒənt]
inedible [inédəbəl]
infancy [ínfənsi]
infant [ínfənt]
infanticide [infǽntəsàid]
infantile [ínfəntail]
infarction [infáːrkʃən]
infect [infékt]
infection [infékʃən]
infectious [infékʃəs]
infer [infə́ːr]
inferior [infíəriər]
inferiority [infìərió(:)rəti]
infertile [infə́ːrtəl]
infertility
infirm [infə́ːrm]
inflammation [ìnfləméiʃən]
influenza [ìnfluénzə]
infuriated [infjúrieitid]
infuser [infjú:zər]

ingenious [indʒíːnjəs]
ingenuity [ìndʒənjúːəti]
ingenuous [indʒénjuːəs]
ingest [indʒést]
ingratitude [ingrǽtətjùːd]
ingredient [ingríːdiənt]
inhabit [inhǽbit]
inhabitant [inhǽbətənt]
inhalation [ìnhəléiʃən]
inhale [inhéil]
inhaler [inhéilər]
injection [indʒékʃən]
injure [índʒər]
injurious [indʒúəriəs]
injury [índʒəri]
innards [ínərdz]
innie [íni]
innovative [ínouvèitiv]
insane [inséin]
insemination [insèmənéiʃən]
insight [ínsàit]
insipid [insípid]
insole [ínsòul]
insomnia [insάmniə]
insomniac [insάmniæk]
inspiration [ìnspəréiʃən]
instinct [ínstiŋkt]
insufficiency [ìnsəfíʃənsi]
insulin [ínsəlin]
integral [íntigrəl]
interbrain [íntərbrèin]
intercom [íntərkam]
interjection [ìntərdʒékʃən]
interment [intə́ːrmənt]
internal [intə́ːrnl]
interrogation [intèrəgéiʃən]
intestine [intéstin]
intolerable [intάlərəbəl]
intoxicated [intάksikèitid]
intoxication [intὰksikéiʃən]
intraocular [intrəάkjulər]
intricate [íntrəkit]

introvert [íntrəvə̀ːrt]
intuition [ìntjuíʃən]
intuitive [intjúːitiv]
invasion [invéiʒən]
iris [áiris]
iron [áiərn]
irrationally [irǽʃənəli]
irregularity [irègjəlǽrəti]
irrigation [ìrəgéiʃən]
irritable [írətəbəl]
irritation [ìrətéiʃən]
itch [itʃ]
itchy [ítʃi]

J

jacket [dʒǽkit]
jack-o'-lantern [dʒǽkəlæntərn]
Jacuzzi [dʒəkúːzi]
jammers [dʒǽmərz]
janitor [dʒǽnətər]
jar [dʒɑːr]
jaundice [dʒɔ́ːndis]
jaw [dʒɔː]
jawbone [dʒɔ́ːbòun]
jawbreaker [dʒɔ́ːbrèikər]
jaywalker [dʒéiwɔ̀ːkər]
jealousy [dʒéləsi]
jeans [dʒiːnz]
jeer [dʒiər]
Jehovah [dʒihóuvə]
jello [dʒélou]
jelly [dʒéli]
jellyfish [dʒélifiʃ]
jerk [dʒəːrk]
jerky [dʒə́ːrki]
jersey [dʒə́ːrzi]
Jesus [dʒíːzəs]
jewel [dʒúːəl]
Job's tear [dʒóubstiər]
jock [dʒɑk]

jockey [dʒάki]
jockstrap [dʒάkstræ̀p]
jog [dʒɑg]
jogging [dʒάgiŋ]
Jolly Roger [dʒail eadʒər]
jolt [dʒoult]
joss stick [dʒas stik]
jostle [dʒάsl]
joypad [dʒɔ́ipæd]
joystick [dʒɔ́istik]
judas [dʒúːdəs]
judgment [dʒʌ́dʒmənt]
jug [dʒʌg]
juicer [dʒúːsər]
juicy [dʒúːsi]
jujube [dʒúːdʒuːb]
julienne [dʒùːlién]
jumper [dʒʌ́mpər]
jumpsuit [dʒʌ́mpsuːt]
juniper [dʒúːnəpər]
junkie [dʒʌ́ŋki]
jut [dʒʌt]
juvenile [dʒúːvənəl]

K

kabob [kéibɑb]
kail [keil]
kale [keil]
kaoliang [kὰːouliǽŋ]
Kashmir [kæʃmíər]
kebab [kəbáb]
kelp [kelp]
keratitis [kèrətáitis]
kernel [kə́ːrnəl]
kerosene [kérəsìːn]
ketchup [kétʃəp]
kettle [kétl]
keypal [kíːpæl]
khaki [káːki]
kidney [kídni]

kidskin [kídskìn]
kike [kaik]
kiln [kiln]
kilt [kilt]
kimono [kəmóunə]
kindling [kíndliŋ]
kitchenware [kítʃinwɛ̀ər]
kitten [kítn]
kleptomania [klèptəméiniə]
kleptomaniac [kleptəméiniæk]
knapsack [nǽpsæ̀k]
knead [ni:d]
knee [ni:]
kneecap [ní:kæ̀p]
knickers [níkərz]
knitwear [nítwɛ̀ər]
knob [nɑb]
knock [nɑk]
knocker [nɑ́kər]
knock-kneed [nɑ́knì:d]
knockout [nɑ́kàut]
knuckle [nʌ́kəl]
koi [kɔi]
kudzu [kúdzu]
kumquat [kʌ́mkwɑ̀t]

L

label [léibəl]
labia [léibiə]
labialis [leibiéilis]
labium [léibiəm]
lace [leis]
laceration [læ̀səréiʃən]
lace-ups [léisʌps]
lackadaisical [læ̀kədéizikəl]
lackluster [lǽklʌ̀stər]
lacrimal / lachrymal [lǽkrəməl]
ladder [lǽdər]
ladieswear [léidizwɛ̀ər]
ladle [léidl]
lager [lá:gər]
Lamaze [ləméiz]
lamb [læm]
lambskin [lǽmskìn]
lambswool [lǽmzwul]
lame [leim]
lament [ləmént]
lampshade [lǽmpʃèid]
landing [lǽndiŋ]
language [lǽŋgwidʒ]
languid [lǽŋgwid]
lanky [lǽŋki]
lantern [lǽntərn]
lapel [ləpél]
laptop [lǽptɑ̀p]
laryngeal [ləríndʒiəl]
laryngitis [læ̀rəndʒáitis]
larynx [lǽriŋks]
lasagna / lasagne [ləzá:njə]
lascivious [ləsíviəs]
lashes [lǽʃiz]
latch [lætʃ]
latent [léitənt]
lateral [lǽtərəl]
latissimus dorsi [lətísims dórsai]
latte [lǽtei]
laugh [læf]
laughable [lǽfəbəl]
laughter [lǽftər]
laundry [lá:ndri]
lavatory [lǽvətɔ̀:ri]
laver [léivər]
lavish [lǽviʃ]
lawnmower [lɔ́:nmouər]
laxative [lǽksətiv]
layer [léiər]
layette [leiét]
lead [li:d/led]
leaden [lédn]
lease [li:s]
leather [léðər]
leatherette [lèðərét]
ledge [ledʒ]
leek [li:k]
leer [liər]
leggings [légiŋz]
legionellosis [leʒənéləsis]
legionnaire [lì:dʒənɛ́ər]
legislative [lédʒislèitiv]
leniency [lí:niənsi]
lenient [lí:niənt]
leotard [lí:ətɑ̀:rd]
leper [lépər]
leprosy [léprəsi]
lesbian [lézbiən]
lessee [lesí:]
lessor [lésɔr]
lethal [lí:θəl]
lethargic [ləθɑ́:rdʒik]
lettuce [létis]
leucocyte [lú:kəsàit]
leucorrhea [lu:kəríə]
leukemia [lu:kí:miə]
leukoderma [lu:kədə́:mə]
lewd [lu:d]
libido [libí:dou]
lice [lais]
lick [lik]
lifestyle [láifstail]
lifter [líftər]
ligament [lígəmənt]
lightheaded [láithedid]
lignite [lígnait]
lilting [liltiŋ]
limber [límbər]
lime [laim]
limp [limp]
limpid [límpid]
linen [línin]
lingerie [lɑ̀:ndʒəréi]
lingzhi [líŋzi]
lining [láiniŋ]
lino [láinou]
linoleum [linóuliəm]

liposuction [lipəsʌ́kʃən]
liquefied [líkwəfaid]
liqueur [likə́:r]
liquid [líkwid]
liquidate [líkwidèit]
liquidizer [líkwidàizər]
liquor [líkər]
lisper [líspər]
litchi / lychee [lí:tʃi]
lithe [laið]
lithiasis [liθáiəsis]
lithium [líθiəm]
lithograph [líθəgræ̀f]
lithography [liθágrəfi]
lithotripsy [líθətripsi]
liver [lívər]
livor mortis [livər mɔ́:tis]
loach [loutʃ]
loafers [lóufəz]
loathe [louð]
loathing [lóuðiŋ]
lobby [lábi]
lobe [loub]
lobster [lábstər]
locket [lákit]
lockjaw [lákdʒɔ̀:]
locksmith [láksmìθ]
lodgings [ládʒiŋs]
loft [lɔ:ft]
log [lɔ(:)g]
loin [lɔin]
lollipop [lálipɑ̀p]
lolly [láli]
loner [lóunər]
loose [lu:s]
lotus [lóutəs]
loudspeaker [láudspi:kər]
lounge [laundʒ]
louse [laus]
lousy [láuzi]
loveseat [lʌ́vsi:t]
lovesick [lʌ́vsìk]

lovey-dovey [lʌ́vidʌ̀vi]
low-cut [loukʌt]
lozenge [lázindʒ]
Lucifer [lú:səfər]
lukewarm [lú:kwɔ̀:rm]
lumbago [lʌmbéigou]
lumber [lʌ́mbər]
lump [lʌmp]
lunar [lú:nər]
lunatic [lú:nətik]
luncheon [lʌ́ntʃən]
lung [lʌŋ]
luxation [lʌkséiʃən]
luxurious [lʌgʒúəriəs]
Lycra [láikrə]
lysergic [laisə́:dʒik]

M

macaroni [mæ̀kəróuni]
macchiato [mɑkiá:tou]
mace [meis]
macerate [mǽsərèit]
macho [má:tʃou]
mackerel [mǽkərəl]
mackerel pike [mǽkərəl paik]
mackintosh [mǽkintɑ̀ʃ]
macro [mǽkrou]
magnanimous [məgnǽniməs]
magnificent [mægnífəsənt]
magnolia [mægnóuliə]
maisonette [mèizounét]
maize [meiz]
makeshift [méikʃìft]
malaria [məlɛ́əriə]
male [meil]
malevolent [məlévələnt]
malformed [mælfɔ́:rmd]
malice [mǽlis]
malicious [məlíʃəs]
malignancy [məlígnənsi]

malignant [məlígnənt]
mallow [mǽlou]
malnutrition [mæ̀lnju:tríʃən]
malt [mɔ:lt]
maltose [mɔ́:ltous]
mammary [mǽməri]
mammonism [mǽmənìzəm]
mandarin [mǽndərin]
mandible [mǽndəbəl]
mange [meindʒ]
mango [mǽŋgou]
mangosteen [mǽŋgəstì:n]
maniac [méiniæ̀k]
manic [mǽnik]
mansard [mǽnsɑ:rd]
mansion [mǽnʃən]
manslaughter [mǽnslɔ̀:tər]
maple [méipəl]
mapo tofu [mɑpo tóufu:]
margarine [má:rdʒərin]
margarita [mà:rgərí:tə]
marijuana [mæ̀rəhwá:nə]
Marilyn Monroe [mǽrəlin mənróu]
marinade [mæ̀rənéid]
marinate [mǽrinèit]
marmalade [má:rməlèid]
marrow [mǽrou]
Mars [mɑ:rz]
marsh [mɑ:rʃ]
marshmallow [má:rʃmèlou]
martini [mɑ:rtí:ni]
martyr [má:rtər]
martyrdom [má:rtərdəm]
marvelous [má:rvələs]
masala [məsá:lə]
masculine [mǽskjəlin]
mash [mæʃ]
masochism [mǽsəkìzəm]
masochist [mǽsəkist]
massacre [mǽsəkər]
massager [məsá:ʒər]
masticate [mǽstəkèit]

발음기호 L~M | **425**

mastitis [mæstáitis]
masturbate [mǽstərbèit]
masturbation [mæ̀stərbéiʃən]
match [mætʃ]
maternal [mətə́ːrnl]
maternity [mətə́ːrnəti]
matricide [méitrəsàid]
matsutake [mɑtsutɑke]
matted [mǽtid]
mausoleum [mɔ̀ːsəlíəm]
mayo [méiou]
mayonnaise [mèiənéiz]
mead [miːd]
measles [míːzəlz]
measure [méʒər]
medicinal [medísənəl]
medulla oblongata
[mədʌ́lə ɑblɔːŋɡɑ́ːtər]
meek [miːk]
megalith [méɡəliθ]
megalomania [mèɡəlouméiniə]
megalomaniac [mèɡəlouméiniæk]
megaphone [méɡəfòun]
meiosis [maióusis]
melancholy [mélənkɑ̀li]
melanin [mélənin]
melanoma [mèlənóumə]
mellow [mélou]
melodious [məlóudiəs]
melon [mélən]
membrane [mémbrein]
memorable [mémərəbəl]
memorial [mimɔ́ːriəl]
menacing [ménəsiŋ]
menarche [minɑ́ːrkiː]
meningitis [mènindʒáitis]
menopause [ménəpɔ̀ːz]
menorah [minɔ́ːrə]
menses [ménsiːz]
menstrual [ménstruəl]
menstruation [mènstruéiʃən]
menswear [ménzwɛ̀ər]

mental [méntl]
mentality [mentǽləti]
mentally [méntəli]
menthol [ménθɑl]
mercury [mə́ːrkjəri]
merino [məríːnou]
merkin [mə́ːkən]
mesencephalon [mèsenséfəlɑ̀n]
mesh [meʃ]
messenger [mésəndʒər]
messy [mési]
metabolism [mətǽbəlìzəm]
metacarpus [mètəkɑ́ːrpəs]
metastasis [mətǽstəsis]
metastasize [mətǽstəsàiz]
metatarsus [mètətɑ́ːrsəs]
meth [meθ]
methamphetamine [mèθæmfétəmìːn]
meticulous [mətíkjələs]
metrosexual [métrousekʃuəl]
mic [maik]
microcar [máikroukɑr]
microchip [máikroutʃip]
microcredit [máikroukredit]
microfiber [máikroufaibər]
microfilm [máikrəfilm]
microlight [máikrəlait]
microorganism [màikrouɔ́ːrɡənìzəm]
microphone [máikrəfoun]
microwave [máikrouwèiv]
midbrain [mídbrèin]
midget [mídʒit]
midriff [mídrif]
midwife [mídwàif]
might [mait]
migraine [máigrein]
migratory [máigrətɔ̀ːri]
milch [miltʃ]
milkshake [mílkʃeik]
mill [mil]
millet [mílit]
millstone [mílstòun]

mimbo [mímbou]
mimicry [mímikri]
mince [mins]
mineral [mínərəl]
mini [míni]
miniature [míniətʃər]
miniskirt [mínəskə̀ːrt]
mink [miŋk]
minority [minɔ́ːriti]
mint [mint]
misaligned [mìsəláind]
misanthrope [mísənθròup]
misanthropist [misǽnθrəpist]
miscarriage [mìskǽridʒ]
miscarry [mìskǽri]
misery [mízəri]
misogynist [misɑ́dʒənist]
mitt [mit]
mittens [mítns]
Moai [móuɑi]
mobile [móubəl]
moccasin [mɑ́kəsin]
mohawk [móuhɔːk]
Mohican [mouhíːkən]
molar [móulər]
molasses [məlǽsiz]
mole [moul]
moleskin [móulskìn]
mollusk [mɑ́lək]
Mongolian [mɑŋɡóuliən]
mongolism [mɑ́ŋɡəlìzəm]
Mongoloid [mɑ́ŋɡəlɔ̀id]
monk [mʌŋk]
monkfish [mʌ́ŋkfiʃ]
monobrow [mɑ́nəbrau]
monocle [mɑ́nəkəl]
monomania [mɑ̀nəméiniə]
monomaniac [mɑ̀nəméiniæk]
monotonous [mənɑ́tənəs]
monoxide [mɑnɑ́ksaid]
mooncake [múːnkeik]
moonshine [múːnʃàin]

moral [mɔ́(:)rəl]
morale [mourǽl]
morgue [mɔːrg]
morphine [mɔ́ːrfiːn]
mortal [mɔ́ːrtl]
mortality [mɔːrtǽləti]
mortar [mɔ́ːrtər]
mortarboard [mɔ́ːrtərbɔ̀ːrd]
mortician [mɔːrtíʃən]
mortification [mɔ̀ːrtəfikéiʃən]
mortified [mɔ́ːrtəfaid]
mortuary [mɔ́ːrtʃuəri]
mosquito [məskíːtou]
mouche [máutʃ]
mount [maunt]
mourn [mɔːrn]
mourner [mɔ́ːrnər]
mousse [muːs]
moustache / mustache [mʌ́stæʃ]
mover [múːvər]
mower [móuər]
mozzarella [matsərélə]
mucus [mjúːkəs]
mudfish [mʌ́dfiʃ]
muff [mʌf]
muffin [mʌ́fin]
muffler [mʌ́flər]
mug [mʌg]
mugwort [mʌ́gwəːrt]
mulberry [mʌ́lbèri]
mules [mjúːlz]
mullet [mʌ́lit]
multiple [mʌ́ltəpəl]
mummy [mʌ́mi]
mumps [mʌmps]
munch [mʌntʃ]
munchies [mʌ́ntʃiz]
mung bean [mʌ́ŋ biːn]
murder [mə́ːrdər]
murderous [mə́ːrdərəs]
Murphy [mə́ːrfi]
muscle [mʌ́səl]

musclebound [mʌ́səlbaund]
muscleman [mʌ́slmæ̀n]
muscular [mʌ́skjələr]
mushroom [mʌ́ʃru(ː)m]
muskmelon [mʌ́skmèlən]
muslin [mʌ́zlin]
mussel [mʌ́səl]
mustard [mʌ́stərd]
musty [mʌ́sti]
mute [mjuːt]
mutton [mʌ́tn]
muttonchops [mʌ́tntʃaps]
muzzle [mʌ́zəl]
myalgia [maiǽldʒiə]
myelitis [màiəláitis]
myelogenous [maiəláʒənəs]
myocardial [màiəkáːrdiəl]
myocardium [màiəkáːrdiəm]
myopia [maióupiə]
myringitis [mirinjitis]
mysophobe [máisəfoub]
mysophobia [màisəfóubiə]
mysterious [mistíəriəs]
mystical [místikəl]

N

nachos [nǽtʃouz]
nag [næg]
naked [néikid]
nakedness [néikidn]
nanny [nǽni]
napa cabbage [nǽpə kǽbidʒ]
nape [neip]
Napoleon [nəpóuliən]
nappy [nǽpi]
narcolepsy [náːrkəlèpsi]
narcotism [náːrkətìzəm]
nasal [néizəl]
nasty [nǽsti]
naughty [nɔ́ːti]

nausea [nɔ́ːziə]
nauseated [nɔ́ːzieitid]
nauseous [nɔ́ːʃəs]
navel [néivəl]
nearsighted [níərsáitid]
neckerchief [nékərtʃif]
necklace [néklis]
necktie [néktài]
necropsy [nékrɑpsi]
necrosis [nekróusis]
nectar [néktər]
nectarine [nèktəríːn]
needle [níːdl]
negative [négətiv]
negativity [negətívəti]
negligee [néglìːʒèi]
negligent [néglidʒənt]
Neolithic [nìːoulíθik]
neon [níːɑn]
neonatal [nìːounéitl]
nephritis [nifráitis]
nephropathy [nifrɑ́pəθi]
nerve [nəːrv]
nervous [nə́ːrvəs]
nettle rash [nétl ræʃ]
neuralgia [njuərǽldʒə]
neurasthenia [njùərəstíːniə]
neuron [njúərɑn]
neurosis [njuəróusis]
neurotic [njuərɑ́tik]
neutral [njúːtrəl]
nevus [níːvəs]
nibble [níbəl]
nicotine [níkətìːn]
nidation [nɑidéiʃən]
nigger [nígər]
nightclothes [náitklòuðz]
nightdress [náitdrès]
nightie [náiti]
nightshirt [náitʃəːrt]
nip [nip]
nipper [nípər]

nipple [nípəl]
nocturnal [nɑktə́:rnl]
nodule [nádʒu:l]
nonalcoholic [nɑ̀nælkəhɔ́:lik]
nonglutinous [nɑnglú:tənəs]
nonsensical [nɑnsénsikəl]
noodle [nú:dl]
nori [nɔri]
nosebleed [nóuzblì:d]
nostril [nástril]
nourishing [nə́:riʃiŋ]
nubra [nú:brɑ]
nude [nju:d]
nudge [nʌdʒ]
nudity [njú:dəti]
numb [nʌm]
numbness [nʌ́mnis]
nurture [nə́:rtʃər]
nutcase [nʌ́tkeis]
nutcracker [nʌ́tkrækər]
nutmeg [nʌ́tmeg]
nutrient [njú:triənt]
nutrition [nju:tríʃən]
nutritional [nju:tríʃənəl]
nyctalopia [nìktəlóupiə]
nylon [náilɑn]

O

oat [out]
oatmeal [óutmì:l]
obese [oubí:s]
obesity [oubí:səti]
obit [óubit]
obituary [oubítʃuèri]
obliterate [əblítəréit]
obscene [əbsí:n]
obsequies [ɑ́bsəkwiz]
observation [ɑ̀bzərvéiʃən]
observe [əbzə́:rv]
obsessed [əbsést]

obsession [əbséʃən]
obsessive [əbsésiv]
obstinate [ɑ́bstənit]
obverse [ɑ́bvə:rs]
occiput [ɑ́ksəpʌ̀t]
occupant [ɑ́kjəpənt]
occupational [ɑ̀kjəpéiʃənəl]
occupier [ɑ́kjupaiər]
octopus [ɑ́ktəpəs]
odd [ɑd]
odor [óudər]
odorless [óudərlis]
Oedipus [édəpəs]
oesophagus [isɑ́fəgəs]
offended [əféndid]
off-the-peg [ɑfðəpeg]
off-the-rack [ɑfðəræg]
oilcloth [ɔ́ilklɔ̀(:)θ]
oilskin [ɔ́ilskìn]
oily [ɔ́ili]
olfaction [ɑlfækʃən]
olfactory [ɑlfæktəri]
oligosaccharide [ɑligousǽkəraid]
olive [ɑ́liv]
omelet / omelette [ɑ́məlit]
omnipotent [ɑmnípətənt]
omniscient [ɑmníʃənt]
onanism [óunənìzəm]
onion [ʌ́njən]
oolong [ú:lɔ̀(:)ŋ]
ophthalmia [ɑfθǽlmiə]
opium [óupiəm]
opportunism [ɑ̀pərtjú:nizəm]
optic [ɑ́ptik]
optical [ɑ́ptikəl]
orange [ɔ́(:)rindʒ]
organ [ɔ́:rgən]
oriel [ɔ́:riəl]
ornamental [ɔ̀:rnəméntl]
orphan [ɔ́:rfən]
orthodox [ɔ́:θədɑks]
osmidrosis [ɔzmidróusis]

osteoarthritis [ɑ̀stiouɑ:rθráitis]
osteomyelitis [ɑ̀stioumàiəláitis]
osteoporosis [ɑ̀stioupəróusis]
otitis media [outáitis mí:diə]
ottoman [ɑ́təmən]
outbreak [áutbrèik]
outcast [áutkæ̀st]
outhouse [áuthàus]
outie [áuti]
outlet [áutlet]
oval [óuvəl]
ovarian [ouvɛ́əriən]
ovary [óuvəri]
ovation [ouvéiʃən]
overalls [óuvəɔ:lz]
overcoat [óuvərkòut]
overdose [óuvərdòus]
overeat [òuvərí:t]
overexposure [òuvərikspóuʒər]
overhead [óuvərhed]
overripe [ouvəráip]
overshoes [óuvərʃu:z]
oviduct [óuvədʌ̀kt]
ovulate [óuvjulèit]
ovulation [ouvjuléiʃən]
ovulatory [óuvjulətouri]
ovum [óuvəm]
ox [ɑks]
oxfords [ɑ́ksfərz]
oxtail [ɑ́kstèil]
oyster [ɔ́istər]
ozena [ɔ:zénɑ]

P

Pacific saury [pəsífik sɔ́:ri]
pacifier [pǽsəfàiər]
padded [pǽdid]
padding [pǽdiŋ]
paddle [pǽdl]
paddy wagon [pǽdi wǽgən]

padlock [pǽdlàk]
paisley [péizli]
pajamas [pədʒɑ́:məz]
palace [pǽlis]
palatable [pǽlətəbəl]
palate [pǽlit]
palatial [pəléiʃəl]
Paleolithic [pèiliəlíθik]
palette [pǽlit]
paling [péiliŋ]
palisade [pæ̀ləséid]
pallbearer [pɔ́:lbɛərər]
pallid [pǽlid]
pallor mortis [pǽlər mɔ́:tis]
palm [pɑ:m]
palmcorder [pɑ́:mkɔːdər]
palmist [pɑ́:mist]
palmistry [pɑ́:mistri]
palsy [pɔ́:lzi]
pamper [pǽmpər]
panama [pǽnəmɑ̀:]
pancake [pǽnkèik]
pancreas [pǽnkriəs]
pancreatic [pæŋkriǽtik]
pancreatitis [pæŋkriətáitis]
pane [pein]
panel [pǽnl]
panties [pǽntiz]
pantleg [pǽntleg]
pantry [pǽntri]
pants [pænts]
pantsuit [pǽntsùːt]
panty [pǽnti]
pantyhose [pǽntihòuz]
pantyliner [pǽntilainər]
pap [pæp]
papaya [pəpɑ́:iə]
paprika [pæprí:kə]
paradentitis [pærədentitis]
paradoxical [pærədɑ́ksikəl]
paraffin [pǽrəfin]
Paralympics [pærəlímpiks]

paralysis [pərǽləsis]
paralyze [pǽrəlàiz]
paranoia [pæ̀rə]
paranoiac [pærənɔ́iæk]
paranoid [pǽrənɔ̀id]
paraphilia [pærəfíliə]
paraplegia [pæ̀rəplí:dʒiə]
paraplegic [pæ̀rəplí:dʒik]
parasol [pǽrəsɔ̀:l]
parasympathetic [pæ̀rəsìmpəθétik]
parboil [pɑ́:rbɔ̀il]
pare [pɛər]
paregoric [pæ̀rəgɔ́:rik]
parental [pərént1]
parfait [pɑ:rféi]
parka [pɑ́:rkə]
Parkour [pɑ:kúːr]
parlor [pɑ́:rlər]
parmesan [pɑ́:rmizɑ̀:n]
parotid [pərɑ́tid]
parotitis [pæ̀rətáitis]
parquet [pɑ:rkéi]
parricide [pǽrəsàid]
passage [pǽsidʒ]
passionately [pǽʃənətli]
pasta [pɑ́:stə]
paste [peist]
pasteurize [pǽstəràiz]
pastry [péistri]
patch [pætʃ]
patchwork [pǽtʃwə̀:rk]
patella [pətélə]
patent [pǽtənt]
paternity [pətə́:rnəti]
pathetic [pəθétik]
pathogen [pǽθədʒən]
patio [pǽtiòu]
patricide [pǽtrəsàid]
patriotism [péitriətìzəm]
pattern [pǽtərn]
patty [pǽti]
paunch [pɔ:ntʃ]

paunchy [pɔ́:ntʃi]
pavilion [pəvíljən]
paw [pɔ:]
pawpaw [pɔ́:pɔ̀:]
peach [pi:tʃ]
peak [pi:k]
peaked [píːkt]
pear [pɛər]
pearl [pə:rl]
pecs [peks]
pectoral [péktərəl]
pectoralis [pektərǽlis]
pectoris [péktəris]
peculiar [pikjú:ljər]
pedal [pédl]
pederasty [pédəræ̀sti]
pediatric [pi:diǽtrik]
pedophile [pí:dəfail]
pedophilia [pìːdoufíliə]
pee [pi:]
peek [pi:k]
Peekaboo [píːkəbùː]
peel [pi:l]
peeler [pí:lər]
peelings [pí:liŋz]
peep [pi:p]
peer [piər]
Peking [pi:kíŋ]
pelmet [pélmit]
pelvis [pélvis]
pen pal [pén pæl]
pencil [pénsəl]
pendant [péndənt]
pendulum [péndʒələm]
penetrate [pénətrèit]
penne [pénne]
pentaprism [péntəprizm]
penthouse [pénthàus]
pepita [pəpí:tə]
pepper [pépər]
peppercorn [pépərkɔ̀:rn]
peppermint [pépərmìnt]

pepperoni [pepəróuni]
perception [pərsépʃən]
perch [pəːrtʃ]
peril [pérəl]
perilla [pəríːlə]
period [píəriəd]
periosteum [pèriástiəm]
periostitis [pèriɑstáitis]
peripheral [pərífərəl]
peritoneum [pèrətəníːəm]
peritonitis [pèrətənáitis]
periwig [périwìg]
perky [pə́ːrki]
perm [pəːrm]
permanent [pə́ːrmənənt]
pernicious [pəːrníʃəs]
peroneus longus
 [pərəníːəs lɔ́ːŋgəs]
perpetual [pərpétʃuəl]
perplexed [pərplékst]
persecution [pə̀ːrsikjúːʃən]
perseverance [pə̀ːrsivíːrəns]
persevering [pə̀ːrsəvíəriŋ]
persimmon [pəːrsímən]
persistent [pəːrsístənt]
personality [pə̀ːrsənǽləti]
perspiration [pə̀ːrspəréiʃən]
persuade [pəːrswéid]
persuasion [pərswéiʒən]
persuasive [pərswéisiv]
pertussis [pərtʌ́sis]
perv [pəːrv]
perverse [pərvə́ːrs]
perversion [pərvə́ːrʒən]
pervert [pəːrvə́ːrt]
pest [pest]
pestilence [péstələns]
pestle [péstl]
pet [pet]
petite [pətíːt]
petri dish [pétri diʃ]
petrified [pétrəfaid]

petrol [pétrəl]
petroleum [pitróuliəm]
petticoat [pétikòut]
pettitoes [pétitòuz]
phalanges [fəlǽndʒiːz]
phalanx [féilæŋks]
phallic [fǽlik]
phallicism [fǽləsìzəm]
phallus [fǽləs]
phantom [fǽntəm]
pharmacy [fɑ́ːrməsi]
pharyngitis [fæ̀rindʒáitis]
pharyngolaryngitis
 [fəriŋɡɔlarindʒitis]
pharynx [fǽriŋks]
pheasant [fézənt]
phenomenon [finάmənὰn]
philanthropic [filənθrάpik]
philanthropist [filǽnθrəpist]
philanthropy [filǽnθrəpi]
philia [fíliə]
philtrum [fíltrəm]
phlegm [flem]
pho [fɔː]
phobia [fóubiə]
phonograph [fóunəgræf]
photocell [fóutousèl]
photoelectric [fòutouiléktrik]
photographic [fòutəgrǽfik]
photovoltaic [foutouvaltéiik]
physically [fízikəli]
physiological [fìziəlάdʒikəl]
physique [fizíːk]
pickle [píkəl]
pierce [piərs]
piercing [píərsiŋ]
pigeon [pídʒən]
piggy [pígi]
piggyback [pígibæ̀k]
piglet [píglit]
pigment [pígmənt]
pigmentation [pìgməntéiʃən]

pigskin [pígskìn]
pigtails [pígteilz]
pilaster [pilǽstər]
piles [pɑilz]
pillow [pílou]
pimiento [pimjéntou]
pimple [pímpl]
pinafore [pínəfɔ̀ːr]
pince-nez [pǽnsnei]
pinched [píntʃt]
pine [pain]
pinkeye [píŋkài]
pinkie / pinky [píŋki]
pinstripe [pínstràip]
pip [pip]
piquant [píːkənt]
piss [pis]
pistachio [pistάːʃiòu]
pit [pit]
pita [píːtə]
pitahaya [pithάːya]
pitcher [pítʃər]
pith [piθ]
pituitary [pitʃúːətèri]
pixel [píksəl]
placenta [pləséntə]
plagiarism [pléidʒiərìzəm]
plague [pleig]
plaice [pleis]
plaid [plæd]
plainclothes [pléinklóuðz]
plait [pleit]
plank [plæŋk]
plant [plænt]
plantain [plǽntin]
plasma [plǽzmə]
plasmapheresis [plæ̀zməférəsəs]
plastered [plǽstərd]
plate [pleit]
platelet [pléitlit]
plateletpheresis [pléitlitfəríːsis]
platform [plǽtfɔːrm]

Plato [pléitou]
platonic [plətánik]
platter [plǽtər]
pleated [plí:tid]
pledge [pledʒ]
pleura [plúərə]
pleurisy [plúərəsi]
pleuritis [pluráitis]
pliability [pláiəbíləti]
plod [plɑd]
pluck [plʌk]
plug [plʌg]
plughole [plʌ́ghòul]
plum [plʌm]
plump [plʌmp]
plunger [plʌ́ndʒər]
pneumoconiosis [njuːmoukounióusis]
pneumonia [njuːmóunjə]
pneumonic [njuːmánik]
poached [poutʃt]
pockmark [pákmɑ̀ːrk]
pod [pɑd]
poised [pɔ́izd]
poison [pɔ́izən]
poisoning [pɔ́izəniŋ]
poisonous [pɔ́izənəs]
poker [póukər]
polio [póuliòu]
poliomyelitis [pòulioumaiəláitis]
polish [páliʃ]
politics [pálitiks]
polka dot [póulkə dɑt]
pollack [pálək]
pollakiuria [pálokijúːriə]
pollination [pɑlənéiʃən]
pollution [pəlúːʃən]
polo [póulou]
polyester [pálièstər]
polyuria [pɑlijúəriə]
pomegranate [pámogrænit]
pomfret [pámfrit]
pompadour [pámpədɔ̀ːr]
poncho [pántʃou]
pond [pɑnd]
pone [poun]
ponytail [póunitèil]
poop [puːp]
Pope [poup]
poplin [páplin]
Popsicle [pápsikəl]
porcelain [pɔ́ːrsəlin]
pore [pɔːr]
porgy [pɔ́ːrgi]
pork [pɔːrk]
porker [pɔ́ːrkər]
pornography [pɔːrnágrəfi]
porridge [pɔ́ːridʒ]
portable [pɔ́ːrtəbl]
porter [pɔ́ːrtər]
portfolio [pɔːrtfóuliòu]
portico [pɔ́ːrtikòu]
positive [pázətiv]
positivity [pàzətívəti]
postmature [poustmətʃúər]
postmortem [poustmɔ́ːrtəm]
postnatal [pòustnéitl]
postpartum [póustpɑ́ːrtəm]
posttraumatic [pousttrɔːmǽtik]
posture [pástʃər]
potable [póutəbəl]
potbellied [pátbèlid]
potbelly [pátbèli]
potholder [páthòuldər]
potpourri [pòupurí:]
pottery [pátəri]
potty [páti]
pouch [pautʃ]
pouf [puːf]
pragmatic [prægmǽtik]
prawn [prɔːn]
prayer [prɛər]
praying mantis [preiŋ mǽntis]
preconceived [prìːkənsíːvd]
preconception [prìːkənsépʃən]
preeclampsia [prìːiklǽmpsiə]
preemie [príːmi]
prefab [príːfǽb]
prefabricated [prifǽbrikeitid]
pregnancy [prégnənsi]
prejudice [prédʒədis]
premature [prìːmətʃúər]
prematurely [prìːmətʃúəli]
premenstrual [prìːménstruəl]
premolar [priːmóulər]
preposterous [pripástərəs]
preppy [prépi]
presbyopia [prèzbióupjə]
preservative [prizə́ːrvətiv]
presume [prizúːm]
presumption [prizʌ́mpʃən]
preteen [príːtíːn]
pretzel [prétsəl]
prick [prik]
prickly [príkli]
primary [práimèri]
primo piatto [príːmou piátou]
principled [prínsəpld]
pristine [prístiːn]
privates [práivəts]
proctitis [prɑktáitis]
prod [prɑd]
produce [prədjúːs/próudus]
profusely [prəfjúːsli]
progeria [proudʒíəriə]
progressivism [prəgrésivizm]
project [prədʒékt]
projection [prədʒékʃən]
projector [prədʒéktər]
promenade [prɑ̀mənéid]
prone [proun]
propane [próupein]
propitiatory [prəpíʃiətɔ̀ːri]
propitious [prəpíʃəs]
prostate [prásteit]
prostatitis [prɑ̀stətáitis]

prosthesis [prásθəsis]
prostrate [prástreit]
protectorate [prətéktərit]
protein [próuti:in]
proteinuria [pròuti:njúriə]
protocol [próutəkɑ̀l]
protrude [proutrú:d]
provincial [prəvínʃəl]
prune [prú:n]
pseudocyesis [sù:dousaií:sis]
psoriasis [sɔráiəsis]
Psyche [sáiki:]
psychiatric [sàikiǽtrik]
psychiatrist [sàikiǽtrist]
psychiatry [saikáiətri]
psycho [sáikou]
psychopath [sáikoupæ̀θ]
psychopathy [saikápəθi]
psychotic [saikátik]
pub [pʌb]
pubic [pjú:bik]
pudding [púdiŋ]
pudendum [pjudéndəm]
Pu-erh / Pu'er [puə:r]
puff [pʌf]
puffer [pʌfər]
puffy [pʌfi]
pug [pʌg]
puke [pju:k]
pullet [púlit]
pulmonary [pʌlmənèri]
pulmonary [pʌlmənèri]
pulp [pʌlp]
pulsation [pʌlséiʃən]
pulse [pʌls]
pumice [pʌmis]
pumpkin [pʌmpkin]
pumps [pʌmps]
pungent [pʌndʒənt]
pupil [pjú:pəl]
puppy [pʌpi]
pure [pjuər]

purgative [pə́:rgətiv]
purification [pjùərəfikéiʃən]
purifier [pjúərəfàiər]
purify [pjúərəfài]
purple [pə́:rpəl]
purse [pə:rs]
pus [pʌs]
pushchair [púʃtʃɛ̀ər]
pushers [púʃərz]
pussy [púsi]
pyelitis [pàiəláitəs]
pyjamas [pədʒá:məz]
pyramid [pírəmìd]
pyre [páiər]

Q

qipao [kipɑo]
quadriceps [kwádrəsèps]
quaff [kwɑ:f]
quarter [kwɔ́:rtər]
queasy [kwí:zi]
queer [kwiər]
quesadilla [keisədí:yə]
quilt [kwilt]
quince [kwins]

R

rabbit [rǽbit]
rabies [réibi:z]
racial [réiʃəl]
racism [réisizəm]
rack [ræk]
racy [réisi]
radiation [rèidiéiʃən]
radiator [réidièitər]
radical [rǽdikəl]
radicalism [rǽdikəlizm]
radioactivity [rèidiouæktívəti]
radish [rǽdiʃ]

radius [réidiəs]
rafter [rǽftər]
rag [ræg]
rage [reidʒ]
ragged [rǽgid]
railing [réiliŋ]
raisin [réizən]
rambling [rǽmbliŋ]
rambutan [ræmbú:tn]
ramen [rɑ́:mən]
ramie [rǽmi]
rampage [rǽmpeidʒ]
ranch [ræntʃ]
rancor [rǽŋkər]
rapture [rǽptʃər]
rascal [rǽskəl]
rash [ræʃ]
raspberry [rǽzbèri]
rationality [rǽʃənǽləti]
rattle [rǽtl]
raven [réivən]
ravenous [réivənəs]
raving [réiviŋ]
ravioli [rævióuli]
raw [rɔ:]
rawhide [rɔ́:hàid]
ray [rei]
rayon [réiɑn]
raze [reiz]
razor [réizər]
reaction [ri:ǽkʃən]
ready-made [rédiméid]
rear [riər]
rebel [rébəl]
rebellious [ribéljəs]
recall [rikɔ́:l]
recede [ri:sí:d]
rechargeable [ri:tʃɑ́:dʒəbl]
recipe [résəpì:]
recline [rikláin]
recliner [rikláinər]
recognition [rèkəgníʃən]

recollect [rèkəlékt]
rectal [réktl]
rectum [réktəm]
recuperate [rikjú:pərèit]
recuperation [rikju:pəréiʃən]
Redeemer [ridí:mər]
redhead [rédhèd]
redneck [rédnèk]
reduction [ridʌ́kʃən]
reek [ri:k]
reel [ri:l]
reflex [rí:fleks]
refrain [rifréin]
refrigerator [rifrìdʒəréitər]
refuge [réfju:dʒ]
regalia [rigéiliə]
regicide [rédʒəsàid]
registration [rèdʒəstréiʃən]
relapse [rilǽps]
reminisce [rèmənís]
remorse [rimɔ́:rs]
renal [rí:nəl]
renter [réntər]
repressed [riprést]
reprimand [réprəmænd]
reproductive [rì:prədʌ́ktiv]
repulsion [ripʌ́lʃən]
repulsive [ripʌ́lsiv]
requiem [rékwiəm]
resentment [rizéntmənt]
reside [rizáid]
resident [rézidənt]
residue [rézidjù:]
resolution [rèzəlú:ʃən]
resort [rizɔ́:rt]
respiration [rèspəréiʃən]
respiratory [réspərətɔ̀:ri]
respire [rispáiər]
restrain [ri:stréin]
retaining [ritéiniŋ]
retardant [ritá:rdənt]
retardation [rita:rdéiʃən]

retch [retʃ]
retina [rétənə]
retinitis [rètənáitis]
retirement [ritáiərmənt]
retro [rétrou]
retrospect [rétrəspèkt]
revere [rivíər]
reverence [révərəns]
reverse [rivə́:rs]
revolve [rivɑ́lv]
rhesus [rí:səs]
rheumatism [rú:mətìzəm]
rheumatoid [rú:mətɔ̀id]
rhinitis [raináitis]
rib [rib]
rice [rais]
rickets [ríkits]
ridge [ridʒ]
ridgepole [rídʒpòul]
ridiculous [ridíkjələs]
rigor mortis [rigər mɔ́:tiz]
rile [rail]
rimless [rímlis]
rind [raind]
ringer [ríŋər]
ringworm [ríŋwə̀:rm]
ripe [raip]
risotto [risɔ́:tou]
rite [rait]
rivet [rívit]
roar [rɔ:r]
roasting [róustiŋ]
robber [rɑ́bər]
robes [roubz]
robust [róubʌst]
rockfish [rɑ́kfiʃ]
rod [rɑd]
roe [rou]
roly-poly [róulipouli]
rooftop [rú:ftɑ̀p]
rooibos [rɔ́ibɔ:s]
rooster [rú:stər]

Roquefort [róukfərt]
rosé [rouzéi]
rote [rout]
rotunda [routʌ́ndə]
rough [rʌf]
roughly [rʌ́fli]
rub [rʌb]
rubber [rʌ́bər]
rubella [ru:bélə]
rucksack [rʌ́ksæ̀k]
ruddy [rʌ́di]
rug [rʌg]
rugged [rʌ́gid]
rum [rʌm]
ruminant [rú:mənənt]
ruminate [rú:mənèit]
rump [rʌmp]
rupture [rʌ́ptʃər]
rush [rʌʃ]
rustic [rʌ́stik]
rye [rai]

S

sable [séibəl]
sac [sæk]
saccharine [sǽkərin]
sachet [sæʃéi]
sack [sæk]
sackcloth [sǽkklɔ̀(:)θ]
sacking [sǽkiŋ]
sacred [séikrid]
sacrificial [sæ̀krəfíʃəl]
sadism [sǽdizəm]
sadist [séidist]
sadomasochism [sèidoumǽzəkìzəm]
safari [səfá:ri]
saffron [sǽfrən]
sag [sæg]
sagger [sǽgər]
sagging [sæg]

발음기호 Q, R, S | **433**

sailfin sandfish [seilfin sændfiʃ]
sake [seik]
salami [səlá:mi]
Salisbury [sɔ́:lzbèri]
saliva [səláivə]
salivary [sǽləvèri]
sallow [sǽlou]
salmon [sǽmən]
salmonellosis [sæ̀lmənelóusis]
salsa [sɔ́:lsə]
salt [sɔ:lt]
saltine [sɔ:ltí:n]
saltwater [sɔ́:ltwɔ:tər]
salty [sɔ́:lti]
salver [sǽlvər]
sandals [sǽndlz]
sandwich [sǽndwitʃ]
sanguine [sǽŋgwin]
sanitary [sǽnətèri]
sanitation [sæ̀nətéiʃən]
sarcastic [sɑːrkǽstik]
sarcoma [sɑːrkóumə]
sarcophagus [sɑːrkɑ́fəgəs]
sardine [sɑːrdí:n]
sari [sɑ́:ri(:)]
sarong [sərɔ́(:)ŋ]
sash [sæʃ]
sassy [sǽsi]
satay [sɑ́tei]
satchel [sǽtʃəl]
satellite [sǽtəlàit]
satiety [sətáiəti]
satin [sǽtən]
sauceboat [sɔ́:sbòut]
saucepan [sɔ́:spæn]
saucer [sɔ́:sər]
sauerkraut [sáuərkràut]
saunter [sɔ́:ntər]
sausage [sɔ́:sidʒ]
sauté [soutéi]
savor [séivər]
savory [séivəri]

scab [skæb]
scabies [skéibiì:z]
scald [skɔ:ld]
scalding [skɔ́:ldiŋ]
scallion [skǽljən]
scallop [skɑ́ləp]
scalp [skælp]
scapegoat [skéipgout]
scapula [skǽpjələ]
scar [skɑːr]
scare [skɛər]
scarf [skɑːrf]
scarlatina [skɑ̀ːrlətí:nə]
scarlet [skɑ́ːrlit]
scent [sent]
scentless [séntlis]
schisandra chinensis
schizophrenia [skìtsəfrí:niə]
schizophrenic [skìtsəfrénik]
scholar [skɑ́lər]
sciatica [saiǽtikə]
sclera [sklíərə]
sclerosis [sklíəróusis]
scolding [skóuldiŋ]
sconce [skɑns]
scorbutus [skɔ:rbjú:təs]
scorch [skɔːrtʃ]
scorn [skɔːrn]
scour [skauər]
scowl [skaul]
scrambled [skrǽmbld]
scrape [skreip]
scratch [skrætʃ]
scrawny [skrɔ́:ni]
scroll [skroul]
scrooge [skrú:dʒ]
scrotum [skróutəm]
scrub [skrʌb]
scruffy [skrʌ́fi]
scrunchie [skrʌ́ntʃi]
scrupulous [skrú:pjələs]
scrutinize [skrú:tənàiz]

scurry [skə́:ri]
scurvy [skə́:rvi]
sea bass [beis]
sea bream [si: brí:m]
sea squirt [si: skwə:rt]
seafood [sí:fu:d]
sealskin [sí:lskìn]
seam [si:m]
seasoning [sí:zəniŋ]
seaweed [sí:wì:d]
sebaceous [sibéiʃəs]
sebum [sí:bəm]
secrete [sikrí:t]
secretion [sikrí:ʃən]
security [sikjúəriti]
sedan [sidǽn]
seep [si:p]
seethe [si:ð]
seizure [sí:ʒər]
semen [sí:mən]
semicircular [sèmisə́:rkjələr]
semiconscious [sèmikɑ́nʃəs]
seminal [sémənl]
senile [sí:nail]
sensitive [sénsətiv]
sensory [sénsəri]
sensuous [sénʃuəs]
seppuku [sepú:ku]
sepsis [sépsis]
septic [séptik]
septicemia [sèptəsí:miə]
septicemic [septəsí:mik]
sequin [sí:kwin]
serial [síəriəl]
serum [síərəm]
serviette [sə̀:rviét]
servile [sə́:rvil]
sesame [sésəmi]
settee [setí:]
severe [sivíər]
sewage [sú:idʒ]
sewer [sjú:ər]

sewerage [sjúːəridʒ]
sexism [séksizəm]
sexpot [sékspɑ̀t]
sexual [sékʃuəl]
shabby [ʃǽbi]
shack [ʃæk]
shades [ʃéiz]
shaggy [ʃǽgi]
shank [ʃæŋk]
shanty [ʃǽnti]
shark [ʃɑːrk]
sharp [ʃɑːrp]
shawl [ʃɔːl]
shed [ʃed]
sheepskin [ʃíːpskìn]
shell [ʃel]
shelter [ʃéltər]
shepherd [ʃépərd]
sherbet [ʃə́ːrbit]
shiitake [ʃìːtǽki]
shilly-shally [ʃíliːʃæ̀li]
shin [ʃin]
shinbone [ʃínbòun]
shingle [ʃíŋgəl]
shirt [ʃəːrt]
shirtsleeve [ʃə́ːrtsliːv]
shisha [ʃíʃɑ]
shit [ʃit]
shithouse [ʃíthaus]
shock wave [ʃák weiv]
shoehorn [ʃuːhɔ́ːrn]
shoestring [ʃúːstrìŋ]
shoetree [ʃúːtrìː]
shoot [ʃuːt]
shopaholic [ʃɑpəhɑ́lik]
shortie [ʃɔ́ːrti]
shorts [ʃɔːrts]
shortsighted [ʃɔːrtsɑ́itid]
showy [ʃóui]
shred [ʃred]
shrewd [ʃruːd]
shriek [ʃriːk]

shrimp [ʃrimp]
shrine [ʃrain]
shroud [ʃraud]
shudder [ʃʌ́dər]
shuffle [ʃʌ́fl]
sickbed [síkbèd]
sickening [síkəniŋ]
sicklepod [síklpɑd]
sickness [síknis]
sideboards [sáidbɔːz]
sideburns [sáidbə̀ːrnz]
sidestep [sáidstèp]
sieve [siv]
sigh [sai]
sighted [sáitid]
signboard [sáinbɔ̀ːrd]
silk [silk]
silkworm [sílkwə̀ːrm]
silverplate [sílvərpleit]
silvery [sílvəri]
simmer [símər]
simplex [símpleks]
sinew [sínjuː]
sinewy [sínjuːi]
singlet [síŋglit]
sinusitis [sàinəsáitis]
sip [sip]
sirloin [sə́ːrlɔin]
skeletal [skélətl]
skeleton [skélətn]
skewer [skjúːər]
skillet [skílit]
skim [skim]
skimpy [skímpi]
skinflint [skínflìnt]
skinny [skíni]
skintight [skíntàit]
skirt [skəːrt]
skirting [skə́ːrtiŋ]
skull [skʌl]
skullcap [skʌ́lkæ̀p]
skylight [skáilàit]

skyscraper [skáiskreipər]
slap [slæp]
slaughter [slɔ́ːtər]
sleeve [sliːv]
sleeved [sliːvd]
sleeveless [slíːvlis]
slender [sléndər]
slick [slik]
slicker [slíkər]
slide [slaid]
sling [sliŋ]
slingbacks [slíŋbæks]
slip [slip]
slippers [slípərz]
slippery [slípəri]
slit [slit]
slobber [slɑ́bər]
sloppy [slɑ́pi]
slot [slɑt]
slur [sləːr]
slurp [sləːrp]
slush [slʌʃ]
sly [slai]
smallpox [smɔ́ːlpɑ̀ks]
smart [smɑːrt]
smarting [smɑːrt]
smashed [smæʃt]
smelt [smelt]
smokestack [smóukstæ̀k]
smoothie [smúːði]
smorgasbord [smɔ́ːrgəsbɔ̀ːrd]
smutty [smʌ́ti]
snaggletooth [snǽgəltùːθ]
snail [sneil]
snakehead [snéikhèd]
snakeskin [snéikskìn]
snap [snæp]
snapper [snǽpər]
snatch [snætʃ]
snazzy [snǽzi]
sneak [sniːk]
sneakers [sníːkərz]

sneeze [sniːz]
sniff [snif]
sniffle [snífəl]
snifter [sníftər]
snivel [snívəl]
snore [snɔːr]
snort [snɔːrt]
snot [snɑt]
snout [snaut]
snowshoes [snóuʃuːz]
snub [snʌb]
snuff [snʌf]
snuffle [snʌ́fəl]
snug [snʌg]
soak [souk]
soap [soup]
sob [sɑb]
sober [sóubər]
socket [sɑ́kit]
socks [sɑks]
Socrates [sɑ́krətiːz]
sod [sɑd]
softener [sɔ́(ː)fənər]
soggy [sɑ́gi]
soil [sɔil]
solar [sóulər]
solar plexus [sóulər plékəs]
solarium [sóuléəriəm]
sole [soul]
solemn [sɑ́ləm]
solid [sɑ́lid]
solitary [sɑ́litèri]
solstice [sɑ́lstis]
solvent [sɑ́lvənt]
somatic [soumǽtik]
sombrero [sɑmbréərou]
sommelier [sʌ̀məljéi]
somnambulism [sɑmnǽmbjəlìzəm]
somnambulist [sɑmnǽmbjəlìst]
sophisticated [səfístəkèitid]
sorbet [sɔ́ːrbit]
sore [sɔːr]

sorghum [sɔ́ːrgəm]
sou'wester [sauwéstər]
soundproof [sáundprúːf]
sour [sáuər]
soutane [suːtɑ́ːn]
southpaw [sáuθpɔ̀ː]
souvlaki [suːvlǽki]
sow [sou]
soybean [sɔ́ibìːn]
spacesuit [spéissùːt]
spade [speid]
spaghetti [spəgéti]
Spandex [spǽndeks]
spangle [spǽŋgəl]
spasm [spǽzəm]
spatula [spǽtʃulə]
specialty [spéʃəlti]
species [spíːʃi(ː)z]
speculate [spékjəlèit]
speculation [spekjəléiʃən]
speech [spiːtʃ]
speedo [spíːdou]
sperm [spəːrm]
spermatic [spəːrmǽtik]
spermatozoa [spəːrmətəzóuə]
sphincter [sfíŋktər]
spice [spais]
spicy [spáisi]
spigot [spígət]
spikes [spáiks]
spinach [spínitʃ]
spinal [spáinl]
spine [spain]
spiral [spáiərəl]
spirit [spírit]
spit [spit]
spite [spait]
spittoon [spitúːn]
splayfoot [spléifùt]
split [split]
splitting [splítiŋ]
spoiled [spɔ́ild]

spontaneous [spɑntéiniəs]
spooky [spúːki]
sportswear [spɔ́ːrtswɛ̀ər]
sprain [sprein]
sprawl [sprɔːl]
sprightly [spráitli]
sprinkler [spríŋklər]
sprint [sprint]
sprout [spraut]
spry [sprai]
sputum [spjúːtəm]
squad [skwɑd]
square [skwɛər]
squash [skwɑʃ]
squat [skwɑt]
squatter [skwɑ́tər]
squeeze [skwiːz]
squid [skwid]
squint [skwint]
stab [stæb]
stabbing [stǽbiŋ]
stack [stæk]
stackable [stǽkəbl]
stagger [stǽgər]
staid [steid]
stairs [stɛərz]
stake [steik]
stale [steil]
stalker [stɔːkər]
stammer [stǽmər]
stammerer [stǽmərər]
staphylococcus [stæ̀fələkɑ́kəs]
starch [stɑːrtʃ]
stare [stɛər]
stark [stɑːrk]
startling [stɑ́ːrtliŋ]
starvation [stɑːrvéiʃən]
starve [stɑːrv]
starving [stɑ́ːrviŋ]
static [stǽtik]
statuesque [stæ̀tʃuésk]
stature [stǽtʃər]

steak tartare [steik tɑːrtɑːr]
steamer [stíːmər]
steep [stiːp]
steering wheel [stíərɪŋ hwiːl]
stench [stentʃ]
stereotype [stériətàip]
sterile [stéril]
sterility [stərîləti]
sterilization [stèrəlizéiʃən]
sternum [stə́ːrnəm]
steroid [stérɔid]
stew [stjuː]
stickpin [stíkpìn]
sticky [stíki]
stiff [stif]
stifle [stáifəl]
stifling [stáiflɪŋ]
stiletto [stilétou]
stillbirth [stílbə̀ːrθ]
stillborn [stílbɔ̀ːrn]
stimulant [stímjələnt]
stimulate [stímjəlèit]
stinging [stíŋɪŋ]
stingray [stíŋrèi]
stink [stíŋk]
stir-fry [stə́ːrfrái]
stirrup [stə́ːrəp]
stitch [stitʃ]
stockade [stɑkéid]
stockfish [stάkfiʃ]
stockings [stάkiŋz]
stockpot [stάkpɑ̀t]
stocky [stάki]
stomach [stʌ́mək]
stomachache [stʌ́məkèik]
stomp [stɑmp]
Stonehenge [stóunhèndʒ]
stool [stuːl]
stoop [stuːp]
storage [stɔ́ːridʒ]
storge [stɔːge]
stork [stɔːrk]

stout [staut]
stove [stouv]
strabismus [strəbízməs]
straight [streit]
strain [strein]
strainer [stréinər]
straitjacket [stréitdʒækit]
strangle [stræŋgəl]
strangulation [stræŋgjəléiʃən]
strap [stræp]
strapping [stræpiŋ]
stratum corneum
[stréitəm kɔ́ːneam]
straw [strɔː]
strawberry [strɔ́ːberi]
streaker [stríːkər]
streaking [stríːkiŋ]
stressful [strésfəl]
stretch [stretʃ]
stride [straid]
strikebreaker [stráikbrèikər]
string [striŋ]
stripe [straip]
striped [straipt]
stripped [stript]
stroke [strouk]
stroll [stroul]
stroller [stróulər]
strop [strɑp]
stub [stʌb]
stubble [stʌ́bəl]
stud [stʌd]
stuffed [stʌft]
stuffy [stʌ́fi]
stun [stʌn]
stunned [stʌnd]
stunner [stʌ́nər]
stupefied
stutter [stʌ́tər]
sty / stye [stai]
stylish [stáiliʃ]
stylus [stáiləs]

styptic [stíptik]
Styx [stiks]
subconscious [sʌbkάnʃəs]
subcutis [sʌbkjúːtis]
sublingual [sʌblíŋgwəl]
submandibular [sʌ̀bmændíbjələr]
submaxillary [sʌ̀bmǽksəlèri]
subservient [səbsə́ːrviənt]
substance [sʌ́bstəns]
substitute [sʌ́bstitjùːt]
suck [sʌk]
sucker [sʌ́kər]
suckle [sʌ́kəl]
suckling [sʌ́kliŋ]
suede [sweid]
suffocate [sʌ́fəkèit]
sugar beet [ʃúgər biːt]
sugary [ʃúgəri]
suicide [súːəsàid]
suit [suːt]
suitable [súːtəbəl]
suitcase [súːtkèis]
suited [súːtid]
sulk [sʌlk]
sulky [sʌ́lki]
sullen [sʌ́lən]
sumptuous [sʌ́mptʃuəs]
sunburn [sʌ́nbə̀ːrn]
sundae [sʌ́ndei]
sundial [sʌ́ndàiəl]
sunshade [sʌ́nʃèid]
sunstroke [sʌ́nstòuk]
superbug [súːpərbʌg]
superior [səpíəriər]
superiority [səpìəriɔ́(ː)rəti]
supper [sʌ́pər]
supple [sʌ́pəl]
suppository [səpάzətɔːri]
surmise [sərmáiz]
surrogacy [sə́ːrəgəsi]
surrogate [sə́ːrəgèit]
sushi [súːʃi]

suspend [səspénd]
suspenders [səspéndərz]
suspicion [səspíʃən]
suspicious [səspíʃəs]
sustain [səstéin]
svelte [svelt]
swaddle [swádl]
swagger [swǽgər]
swallow [swálou]
swarthy [swɔ́ːrði]
swatter [swátər]
sweat [swet]
sweater [swétər]
sweatpants [swétpænts]
sweatshirt [swétʃəːrt]
sweaty [swéti]
sweep [swiːp]
sweet fish [swiːt fiʃ]
sweetener [swíːtnər]
sweetish [swíːtiʃ]
swelling [swéliŋ]
swig [swig]
swill [swil]
swimsuit [swímsùːt]
swimwear [swímwɛ̀ər]
swipe [swaip]
swivel [swívəl]
swollen [swóulən]
symbol [símbəl]
syndrome [síndroum]
synthetic [sinθétik]
syphilis [sífəlis]
syrup [sírəp]
Szechuan [setʃiwáːn]

T

Tabasco [təbǽskou]
table d'hôte [tabldɔ́ːrt]
tablespoon [téibəlspùːn]
tablet [tǽblit]

tableware [téibəlwɛ̀ər]
tack [tæk]
taco [táːkou]
taffy [tǽfi]
tagliatelle [taːljɑːtéli]
tailcoat [téilkout]
tailor [téilər]
tails [teilz]
talon [tǽlən]
talus [téiləs]
tampon [tǽmpɑn]
tandoori [tɑːndúəri]
tangerine [tæ̀ndʒəríːn]
tangled [tǽŋgld]
tangy [tǽŋi]
tankard [tǽŋkərd]
tankini [tæŋkíːni]
tanner [tǽnər]
tannery [tǽnəri]
tanning [tǽniŋ]
tap [tæp]
taper [téipər]
tapestry [tǽpistri]
taro [táːrou]
tarsal [táːrsəl]
tarsus [táːrsəs]
tart [tɑːrt]
tartan [táːrtən]
tassel [tǽsəl]
tasty [téisti]
tattered [tǽtərd]
tatters [tǽtərz]
teacup [tíːkʌp]
teakettle [tíːkètl]
teapot [tíːpɑt]
tear [tɛər]
teaspoon [tíːspùːn]
teat [tiːt]
technophobe [téknəfòub]
technophobia [tèknəfóubiə]
tedious [tíːdiəs]
tedium [tíːdiəm]

teeter [tíːtər]
teething [tíːðiŋ]
teetotaler [tiːtóutələr]
teetotalism [tiːtoutǽlizm]
telephoto [téləfòutou]
temper [témpər]
temperament [témpərəmənt]
temperance [témpərəns]
tenacity [tənǽsəti]
tenant [ténənt]
tenderloin [téndərlɔ̀in]
tendon [téndən]
tenement [ténəmənt]
tepee [tíːpiː]
tepid [tépid]
tequila [təkíːlə]
terminal [tə́ːrmənəl]
terrace [térəs]
terrific [tərífik]
testament [téstəmənt]
testicle [téstikəl]
testicular [testíkjulər]
testis [téstis]
test tube [tésttʃùːb]
tetanus [tétənəs]
textile [tékstail]
thatched [θætʃt]
theater [θíː(ː)ətər]
thermal [θə́ːrməl]
thermodynamics [θə̀ːrmoudainǽmiks]
thermometer [θərmɑ́mitər]
Thermos [θə́ːrməs]
thermosphere [θə́ːrməsfìər]
thermotherapy [θə̀ːrmouθérəpi]
Thetis [θíːtis]
thigh [θai]
thong [θɔ(ː)ŋ]
thornback skate [θɔ́ːnbæk skeit]
threatening [θrétniŋ]
threshold [θréʃhòuld]
throat [θrout]

throaty [θróuti]
throb [θrɑb]
thrombosis [θrɑmbóusis]
thrombus [θrʌ́mbəs]
throttle [θrɑ́tl]
thrust [θrʌst]
thumb [θʌm]
thumbnail [θʌ́mnèil]
thumbprint [θʌ́mprìnt]
thymus [θáiməs]
thyroid [θáirɔid]
tiara [tiɛ́ərə]
tibia [tíbiə]
tic [tik]
tickle [tíkəl]
tidal [táidl]
tie [tai]
tiepin [táipìn]
tight [tait]
tighten [táitn]
tightrope [táitròup]
tile [tail]
timber [tímbər]
timeshare [táimʃɛ̀ər]
tin [tin]
tinder [tíndər]
tinea cruris [tiniə krúːəris]
tinea pedis [tiniə pídis]
tinfoil [tínfɔ̀il]
tingle [tíŋgəl]
tinnitus [tináitəs]
tippler [típlər]
tipsy [típsi]
tiptoe [típtòu]
tissue [tíʃuː]
tit [tit]
titter [títər]
toadstool [toudstùːl]
toadyism [tóudizm]
toast [toust]
tobacco [təbǽkou]
toddle [tɑ́dl]

toddler [tɑ́dlər]
toe [tou]
toecap [tóukæ̀p]
toenail [tóunèil]
tofu [tófu]
toggle [tɔ́gl]
toilet [tɔ́ilit]
tolerate [tɑ́ləɾèit]
toluene [tɔ́ljuìːn]
tomb [tuːm]
tomboy [tɑ́mbɔ̀i]
tongs [tɔ(ː)ŋz]
tonic [tɑ́nik]
tonsure [tɑ́nʃər]
toothache [túːθèik]
toothpaste [túːθpèist]
topknot [tɑ́pnɑ̀t]
topless [tɑ́plis]
topping [tɑ́piŋ]
torch [tɔːrtʃ]
torso [tɔ́ːrsou]
tortilla [tɔːrtíːjə]
torture [tɔ́ːrtʃər]
tote [tout]
totter [tɑ́tər]
toupee [tuːpéi]
tourniquet [túərnikit]
towel [táuəl]
toxemia [tɑksíːmiə]
toxin [tɑ́ksin]
trachea [tréikiə]
tracksuit [trǽksuːt]
tract [trækt]
trailing [treiliŋ]
trainers [tréinərz]
training [tréiniŋ]
traitor [tréitər]
tramp [træmp]
transformer [trænsfɔ́ːrmər]
transfusion [trænsfjúːʒən]
transistor [trænzístər]
transmit [trænsmít]

transparency [trænspɛ́ərənsi]
transplant [trænsplǽnt]
transplantation [trænsplæntéiʃən]
transsexual [trænssékʃuəl]
transvestism [trænsvéstizm]
transvestite [trænzvéstait]
trapdoor [træpdɔ́ːr]
trauma [trɔ́ːmə]
traumatic [trɔːmǽtik]
tray [trei]
treacle [tríːkəl]
tread [tred]
treason [tríːzən]
treatable [tríːtəbl]
treatment [tríːtmənt]
tremble [trémbəl]
tremendous [triméndəs]
tremor [trémər]
trench [trentʃ]
trendsetter [tréndsètər]
trews [truːz]
triathlon [traiǽθlɑn]
triceps brachii [tráiseps bréikiɑi]
tricky [tríki]
trilby [trílbi]
trinket [tríŋkit]
tripe [traip]
tripod [tráipɑd]
trite [trait]
trivet [trívit]
trooper [trúːpər]
tropic [trɑ́pik]
trot [trɑt]
trotters [trɑ́tərz]
trousers [tráuzərz]
trout [traut]
truckle [trʌ́kəl]
trudge [trʌdʒ]
truffle [trʌ́fəl]
trumpet [trʌ́mpit]
trundle [trʌ́ndl]
trunk [trʌŋk]

tub [tʌb]
tube [tjuːb]
tuberculosis [tjuːbəˌrkjəlóusis]
tumble [tʌ́mbəl]
tumbler [tʌ́mblər]
tumor [tjúːmər]
tumuli [tjúːmjəlɑi]
tumulus [tjúːmjələs]
tuna [tjúːnə]
tunic [tjúːnik]
tunnel [tʌ́nl]
tuny [tjúːni]
turban [tə́ːrbən]
turkey [tə́ːrki]
turnip [tə́ːrnip]
turnstile [tə́ːrnstàil]
turntable [tə́ːrntèibəl]
turtleneck [tə́ːrtlnèk]
tux [tʌks]
tuxedo [tʌksíːdou]
twat [twɑt]
tweed [twiːd]
twister [twístər]
tympanic [timpǽnik]
tympanum [tímpənəm]
typhoid [táifɔid]
typhus [táifəs]

U

ugly [ʌ́gli]
ulcer [ʌ́lsər]
ulna [ʌ́lnə]
umbilical [ʌmbílikəl]
umbrella [ʌmbrélə]
unappetizing [ʌnǽpətàiziŋ]
unassuming [ʌnəsjúːmiŋ]
unauthorized [ʌnɔ́ːθəràizd]
unbelievable [ʌnbilíːvəbəl]
unbuckle [ʌnbʌ́kəl]
unbutton [ʌnbʌ́tn]

uncanny [ʌnkǽni]
unclog [ʌnklɑ́g]
unconscientious [ʌnkɑnʃiénʃəs]
unconscious [ʌnkɑ́nʃəs]
uncooked [ʌnkúkt]
uncouth [ʌnkúːθ]
unctuous [ʌ́ŋktʃuəs]
underaged [ʌndəréidʒid]
underarm [ʌndərɑ́ːrm]
undergarment [ʌ́ndərgɑ̀ːrmənt]
undershirt [ʌ́ndərʃə̀ːrt]
undertaker [ʌ̀ndərtéikər]
underwear [ʌ́ndərwɛ̀ər]
underwire [ʌ́ndərwaiər]
undulant [ʌ́ndjulənt]
undying [ʌndáiiŋ]
unendurable [ʌnindjúərəbəl]
unequivocal [ʌnikwívəkəl]
unfashionable [ʌnfǽʃənəbəl]
unglazed [ʌngléizd]
unhook [ʌnhúk]
unibrow [júnibrɑu]
unidentified [ʌnaidéntəfàid]
uniform [júːnəfɔ̀ːrm]
uninhabited [ʌninhǽbitid]
unkempt [ʌnkémpt]
unoccupied [ʌnɑ́kjəpàid]
unpalatable [ʌnpǽlətəbəl]
unpretentious [ʌnpriténʃəs]
unrefined [ʌnrifáind]
unrequited [ʌnrikwáitid]
unsanitary [ʌnsǽnətèri]
unsavory [ʌnséivəri]
unscrupulous [ʌnskrúːpjələs]
unsettled [ʌnsétld]
unsightly [ʌnsáitli]
untidy [ʌntáidi]
untimely [ʌntáimli]
upbeat [ʌ́pbìːt]
updo [ʌpdúː]
upholstery [ʌphóulstəri]
upturned [ʌptə́ːrnd]

uranium [juəréiniəm]
urchin [ə́ːrtʃin]
uremia [juəríːmiə]
ureter [juəríːtər]
urethra [juəríːθrə]
urethritis [jùərəθráitis]
urinal [júərənl]
urinary [júəriənèri]
urine [júərin]
urn [əːrn]
urolith [júːrəliθ]
urticaria [ə̀ːrtikɛ́əriə]
utensil [juːténsəl]
uterine [júːtəràin]
uterus [júːtərəs]
utility [juːtíləti]
utter [ʌ́tər]

V

vacancy [véikənsi]
vacate [véikeit]
vaccinate [vǽksənèit]
vaccine [vǽksi(ː)n]
vacuum [vǽkjuəm]
vagina [vədʒáinə]
vaginal [vədʒáinəl]
vaginitis [vædʒənáitis]
valance [vǽləns]
valve [vælv]
valvular [vǽlvjələr]
vanilla [vəníːlə]
vanity [vǽnəti]
varicella [værəsélə]
varices [véərəsiːz]
varicose [vǽrəkòus]
variola [vəráiələ]
varix [vɛ́əriks]
vas deferens [væs défərenz]
vascular [vǽskjələr]
vase [veis]

vasectomy [væséktəmi]
vasovasostomy [vɑsɔvasɔ́stəmi]
vault [vɔ:lt]
veal [vi:l]
vegan [védʒən]
vegetarian [vèdʒətɛ́əriən]
vegetarianism [vèdʒətɛ́əriənìzəm]
vegetative [védʒətèitiv]
veggie [védʒi(:)]
vein [vein]
Velcro [vélkrou]
velvet [vélvit]
vena cava [vínə kéivə]
venereal [vəníəriəl]
Venetian [viní:ʃən]
venison [vénəzən]
vent [vent]
ventilation [vèntəlèiʃən]
ventilator [véntəlèitər]
ventricle [véntrikəl]
Venus [ví:nəs]
veranda [vərǽndə]
verbose [və:rbóus]
verge [və:rdʒ]
vermouth [və:rmú:θ]
verruca [verú:kə]
versatile [və́:rsətl]
vertebra [və́:rtəbrə]
vertebral [və́:rtəbrəl]
vertical [və́:rtikəl]
vertigo [və́:rtigòu]
vesicle [vésikəl]
vessel [vésəl]
vest [vest]
Vibrio Vulnificus Septicemia
[vibrio vulnifikəs septəsi:miə]
vicious [víʃəs]
victim [víktim]
vigorous [vígərəs]
villa [vílə]
villi [vílɑi]
villus [víləs]

vine [vain]
vinegar [vínigər]
vinegary [vínigəri]
vintage [víntidʒ]
virus [váiərəs]
viscera [vísərə]
visceral [vísərəl]
viscus [vískəs]
visor [váizər]
visual [víʒuəl]
vital [váitl]
vitamin [váitəmin]
vitiligo [vitəláigou]
vitreous [vítriəs]
vivacious [vivéiʃəs]
vodka [vádkə]
volatile [válətil]
volcano [vɑlkéinou]
voltage [vóultidʒ]
voluptuous [vəlʌ́ptʃuəs]
vomit [vámit]
voyeur [vwɑ:jə́:r]
voyeurism [vwɑ:jə́:rizm]
vulgar [vʌ́lgər]
vulva [vʌ́lvə]

W

wacko [wæk]
waddle [wɑ́dl]
wade [weid]
waders [wéidərz]
wafer [wéifər]
waffle [wɑ́fəl]
waist [weist]
waistband [wéistbæ̀nd]
waistcoat [wéistkòut]
wakame [wɔkámi:]
walker [wɔ́:kər]
wallet [wálit]
walnut [wɔ́:lnʌ̀t]

wan [wɑn]
wardrobe [wɔ́:rdròub]
warmer [wɔ́:rmər]
warm-ups [wɔ́:rmʌps]
warped [wɔːrp]
wasabi [wɑ́:səbi]
wasp [wɑsp]
wasted [wéistid]
wastewater [wéistwɔ:tər]
watchman [wɑ́tʃmən]
watchstrap [wɑ́tʃstræ̀p]
waterborne [wɔ́:tərbɔ̀:rn]
watermelon [wɔ́:tərmèlən]
waterproof [wɔ́tərprù:f]
waterworks [wɔ́tərwə̀:rks]
watery [wɔ́:təri]
wavy [wéivi]
wax [wæks]
wearisome [wíərisəm]
weary [wíəri]
weather fish [wéðərfiʃ]
weave [wi:v]
webfoot [wébfùt]
wedge [wedʒ]
weenie [wí:ni]
weevil [wí:vəl]
weird [wiərd]
wellington [wéliŋtən]
wen [wen]
wetsuit [wétsu:t]
whale [hweil]
wheat [hwi:t]
wheelchair [hwí:ltʃɛ̀ər]
whelk [hwelk]
whetstone [hwétstòun]
whimper [hwímpər]
whip [hwip]
whirlpool [hwə́:rlpù:l]
whisk [hwisk]
whiskers [hwískərz]
whiskey / whisky [hwíski]
whistle [hwísəl]

whitebait [hwáitbèit]
whooping [hú(:)piŋ]
whorl [hwə:rl]
wick [wik]
wicked [wíkid]
wicket [wíkit]
wiener [wí:nər]
wig [wig]
windbreaker [wíndbrèikər]
windcheater [wíndtʃì:tər]
windowsill [wíndousil]
windpipe [wíndpàip]
winery [wáinəri]
wing tips [wiŋtips]
winnow [wínou]
wiretap [wáiərtæ̀p]
wishy-washy [wíʃiwὰʃi]
withdrawal [wiðdrɔ́:əl]
withered [wíðərd]
witty [wíti]
wok [wɑk]
wolfberry [wúlfbèri]
womb [wu:m]
wonton [wántɑn]
wooden [wúdn]
woofer [wu:fər]
wool [wul]
woolen [wúlən]
workaholic [wə̀:rkəhɔ́:lik]
workaholism [wə́:rkəhɔ̀:lizəm]
workplace [wə́:rkplèis]
wormwood [wə́:rmwùd]
worship [wə́:rʃip]
wound [wu:nd]
wraparound [rǽpəràund]
wrath [ræθ]
wreath [ri:θ]
wreck [rek]
wrecked [rekt]
wrench [rentʃ]
wretched [rétʃid]
wriggle [rígəl]

wring [riŋ]
wrinkle [ríŋkəl]
wrinkly [ríŋkli]
wrist [rist]
wristwatch [rístwὰtʃ]

X

xenia [zí:niə]
xenophobe [zénəfòub]
xenophobia [zènəfóubiə]
xerophthalmia [zìərɑfθǽlmiə]

Y

yagi [jɑ́gi]
yam [jæm]
yarmulke [jɑ́:rməlkə]
yawn [jɔ:n]
yearn [jə:rn]
yell [jel]
yellowtail [jélouteil]
yelp [jelp]
yielding [jí:ldiŋ]
yoghurt / yogurt [jóugə:rt]
yolk [jouᴌk]
yummy [jʌ́mi]
yurt [júərt]
yuzu [juzu]

Z

zabuton [zɑbú:ton]
zaisu [zaisu]
zapper [zǽpər]
zest [zest]
zipper [zípər]
zit [zit]
zodiac [zóudiæ̀k]
zoonosis [zouánəsisz]
zoophobia [zòuəfóubiə]

zoster [zástər]
zucchetto [zu:kétou]
zucchini [zu(:)kí:ni]

index 한글

007가방 … 246	가마솥 … 341	가족계획 … 152
1층 … 358	가면 … 250	가족력 … 209
2단 침대 … 384	가물치 … 332	가족애 … 122
2차 … 312	가방 … 246	가죽 … 222
2층 … 358	가벼운 … 90	가죽바지 … 227
3층 … 358	가뿐한 … 90	가죽숫돌 … 343
7부바지 … 226	가사 상태 … 91	가죽신 … 245
CD … 392	가사도우미 … 350	가죽옷 … 235
CD플레이어 … 392	가성 … 86	가죽장갑 … 250
DSLR … 394	가소로운 … 127	가죽코트 … 224
DVD플레이어 … 391	가솔린 … 379	가증스러운 … 127
IPTV … 390	가스경보기 … 383	가지 … 320
LA갈비 … 330	가스계량기 … 379	가지런한 … 34
LCD TV … 390	가스난로 … 378	가차없는 … 139
LED TV … 390	가스등 … 397	가출 청소년 … 160
MP3플레이어 … 392	가스라이터 … 315	가터벨트 … 228
PDP TV … 390	가스레인지 … 346	가혹한 … 116
PMP … 391	가스레인지 받침 … 346	각기병 … 199
SLR … 394	가스보일러 … 378	각막 … 65
X염색체 … 73	가스분사기 … 247	각막염 … 186
Y염색체 … 73	가스총 … 247	각반 … 227
	가슴 … 37	각설탕 … 264
	가슴 근육 … 57	각질 … 52
ㄱ	가슴골 … 37	각질층 … 67
	가슴샘 … 68	각혈 … 211
가건물 … 356	가슴주머니 … 237	간 … 59
가공식품 … 297	가슴털 … 53	간경변 … 190
가구 … 384	가습기 … 393	간경화 … 190
가냘픈 … 82	가오리 … 334	간녀 … 62
가다랑어 … 334	가운 … 233	간니 … 34
가당연유 … 290	가운뎃손가락 … 42	간드러진 … 87
가랑이 … 38	가위눌림 … 207	간사한 … 143
가래 … 77	가임 … 150	간식 … 268
가래떡 … 280	가임 기간 … 150	간암 … 182
가려운 … 88	가임 연령 … 150	간염 … 179
가렵다 … 88	가자미 … 334	간이 화장실 … 364
가로막 … 58	가자미식해 … 289	간장 … 288
가르마 … 21	가재 … 337	간장게장 … 289
가리비 … 336	가전제품 … 390	간접흡연 … 314
가리키다 … 43	가정부 … 350	간지러운 … 88
가마 … 21	가정집 … 356	간지럽히다 … 43

간질 … 194	감탄하다 … 119	거나한 … 313
간질이다 … 43	갑각류 … 337	거들 … 228
간질 환자 … 194	갑상선 … 68	거룩한 … 121
간편한 … 107	갑상선암 … 182	거르다 … 257
갈다 … 262	갑상선 호르몬 … 69	거부감 … 127
갈매기살 … 329	갑오징어 … 336	거북한 … 110
갈비구이 … 284	갑옷 … 234	거식증 … 207
갈비씨 … 82	갑작스러운 … 120	거식증 환자 … 207
갈비탕 … 281	갓 … 240, 319	거실 … 360
갈색머리 … 22	갓김치 … 286	거울 … 401
갈아 입다 … 218	갓난아이 … 160	거위고기 … 331
갈증 … 92	강경한 … 147	거인증 … 185
갈치 … 334	강낭콩 … 321	거주 … 351
갈치조림 … 285	강력한 … 93	거주자 … 350
감 … 326	강박관념 … 100	거친 … 88, 141
감각 … 88, 104	강박장애 … 205	거품기 … 342
감각기관 … 65	강박증 … 205	걱정 … 114
감각신경 … 70	강보 … 158	걱정스러운 … 114
감격적 … 106	강압적 … 141	걱정하다 … 114
감격하다 … 106	강정 … 280	건 … 57
감귤 … 326	강직한 … 138	건강 … 93
감기 … 192	강판 … 342	건강보조식품 … 277
감다 … 28	강한 … 93	건강식품 … 277
감동적 … 106	같은 … 137	건강한 … 93
감동하다 … 106	같잖은 … 127	건더기 … 283
감명적 … 118	개고기 … 331	건망증 … 205
감미료 … 264	개구쟁이 … 160	건물 … 352
감사 … 136	개꿈 … 105	건물주 … 350
감사하다 … 136	개다 … 262	건방진 … 141
감상적 … 147	개소주 … 277	건배 … 312
감수분열 … 72	개수대 … 360	건빵 … 294
감시원 … 350	개숫물 … 381	건빵바지 … 226
감식초 … 266	개암 … 323	건선 … 188
감염 … 179	개운한 … 90	건성 피부 … 50
감자 … 318	개탄스러운 … 110	건실한 … 142
감자전 … 287	개탄하다 … 111	건어물 … 297
감자칼 … 343	객관적 … 144	건장한 … 80
감자탕 … 281	객사하다 … 164	건전지 … 399
감자튀김 … 299	갱년기 … 89	건조기 … 393
감정적 … 147	거구 … 81	건조식품 … 297
감탄 … 118	거꾸로 입다 … 218	건조안 … 186

건조한	88	결벽증	203	계란말이	328
건초열	206	결벽증 환자	203	계란찜	285
건포도	327	결사적	144	계란탕	281
걷다	48	결석	190	계란 프라이	328
걷어차다	49	결심하다	101	계량스푼	340
걸걸한	87	결연한	144	계량컵	339
걸레받이	376	결장	59	계산적	143
걸쭉한	261	결장암	182	계절성정서장애	201
걸출한	118	결장염	190	계피	267
걸프전증후군	197	결핍증	199	계흉	37
검버섯	50	결핵	178	고개	20
검시	162	결혼반지	248	고결한	138
검시관	162	겸손한	140	고관절	57
검은 눈	26	겸허한	140	고구마	318
검은 머리	22	경계벽	373	고구마튀김	285
검은자위	27	경골	55	고글	251
검은콩	321	경구 피임약	152	고급 요리	276
검지	42	경단	280	고기	328
겁	116	경련	194	고기소스	266
겁내다	117	경멸감	134	고기파이	275
겉절이	286	경멸하다	134	고깃국	281
겉창	370	경보	383	고깃덩이	331
게	337	경보기	383	고독	113
게걸스럽게 먹다	255	경보 시설	383	고독한	113
게살	337	경비실	350	고등어	334
게이	17	경비원	350	고등어조림	285
게임기	391	경상	214	고래	334
게임중독	204	경솔한	145	고량주	310
게장	289	경악하다	120	고려	99
겨드랑이	37	경외감	120	고로케	273
겨드랑이털	53	경유	379	고루한	147
겨자	267	경쟁심	134	고른	34
격자무늬	238	경쟁하다	134	고름	77
견과류	323	경증의	209	고리단추	236
견직	221	경첩	368	고리타분한	147
견해	99	경청하다	35	고마운	136
결단력	101	경탄	118	고마움	136
결리다	212	경탄하다	119	고마워하다	136
결막	65	곁눈질하다	29	고막	66
결막염	186	계단	359	고막염	187
결명자차	302	계란	328	고막파열	187

고매한 … 138	고함 … 86	공갈젖꼭지 … 159
고무신 … 245	고혈당증 … 196	공관 … 356
고문실 … 362	고혈압 … 61, 181	공기청정기 … 393
고물 … 280	고화질 TV … 390	공단 … 221
고분 … 171	고환 … 39, 64	공동묘지 … 172
고분고분한 … 144	고환암 … 180	공동주택 … 354
고사 … 173	고희 … 156	공명정대한 … 144
고사리 … 322	고희연 … 157	공복감 … 92
고사리나물 … 322	곡물 … 316	공부방 … 360
고사리무침 … 322	곡성 … 86	공손한 … 140
고산병 … 199	곤란한 … 115	공수병 … 178
고상한 … 138	곧은 … 23	공영주택 … 356
고소공포증 … 203	골격근 … 56	공원묘지 … 172
고소공포증 환자 … 203	골관절염 … 195	공유벽 … 373
고수머리 … 23	골다 … 31	공정한 … 144
고압적 … 141	골다공증 … 194	공중 화장실 … 364
고약한 … 139, 259, 260	골막염 … 194	공평한 … 144
고열 … 212	골목대장 … 160	공포 … 116
고요한 … 113	골반 … 55	공포증 … 203
고음 … 86	골반바지 … 226	공해병 … 198
고인 … 162	골뱅이 … 336	공허한 … 113
고인돌 … 171	골뱅이무침 … 284	공황발작 … 203
고자 … 185	골병 … 176	공황장애 … 203
고정관념 … 100	골수 … 55	곶감 … 326
고정창 … 370	골수염 … 194	과다출혈 … 212
고지방 식품 … 276	골암 … 182	과대망상 … 200
고지혈증 … 181	골절 … 215	과대망상 환자 … 200
고질병 … 176	골초 … 314	과도 … 343
고집스러운 … 147	곪다 … 189	과로사하다 … 164
고체연료 … 379	곰가죽 … 222	과메기 … 297
고체온증 … 206	곰국 … 281	과민성대장증후군 … 190
고추 … 320	곰방대 … 315	과민한 … 146
고추냉이 … 318	곰보자국 … 50	과숙아 … 155
고추잡채 … 270	곰장어 … 334	과식 … 255
고추장 … 288	곰탕 … 281	과육 … 327
고추전 … 287	곱빼기 … 268	과음 … 312
고추초절임 … 285	곱사등이 … 185	과일 … 324
고춧가루 … 320	곱슬곱슬한 … 23	과일음료 … 301
고층 건물 … 352	곱슬머리 … 23	과일주 … 311
고층 아파트 … 354	곱창 … 330	과자 … 294
고칼로리식품 … 276	곱창밴드 … 249	과즙 … 327

과체중의 … 82	괴질 … 176	국립묘지 … 172
과학기술공포증 … 203	괴팍한 … 139	국물 … 283
과학기술공포증 환자 … 203	괴혈병 … 199	국민장 … 169
관 … 171	굉장한 … 118	국밥 … 278
관념 … 100	교감신경 … 70	국부 보호대 … 229
관능적인 … 80	교감신경계 … 70	국수 … 279
관대한 … 140	교복 … 233	국자 … 342
관리소 … 350	교살자 … 166	국장 … 169
관리실 … 350	교살하다 … 166	국화차 … 303
관리인 … 350	교활한 … 143	군것질거리 … 268
관사 … 356	구강 … 58	군고구마 … 318
관심 … 125	구개파열 … 185	군내 … 260
관용 … 136	구겨진 … 219	군만두 … 270
관음증 … 204	구기자 … 326	군모 … 241
관음증 환자 … 204	구기자차 … 302	군밤 … 323
관자놀이 … 20	구내염 … 187	군복 … 233
관절 … 57	구두 … 242	군장 … 169
관절염 … 195	구두골 … 245	군화 … 244
관점 … 99	구두코 … 245	굳은살 … 52
관찰력 … 96	구두틀 … 245	굴 … 336
관찰하다 … 29, 96	구둣주걱 … 245	굴뚝 … 374
관통상 … 214	구레나룻 … 53	굴뚝 청소부 … 374
괄약근 … 57	구루병 … 199	굴비 … 335
광 … 362	구린 … 260	굴욕감 … 129
광각렌즈 … 395	구린내 … 260	굴욕적 … 129
광견병 … 178	구별하다 … 97	굴전 … 287
광배근 … 57	구부리다 … 19	굴젓 … 289
광분하다 … 200	구성진 … 87	굴종적 … 145
광어 … 334	구속복 … 234	굵다 … 257
광장공포증 … 203	구순파열 … 185	굶어 죽다 … 164
광장공포증 환자 … 203	구순포진 … 189	굽 … 245
광전지 … 399	구슬땀 … 76	굽다 … 263
광천수 … 300	구아바 … 325	굽어보다 … 29
괘씸한 … 109	구역질 … 211	굽히다 … 19
괘종시계 … 398	구이 … 284	궁금증 … 125
괜찮은 … 107	구정물 … 381	궁금하다 … 126
괴기스러운 … 116	구차한 … 127	궁전 … 352
괴력 … 93	구태의연한 … 130	궁중 요리 … 276
괴사 … 211	구토 … 211	권위적 … 141
괴성 … 86	국 … 281	권태 … 130
괴저 … 211	국거리 … 283	궤양 … 188

귀 ········· 35, 66	근심 ········· 114	기대감 ········· 134
귀걸이 ········· 250	근심스러운 ········· 114	기대다 ········· 19
귀고리 ········· 250	근심하다 ········· 114	기대하다 ········· 134
귀담아듣다 ········· 35	근위축증 ········· 194	기도 ········· 58
귀덮개 ········· 241	근육 ········· 56	기둥 ········· 376
귀덮개모자 ········· 240	근육경련 ········· 194	기르다 ········· 158
귀두 ········· 39	근육질 ········· 80	기름 ········· 265
귀리 ········· 317	근육질의 ········· 80	기름보일러 ········· 378
귀마개 ········· 250	근육통 ········· 213	기름진 ········· 261
귀머거리 ········· 184	글래머 ········· 80	기립박수 ········· 43
귀밑샘 ········· 59	긁다 ········· 43	기면증 ········· 207
귀빈실 ········· 362	금귤 ········· 326	기모노 ········· 231
귀앓이 ········· 187	금니 ········· 34	기미 ········· 50
귀여운 ········· 78	금단증세 ········· 211	기발한 ········· 126
귀염둥이 ········· 78	금단현상 ········· 211	기뻐하다 ········· 106
귀울림 ········· 187	금반지 ········· 248	기쁜 ········· 106
귀지 ········· 35	금발 ········· 22	기쁨 ········· 106
귀청 ········· 66	금식 ········· 257	기상천외한 ········· 120
귓구멍 ········· 35, 66	금연보조제 ········· 315	기성복 ········· 235
귓바퀴 ········· 35, 66	금연석 ········· 314	기성화 ········· 245
귓병 ········· 187	금주 ········· 312	기수성 어류 ········· 333
귓불 ········· 35	금주가 ········· 312	기숙사 ········· 356
귤 ········· 326	금테 안경 ········· 251	기억력 ········· 96
그런지룩 ········· 239	급박한 ········· 132	기억상실증 ········· 205
그릇 ········· 338	급사하다 ········· 164	기억상실증 환자 ········· 205
그리다 ········· 125	급성의 ········· 209	기억장애 ········· 205
그리움 ········· 122	급소 ········· 38	기억하다 ········· 96
그리워하다 ········· 125	급수 시설 ········· 380	기와 ········· 355
그릴 ········· 346	급식 ········· 276	기와집 ········· 355
그물침대 ········· 384	급작스러운 ········· 120	기우제 ········· 173
극기심 ········· 101	급진적 ········· 144	기일 ········· 173
극단적 ········· 147	급체 ········· 190	기장 ········· 236, 317
극성스러운 ········· 127	급하게 먹다 ········· 255	기저귀 ········· 159
극세사 ········· 223	급한 ········· 144	기저귀발진 ········· 188
극악무도한 ········· 139	긍정적 ········· 144	기적적 ········· 118
극적 ········· 118	기겁하다 ········· 120	기절하다 ········· 91
근대 ········· 319	기관 ········· 58	기지개 ········· 89
근력 ········· 93	기관지 ········· 58	기진맥진한 ········· 90
근사한 ········· 118, 219	기관지염 ········· 192	기체연료 ········· 379
근시 ········· 186	기관지확장증 ········· 192	기침 ········· 211
근시안 ········· 186	기다 ········· 18	기합 ········· 86

기형아 …… 155	깨물다 …… 34, 256	끈적거리는 …… 88
긴박감 …… 132	깨물어먹다 …… 256	끈팬티 …… 229
긴박한 …… 132	깨소금 …… 265	끌어당기다 …… 43
긴장감 …… 132	깻묵 …… 320	끓이다 …… 263
긴치마 …… 227	깻잎 …… 320	끔찍한 …… 116
긴팔 셔츠 …… 225	깻잎김치 …… 286	끝물 …… 326
길몽 …… 105	꺼림칙한 …… 114	끼니 …… 268
길이 …… 236	껄끄러운 …… 110	낑깡 …… 326
김 …… 297	껌 …… 294	
김말이초밥 …… 269	껍질 …… 327	
김밥 …… 278	껍질을 벗기다 …… 262	ㄴ
김빠진 …… 261	꼬들꼬들한 …… 261	
김장 …… 286	꼬리곰탕 …… 281	나긋나긋한 …… 87
김초밥 …… 269	꼬마전구 …… 396	나른한 …… 90
김치 …… 286	꼬막 …… 336	나막신 …… 245
김치냉장고 …… 347	꼬투리 …… 321	나무문 …… 366
김치볶음밥 …… 278	꼭대기 …… 358	나무젓가락 …… 340
김치전 …… 287	꼴뚜기 …… 336	나물 …… 322
김치찌개 …… 283	꼴뚜기젓 …… 289	나박김치 …… 286
김칫국 …… 281	꼼꼼한 …… 145	나병 …… 178
깊은 …… 259	꼽추 …… 185	나비넥타이 …… 230
까까머리 …… 21	꽁보리밥 …… 278	나쁜 …… 110, 139
까다로운 …… 110, 143	꽁초 …… 315	나선형 계단 …… 359
까무잡잡한 …… 84	꽁치 …… 334	나이 …… 160
까지다 …… 214	꽁한 …… 85	나이프 …… 343
까치집 …… 23	꽃게 …… 337	나일론 …… 223
까탈스러운 …… 143	꽃게탕 …… 281	나전칠기 …… 388
깍두기 …… 286	꽃무늬 …… 238	나지막한 …… 87
깍듯한 …… 140	꽃밭 …… 375	나체 …… 218
깎다 …… 262	꽃병 …… 401	나초 …… 275
깐깐한 …… 143	꽃빵 …… 270	나팔관 …… 64
깐쇼새우 …… 270	꿀 …… 264	나팔바지 …… 226
깐풍기 …… 270	꿀물 …… 264	나환자 …… 178
깔끔한 …… 219, 259	꿀차 …… 264	나환자촌 …… 178
깔보다 …… 134	꿈 …… 105	낙관적 …… 144
깔창 …… 245	꿩고기 …… 331	낙심하다 …… 133
깜박이다 …… 28	꿰뚫어 보다 …… 98	낙지 …… 336
깜찍한 …… 78	끈기 …… 101	낙지볶음 …… 284
깡마른 …… 82	끈끈이 …… 401	낙천적 …… 144
깡통따개 …… 345	끈끈한 …… 88	낙타털 …… 221
깨 …… 320	끈수영복 …… 232	낙태 …… 152

난간 … 359	납골당 … 172	냉잇국 … 281
난관 … 64	납골함 … 172	냉장고 … 347
난독증 … 206	납작코 … 31	냉장실 … 347
난독증 환자 … 206	납중독 … 198	냉장육 … 331
난로 … 378	낫토 … 269	냉정한 … 145
난방시설 … 378	낭랑한 … 87	냉커피 … 305
난산 … 154	낯선 … 116	냉풍기 … 393
난색 … 85	내다보다 … 29	냉혹한 … 139
난소 … 64, 68	내려다보다 … 29	너그러운 … 140
난소암 … 180	내리깔다 … 28	너덜너덜한 … 219
난시 … 186	내리닫이창 … 371	너와 … 355
난시안 … 186	내리사랑 … 122	너와집 … 355
난자 … 64, 150	내복 … 229	넓적다리 … 45
난쟁이 … 81	내분비샘 … 68	넓적다리뼈 … 55
난처한 … 115	내사시 … 186	넘어지다 … 49
난청 … 187	내성 … 210	넙치 … 334
난치병 … 176	내의 … 228	넝마 … 235
난폭한 … 141	내이 … 66	네온등 … 396
낟알 … 316	내장 … 59	네커치프 … 225
날계란 … 328	내장근 … 56	넥타이 … 230
날고기 … 331	내장시계 … 398	넥타이핀 … 230
날숨 … 58	내장지방 … 73	넷째 발가락 … 46
날씬한 … 82	내장탕 … 281	노가리 … 334
남근 … 39	내출혈 … 212	노골적 … 127
남녀 차별 … 16	냄비 … 341	노년 … 161
남녀 평등 … 16	냄비받침 … 341	노년기 … 161
남루한 … 219	냄새 … 260	노려보다 … 29
남방셔츠 … 225	냄새를 맡다 … 31	노른자위 … 328
남성 … 16	냅킨 … 345	노리개 젖꼭지 … 159
남성 동성애자 … 17	냉 … 180	노린내 … 260
남성복 … 235	냉국 … 281	노쇠한 … 161
남성용 수영복 … 232	냉동 창고 … 362	노숙자 … 350
남성적 … 145	냉동실 … 347	노심초사하다 … 114
남성질환 … 180	냉동육 … 331	노안 … 186
남성호르몬 … 69	냉랭한 … 141	노이로제 … 201
남아 … 160	냉면 … 279	노인 … 161
남자 … 16	냉방 … 361	노인병 … 176
남자 아이 … 160	냉방병 … 178	노출 … 395
남자 화장실 … 364	냉소적 … 144	노출증 … 204
남장 여자 … 204	냉수 … 300	노출증 환자 … 204
남포등 … 397	냉이 … 322	노크 … 368

노파	161
노환	176
녹내장	186
녹두	321
녹두묵	287
녹말	318
녹색 눈	26
녹음기	392
녹음실	362
녹즙	277
녹즙기	346
녹차	303
논리적	145
놀라다	120
놀라운	120
놀라움	120
놀이방	362
놋그릇	338
농가	356
농구화	244
농아	185
농어	334
뇌	62, 70
뇌경색	196
뇌막염	206
뇌사 상태	91
뇌사자	91
뇌성마비	195
뇌세포	62, 72
뇌수막염	206
뇌신경	70
뇌일혈	196
뇌전도	62
뇌졸중	196
뇌종양	182
뇌진탕	215
뇌출혈	196
뇌파	62
뇌하수체	68
누각	352
누더기	235

누드 브라	228
누런	84
누룽지	278
누리끼리한	84
누비옷	235
누비이불	400
누선	69
누진다초점안경	251
눈	65
눈곱	76
눈구멍	27
눈깔사탕	295
눈꺼풀	27
눈동자	65
눈물	76
눈물샘	69
눈병	186
눈싸움	28
눈썹	27
눈알	27
눈조리개	65
눌은밥	278
눕다	18
뉴런	71
느글거리는	92
느긋한	144
느끼한	143, 259
느낌	88
느타리버섯	322
늑막	58
늑막염	192
늘씬한	82
늙은	161
늙은이	161
능	171
능금	327
능동적	145
능청스러운	143
니트	235

ㄷ

다기	339
다뇨증	193
다듬다	262
다락방	361
다랑어	334
다래	326
다래끼	188
다른	137
다리	45
다리미	393
다리미판	393
다리뼈	55
다리털	53
다모증	188
다세대주택	354
다슬기	336
다시마	337
다용도실	360
다운증후군	176
다이어트	257
다이어트 식품	276
다정한	140
다중인격	201
다지다	262
다진 쇠고기	330
다치다	214
다크서클	50
다크초콜릿	296
다한증	188
다혈질적	145
단	258
단결심	101
단결하다	101
단꿈	105
단독주택	352
단맛	258
단명하다	164
단무지	269
단발	21

단발머리 ⋯⋯⋯⋯⋯⋯⋯⋯ 24	담배 ⋯⋯⋯⋯⋯⋯⋯⋯ 314	대리임신 ⋯⋯⋯⋯⋯⋯ 151
단백뇨 ⋯⋯⋯⋯⋯⋯⋯⋯ 193	담배꽁초 ⋯⋯⋯⋯⋯⋯ 315	대머리 ⋯⋯⋯⋯⋯⋯⋯⋯ 21
단식 ⋯⋯⋯⋯⋯⋯⋯⋯ 257	담배 연기 ⋯⋯⋯⋯⋯⋯ 315	대문 ⋯⋯⋯⋯⋯⋯⋯⋯ 366
단신 ⋯⋯⋯⋯⋯⋯⋯⋯ 81	담배케이스 ⋯⋯⋯⋯⋯⋯ 315	대변 ⋯⋯⋯⋯⋯⋯⋯⋯ 77
단아한 ⋯⋯⋯⋯⋯⋯⋯⋯ 78	담백한 ⋯⋯⋯⋯⋯⋯⋯⋯ 259	대상포진 ⋯⋯⋯⋯⋯⋯ 189
단전호흡 ⋯⋯⋯⋯⋯⋯⋯⋯ 58	담뱃갑 ⋯⋯⋯⋯⋯⋯ 315	대식가 ⋯⋯⋯⋯⋯⋯ 257
단정한 ⋯⋯⋯⋯⋯⋯ 23, 219	담뱃대 ⋯⋯⋯⋯⋯⋯ 315	대용식 ⋯⋯⋯⋯⋯⋯ 276
단조로운 ⋯⋯⋯⋯⋯⋯ 130	담뱃재 ⋯⋯⋯⋯⋯⋯ 315	대인공포증 ⋯⋯⋯⋯⋯⋯ 203
단추 ⋯⋯⋯⋯⋯⋯⋯⋯ 236	담비가죽 ⋯⋯⋯⋯⋯⋯ 222	대인기피증 ⋯⋯⋯⋯⋯⋯ 203
단춧구멍 ⋯⋯⋯⋯⋯⋯ 236	담석 ⋯⋯⋯⋯⋯⋯⋯⋯ 190	대작하다 ⋯⋯⋯⋯⋯⋯ 312
단층집 ⋯⋯⋯⋯⋯⋯⋯⋯ 352	담석증 ⋯⋯⋯⋯⋯⋯⋯⋯ 190	대장 ⋯⋯⋯⋯⋯⋯⋯⋯ 59
단칸방 ⋯⋯⋯⋯⋯⋯⋯⋯ 361	담요 ⋯⋯⋯⋯⋯⋯⋯⋯ 400	대장암 ⋯⋯⋯⋯⋯⋯ 182
단파라디오 ⋯⋯⋯⋯⋯⋯ 392	담장 ⋯⋯⋯⋯⋯⋯⋯⋯ 373	대장염 ⋯⋯⋯⋯⋯⋯ 190
단팥죽 ⋯⋯⋯⋯⋯⋯⋯⋯ 279	담즙 ⋯⋯⋯⋯⋯⋯⋯⋯ 59	대접 ⋯⋯⋯⋯⋯⋯⋯⋯ 338
단합하다 ⋯⋯⋯⋯⋯⋯ 101	답답한 ⋯⋯⋯⋯⋯⋯⋯⋯ 90	대정맥 ⋯⋯⋯⋯⋯⋯⋯⋯ 60
단호한 ⋯⋯⋯⋯⋯⋯⋯⋯ 144	당근 ⋯⋯⋯⋯⋯⋯⋯⋯ 318	대창 ⋯⋯⋯⋯⋯⋯⋯⋯ 330
단화 ⋯⋯⋯⋯⋯⋯⋯⋯ 242	당기다 ⋯⋯⋯⋯⋯⋯⋯⋯ 43	대추 ⋯⋯⋯⋯⋯⋯⋯⋯ 326
달걀 ⋯⋯⋯⋯⋯⋯⋯⋯ 328	당뇨병 ⋯⋯⋯⋯⋯⋯ 181	대추야자 ⋯⋯⋯⋯⋯⋯ 324
달걀 껍질 ⋯⋯⋯⋯⋯⋯ 328	당뇨병 환자 ⋯⋯⋯⋯⋯⋯ 181	대추차 ⋯⋯⋯⋯⋯⋯ 302
달래 ⋯⋯⋯⋯⋯⋯⋯⋯ 322	당당한 ⋯⋯⋯⋯⋯⋯ 145	대퇴골 ⋯⋯⋯⋯⋯⋯⋯⋯ 55
달력 ⋯⋯⋯⋯⋯⋯⋯⋯ 401	당면 ⋯⋯⋯⋯⋯⋯⋯⋯ 297	대퇴근 ⋯⋯⋯⋯⋯⋯⋯⋯ 57
달리다 ⋯⋯⋯⋯⋯⋯⋯⋯ 49	당밀 ⋯⋯⋯⋯⋯⋯⋯⋯ 264	대퇴사두근 ⋯⋯⋯⋯⋯⋯ 57
달착지근한 ⋯⋯⋯⋯⋯⋯ 258	당혹감 ⋯⋯⋯⋯⋯⋯ 115	대피소 ⋯⋯⋯⋯⋯⋯ 356
달콤쌉싸름한 ⋯⋯⋯⋯⋯⋯ 259	당황스러운 ⋯⋯⋯⋯⋯⋯ 115	대하 ⋯⋯⋯⋯⋯⋯ 180, 337
달콤한 ⋯⋯⋯⋯⋯⋯ 258	당황하다 ⋯⋯⋯⋯⋯⋯ 115	대합 ⋯⋯⋯⋯⋯⋯⋯⋯ 336
달팽이 ⋯⋯⋯⋯⋯⋯⋯⋯ 336	대 ⋯⋯⋯⋯⋯⋯⋯⋯ 238	댕기 ⋯⋯⋯⋯⋯⋯⋯⋯ 231
달팽이관 ⋯⋯⋯⋯⋯⋯⋯⋯ 66	대게 ⋯⋯⋯⋯⋯⋯⋯⋯ 337	더러운 ⋯⋯⋯⋯⋯⋯ 219
닭가슴살 ⋯⋯⋯⋯⋯⋯ 328	대견한 ⋯⋯⋯⋯⋯⋯ 135	더벅머리 ⋯⋯⋯⋯⋯⋯⋯⋯ 23
닭갈비 ⋯⋯⋯⋯⋯⋯⋯⋯ 328	대구 ⋯⋯⋯⋯⋯⋯⋯⋯ 334	더부룩한 ⋯⋯⋯⋯⋯⋯⋯⋯ 92
닭고기 ⋯⋯⋯⋯⋯⋯⋯⋯ 328	대구탕 ⋯⋯⋯⋯⋯⋯ 281	더블 ⋯⋯⋯⋯⋯⋯⋯⋯ 385
닭곰탕 ⋯⋯⋯⋯⋯⋯⋯⋯ 281	대구포 ⋯⋯⋯⋯⋯⋯ 297	더플 ⋯⋯⋯⋯⋯⋯⋯⋯ 221
닭껍질 ⋯⋯⋯⋯⋯⋯⋯⋯ 328	대궐 ⋯⋯⋯⋯⋯⋯⋯⋯ 352	더플백 ⋯⋯⋯⋯⋯⋯⋯⋯ 246
닭날개 ⋯⋯⋯⋯⋯⋯⋯⋯ 328	대기실 ⋯⋯⋯⋯⋯⋯ 362	더플코트 ⋯⋯⋯⋯⋯⋯ 224
닭다리 ⋯⋯⋯⋯⋯⋯⋯⋯ 328	대뇌 ⋯⋯⋯⋯⋯⋯⋯⋯ 62	덕트 ⋯⋯⋯⋯⋯⋯⋯⋯ 383
닭똥집 ⋯⋯⋯⋯⋯⋯⋯⋯ 328	대님 ⋯⋯⋯⋯⋯⋯⋯⋯ 231	던지다 ⋯⋯⋯⋯⋯⋯⋯⋯ 43
닭발 ⋯⋯⋯⋯⋯⋯⋯⋯ 328	대단한 ⋯⋯⋯⋯⋯⋯ 118	덧니 ⋯⋯⋯⋯⋯⋯⋯⋯ 34
닭백숙 ⋯⋯⋯⋯⋯⋯⋯⋯ 287	대동맥 ⋯⋯⋯⋯⋯⋯⋯⋯ 60	덧문 ⋯⋯⋯⋯⋯⋯⋯⋯ 367
닭살 ⋯⋯⋯⋯⋯⋯⋯⋯ 52	대두 ⋯⋯⋯⋯⋯⋯⋯⋯ 321	덧신 ⋯⋯⋯⋯⋯⋯⋯⋯ 244
닭죽 ⋯⋯⋯⋯⋯⋯⋯⋯ 279	대들보 ⋯⋯⋯⋯⋯⋯ 374	덧없는 ⋯⋯⋯⋯⋯⋯⋯⋯ 113
담 ⋯⋯⋯⋯⋯⋯⋯⋯ 59, 373	대륙식 아침식사 ⋯⋯⋯⋯⋯⋯ 268	덧창 ⋯⋯⋯⋯⋯⋯⋯⋯ 370
담낭 ⋯⋯⋯⋯⋯⋯⋯⋯ 59	대리모 ⋯⋯⋯⋯⋯⋯ 151	덩치 ⋯⋯⋯⋯⋯⋯⋯⋯ 80

덮개	387	독단적	147	동반자살하다	167
덮밥	278	독립심	102	동복	235
데니시 페이스트리	292	독립적	146	동사하다	164
데님	220	독립하다	102	동상	215
데다	214	독버섯	322	동성애	123
데리야끼	269	독살하다	166	동성애자	17
데우다	263	독주	306	동성애 혐오자	203
데치다	263	독창성	96	동성애혐오증	203
뎅기열	179	독창적	96, 118	동안	78
도	313	독특한	126	동일한	137
도가니	330	독한	259	동전지갑	247
도가니탕	281	돈가스	273	동정	231
도끼눈	26	돈부리	269	동정심	137
도난경보기	383	돈피	222	동정적	138
도넛	292	돋보기안경	251	동정하다	137
도덕심	96	돌	156	동지애	123
도덕적	96, 138	돌담	373	동질감	137
도라지	322	돌무덤	171	동충하초	322
도라지무침	284	돌문	366	동치미	286
도루묵	334	돌솥	341	동태	334
도마	343	돌솥비빔밥	278	동태찌개	283
도미	334	돌아보다	29	돛천	220
도박중독	204	돌연사하다	164	돼지	82
도벽	200	돌잔치	157	돼지가죽	222
도벽 환자	200	돌잡이	157	돼지갈비	329
도복	232	돌침대	385	돼지고기	329
도산	154	돔	334	돼지곱창	329
도살자	167	돗자리	401	돼지껍질	329
도수	313	동갑	161	돼지꿈	105
도시가스	379	동갑내기	161	돼지머리	329
도시락	276	동거	351	된장	288
도시락통	344	동거인	351	된장국	281
도어노커	368	동경하다	125	된장찌개	283
도어락	369	동공	65	두건	250
도어스토퍼	368	동년배	161	두꺼비집	382
도전적	144	동동주	307	두더지가죽	222
도전정신	101	동료애	123	두드러기	52, 188
도전하다	101	동맥	60	두드리다	43
도토리	323	동맥경화증	181	두레박	380
도토리묵	287	동물공포증	203	두려운	117
독감	178	동물섬유	221	두려움	116

두려워하다 … 117	들이마시다 … 256	땅콩 … 323
두루마기 … 231	들이켜다 … 256	땅콩버터 … 297
두릅 … 322	들창코 … 31	땋은 머리 … 24
두리번거리다 … 29	등 … 38, 397	때려죽이다 … 166
두리안 … 325	등긁이 … 401	때리다 … 43
두부 … 321	등받이 … 387	땔감 … 379
두유 … 321	등산복 … 232	땔나무 … 379
두창 … 179	등산화 … 244	떠올리다 … 96
두통 … 213	등심 … 329, 330	떡 … 280
두피 … 20	등유 … 379	떡갈비 … 284
둔감한 … 146	등잔 … 397	떡고물 … 280
둘러보다 … 29	등푸른생선 … 332	떡국 … 281
둘째 발가락 … 46	디스크 … 194	떡볶이 … 280
뒤꿈치 … 46	디저트 … 276	떨떠름한 … 114
뒤돌아보다 … 29	디젤유 … 379	넓은 … 259
뒤뜰 … 375	디지털시계 … 398	떳떳한 … 145
뒤숭숭한 … 114	디지털 카메라 … 394	또띠아 … 292
뒤집개 … 342	디카페커피 … 305	또랑또랑한 … 87
뒤집어 입다 … 218	디프테리아 … 177	또렷한 … 87
뒤축 … 245	딤섬 … 270	똑딱단추 … 236
뒤통수 … 20	따가운 … 88	똥 … 77
뒤팔뼈 … 54	따개 … 345	똥구멍 … 38
뒷걸음질치다 … 48	따끔거리다 … 88	똥배 … 37
뒷다리살 … 329	따뜻한 … 88, 140	뚜껑문 … 367
뒷마당 … 375	따분한 … 130	뚝배기 … 341
뒷머리 … 21	딱딱한 … 88, 141	뚫어뻥 … 364
뒷문 … 366	딱성냥 … 315	뚱뚱한 … 82
뒷주머니 … 237	딱지 … 214	뚱보 … 82
드라이어 … 393	딸기 … 326	뛰다 … 49
드럼 세탁기 … 393	딸기잼 … 297	뛰어난 … 118
드레드락 … 24	딸기주 … 311	뛰어오르다 … 49
드레스 … 227	딸기코 … 31	뜨개옷 … 235
드레싱 … 266	딸꾹질 … 89	뜨거운 … 88
드르렁거리다 … 31	딸랑이 … 159	뜨다 … 28
드립커피 … 304	딸세포 … 72	뜯어보다 … 30
든든한 … 92	땀 … 76	뜰 … 375
들다 … 35	땀과다증 … 188	뜸 들이다 … 263
들기름 … 265	땀구멍 … 50	띵한 … 212
들숨 … 58	땀띠 … 52, 188	
들어간 배꼽 … 37	땀샘 … 69	
들여다보다 … 30	땅딸보 … 81	

ㄹ

라거	307
라디에이터	378
라디오	392
라떼	305
라마즈분만	153
라면	297
라비올리	274
라운드 티셔츠	225
라운지	363
라이터	315
라임	324
라자냐	274
라텍스 매트리스	385
라펠	236
락교	269
란제리	228
람부탄	324
랍스터	337
랜턴	396
램프	397
랩	345
랩어라운드 스커트	227
러닝셔츠	229
럼주	310
레게머리	24
레그워머	229
레깅스	226
레드 와인	308
레모네이드	302
레몬	324
레몬차	302
레이스	237
레이온	223
레즈비언	17
레지오넬라증	178
레코드	392
레퀴엠	169
렌즈	251, 395
렌즈뚜껑	395
렌즈후드	395
로만쉐이드	372
로비	363
로열젤리	264
로제 와인	308
로퍼	242
롤빵	292
롤스크린	372
롱코트	224
루게릭병	194
루이보스티	303
류머티즘	195
류머티즘성 관절염	195
리넨	220
리모컨	399
리조또	275
리치	324
리큐어	311
리튬전지	399

ㅁ

마	220
마가리타	311
마가린	265
마끼아또	305
마늘	320
마늘빵	292
마늘장아찌	289
마늘종	320
마당	375
마디	42
마루	376
마룻바닥	376
마른	26, 82
마른버짐	188
마른오징어	297
마리네이드	266
마마	179
마멀레이드	297
마비	195
마스크	250
마스터키	369
마시다	32, 256
마시멜로	294
마약중독	198
마약중독자	198
마요네즈	266
마이크	392
마이크로필름	394
마조히스트	205
마조히즘	205
마주 보다	30
마직	220
마천루	352
마카로니	274
마티니	311
마파두부	270
막걸리	307
막국수	279
막대사탕	295
막대 아이스크림	296
막창	329
만능열쇠	369
만능조리기	346
만두	270
만둣국	270
만삭의	151
만성신부전	193
만성의	209
만성질환	176
만성피로증후군	197
만족	107
만족스러운	107
만족하다	107
만족한	107
만지다	43
만지작거리다	43
만찬	268
만취한	313
맏상제	170

말고기	331	매운탕	281
말괄량이	160	매장	168
말기	208	매정한	139
말단비대증	185	매콤한	258
말단왜소증	185	매트	402
말더듬이	185	매트리스	385
말라깽이	82	매트리스 커버	385
말라리아	178	매혹적	78, 126
말린 자두	327	맥고모자	241
말살하다	166	맥박	61
말상	79	맥아	317
말초신경	70	맥아당	264
말초신경계	70	맥주	307
말총머리	24	맥주잔	339
말하다	32	맨발	46
맑은장국	281	맨손	40
맛	258, 336	맷돌	345
맛깔스러운	261	맹꽁이자물쇠	369
맛보다	257	맹물	300
맛없는	259	맹인	184
맛있는	259	맹장	59
맛조개	336	맹장염	190
망고	325	맹탕	283
망고스틴	324	머그잔	339
망둑어	334	머그컵	339
망둥이	334	머니클립	247
망막	65	머루	326
망막염	186	머리	20
망사스타킹	229	머리끈	249
망원렌즈	395	머리띠	249
망토	224	머리받침	387
맞는	219	머리카락	21
맞춤옷	235	머리판	385
매끄러운	88	머리핀	249
매독	178	머스크멜론	325
매력적	78, 126	머프	250
매부리코	31	머피침대	384
매실	326	머핀	292
매실주	311	먹다	32, 255
매운	258	먹보	257
매운맛	258	먹음직스러운	261
먹장어	334	면바지	227
멀건	261	면역	210
멀릿	24	면역원	210
멀미	206	면역체계	210
멀티콘센트	382	면제품	235
멀티탭	382	면직	220
멋있는	118, 219	면회실	362
멋진	118, 219	멸균우유	290
멍	215	멸시감	134
멍게	336	멸시하다	134
멍한	85	멸치	334
메가폰	392	멸치볶음	284
메기	332	멸치액젓	289
메밀	317	명당	171
메밀묵	287	명란젓	289
메스꺼운	92	명랑한	146
메스꺼움	211		
메신저백	246		
메이플 시럽	264		
메주	288		
멜론	325		
멜빵	227		
멜빵바지	226		
멥쌀	316		
면	220		

명예로운	106	목살	329	무기력한	90
명치	37	목소리	86	무늬	238
명태	334	목심	330	무대공포증	203
명확한	146	목욕가운	233	무던한	142
모공	50	목이 마른	92	무덤	171
모과	326	목재	355	무뚝뚝한	141
모과차	302	목적의식	104	무례한	141
모기장	400	목조건물	355	무릎	45
모래시계	398	목침	400	무릎관절	57
모멸감	129	목캔디	295	무릎뼈	55
모반	51	몰두하다	103	무릎 양말	229
모빌	159	몰딩	376	무말랭이	318
모성 본능	131	몰살당하다	164	무명	220
모성애	122	몰살하다	166	무모증	188
모세포	72	몰상식한	147	무미건조한	130
모세혈관	60	몰염치한	141	무분별한	147
모슬린	220	몰지각한	147	무비판적	146
모시	220	몰트위스키	310	무생채	318
모욕적	129	몸매	80	무서운	117
모유	77, 158	몸무게	82	무서워하다	117
모자	240	몸뻬	226	무순	318
모정	122	몸서리치다	117	무스	294
모직	221	몸조리	154	무스탕	224
모찌	269	몸집	80	무시무시한	117
모카신	242	몸통	36	무신경한	146
모피	222	못된	139	무연고 묘지	172
모피코트	224	못마땅한	110	무월경	180
모험심	102	못 본 체하다	30	무의식	104
모험하다	102	못생긴	79	무자비한	139
모호크	24	몽고반점	51	무정한	139
목	36	몽롱한	90	무조건반사	71
목감기	192	몽유병	207	무좀	188
목걸이	249	몽유병 환자	207	무주택자	350
목격하다	30	몽정	89	무채	318
목관	171	묘비	171	무책임한	143
목구멍	36	묘비명	171	무청	318
목기	338	묘지	172	무침	284
목덜미	36	묘한	126	무테 안경	251
목도리	225	무	318	무통분만	153
목말	19	무거운	90	무표정	85
목받침	387	무관심	125	무허가 건물	356

무화과 ·········· 326	미간 ·········· 27	민감한 ·········· 146
묵 ·········· 287	미꾸라지 ·········· 332	민물고기 ·········· 332
묵은쌀 ·········· 316	미나리 ·········· 319	민물새우 ·········· 337
묵은지 ·········· 286	미남 ·········· 78	민소매 셔츠 ·········· 225
문 ·········· 366	미녀 ·········· 78	민어 ·········· 335
문고리 ·········· 368	미늘갑옷 ·········· 234	민첩성 ·········· 93
문기둥 ·········· 368	미니스커트 ·········· 227	민첩한 ·········· 93
문둥이 ·········· 178	미닫이문 ·········· 367	믿다 ·········· 102
문상 ·········· 170	미닫이창 ·········· 371	믿을 수 없는 ·········· 120
문상객 ·········· 170	미더운 ·········· 142	믿음 ·········· 102
문설주 ·········· 368	미라 ·········· 162	믿음직스러운 ·········· 142
문어 ·········· 336	미련 ·········· 113	밀 ·········· 317
문지르다 ·········· 43	미성 ·········· 86	밀가루 ·········· 317
문지방 ·········· 368	미성년자 ·········· 161	밀가루 반죽 ·········· 317
문턱 ·········· 368	미소년 ·········· 160	밀감 ·········· 326
문패 ·········· 368	미소시루 ·········· 269	밀다 ·········· 43
문풍지 ·········· 368	미숙아 ·········· 155	밀대 ·········· 342
물 ·········· 300	미술가방 ·········· 246	밀리터리룩 ·········· 239
물개가죽 ·········· 222	미숫가루 ·········· 316	밀실 ·········· 361
물공포증 ·········· 203	미식가 ·········· 257	밀주 ·········· 306
물구나무 ·········· 19	미아 ·········· 160	밀짚모자 ·········· 241
물김치 ·········· 286	미안한 ·········· 136	밀치다 ·········· 43
물냉면 ·········· 279	미역 ·········· 337	밀크셰이크 ·········· 301
물다 ·········· 34	미역국 ·········· 281	밀크초콜릿 ·········· 296
물담배 ·········· 314	미역냉국 ·········· 281	밀크커피 ·········· 305
물렁뼈 ·········· 55	미열 ·········· 211	밀크티 ·········· 303
물려 입는 옷 ·········· 235	미온적 ·········· 145	밀폐용기 ·········· 344
물리다 ·········· 130	미운 ·········· 127	밉상 ·········· 79
물만두 ·········· 270	미움 ·········· 127	밍밍한 ·········· 259
물방울무늬 ·········· 238	미워하다 ·········· 128	밍크모피 ·········· 222
물병 ·········· 344	미음 ·········· 279	밍크코트 ·········· 224
물뿌리개 ·········· 375	미인 ·········· 78	밑반찬 ·········· 277
물시계 ·········· 398	미지근한 ·········· 88	밑창 ·········· 245
물욕 ·········· 131	미치광이 ·········· 200	
물집 ·········· 52, 188, 214	미치다 ·········· 200	
물침대 ·········· 385	미친 ·········· 200	
물탱크 ·········· 376	미트볼 ·········· 273	
물통 ·········· 344	믹서 ·········· 346	
묽은 ·········· 261	믹싱볼 ·········· 338	
미각 ·········· 67	민가 ·········· 356	
미각기관 ·········· 67	민감성 피부 ·········· 50	

ㅂ

바가지	345
바가지머리	24
바게트	292
바구니	344
바구미	316
바나나	325
바닐라	267
바다가재	337
바닷물고기	334
바둑판무늬	238
바람직하지 않은	107
바람직한	107
바른	138
바비큐	273
바비큐 그릴	341
바삭바삭한	261
바 의자	386
바이러스	210
바지	226
바지락	336
바짓단	236
박	320
박공	376
박공창	370
박동	61
박수	43
박테리아	210
박하	267
박하사탕	295
반감	127
반건조 오징어	297
반고리관	66
반다나	250
반라의	218
반바지	226
반사신경	71
반사작용	71
반스타킹	229
반신마비	195
반신불수	195
반신불수 환자	195
반점	51
반주	306
반죽하다	262
반지	248
반지갑	247
반지하방	361
반짝이	237
반찬	277
반코트	224
반팔 셔츠	225
반하다	125
반항적	144
발	46
발가락	46
발가락뼈	55
발가락 양말	229
발기	39
발기부전	180
발기불능	180
발꿈치	46
발끈하다	109
발달장애	205
발등	46
발등뼈	55
발목	45
발목관절	57
발목뼈	55
발목 양말	229
발바닥	46
발병	208
발사믹식초	266
발아 현미	316
발인	169
발자국	47
발작	194
발진	188
발진티푸스	178
발찌	250
발코니	377
발토시	229
발톱	47
발판	385
발효된	261
발효시키다	262
발효식품	288
발효유	290
밟다	49
밤	323
밤송이	323
밤참	268
밥상	389
밥솥	346
밥주걱	342
방	360
방갈로	352
방공호	356
방광	63
방광결석	193
방광암	182
방광염	193
방귀	89
방바닥	376
방범 카메라	394
방부제	299
방석	387
방송실	362
방수모	241
방수바지	226
방수복	234
방수포	220
방수화	244
방어	335
방열기	378
방음벽	373
방정맞은	147
방진복	234
방충망	371
방충문	367
방탄모	241
방탄복	234

방탄조끼	234	백발	22	벌거숭이	218
방풍 점퍼	224	백색증	188	벌꿀	264
방한모	241	백색증 환자	188	벌꿀술	307
방한복	234	백설기	280	벌초하다	173
방한화	244	백설탕	264	범포	220
방향 감각	104	백신	210	벗다	218
방화문	367	백열등	396	벙거지모자	240
방화벽	373	백열전구	396	벙어리	185
방화복	234	백일	156	벙어리장갑	250
밭장다리	45	백일잔치	157	베	220
배	37, 326	백일해	177	베개	400
배고픈	92	백팩	246	베갯잇	400
배꼽	37	백포도주	308	베네치아 블라인드	372
배꼽털	53	백혈구	75	베란다	377
배낭	246	백혈병	182	베레모	240
배내옷	159	밴댕이	335	베이글	292
배란	150	뱀가죽	222	베이다	214
배란기	150	뱀장어	333	베이컨	298
배부른	92	뱀탕	277	베일	250
배불뚝이	82	뱁새눈	26	베지버거	299
배불리 먹다	255	뱃멀미	206	벤치	386
배설	89	뱅어	333	벨벳	221
배설물	77	뱉다	32	벨크로	236
배수관	374	버거	299	벨트	227
배수구	381	버너	346	벽	373
배수로	381	버무리다	262	벽걸이 TV	390
배신감	137	버번	310	벽기둥	376
배신하다	137	버선	231	벽난로	378
배아줄기세포	72	버섯	322	벽돌	355
배앓이	213	버섯전골	283	벽돌담	373
배은망덕한	136	버저	368	벽돌집	355
배은망덕함	136	버짐	51, 188	벽시계	398
배지	250	버찌	326	벽장	388
배추	319	버클	227	벽지	373
배추김치	286	버터	290	변	77
배터리	399	버튼	236	변기	364
백김치	286	버티칼 블라인드	372	변기솔	364
백내장	186	번철	341	변기 시트	364
백미	316	번호 자물쇠	369	변비	193
백반	276	벌거벗다	218	변압기	382
백반증	188	벌거벗은	218	변태성욕	204

변태성욕자 … 204	보조개 … 20	볼로냐 소시지 … 298
별거 … 351	보졸레누보 … 308	볼로타이 … 230
별미 … 276	보증금 … 357	볼록거울 … 401
별식 … 276	보타이 … 230	볼륨 … 399
별실 … 361	보트하우스 … 362	봉분 … 171
별장 … 356	보폭 … 47	봉합선 … 236
볏짚 … 355	보행기 … 159	부검 … 162
병 … 344	보호 본능 … 131	부고 … 162
병균 … 210	복 … 335	부고환 … 64
병따개 … 345	복고풍 … 239	부교감신경 … 70
병력 … 209	복근 … 57	부교감신경계 … 70
병맥주 … 307	복도 … 377	부기 … 211
병명 … 209	복막염 … 190	부끄러운 … 129
병사하다 … 164	복부 … 37	부대찌개 … 283
병석 … 209	복분자 … 326	부도덕한 … 139
병세 … 209	복분자주 … 311	부드러운 … 87, 88, 140, 259, 261
병약한 … 93	복사뼈 … 55	부르카 … 231
병어 … 335	복수 … 190	부비강염 … 192
병원가운 … 233	복수심 … 132	부상 … 214
병원균 … 210	복수하다 … 132	부성애 … 122
병풍 … 401	복숭아 … 326	부스럼 … 188
보균자 … 179	복시 … 186	부식 … 277
보닛 … 240	복식호흡 … 58	부신 … 68
보다 … 29	복어 … 335	부엌 … 360
보드카 … 310	복잡한 … 110	부엌칼 … 343
보르도 와인 … 308	복장도착 … 204	부은 … 26, 212
보리 … 317	복장도착자 … 204	부음 … 162
보리밥 … 278	복층 아파트 … 354	부의금 … 170
보리새우 … 337	복통 … 213	부자연스러운 … 147
보리쌀 … 317	복합건물 … 354	부적당한 … 110
보리차 … 302	복합성 피부 … 50	부적합한 … 110
보모 … 158	볶다 … 263	부정 … 122
보수적 … 144	볶음 … 284	부정맥 … 181
보신탕 … 281	볶음국수 … 270	부정적 … 144
보쌈김치 … 286	볶음밥 … 278	부정직한 … 143
보안경 … 251	본능 … 131	부종 … 211
보안요원 … 350	본드 흡입 … 198	부주의한 … 145
보양식 … 277	본성 … 131	부채 … 247
보온병 … 344	볼 … 20	부추 … 319
보이차 … 303	볼거리 … 177	부추김치 … 286
보일러 … 378	볼레로 … 224	부츠 … 242

부침개 · · · · · · · · · · · · · · · · · · · 287	불성실한 · · · · · · · · · · · · · · · · · 143	블랙아웃 · · · · · · · · · · · · · · · · · 313
부탄가스 · · · · · · · · · · · · · · · · · 379	불신감 · · · · · · · · · · · · · · · · · · · 132	블랙커피 · · · · · · · · · · · · · · · · · 305
부패하다 · · · · · · · · · · · · · · · · · 261	불쏘시개 · · · · · · · · · · · · · · · · · 378	블랙헤드 · · · · · · · · · · · · · · · · · · 50
부패한 · · · · · · · · · · · · · · · · · · · 261	불안한 · · · · · · · · · · · · · · · · · · · 114	블러디메리 · · · · · · · · · · · · · · · 311
북경오리 · · · · · · · · · · · · · · · · · 270	불알 · · · · · · · · · · · · · · · · · · · 39, 64	블레이저 · · · · · · · · · · · · · · · · · 224
북어 · 334	불운한 · · · · · · · · · · · · · · · · · · · 112	블론드 · 22
북어포 · · · · · · · · · · · · · · · · · · · 297	불은 · 261	블루베리 · · · · · · · · · · · · · · · · · 326
북엇국 · · · · · · · · · · · · · · · · · · · 282	불임 · 150	비강 · · · · · · · · · · · · · · · · · · 58, 67
북엔드 · · · · · · · · · · · · · · · · · · · 388	불충한 · · · · · · · · · · · · · · · · · · · 147	비겁한 · · · · · · · · · · · · · · · · · · · 145
분노 · 108	불치병 · · · · · · · · · · · · · · · · · · · 176	비계 · 331
분노하다 · · · · · · · · · · · · · · · · · 109	불친절한 · · · · · · · · · · · · · · · · · 141	비골 · 55
분뇨 · 77	불쾌감 · · · · · · · · · · · · · · · · · · · 108	비관적 · · · · · · · · · · · · · · · · · · · 144
분만 · 153	불쾌한 · · · · · · · · · · · · · · · · · · · 109	비굴한 · · · · · · · · · · · · · · · · · · · 145
분무기 · · · · · · · · · · · · · · · · · · · 375	불판 · 341	비녀 · 249
분별력 · 97	불편한 · · · · · · · · · · · · · · · · · · · 110	비논리적 · · · · · · · · · · · · · · · · · 145
분별하다 · · · · · · · · · · · · · · · · · · 97	불행한 · · · · · · · · · · · · · · · · · · · 112	비뇨기 · 63
분비물 · 76	붉은 · 84	비뇨기 질환 · · · · · · · · · · · · · · · 193
분석력 · 97	붉은살생선 · · · · · · · · · · · · · · · 332	비누받침 · · · · · · · · · · · · · · · · · 365
분석하다 · · · · · · · · · · · · · · · · · · 97	붓다 · 212	비니 · 240
분식 · 276	붕어 · 332	비단 · 221
분신자살하다 · · · · · · · · · · · · · · 167	붕장어 · · · · · · · · · · · · · · · · · · · 334	비단옷 · · · · · · · · · · · · · · · · · · · 235
분유 · 290	붙박이장 · · · · · · · · · · · · · · · · · 388	비데 · 364
분한 · 109	뷔페식 · · · · · · · · · · · · · · · · · · · 276	비도덕적 · · · · · · · · · · · · · · 96, 139
분향소 · · · · · · · · · · · · · · · · · · · 170	뷰파인더 · · · · · · · · · · · · · · · · · 395	비듬 · 51
불가사의한 · · · · · · · · · · · · · · · 126	브라 · 228	비디오카메라 · · · · · · · · · · · · · · 394
불감증 · · · · · · · · · · · · · · · · · · · 180	브라우니 · · · · · · · · · · · · · · · · · 293	비뚤비뚤한 · · · · · · · · · · · · · · · · 34
불고기 · · · · · · · · · · · · · · · · · · · 287	브라운관 · · · · · · · · · · · · · · · · · 390	비뚤어진 · · · · · · · · · · · · · · · · · 139
불공정한 · · · · · · · · · · · · · · · · · 144	브라운관 TV · · · · · · · · · · · · · · 390	비리비리한 · · · · · · · · · · · · · · · · 82
불공평한 · · · · · · · · · · · · · · · · · 144	브래지어 · · · · · · · · · · · · · · · · · 228	비린 · · · · · · · · · · · · · · · · · 259, 260
불그스레한 · · · · · · · · · · · · · · · · 84	브래지어 패드 · · · · · · · · · · · · · 228	비린내 · · · · · · · · · · · · · · · · · · · 260
불도장 · · · · · · · · · · · · · · · · · · · 270	브랜디 · · · · · · · · · · · · · · · · · · · 310	비만 · 181
불량식품 · · · · · · · · · · · · · · · · · 276	브랜디잔 · · · · · · · · · · · · · · · · · 339	비명 · 86
불량 청소년 · · · · · · · · · · · · · · · 160	브런치 · · · · · · · · · · · · · · · · · · · 268	비문 · 171
불량한 · · · · · · · · · · · · · · · · · · · 111	브로치 · · · · · · · · · · · · · · · · · · · 250	비브리오패혈증 · · · · · · · · · · · · 178
불리다 · · · · · · · · · · · · · · · · · · · 262	브로콜리 · · · · · · · · · · · · · · · · · 319	비빔국수 · · · · · · · · · · · · · · · · · 279
불만 · 110	브루셀라병 · · · · · · · · · · · · · · · 178	비빔냉면 · · · · · · · · · · · · · · · · · 279
불만스러운 · · · · · · · · · · · · · · · 110	브리지 · 22	비빔밥 · · · · · · · · · · · · · · · · · · · 278
불면증 · · · · · · · · · · · · · · · · · · · 207	브이넥 스웨터 · · · · · · · · · · · · · 224	비사교적 · · · · · · · · · · · · · · · · · 141
불면증 환자 · · · · · · · · · · · · · · · 207	블라우스 · · · · · · · · · · · · · · · · · 225	비상계단 · · · · · · · · · · · · · · · · · 359
불명예스러운 · · · · · · · · · · · · · 129	블라인드 · · · · · · · · · · · · · · · · · 372	비상구 · · · · · · · · · · · · · · · · · · · 366
불성실 · · · · · · · · · · · · · · · · · · · 143	블랙베리 · · · · · · · · · · · · · · · · · 326	비석 · 171

비스킷	294	빈집	356	사과식초	266
비슷한	137	빈티지룩	239	사과주	311
비양심적	139	빈혈	196	사과주스	301
비엔나 소시지	298	빗살무늬	238	사교적	140
비열한	139	빗장	369	사글세	357
비염	192	빙어	333	사기	102
비옷	234	빨간	84	사기그릇	338
비윤리적	139	빨강머리	22	사나운	141
비음	86	빨개지다	84	사냥모	241
비이성적	147	빨다	32, 255	사당	173
비인간적	139	빨아 먹다	32, 255	사디스트	205
비인도적	139	빵	292	사디즘	205
비정한	139	빵가루	293	사랑	122
비지	321	빵껍질	293	사랑니	33
비지떡	287	빵칼	343	사랑방	360
비지찌개	283	뺨	20	사랑스러운	125
비참한	112	뻐근한	90	사랑에 빠지다	125
비치웨어	232	뻐꾸기시계	398	사레들리다	257
비치의자	386	뻐드렁니	34	사롱	231
비치파라솔	247	뻑뻑한	26	사리	231
비타협적	147	뻔뻔한	141	사마귀	51
비통한	112	뻣뻣한	141	사막화	244
비트	318	뻥튀기	280	사망	162
비틀거리다	49	뼈대근	56	사망률	162
비틀다	43	뾰두라지	188	사망자	162
비판적	146	뾰로통한	85	사망진단서	162
비프가스	273	뾰루지	188	사망통지서	162
비프커틀릿	273	뿌리채소	318	사망하다	164
비하이브	24	뿔테 안경	251	사명감	136
비합리적	147	삐다	215	사무실	362
비행공포증	203	삐딱한	139	사무용 의자	386
비행기 멀미	206			사발	338
비행 청소년	160			사복	233
비현실적	146	ㅅ		사산	154
비협조적	147			사산아	155
비형 간염	177	사각모	241	사살하다	166
비흡연자	314	사각팬티	229	사스	179
빈대떡	287	사고	99	사슬갑옷	234
빈방	361	사고사하다	164	사슴가죽	222
빈소	170	사골	330	사슴고기	331
빈손	40	사과	327	사시	186

사시안 … 186	산후조리 … 154	상상력 … 97
사시안인 … 186	산후조리원 … 154	상상임신 … 151
사악한 … 139	살 … 73, 331	상상하다 … 97
사옥 … 356	살구 … 327	상수도 … 380
사워크림 … 290	살금살금 걷다 … 48	상수리 … 323
사이다 … 300	살기등등한 … 141	상스러운 … 128
사이즈 … 238	살라미 … 298	상실감 … 134
사이코 … 200	살림집 … 356	상실하다 … 134
사정 … 39	살모넬라증 … 179	상어 … 335
사정관 … 64	살사소스 … 266	상어 지느러미 … 335
사진첩 … 401	살수기 … 375, 383	상여 … 169
사치스러운 … 128	살아 있는 … 164	상여꾼 … 169
사카린 … 264	살인 … 166	상완골 … 54
사타구니 … 38	살인마 … 166	상완이두근 … 57
사탕 … 295	살인자 … 166	상의 … 224
사탕무 … 318	살인 청부업자 … 166	상장 … 170
사탕수수 … 317	살코기 … 331	상제 … 170
사태 … 330	살펴보다 … 30	상주 … 170
사테 … 273	살피다 … 96	상주하다 … 351
사파리 점퍼 … 224	살해 … 166	상처 … 214
사팔뜨기 … 186	살해되다 … 164	상체 … 18
사프란 … 267	삶다 … 263	상추 … 319
사회장 … 169	삶은 계란 … 328	상큼한 … 259
사후경직 … 162	삼각근 … 57	상투 … 24
사후 피임약 … 152	삼각대 … 394	상투적 … 130
삭발 … 21	삼각팬티 … 229	상하다 … 261
삭은 … 261	삼겹살 … 329	상한 … 261
산고 … 153	삼계탕 … 282	새가슴 … 37
산기 … 153	삼두박근 … 57	새끼발가락 … 46
산딸기 … 326	삼베 … 220	새끼손가락 … 42
산모 … 151	삼일장 … 168	새송이버섯 … 322
산소결핍증 … 199	삼치 … 335	새시 … 371
산신제 … 173	삼키다 … 32, 255	새우 … 337
산아제한 … 152	삿갓 … 240	새우젓 … 289
산악병 … 199	상가 … 170	새 집 … 356
산울타리 … 373	상고머리 … 24	새집증후군 … 197
산적 … 284	상기되다 … 84	새참 … 268
산책하다 … 48	상냥한 … 140	새치 … 22
산파 … 154	상반신 … 18	새침한 … 143
산해진미 … 276	상복 … 170, 234	새콤달콤한 … 259
산후우울증 … 154, 201	상사병 … 200	새콤한 … 258

색다른	126	생식기	64	석유난로	378
색맹	186	생식세포	72	석재	355
색소결핍증	188	생식세포 분열	72	석조 건물	355
색소결핍증 환자	188	생식주의자	254	석총	171
색소침착	188	생일	156	쉬다	262
색안경	251	생일선물	157	선글라스	251
색약	186	생일잔치	157	선량한	138
색전증	196	생일케이크	293	선머슴	160
샌드위치	272	생존 본능	131	선반	388
샌들	242	생크림	290	선의	102
샐러드	275	생크림케이크	293	선입견	100
샐러드볼	338	생태	334	선입관	100
샘	129	샤베트	296	선정적	128
생가	357	샤브샤브	269	선지	330
생각	99	샤워기	365	선짓국	282
생강	318	샤워부스	365	선천적	209
생강과자	294	샤워커튼	365	선풍기	393
생강차	302	샤스핀	271	선한	138
생고기	331	샴페인	308	선혈	74
생니	34	샴페인잔	339	설거지물	381
생리	89	샹들리에	396	설도	330
생리대	89	새미	222	설득력	97
생리불순	89, 180	서가	388	설득하다	97
생리전 증후군	197	서까래	374	설렁탕	282
생리주기	89	서늘한	88	설레다	106
생리통	89, 180	서다	49	설사	190
생리 현상	89	서랍	388	설사약	190
생매장하다	168	서랍장	388	설상화	244
생맥주	307	서러워하다	112	설익은	261
생머리	23	서류가방	246	설탕	264
생선	332	서류함	388	설탕통	344
생선가스	273	서양고추	320	설하선	59
생선구이	284	서재	360	섬유	220
생선살	333	서치라이트	396	섭취하다	255
생선알	333	서클렌즈	251	성감대	39
생선초밥	269	석관	171	성게	337
생선튀김	285	석류	327	성격	138
생선회	269	석면증	197	성격장애	205
생소한	116	석문	366	성급한	144
생수	300	석쇠	341	성기	39
생식	254	석식	268	성냥	315

성냥갑	315	세탁실	360	소스그릇	338
성년식	156	세포	72	소시지	298
성도착	204	세포분열	72	소식가	257
성묘하다	173	섹스중독	204	소식하다	255
성병	178	섹스중독자	204	소아기호증	205
성분헌혈	74	섹시한	80	소아기호증 환자	205
성스러운	121	센서	383	소아마비	177
성실성	142	셀러리	319	소아병	176
성실한	142	셋방	357	소아애호증	205
성염색체	73	셋째 발가락	46	소아질환	176
성욕	131	셋톱박스	391	소인증	185
성인	161	셔벗	296	소장	59
성인병	181	셔츠	225	소주	310
성인식	156	셔터	395	소주잔	339
성장	156	셔터문	367	소지	42
성장호르몬	69	셔터버튼	395	소지품	246
성전환자	17	소	238, 293	소켓	382
성 정체성	17	소가죽	222	소탈한	142
성질	138	소고기	330	소파	386
성 차별	16	소극적	145	소파베드	384
성체줄기세포	72	소금	265	소화기	59
성취감	134	소금물	265	소화기 질환	190
성취하다	134	소금통	344	소화불량	190
성큼성큼 걷다	48	소녀	160	속눈썹	27
성품	138	소년	160	속된	128
성호르몬	69	소뇌	62	속병	176
성홍열	178	소다수	300	속옷	228
세계관	99	소라	336	속치마	228
세계음식	272	소름	52	속하다	137
세균	210	소리	399	손	40
세균성이질	177	소매	236	손가락	42
세다	22	소맷부리	236	손가락 관절	57
세련된	146	소면	279	손가락뼈	54
세면기	365	소바	269	손가방	246
세면대	365	소박한	142	손거울	401
세반고리관	66	소변	77	손금	41
세심한	140	소변기	364	손끝	42
세일러복	233	소복	170, 234	손등	41
세입자	350	소속감	137	손떨림증	194
세탁기	393	소속되다	137	손마디	42
세탁설명라벨	237	소스	266	손목	40

손목관절 · · · · · · · · · · · · · · · · · · 57	쇼크사하다 · · · · · · · · · · · · · 164	수음 · 39
손목뼈 · 54	쇼핑백 · · · · · · · · · · · · · · · · · · 246	수의 · · · · · · · · · · · · · · · · 233, 234
손목시계 · · · · · · · · · · · · 250, 398	숄 · 225	수인성 질환 · · · · · · · · · · · · 176
손목터널증후군 · · · · · · · · · · 197	숄더백 · · · · · · · · · · · · · · · · · · 246	수입육 · · · · · · · · · · · · · · · · · · 331
손바닥 · 41	수건걸이 · · · · · · · · · · · · · · · 365	수장 · 168
손바닥뼈 · · · · · · · · · · · · · · · · · 54	수납장 · · · · · · · · · · · · · · · · · · 388	수저통 · · · · · · · · · · · · · · · · · · 340
손뼉 · 43	수뇨관 · · · · · · · · · · · · · · · · · · · 63	수전증 · · · · · · · · · · · · · · · · · · 194
손수건 · · · · · · · · · · · · · · · · · · 247	수도 · 380	수정 · 150
손아랫사람 · · · · · · · · · · · · · · 161	수도계량기 · · · · · · · · · · · · · 380	수정과 · · · · · · · · · · · · · · · · · · 301
손윗사람 · · · · · · · · · · · · · · · · 161	수도관 · · · · · · · · · · · · · · · · · · 380	수정관 · · · · · · · · · · · · · · · · · · · 64
손잡이 · · · · · · · · · · · · · · · · · · 339	수도꼭지 · · · · · · · · · · · · · · · 380	수정란 · · · · · · · · · · · · · · · · · · 150
손전등 · · · · · · · · · · · · · · · · · · 396	수돗물 · · · · · · · · · · · · · · · · · · 380	수정체 · · · · · · · · · · · · · · · · · · · 65
손짓하다 · · · · · · · · · · · · · · · · · 44	수동적 · · · · · · · · · · · · · · · · · · 145	수제비 · · · · · · · · · · · · · · · · · · 279
손토시 · · · · · · · · · · · · · · · · · · 250	수두 · 177	수제화 · · · · · · · · · · · · · · · · · · 245
손톱 · 42	수란 · 328	수족구병 · · · · · · · · · · · · · · · 179
솔기 · 236	수란관 · · · · · · · · · · · · · · · · · · · 64	수중분만 · · · · · · · · · · · · · · · 153
솔직한 · · · · · · · · · · · · · · · · · · 142	수면마비 · · · · · · · · · · · · · · · 207	수중카메라 · · · · · · · · · · · · · 394
솜바지 · · · · · · · · · · · · · · · · · · 227	수면무호흡증 · · · · · · · · · · · 187	수치스러운 · · · · · · · · · · · · · 129
솜사탕 · · · · · · · · · · · · · · · · · · 295	수면장애 · · · · · · · · · · · · · · · 207	수치스러워하다 · · · · · · · · 129
솜옷 · 235	수목장 · · · · · · · · · · · · · · · · · · 168	수치심 · · · · · · · · · · · · · · · · · · 129
솜이불 · · · · · · · · · · · · · · · · · · 400	수박 · 327	수트 · 230
솜털 · 53	수산물 · · · · · · · · · · · · · · · · · · 332	수포 · · · · · · · · · · · · · · 52, 188, 214
송곳니 · 33	수상가옥 · · · · · · · · · · · · · · · 352	수프 · 275
송로버섯 · · · · · · · · · · · · · · · · 322	수상한 · · · · · · · · · · · · · · · · · · 132	수혈 · 74
송아지가죽 · · · · · · · · · · · · · · 222	수세식 화장실 · · · · · · · · · · 364	숙녀 · 161
송아지고기 · · · · · · · · · · · · · · 330	수수 · 317	숙연한 · · · · · · · · · · · · · · · · · · 121
송어 · 333	수수깡 · · · · · · · · · · · · · · · · · · 317	숙이다 · · · · · · · · · · · · · · · · · · · 19
송이버섯 · · · · · · · · · · · · · · · · 322	수수한 · · · · · · · · · · · · · · · · · · 219	숙주나물 · · · · · · · · · · · · · · · 321
송편 · 280	수술복 · · · · · · · · · · · · · · · · · · 233	숙청하다 · · · · · · · · · · · · · · · 166
송화단 · · · · · · · · · · · · · · · · · · 271	수숫대 · · · · · · · · · · · · · · · · · · 317	숙취 · 313
솥 · 341	수염 · 53	순교 · 165
솥뚜껑 · · · · · · · · · · · · · · · · · · 341	수영모 · · · · · · · · · · · · · · · · · · 241	순교자 · · · · · · · · · · · · · · · · · · 165
쇠갈비 · · · · · · · · · · · · · · · · · · 330	수영복 · · · · · · · · · · · · · · · · · · 232	순국하다 · · · · · · · · · · · · · · · 165
쇠고기덮밥 · · · · · · · · · · · · · · 278	수월한 · · · · · · · · · · · · · · · · · · 107	순대 · 298
쇠꼬리 · · · · · · · · · · · · · · · · · · 330	수위 · 350	순댓국 · · · · · · · · · · · · · · · · · · 282
쇠머리 · · · · · · · · · · · · · · · · · · 330	수위실 · · · · · · · · · · · · · · · · · · 350	순두부 · · · · · · · · · · · · · · · · · · 321
쇠문 · 366	수유 · 158	순두부찌개 · · · · · · · · · · · · · 283
쇠뼈 · 330	수육 · 287	순면 · 220
쇠약한 · · · · · · · · · · · · · · · · · · · 93	수은등 · · · · · · · · · · · · · · · · · · 396	순모 · 221
쇳소리 · · · · · · · · · · · · · · · · · · · 86	수은전지 · · · · · · · · · · · · · · · 399	순무 · 318
쇼크 · 202	수은중독 · · · · · · · · · · · · · · · 198	순발력 · · · · · · · · · · · · · · · · · · · 93

순산	154	스카치캔디	295	슬립	228
순수성	142	스카프	225	슬링백	242
순수한	142	스커트	227	슬퍼하다	112
순정	124	스컬캡	240	슬픈	112
순종적	144	스쿼시	301	슬픔	112
순직하다	165	스크램블드에그	328	습진	189
순진한	142	스크류드라이버	311	승강기	359
순한	140, 259	스크린	391	승리감	135
순환계	60	스키니팬츠	226	승리하다	135
숟가락	340	스키복	232	승마복	232
술	241, 306	스키화	244	승마화	244
술고래	312	스타우트	307	승복	233
술기운	313	스타일러스펜	391	시가	314
술꾼	312	스타킹	229	시각	65, 99
술배	37	스탠드	396	시각기관	65
술버릇	313	스테이크	273	시각 장애	184
술병	313	스토브	378	시각 장애인	184
술자리	312	스톱워치	398	시간관념	100
술잔	339	스툴	386	시계	398
술주정	313	스트레스	201	시계라디오	392
숨	58	스트레이트의	313	시계추	398
숨통	58	스틸레토힐	242	시곗줄	398
숫돌	343	스팀다리미	393	시금치	319
숭늉	301	스파게티	274	시기	129
숭어	335	스파이크화	244	시든	261
숯	379	스파클링 와인	308	시래기	318
숯불갈비	284	스판덱스	223	시래깃국	282
쉬다	261	스팽글	237	시럽	264
쉬운	107	스펀지케이크	293	시력	65
쉰	261	스포츠머리	24	시루	341
쉰내	260	스포츠음료	300	시루떡	280
슈미즈	228	스푼	340	시리얼	297
슈크림	294	스프링 매트리스	385	시무룩한	85
슈퍼박테리아	210	스프링클러	375, 383	시신	163
슈퍼싱글	385	스피커	399	시신경	65
스니커즈	244	슬개건	57	시원한	88, 259
스무디	301	슬개골	55	시장기	92
스와핑	205	슬라이드	391	시체	163
스웨터	224	슬러시	301	시체안치소	163
스위치	382	슬로푸드	299	시큰거리다	212
스카치위스키	310	슬리퍼	242	시큰둥한	145

시큰하다 ⋯⋯⋯⋯⋯⋯⋯⋯⋯⋯⋯ 212	신 ⋯⋯⋯⋯⋯⋯⋯⋯⋯⋯⋯⋯⋯ 258	신중한 ⋯⋯⋯⋯⋯⋯⋯⋯⋯ 97, 145
시큼한 ⋯⋯⋯⋯⋯⋯⋯⋯⋯⋯⋯ 258	신경 ⋯⋯⋯⋯⋯⋯⋯⋯⋯⋯⋯⋯ 70	신체 상태 ⋯⋯⋯⋯⋯⋯⋯⋯⋯ 90
시트 ⋯⋯⋯⋯⋯⋯⋯⋯⋯⋯⋯⋯ 400	신경계 ⋯⋯⋯⋯⋯⋯⋯⋯⋯⋯⋯ 70	신체 장애 ⋯⋯⋯⋯⋯⋯⋯⋯⋯ 184
시폰 ⋯⋯⋯⋯⋯⋯⋯⋯⋯⋯⋯⋯ 221	신경과민 ⋯⋯⋯⋯⋯⋯⋯⋯⋯ 201	신축 건물 ⋯⋯⋯⋯⋯⋯⋯⋯ 356
시폰케이크 ⋯⋯⋯⋯⋯⋯⋯⋯ 293	신경섬유 ⋯⋯⋯⋯⋯⋯⋯⋯⋯ 71	실내화 ⋯⋯⋯⋯⋯⋯⋯⋯⋯⋯ 244
시험관아기 ⋯⋯⋯⋯⋯⋯⋯⋯ 150	신경세포 ⋯⋯⋯⋯⋯⋯⋯⋯ 71, 72	실눈 ⋯⋯⋯⋯⋯⋯⋯⋯⋯⋯⋯ 26
식곤증 ⋯⋯⋯⋯⋯⋯⋯⋯⋯⋯ 206	신경쇠약 ⋯⋯⋯⋯⋯⋯⋯⋯⋯ 201	실링팬 ⋯⋯⋯⋯⋯⋯⋯⋯⋯⋯ 393
식기 ⋯⋯⋯⋯⋯⋯⋯⋯⋯⋯⋯ 338	신경조직 ⋯⋯⋯⋯⋯⋯⋯⋯⋯ 71	실망감 ⋯⋯⋯⋯⋯⋯⋯⋯⋯ 110
식기건조기 ⋯⋯⋯⋯⋯⋯⋯⋯ 346	신경중추 ⋯⋯⋯⋯⋯⋯⋯⋯⋯ 71	실망스러운 ⋯⋯⋯⋯⋯⋯⋯ 111
식기건조대 ⋯⋯⋯⋯⋯⋯⋯⋯ 345	신경증 ⋯⋯⋯⋯⋯⋯⋯⋯⋯⋯ 201	실망하다 ⋯⋯⋯⋯⋯⋯⋯⋯ 111
식기세척기 ⋯⋯⋯⋯⋯⋯⋯⋯ 346	신경증 환자 ⋯⋯⋯⋯⋯⋯⋯ 201	실버타운 ⋯⋯⋯⋯⋯⋯⋯⋯ 357
식도 ⋯⋯⋯⋯⋯⋯⋯⋯⋯⋯⋯ 59	신경질적 ⋯⋯⋯⋯⋯⋯⋯⋯⋯ 145	실성하다 ⋯⋯⋯⋯⋯⋯⋯⋯ 200
식도락 ⋯⋯⋯⋯⋯⋯⋯⋯⋯⋯ 257	신경통 ⋯⋯⋯⋯⋯⋯⋯⋯⋯⋯ 195	실성한 ⋯⋯⋯⋯⋯⋯⋯⋯⋯ 200
식도락가 ⋯⋯⋯⋯⋯⋯⋯⋯ 257	신기한 ⋯⋯⋯⋯⋯⋯⋯⋯⋯⋯ 126	실신하다 ⋯⋯⋯⋯⋯⋯⋯⋯ 91
식도암 ⋯⋯⋯⋯⋯⋯⋯⋯⋯⋯ 182	신김치 ⋯⋯⋯⋯⋯⋯⋯⋯⋯⋯ 286	실어증 ⋯⋯⋯⋯⋯⋯⋯⋯⋯ 185
식도염 ⋯⋯⋯⋯⋯⋯⋯⋯⋯⋯ 190	신념 ⋯⋯⋯⋯⋯⋯⋯⋯⋯⋯⋯ 102	실없는 ⋯⋯⋯⋯⋯⋯⋯⋯⋯ 146
식료품 저장실 ⋯⋯⋯⋯⋯⋯ 362	신드롬 ⋯⋯⋯⋯⋯⋯⋯⋯⋯⋯ 197	실용적 ⋯⋯⋯⋯⋯⋯⋯⋯⋯ 146
식물섬유 ⋯⋯⋯⋯⋯⋯⋯⋯ 220	신뢰하다 ⋯⋯⋯⋯⋯⋯⋯⋯ 102	실크 ⋯⋯⋯⋯⋯⋯⋯⋯⋯⋯ 221
식물인간 ⋯⋯⋯⋯⋯⋯⋯⋯⋯ 91	신맛 ⋯⋯⋯⋯⋯⋯⋯⋯⋯⋯⋯ 258	실크해트 ⋯⋯⋯⋯⋯⋯⋯⋯ 240
식빵 ⋯⋯⋯⋯⋯⋯⋯⋯⋯⋯⋯ 292	신발 ⋯⋯⋯⋯⋯⋯⋯⋯⋯⋯⋯ 242	실핏줄 ⋯⋯⋯⋯⋯⋯⋯⋯⋯ 60
식사 ⋯⋯⋯⋯⋯⋯⋯⋯⋯⋯⋯ 268	신발 끈 ⋯⋯⋯⋯⋯⋯⋯⋯⋯ 245	싫어하다 ⋯⋯⋯⋯⋯⋯⋯⋯ 128
식상하다 ⋯⋯⋯⋯⋯⋯⋯⋯ 130	신발장 ⋯⋯⋯⋯⋯⋯⋯⋯⋯⋯ 388	싫증 ⋯⋯⋯⋯⋯⋯⋯⋯⋯⋯ 130
식성 ⋯⋯⋯⋯⋯⋯⋯⋯⋯⋯⋯ 257	신방 ⋯⋯⋯⋯⋯⋯⋯⋯⋯⋯⋯ 362	심각한 ⋯⋯⋯⋯⋯⋯⋯ 114, 146
식수 ⋯⋯⋯⋯⋯⋯⋯⋯⋯⋯⋯ 300	신부복 ⋯⋯⋯⋯⋯⋯⋯⋯⋯⋯ 233	심근 ⋯⋯⋯⋯⋯⋯⋯⋯⋯⋯ 56
식습관 ⋯⋯⋯⋯⋯⋯⋯⋯⋯⋯ 257	신부전 ⋯⋯⋯⋯⋯⋯⋯⋯⋯⋯ 193	심근경색 ⋯⋯⋯⋯⋯⋯⋯⋯ 181
식습관장애 ⋯⋯⋯⋯⋯⋯⋯ 207	신비한 ⋯⋯⋯⋯⋯⋯⋯⋯⋯⋯ 126	심기증 ⋯⋯⋯⋯⋯⋯⋯⋯⋯ 201
식욕 ⋯⋯⋯⋯⋯⋯⋯⋯⋯ 131, 257	신사복 ⋯⋯⋯⋯⋯⋯⋯⋯⋯⋯ 230	심기증 환자 ⋯⋯⋯⋯⋯⋯ 201
식욕부진 ⋯⋯⋯⋯⋯⋯⋯⋯ 207	신생아 ⋯⋯⋯⋯⋯⋯⋯⋯ 155, 160	심란한 ⋯⋯⋯⋯⋯⋯⋯⋯⋯ 114
식용버섯 ⋯⋯⋯⋯⋯⋯⋯⋯ 322	신생아 사망률 ⋯⋯⋯⋯⋯⋯ 162	심방 ⋯⋯⋯⋯⋯⋯⋯⋯⋯⋯ 60
식용색소 ⋯⋯⋯⋯⋯⋯⋯⋯ 267	신선로 ⋯⋯⋯⋯⋯⋯⋯⋯⋯⋯ 283	심부전 ⋯⋯⋯⋯⋯⋯⋯⋯⋯ 181
식용유 ⋯⋯⋯⋯⋯⋯⋯⋯⋯ 265	신선한 ⋯⋯⋯⋯⋯⋯⋯⋯⋯⋯ 261	심사숙고 ⋯⋯⋯⋯⋯⋯⋯⋯ 99
식은땀 ⋯⋯⋯⋯⋯⋯⋯⋯⋯⋯ 76	신성한 ⋯⋯⋯⋯⋯⋯⋯⋯⋯⋯ 121	심상찮은 ⋯⋯⋯⋯⋯⋯⋯⋯ 114
식중독 ⋯⋯⋯⋯⋯⋯⋯⋯⋯⋯ 198	신우 ⋯⋯⋯⋯⋯⋯⋯⋯⋯⋯⋯ 63	심술궂은 ⋯⋯⋯⋯⋯⋯⋯⋯ 139
식초 ⋯⋯⋯⋯⋯⋯⋯⋯⋯⋯⋯ 266	신우염 ⋯⋯⋯⋯⋯⋯⋯⋯⋯⋯ 193	심실 ⋯⋯⋯⋯⋯⋯⋯⋯⋯⋯ 60
식칼 ⋯⋯⋯⋯⋯⋯⋯⋯⋯⋯⋯ 343	신장 ⋯⋯⋯⋯⋯⋯⋯⋯⋯⋯ 63, 81	심심한 ⋯⋯⋯⋯⋯⋯⋯⋯⋯ 130
식탁 ⋯⋯⋯⋯⋯⋯⋯⋯⋯⋯⋯ 389	신장결석 ⋯⋯⋯⋯⋯⋯⋯⋯ 193	심장 ⋯⋯⋯⋯⋯⋯⋯⋯⋯⋯ 60
식탁보 ⋯⋯⋯⋯⋯⋯⋯⋯⋯⋯ 389	신장병 ⋯⋯⋯⋯⋯⋯⋯⋯⋯⋯ 193	심장근 ⋯⋯⋯⋯⋯⋯⋯⋯⋯ 56
식탐 ⋯⋯⋯⋯⋯⋯⋯⋯⋯⋯⋯ 257	신장염 ⋯⋯⋯⋯⋯⋯⋯⋯⋯⋯ 193	심장마비 ⋯⋯⋯⋯⋯⋯⋯⋯ 181
식판 ⋯⋯⋯⋯⋯⋯⋯⋯⋯⋯⋯ 338	신종플루 ⋯⋯⋯⋯⋯⋯⋯⋯ 179	심장박동 ⋯⋯⋯⋯⋯⋯⋯⋯ 61
식품첨가물 ⋯⋯⋯⋯⋯⋯⋯ 267	신주 ⋯⋯⋯⋯⋯⋯⋯⋯⋯⋯⋯ 173	심장병 ⋯⋯⋯⋯⋯⋯⋯⋯⋯ 181
식혜 ⋯⋯⋯⋯⋯⋯⋯⋯⋯⋯⋯ 301	신중 ⋯⋯⋯⋯⋯⋯⋯⋯⋯⋯⋯ 97	심장 질환 ⋯⋯⋯⋯⋯⋯⋯⋯ 181

심장판막 · 60	쓰다듬다 · 44	아메리카노 · · · · · · · · · · · · · · · 305
심장판막증 · · · · · · · · · · · · · · · · · · 181	쓰러지다 · 49	아메바무늬 · · · · · · · · · · · · · · · 238
심지 · 402	쓰린 · 212	아몬드 · 323
심한 · 116	쓴 · 258	아보카도 · · · · · · · · · · · · · · · · · · 324
심호흡 · 58	쓴맛 · 258	아사하다 · · · · · · · · · · · · · · · · · 164
십이지장 · 59	쓸개 · 59	아삭아삭한 · · · · · · · · · · · · · · · 261
십이지장 궤양 · · · · · · · · · · · · · · · 190	쓸개즙 · 59	아쉬운 · 113
십이지장염 · · · · · · · · · · · · · · · · · · 190	쓸리다 · 214	아쉬움 · 113
십자인대 · 57	쓸쓸한 · 113	아스파라거스 · · · · · · · · · · · · · · 319
싱거운 · · · · · · · · · · · · · · · · · 146, 259	씁쓸한 · 258	아연실색하다 · · · · · · · · · · · · · · 115
싱글 · 385	씨 · 327	아오자이 · · · · · · · · · · · · · · · · · · 231
싱숭생숭한 · · · · · · · · · · · · · · · · · · 114	씨앗 · 327	아욱 · 319
싱싱한 · 261	씩씩한 · 146	아이 · 160
싱크대 · 360	씹는 담배 · 314	아이디어 · 99
쌀 · 316	씹다 · 34, 256	아이스박스 · · · · · · · · · · · · · · · · 344
쌀가루 · 316	씹어먹다 · 256	아이스크림 · · · · · · · · · · · · · · · · 296
쌀겨 · 316		아이스크림 케이크 · · · · · · · · · · 296
쌀국수 · 275		아이스크림 콘 · · · · · · · · · · · · · · 296
쌀눈 · 316		아이스티 · · · · · · · · · · · · · · · · · · 303
쌀뜨물 · 316	## ㅇ	아이젠 · 244
쌀밥 · 278		아장아장 걷다 · · · · · · · · · · · · · · · 48
쌀벌레 · 316	아가씨 · 161	아저씨 · 161
쌀쌀맞은 · 141	아궁이 · 378	아점 · 268
쌀죽 · 279	아귀 · 335	아주머니 · · · · · · · · · · · · · · · · · · 161
쌀통 · 344	아귀찜 · 285	아지트 · 357
쌈밥 · 278	아기 · 155, 160	아침(식사) · · · · · · · · · · · · · · · · · 268
쌈지 · 246	아기띠 · 159	아크등 · 396
쌉쌀한 · 259	아끼다 · 125	아크릴섬유 · · · · · · · · · · · · · · · · 223
쌍꺼풀 · 27	아날로그시계 · · · · · · · · · · · · · · · 398	아킬레스건 · · · · · · · · · · · · · · · · · · 57
쌍화차 · 302	아늑한 · 88	아토피 · 189
썩다 · 261	아담한 · 81	아토피 피부염 · · · · · · · · · · · · · · 189
썩은 · 261	아동 · 160	아틀리에 · · · · · · · · · · · · · · · · · · 363
썬캡 · 241	아동복 · 235	아티초크 · · · · · · · · · · · · · · · · · · 319
썰다 · 262	아드레날린 · · · · · · · · · · · · · · · · · · 69	아파트 · 354
썰렁한 · · · · · · · · · · · · · · · · · 113, 130	아라베스크 · · · · · · · · · · · · · · · · · 238	아프로 · 24
쏘가리 · 332	아래층 · 358	아픈 · 212
쑤시다 · 212	아래팔 · 40	아픔 · 213
쑥 · 322	아랫니 · 33	악동 · 160
쑥갓 · 319	아랫배 · 37	악몽 · 105
쑥국 · 282	아랫입술 · 32	악성 빈혈 · · · · · · · · · · · · · · · · · · 196
쑥떡 · 280	아름다운 · 78	악성 종양 · · · · · · · · · · · · · · · · · · 182
	아마포 · 220	

악어가죽 … 222	알곡 … 316	앞치마 … 345
악의 … 102	알딸딸한 … 313	앞팔뼈 … 54
악취 … 260	알람 … 398	애교심 … 123
악하선 … 59	알람시계 … 398	애꾸눈 … 184
안가 … 357	알레르기 … 206	애매한 … 146
안감 … 236	알레르기성 비염 … 192	애사심 … 123
안경 … 251	알맞은 … 107	애석한 … 113
안경다리 … 251	알몸 … 218	애연가 … 314
안경알 … 251	알몸의 … 218	애정 … 122
안경테 … 251	알밤 … 323	애주가 … 312
안구 … 27, 65	알사탕 … 295	애통한 … 112
안구건조증 … 186	알싸한 … 258	애플파이 … 275
안도감 … 133	알아듣다 … 35	애피타이저 … 276
안도하다 … 133	알츠하이머병 … 176	액세서리 … 248
안락사 … 167	알칼리전지 … 399	액자 … 401
안락의자 … 386	알코올중독 … 198	액젓 … 289
안락한 … 107	알코올중독자 … 198, 312	액정 … 390
안마기 … 393	알타리무 … 318	액정 화면 … 390
안마당 … 375	알탕 … 282	액체연료 … 379
안면 … 20	암 … 182	액취증 … 189
안면경련 … 194	암기력 … 96	액화석유가스 … 379
안면 근육 … 57	암기하다 … 96	액화천연가스 … 379
안면마비 … 195	암담한 … 114	앨범 … 401
안면홍조증 … 189	암매장하다 … 168	앰프 … 399
안방 … 361	암살 … 166	앵두 … 326
안색 … 84	암살단 … 166	야간 경비원 … 350
안심 … 133, 329, 330	암살자 … 166	야구모자 … 240
안심하다 … 133	암염 … 265	야뇨증 … 176
안염 … 186	암울한 … 114	야맹증 … 186
안이한 … 145	압력솥 … 341	야비한 … 139
안전 가옥 … 357	압사하다 … 165	야식 … 268
안전모 … 241	압생트 … 310	야유 … 86
안전성냥 … 315	앙갚음하다 … 132	야전 상의 … 233
안전요원 … 350	앙고라 … 221	야전침대 … 384
안정감 … 133	앙심 … 132	야참 … 268
안주머니 … 237	앙칼진 … 87	야한 … 219
안짱다리의 … 45	앞니 … 33	야회복 … 230
안창살 … 330	앞다리 … 330	약과 … 280
안타까운 … 113	앞다리살 … 329	약물중독 … 198
안테나 … 374	앞머리 … 21	약밥 … 278
앉다 … 18	앞주머니 … 237	약삭빠른 … 143

약수 … 300	양조간장 … 288	언청이 … 185
약수터 … 380	양조주 … 307	얻어듣다 … 35
약시 … 186	양주 … 306	얼굴 … 20, 78
약식 … 278	양주잔 … 339	얼굴색 … 84
약은 … 143	양지머리 … 330	얼그레이 … 303
약장 … 388	양초 … 402	얼룩무늬 군복 … 233
약지 … 42	양탄자 … 402	얼얼한 … 212, 258
약혼반지 … 248	양털 … 221	얼음물 … 300
얄팍한 … 128	양파 … 318	얼음집 … 355
얌 … 318	양파초절임 … 285	얼큰한 … 258
얌전한 … 147	양파튀김 … 285	엄격한 … 141
양가죽 … 222	양팔 저울 … 403	엄숙한 … 121, 146
양가죽 코트 … 224	얕보다 … 134	엄지 … 42
양고기 … 331	어깨 … 40	엄지발가락 … 46
양념게장 … 289	어깨끈 … 237	엄청난 … 118
양념대 … 344	어댑터 … 382	엄한 … 141
양념치킨 … 299	어란 … 333	업다 … 19
양념통 … 344	어려운 … 114	업신여기다 … 134
양담배 … 314	어렴풋이 보다 … 30	엉덩관절 … 57
양막 … 153	어루만지다 … 44	엉덩이 … 38
양말 … 229	어른 … 161	엉덩이골 … 38
양모 … 221	어리둥절한 … 115	엉큼한 … 143
양문형 냉장고 … 347	어린 … 161	엎드리다 … 18
양배추 … 319	어린이 … 160	에나멜가죽 … 222
양변기 … 364	어마어마한 … 118	에스컬레이터 … 359
양복 … 230	어묵 … 269	에스프레소 … 304
양산 … 247	어색한 … 117	에스프레소 머신 … 305
양성 … 209	어울리다 … 219	에어 매트리스 … 385
양성 종양 … 182	어이없는 … 115	에어컨 … 393
양성애 … 123	어정쩡한 … 146	에이즈 … 178
양성애자 … 17	어지러운 … 212	에이즈 바이러스 … 210
양송이버섯 … 322	어지럼증 … 212	에이즈 환자 … 178
양수 … 153	어진 … 138	에일 … 307
양식 … 272	어처구니없는 … 109	엔도르핀 … 69
양심 … 136	어포 … 297	엘리베이터 … 359
양심적 … 138	어항 … 403	엘피반 … 392
양옥 … 352	억울한 … 109	여닫이문 … 367
양육하다 … 158	언뜻 보다 … 30	여닫이창 … 370
양장 … 230	언어 장애 … 185	여드름 … 52, 189
양장피 … 271	언어 장애인 … 185	여성 … 16
양재기 … 338	언짢은 … 109	여성 동성애자 … 17

여성 바지정장	230	열	211	영상가전	390
여성복	235	열대 과일	324	영악한	143
여성 속옷	228	열등감	135	영안실	163
여성용 수영복	232	열등한	135	영양 결핍	199
여성적	145	열렬한	145	영양식	277
여성질환	180	열매	324	영양실조	199
여성호르몬	69	열무	318	영원한 사랑	124
여송연	314	열무김치	286	영정사진	170
여아	160	열병	206	영지버섯	322
여우모피	222	열사병	206	옆구리	38
여유만만한	144	열상	214	옆구리살	38
여자	16	열쇠	369	옆머리	21
여자 아이	160	열쇠고리	369	옆문	366
여자 화장실	364	열쇠 구멍	369	예감	104
여장 남자	204	열쇠 수리공	369	예민한	146
여행용 가방	246	열악한	111	예복	230
역겨운	127, 259, 260	열애	124	예쁜	78
역산	154	열정적	145	예상하다	98
연골	55	열풍기	378	예측하다	98
연근	318	염	169	오곡밥	278
연령	160	염색체	73	오금	45
연료	379	염세적	144	오다리	45
연료유	379	염소가죽	222	오뎅	269
연료전지	399	염장식품	289	오두막집	357
연미복	230	염좌	215	오디	327
연민	137	염증	212	오디오	392
연상	161	엽궐련	314	오렌지	327
연쇄살인범	166	엽기적	116	오렌지주스	301
연수	62	엿	280	오른다리	45
연수기	393	엿기름	317	오른발	46
연습실	362	엿당	264	오른손	40
연어	333	엿듣다	352	오른팔	40
연유	290	엿보다	30	오리걸음을 걷다	48
연장자	161	영감	99	오리고기	331
연체동물	336	영결식	169	오리털	221
연탄	379	영계백숙	287	오막살이	357
연탄가스 중독	198	영광스러운	106	오만상	85
연탄난로	378	영구차	169	오목거울	401
연통	378	영구치	34	오물거리다	256
연하	161	영국식 아침식사	268	오므라이스	275
연한	261	영묘	171	오믈렛	275

오미자 · 327	온더록의 · 313	완치 · 208
오미자차 · 302	온돌 · 378	완쾌 · 208
오분자기 · 336	온면 · 279	왈가닥 · 160
오븐 · 346	온수 · 300	왕게 · 337
오븐장갑 · 345	온수기 · 378	왕겨 · 316
오수 · 381	온순한 · 140	왕궁 · 352
오십견 · 195	온유한 · 140	왕릉 · 171
오이 · 320	온풍기 · 393	왜소증 · 185
오이냉국 · 281	온화한 · 140	왜소한 · 81
오이소박이 · 286	올려다보다 · 30	외국인기피증 · 203
오이지 · 289	올리고당 · 264	외국인 혐오자 · 203
오일장 · 168	올리브 · 327	외국인혐오증 · 203
오줌 · 77	올리브유 · 265	외로운 · 113
오줌보 · 63	올림머리 · 24	외로움 · 113
오줌소태 · 193	올백머리 · 24	외마디소리 · 86
오징어 · 336	올인원 · 228	외모 · 78
오징어무침 · 284	옴 · 189	외분비샘 · 68
오징어젓 · 289	옷감 · 220	외사시 · 186
오징어포 · 297	옷걸이 · 388	외상후스트레스장애 · 202
오찬 · 268	옷깃 · 236	외설스러운 · 128
오코노미야끼 · 269	옷단 · 236	외알 안경 · 251
오타모반 · 51	옷을 입히다 · 262	외우다 · 96
오토만 · 386	옷자락 · 236	외음부 · 39
오트밀 · 275	옷장 · 388	외이 · 66
오프너 · 345	옹기 · 338	외투 · 224
오피스텔 · 354	옹벽 · 373	외팔이 · 185
오한 · 212	옹졸한 · 141	윈다리 · 45
오향장육 · 271	와사비 · 266	윈발 · 46
옥사하다 · 165	와이셔츠 · 225	윈손 · 40
옥상 · 358	와이어 브라 · 228	윈팔 · 40
옥상 정원 · 375	와인 · 308	요 · 400
옥수수 · 317	와인냉장고 · 347	요골 · 54
옥수수기름 · 265	와인식초 · 266	요구르트 · 290
옥수수빵 · 292	와인잔 · 339	요구르트 아이스크림 · 290
옥수수수염 · 317	와플 · 294	요도 · 63
옥수수수염차 · 302	완고한 · 147	요도염 · 193
옥수수 시럽 · 264	완곡한 · 142	요독증 · 193
옥수수차 · 302	완두콩 · 321	요란한 · 128, 219
옥스퍼드 · 242	완벽한 · 118	요람 · 159, 384
옥탑방 · 361	완선 · 189	요로결석 · 193
온건한 · 147	완장 · 250	요리 · 268

요리법	262	우심방	60	원두커피	304
요리스푼	342	우심실	60	원룸	354
요실금	193	우아한	78	원목마루	376
요요현상	257	우애	122	원샷	312
요절하다	164	우엉	318	원시	186
요통	213	우울증	201	원시안	186
요혈	193	우울한	112	원자병	206
욕구	131	우울함	112	원탁	389
욕심	131	우월감	135	원통한	109
욕조	365	우월한	135	원피스	227
욕창	189	우유	290	원형건물	352
용감한	145	우유병	158	원형탈모증	189
용과	325	우유부단한	144	월경	89
용기	102, 344	우적우적 씹다	256	월병	294
용꿈	105	우정	123	월세	357
용마루	374	우족	330	월풀욕조	365
용봉탕	282	우주복	234	웨딩케이크	293
용서하다	136	우퍼 스피커	399	웨이퍼	294
용수철 저울	403	우편함	377	웨지힐	242
용이한	107	우피	222	웨하스	294
우거지상	85	욱신거리다	212	위	59
우거지탕	282	운구행렬	169	위궤양	190
우거짓국	282	운동복	232	위급한	132
우뇌	62	운동복 상의	232	위기감	133
우동	269	운동복 하의	232	위독한	91
우둔	330	운동신경	70	위령제	173
우락부락한	79	운동화	244	위령탑	171
우람한	80	울	221	위산	59
우량아	155	울대뼈	36	위산과다	190
우럭	335	울면	271	위생관념	100
우렁이	336	울상	85	위스키	310
우롱차	303	울음소리	86	위암	182
우리다	262	울적한	112	위압적	141
우메보시	269	울타리	373	위액	59
우물	380	울화병	202	위염	191
우물거리다	256	움막집	352	위장	59
우비	234	웃음소리	86	위장병	190
우산	247	웅장한	121	위장복	233
우산꽂이	388	원기둥	376	위장염	191
우설	330	원기 왕성한	93	위중한	91
우승반지	248	원두	305	위층	358

위태로운 …… 133	유순한 …… 140	육종 …… 182
위팔 …… 40	유스타키오관 …… 66	육체적 사랑 …… 124
위팔뼈 …… 54	유아 …… 160	육포 …… 297
위패 …… 173	유아기 …… 160	육회 …… 287
위험한 …… 133	유아돌연사증후군 …… 197	윤리 …… 96
위협적 …… 141	유아 변기 …… 364	윤리적 …… 138
위화감 …… 137	유아복 …… 235	율무 …… 317
윗니 …… 33	유아식탁의자 …… 386	율무차 …… 302
윗배 …… 37	유아침대 …… 159, 384	융모 …… 59
윗입술 …… 32	유언 …… 163	융털 …… 59
윙크 …… 28	유연성 …… 93	융통성 있는 …… 147
윙팁 …… 242	유연한 …… 93	으깨다 …… 262
유가족 …… 162	유자 …… 327	으리으리한 …… 121
유감스러운 …… 113	유자차 …… 302	으스스한 …… 117
유골 …… 163	유전 질환 …… 176	은박지 …… 345
유골함 …… 172	유제품 …… 290	은반지 …… 248
유과 …… 280	유족 …… 162	은수저 …… 340
유년기 …… 160	유주택자 …… 350	은신처 …… 357
유니폼 …… 233	유축기 …… 158	은어 …… 333
유도분만 …… 153	유치 …… 34	은행 …… 323
유동식 …… 277	유쾌한 …… 106	을씨년스러운 …… 117
유두 …… 37	유통기한 …… 299	음경 …… 39, 64
유료 화장실 …… 364	유포 …… 220	음낭 …… 64
유리그릇 …… 338	유품 …… 163	음독자살하다 …… 167
유리문 …… 366	유해 …… 163	음란한 …… 128, 143
유리잔 …… 339	유행성의 …… 179	음력 생일 …… 156
유리체 …… 65	유행성이하선염 …… 177	음료 …… 300
유리컵 …… 339	유행성출혈열 …… 178	음모 …… 53
유머 감각 …… 105	육감 …… 104	음미하다 …… 257
유모 …… 158	육감적인 …… 80	음부 …… 39
유모차 …… 159	육개장 …… 283	음산한 …… 117
유방 …… 37	육두구 …… 267	음성 …… 86, 209
유방암 …… 180	육류 …… 328	음순 …… 39
유방염 …… 180	육상화 …… 244	음식 …… 268
유부 …… 297	육수 …… 283	음식물 처리기 …… 346
유부초밥 …… 269	육식 …… 254	음용수 …… 300
유산 …… 154	육식주의자 …… 254	음주 …… 312
유산슬 …… 271	육아 …… 158	음탕한 …… 128
유서 …… 163	육아용품 …… 158	음핵 …… 39
유선 …… 69	육아일기 …… 158	음향가전 …… 392
유선염 …… 180	육아 휴직 …… 154	음흉한 …… 143

응석받이	160	이사	351	인분	77
응시하다	30	이상성욕	204	인사불성	91
응접실	360	이색적	126	인삼주	311
응혈	74	이성	96	인삼차	302
의견	99	이성애	123	인상적	118
의기소침한	146	이성애자	17	인슐린	69
의로운	138	이성적	147	인스턴트커피	304
의무감	136	이어폰	399	인자한	138
의문사	165	이온음료	300	인절미	280
의부증	201	이유식	277	인조가죽	223
의사가운	233	이자	59, 68	인조견사	223
의수	40	이자액	59	인조섬유	223
의식	104	이중노출	395	인중	20
의심	132	이중인격	201	인터넷 TV	390
의심스러운	132	이중창	360	인터폰	368
의심하다	132	이질	177	인플루엔자	178
의안	27	이질감	137	인플루엔자 바이러스	210
의자	386	이채로운	126	인후	36
의젓한	147	이층집	352	인후염	192
의족	45	이층침대	384	일광욕실	362
의존적	146	이코노미클래스증후군	197	일그러지다	85
의지	101	이통	187	일본뇌염	177
의처증	201	이하선	59	일사병	206
의치	34	이해력	98	일산화탄소 중독	198
의혹	132	이해심	136	일식	269
이	33	이해하다	98, 136	일어나다	49
이 갈기	207	익사하다	165	일어서다	49
이국적	126	익은	261	일인분	268
이글거리는	26	인간광우병	179	일자눈썹	27
이글거리다	26	인간적	138	일자바지	226
이글루	355	인격장애	205	일중독	204
이기다	135	인공 감미료	264	일중독자	204
이동식 주택	352	인공수정	150	일체감	137
이두박근	57	인공심장	60	일회용 기저귀	159
이례적	120	인공유산	152	일회용 라이터	315
이루다	134	인내심	101	일회용 접시	338
이룩하다	134	인내하다	101	일회용 카메라	394
이마	20	인대	57	잃어버리다	134
이명	187	인도적	138	임부복	234
이불	400	인두	58	임산부	151
이빨	33	인두염	192	임신	150

임신중독 … 180	자몽 … 327	잔 받침 … 339
임질 … 178	자물쇠 … 369	잔병 … 176
임차인 … 350	자발적 … 145	잔인한 … 139
입 … 32, 58	자부심 … 135	잔치국수 … 279
입구 … 366	자비로운 … 138	잘생긴 … 78
입다 … 218	자살 … 167	잠복기 … 208
입덧 … 151	자상 … 214	잠수병 … 197
입맛 … 257	자상한 … 140	잠수복 … 234
입병 … 187	자세 … 18	잠옷 … 234
입술 … 32	자신감 … 135	잠재의식 … 104
입어 보다 … 218	자신만만하다 … 135	잡곡 … 317
입주하다 … 351	자애로운 … 138	잡곡밥 … 278
입천장 … 32	자연분만 … 153	잡다 … 44
잇몸 … 32	자연사하다 … 165	잡채 … 279
잇몸 질환 … 187	자연스러운 … 147	잡탕밥 … 271
잉어 … 332	자연유산 … 154	잡티 … 50
	자위 … 39	잡화 … 401
	자율신경계 … 70	잣 … 323
ㅈ	자율적 … 146	잣죽 … 279
	자의식 … 104	장 … 288
자가 … 357	자작하다 … 312	장갑 … 250
자간전증 … 180	자장면 … 271	장님 … 184
자개 … 388	자제력 … 101	장독 … 344
자개장 … 388	자제심 … 101	장독대 … 344
자객 … 166	자제하다 … 101	장딴지 … 45
자궁 … 64, 153	자존심 … 135	장례 … 168
자궁 경부 … 64	자주적 … 146	장례식장 … 170
자궁경부암 … 180	자책감 … 136	장례지도사 … 170
자궁근종 … 180	자취방 … 357	장례행렬 … 169
자궁내막염 … 180	자택 … 357	장롱 … 388
자궁암 … 180	자폐증 … 205	장발 … 21
자궁외임신 … 151	자폐증 환자 … 205	장사 … 93
자긍심 … 135	작업복 … 234	장송곡 … 169
자동문 … 367	작업실 … 362	장식장 … 388
자동 카메라 … 394	작위적 … 147	장신 … 81
자두 … 327	작은 … 81	장아찌 … 289
자랑스러운 … 135	작은술 … 340	장애 … 184
자르다 … 262	작은어금니 … 33	장애인 … 184
자립심 … 102	작은창자 … 59	장어 … 333
자립하다 … 102	잔 … 339	장어구이 … 284
자명종 … 398	잔디 깎는 기계 … 375	장엄한 … 121

장염	191	저택	357	전립선염	180
장의사	170	저항력	209	전멸하다	164
장의차	169	저혈당증	196	전몰자	165
장작	379	저혈압	61, 181	전복	336
장조림	285	적개심	127	전복죽	279
장중한	121	적극적	145	전분	318
장지갑	247	적나라한	127	전사자	165
장티푸스	177	적당한	107	전사하다	165
장판	376	적대감	127	전산실	363
장화	242	적대적	141	전선	382
장황한	130	적막한	113	전세	357
재다	262	적응력	98	전셋값	357
재떨이	315	적응하다	98	전셋집	357
재래식 화장실	364	적포도주	308	전시실	363
재목	355	적합한	107	전시장	363
재미없는	130	적혈구	75	전신거울	401
재미있는	126, 147	전	287	전신마비	195
재발	208	전갱이	335	전신불수	195
재생불량성빈혈	196	전골	283	전신수영복	232
재채기	212	전골냄비	341	전어	333
재치 있는	147	전구	396	전염	179
재킷	224	전기	382	전염병	177
잼	297	전기계량기	382	전우애	123
잿빛의	84	전기난로	378	전원	382
쟁반	338	전기담요	400	전원주택	356
저고리	231	전기밥솥	346	전율하다	117
저녁 시간	268	전기세	382	전이	182
저녁(식사)	268	전기 시설	382	전입하다	351
저린	90	전기 요금	382	전자레인지	346
저산소증	199	전기장판	400	전자사전	391
저울	403	전기충격기	247	전자시계	398
저음	86	전깃불	396	전쟁피로증후군	202
저장실	362	전깃줄	382	전전긍긍하다	114
저조한	111	전대	247	전지	399
저지방 식품	276	전등	396	전지유	290
저지방우유	290	전등갓	396	전지전능한	121
저체온증	206	전등불	396	전채요리	276
저체중의	82	전라	218	전축	392
저층건물	352	전라의	218	전출하다	351
저층 아파트	354	전립선	64	전통과자	280
저칼로리 식품	276	전립선암	180	전통음료	301

전통의상 … 230	정관 … 64	정중한 … 140
전투모 … 241	정낭 … 64	정직 … 142
전투복 … 233	정력적 … 146	정직한 … 142
전투신경증 … 202	정맥 … 60	정착하다 … 351
전혈(헌혈) … 74	정맥류 … 196	정화 시설 … 381
절구 … 345	정문 … 366	정화조 … 381
절굿공이 … 345	정복 … 233	젖 … 77, 158
절다 … 48	정상아 … 155	젖가슴 … 37
절뚝거리다 … 48	정색 … 85	젖꼭지 … 37, 158
절름발이 … 185	정서장애 … 205	젖니 … 34
절망감 … 133	정소 … 68	젖몸살 … 158
절망하다 … 133	정수 … 300	젖병 … 158
절세미인 … 78	정수기 … 393	젖살 … 73
절이다 … 262	정수리 … 20	젖샘 … 69
절임 … 285	정수장 … 380	젖히다 … 19
절주 … 312	정식 … 277	제기 … 173
절편 … 280	정신력 … 101	제단 … 173
젊은 … 161	정신박약 … 205	제대혈 … 153
젊은이 … 161	정신병 … 200	제물 … 173
점 … 51	정신병자 … 200	제복 … 233
점심(식사) … 268	정신분열증 … 202	제비집 요리 … 271
점심시간 … 268	정신분열증 환자 … 202	제빵기 … 346
점잖은 … 147	정신장애 … 205	제사 … 173
점퍼 … 224	정신장애인 … 205	제삿날 … 173
접는 의자 … 386	정신적 사랑 … 124	제수 … 173
접문 … 367	정신적 외상 … 202	제습기 … 393
접사렌즈 … 395	정신지체 … 205	제어실 … 363
접시 … 338	정신착란 … 202	제왕절개 … 153
접시 안테나 … 374	정액 … 64	제육볶음 … 284
접이문 … 367	정어리 … 335	젤리 … 294
접이식 의자 … 386	정열적 … 145	조 … 317
접이식 침대 … 384	정원 … 375	조각 같은 … 78
접착포 … 236	정원사 … 375	조개 … 336
젓 … 289	정의로운 … 138	조개젓 … 289
젓가락 … 340	정자 … 64, 150, 352	조개탕 … 282
젓가락 받침 … 340	정장 … 230	조건반사 … 71
젓갈 … 289	정장바지 … 226	조건 없는 사랑 … 124
젓다 … 262	정정당당한 … 145	조급한 … 144
정 … 122	정정한 … 93	조기 … 335
정강이 … 45	정제염 … 265	조깅화 … 244
정강이뼈 … 55	정종 … 307	조끼 … 225

조로증	206	졸렬한	139	주머니	237
조롱박	345	졸린	90	주먹	41
조루증	180	졸업가운	233	주먹밥	278
조류 인플루엔자	179	졸업반지	248	주먹코	31
조리	342	졸이다	263	주문복	235
조리개	395	종기	188	주민	350
조리대	360	종아리	45	주발	338
조리샌들	242	종아리 근육	57	주방	360
조리용품	341	종아리뼈	55	주방가전	346
조림	285	종양	182	주방용품	338
조립식 건물	352	종이등	397	주벽	313
조마조마한	114	종이 접시	338	주부습진	189
조명기구	396	종이컵	339	주상 복합 아파트	354
조문	169, 170	종종걸음을 걷다	48	주소	351
조문객	170	종지	338	주스	301
조미료	264	좋아하다	125	주시하다	30
조사	169	좋은	107	주식	277
조산	154	좌골신경통	195	주요리	276
조산아	155	좌뇌	62	주워듣다	35
조산원	154	좌변기	364	주의력	103
조식	268	좌시하다	30	주의하다	97
조심성	97	좌식 의자	386	주전부리	268
조심하다	97	좌심방	60	주전원	382
조울증	202	좌심실	60	주전자	341
조의금	170	좌절하다	133	주제넘은	141
조이는	219	죄송한	136	주춧돌	377
조이스틱	391	죄수복	233	주택	352
조장	168	죄의식	136	죽	279
조종실	363	죄책감	136	죽다	164
조직	72	주거	351	죽부인	400
조찬	268	주걱	342	죽순	322
조청	264	주검	163	죽은	164
조혈모세포	72	주관적	144	죽음	162
조화	170	주근깨	50	죽이다	166
족두리	231	주기법	152	준수한	78
족발	329	주꾸미	336	준치	335
족자	403	주량	312	줄기세포	72
존경스러운	136	주류	306	줄기채소	319
존경심	136	주름	50	줄무늬	238
존경하다	136	주름살	50	줌렌즈	395
존엄사	167	주름치마	227	줍다	44

중 ⋯ 238	즙이 많은 ⋯ 261	직업병 ⋯ 197
중금속중독 ⋯ 198	증류주 ⋯ 310	직장 ⋯ 59
중년 ⋯ 161	증상 ⋯ 211	직장암 ⋯ 182
중년기 ⋯ 161	증오 ⋯ 127	직장염 ⋯ 191
중년 남성 ⋯ 161	증오하다 ⋯ 128	진 ⋯ 227, 310
중년 여성 ⋯ 161	증폭기 ⋯ 399	진갑 ⋯ 156
중뇌 ⋯ 62	증후군 ⋯ 197	진공청소기 ⋯ 393
중도적 ⋯ 144	지갑 ⋯ 247	진국 ⋯ 283
중독 ⋯ 198, 204	지구력 ⋯ 93	진물 ⋯ 77
중독자 ⋯ 198, 204	지다 ⋯ 135	진미 ⋯ 276
중독증 ⋯ 198	지독한 ⋯ 128	진보적 ⋯ 144
중병 ⋯ 176	지루증 ⋯ 180	진부한 ⋯ 130
중산모 ⋯ 240	지루한 ⋯ 130	진수성찬 ⋯ 277
중상 ⋯ 214	지루함 ⋯ 130	진실한 ⋯ 142
중성 피부 ⋯ 50	지문 ⋯ 42	진자 ⋯ 398
중식 ⋯ 268, 270	지방 ⋯ 73, 173, 331	진지한 ⋯ 146
중이 ⋯ 66	지방간 ⋯ 181	진취성 ⋯ 103
중이염 ⋯ 187	지병 ⋯ 176	진토닉 ⋯ 311
중절모 ⋯ 240	지붕 ⋯ 374	진통 ⋯ 153
중증급성호흡기증후군 ⋯ 179	지붕마루 ⋯ 374	진폐증 ⋯ 197
중증의 ⋯ 209	지붕창 ⋯ 371	진피 ⋯ 67
중지 ⋯ 42	지사제 ⋯ 190	진한 ⋯ 261
중추신경계 ⋯ 70	지성 ⋯ 96	진혼곡 ⋯ 169
중키 ⋯ 81	지성 피부 ⋯ 50	질 ⋯ 64
중태 ⋯ 91	지장 ⋯ 42	질겅질겅 씹다 ⋯ 256
중풍 ⋯ 196	지저분한 ⋯ 143	질구 ⋯ 39
중화상 ⋯ 215	지주 ⋯ 376	질그릇 ⋯ 338
쥐 ⋯ 194	지켜보다 ⋯ 30	질긴 ⋯ 261
쥐다 ⋯ 44	지팡이 ⋯ 247	질리다 ⋯ 130
쥐어짜다 ⋯ 44	지팡이사탕 ⋯ 295	질병 ⋯ 176
쥐젖 ⋯ 51	지퍼 ⋯ 237	질식사하다 ⋯ 165
쥐치 ⋯ 335	지포라이터 ⋯ 315	질염 ⋯ 180
쥐포 ⋯ 297	지푸라기 ⋯ 355	질주하다 ⋯ 49
쥘부채 ⋯ 247	지하 ⋯ 358	질투 ⋯ 129
즉사하다 ⋯ 165	지하묘지 ⋯ 172	짐작 ⋯ 98
즉석식품 ⋯ 299	지하실 ⋯ 361	짐작하다 ⋯ 98
즉석카메라 ⋯ 394	지하층 ⋯ 358	집게 ⋯ 342
즉석커피 ⋯ 304	직감 ⋯ 104	집게손가락 ⋯ 42
즐거운 ⋯ 106	직관 ⋯ 105	집다 ⋯ 44
즐거움 ⋯ 106	직선적 ⋯ 142	집단무의식 ⋯ 104
즐거워하다 ⋯ 106	직설적 ⋯ 142	집단자살 ⋯ 167

집단 히스테리	202	차	302	참치	334
집무실	362	차가운	88, 141	참혹한	116
집세	357	차 거름망	339	찹쌀	316
집주인	350	차고	363	찹쌀떡	280
집중력	103	차다	49	찻잎	303
집중하다	103	차도르	231	찻잔	339
짓이기다	262	차려입다	218	찻잔 세트	339
징	245	차례	173	창고	362
징그러운	128	차멀미	206	창난젓	289
짚	355	차분한	145	창문	370
짚신	245	차양	241, 374	창백한	84
짜다	44, 262	차일	374	창살	371
짜릿한	106	차주전자	341	창의력	96
짝사랑	124	차진	261	창의적	96, 118
짠	258	착상	150	창자	59
짠맛	258	착색제	267	창조적	118
짬뽕	271	착시	186	창턱	371
짭짤한	258	착실한	142	창틀	371
째려보다	29	착용하다	218	창피한	129
쩨쩨한	141	착용한	218	창피해하다	129
쪽	24	착한	138	채광창	371
쪽문	366	찬	88	채끝	330
쫀득한	261	찬물	300	채널	399
쫄깃한	261	찬밥	278	채소	318
쭈글쭈글한	219	찬장	388	채식	254
쯔쯔가무시	178	찬합	344	채식주의	254
찌개	283	찰과상	214	채식주의자	254
찌다	263	찰떡	280	채신없는	147
찌르다	44	찰밥	278	책가방	246
찌뿌드드한	90	참	268	책꽂이	388
찌푸리다	85	참기름	265	책상	389
찐만두	270	참다	101	책임감	136
찐빵	292	참다랑어	334	책임지다	136
찔러 죽이다	166	참다래	327	책장	388
찜	285	참담한	112	챔피언반지	248
찜통	341	참마	318	챙	241
찡그리다	85	참새우	337	처녀막	39
		참신한	126	처녑	330
		참외	327	처량한	112
		참외배꼽	37	처마	374
ㅊ		참을성	101	처지다	26

처진 … 26	청국장찌개 … 283	초경 … 89
처참한 … 116	청년 … 161	초고추장 … 288
처형 … 167	청년기 … 161	초고층 건물 … 352
척골 … 54	청량음료 … 300	초기 … 208
척살하다 … 166	청력 … 66	초라한 … 111
척수 … 70	청렴한 … 138	초롱초롱한 … 26
척수신경 … 70	청바지 … 227	초막 … 355
척수염 … 194	청소기 … 393	초면 … 270
천 기저귀 … 159	청소년 … 160	초밥 … 269
천도복숭아 … 326	청소년기 … 160	초산 … 154
천막 … 355	청신경 … 66	초상집 … 170
천박한 … 128	청어 … 335	초석 … 377
천식 … 192	청일점 … 16	초소형 카메라 … 394
천식 환자 … 192	청주 … 307	초시계 … 398
천연 감미료 … 264	청포도 … 327	초유 … 77, 158
천연두 … 179	청포묵 … 287	초인종 … 368
천연섬유 … 220	체 … 342	초장 … 288
천엽 … 330	체격 … 80	초점 … 395
천일염 … 265	체경 … 401	초조한 … 114
천장 … 168, 377	체내수정 … 150	초췌한 … 84
천장창 … 371	체념하다 … 133	초콜릿 … 296
천편일률적 … 130	체력 … 93	초콜릿케이크 … 293
천하장사 … 93	체리 … 326	촉각 … 67
천한 … 128	체모 … 53	촉촉한 … 88
철갑상어알 … 333	체세포 … 72	촌스러운 … 219
철두철미한 … 145	체세포 분열 … 72	촛농 … 402
철모 … 241	체온 … 89	촛대 … 402
철문 … 366	체외사정 … 152	촛불 … 402
철인 … 93	체외수정 … 150	총각김치 … 286
철저한 … 145	체육복 … 232	총각무 … 318
철조망 … 373	체조복 … 232	총살하다 … 166
철책 … 373	체중 … 82	총상 … 214
첫돌 … 156	체중계 … 403	총애하다 … 125
첫물 … 326	체증 … 190	최상층 … 358
첫사랑 … 124	체지방 … 73	최하층 … 358
청각 … 66	체질 … 209	추간판탈출증 … 194
청각기관 … 66	체크무늬 … 238	추남 … 79
청각 장애 … 184	체크바지 … 226	추녀 … 79, 377
청각 장애인 … 184	초 … 402	추도사 … 169
청경채 … 319	초가집 … 355	추도식 … 169
청국장 … 288	초간장 … 288	추락사하다 … 165

추레한 … 219	충전기 … 399	친밀한 … 137
추론하다 … 98	충전지 … 399	친숙한 … 137
추리력 … 98	충치 … 34	친절한 … 140
추리하다 … 98	충혈된 … 26	칠리소스 … 266
추모비 … 171	췌장 … 59, 68	칠면조고기 … 331
추모식 … 169	췌장암 … 182	칠삭둥이 … 155
추어 … 332	췌장염 … 191	칠순 … 156
추어탕 … 282	취기 … 313	칠일장 … 168
추진력 … 103	취사도구 … 341	칡 … 322
추진하다 … 103	취침등 … 396	칡뿌리 … 322
추측 … 98	취하지 않은 … 92, 313	칡차 … 302
추측하다 … 98	취한 … 92, 313	침 … 76, 398
추파를 던지다 … 30	층 … 358	침구 … 400
축구화 … 244	층계참 … 359	침낭 … 400
축농증 … 192	치다 … 43	침대 … 384
축대 … 377	치뜨다 … 28	침대보 … 400
축배 … 312	치루 … 193	침샘 … 59
축음기 … 392	치마 … 227	침실 … 360
축전지 … 399	치마바지 … 226	침울한 … 112
축축한 … 88	치매 … 176	침울함 … 112
춘곤증 … 206	치명상 … 214	침착한 … 145
춘권 … 270	치사율 … 209	침침한 … 27
춘장 … 271	치사한 … 139	
춘추복 … 235	치아 … 33	
출구 … 366	치아 발육기 … 159	**ㅋ**
출산 … 153	치은염 … 187	
출산 예정일 … 153	치졸한 … 139	카고바지 … 226
출산율 … 154	치주염 … 187	카놀라유 … 265
출산 장려금 … 154	치즈 … 291	카드뮴중독 … 198
출산 휴가 … 154	치즈버거 … 299	카드키 … 369
출생률 … 154	치즈케이크 … 293	카디건 … 225
출생신고 … 155	치질 … 193	카랑카랑한 … 87
출출한 … 92	치커리 … 319	카레 … 275
출혈 … 212	치켜뜨다 … 28	카레라이스 … 275
충격 … 120, 202	치킨버거 … 299	카메라 … 394
충격적 … 120	치통 … 213	카사바 … 318
충성스러운 … 147	치파오 … 231	카세트(플레이어) … 392
충성심 … 136	칙칙한 … 84	카세트테이프 … 392
충성하다 … 136	친근감 … 137	카스텔라 … 293
충수염 … 190	친근한 … 137	카시트 … 159
충실한 … 147	친밀감 … 137	카우보이모자 … 240

카카오 ···································· 325	커피포트 ································ 305	콜리플라워 ························· 319
카페라떼 ································ 305	컬러 TV ··································· 390	콤플렉스 ································ 135
카페모카 ································ 305	컬러렌즈 ································ 251	콧구멍 ··························· 31, 58, 67
카페오레 ································ 305	컬러필름 ································ 394	콧대 ·· 31
카페인 중독 ··························· 198	컴퓨터실 ································ 363	콧등 ·· 31
카펫 ··· 402	컴퓨터중독 ···························· 204	콧물 ·· 31
카푸치노 ································ 305	컵 ··· 339	콧방귀를 뀌다 ·························· 31
칵테일 ····································· 311	컵라면 ····································· 297	콧병 ·· 187
칼 ··· 343	컵 받침 ··································· 339	콧소리 ·· 86
칼국수 ····································· 279	컵케이크 ································ 293	콧수염 ·· 53
캐노피 ····································· 384	케밥 ·· 273	콩 ··· 321
캐노피 침대 ··························· 384	케이크 ····································· 293	콩가루 ····································· 321
캐러멜 ····································· 295	케일 ·· 319	콩국수 ····································· 279
캐리어 ····································· 159	케첩 ·· 266	콩기름 ····································· 265
캐미솔 ····································· 228	코 ·· 31, 67	콩깍지 ····································· 321
캐비닛 ····································· 388	코감기 ····································· 192	콩나물 ····································· 321
캐비어 ····································· 333	코골이 ····································· 187	콩나물국 ································ 282
캐서롤 ····································· 341	코냑 ·· 310	콩나물무침 ···························· 284
캐슈넛 ····································· 323	코다리 ····································· 334	콩나물밥 ································ 278
캐시미어 ································ 221	코담배 ····································· 314	콩대 ··· 321
캐주얼 ····································· 233	코듀로이 ································ 220	콩밥 ·· 278
캐주얼 재킷 ··························· 224	코듀로이 바지 ······················ 227	콩소메 ····································· 275
캔 ··· 297	코딱지 ·· 31	콩자반 ····································· 285
캔디 ·· 295	코르셋 ····································· 228	콩팥 ·· 63
캔맥주 ····································· 307	코르크따개 ···························· 345	쾌활한 ····································· 146
캔버스천 ································ 220	코막힘 ····································· 187	쿠션 ·· 387
캔버스화 ································ 245	코믹한 ····································· 126	쿠키 ·· 294
캔커피 ····································· 305	코안경 ····································· 251	쿵쿵거리며 걷다 ····················· 48
캠코더 ····································· 394	코코넛 ····································· 324	퀸 ··· 385
커밍아웃 ·································· 17	코코아 ····································· 301	퀼트 ·· 400
커버 ·· 387	코털 ·· 31	크래커 ····································· 294
커스터드 ································ 294	코트 ·· 224	크러뱃 ····································· 230
커튼 ·· 372	코펠 ·· 341	크레페 ····································· 275
커튼봉 ····································· 372	코피 ·· 31	크로이츠펠트-야콥병 ········· 179
커플링 ····································· 248	콘돔 ·· 152	크로켓 ····································· 273
커피 ·· 304	콘로우 ·· 24	크루넥 스웨터 ······················ 224
커피나무 ································ 305	콘센트 ····································· 382	크루아상 ································ 292
커피메이커 ···························· 305	콘택트렌즈 ···························· 251	크리스마스케이크 ··············· 293
커피잔 ····································· 339	콘플레이크 ···························· 297	크림 ································ 290, 305
커피콩 ····································· 305	콜라 ·· 300	크림빵 ····································· 292
커피 테이블 ··························· 389	콜레라 ····································· 177	큰 ·· 81

큰골 … 62	탄생 … 150	턱수염 … 53
큰술 … 340	탄성 … 86	턱시도 … 230
큰어금니 … 33	탄저병 … 178	턴테이블 … 392
큰창자 … 59	탈 … 250	털 … 53
쿵쿵거리다 … 31	탈골 … 215	털모자 … 241
키 … 81	탈구 … 215	털신 … 245
키높이 구두 … 242	탈모 … 189	털옷 … 235
키다리 … 81	탈수증 … 199	털장갑 … 250
키우다 … 158	탈장 … 206	털털한 … 142
키위 … 327	탈지유 … 290	텀블러 … 339
키튼힐 … 242	탈진한 … 90	텁수룩한 … 23
킬러 … 166	탐욕 … 131	텁텁한 … 259
킬트 … 231	탐조등 … 396	테니스엘보 … 194
킬힐 … 242	탕 … 281, 365	테니스화 … 244
킹 … 385	탕기 … 338	테라스 … 377
킹크랩 … 337	탕수육 … 271	테이블 … 389
	태교 … 151	테이블보 … 389
	태기 … 151	테이크아웃 … 277
ㅌ	태동 … 151	테킬라 … 310
	태몽 … 105	텐트 … 355
타박상 … 215	태반 … 153	텔레비전 … 390
타산적 … 143	태아 … 151	토끼가죽 … 222
타살하다 … 166	태양열 전지판 … 355	토끼털 … 221
타액 … 76	태양열 주택 … 355	토담 … 373
타액선 … 59	태양전지 … 399	토라지다 … 109
타율적 … 146	태엽 … 398	토란 … 318
타이 … 230	태평한 … 144	토마토소스 … 266
타이머 … 399	태피스트리 … 403	토스터 … 346
타이츠 … 232	탯줄 … 153	토스트 … 272
타이트한 … 219	탱크톱 … 225	토실토실한 … 82
타코 … 275	터무니 없는 … 109	토트백 … 246
타코야끼 … 269	터벅터벅 걷다 … 48	토하 … 337
타탄 … 238	터번 … 240	톨 … 316
타협적 … 147	터보라이터 … 315	톳 … 337
탁상시계 … 398	터치스크린 … 391	통 … 344
탁월한 … 118	터키모자 … 240	통굽 구두 … 242
탁자 … 389	터틀넥 스웨터 … 224	통나무 … 355
탁주 … 307	턱 … 20	통나무집 … 355
탄내 … 260	턱끈 … 241	통밀빵 … 292
탄산수 … 300	턱밑샘 … 59	통조림 … 297
탄산음료 … 300	턱받이 … 159	통증 … 213

통찰력 ………………… 98	티눈 ………………… 51, 189	판단하다 ………………… 98
통찰하다 ………………… 98	티백 ………………… 303	판자 ………………… 355
통쾌한 ………………… 106	티본스테이크 ………… 273	판잣집 ………………… 355
통탄하다 ………………… 111	티볼 ………………… 303	판초 ………………… 234
통통한 ………………… 82	티셔츠 ………………… 225	판타롱스타킹 ………… 229
통풍 ………………… 195, 383	티슈 ………………… 365	팔 ………………… 40
통풍구 ………………… 383	티아라 ………………… 249	팔걸이 ………………… 387
퇴거 ………………… 351	티타임 ………………… 303	팔걸이의자 ………… 386
퇴창 ………………… 371		팔꿈치 ………………… 40
퇴행성 관절염 ………… 195		팔꿈치뼈 ………………… 54
투박한 ………………… 146	**ㅍ**	팔뚝 ………………… 40
투병하다 ………………… 208		팔목 ………………… 40
투시하다 ………………… 30	파 ………………… 319	팔보채 ………………… 271
투신자살하다 ………… 167	파격적 ………………… 120	팔삭둥이 ………………… 155
투지 ………………… 102	파김치 ………………… 286	팔자다리 ………………… 45
투철한 ………………… 145	파란 눈 ………………… 26	팔짱을 끼다 ………… 44
투피스 ………………… 227	파래 ………………… 337	팔찌 ………………… 250
투혼 ………………… 102	파렴치한 ………………… 141	팔토시 ………………… 250
퉁명스러운 ………… 141	파르페 ………………… 296	팔팔한 ………………… 93
뒤각 ………………… 285	파리채 ………………… 403	팜유 ………………… 265
뒤기다 ………………… 263	파리한 ………………… 84	팝콘 ………………… 294
뒤김 ………………… 263, 285	파마 ………………… 24	팥 ………………… 321
뒤김기 ………………… 346	파마머리 ………………… 24	팥빙수 ………………… 296
튜닉 ………………… 225	파상풍 ………………… 177	팥죽 ………………… 279
튜브톱 ………………… 225	파스타 ………………… 274	패기 ………………… 102
트랜스 ………………… 382	파슬리 ………………… 319	패드 ………………… 237
트랜지스터 라디오 … 392	파우치 ………………… 246	패배감 ………………… 135
트렁크 ………………… 246	파운드케이크 ………… 293	패배하다 ………………… 135
트렁크팬티 ………… 229	파이 ………………… 275	패션 ………………… 239
트렌치코트 ………… 224	파이프 ………………… 315	패션 감각 ………… 239
트리하우스 ………… 352	파인애플 ………………… 324	패스트푸드 ………… 299
트림 ………………… 89	파자마 ………………… 234	패티 ………………… 299
트위드 ………………… 221	파전 ………………… 287	패혈증 ………………… 196
트윈침대 ………………… 385	파출부 ………………… 350	팬케이크 ………………… 275
특대 ………………… 238	파카 ………………… 224	팬티 ………………… 229
특소 ………………… 238	파킨슨병 ………………… 195	팬티스타킹 ………… 229
특식 ………………… 277	파파야 ………………… 325	팽이버섯 ………………… 322
특이한 ………………… 126	파프리카 ………………… 320	퍅퍅한 ………………… 261
튼살 ………………… 52	팍팍한 ………………… 261	펌프스 ………………… 242
튼튼한 ………………… 93	판금갑옷 ………………… 234	페미돔 ………………… 152
틀니 ………………… 34	판단력 ………………… 98	페스트 ………………… 177

페이즐리	238
페즈	240
페티시즘	205
페티시즘 환자	205
페티코트	228
페퍼로니	298
펜던트	249
펜슬스커트	227
펜트하우스	361
펠트	221
펫도어	368
편견	100
편두통	213
편리한	107
편식하다	255
편안한	107
편애	124
편육	287
편집증	202
편집증 환자	202
편파적	144
편평족	46
편한	107
편협한	141
평면 TV	390
평발	46
평상	384
평상복	233
폐	58
폐가	357
폐결핵	178
폐경기	89
폐기종	192
폐동맥	60
폐렴	192
폐병	178
폐소공포증	203
폐소공포증 환자	203
폐쇄회로 TV	390
폐수	381
폐암	182

폐정맥	60
폐활량	58
포근한	88
포니테일	24
포대기	158
포도	327
포도당	264
포도씨유	265
포도주	308
포동포동한	82
포르노중독	204
포만감	92
포식하다	255
포옹	19
포장 음식	277
포진	189
포크	340
포크커틀릿	273
포푸리	403
포플린	220
포호크	24
폭식	255
폭식증	207
폭식증 환자	207
폭음	312
폭탄주	306
폴라로이드 카메라	394
폴로 셔츠	225
폴리에스테르	223
퐁듀	275
표고버섯	322
표정	85
표주박	345
표피	67
표피세포	72
푸근한	140
푸딩	294
푸석푸석한	84
푸아그라	331
푸짐한	107
푹신푹신한	88

풀무	378
풋고추	320
풋과일	326
풋김치	286
풋내	260
풋보드	385
풋사랑	124
풋풋한	260
풍	196
풍경	403
풍만한	80
풍부한	107, 259
풍선	403
풍선껌	294
풍장	168
풍진	177
풍치	187
풍토병	176
퓨전요리	277
퓨즈	382
프라이드치킨	299
프라이팬	341
프랑크 소시지	298
프레임	385
프레첼	294
프레피룩	239
프렌치프라이	299
프로젝션 TV	390
프로젝터	391
프로판가스	379
프릴	237
프림	305
플란넬	220
플래시	395
플러그	382
플로어 스탠드	396
피	74
피곤한	90
피난처	356
피단	271
피동적	145

피딱지	214	하드	296	한정식	277
피똥	77	하반신	18	한탄하다	112
피로한	90	하복	235	할로겐 램프	396
피뢰침	374	하복부	37	할머니	161
피망	320	하수	381	할복자살	167
피부	50	하수관	381	할아버지	161
피부병	188	하수구	381	할퀴다	44
피부암	182	하수도	381	핥다	255
피부염	189	하수 시설	381	핥아먹다	255
피살자	166	하수처리장	381	함정문	367
피스타치오	323	하숙	357	합리적	147
피시앤드칩스	273	하숙생	357	합병증	176
피어싱	250	하숙집	357	합성섬유	223
피오줌	77	하얀	84	합장하다	168
피임	152	하우스 맥주	307	핫도그	299
피임기구	152	하우스 와인	308	핫바지	227
피임법	152	하의	226	핫소스	266
피임약	152	하이파이브	44	핫초콜릿	301
피자	275	하이힐	242	핫케이크	275
피자칼	343	하제	190	핫팬츠	226
피조개	336	하지정맥류	196	항공 점퍼	224
피지	76	하체	18	항문	38
피지선	69	하품	89	항아리	344
피타빵	292	하혈	212	항원	210
피하다	19	학대성욕도착증	205	항체	210
피하조직	67	학사모	241	해군복	233
피하지방	73	학살	167	해먹	384
피학대성욕도착증	205	학살당하다	165	해몽	105
피해망상	202	학살자	167	해물탕	282
피해의식	104	학생복	233	해바라기씨	323
필라멘트	396	학습장애	205	해바라기씨유	265
필름	394	학질	178	해방감	133
필름 카메라	394	한과	280	해산물	332
필사적	144	한기	212	해삼	337
필터	315, 394	한복	231	해상도	391
핍홀	368	한센병	178	해시계	398
핏자국	74	한숨	58	해쓱한	84
핏줄	60	한식	278	해장국	282
		한심스러운	128	해장술	306
		한심한	128	해조류	337
		한옥	352	해진	219

ㅎ

해파리	337	헐렁헐렁한	219	혈색	84
해파리냉채	287	험난한	114	혈색소	75
핸드백	246	험상궂은	79	혈소판	75
햄	298	험악한	79	혈소판헌혈	74
햄버거	299	헛간	362	혈압	61
햄버거스테이크	273	헛구역질	212	혈액	74
햅쌀	316	헛배 부른	92	혈액순환	74
햇과일	326	헝클어진	23	혈액암	182
행복	106	헤드보드	385	혈액 질환	196
행복한	106	헤드셋	399	혈액형	74
행주	345	헤드폰	399	혈우병	176
행주치마	345	헤링본	238	혈장	75
행진하다	48	헤모글로빈	75	혈장헌혈	74
향	170, 260	헤어 액세서리	249	혈전	74
향긋한	260	헤어네트	249	혈전증	196
향기	260	헤어드라이어	393	혈청	75
향기로운	260	헤어라인	21	혈흔	74
향로	170	헤어밴드	249	혐오감	127
향료	267	헤어스타일	23	혐오스러운	127
향수병	202	헤이즐넛	323	혐오하다	128
향신료	267	헬멧	241	협동심	103
향주머니	403	혀	32, 67	협동하다	103
향토 음식	277	혀밑샘	59	협력하다	103
허리	38	혀짤배기	185	협심증	181
허리띠	227	혁대	227	협조적	147
허리쌕	246	혁신적	118	협탁	389
허무한	113	혁지	343	헛바늘	32
허벅지	45	현관문	366	헛바닥	32
허브차	303	현기증	212	형광등	396
허스키한	87	현란한	118	형제애	122
허약한	93	현미	316	형편없는	128
허영심	136	현미식초	266	호각	247
허전한	113	현미차	302	호감	122
허접스러운	111	현실적	146	호기심	125
허파	58	현관	368	호남	78
허파꽈리	58	혈관	60	호두	323
헌신적	147	혈관종	51, 182	호두과자	280
헌 집	356	혈관 질환	196	호두까기	345
헌팅캡	240	혈뇨	77, 193	호들갑스러운	147
헌혈	74	혈당	74	호떡	271
헐다	189	혈변	77	호롱불	397

호루라기 · 247	홍일점 · 16	환갑잔치 · 157
호르몬 · 69	홍조 · 50	환기 · 383
호리병박 · · · · · · · · · · · · · · · · 320, 345	홍차 · 303	환기구 · 383
호리호리한 · 82	홍채 · 65	환기 시설 · 383
호모 · 17	홍합 · 336	환기창 · 383
호밀 · 317	홑이불 · 400	환기팬 · 383
호밀빵 · 292	화 · 108	환등기 · 391
호박 · 320	화난 · 109	환멸감 · 110
호박등 · 397	화내다 · 109	환성 · 86
호박씨 · 323	화단 · 375	환자복 · 233
호박엿 · 280	화덕 · 378	환자용 변기 · · · · · · · · · · · · · · · · · · · 364
호박전 · 287	화려한 · 118	환청 · 187
호박죽 · 279	화로 · 378	환풍기 · 383
호의 · 102	화면 · 391	환호성 · 86
호일 · 345	화방 · 363	환희 · 106
호전적 · 141	화병 · 202, 401	활기찬 · 146
호주머니 · 237	화분 · 401	활달한 · 146
호흡 · 58	화사한 · 219	활배근 · 57
호흡곤란 · 192	화상 · 214	황달 · 196
호흡기 · 58	화소 · 395	황당한 · 109
호흡기 질환 · · · · · · · · · · · · · · · · · · · 192	화실 · 363	황설탕 · 264
혹 · 51, 215	화원 · 375	황열 · 179
혹독한 · 116	화이트 와인 · · · · · · · · · · · · · · · · · · · 308	황태 · 334
혼란스러운 · 115	화이트초콜릿 · · · · · · · · · · · · · · · · · 296	황홀감 · 106
혼성주 · 311	화장 · 168	황홀한 · 106
혼수상태 · 91	화장대 · 389	회 · 269
홀 · 363	화장대 거울 · · · · · · · · · · · · · · · · · · · 389	회갑 · 156
홀짝홀짝 마시다 · · · · · · · · · · · · · · 256	화장실 · 364	회귀성 어류 · · · · · · · · · · · · · · · · · · · 333
홀쭉이 · 82	화장장 · 168	회덮밥 · 278
홀터톱 · 225	화장지 · 365	회랑 · 377
홈리스 · 350	화장터 · 168	회복 · 208
홈바 의자 · 386	화장품 가방 · · · · · · · · · · · · · · · · · · · 246	회상하다 · 96
홈시어터 · 391	화재경보기 · · · · · · · · · · · · · · · · · · · 383	회색 눈 · 26
홈통 · 374	화전 · 287	회의실 · 363
홍고추 · 320	화채 · 301	회의장 · 363
홍당무 · 318	화채그릇 · 338	회의적 · 144
홍두깨살 · 330	화학간장 · 288	회전문 · 367
홍시 · 326	확성기 · 392	회전의자 · 386
홍안의 · 84	환각 · 186	회중시계 · 398
홍어 · 335	환각 상태 · 91	회칼 · 343
홍역 · 177	환갑 · 156	획기적 · 118

획일적 … 130	흉가 … 357	희열 … 106
횡격막 … 58	흉근 … 57	희한한 … 126
횡사하다 … 165	흉부 … 37	흰머리 … 22
효자손 … 401	흉선 … 68	흰빵 … 292
후각 … 67	흉악한 … 139	흰살생선 … 332
후각기관 … 67	흉측한 … 79	흰자위 … 27, 328
후두 … 58	흉터 … 215	히스테리 … 202
후두부 … 20	흉통 … 213	히잡 … 231
후두암 … 182	흑맥주 … 307	히터 … 393
후두염 … 192	흑미 … 316	힐 … 242
후두융기 … 36	흑발 … 22	힐끔거리다 … 30
후드 … 237, 346	흑백 TV … 390	힘 … 93
후드 점퍼 … 224	흑백필름 … 394	힘든 … 114
후루룩거리며 마시다 … 256	흑사병 … 177	힘줄 … 57
후문 … 366	흑색종 … 182	힙스터룩 … 239
후식 … 276	흑설탕 … 264	
후신경 … 67	흔들다 … 44	
후원 … 375	흔들의자 … 386	
후유증 … 208	흙담 … 373	
후줄근한 … 219	흙벽돌 … 355	
후천성면역결핍증 … 178	흙집 … 355	
후천적 … 209	흙침대 … 385	
후추 … 267	흠잡을 데 없는 … 118	
후추갈이 … 344	흡연 … 314	
후회 … 113	흡연석 … 314	
후회하다 … 113	흡연실 … 314	
훈제하다 … 263	흡연자 … 314	
훌륭한 … 118	흡입기 … 192	
훌쩍이다 … 31	흥겨운 … 106	
훑어보다 … 30	흥미 … 125	
훔쳐보다 … 30	흥미로운 … 126	
훤칠한 … 81	흥미진진한 … 126	
휘둥그레진 … 27	흥분 … 106	
휘발유 … 379	흥분하다 … 106	
휘젓다 … 262	희귀병 … 176	
휘청거리다 … 49	희끗희끗한 … 22	
휘파람 … 86	희멀건 … 84	
휘핑기 … 342	희번덕거리다 … 28	
휘핑크림 … 290	희색 … 85	
휴게실 … 363	희생정신 … 103	
휴지 … 365	희생하다 … 103